4판

디지털경영

김대완

DIGITAL
MANAGEMENT

박영사

제4판
머리말

踏雪野中去(답설야중거)
不須胡亂行(불수호란행)
今日我行跡(금일아행적)
遂作後人程(수작후인정)

"눈 덮인 저 벌판을 걸어갈 때에는
가는 길에 어지러이 발자국을 내지 말자.
오늘 내가 남긴 이 길 이 발자국은
또 어느 선구자의 이정표가 되리니..."

위의 서산대사의 선시(禪詩)를 가슴속에 새기고 음미하며 본 [디지털 경영] 교재가 어느 학자와 연구자의 이정표가 될 수 있기를 소망하면서 기획하고 저술하게 되었다.

제4차 산업혁명, 인공지능, 빅데이터, 클라우드 컴퓨팅, 사물인터넷(IoT) 등 세상이 빠르게 진화 발전하면서 변화하고 있다. 개인과 조직 그리고 사회의 정보와 지식이 다양하고 스마트한 정보통신기술과 융합되어 초지능으로 연결된 초실감 사회로 나아가고 있다. 어느 산업에서든 디지털이 일으키는 변화는 크게 3단계로 진행된다. 1단계는 경계에서의 조율이다. 예를 들어 제조업에서 디지털 전환(Digital Transformation)이 이루어 지는 단계이다. 2단계는 건곤일척의 승부이다. 디지털 시대의 트렌드와 산업 시대의 전통적 관행이 정면 충돌하는 단계이다. 예를 들어 아마존의 전자상거래가 산업시대의 유통 강자들을 위협하는 단계다. 3단계는 디지털의 재창조이다. 디지털이 주류가 되어 모든 제품과 서비스 그리고 비즈니스 모델이 디지털 기반으로 재창조되고, 모든 기업이 디지털 기업으로 재창조되는 단계다. 본 교재는 이러한 디지털 경영에 대한 이론적 기반과 실무적인 통찰력을 제공하고자 한다.

이렇게 시대가 변화하고 있는 데에도 불구하고 대학에서 가르치고 있는 내용이 이를 포괄하지 못하면 그런 내용을 배운 학생들이 사회와 기업에 진출하였을 때에 어떤 결과를 초래할지는 쉽게 예상할 수 있다. 이러한 현실을 직시하고 기존 대학의 경영관련 학과에 개설되어 있는 경영정보시스템, e-비즈니스, 인터넷 비즈니스, 그리고 정보기술과 혁신경영 등의 과목에서 공통으로 가르칠 수 있는 최신 내용들을 디지털경영이라는 주제하에 본 교재의 장들을 구성하였다. 시대적인 변화와 스마트 정보통신기술에 기반한 새로운 비즈니스 현상을 통찰하여 설명할 수 있는 내용들을 디지털경영이라는 주제하에 교재에 수록하고자 노력하였다. 특히 각 장의 주제를 잘 반영할 수 있는 사례를 발굴하고자 많은 시간과 노력을 할애하였다.

본 교재에서는 현재 기업의 여러 부문에서 활용되고 있는 주요한 스마트 정보통신기술 기반의 비즈니스 현상을 디지털 경영이라는 관점에서 통찰하여 집필하였으며, 각 장별 주제에 맞는 적절한 사례를 선정하여 스마트 정보통신기술과 디지털경영이 개인의 삶과 조직에 어떠한 영향과 변화를 야기시키고 있는지에 대하여 살펴볼 수 있게 하였다. 본 교재는 총 13개의 장으로 구성되어 있다. 제1장부터 제4장까지는 디지털경영 개요로서, 제1장은 디지털경영에 대한 전반적인 이해를 배양하기 위한 내용으로 구성하였다. 제2장에서는 e-비즈니스 경영에 대하여 소개한다. 제3장의 모바일 비즈니스 경영에서는 모바일 정보통신기술에 의해 야기되고 있는 가치사슬과 모델들에 대하여 서술하였다. 이어서 제4장 유비쿼터스 비즈니스 경영에서는 사물인터넷과 센서 등에 의한 네트워크 기반의 초 연결 사회에 초점을 두고 집필하였다. 제5장부터 제9장까지는 조직에서 디지털경영을 구현하는데 기반이 되는 내용으로 이루어져 있다. 제5장은 클라우드 컴퓨팅, 제6장은 빅데이터, 제7장은 위치기반서비스, 그리고 제8장은 디지털 큐레이션 & 정보디자인에 대하여 학습하도록 구성하였다. 제9장부터 제13장까지는 디지털경영의 응용에 관련된 주제들을 포괄하고 있다. 즉, 제9장은 디지털 콘텐츠, 제10장은 디지털 금융, 제11장은 디지털 의료/헬스케어, 그리고 제12장은 디지털 소셜커머스, 제13장은 메타버스와 생성형 인공지능(AI)으로 이루어져 있다.

빠르게 변화하고 있는 환경에서 개인과 기업 그리고 사회가 직면한 이슈들을 디지털경영이라는 주제하에 통합하여 미래 지향적인 비전과 지식을 배양하는데 일조를 할 수 있기를 소망하면서 이 책을 집필하였다. 그러나 저자가 천학비재하고 부지런하지 못한 관계로 부족한 부분이 많을 것으로 사료되며, 독자들의 따끔한 지적과 조언을 부탁 드린다.

2024년 갑진년 여름에
저자 김대완 拜

총 목차

목차

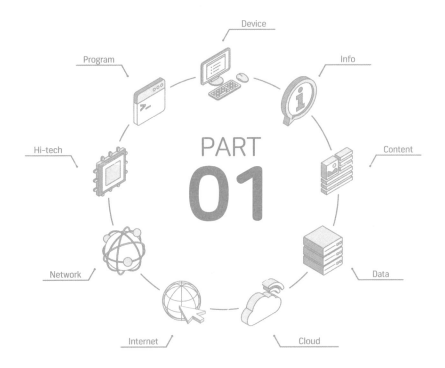

PART
01

디지털경영 개요

CHAPTER
01
디지털경영 이해

학습목표

- 글로벌 디지털경제의 출현배경과 확산에 대하여 학습한다.
- 인터넷에 기반한 디지털경영의 현황과 영향에 대하여 학습한다.
- 디지털경영의 개념과 조직변화 그리고 정보통신기술의 활용에 대하여 학습한다.
- 디지털경영의 구분에 대하여 학습한다.

세계 휴대폰 시장을 주름잡았던 노키아와 필름 업계의 제왕이었던 코닥의 몰락에 대한 사례를 학습하여 교훈을 되새기고, 디지털경영에 대한 통찰력을 배양하고자 한다.

변화 수용은 다양하게, 그러나 의사결정과 실행은 강하고 빠르게

예부터 우리나라에서는 '우산장수 아들과 소금장수 아들을 둔 어머니의 지혜'라는 이야기가 전해 내려옵니다. 우산장수와 소금장수인 두 아들을 둔 어머니가 있었습니다. 이 어머니는 맑은 날에는 우산을 팔 수 없는 우산장수 아들을 걱정했고, 비 오는 날에는 소금을 팔 수 없는 소금장수 아들을 걱정하였습니다. 어머니는 날씨가 맑아도, 비가 와도 항상 걱정뿐이었습니다. 그러면 이 어머니는 늘 걱정만 안고 살아야 했을까요? 여러분들은 이 경우 어떤 결정을 하시겠습니까? 현명한 답은 두 아들에게 상호 협업을 통해 비 오는 날은 소금장사를 중단하고 둘이 같이 우산을 팔게 하고, 맑은 날에는 우산장사를 중단하고 둘이 소금을 팔게 했습니다. 그 결과 당연히 혼자 팔 때보다 더 많이 팔게 되어 어머니와 두 아들이 모두 행복할 수 있었습니다. 이와 유사한 사례는 비즈니스 분야나 삶에서 자주 일어나고 있습니다. 하지만 이런 어머니의 지혜를 알면서도 실제 현장에서 적용은 쉽지 않습니다. 왜 그럴까요?

한때는 아날로그 휴대폰 시장의 최강자였던 노키아와 카메라 필름 시장의 최강자였던 코닥의 실패 사례를 보면 그 어려움을 알 수 있습니다. 150년 전통의 노키아는 종이, 고무장화, 타이어, 케이블과 TV까지 생산하던 종합 기업이었습니다. 그러나 1993년 노키아는 폭발적인 수요를 보인 휴대전화 시장에 전념하기 위해 다른 사업들을 모두 포기합니다. 당시 유럽은 휴대전화를 제조하는 유일한 지역이어서 유럽우편전기통신회의(CEPT)는 1982년부터 디지털통신 공통규격 마련을 담당할 실무그룹 GSM(Group Special Mobile)을 발족하고 GSM(Global System for Mobile Communications)이란 세계 표준규격을 1991년 4월에 만듭니다. 이에 따라 미국의 여러 통신업체들조차 이를 채택하게 되면서 노키아는 미국의 모토롤라를 제치고 1998년~2011년까지 세계 제1위 휴대전화 제조업체로서 40%를 웃도는 시장점유율로 세계

시장을 완전히 장악했습니다.

　그러나 아이폰이라는 스마트폰이 등장하면서 노키아는 쇠락의 길로 떨어집니다. 노키아는 스마트폰으로의 방향 전환에 실패해 이런 결과를 가져온 것입니다. 하지만 노키아는 SMS·e메일·팩스·인터넷 기능 등을 하나로 모은 스마트폰을 최초 개발했던 기업입니다. 또한 2000년에 출시된 최초의 스마트폰 에릭슨380모델에 터치스크린을 이미 장착했고 노키아·에릭슨·모토롤라·마쓰시타가 초기에 공동으로 개발하고 2008년 노키아가 독점 사용하기 위해 인수한 스마트폰 운영시스템인 심비안의 최초 버전을 사용하였습니다.

　아이폰이라는 기기의 등장에다 하드웨어의 실패에 이어 구글의 안드로이드 OS의 출현은 노키아의 이런 소프트웨어 시장에서의 경쟁력도 무너뜨리게 됩니다. 아이폰과 안드로이드의 등장에 노키아는 패배자가 된 것입니다. 노키아는 심비안을 인수한 덕분에 소프트웨어에서 역량을 보유한 휴대폰 제조업체였음에도 하드웨어의 우위성을 확신하는 엔지니어 문화와 시대 변화를 제대로 감지하지 못했고 스마트폰, 태블릿 PC 업계에서 최초 개발을 했지만 시장 적기를 놓쳐 몰락의 단초를 제공합니다.

　전문가들은 노키아의 실패 요인을 먼저 대중이 수용하기 힘든 너무 이른 시기에 제품을 개발했기 때문이라고 합니다. 하지만 저는 이 의견에 동의하지 않습니다. 이른 시기보다는 애플처럼 소비자들에게 설득을 하지 못했던 것이라고 봅니다. 즉, 혁신적인 최초의 제품을 개발했지만 소비자에게 스마트폰의 필요성과 개념들을 이해시키지 못했던 것이지요.

　두 번째는 위험 감지와 대응 문제입니다. 아이폰 출시 후 노키아 엔지니어들은 아이폰 생산 원가가 너무 높다거나 터치스크린이 다른 튼튼한 핸드폰들과는 달리 충격에 약하다는 점 등의 단점들만 지적하며 안이하게 시장을 평가했습니다. 정작 그들의 강점을 파악해 그에 대처하는 자세를 보였다면 어쩌면 더 나은 제품을 출시했을 수도 있습니다.

　세 번째는 아이폰의 iOS보다도 먼저 표준이 된 필적할 만한 심비안을 보유하고도 후발 주자에 밀렸다는 것입니다. 시장에 대응해 심미안을 보완·개선하고 활용하려는 팀과 MeeGo라는 새로운 운영체제를 개발하려는 팀으로 나눠져 분열되어 이 두 개발팀이 엄청난 시간과 재원을 낭비해 적기를 놓치게 됩니다. 시장에서 타이밍은 매우 중요한 것인데 내부에서 서로 이전투구를 하는 사이에 이미 시장은 경쟁자들에게 넘어가고 있었습니다.

이런 모든 실패 요인들이 있었다 해도 이를 수용하고 결정하고 실행하는 경영진과 조직문화가 제대로 되었다면 지금의 몰락은 없었을 것이라는 것이 제 생각입니다. 자율과 민주적인 사내 커뮤니케이션은 좋은 것입니다. 위의 두 OS 개발팀의 사례에서 보듯이 노키아의 조직구조는 매우 복잡하고 의사결정에 다수의 사람들이 관여하게 되어 있었습니다.

강력한 리더인 스티브 잡스의 애플과는 달랐습니다. 실제 2010년 노키아는 일반 개발자들의 노키아 앱 개발을 더욱 유용하게 도울 수 있는 소프트웨어 개선을 시도했었습니다. 이를 위해 전 세계 100명이 넘는 엔지니어와 제품 책임자들이 모여 격렬한 토론을 벌였지만 경쟁자들을 뛰어넘는 결과를 만들어 내기보다는 시간만 낭비하는 의미 없는 내부 커뮤니케이션에만 집착하고 있었던 겁니다. 잘못된 경쟁사 평가에 오랜 시간도 모자라 일관성 없고 이기적인 노키아의 사내 조직문화가 몰락의 이유라고 생각됩니다.

코닥의 실패 사례도 이와 비슷합니다. 세계 최초 디지털 카메라를 개발한 회사가 바로 코닥입니다. 1975년 코닥의 프로토타입 CCD(Charge Coupled Device)가 개발된 후 처음으로 만들어진 디지털 카메라로 코닥 엔지니어들이 만든 이 디카는 100×100 픽셀 센서가 들어가 있고 무게는 4kg 미만이며 개발하는 데 1년 정도 걸렸다고 합니다. 최초의 디지털 카메라를 개발하고도 오늘날 디지털 시장에서 코닥이 밀려난 이유가 무엇일까요?

디지털 시대가 도달해 경쟁자들이 달려가는 반면 총 수익률 70%에 육박하는 수익성 높은 아날로그 필름사업을 접기 꺼리던 코닥은 수년간 소형 카메라와 디지털식 암호화된 필름, 포토 CD 같은 하이브리드 기술 등을 통해 필름의 아날로그 수명을 연장하려고만 했습니다. 미국 로체스터 본사에 발이 묶인 디지털 이미지 사업부는 언제나 필름과 디지털 사이에 시너지 효과를 내야 한다는 압박을 받았고 이미 최초의 디지털 잠재력을 가졌음에도 불구하고 코닥은 꽃 한번 피우지 못하고 쓰러져 갔습니다. 디지털 카메라의 등장으로 주 사용자층이 여성에서 남성으로 급변했지만 여전히 기존 방식의 여성 상대 마케팅을 그대로 진행을 했고, 디지털 카메라를 이용해 카메라뿐 아니라 휴대폰, PC를 통해서도 이미지를 볼 수 있었지만 인화 필름에 대한 미련을 버리지 못한 실기가 결국 몰락이라는 길을 가게 했습니다.

기업의 S자 성장곡선이 있습니다. 기업들은 처음에는 더디게 성장하지만 이후 고속 성장기를 거치고 그 다음 시장이 포화상태에 이르면 매출이 정체되고 하락하는 것을 말합니다. 이 또한 경영자들은 잘 아는 사항입니다. 하지만 하락하기 전에 노키아와 코닥에서 보듯이 이미 알아차려도(전문가들에 따르면 매출 정체가 시작되기 훨씬 전에 평행선을 보인다고 합니다) 강한 개선의지와 의사결정 그리고 실행추진력이 없으면 소용이 없습니다.

노키아의 스마트폰 시장 적응 실패와 코닥의 디지털 시장 적응 실패는 지금까지도 많은 교훈을 주고 있습니다. 시장 변화 감지, 새로운 제품 개발과 더불어 고객의 욕구, 가치파악이 종합적으로 되어야 하고 이것을 시장에 얼마나 잘 적용시키고 설득시키는 것이 중요한지 보여주고 있습니다. 두 실패 사례는 변화의 방향뿐만 아니라 변화가 생겨날 시기와 이 변화에서 경영층이 어떻게 대처를 하느냐에 따라 기업의 흥망성쇠가 어떻게 갈리는지에 대해 잘 알려 주고 있습니다.

어느 기업이나, 누구나 변화를 원합니다. 혁신이 필요하다고 말합니다. 이 과정에서 조직원이나 관계자들의 다양하고 자유로운 커뮤니케이션이 필요합니다. 그리고 그 의견들을 수용하는 자세도 좋습니다. 하지만 그 과정에서의 모든 책임과 권한과 결정은 오롯이 단 한 명 최고 리더에게 있습니다. 이럴 때 필요한 것이 지금이 비가 오는지 아니면 맑은지를 파악하고 둘을 하나로 모으는 소금장수, 우산장수 어머니의 지혜입니다.

방향을 정했으면 한 방향으로 힘을 모아야 하고 그 추진 속도는 경쟁자들보다 한 발 앞서야 생존할 수 있습니다. 노키아보다 늦었던 애플이, 코닥보다 늦었던 캐논이 앞선 것은 방향은 늦게 잡았지만 힘과 속도에서 그들을 능가했기 때문이라는 교훈을 알아야 합니다. 그리고 그 힘과 속도를 몰아준 경영자의 강한 추진력이 뒷받침되어야 함은 물론입니다. 사내나 외부의 의견을 다양하게 들어야 하지만 그에 따른 의사결정과 실행이 더 중요하다는 교훈을 배웁니다(기업의 성패는 사람에게 달렸다(2019. 1. 28; 노키아의 추억, 2019. 8. 20; 코닥의 함정; SERICEO, 2023, 3. 19)).

토의문제

1. 위의 사례를 읽고 느낀 점을 자유롭게 토론해 보자.
2. 노키아의 몰락의 원인이 무엇인지에 대해 이야기해 보자.
3. 코닥과 노키아의 사례가 우리에게 주는 시사점에 대해 논의해 보자.
4. 본인이 만약 현재 코닥의 CEO라면 기업의 경쟁력을 향상시키기 위해 어떻게 노력하겠
   는지에 대해 토의해 보자.

디지털 트랜스포메이션은 현대 기업에 필수적인 경영전략으로 주목받고 있습니다. 기업은 디지털 기술 발전과 비즈니스 환경변화에 적극적으로 대응하여 경쟁력 확보와 성장을 위해 디지털 트랜스포메이션을 추진해야 합니다. 디지털 트랜스포메이션은 기존 경영혁신과는 차별화된 개념입니다. 기존 경영혁신은 프로세스 개선이나 비용 절감을 목표로 하지만, 디지털 트랜스포메이션은 기업 전반에 걸친 체계적인 변화와 혁신을 추구합니다. 이는 비즈니스 모델 혁신과 디지털 전략의 수립, 고객 중심의 디지털 경험 설계, 데이터 분석과 인공지능의 활용, 사업 생태계와 파트너십의 중요성 등을 포함하고 있습니다. 디지털 트랜스포메이션이 이슈인 이유는 기술의 발전과 비즈니스 환경의 변화가 가속화되고 있다는 점입니다. 디지털 기술의 발전은 기업에게 새로운 비즈니스 기회를 제공하며, 경쟁을 새롭게 정의하고 있습니다. 또한 COVID-19 팬데믹으로 인해 디지털 트랜스포메이션이 가속화되었습니다. 기업들은 비대면 업무방식과 디지털 서비스 제공 등을 통해 비즈니스 연속성을 유지하고 새로운 시장 요구에 대응해야 했습니다.

디지털 트랜스포메이션의 핵심 내용은 비즈니스 모델 혁신과 디지털 전략, 고객 중심의 디지털 경험 설계, 데이터 분석과 인공지능의 활용, 사업 생태계와 파트너십의 중요성입니다. 기업들은 이러한 요소들을 종합적으로 고려하여 디지털 트랜스포메이션 전략을 수립하고 추진해야 합니다. 디지털 기술은 경영혁신에 많은 영향을 미칩니다. 인공지능, 빅데이터 분석, 사물인터넷(IoT), 클라우드 컴퓨팅 등 다양한 디지털 기술을 활용하여 기업은 생산성 향상, 신제품 개발, 고객 서비스 개선 등 다양한 영역에서 혁신을 이룰 수 있습니다. 성공적인 디지털 트랜스포메이션 사례로는 애플, 아마존, 페이스북, 우버 등이 있습니다. 이들 기업은 디지털 기술의 효과적인 활용과 비즈니스 모델의 혁신을 통해 새로운 시장을 창출하고 성장을 이루었습니다.

디지털 트랜스포메이션을 추진하는 단계는 비전과 목표 설정, 리더십과 조직 문화 변화, 디지털 역량 강화와 인력 관리, 파트너십 구축과 외부 협업, 그리고 변화 관리와 리스크 관리입니다. 이러한 단계를 체계적으로 수행하면서 기업은 디지털 트랜스포메이션을 성공적으로 이룰 수 있습니다. 디지털 트랜스포메이션을 추진하는 조직의 권한과 책임은 각 조직의 역할과 협업 방안에 따라 다릅니다. CEO는 비전과 목표를 설정하고 리더십과 조직 문화를 변화시키는 주도적인 역할을 맡아야 합니다. 또한, 다른 조직들은 디지털 역량 강화, 외부 파트너십 구축, 조직 내부 프로세스 개선 등 각각의 책임과 역할을 수행해야 합니다. 리더십과 조직 문화의 중요성은 디지털 트랜스포메이션의 성공에 결정적인 역할을 합니다. 리더는 비전을 제시하고 변화를 주도하며, 조직은 디지털에 대한 열린 마음과 협업 문화를 갖추어야 합니다. 디지털 트랜스포메이션의 진행 점검과 평가는 정기적인 평가와 성과 측정을 통해 이루어져야 합니다. 기업은 디지털 트랜스포메이션의 진행 상황을 모니터링하고 평가하여 필요한 조치를 취할 수 있습니다. 각 조직은 자신의 역할과 책임을 분명히 정의하고 협업을 강화해야 합니다. 디지털 트랜스포메이션은 기업에게 큰 가치를 제공합니다. 기술의 발전과 비즈니스 환경의 변화에 적극적으로 대응하고, 디지털 트랜스포메이션을 추진함으로써 기업은 경쟁력을 강화하고 성장을 이룰 수 있습니다. 리더십과 조직의 역할은 디지털 트랜스포메이션의 핵심 요소이며, 기업은 이를 강조하여 디지털 시대에 대비해야 합니다(경인일보, 2023. 7. 16).

토의문제

1. 디지털 트랜스포메이션과 기존 경영혁신과 유사점과 차이점에 대하여 토의해 보자.
2. 디지털 트랜스포메이션의 핵심 내용에 대하여 토론해 보자.
3. 디지털 트랜스포메이션의 성공에 결정적인 요인에 대하여 이야기해 보자.

제1절 디지털경제의 이해

인터넷과 정보통신기술의 급속한 발전은 산업혁명 이후 인류문명 최대의 사회문화적 변혁을 불러 일으키는 디지털혁명의 근간이 되고 있다. 컴퓨터와 통신기술에 기반한 디지털경제(digital economy)는 경제, 사회, 문화, 기술, 나아가 국가 간 관계에까지 변화를 유발시키고 있기 때문이다. 이에 본 절에서는 디지털경제의 출현배경을 지식정보에 대한 중요성 측면과 인터넷과 정보통신기술의 발전 측면에서 살펴보고자 한다. 이어서 디지털경제의 개념과 새로운 패러다임의 영향에 대하여 학습하고자 한다.

1.1 디지털경제의 출현배경

1) 지식정보에 대한 중요성 증대

역사적으로 볼 때 인류문명의 성장과 진보는 지적인 창조와 기술적 혁신에 의해서 영향을 받았다. 새로운 정보와 지식의 습득 능력은 인류문명의 발전을 가능하게 하는 근본적인 동인으로 작용하였다. 인류문명의 발전과정은 끊임없는 도전과 혁신과정으로서 핵심 기반구조(infrastructure)와 원동력(driving force)에 의거하여 농업경제에서 산업경제로 그리고 산업경제에서 디지털경제로 어떻게 변화하였는지 살펴본다.

[표 1-1]에서 보는 바와 같이 인류문명의 진화과정을 농업경제, 산업경제, 그리고 디지털경제로 구분할 수 있다. 농업경제에서 가장 중요한 기반구조는 농경지, 가축, 그리고 농기구였다. 산업경제에서는 산업엔진과 연료가 핵심적인 기반구조였다.

디지털경제에서의 핵심적인 기반구조는 컴퓨터와 인터넷과 같은 정보통신기술이다. 컴퓨터와 통신망이 디지털경제의 핵심 인프라라고 한다면 정보와 지식은 디지털경제의 핵심 콘텐츠(contents)라고 할 수 있다. 이러한 컴퓨터와 통신망과 같은 기반구조에 의거하여 현재 세계 각국은 산업경제에서 디지털경제로 빠르게 전환하고 있다.

지식과 인적자원 그 자체는 오래된 개념이라고 할 수 있다. 인적자원(human capital)과 지식관리(knowledge management)는 인류의 역사상 오래전부터 그 중요성이 인식되어 왔기 때문이다. 그러나 디지털경제에서 정보와 지식은 중요한 자원

(assets)으로서 개발, 관리, 그리고 공유되어야 하며, 이러한 정보와 지식을 적절하게 측정·평가하고 축적하기 위한 효과적인 시스템(systems)과 과정(processes)이 요구된다. 과거의 경제성장에서 핵심은 산업기술이었다. 그러나 오늘날은 시장이 성숙되고 기술이 진보되어서 더 이상 산업기술은 가장 중요한 경제적 자원(economic resource)이 아니다. 디지털경제에서의 핵심적 경제자원은 정보와 지식이다. 그러므로 디지털경제에서 경쟁력 향상의 핵심은 양질의 인적자원과 지식관리 능력에 달려 있다.

| 표 1-1 | 인류문명의 진화과정

구 분	농업경제	산업경제	디지털경제
원동력	자연력	동력	정보통신기술
기반구조	농경지, 농기구	산업엔진, 연료	컴퓨터, 통신망
경제자원	물리력	산업기술	정보와 지식

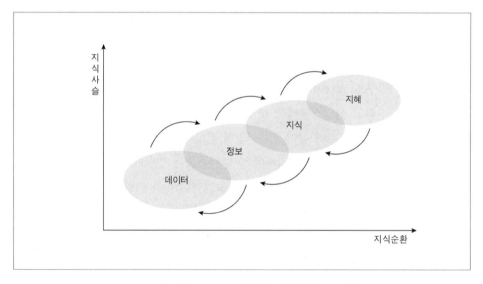

| 그림 1-1 | 지식사슬 순환모형

이러한 배경하에 과연 지식이 무엇인지에 대하여 이해가 필요하다. 이를 위해 데이터, 정보, 지식, 그리고 지혜에 대하여 정리하고자 한다. [그림 1-1]의 지식사슬 순

환모형에서 보는 바와 같이, 데이터(data)는 전후관계(context)에 대한 사실(facts)이나 혹은 묘사(descriptions)이다. 정보(information)는 데이터가 의미 있는 문맥(context)으로 정렬된 것이다. 지식(knowledge)은 데이터나 정보를 해석하기 위한 이성(reasoning), 경험(experience), 그리고 노하우(know-how)를 포함한다.

지혜(wisdom)는 지식에 기반하여 지적인 결론을 이끌어 내는 능력이다. 지식사슬 순환모형의 출발점은 조직의 비즈니스 트랜잭션에 의해 생성되는 데이터에서부터 출발한다. 이렇게 생성된 데이터는 보다 유용한 정보의 형태로 변환되고, 이러한 정보가 쌓여서 지식이 축적된다. 축적된 지식은 조직의 경영진들에게 효과적인 의사결정을 지원하는 지혜로 활용된다. [그림 1-1]에서 보는 바와 같이 디지털경제에서 지식사슬 순환모형은 인터넷에 기반하여 하위의 데이터에서부터 상위의 지혜 단계까지 일련의 가치사슬에 근거한 정보와 지식이 순환되는 과정임을 알 수 있다. 상위의 지혜 단계에 양질의 지식을 제공하기 위해서는 조직 전체에서 양질의 정보와 데이터를 생성해야만 가능하다. 그러므로 디지털경제에서 조직들의 핵심역량 중의 하나는 양질의 데이터 확보와 정보 축적, 그리고 축적된 정보를 얼마나 효과적으로 잘 이용하느냐에 달려 있다고 할 수 있다.

전통적인 기업의 크기를 평가하는 주요한 척도인 자본과 노동력은 인터넷과 정보통신기술에 기반한 디지털경제에서는 더 이상 경쟁력을 평가하는 주요한 척도가 아니다. 실제로 디지털경제에서는 물리적 자산이 별로 중요하게 고려되지 않거나 혹은 지식과 같은 가상의 자산에 의해 보완되거나 대체된다. 따라서 디지털경제에서는 모든 조직원들이 지식근로자(knowledge worker)가 되어야만 효과적인 비즈니스 전략을 수립할 수 있고 글로벌 경쟁에서 살아남을 수 있을 것이다. 그러므로 변화하는 경영환경에 능동적으로 대응하고 조직의 경쟁우위를 확보하기 위해서는 정보와 지식을 계속해서 새롭게 갱신하고 창출할 수 있는 지적인 조직만이 글로벌 디지털경제에서 생존할 수 있을 것이다.

2) 인터넷과 정보통신기술의 발전

1990년 후반부터 급속하게 진행된 인터넷과 정보통신기술의 발전은 디지털경제의 확산에 핵심적인 동인(enabler)으로 작용하고 있다. 정보통신과 관련된 다른 발명품과 비교하였을 때 인터넷의 확산은 혁명적이라고 할 수 있다. 6,000만 명의 사용자를 확보하는데 라디오는 35년, 텔레비전은 15년이 걸린 반면에, 인터넷은 3년 만에 9,000만 명의 이용자들에 이르렀다. 이와 같은 인터넷의 폭발적인 이용에 비례하여 디지털경제도 빠르게 성장을 지속하고 있다. 많은 조직들이 내부적인 운영의 효율뿐만 아니라, 고객과 공급자 등과 같이 조직 외부와의 관계를 향상시키기 위하여 정보통신기술을 이용하고 있다. 이러한 정보통신기술의 효과적인 활용으로 인하여 거래비용(transaction costs)을 절감시키고 있으며, 낮은 거래비용은 거래 기업들과 고객 모두에게 효익을 제공하고 있다. 즉, 기업들은 낮은 거래비용으로 보다 저렴한 제품과 향상된 서비스를 고객에게 제공할 수 있게 되었다. 이와 같이 인터넷과 정보통신기술에 기반하여 급속히 확산되고 있는 디지털경제는 경제성장과 사회변화의 주요 동인으로 경제의 모든 측면에 걸쳐 많은 변화를 야기시키고 있다. 디지털경제의 출현은 상거래에 관련된 진입장벽을 낮추면서 시장 자유화의 확대와 무역장벽의 축소 등을 통하여 더욱 글로벌화하게 확산되고 있다. 이러한 디지털경제의 확산은 새로운 비즈니스와 부의 원천으로서 경제, 사회, 문화, 기술 등 다양한 분야와 관련되어 있다.

디지털경제에서는 인터넷과 정보통신기술의 발전에 따라 콘텐츠(contents)가 점점 디지털화되어 가고 있다. 신문에서부터 음악까지 모든 것이 디지털기술을 이용하여 생산된다. 예를 들면, 신문은 워드 프로세스와 출판 소프트웨어를 사용하여 생산되며, 음악은 디지털 형태로 저장된다. 이것은 콘텐츠가 디지털로 생성되기 때문에 인터넷과 같은 네트워크에 의해 상대적으로 손쉽고 저렴하게 전송이 가능하기 때문이다. 예를 들어, 생산업체가 자사의 제품목록을 디지털 형태로 만들어서 자사의 웹사이트상에 온라인 카탈로그를 게시함으로써 저렴한 비용으로 제품홍보를 할 수 있다. 그에 덧붙여 개인용 컴퓨터의 경우, 몇 년 전과 비교하여 컴퓨팅 속도와 저장 능력에서 매우 빠르게 향상되고 있다. 이러한 개인용 컴퓨터의 성능 향상과 비례하여 소프트웨어 측면에서도 질적인 향상이 이루어지고 있다. 또한 그래픽 사용자 인터페이스(Graphical User Interface: GUI)의 이용은 다음과 같은 두 가지 측면에서 중요한 의미를 가진다. GUI를 이용함으로써 사람들이 보다 쉽게 컴퓨터를 사용할 수 있게 되었다. 또한 GUI의 사용으로 인해 웹 브라우저를 쉽게 사용하게 되고, 문자, 그래픽, 그리고 다른 매체의 혼합 사용으로 인해서 웹 항해를 수행함에 있어 흥미유발과 편리한 사용을 가능케 했다.

디지털경제에서의 주요한 기술적 영향요인 중의 하나가 바로 네트워크 전송 (network transmission)이다. 디지털경제의 성공적인 트랜잭션을 수행하기 위해서는 방대한 용량의 데이터가 인터넷과 같은 네트워크를 통하여 전달되어야 한다. 광대역 (broad band) 케이블과 같은 매우 빠른 전송기술의 활용으로 인해 대기업, 중소기업, 그리고 가정에까지 데이터 전송에 있어 경제적인 혜택을 받을 수 있게 되었다. 또한 지난 몇 년 동안 네트워크 액세스 디바이스 기술이 괄목하게 진보를 했다. 불과 몇 년 전에는 네트워크 액세스 디바이스가 주로 컴퓨터와 터미널에 국한되었지만 현재는 매우 광범위하게 이용되고 있다. 예를 들면, 개인용 컴퓨터, 노트북 컴퓨터, 스마트폰, 게임 콘솔, 그리고 무선기기 등에 사용된다. 이러한 네트워크 액세스 디바이스의 광범위한 사용은 두 가지 측면의 기술적 진전에 의해 가능하게 되었다. 먼저, 가장 광범위하게 사용된 네트워크 액세스 디바이스의 특징은 용량(capability)의 확장과 쉬운 사용(ease of use)에 기반하여 급속하게 확산되었다. 두 번째, 네트워크 액세스 디바이스의 가장 큰 변화는 새로운 지역에의 네트워크 도달 능력의 향상을 들 수 있다.

지금도 유비쿼터스 컴퓨팅과 같이 새로운 기술들이 계속적으로 출현하고 있으며 기존의 기술들도 빠르게 향상되고 있다. 이와 같이 컴퓨터와 통신기술의 결합 이후 비즈니스와 고객 측면에서 수많은 변화가 전개되고 있다. 이러한 정보통신기술의 빠른 진화에 기반하여 디지털경제가 태동하여 현재 빠르게 확산되고 있다.

1.2 디지털경제의 확산

1) 디지털경제의 개념

계속해서 진화·발전하고 있는 인터넷과 정보통신기술에 기반한 글로벌 디지털경제의 확산이 가속화하고 있다. 디지털경제에서는 정보가 물리적 혹은 아날로그 형태가 아니라 디지털 형태이다. 즉, 디지털기술에 기반하여 정보가 아날로그 형태에서 디지털 형태로 전환된다. 이러한 디지털경제는 디지털 통신 네트워크, 컴퓨터, 소프트웨어, 그리고 기타 정보기술에 기반한 경제이다. 디지털경제에서 디지털 네트워킹과 통신 인프라스트럭처는 사람과 조직이 상호 교류하고 통신하며, 협력 및 정보를 찾기 위한 글로벌 플랫폼을 제공한다. 이러한 플랫폼에 기반하여 뉴스, 정보, 책, 잡지, TV, 영화, 전자게임, 애니메이션, 음악, 그리고 소프트웨어와 같은 디지털제품을 언제 어디서나 전달할 수 있게 되었다. 디지털경제는 정보통신기술, 전자상거래, 디지털서비스, 소프트웨어, 하드웨어, 그리고 정보 등을 포함한다. 디지털제품과 서비스는 새로운 시장구조와 경쟁상황을 요구한다.

또한 디지털경제는 디지털 비즈니스를 촉진하거나 광범위한 조직의 변화를 동반하는 인터넷과 같은 정보통신기술의 융합(convergence)을 의미하기도 한다. 이러한 정보통신기술의 융합은 문자, 음성, 화상 등과 같은 모든 유형의 데이터를 네트워크를 통하여 저장, 처리, 그리고 전달되게끔 한다. 또한 인류가 생산하는 정보와 지식에 기반한 지식기반 경제(knowledge-driven economy)도 디지털경제의 일부분이라고 할 수 있다. 디지털경제는 새로운 경제적인 체계, 사회적 변혁, 그리고 새로운 비즈니스 모델 등을 요구한다. 이러한 디지털경제의 특징을 경제적, 사회적, 문화적, 비즈니스적 측면으로 구분하여 보다 구체적인 특징을 살펴보면 다음과 같다.

첫 번째, 산업혁명이 농업경제의 생산성을 급속히 향상시킨 것처럼, 디지털경제에서는 디지털화되고 네트워크화된 정보와 지식이라는 새로운 생산요소가 변화를 주도하고 있다. 즉, 디지털경제의 동인으로 정보의 디지털화와 인터넷을 통한 디지털정보의 네트워크화를 들 수 있다. 그러므로 경제적인 측면(economic aspect)에서 정보(information)는 디지털경제에서 주요한 경제적인 가치(economic value)를 창출하고 있다. 이에 따라 전통적인 생산자, 유통업자, 소비자 간의 관계가 파괴되고 있으며, 제품거래에 있어 거래비용(transaction cost)과 탐색비용(search cost)이 감소되면서 새로운 부가가치 창출과 생산성 증대에 의한 경제적 측면의 변혁이 촉진되고 있다. 예를 들면, 기존에 인쇄된 뉴스 서비스만 제공하던 기업이 인터넷상에서 웹이나 모바일기반 뉴스와 광고, 그리고 디지털제품 등을 판매함으로써 새로운 비즈니스 기회와 가치를 창출하게 되었다. 또한 대량생산의 전통적인 물리적자원에 기초한 산업경제가 수확체감의 법칙(diminishing returns to scale)에 따라 운영되는 경제라면, 지식과 정보의 디지털화를 통해서 제품을 생산해 내는 디지털경제는 수확체증의 법칙(increasing returns of scale)이 지배되는 경제이다. 수확체증의 법칙이란 기업의 규모 및 사업범위, 그리고 고객의 수가 증가함에 따라 수익이 점점 커지는 현상이다. 이러한 현상의 원인으로 거대한 초기 개발비용, 네트워크 효과, 학습 효과 등을 들 수 있으며, 경영의 중심이 생산지향적이기보다는 목표(mission)지향적으로 바뀌고, 조직구조도 수평화로 바뀌고 있다.

두 번째, 사회적 측면(social aspect)에서 디지털경제에서는 정보통신기술과 인터넷, 그리고 웹과 모바일의 기술적 발전으로 인하여 개인과 사회가 밀접한 연계(intensely interlink)가 이루어져 있다. 그러므로 국가의 경계나 지리적인 거리는 디지털경제에서는 별로 중요한 요인이 되지 못한다. 즉, 인터넷과 정보통신기술에 기반하여 지역이나 시간에 상관없이 자유롭게 정보를 액세스, 처리, 전달, 그리고 저장하게 되었으며, 조직들은 좀더 쉽고 저렴하게 그들의 행위를 조정하고 협력하게 되었다. 이러한 사회적 연계는 기존 경제활동과 구분할 수 있는 디지털경제의 특징(hallmark)이라고 할 수 있다. 이것을 소위 연계된 사회(wired society)라고 하는데 어떤 유형의 데이터이든지 특정 지역에서 다른 지역으로 전달이 가능하다. 이것으로 인해 작업방식, 비즈니스 프로세스, 일상생활, 레저, 기타 인류의 모든 생활에 일대 혁신을 불러일으키고 있다.

세 번째, 문화적인 측면에서 정보와 정보통신기술에 의해 개인들의 삶이 영향을 받고 있다. 예를 들면, 필요한 정보를 입수한다든지, 영화를 본다든지, 책을 읽는다든지, 음악을 듣는다든지, 기타 등등의 일들을 가정을 벗어나지 않고도 가능하게 되었다. 이러한 모든 것들은 정보통신기술의 발전에 의해 가능하게 되었다. 최근에는 유비쿼터스 컴퓨팅의 도래로 인해 홈네트워킹, 원격제어 등을 통해 단순히 정보를 가공해 전달해 주는 단계에서 창조적으로 만들어 보다 인간의 삶을 편안하게 해주는 단계로 나아가고 있다. 또한 직업적인 측면에서 지식정보화 분야에 근무하는 지식근로자들의 숫자가 공장이나 농장 그리고 건설현장 등에서 일하는 육체적인 근로자들의 숫자를 능가하게 되었다. 이러한 변화에 수반하여 직업적인 영역에서 많은 변화가 일어났다. 즉, 인터넷에 기반하여 지식근로자들은 그들의 작업을 대부분 온라인으로 처리하고 있으며, 디지털 비즈니스와 관련되어 새롭게 출현하는 기업들의 제품과 서비스도 전자적으로 제공되고 있다. 그러므로 정보통신기술 기반구조와 인터넷에 기반한 새로운 유형의 신종 직업군이 계속 등장하고 있다.

마지막으로, 비즈니스 측면에서 디지털경제의 주요한 특징으로 무형의 제품

(intangible product)을 들 수 있다. 디지털경제에서는 무형의 디지털제품이 빠르게 국가 간 경계를 넘나들며 판매와 구매가 이루어지고 있다. 예를 들어, 소프트웨어와 같은 무형제품의 본질은 아이디어(idea)이다. 비록 소프트웨어는 정신적인 노력과 창의성의 산물이지만, 어떠한 물리적인 형태도 취하지 않는다. 그러므로 소프트웨어, 영화, 음악, 애니메이션 등과 같은 디지털제품의 거래가 이루어질 때, 판매자의 서버에서 구매자의 컴퓨터로 디지털제품을 전자적으로 판매 및 전송하는 데 있어 어떠한 방해도 받고 않고 수행된다. 예를 들어, 뮤직과 비디오와 같은 디지털제품은 인터넷에 기반하여 전 세계에 산재한 소비자들에게 별도의 비용을 들이지 않고 제품판매를 할 수 있다. 이와 같이 디지털경제에서는 개인과 조직들이 인터넷과 정보통신기술에 기반하여 정보와 지식을 생성과 판매 그리고 구매와 유통을 가능하게 함으로써 새로운 부(wealth)와 가치(value)를 창출하는 글로벌한 변혁을 촉진하고 있다.

2) 디지털경제의 영향

디지털경제를 지배하는 키워드는 외형적 팽창보다는 그 속에서 일어나는 거대한 패러다임의 변화이다. 디지털경제의 확산으로 인해 야기되는 몇 가지의 논의가 있다. 하나는 디지털경제의 확산으로 인한 사회활동, 부의 분배, 기업경영, 근로, 프라이버시 그리고 변화에 대한 개인적 태도 등과 같은 영역에서의 영향을 들 수 있다. 예를 들면, '디지털경제에서는 대기업과 중소기업의 차이를 줄일 수 있을 것이다'라고 하는 시각과, 디지털경제에서의 커뮤니티는 사이버 공간에서 이루어지는 문화적인 제약에도 불구하고 새로운 사회구성원을 만나고 교류하기를 희망하는 사람들에 의해 계속 확산될 것이라는 낙관적인 전망을 들 수 있다. 이와 같이 디지털경제의 확산으로 인해 야기되는 개인, 조직, 사회 그리고 국가 측면에서의 주요한 패러다임의 변화를 정리하면 다음과 같다.

(1) 대기업과 중소기업

인터넷과 정보통신기술의 발전에 의해 중소기업들은 저렴한 비용으로 온라인을 이용하여 글로벌 비즈니스를 수행할 수 있게 되었다. 즉, 중소기업들은 대기업들과 비교하여 상대적으로 낮은 간접비 부담 때문에 보다 저렴한 가격의 제품과 서비스를 인터넷을 통해 제공함으로써 온라인 거래를 선호하는 고객들을 유인할 수 있게 되었다. 또한 중소기업들은 대기업과 비교하여 상대적으로 유연한 조직구조를 갖고 있기 때문에 새로운 경향이나 고객의 요구에 보다 쉽게 대응할 수 있다. 예를 들면, Amazon.com이나 Naver.com같은 성공적인 닷컴(.com) 기업들은 산업경제의 거대한 기업들로부터 디지털경제의 신생기업으로 고객의 선호도가 전환될 수 있음을 입증한 예라고 할 수 있다. 그러나 디지털경제에서 중소기업들은 대기업과의 경쟁에서 생존하고 나아가서는 경쟁우위를 확보하기 위한 새로운 전략적 접근이 요구된다. 예를 들면, 중소기업들은 유연성(flexibility), 사용자 친화력(user-friendliness), 개인화(personalization)와 같은 부분에서 그들의 강점을 살리면서 위험관리(risk management)나 보안(security) 관리, 물류(logistics) 그리고 기술혁신(technology innovation) 등과 같은 영역에 대한 계속적인 노력과 보완이 요구된다.

(2) 구매자와 판매자

디지털경제에서 판매자(sellers)와 구매자(buyers)의 관계는 기존의 산업경제와 비교하여 매우 다르다. 산업경제에서 구매자는 제품을 구매하거나 혹은 하지 않거나 상관없이 비즈니스에서 수동적인 존재였으며, 판매자는 구매자와의 관계에서 능동적인 위치에 있었다. 즉, 판매자들은 그들의 시장점유율을 유지하거나 향상시키기 위해 고객들을 유인하는 것이 비교적 용이하였을 뿐만 아니라 고객충성도가 비교적 안정적이었다. 이러한 구매자와 판매자와의 관계가 인터넷에 기반한 디지털경제에서 변화되었다. 즉, 디지털경제에서는 인터넷을 이용하여 자신들이 원하는 적정 가격대의 제품을 쉽게 탐색할 수 있는 고객들을 판매자들은 항상 의식해야만 한다. 그러므로 조직들은 고객들의 신뢰도와 충성도를 유지하기 위하여 구매자 행위를 분석하여 효과적인 마케팅 전략을 수립하여야만 한다. 또한 광고의 유형에서도 기존의 대중매체에 의한 광고에서 역광고 형태로 변화했다. 역광고는 구매자들이 자신들의 요구사항이나 구체적인 판매자 조건 등을 광고하는 것을 말한다. 가격구조 측면에서도 산업경제에서는 하나의 제품이 생산되기 위해 얼마 정도의 원가가 소요되는가에 의해 가격이 결정되었지만, 디지털경제에서는 고객들이 어느 정도 지불할 의사가 있는지에 따라 가격이 정해진다. 이러한 요인들 때문에, 많은 수의 인터넷 비즈니스가 수익을 창출하는 데 어려움을 겪고 있을 뿐만 아니라, 온라인상에서 할인된 가격으로 제품을 판매하고 있다.

(3) 고용주와 근로자

디지털경제에서는 인터넷에 기반하여 세계적으로 우수한 양질의 인력 채용이 가능하게 되었다. 또한 웹과 모바일에 기반한 온라인 광고를 통하여 기업들은 적절한 후보자들과 단기 계약을 체결한다든가 혹은 각지에 흩어져 있는 근로자들을 모아서 특정 기술을 보유한 프로젝트팀을 구성할 수 있다. 이러한 작업 모델은 고용주(employer)들에게 생산성 측면에서 고려할 만한 혜택을 제공한다. 디지털경제에서 고용주들이 유의해야 될 몇 가지 사항을 정리하면 다음과 같다. 먼저 투명한 경영과 유연한 노사관계를 정립하여 근로자들에게 동기의식을 고취해야 된다. 두 번째, 고객지향적인 기업문화를 정립해야 된다. 세 번째, 조직 내의 정보나 데이터를 공유할 수 있는 시스템과 기업문화를 만들어야 한다. 네 번째, 새로운 시스템 개발이나 IT관리 및 운영 등에 필요한 교육을 수시로 제공해야 된다.

디지털경제의 확산으로 인해 야기되는 근로자(employee) 측면의 기회적 요인은 다음과 같다. 먼저, 작업 패턴의 향상된 유연성으로 인해 스트레스나 작업 이동시간의 낭비 등에서 벗어남으로써 근로자들에게 보다 양질의 작업환경을 제공할 수 있게 되었다. 두 번째, 팀 작업과 지식공유는 근로자들로 하여금 작업에서의 유연성 증진, 향상된 자율성, 보다 높은 책임감, 공동 작업자들과의 유대감 향상, 그리고 높은 작업만족 등을 가능케 한다. 디지털경제의 확산에 의해 고용주와 근로자 모두에게 새로운 기회가 존재하는 것이 사실이다. 그러므로 디지털경제의 기회를 인식하고 새로운 도전을 준비하는 고용주와 근로자는 상생의 관계로서 계속적인 성장과 발전을 도모할 수 있을 것이다.

(4) 기성세대와 새로운 세대

인터넷에 기반한 디지털경제의 확산으로 기성세대(old generations)는 인터넷의 혜택으로부터 소외되어 있다. 대부분의 기성세대들은 컴퓨터에 대한 이해가 낮거나 낮은 흥미를 느끼고 있는 경우가 대부분이기 때문이다. 그러므로 디지털경제가 점점 확대될수록 새로운 정보기술에 대한 이해와 지식을 소유하지 못한 기성세대들은 점점 그들의 생활의 폭이 축소될 것이다. 반면에 신세대(new generations)는 컴퓨터와 함께 성장하였기 때문에 삶의 모든 측면에서 사회생활을 위한 자연적인 수단으로 컴퓨터를 인식하고 있다. 그러므로 기업들은 젊은 세대들을 목표고객으로 하여 그들의 흥미를 복돋을 수 있는 개인화된 서비스를 제공하기 위하여 노력하고 있다. 또한 디지털경제와 디지털 비즈니스의 확산은 젊은 세대들에게 새로운 부를 창출할 수 있는 기회를 제공하고 있다. 예를 들면, 주요 닷컴(.com) 기업들은 신세대에 의해 대부분 창업되었다. 이러한 닷컴 기업들은 경영진들의 나이도 연소화해 가고 있다. 그렇지만 젊은 세대 역시 디지털경제에서 새로운 문제를 야기시키고 있다. 즉, 경제력이 충분하지 못한 청소년들이 인터넷을 통한 온라인 쇼핑에 의해 충동구매나 기타 카드사용 남발 등과 같은 문제점들을 일으키고 있기 때문이다. 또한 최근의 연구에 의하면 많은 젊은 세대들이 온라인 게임과 같은 디지털 엔터테인먼트의 과다 사용에 따른 중독에 빠져 있는 경우도 있다고 한다. 그러므로 디지털경제의 확산으로 인해 기성세대와 젊은 세대에서 발생할 수 있는 문제섬들에 대한 적절한 내책 수립과 시행이 이루어질 때 디지털경제의 확산은 가속화될 것이다.

(5) 부자와 가난한 계층

디지털경제의 확산은 이에 참여하는 개인들의 경제적인 능력과 지적인 수준에 의해 영향을 받는다. 왜냐하면 고가의 PC 가격, 인터넷 사용에 따른 통신비용, 그리고 저소득으로 인해 보유하고 있지 않은 신용카드에 의한 결제 등이 가난한 계층의 구매력을 떨어뜨리는 요인으로 작용하고 있기 때문이다. 이러한 약점들 이외에도 가난한 계층은 정보와 지식을 액세스하고 활용하는 데 있어서 제한적일 수 있다. 사회의 발전은 이에 참여하고 있는 사람들의 지적인 능력에 영향을 받는다. 그러므로 정보화에 소외된 저소득 계층에 대한 교육과 사회적인 지원이 요구되고 있다. 즉, 저소득계층에 대한 디지털 기기와 정보통신기술에 대한 계속적인 교육과 홍보는 지식기반 사회에서 정보화에 소외된 계층을 줄이면서 부(wealth)의 불균형 문제도 완화시킬 수 있을 것이다. 최근에는 유비쿼터스 컴퓨팅과 같은 정보통신기술을 활용하여 소외계층이나 저소득계층에 대한 원격의료서비스와 원격교육을 실시함으로써 계층간의 격차(gap)를 완화하는 데 최신 정보기술을 활용하고 있다.

(6) 여성과 남성

인터넷에 의해 제공되는 유연한 작업환경은 여성들에게 좀 더 쉽게 사회활동에 참여할 수 있는 환경을 제공한다. 여성들은 자신들이 원하는 시간과 장소에서 심지어는 가정에서도 일을 할 수 있게 되었다. 그리고 사이버 공간은 남성들과 동일한 조건에서 근무할 수 있는 환경을 제공하고 있기 때문에 여성들에게 새로운 비즈니스 창업과 근무환경을 제공하고 있다. 이러한 디지털경제의 근로환경에서 여성들에 관련된 흥미 있는 이슈가 있다. 즉, 어떤 여성들은 여성 자신들을 위한 안전한 근로환경을 제공할 수 있는 여성전용 사이버 공간이 필요하다고 주장하는 반면에, 다른 여성들은 이러한 편의는 오히려 여성들의 잠재적인 역량을 떨어뜨리는 요인으로 작용할 수 있다고 주장하고 있다. 디지털경제에서 요구되는 여성상은 기존 산업경제에서의 여성의 위치, 여성의 능력, 그리고 여성의 요구와 관련된 동시대인들의 편견에 대하여 실력과 능력으로 극복하여야 할 것이다.

위에서 살펴본 바와 같이 21세기 디지털경제에서는 정보통신기술과 유비쿼터스 컴퓨팅에 기반하여 가상의 공간과 물리 공간을 통합하고 사람, 사물, 컴퓨터를 하나로 연결해 제3의 공간을 개척함으로써 새로운 디지털 르네상스의 도래를 가능하게 하고 있다. 제3의 공간에서 일어나는 발상의 전환은 지금까지 정부, 기업, 개인이 영위해 왔던 토대를 근본적으로 변혁시키는 패러다임의 전환이라고 할 수 있다. 과거 농업경제에서는 물이나 바람과 같은 자연력의 이용과 저장에 중점을 두었고, 산업경제에서는 산업기술의 이용과 활용에 초점을 맞추었다. 그러나 디지털경제에서는 이음매 없는 정보의 흐름과 단절 없는 공간의 활용에 초점을 두고 있다. 그러므로 디지털경제에서 야기되는 새로운 패러다임의 변화에 능동적으로 대응하여 개인, 조직, 국가의 능력을 극대화해 21세기에 새로운 디지털르네상스를 개막하기 위한 모든 부문의 노력이 요구된다.

제2절 인터넷과 디지털경영

　　인터넷에 기반하여 기업 내 또는 기업 간 정보화를 통한 생산성 향상과 국경을 초월한 전자거래 등으로 기업경영을 근본적으로 변화시키고 있다. 이러한 인터넷 혁명은 기업의 가치사슬의 구매, 제조, 유통, 판매, 서비스로 이어지는 일련의 프로세스에 엄청난 영향을 미치고 있다. 즉, 인터넷은 기업에서의 다양한 표류정보(float information)들을 신속하게 체계화하고 정보전달시간을 한층 더 단축시켜 디지털경영의 기본적인 기반을 제공하고 있다. 이에 본 절에서는 디지털경영의 주요한 기반인 인터넷에 대한 이해와 인터넷이 디지털경영에 어떠한 영향을 미치는지에 대하여 학습하고자 한다.

2.1 인터넷 혁명

　　인터넷은 정보의 바다 혹은 정보의 보고로 불리는 네트워크의 네트워크(network of networks)로서 사용자 인터페이스 향상과 다양한 프로그램 개발을 통해 글로벌하게 연계되어 있다. 인터넷은 최초 상업용이나 범용 네트워크로서 개발된 것이 아니라 동서 냉전시대에 소련의 핵공격으로부터 국가의 네트워크를 보호하기 위해 개발된 분산 네트워크(distributed network)인 알파넷(ARPANET)에서 시작되었다. 그러므로 메시지와 원격지 주소를 포함하는 작은 정보의 조각인 패킷(packet) 전환기술(switching technology)을 인터넷에서 사용하게 된 이유는 정보전달의 효율성(efficiency)보다는 보안성(security) 측면이 중시된 결과였다. 1960년대 초에 인터넷은 미국 정부기관과 수많은 대학들을 네트워크로 연결하여 국가 방위체계가 확립된 이후, 연구 프로젝트 수행, 메시지 전송 그리고 협업을 위한 효과적인 네트워크로 발전하였다. [그림 1-2]에서 보는 바와 같이 인터넷의 주요한 발전을 3단계로 구분하여 살펴보면 다음과 같다.

　　첫 번째, 인터넷의 발전 단계는 1961년부터 1974년까지의 구현기이다. 이 시기에 인터넷의 기본적인 구축전략인 패킷 전송방식, 클라이언트 서버 컴퓨팅, 그리고 TCP/IP에 기반한 통신망 구축계획이 수립되어 대학과 연구기관들 간의 네트워크 연계가 이루어지기 시작하였다.

두 번째, 1975년부터 1994년까지의 확산기에는 미 국방성, 국가과학원 등과 같은 대규모 공공기관들 간에 인터넷에 기반한 연계가 이루어졌는데, 이때 구축되었던 네트워크를 알파넷이라고 부른다. 1986년부터는 민간인들을 대상으로 한 네트워크로 확장되기 시작하였다.

세 번째, 1995년에 최초의 인터넷 비즈니스 기업인 Amazon.com과 eBay.com 등이 설립되어 인터넷이 상업적인 용도로 본격적으로 사용되기 시작하였다. 이때부터 일반 개인이나 시민들을 위한 지역 네트워크와 인터넷 백본이 확충되기 시작하였다.

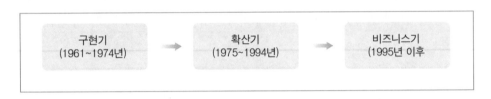

| 그림 1-2 | 인터넷의 발전 단계

이러한 인터넷은 전 세계로 뻗어 있는 복잡한 네트워크의 집합이다. 인터넷의 주요한 기술 중에서 가장 많이 알려져 있는 것이 웹(World Wide Web)이다. 웹(Web)은 인터넷상에서 운영되는 가장 중요한 애플리케이션 중의 하나이다. 웹은 인터넷의 사용자들이 웹브라우저를 사용하여 문자, 화상, 음성, 동영상 등과 같은 멀티미디어를 원활히 액세스하도록 지원한다. 이러한 방대한 용량의 정보에 대한 쉬운 접근성(access)으로 인해 웹은 인터넷의 광범위한 성장을 촉진하는 주요한 요인이 되었다. 웹은 XML(extensible markup language)과 HTML(hypertext markup language)과 같은 언어를 사용하여 하이퍼텍스트(hypertext) 형태로 작성된 도큐멘트를 액세스하기 위한 기술이다. 웹사이트는 하이퍼텍스트 형태로 작성된 도큐멘트를 포함하는 웹상에 위치하는 것으로 URL(uniform resource lacator)이라고 불리는 주소에 의해서 인식된다. 또한 브라우저(browser)는 사용자들이 웹사이트를 효과적으로 이용하게 하는 애플리케이션이다. 대표적인 브라우저의 예로는 마이크로소프트사의 인터넷 익스플로러와 구글의 크롬 등을 들 수 있다. 이 외에도 다양한 애플리케이션들이 인터넷상에서

구동되고 있다. 챗(chat)은 인터넷상에서 둘 이상의 사용자들이 실시간 대화를 가능하게 하는 애플리케이션이며, 게시판은 방문자들이 누구나 볼 수 있는 문장을 게시하는 실시간 게시판(online bulletin board)이다.

인터넷 기반구조(infrastructure)는 다섯 가지의 주요한 구성요소로 구성된다. 즉, 백본(backbones), 디지털 스위치(digital switches), 서버(servers), POPs(point of presents), 그리고 사용자 디바이스(users devices)이다. 이런 다섯 가지 구성요소는 전화모뎀이나 DSL, ISDN 라인이나 케이블 TV 모뎀을 통하여 인터넷에 접속된다. 광케이블에 의해 구축되는 백본은 인터넷의 핵심적인 통신 채널이다. 디지털 스위치는 하나 이상의 백본에 연결되어 하나의 라인에서 다른 라인으로 데이터를 전달하기 위한 방향을 결정한다. ISP를 통하여 연결되어 개인이나 소규모 기업들은 POPs라 불리는 주요 센터를 통하여 백본에 접속된다.

이와 같이 인터넷은 20세기에 등장한 가장 혁신적인 매체로서 우리 생활의 대부분을 디지털화시키고 경제활동 전반에 걸쳐 새로운 변화를 불러 일으키고 있다. 현재 인터넷은 단순한 자료공유나 전자메일에 국한하여 사용되지 않고, 자사제품의 홍보수단이나 고객과의 커뮤니케이션 수단, 나아가서는 기업의 주요한 비즈니스 수단으로 활용되고 있다. 이러한 이해에 기반하여 이어지는 절에서 인터넷과 디지털경영에 대하여 보다 구체적으로 살펴보기로 한다.

2.2 디지털경영의 개요

인터넷기술은 새로운 비즈니스 기회나 경쟁우위를 확보하기 위하여 광범위하게 이용되고 있다. 현재까지 인류의 역사에서 인터넷만큼 빠르게 확산된 기술은 존재하지 않았었다. 인터넷이 이렇게 빠르게 확산된 이유는 무엇인가? 첫째, 인터넷은 사람들이 어디에 있든지 간에 상호연결이 가능하다. 예를 들면, 사람들이 가정, 직장, 혹은 공공장소 등 어디에 존재하든지 간에 연결과 이용이 가능하다. 두 번째, 인터넷이 비즈니스의 가치를 증대시키고 있다. 조직에서 고객, 공급자, 거래 파트너, 그리고 근로자들과의 관계를 형성한다든가 혹은 시장의 기회나 새로운 비즈니스를 탐색하기 위해 인터넷을 사용한다. 이러한 인터넷을 조직 내외부에서 보다 효과적으로 이용할 수 있게 지원하는 것이 인트라넷과 엑스트라넷이다.

인트라넷(intranet)은 조직 내부구성원들이 기업 내부의 정보를 공유하거나 협력적인 정보를 액세스하게끔 지원하는 기업 내부 네트워크이다. 조직에서 인트라넷의 사용에 따른 장점 중의 하나는 조직구성원들이 기존의 인터넷이나 웹에 익숙해져 있기 때문에 인트라넷의 사용에 따른 별도의 교육을 거의 필요로 하지 않는다는 점이다. 또 다른 인트라넷의 장점은 네트워크에 기반한 온라인 미팅 지원, 작업흐름 관리, 도큐멘트 관리, 스케줄링 관리 등의 기능을 인트라넷에 의거하여 수행할 수 있다는 점이다. 그에 반하여 엑스트라넷(extranet)은 고객, 공급자, 거래 파트너들과의 전자적인 서비스와 협력을 공유하기를 원하는 조직들에 의해 이용되는 인터넷 기술이다. 보안, 인증, 방화벽 등과 같은 인터넷기술은 조직의 정보와 시스템의 안전한 보호를 위해 엑스트라넷에서 핵심적으로 요구되는 기술들이다. 최근에는 인트라넷과 익스트라넷의 장점을 합친 소셜네트워킹서비스(Social Networking Service: SNS)가 조직 내외구성원들의 정보공유와 활용에 이용되고 있다.

이와 같은 인터넷과 정보통신기술에 기반한 디지털경영은 현재 모든 조직에 최상의 중요성을 지닌다. 오늘날과 같은 디지털경제에서 인터넷에 기반한 디지털경영은 조직에 다음과 같은 영향을 미치고 있다. 먼저, 디지털경영에 따른 조직 측면의 가장 큰 영향은 운영적인 효율(operational efficiency)이다. 예를 들면, 조직적인 측면에서 거래 기업들과 상호작용하기 위한 디지털경영 기반을 구축할 때 비효율적인 프로세스의 단축을 통하여 조직운영을 효과적으로 할 수 있다. 이를 통해 기업경영의 내외부에서 실시간 정보교환을 통한 경영계층 간 업무 지연요소의 최소화, 의사결정의 최적화 그리고 계획과 실적의 차이 최소화 등을 통한 경영효율과 경쟁력을 제고하는 실시간 경영이 가능하다. 두 번째, 공급사슬관리 측면에서 공급사슬의 체계적 관리를 위한 통합 배송체계의 구축으로 시장과 고객의 반응에 대한 능동적 대응을 들 수 있다. 즉, 제품의 생산 후 입출고관리, 재고관리, 구매관리, 고객관리, 배송추적관리(GPS와 무선인터넷 활용) 등을 통한 효율적인 통합 공급사슬관리의 구현이 가능하다. 세 번째, 환경적인 측면에서 인터넷에 기반한 디지털경영은 조직들이 새로운 제품개발과 새로운 비즈니스 모델을 통하여 이전의 거래비용 등과 같은 불필요한 요소들을 제거하고 새로운 시장(new markets) 개척을 촉진시킬 수 있다. 그러므로 디지털경영의 확대는 조직들에게 인터넷에 기반한 새로운 비즈니스 기회 등의 혜택이 있는 반면에 새로운 시장에서 경쟁자들과 새로운 경쟁(new competition)에 직면하게 한다.

[그림 1-3]은 앞에서 살펴본 디지털경영의 영향을 정리한 것이다. 지금까지 살펴본 바와 같이 인터넷기술에 기반한 디지털경영을 도입함으로써 야기될 수 있는 효과는 최대화하고 부정적인 요소는 최소화하는 노력을 통하여 조직의 경쟁우위를 향상시킬 수 있을 것이다.

효 과	경쟁력 제고	통합공급사슬 구현	새로운 비즈니스 기회
혜 택	• 의사결정최적화 • 업무지연최소화 • 비효율적인 프로세스 단축	• 시장/고객반응 능동적 대응 • 통합 배송체계 구축 • 공급사슬 통합적 관리	• 새로운 시장 개척 • 새로운 비즈니스 모델 개발 • 새로운 제품 개발
범 위	조직	공급사슬관리	환경

| 그림 1-3 | **디지털경영의 영향**

디지털경영과 정보통신기술

지식과 정보가 중요한 자원으로 인식되는 디지털경영은 산업사회의 아날로그경영과 비교하여 성격이 전혀 다른 새로운 경영환경, 인프라, 운영요소를 기반으로 한다. 이에 본 절에서는 디지털경영에 대한 개념에 대하여 먼저 살펴보고, 이어서 디지털경영과 조직변화, 그리고 디지털경영과 정보기술과의 관계에 대하여 학습하고자 한다.

3.1 디지털경영의 개념

디지털(digital)이란 0과 1의 조합을 통해 모든 정보를 인식하여 저장·전송하는 방식으로 광속성, 무한반복 재현성, 압축성, 그리고 조작 및 변형의 용이성 등의 특징이 있다. 디지털경영은 컴퓨터, 반도체, 센서, 통신 등의 기술적 기반과 인터넷이라는 전세계적인 네트워크 기반하에서 빠르게 확산되고 있다. 인터넷과 정보통신기술의 발전은 정보와 지식의 체계적인 분류와 축적, 공유, 관리를 손쉽게 해줌으로써 디지털경영을 가속화시키고 있다. 즉, 대량의 정보를 신속하게 처리할 수 있는 마이크로프로세스의 발달, 디지털화된 정보의 전달을 가능하게 하는 네트워크의 구축, 그리고 컴퓨터와 정보통신의 발달로 경영주체들이 쉽게 정보에 접근하고 이용할 수 있게 되었다.

디지털경영은 단순히 디지털 기술을 생산·활용하는 기업만 해당되는 것이 아니라, 디지털기술과 인터넷의 확산에 의해 촉발되어 구체화되기 시작한 새로운 경영 패러다임을 일컫는다. 즉, 디지털경영은 인터넷과 같은 정보통신기술에 기반하여 전통적인 비즈니스의 제약요인이었던 시간과 공간의 제한을 뛰어넘어 거래기업과 고객들에게 새로운 부가가치의 제공을 통한 조직 전반의 업무처리시간 단축, 생산성 향상, 공급사슬관리, 고객지향적 서비스 제공 등 경영활동의 효율성을 추구하는 경영활동이라고 할 수 있다.

또한 디지털경영은 정보, 통신, 컴퓨터가 융합되는 인터넷의 등장과 보급으로 네트워크화가 진전되면서 개인과 기업, 정부가 전자적으로 연결되어 상거래, 기업구조 및 경영구조의 변화를 초래하고 있다. 그러므로 디지털경영에서는 업무에 대한 전문성을 심화·발전시키기 위하여 계속적인 학습을 통해 새로운 지식과 기술을 연마해야 될 필요성이 있다. 왜냐하면, 부단히 학습하는 조직구성원만이 자기 분야의 전문가로 성장할 수 있으며, 지속적인 경쟁우위를 확보할 수 있기 때문이다. 이러한 디지털경영의 주요한 특징을 정리하면 다음과 같다.

첫째, 글로벌 경영의 확산이다. 기존 기업경영에서의 글로벌화는 재화·노동력 및 자본의 이동 등 물리적·유형적 차원에 머물러 진행속도가 느리고 지리적으로 제한적이었다. 그러나 21세기 말부터 시작된 디지털경영은 지식과 정보와 같은 무형적 자원이 확대됨에 따라 기업의 업무영역이 전 세계로 확대되는 글로벌 경영이 더욱 심화되고 있다.

둘째, 핵심 부가가치 창출과정의 변화이다. 디지털경영에서는 지식, 정보 등이 경영활동에 필수적이며 핵심적인 요소가 된다. 기존의 경영에서는 부가가치를 창출하는 데 물리적 생산활동이 중요하게 간주되었기 때문에 주요 생산요소인 토지, 노동, 자본이 기업 경쟁력 유지의 중요한 역할을 담당하였다. 반면에 디지털경영에서는 지식, 정보 등이 생산과정뿐만 아니라 유통, 소비 등 모든 경영활동에서 부가가치를 높이는 데 중요한 역할을 수행한다.

셋째, 경영환경의 변화이다. 인터넷과 같은 새로운 정보통신기술 등의 신속한 확산에 기반하여 시간과 공간의 구분이 없는 실시간 경영(real time management)이 디지털경영에서 시행되고 있다. 즉, 전사적 자원관리(ERP), 공급사슬관리(SCM), 고객관계관리(CRM), 지식관리(KM) 등에 기반하여 회사 전 부문의 정보를 하나로 통합함으로써 경영자의 빠른 의사결정과 업무 프로세스의 실시간 모니터링, 그리고 지식경영과 업무 프로세스의 연계활용 등의 효과를 이끌어 내는 게 실시간 경영의 목적이다. 예를 들면, RFID를 이용하여 제품 생산, 물류, 재고 등의 과정을 한눈에 추적하는 일, 화상회의시스템을 활용한 국내외 지사나 해외거래선들과의 화상회의를 통한 의사결정의 신속화 등을 들 수 있다.

넷째, 경영활동이 네트워크 구조로 전환되고 있다. 디지털기술의 발달과 더불어 기업조직은 상호 연결된 네트워크 구조를 형성하게 되었다. 기존 경영에서의 조직은 부분별로 독립적인 계층구조를 형성하였다. 반면에 디지털경영조직은 인터넷과 같은 네트워크에 기반하여 모든 부문이 상호 통합된 네트워크 구조를 띠게 된다. 서로 다른 기술과 제품, 서비스를 낮은 거래비용으로 상호 결합하는 것이 가능함에 따라 수평적으로 분화된 조직구조가 효율적이다. 따라서 기업 간 효율적인 네트워크의 구축은 기업성장뿐만 아니라 산업발전에도 중요한 의미를 갖게 된다.

다섯째, 디지털경영의 확산으로 새로운 고부가가치 산업이 핵심산업으로 등장하고 있다. 즉, 기존의 철강, 석유화학, 자동차, 조선 등의 산업에서 컴퓨터·정보통신·디지털콘텐츠 산업 등의 지식정보화 지향적인 산업이 새로운 핵심산업으로 대두되고 있다. 또한 생산자들의 생산성 제고를 위한 서비스 부문과의 연계 강화, 정보 네트워크를 이용한 새로운 서비스 산업의 출현, 그리고 물류·유통·정보통신 등의 산업이 새로운 정보통신서비스와 결합하여 그 영역을 더욱 확대시켜 나가고 있다. 그리고 인터넷 및 전자상거래, 통신과 방송의 융합 및 디지털화 등을 통해 기존에는 존재하지 않았던 새로운 산업 분야가 계속 출현하고 있다.

　마지막으로, 디지털경영에서는 새로운 인재상을 요구한다. 과거에는 한 번 습득한 지식과 기술만으로도 조직에서 안정적인 생활을 영위할 수 있었으며, 비교적 오랜 기간 유용하게 활용할 수 있었다. 즉, 오랜 기간 동일 직종에 근무하면서 학교교육을 통해서 습득한 지식과 기술을 별다른 문제가 없는 한 반복해서 사용할 수 있었다. 그러나 디지털경영의 특성에 기반하여 기업들은 핵심역량 위주로 전문화가 촉진되고 있다. 그러므로 조직구성원 개개인이 자기 분야의 전문성을 심화시키기 위하여 지적인 가치(value)를 스스로 높이는 시대가 도래하였다. 디지털경영조직에서 필요로 하는 인재상은 자기 분야에서 남이 쉽게 모방할 수 없는 차별화된 독특한 핵심역량을 보유하면서 인접 분야에 대한 해박한 지식과 식견을 폭넓게 보유하고 이를 창의적으로 활용할 수 있는 능력이 중요하다.

　이와 같은 디지털경영의 개념에 대한 이해에 기반하여 전통적인 기업경영에서 디지털경영으로의 전환에 따른 조직 측면의 주요한 변화에 대하여 살펴보면 다음과 같다.

3.2 디지털경영과 조직변화

　글로벌 디지털경영의 확산에 따라 많은 기업들이 전통적인 기업경영에서 디지털경영으로 전환하고 있다. 왜냐하면 전통적인 기업경영조직은 새로운 비즈니스의 요구에 신속히 대응하는 데 있어 제한적이기 때문이다. 디지털경영과 전통적인 기업경영에서의 주요한 차이를 정리하면 다음 [표 1−2]와 같다.

　전통적인 기업경영조직은 계층적(hierarchical) 조직구조로서 정보와 지식이 부서 간에 계층적으로 분리되어 관리되었다. 이러한 조직구조의 근원은 상명하달이 용이한 군대에서부터 기원하고 있다. 반면에 디지털경영조직은 인터넷과 정보통신기술에 기반한 네트워크형 조직이다. 그러므로 경영의 초점이 전통적인 기업은 지역에 치중한 반면에 디지털경영조직은 외부의 고객과 시장에 초점을 둔 글로벌 지향적이다. 기업경영의 주요자원에 있어 전통적인 기업경영에서는 자본과 노동이 중요한 요인이었지만 디지털경영에서는 지식과 정보가 핵심적인 자원으로 인식되고 있다.

| 표 1-2 | **전통적인 기업경영과 디지털경영**

구 분	전통적인 기업경영	디지털경영
구 조	계층조직	네트워크조직
초 점	지역적	글로벌
주요자원	자본, 노동	지식, 정보
경영전략	경쟁	협력
조직관리	평가와 보상	위임
학습유형	기술 지향	지식 지향
경영형태	관리경영	자율경영

조직관리적인 측면에서 전통적인 기업경영에서는 조직구성원 간의 경쟁에 의한 평가와 보상에 주안점을 두었다. 그러나 디지털경영에서는 조직구성원 상호 간 협력 (collaboration)과 위임(commitment)이 중요시되고 있다. 그러므로 조직구성원에 대한 학습에 있어 전통적인 기업경영에서는 조직구성원들의 기술에 대한 교육에 치중한 반면에, 디지털경영에서는 조직원들의 사고와 지혜를 함양하기 위한 지식 지향적인 학습에 역점을 두고 있다. 기업경영형태에서도 전통적인 기업경영에서는 관리경영적인 성격이 강한 반면에 디지털경영에서는 역동적이고 글로벌한 기업환경에 능동적으로 대처할 수 있는 자율경영(self management)이 강조되고 있다.

이러한 디지털경영은 조직에게 새로운 인프라 구축을 요구하고 있다. 네트워크화의 진전에 따라 조직구조가 변화되고 있기 때문이다. 디지털경영의 확산에 따른 조직 측면의 주요한 변화에 대하여 살펴보면 다음과 같다. 먼저, 정보와 지식, 창조성과 혁신이 강조되는 디지털경영은 기업과 조직구성원들에게 새로운 기회이자 위협이다. 디지털경영에 있어 가장 큰 영향 요인은 정보통신기술이다. 정보통신기술의 활용이 디지털경영에 미치는 영향은 우선 조직규모의 축소화와 조직구조의 수평화를 들 수 있다. 인트라넷이나 그룹웨어 등의 활용으로 중간관리층의 축소로 조직구조가 수평구조로 전환된다. 즉, 중간관리요원이 담당하던 업무인 효율적인 감독·통제 및 정보전달 기능이 정보통신기술에 의해 대체 가능하게 되었기 때문이다. 정보통신기술이 기획, 연구개발, 생산, 유통, 마케팅 등 디지털경영활동의 모든 과정에서 활용됨으로써 생산

비용 절감과 생산성 향상, 그리고 고부가가치화를 통해 기업의 경쟁력을 제고시키고 있기 때문이다. 예를 들면, 인터넷과 정보통신기술에 기반한 생산자동화와 업무 프로세스의 통합화는 조직을 크게 변화시켜 원자재 조달에서부터 시장의 고객에게 제품을 전달하기까지 전 단계에 걸쳐 기업경영의 효율성을 높이고 있다. 아울러 조직의 모든 정보가 데이터베이스화되면서 정보공유와 업무가 표준화되고 있다.

그리고 기존 '규모의 경제'를 바탕으로 한 대량생산의 수익구조에서 탈피하여 제품과 서비스의 구성을 고부가가치를 창출할 수 있는 지식과 콘텐츠로의 전환이 이루어지고 있다. 디지털경영의 도입에 따라 축적된 제품 및 고객 데이터베이스를 이용하여 잘 팔리는 제품과 잘 안 팔리는 제품을 정확히 예측하여 재고수준을 적정하게 운용함으로써 고부가가치 지향적인 제품 생산과 서비스 향상을 꾀할 수 있다. 또한 디지털경영에서는 소프트웨어나 영상, 음악, 게임, 애니메이션 등과 같은 디지털제품 거래의 증가로 인해 유통비용이 크게 절감되고 있을 뿐만 아니라 디지털 지향적인 새로운 비즈니스가 계속 출현하고 있다.

정보통신기술에 기반한 디지털경영은 고용형태에서도 영향을 미치고 있다. 먼저, 디지털경영에서는 기술의 융합화, 조직의 네트워크화가 진전됨에 따라 고학력·고숙련 인력에 대한 수요가 증가하고 있다. 즉, 디지털경영에서는 기술발전속도가 빠르게 진행되기 때문에 전문인력을 선호하는 고용구조로 급속하게 바뀌고 있다. 또한 정보통신기술의 발달로 인하여 사무 및 영업직의 경우 재택근무 및 원격근로가 활성화되고, 근로시간에 있어서도 탄력적 근로(flexible working time) 등과 같이 고용형태가 다양해지고 있다. 그러므로 디지털경영이 진전될수록 정규직 근로자보다는 임시직, 계약직, 파견직, 파트타임 고용비중이 증가하면서 평생직장 개념이 약해지고 또 다른 직장을 위한 중간 단계라는 의식이 강해지고 있다.

마지막으로, 디지털경영에서 변화의 핵심 중의 하나는 고객 중심이다. 경영환경의 중심이 생산자에서 고객으로 이동함에 따라 기업경영의 패러다임이 변화하고 있다. 인터넷과 정보통신기술에 기반한 디지털경영은 고객과 기업 간의 직거래를 확대하고, 쌍방향 통신이 가능한 인터넷의 특성을 활용하여 고객 지향적 서비스를 제공함으로써 보다 양질의 고객서비스가 가능하게 되었다. 이에 따라 오프라인 기업의 기반인 대리점, 영업사원, 판촉광고물 등을 대체하여 고정비용을 절감할 수 있게 되었다. 최근의 연구보고서에 의

하면 기업의 온라인 매출 중 30% 이상이 새로운 고객으로부터의 추가매출이라고 분석되고 있다. 그러므로 디지털경영에 기반한 기존 산업의 강점과 새로운 산업의 장점을 조화롭게 극대화하기 위한 디지털융합(digital convergence)이 강조되고 있다.

3.3 디지털경영과 정보통신기술

인터넷과 새로운 정보통신기술의 활용에 기반한 디지털경영의 빠른 확산은 조직구조(organizational structures), 비즈니스 환경(business environments), 그리고 기존의 사업구조(old business structures)를 드라마틱하게 변화시키고 있다. 즉, 인터넷과 같은 정보통신기술의 발달에 따라 지리적으로 떨어진 기업활동을 정보통신기술을 통해 상호 조정이 이루어지도록 함으로써 공간적 거리가 극복되었고, 수많은 조직들에 의해 수행되는 다양한 작업들 간의 조정과 통합이 유기적이고 신속하게 이루어지게 되었다. 이러한 배경하에 정보통신기술에 대한 인식과 활용에 대한 새로운 이해와 적용이 요구된다. 기업에서 정보통신기술의 활용에 따른 조직 측면의 주요한 변화와 영향에 대하여 정리하면 다음 [그림 1−4]와 같다.

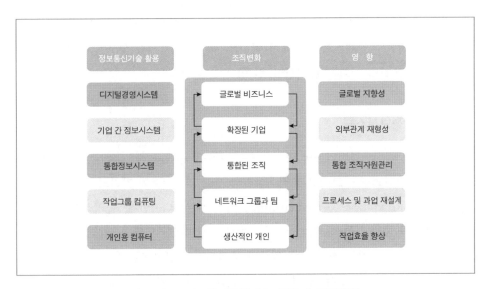

| 그림 1-4 | **정보통신기술 활용과 조직변화**

1) 작업그룹 컴퓨팅

개인용 컴퓨터(personal computer)는 조직 내 모든 작업영역에서 개별 조직구성원들의 업무 생산성 향상을 위해 활용되고 있다. 그러나 개인용 컴퓨터가 조직 내의 다른 컴퓨터들과 네트워크로 연결되지 않을 경우에는 작업그룹 내 구성원들과의 커뮤니케이션에 있어 상당한 어려움에 직면하게 된다. 그러므로 네트워크에 기반한 작업그룹 컴퓨팅(work-group computing)은 개별 조직구성원이나 그룹 간에 자료나 정보, 기타 지식을 용이하게 교환하고 공유할 수 있게 지원한다. 따라서 조직 내에 구현된 작업그룹 컴퓨팅은 조직의 생산성에 직접적인 영향을 미치며, 비즈니스 처리절차 재설계(business process redesign)에 핵심적인 역할을 한다.

조직의 궁극적인 목적은 어떻게 하면 조직 구성원들의 작업 효율성(effectiveness)과 성과(performance)를 향상시키느냐에 있다. 이러한 측면에서 작업그룹 컴퓨팅은 조직구성원들이 수행하는 작업과정을 능률적이게 하거나 혹은 작업의 본질을 변화시킬 수 있다. 그러므로 작업그룹 컴퓨팅을 통하여 비능률적인 작업절차를 간소화하고 생산성을 향상시킴으로써 보다 중요한 조직의 행위(activity)에 조직의 자원과 시간을 재투자할 수 있게 하기 때문이다. 그러므로 인터넷과 최신의 정보통신기술을 활용한 조직의 비효율적인 프로세스의 재설계와 혁신은 시간 절감, 품질 향상, 서비스 질 고양 등을 통하여 조직의 성과를 증대시킬 수 있다.

2) 통합정보시스템

조직에서의 정보통신기술의 활용은 물리적인 자산(physical assets), 재무적인 자원(financial resources), 그리고 조직구성원(people)과 같은 세 가지의 주요한 조직자원을 관리(manage)하고 통제(control)하기 위해 사용된다. 먼저, 물리적인 자산이나 기기의 관리와 통제를 들 수 있다. 이러한 예로는 광범위한 영역의 제품생산과 프로세스를 통제하는 실시간 생산시스템, 원료의 효과적인 저장과 이동을 지원하는 통제시스템, 그리고 생산, 판매, 유통, 사무적인 부문의 장비와 기기를 관리, 운영하는 시스템 등을 예로 들 수 있다. 두 번째는 재무나 회계관리시스템이다. 이러한 시스템은 데이터 프로세싱 부서에 기원을 두고 있다. 이 시스템들은 사무적인 과업을 줄이거나 업무 트랜잭션 처리의 효율성을 향상시키기 위한 것이 주요한 목적이다. 세 번째는 인적자원관리를 위한 시스템이다. 이 시스템은 근로자들의 다양한 작업 기능의 수행을 원활히 하기 위한 관리와 지원에 주안점을 두고 있다. 이러한 시스템의 예로는 사무자동화시스템(office automation systems), 지식관리시스템(knowledge management systems), 인적자원관리시스템(human resource management systems) 등을 예로 들 수 있다.

위에서 살펴본 시스템들은 조직의 개별적인 업무를 지원하기 위한 독립적인 시스템으로 운영되고 있다. 그러나 이러한 시스템들은 시간이 경과함에 따라 시스템 상호 간에 연계가 이루어지지 않은 관계로 인해 기능과 데이터의 중복, 그리고 운영 및 유지보수 비용의 과다 등과 같은 문제점들이 발생하였다. 이러한 문제점들은 정보통신기술의 발전에 의해 기존의 독립적으로 존재하던 시스템들을 전체적인 기업정보시스템 아키텍처(enterprise information systems architecture)라는 틀 안에 통합할 수 있게 되었다. 이렇게 통합된 기업정보시스템 아키텍처는 인터넷과 같은 네트워크에 기반하여 조직의 백본(backbone) 역할을 하고 있다. 이렇게 통합된 정보시스템 아키텍처는 조직의 물리적인 자산, 재무적인 자원, 그리고 인적자원과 같은 세 가지 요소를 효율적으로 관리하기 위한 시스템 기능을 통합하고 있다. 즉, 통합정보시스템 아키텍처는 기업들로 하여금 밀접하게 연계된 기능 지원 및 데이터 중복의 최소화, 조직의 합리적 의사결정을 위한 기업 차원의 양질의 정보제공, 각 비즈니스 단위를 총괄한 업무 프로세스 지원 등을 가능하게 한다.

3) 기업 간 정보시스템

정보통신기술을 활용함에 있어 초기에는 기업의 내부업무에 치중하였던 반면에, 조직의 정보기술 활용능력이 향상됨에 따라서 기업의 통합된 구현 단계를 거쳐 외부 조직과의 연계를 통한 확장된 기업 간 정보시스템으로 발전한다. 즉, 조직 외부의 공급업자, 유통업자, 그리고 소비자와의 연계를 위해 정보시스템의 지원영역도 확대되고 있다. 예를 들면, ① 관광회사, 항공회사, 호텔, 금융기관 간의 연계시스템, ② 생산업자와 유통업자, 그리고 판매업자 간에 연계된 시스템, ③ 세계 각국에 산재한 다국적 조직의 정보시스템 연계 등을 예로 들 수 있다. 이렇게 확장된 기업 간 정보시스템은 고객의 충성도(customer loyalty) 제고, 기업 경쟁력 강화, 제품 유통의 신속화, 양질의 고객서비스 제공, 그리고 비용절감 등의 효과에 영향을 미친다.

현재의 디지털경영에서 정보통신기술의 활용은 기업의 경쟁우위뿐만 아니라 생존에 직접적인 영향을 미치고 있다. 정보시스템 발달 단계 초기의 아메리칸 에어라인의 SABRE 예약시스템이나 American Hospital Supply의 고객 주문시스템 등은 정보통신기술을 활용하여 어떻게 기업 경쟁력을 확보할 수 있는지에 대한 고전적인 예라고 할 수 있다. 이러한 예는 현재의 디지털경영에서 빙산의 일각에 불과하다. 현재는 모바일이나 유비쿼터스 컴퓨팅 기술 등과 같은 최신의 정보기술을 활용하여 사용자가 네트워크나 컴퓨터를 의식하지 않고 장소에 상관없이 자유롭게 네트워크에 접속할 수 있는 정보통신 기반이 조성되고 있다. 그러므로 최신 정보통신기술을 활용한 디지털경영에서의 정보시스템은 네트워크적 연계를 통한 사회적·공간적 거리를 축소시켜 유연한 정보시스템 환경을 제공하며, 전사적 자원관리, 공급사슬관리 및 고객관계관리 등에 있어서 글로벌한 통합 기업정보시스템으로의 확장을 계속하고 있다.

4) 디지털경영시스템

[그림 1-5]에서 보는 바와 같이 이전의 기업경영에서 정보통신기술은 단순히 조직의 기능을 지원하는 수준이었지만, 디지털경영에서는 기술적 기반구조와 경영적 비즈니스 요소가 상호 영향을 주고 받는 글로벌 지향성을 나타내고 있다. 즉, 디지털경영은 기술적인 측면에서 웹 서버, 애플리케이션 서버, 그리고 데이터베이스 서버에 기반하여 기업과 기업(B-to-B), 기업과 소비자 간(B-to-C)의 비즈니스 트랜잭션(business transactions)을 시스템적으로 연계하는 다층구조로서 보안시스템, 검색시스템, 협상시스템, 구매시스템, 지불시스템, 그리고 물류시스템 등과 같은 기술 기반구조로 이루어져 있다. 이러한 기술적 측면의 디지털경영시스템 아키텍처에 기반하여 조직들은 경영적 측면에서 기존의 시스템과는 차별화된 새로운 비즈니스 모델의 개발과 기존 비즈니스의 확장을 수행할 수 있게 되었다. 또한 디지털경영시스템에 근거하여

조직들은 접촉, 탐색, 협상, 계약, 지불, 그리고 물류와 같은 기업 간(B-to-B) 트랜잭션뿐만 아니라 접촉, 탐색, 지불, 배송과 같은 기업과 소비자 간(B-to-C) 비즈니스 트랜잭션을 수행하고 있다.

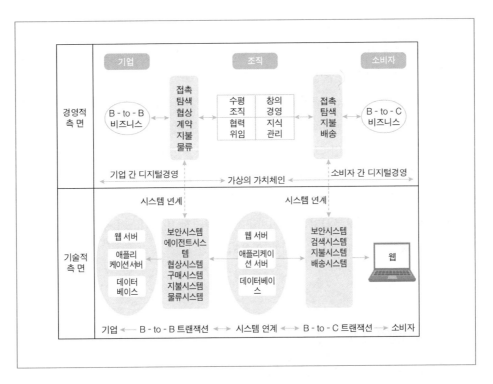

| 그림 1-5 | **디지털경영시스템 아키텍처**

디지털경영시스템은 단순히 디지털경영의 수행과 직접 연관된 기술적 측면에만 국한되지 않고, 디지털경영에 관련된 경영적 요소를 포괄적으로 지원하고 있다. 예를 들면, 디지털경영시스템의 기술적 구성요소인 웹 서버, 애플리케이션 서버, 데이터베이스 서버는 안전한 전자거래를 지원하기 위한 보안시스템, 검색시스템, 협상시스템, 구매시스템, 지불시스템, 물류시스템 등과 시스템적으로 연계되어 있다. 이러한 아키텍처에 기반하여 기업 간(B-to-B) 디지털경영과 기업과 소비자 간(B-to-C) 디지털경영의 주요 기능인 보안(security), 탐색(searching), 협상(negotiation), 지불

(payment), 그리고 배송(delivery)과 같은 비즈니스 트랜잭션(business transaction)이 수행되고 있다. 그러므로 경영적 측면의 비즈니스 활동은 기술적 측면의 구성요소와 상호 영향을 주고받는 아주 밀접한 관계임을 알 수 있다.

본 절에서 살펴본 내용을 전체적으로 요약하면, 과거에는 조직구성원의 업무 생산성 향상을 위해 사용된 정보통신기술이 인터넷과 같은 최신의 정보통신기술의 등장으로 인해 기업 외부의 공급업자, 협력업체, 고객을 포괄하는 확장된 디지털경영시스템으로 활용되고 있다. 즉, 디지털경영에서의 정보통신기술은 조직의 최종사용자에 의한 개별 애플리케이션(personal applications), 조직 내의 팀(team)이나 조직을 가로지르는 기능을 지원하는 작업 그룹 애플리케이션(work-group applications), 협력기업과 고객을 포괄하는 광범위한 영역을 지원하는 통합 기업 애플리케이션(corporate applications), 유무선 인터넷 정보통신기술에 기반하여 글로벌 연계에 의한 기업 간 정보시스템, 그리고 정보통신기술의 기반구조와 경영적 비즈니스가 상호 영향을 주고받는 디지털경영시스템과 같이 폭넓게 활용되고 있다.

제4절 디지털경영의 개념

인터넷과 최신 정보통신기술의 발달로 인하여 디지털경영의 성격이 계속 진화하고 있다. 오늘날 정보통신기술의 활용은 디지털경영의 실행에서 핵심적인 요소로서 자리잡으며, 디지털경영의 주요한 특징 중의 하나는 경영과 정보통신기술의 상호작용성이 크게 강화되고 있다는 점을 들 수 있다. 선도적인 기업의 경우는 정보통신기술이 업무 프로세스와 비즈니스 모델의 핵심동인으로서 디지털경영을 견인하고 있다. 정보통신기술의 계속적인 진화와 발전은 디지털경영의 성격에 많은 변화를 가져왔다. 즉, [표 1-3]에서 보는 바와 같이 디지털경영은 크게 세 가지로 구성되어 있다. 즉, 유·무선 인터넷에 기반한 e-비즈니스 경영, 무선 통신기술의 활용에 기반한 모바일 비즈니스 경영, 그리고 센서와 사물인터넷(IoT) 기술에 근거한 유비쿼터스 경영으로 구분할 수 있다.

e-비즈니스 경영 단계에서는 유·무선 인터넷에 기반하여 조직 내외에서 발생한 정보의 통합을 통한 업무 효율성 향상을 목표로 한다. 이 시기의 대표적인 시스템의 예로서는 ERP(Enterprise Resource Planning), SCM(Supply Chain Management), CRM(Customer Relationship Management)을 들 수 있다.

모바일 비즈니스 경영 단계에서는 그동안 축적된 정보를 활용하여 지식에 대한 의미를 부여하고 활용이 증가하는 단계이다. 즉, e-비즈니스 경영에서 축적된 정보에 기반하여 사회의 여러 구성원들이 무선 통신기술을 활용하여 자유롭게 이동하면서 다양한 사회적 활동과 연계가 이루어진다. 모바일 페이스북(Facebook), 카카오톡(KakaoTalk), 밴드(Band) 등과 같은 모바일 SNS의 활용이 조직과 개인에게 빠르게 확산되는 단계이다.

| 표 1-3 | **디지털경영의 구성**

구 분	디지털경영		
	e-비즈니스 경영	모바일 비즈니스 경영	유비쿼터스 비즈니스 경영
기 술	유·무선 인터넷	무선 통신기술	IoT, 센서
처 리	정보	지식	지능
지 원	통합	이동	초실감
목 표	효율화	연계화	스마트화
범 위	조직	사회	환경
예 제	ERP, SCM, CRM	모바일 SNS	O-To-O 시스템

유비쿼터스 비즈니스 경영은 센서나 사물인터넷(IoT) 기술에 근거하여 지금까지 축적된 정보와 지식의 활용이 더욱 스마트화되는 디지털 지능 단계로 발전한다. 온라인(online)과 오프라인(offline)이 연동되어 고도의 지식이 발생, 축적, 공유되고, 창조적 활용이 확대되는 초실감 환경이 이루어지면서 지능성이 고도화된다.

토의문제

1. 디지털경제가 출현하게 된 배경에 대하여 설명하시오.
2. 디지털경제의 확산으로 인해 여러 가지 측면에서 패러다임의 변화가 야기되고 있다. 이러한 주요 변화에 대하여 적절한 예를 들어서 토의해 보자.
3. 전통적인 기업경영과 디지털경영을 비교하여 주요한 특징에 대하여 비교·설명하시오.
4. 디지털경영에서 정보통신기술 활용에 따른 조직 측면의 주요한 변화와 영향에 대하여 설명하시오.
5. 디지털경영을 e-비즈니스 경영, 모바일 비즈니스 경영, 그리고 유비쿼터스 비즈니스 경영 단계로 구분하여 주요한 특징에 대하여 설명하시오.

참고문헌

Chaffey, D., Hemphill, T., and Edmundson−Bird D., *Digital Business & E−Commerce Management*, Pearson, 2019.

Evans, N., *Mastering Digital Business: How Powerful Combinations of Disruptive Technologies Are Enabling the Next Wave of Digital Transformation*, BCS, 2017.

Gupta, S., *Driving Digital Strategy: A Guide to Reimagining Your Business*, Harvard Business Press, 2019.

Kreutzer, R. T., Neugebauer, T., Pattloch, A., *Digital Business Leadership: Digital Transformation, Business Model Innovation, Agile Organization, Change Management*, Springer, 2019.

Laudon, K. C. and Laudon, J. P., *Management Information System*, Pearson, 2022.

Liebana, F. and Kalini, Z., *Impact of Mobile Services on Business Development and E−Commerce*, IGI Global, 2019.

Parker, P. M., *Mobile Enterprise Business Applications*, IGI Global, 2019.

Ross, J. W., Beath, C. M., Mocker, M., *Designed for Digital: How to Architect Your Business for Sustained Success*, The Mit Press, 2021.

Schank, M., *Digital Transformation Success: Achieving Alignment and Delivering Results with the Process Inventory Framework*, Apress, 2023.

Tapscott, D., *Blueprint to the Digital Economy*, McGraw Hill, 1998.

Tapscott, D., *The Digital Economy Anniversary Edition: Rethinking Promise and Peril in the Age of Networked Intelligence*, McGraw Hill, 2014.

Venkatraman, V., *The Digital Matrix: New Rules for Business Transformation Through Technology*, LifeTree media, 2023.

다양한 경제주체들이 공생할 수 있는 생태계를 구축하는 플랫폼 비즈니스가 디지털경영의 핵심적 전략이 되고 있고 있다. 한 예로 애플은 앱스토어라는 플랫폼을 들고 나오면서 그저 소비의 주체로만 인식되었던 휴대폰 사용자들에게 소비자이자 생산자, 즉 프로슈머 역할을 할 수 있도록 하는 비즈니스 모델을 제공했다. 플랫폼 비즈니스는 이제 비즈니스 전략의 핵심 주제가 되고 있다. 예를 들어, 동영상 스트리밍 서비스의 선두주자인 넷플릭스는 미디어산업의 지형을 바꾸고 있다. 구글은 검색 플랫폼으로 검색자와 광고주를 연결해 주는 효과적인 시장을 구축하였다. 차기 플랫폼으로는 모바일 결제, 사물인터넷, 인공지능, 헬스케어, 빅데이터 분석 등을 들 수 있다. 사용자가 많아질수록 더 많은 사용자와 기업, 경제주체 등이 플랫폼에 모이고, 이들이 시너지 효과를 내면서 새로운 시장을 만들어 내는 선순환구조이다.

플랫폼은 쉽게 말해 '정거장'으로 볼 수 있다. 도처의 소비자들을 끌어 모을 수 있는 다양한 서비스를 한 번에 제공하는 게 강점이다. 구글의 안드로이드와 애플의 iOS 같은 '운영체제'도 대표적인 플랫폼이다. 이를 매개로 다양한 앱 개발자와 소비자들이 연결된다. 이 같은 '플랫폼 혁신'이 최근 IT업계뿐 아니라 제조업 전반에서 유행처럼 번지고 있다. 미국에서 가장 혁신적으로 평가받는 기업들은 '플랫폼 전략'을 도입해 몸값을 높이고 있다.

미국의 네스트 랩스도 주력상품인 '스마트 온도조절기'를 중심으로 플랫폼을 구축했다. 이 제품은 사용자가 선호하는 온도나 외출 여부·행동패턴 등을 분석해 최적화된 온도를 계산해 자동 실행한다. 이때 쌓이는 방대한 자료를 다양한 업체들과 공유한다. LG같은 가전업체부터 구글 등 소프트웨어 업체와 ADT 같은 보안서비스 업체 등 50여 곳에서 이 플랫폼에 참가할 정도다. 네스트 랩스는 이 전략으로 연간 3억 달러 넘는 매출을 기록하는 잠재력을 입증했다. 이에 주목한 구글은 2014년 32억 달러를 주고 네스트를 인수했다.

산업 플랫폼의 선두주자로 전기차 업체 테슬라를 빼놓을 수 없다. 테슬라는 '영업비밀'과 '특허 싸움'으로 점철된 자동차 업계에서 '핵심 특허 공유'라는 역발상의 카드를 꺼냈다. 전력 공급시스템과 배터리 생산, 전력 충전 부문의 업계 최고 기술력을 만천하에 공개한 것이다. 특히 해당 산업에서 핵심 진입장벽인 '배터리 관리' 기술도 널리 공유했다. 왜 이런 일을 자청한 것일까? 바로 '후발주자'들을 흡수하기 위해 서였다. 테슬라 특허를 활용해 전기차 개발에 착수한 업체들은 향후 후속 사업에서도 테슬라 기술에 의지한다는 것이다. 무역협회 미래무역연구실 연구원은 "안드로이드를 무료로 공개한 구글이 모바일 운영체제 점유율 1위를 유지하듯 테슬라도 업계의 글로벌 표준 플랫폼으로 우뚝 서겠다는 전략"이라고 했다. 이 같은 '경계 허물기'는 제품·기술 우위에만 기대어 경쟁하던 시대가 끝나가기 때문이다. 특히 소비자들이 원하는 게 다양해졌고 제품을 바꾸는 주기가 짧아졌으며 기술 발전에 따라 거리가 멀었던 산업군의 융합 가능성이 높아졌다. 이 때문에 '제품 차별화'로 골치를 앓던 회사들이 플랫폼을 통한 새로운 생태계 조성에 박차를 가하고 있다.

'협력'을 플랫폼으로 응용해 성공한 기업도 있다. 130년 역사의 GE는 혁신적 상품 생산을 위해 회사 밖에서 아이디어를 찾는다. GE엔 2014년 설립한 '퍼스트 빌드'라는 비즈니스 플랫폼이 있다. 디자이너·엔지니어·일반소비자 등 다양한 참가자들이 아이디어 발굴부터 제품 생산까지 자유롭게 참여해 머리를 맞댄다. 대형 제조업체로서는 최초의 시도였다. GE가 변신을 거듭해 '스마트 공장' 등에서 성과를 낼 수 있던 것도 이처럼 열린 시스템 덕분이었다.

전문가들은 '제조업 위기'의 화두 속에서 한국 업체들도 이 같은 '플랫폼' 전략에 귀 기울일 필요가 있다고 강조한다. 현대경제연구원 산업연구실장은 "사물인터넷(IoT) 시대 이후의 제조업은 더 이상 기술이나 제품에 한정해 시야를 가둬선 안 된다"며 "서비스 산업과 자유롭게 연결될 수 있는 기회를 먼저 생각하고 발굴해야 한다"고 강조했다. 한국 기업들도 플랫폼에서 미래 먹거리를 찾아 나서야 된다. 모두가 공생할 수 있는 장을 만들면 파괴라는 위기를 기회로 바꿀 수 있다. 글로벌 시가 총액 10위에 랭크되어 있는 대다수도 플랫폼 기업이다. 예를 들어 애플, 알파벳, 아마존, 마이크로소프트, 텐센트, 페이스북, 버커셔해서웨이, 알리바바, JP모건, 존슨&존슨이 2018년도 글로벌 시가총액 10위 기업들인데, 7개가 플랫폼기업이다. 10년 전만 해도 엑손 모빌, 페트로브라스, 중국공상은행 등 에너지와 은행, 금융 분야의 전통 거대 기업들이 상위권에 포진되어 있던 것과 비교해보면 놀라운 변화이다.

에어비앤비의 시장가치는 매리어트 호텔을 넘어섰고, 우버는 BMW직원 수의 10분의 1수준으로 BMW의 가치를 추월하였다. 애플 역시 훌륭한 제품이 큰 몫을 했지만 앱스토어를 도입한 후 노키아와 블랙베리를 추월하였다. 제품이나 서비스를 만들어 고객에게 일방적으로 판매하는 비즈니스 모델보다 여러 이해 관계자들 간의 상호 작용을 촉진하고 거래비용을 줄이면서 새로운 경제적 가치를 창출하는 플랫폼을 성공적으로 운영하는 기업이 시장을 지배하며 급성장하고 있다. 이제는 플랫폼 기업의 시대이다(MOT Consultant, 2019. 1. 2).

스마트폰 기반 디지털 플랫폼 비즈니스

정보사회와 함께 대거 등장한 플랫폼은 기본적으로 인터넷을 매개로 한 온라인 플랫폼이고 디지털 플랫폼이다. 스마트폰에서는 그것이 앱으로 구현된다. 각 분야별로 정보검색의 포털을 비롯하여 새벽배송 서비스의 대명사인 쿠팡과 마켓컬리, 각종 온라인 쇼핑몰, 음식배달, 택시호출, 중고거래, 야놀자 등 이루 말할 수 없는 아이템이 플랫폼으로 비즈니스화되어 있고 우린 편하게 이용하고 있다. 국내 유통업에서 온라인 유통의 비중이 50%를 넘었다.

엔터테인먼트와 미디어도 마찬가지다. 빅히트엔터도 사명을 하이브로 바꾸고 사업 구조를 플랫폼 비즈니스로 전환시켰는데 바로 '위버스'다. BTS, 저스틴 비버도 여기에서 활동하고 있다. 쿠팡의 사례는 논외로 하고 상장 준비 중인 중고거래플랫폼 당근마켓의 2021년도 추정 기업가치는 3조에 이른다. 제페토는 메타버스 플랫폼으로 이용자의 90%는 해외에 있다. 포브스가 발표한 2021년 세계 10대 갑부 중 1위 아마존의 제프 베이조스 5위 페이스북(현, 메타)의 마크 저커버그, 7위 구글의 창업자 레리 페이지 등 5명이 플랫폼 비즈니스 창업자이다. 한국의 경우도 카카오의 김범수 의장, 쿠팡의 김범석 대표가 상위를 기록하고 있으며 20위 안에 IT관련 회사 창업자 8명이 포진되어 있으며 이들의 비즈니스는 기본적으로 플랫폼과 연결되어 있다. 4차 산업혁명은 기본적으로 융합 비즈니스이고 산업적으로는 상당 부분 플랫폼을 매개로 성장하게 된다. 스마트폰의 보급과 함께 확산된 온라인 플랫폼은 코로나 상황을 거치면서 언택(Untact)을 온택(online contact)으로 바꾸면서 우리 삶에 깊숙이 스며들었다. 이미 우리 사회는 4차 산업혁명의 파도를 타기 시작했다(kgnews, 2022. 1. 24; 이투데이, 2024. 2. 26).

1. 디지털경영 시대에서는 플랫폼 기반 비즈니스의 중요성이 날로 증대하고 있다. 이에 대하여 토론해 보자.
2. 스마트폰 기반 온라인 플랫폼 비즈니스의 예를 들고 설명해 보자.
3. 아날로그와 디지털이 융합되거나 혹은 온라인-오프라인이 융합된 플랫폼 비즈니스의 예를 들고 토의해 보자.

"여러분의 포트폴리오에는 'FANG'이 있나요?" 2013년 9월 미국 경제 매체 CNBC 진행자 짐 크레이머가 방송에서 던진 이 질문에서 처음으로 'FANG(페이스북·아마존·넷플릭스·구글)'이라는 용어가 등장했다. 이 네 기업을 '미래를 대표하고, 시장 지배적 지위를 가진 회사'라고 정의했다. 월가(街)는 여기에 스마트폰 시장을 선도하는 애플을 추가해 'FAANG'이라 불렀고, 현재까지 FAANG은 미국 성장주와 빅테크를 대표하는 용어로 널리 사용되고 있다. 특히 2020년 코로나 팬데믹(대유행)이 터진 뒤 FAANG 기업들의 주가는 고공 행진을 이어갔다. 비대면 사회로 전환하면서 광고 수요가 온라인으로 몰리고, 전자상거래·클라우드·온라인 구독 서비스 등 FAANG 기업의 핵심 사업 실적이 수직 상승했기 때문이다.

이렇게 한 몸처럼 움직이며 미 증시의 엔진 역할을 해왔던 FAANG의 탈동조화는 작년 4분기 실적 발표를 계기로 정점을 찍었다.

경쟁 심화에 고꾸라진 'F'와 'N'

페이스북은 4분기 실적 발표 다음 날 하루 만에 주가가 26% 떨어지면서 시가총액 2320억 달러가 증발했다. 넷플릭스 역시 주가가 하루 만에 22% 폭락하며, 10년 만에 가장 큰 낙폭을 기록했다. 두 회사가 투자자들의 외면을 받은 건 크레이머가 FAANG의 요건으로 꼽던 '시장 지배적 지위'를 잃었기 때문이다. 페이스북과 넷플릭스는 원래 소셜미디어와 OTT(온라인 동영상 서비스) 시장을 독점하는 기업이었다. 그러나 최근 경쟁 기업들의 도전에 따른 성장 둔화가 두드러지게 나타났다. 페이스북은 일일 활성 사용자수(DAU)가 지난 분기보다 100만명이나 줄었다. 페이스북 18년 역사상 첫 역성장이다. 페이스북은 틱톡으로 이탈하는 Z세대를 잡기 위해 틱톡과 유사한 인스타그램 릴스를 출시했으나, 이는 오히려 페이스북 수익성을 악화시키는 요인이 되고 있다. 전통적인 페이스북의 뉴스피드 형식에 비해 릴스에선 광고를 노출하기 어렵기 때문이다.

넷플릭스 역시 가입자 성장세가 눈에 띄게 둔화되고 있다. 지난해 신규 가입자

수는 1820만 명으로 2020년(3360만 명)보다 절반 가까이 줄었다. 전망도 좋지 않다. 넷플릭스는 "지난 2년간 전 세계 엔터테인먼트 회사들이 스트리밍 서비스를 개발하면서 경쟁이 심화됐다"고 했다. 미국 OTT 시장의 넷플릭스 점유율은 33%에 달했으나, 작년 3분기엔 27%로 떨어졌다. 대신 아마존 프라임 비디오(21%), 디즈니 플러스(14%), 훌루(13%), HBO 맥스(10%) 등이 두 자릿수 점유율을 기록하며 치고 올라왔다. 스트리밍 경쟁이 치열해질수록 넷플릭스는 콘텐츠 제작에 막대한 비용을 쏟아부을 수밖에 없다.

여전히 탄탄한 '트리플A'

반면 애플과 구글(알파벳), 아마존 등 '트리플A'는 견고한 시장 지배적 지위를 재확인하였다. 애플은 공급망 우려에도 불구하고 사상 최대 매출을 올렸다. 애플 4분기 매출은 1239억달러로 전년보다 11% 증가했다. 애플은 지난 4분기 중국 스마트폰 시장 점유율 23%를 차지하며 중국 브랜드를 제치고 6년 만에 중국 시장 1위를 탈환했다. 특히 앱스토어와 애플 뮤직, 애플TV플러스 등 구독 서비스를 합친 서비스 부문 매출이 전년보다 24%나 증가했다.

구글 역시 온라인 광고 시장을 장악하며 블록버스터급 실적을 기록했다. 구글 매출은 753억 3000만 달러로 전년보다 32% 증가했다. 주력 사업인 온라인 광고 매출이 전년보다 33% 성장했다. 구글의 온라인 광고 시장 점유율은 지난해 44.3%로 늘었다. 애플과 구글이 핵심 사업의 경쟁력을 유지한 덕분에 괴물 같은 실적을 냈다면, 아마존은 균형 잡힌 포트폴리오 덕분에 위기를 탈출한 케이스다. 공급망 혼란에 따른 비용 상승으로 전자상거래 시장에서 어려움을 겪고 있는 아마존은 클라우드 사업과 온라인 광고 수익이 빠르게 성장하면서 부진을 만회했다. 클라우드 시장에서 압도적 1위를 차지하고 있는 사업인 AWS 매출은 177.8억 달러로 전년보다 40% 가까이 증가했다. 온라인 광고 매출 역시 전년보다 32% 증가했다. 아마존 프라임 멤버십 가격 17% 인상 역시 호재로 받아들여진다.

FAANG의 열등생으로 전락한 페이스북은 사명을 '메타(Meta)'로 변경하며 '메타버스(Metaverse·3차원 가상 세계)'를 신사업으로 내세우고 있다. 그러나 저커버그 CEO마저 메타버스 환경이 실현되려면 10년이 걸릴 것으로 예상하고 있다. 메타버스 사업분야 AR·VR기기 부서인 리얼리티 랩스의 지난해 순손실은 102억달러에 달한다.

넷플릭스는 성장 정체의 돌파구로 '게임'을 선택했다. 넷플릭스 CEO는 "우리는 게임업계에서 차별화된 능력을 갖춰야 한다"며 "단지 업계 내에 있는 게 아니라 업계에서 최고가 되는 게 목표"라고 했다. 넷플릭스는 작년 11월부터 안드로이드와 iOS 환경에서 구동할 수 있는 모바일 게임을 잇따라 출시했다. 넷플릭스 구독 회원이라면 별도 요금 없이 이용할 수 있다. 다만 아직까지는 굵직한 흥행작을 내지는 못하고 있는 상황이다. 회사가 선보인 게임들도 대부분 카드, 슈팅 같은 단순 장르로 게임 마니아들의 시선을 끌기엔 부족하다는 평가다.

'MANTA'로 움직이는 새 지형

FAANG의 시대가 저물면서 월가에선 기술주를 대표하는 새로운 조어가 등장하고 있다. CNN은 지난해 말 골드만삭스의 분석 결과를 바탕으로 'MANTA(MS·애플·엔비디아·테슬라·알파벳)'라는 새로운 조어를 선보였다.

MS의 시가총액 기준은 늘 기술주 상위에 있었으나, PC 운영체제 '윈도'의 이미지가 워낙 강한 탓에 모바일 기반의 혁신 기업들로 꼽히는 FAANG에서 소외됐다. 그러나 팬데믹 이후 클라우드 서비스 '애저(Azure)' 매출이 가파르게 상승하면서 새로운 전환점을 맞았다. 작년 4분기 애저를 포함한 MS의 전체 클라우드 매출은 전년보다 32% 증가한 221억 달러를 기록했고, 애저 매출은 46% 성장했다. MS가 차세대 성장 동력으로 꼽는 게임 사업 역시 순항 중이다. MS의 구독형 클라우드 게임 서비스 '엑스박스 게임패스' 구독자는 2500만 명으로 1년 전보다 39% 늘었다. 아직 소니의 '플레이스테이션 플러스' 구독자(4700만 명)에는 한참 못 미친다. 다만 MS가 지난달 발표한 북미 최대 게임사 액티비전 블리자드 인수를 잘 마무리 짓는다면 판도가 뒤집힐 수 있다.

테슬라와 엔비디아 역시 새로운 빅테크 지형을 주도할 기업으로 꼽힌다. 전기차 시장을 선도하는 테슬라의 작년 4분기 매출은 전년보다 65%, 순이익은 전년보다 760% 증가했다. 그래픽처리장치(GPU) 기업 엔비디아는 반도체 기업 최초로 시총 1조 달러 클럽에 도전하고 있다. 펀드스트랫 자산운용은 보고서에서 "FAANG의 N을 엔비디아가 대체해야 한다"며 "엔비디아는 비디오게임과 가상화폐, 인공지능, 메타버스에 이르기까지 거의 모든 유망 산업에 진출해 있으며, 지속적으로 강력한 성장을 이룰 것"이라고 했다(조선일보, 2022. 2. 17).

토의문제

1. 아마존의 클라우드 사업인 아마존웹서비스(AWS)에 대하여 토의해 보자.
2. 페이스북이 추진하는 Metaverse사업의 미래가치에 대해 토론해 보자.
3. MS가 차세대 게임사업에 투자한 이유와 성공요인에 대하여 토의해 보자.
4. FAANG과 MANTA가 우리에게 주는 시사점에 대하여 토론해 보자.

CHAPTER
02

e-비즈니스 경영

학습목표

- e-비즈니스와 전자상거래의 개념적 관계에 대하여 학습한다.
- e-비즈니스 프레임워크에서 마이크로 요인과 매크로 측면의 주요 이슈들에 대하여 학습한다.
- e-비즈니스의 혜택에 대하여 학습한다.
- e-비즈니스의 진화 단계별로 주요한 특징에 대하여 학습한다.

'유통, 물류, 전자, ICT, 콘텐츠' 1994년 작은 온라인 서점으로 출발한 미국 아마존이 오늘날 손대고 있는 업종이다. 온라인으로 안 파는 물건이 드물다. 클라우드 서비스에, 태블릿 PC나 인공지능 스피커도 만든다. 드라마와 영화를 만들고, 배급까지한다. 드론과 로봇으로 물류관리를 하는 것도 아마존의 사업영역이다. 최근엔 오프라인에 서점과 쇼핑몰을 잇따라 열며 현실세계에서도 존재감을 확대하고 있다.

이쯤 되면 '문어발' 기업이 따로 없다. 오죽하면 '미국에 아마존의 경쟁사가 아닌회사가 없다'는 우스갯소리까지 나올 정도다. 아마존은 클라우드 서비스에서 IBM, MS와 경쟁하고, 전자상거래에선 월마트, 이베이와 순위를 겨룬다. IT 생태계 패권을 놓고는 애플, 구글과 맞선다. 아마존의 라이벌은 해당 분야에서 말 그대로 극강이다. 그 극강 라이벌들을 상대로 한꺼번에 전쟁을 수행하고 있는 셈이다. 이런 동시다발적인 전선 때문에 핵심역량을 저해할 수 있다는 우려가 끊이지 않는다. 아툴 텍찬다니 캘리포니아주립대 교수(경영학)는 "아마존의 핵심역량은 전자상거래였다. 그러나 최근엔 전자상거래와 아무 상관이 없는 콘텐츠 배급과 로봇 제조로 눈을 돌리고 있다"며 "핵심역량이 불확실해지는 것은 기업의 앞날이 위험하다는 신호"라고 경고했다. 드라마 제작을 선언하고, 로봇 제조업체를 인수하는 등 공격적인 확장에 나서던 2012년이었다.

그런데 이런 진단은 지금까진 기우로 받아들여지는 분위기다. 아마존의 기세가좀처럼 꺾이지 않고 있어서다. 아마존의 설립 이래 25년간 무서운 성장세는 문어발 경영을 기업의 핵심역량을 저해하는 대표적인 기피 사례로 여기던 기존 경영학의 통념을 완전히 깨고 있다.

"아마존의 미래 위험" 학자들 진단은 기우

이런 일이 가능한 이유는 의외로 단순하다. 아마존의 수많은 사업은 중구난방처럼 보이지만 사실은 하나의 목적을 향하고 있다. 아마존의 모든 서비스를 엮은 전방위 플랫폼을 고객의 일상에 정착시키는 게 그 목적이다. 아마존 설립자 제프 베조스는 "우리는 완전히 새로운 것을 만들고자 한다. '아마존이 되고자 하는 것'이란 표현은 존재하지 않는다"고 말했다. 기존 업종의 틀에 얽매이지 않겠다는 의미다.

아마존의 가장 큰 강점은 물류와 데이터를 동시에 거머쥐고 있다는 점이다. 이를 활용해 아마존은 소비자의 오프라인과 온라인을 연결하는 서비스를 제공한다. 대표적인 제품이 2014년 출시한 '아마존 대시'다. 손가락만 한 스위치 모양의 아마존 대시는 휴지, 세제처럼 자주 주문하는 소모품을 누르기만 하면 자동 주문해 주는 일종의 간편 주문 시스템이다. 굳이 마트에 가거나 온라인 쇼핑몰에 접속할 필요없이 집 안이나 사무실에 부착해 놓은 아마존 대시 버튼을 누르면 평소 쓰던 제품이 자동으로 주문돼 몇 시간 내로 배송된다. 온·오프라인을 넘나드는 아마존의 사업역량이 얼마나 손쉽게 소비자의 일상에 침투하는지 보여 주는 기술이다. 지난해 아마존 대시를 이용한 물품 주문량은 전년 대비 5배 증가했다.

이런 아마존식 문어발 경영이 구축한 생태계는 소비자에게 포기하기 어려운 안락함을 제공한다. 아마존의 회원제 서비스인 '아마존 프라임'은 한 달 11달러 비용으로 회원 한정 할인, 무료 특급 배송, 클라우드 제공, 아마존 프라임 비디오·뮤직, 무료 전자책과 같은 50여 가지 혜택을 누릴 수 있다. 미국 경제지 패스트컴퍼니의 분석에 따르면 아마존 프라임 회원은 매년 비회원보다 4배 이상 많은 평균 2,500달러를 아마존에 쓴다. 패스트컴퍼니는 "프라임 회원이 많아질수록 아마존은 더 방대한 고객 데이터를 손에 넣어 아마존 대시처럼 고객의 취향에 맞는 새 서비스를 개발할 수 있다"고 분석했다. 그렇다고 아마존이 이익을 많이 내는 건 아니다. 지난해 순이익은 24억 달러로 순이익률은 1.74%에 불과하다. 이윤을 고려하지 않는 파격적인 가격정책과 활발한 재투자 때문이다. 이에 대해 이코노미스트는 "아마존 기업가치의 92%는 2020년 이후 발생할 것으로 기대되는 이익에서 나온다"고 분석했다. 장기적 관점에서 시장을 장악하게 될 것이란 얘기다.

베조스의 장기 로드맵

아마존 신화 뒤에는 베조스의 독특한 경영법이 자리 잡고 있다. 베조스는 포브스와의 인터뷰에서 '차별화된 아이디어'와 '장기적 사고', '실패의 중요성'을 강조했다. 그는 "기존 기업에선 새로운 아이디어를 내면 직속 상사뿐만 아니라 상사의 상사까지 설득해야 하고, 그 과정에서 아이디어 대부분이 사장된다"며 "그래서 작고 민첩한 스타트업(신생 벤처기업)이 거대 기업을 넘어설 수 있다"고 말했다. 베조스는 또 아이디어를 선별하는 방법에 독창성이 있어야 하며, 규모의 경제가 가능해야 한다고 설명했다. 사업을 충분한 규모로 키울 수 있는 아이디어가 중요하다는 것이다. 또 충분한 수익률, 즉 높은 투자수익률(ROI)을 낼 수 있는 아이디어여야 한다고 덧붙였다. 베조스는 아마존은 수많은 시행착오를 겪었다며 '실패'의 중요성을 강조했다. 스마트폰 파이어폰과 전자책 킨들 등은 아마존이 실패를 통해 배운 사례로 꼽힌다. 베조스는 "(파이어폰 등) 수많은 하드웨어 생산과 판매 경험이 AI 음성인식 비서인 '에코' 시스템을 안착시키는 데 도움을 줬다"고 말했다. 베조스는 "나는 대부분 2, 3년 뒤 일어날 일을 한다"며 자신이 하는 일 대부분이 장기 로드맵을 그리는 것이라고 설명했다. 아마존은 배당을 하지 않고 번 돈을 미래를 위해 몽땅 투자하고 있다.

"세상에 AI가 개선 못할 영역 없다"

아마존은 최근 헬스케어와 온라인 광고, 엔터테인먼트 등으로 사업 영역을 넓혀가고 있다. 올해 광고수입은 작년의 두 배가 넘는 80억 달러를 웃돌 것으로 전망된다. 1억 명이 넘는 프라임 회원과 그들의 소비행태 데이터, 이를 분석하는 AI 기술을 갖췄다. 기존 온라인 광고 시장의 맹주인 페이스북과 구글이 긴장하는 이유다. 아마존은 올해 콘텐츠 투자에만 50억달러를 쏟아 붓는다. 넷플릭스(80억달러)에 이은 2위다. 헬스케어산업에선 금융사 JP모간체이스, 투자회사 벅셔해서웨이와 손잡고 건강관리회사를 세웠다. 베조스는 "민간 사업이든 정부 서비스든 AI가 개선하지 못할 영역은 없다"고 말했다. 아마존의 성장성을 위협하는 가장 큰 요인은 정부 규제다. 아마존에 시장을 잠식당한 기존 기업들과 전통 유통매장들이 실직자를 쏟아낼 것이고 그들이 정치인을 움직일 수 있기 때문이다. 블룸버그는 아마존에 대한 정치권 및 일반 여론이 좋지만은 않다고 지적했다(한국경제, 2018. 9. 5).

포스트 팬데믹 이후 아마존에서 살아남기

코로나19 이후 미국에서는 아마존으로 트래픽이 몰리고 있다. 셧다운 당시 입점이 이미 되어 있는 제품들은 판매가 일시적으로 늘어나는 호재를 경험했을 것이다. 하지만 오프라인으로 판매를 하지 못하는 상황이 지속되면서 수많은 기업이 아마존 진출을 하게 됐다. 2020년 5월부터 각 업체들의 매출이 감소했고 광고비는 증가했다. 셀러들이 대폭 늘어나면서 아마존 FBA 창고 부족 현상으로 이어졌고, 결국 아마존은 제품의 입고 수량을 제한하고 규제를 심화해 셀러들의 고충이 이전보다 많아지고 있다.

포스트 팬데믹의 아마존 성장전략을 두 가지로 요약하자면, '히어로 상품'과 '브랜드 팔로워'이다. 아마존은 쏠림 현상이 굉장히 심하게 발생하는 곳으로 잘 되는 상품이 나머지 상품들의 판매를 좌지우지할 정도이다. 따라서, 가능성이 있는 히어로 상품을 재빠르게 파악하여 전환율을 극대화시켜야 한다. 아마존에서는 80% 이상이 키워드 검색을 통해 판매가 발생하고, 첫 페이지에서 대부분의 구매가 이루어지기 때문에 처음에는 손익분기점보다 낮더라도 아마존 PPC 광고에 집중하고 마케팅 비용을 투자해야 한다. 이때 가장 중요한 부분은 인벤토리 관리이다. 아마존 판매는 어느 순간 갑자기 폭발적으로 늘어날 수 있으므로 이전의 데이터를 가지고 미래를 예측하는 것이 어렵다. 히어로로 만들고 싶은 상품은 충분히 인벤토리를 넣어 재고가 끊이지 않게 하는 것이 중요하다. 히어로 상품을 만들고 나면 할 수 있는 전략들이 많아진다. 관련 상품들의 크로스 셀링이 가능하고 번들, 멀티 팩, 세트 상품, 연관 상품을 출시하여 다른 상품들과 같이 판매가 이루어지게 할 수 있다.

현재 아마존 내에서 많은 셀러가 동일한 제품들을 판매하고 있어 고객 경험을 떨어뜨리고 있다. 고객 중심적인 정책을 펼치고 있는 아마존에서 이러한 상황을 해결하기 위해 최근 몇 년간 브랜드 강화를 할 수 있도록 브랜드 스토어, 아마존 포스트, 아마존 라이브, 브랜드 광고 등과 같은 기능들을 추가하고 있다. 브랜드 스토어에서 팔로워를 늘리면 아마존의 알고리즘을 통해 제품의 노출도 증가할 것이며, 매출 상승으로 이루어질 것이다. 또한 아마존은 이메일을 통한 프로모션 광고를 금지했으나 최근 브랜드 팔로워들에게는 이메일을 보낼 수 있도록 허용했다. 미국에서 연간 회원비 119달러를 내고 사용하는 아마존 프라임 멤버는 2021년 기준 약 1억 4800만 명이라고 한다. 이는 미국 국민의 절반에 육박하는 숫자이며, 대한민국 인구의 3배로 아마존을 활용하여 쇼핑할 가능성이 큰 고객들이 있다(KOTRA해외시장뉴스, 2021. 5. 11).

토의문제

1. 아마존의 문어발식 사업 포트폴리오 확장에 대하여 토의해 보자.
2. 아마존의 핵심 성공요인이 무엇인지에 대하여 토론해 보자.
3. 아마존의 사업 성장 방식을 답습하고 있는 한국의 쿠팡과 아마존을 비교하여 토의해 보자.
4. 팬데믹 이후 AI 도입을 통한 아마존의 사업확장 방향에 대해 토론해 보자.

4차 산업혁명이 전개되면서 스마트 팩토리 구축 시 아날로그와 디지털 융합 기술이 강조되는 전환기에 접어들면서 플랫폼과 네트워크 효과는 필수적인 제조 경영의 핵심 요소로 부각되고 있다. 제조 산업에서 규모의 경제가 생산 규모가 증가할수록 생산 비용이 적어져 편익을 누리는 것이라면 네트워크 효과는 네트워크가 커질수록 이용자 간 상호작용이 늘어나게 되고 이곳에 생산자나 공급자 등 여러 경제 주체들이 들어오게 되면서 제품의 사용 가치가 늘어나는 것이다. 다시 말해, 제조 산업에서 규모의 경제(cconomics of scalc)와 학습곡선(learning curve)이 비용 감소와 생산성 향상이었다면, 플랫폼과 네트워크 효과는 가치 상승이다.

따라서 어느 정도 갖춰진 네트워크를 가진 기업들은 이 효과 때문에 다른 기업들의 진입을 막을 수 있어 경제적 해자(economic moat, 經濟的 垓子: 경쟁자들로부터 기업을 보호하는 진입장벽 혹은 장기적인 경쟁우위)라고 할 수 있다. 기업들은 네트워크 효과를 이용해 이용자가 계속 해당 플랫폼에 머물고 다른 사용자들도 유입될 수 있도록 제품과 서비스를 고객이 계속해서 이용하도록 유도하고, 또한 이용자를 잡아두기 위한 플랫폼 기업들은 "락인(Lock-in)" 전략을 사용해 독점적 지위를 유지하려고 한다. 왜냐하면 그 대표적인 개념이 서비스와 제품의 경계를 넘나드는 제품의 서비스화와 서비스의 제품화(productization & Servitization)이며, 경험을 사고파는 경제활동이 플랫폼에서 이루어지기 때문이다. 예를 들면, 유튜브는 무료지만 광고는 봐야 하는 것과 같은 이치이다. 다만 소비자는 유튜브라는 플랫폼을 포기할 수 없기에 광고를 원하지 않는다면 프리미엄을 사야 하는 것이 회사의 전략이다. 또한 아마존의 경우 많은 할인 혜택과 많은 상품 종류, 다양한 정보를 제공하는데 이는 소비자들이 아마존을 계속 이용하게 만들고 다른 플랫폼으로 넘어가는 전환 비용(Switching Cost)을 높여 소비자는 아마존에 지속적으로 '머물게' 되는 것이다.

따라서 스마트 팩토리가 추구하는 새로운 제조 플랫폼도 마찬가지다. 기본적으로 플랫폼에 의한 게임 체인저(game changer)와 다를 바 없다. 그래서 스마트 팩토리가 어려운 것이다. 생산 현장의 이상적인 환경 조성은 쉬운 일이 아니다. 더구나 5G, Big

Data, 클라우드 컴퓨팅, 엣지와 포그(edge & fog) 컴퓨팅, IoT, IoB, AI 등 어느 것 하나 쉬운 것이 없다. 그래서 스마트 팩토리의 플랫폼은 미래 제조업의 생존과 결부해 생각해야 한다. 플랫폼 관점에서 특정 제품이나 서비스가 제공하는 가치에 대한 명확한 개념 설계가 필수다.

고객이 진정 원하는 것은 무엇인가? 정보통신기술의 발달로 유통경로의 다각화(O2O, O4O)가 창출하는 4차 산업혁명 시대의 시장과 생산의 변화가 소품종 대량생산 시대에서 다품종 소량생산 또는 대량생산으로 바뀌고 있으며 그 핵심에는 고객의 다양화와 개인화(personalization)가 있다. 그러한 시장의 변화에 의해서 고객 경험 중심 공유 기반(shared platform) 시대가 열리고 있으며 그것은 빅데이터(Big Data)를 중심으로 생산과 고객 대응력을 융합하는 스마트 팩토리, 더 나아가 스마트 공급망 관리(SCM)를 요구하고 있기 때문일 것이다. 그리고 제품이나 서비스에 대한 가치 흐름이 바뀌고 있다. 무엇이 낭비인지 가치인지 면밀히 파악해야 생산 전략이 잘 수행될 수 있다. 그것을 해결해 주는 시스템적인 개념은 사람 중심 사이버 피지컬 시스템(h-CPS, Human Cyber Physical System)이다. 사실 스마트 팩토리의 핵심 솔루션은 사이버 피지컬 시스템(CPS)을 구축하는 것이다. 마치 유통산업(On-line to Off-line, On-line for Off-line)에서처럼 클라우드 컴퓨팅 기반 디지털화를 통해 가치의 흐름(Value Stream)을 파악하고 피지털(physital) 기반 제조 현장을 운용 관리할 수 있는 플랫폼이 중요하다.

또한 4차 산업혁명 시대에는 모든 기업들이 자생적인 가치 창출 활동을 위해서 스마트 팩토리를 도입하고 그것을 기반으로 지속 가능한 생태계를 공유 기반 플랫폼(Shared Platform)으로 제조업의 생산 흐름을 선도해야 한다. 1990년대 푸시(Push) 방식과 2000년대 풀(Pull) 방식을 넘어 '실시간으로 밀고 당기는(Push & Pull) 제조 플랫폼 시대'가 이미 온 미래이다. 풀(Pull) 전략은 다품종 개인화 맞춤 생산을 기반으로 생산 시스템이 공급망(SCM)과 연계돼야 한다. 반대로 푸시(Push) 전략은 소품종 대량생산을 기반으로 2~3차 산업혁명 시대에 통용된 생산 전략이다. 물론 지금도 푸시 생산 전략으로 대량생산을 하고 있는 기업이 대부분이다.

하지만 4차 산업혁명 시대에는 푸시 전략보다는 풀 전략으로의 전술적인 대전환이 요구되고 있다. 그러므로 스마트 팩토리 플랫폼의 속성은 지속적인 개선(CPI,

Continuous Process Improvement)이 본질이다. 제조업에 있어서 변화 관리는 생활이고 습관이기 때문이다. 그러므로 모든 제조업에 종사하는 인재들이 지속적으로 개선활동을 통해 제조업의 가치 창출을 도모하는 일은 필연이자 생존의 기본이다. 그래서 스마트 팩토리는 변화 그 자체를 준비하는 것이다.

변화관리를 잘하는 기업이 성공한 비즈니스 모델이 되는 것과 성공한 비즈니스 모델이 성공한 기업이 되는 건 전혀 다른 이야기이듯이 "성공한 비즈니스"가 플랫폼이 되는 것과 플랫폼이 "성공한 비즈니스"가 되는 건 완전히 다른 이야기이다. 사람들이 흔히 첫 번째 경우를 두 번째 경우로 착각하는 경우가 많듯이 애플이나 구글이 플랫폼을 잘 만들어 성공한 것처럼 보이지만, 사실은 이미 성공한 사업을 플랫폼으로 바꾼 것이다(팜이데일리, 2022. 1. 29).

토의문제

1. 4차 산업혁명 시대에 플랫폼 관점에서 제품, 서비스에 제공하는 가치에 대해 토의해 보자.
2. 기업이 스마트 팩토리를 도입하여 얻을 수 있는 네트워크 효과에 대해 토론해 보자.
3. 구글이나 아마존의 핵심 비즈니스 성공요인은 무엇인지에 대해 토론해 보자.

제1절 e-비즈니스 개념

현재까지 e－비즈니스와 전자상거래 개념은 다양하게 정의되어 사용되고 있다. 이에 본 절에서는 e－비즈니스와 전자상거래에 관련된 개념들의 정의를 살펴보고 어떤 유사점과 차이점이 있는지를 살펴보고자 한다.

현재까지 학계와 실무영역에서 e－비즈니스와 전자상거래(electronic commerce)라는 용어가 혼재되어 다양하게 사용되고 있으며, 전문가들마다 그 범위에 대한 해석이 구구한 실정이다. 이에 본 장에서는 여러 연구자들에 의해 제시된 e－비즈니스와 전자상거래에 대한 개념을 살펴보고 e－비즈니스에 대한 개념을 정리하고자 한다.

먼저 전자상거래라는 용어는 1995년경부터 사용되기 시작하였다. 이후에 여러 연구자들에 의해 다양한 정의가 제시되고 있는데 그중에서 대표적인 몇 가지를 정리하면 다음과 같다. Wigand(1997)에 따르면 전자상거래(electronic commerce)는 "전자적 연계(electronic connection)에 기반하여 수행되는 경제적 행위(economic activity)의 어떤 유형(any forms)"이라고 정의하였다. 또한 Zwass(1998)는 "정보통신 네트워크에 기반하여 비즈니스 정보의 공유, 비즈니스 관계 유지, 그리고 비즈니스 트랜잭션을 수행하는 것"이라고 전자상거래를 정의하였다. 그리고 Turban 등(2015)은 "전자상거래는 인터넷과 네트워크에 기반하여 전자적으로 수행되는 새로운 방식의 비즈니스"라고 정의하고 있다. 이러한 전자상거래는 이전의 EFT(전자자금이체), EDI(전자자료교환), 전자우편, IOS, CALS 등과 같은 개념이 인터넷과 같은 정보통신기술의 발전에 의해 그 의미가 더욱 확장되어 왔다. 이와 같이 전자상거래에 대한 여러 연구자들의 다양한 정의들의 공통점을 정리하면 전자상거래가 단순하게 네트워크상에서 제품의 판매와 구매만을 의미하는 것이 아니라 조직의 공급사슬을 가로지르는 비즈니스 프로세스와 행위(activities)도 포함하고 있음을 알 수 있다. 또한 전자상거래는 전자적인 거래와 연관된 비즈니스 영역에만 국한하지 않고 전자상거래에 관련된 기술, 사회, 문화, 경제, 그리고 정책적인 부분들을 포괄하고 있음을 알 수 있다.

이러한 전자상거래에 대한 개괄적인 이해에 기반하여 e－비즈니스에 대한 개념을 정리하면 다음과 같다. e－비즈니스의 개념과 관련하여 지금까지 다양한 정의가 존재하고 있다. e－비즈니스라는 용어는 1997년에 IBM에 의해서 최초로 소개되었다. IBM(1997)에 의하면 e－비즈니스는 "인터넷기술의 사용을 통한 핵심적인 비즈니스 프로세스의 전환(transformation)"이라고 정의하였다. 그에 덧붙여 가트너그룹(1999)은 e－비즈니스를 정의하기를 "디지털기술을 통한 기업 비즈니스 행위(business ac－tivities)의 최적화(optimization)"라고 하였다. 또한 Kalakota & Robinson(2000)에 따르면 "e－비즈니스는 최상의 비즈니스 모델을 실현하기 위한 비즈니스 프로세스, 기업 애플리케이션, 그리고 조직구조의 복잡한 통합(complex fusion)"이라고 정의하였다. 그리고 Skyke & Belanger(2002)에 따르면 "e－비즈니스는 조직이 정보의 발신(send)과 수신(receive)을 위하여 전자적인 통신 네트워크를 사용하는 것"이라고 정의하였다. 그에 덧붙여, Canzer(2005)는 "인터넷에 기반하여 수행되는 개별기업이나 산업의 모든 비즈니스 행위(business activities)"라고 좀 더 포괄적으로 e－비즈니스를 정의하고 있다. 이와 같이 여러 연구사들에 의해 세시된 e－비즈니스에 대한 개념은 연구자마다 상이하다는 것을 알 수 있으며, 시간이 진행될수록 e－비즈니스의 개념은 전자상거래와 거의 비슷한 개념으로 정의되고 있음을 알 수 있다.

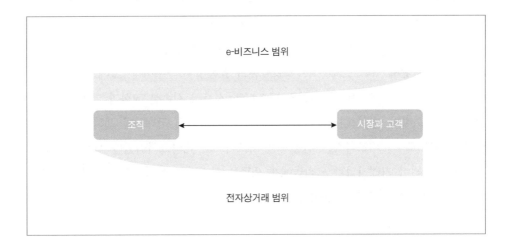

| 그림 2-1 | **e-비즈니스와 전자상거래의 비교**

현재까지의 정의에 기반 하여 볼 때 e-비즈니스와 전자상거래는 서로 유사한 개념이라고 볼 수 있다. 그러나 [그림 2-1]에 나타낸 바와 같이 두 개념이 대두된 상황적인 차이점으로 인해 지향하는 범위가 다소 다르다는 점을 알 수 있다.

[그림 2-1]에서 보는 바와 같이 e-비즈니스는 조직(organization)에 기반한 개념인 반면에 전자상거래는 시장(market)과 고객(customer) 지향적인 개념이라고 할 수 있다. 즉, e-비즈니스는 정보통신기술에 기반 하여 구매, 생산, 판매, 서비스로 이어지는 비즈니스 프로세스에 경영활동의 효율성과 새로운 사업기회를 창출하기 위한 활동으로서 비즈니스 모델의 재설계, 내외부 가치의 통합, 전사적 자원관리 등과 같이 조직적인 영역에 치중하고 있음을 알 수 있다. 그에 반하여 전자상거래는 인터넷과 같은 정보통신기술을 활용하여 기업이나 소비자를 위한 조직 내외부의 프로세스 통합뿐만 아니라 시장과 고객과의 관계 측면에 그 범위를 포괄함을 알 수 있다.

이러한 고찰에 근거하여 e-비즈니스와 전자상거래는 어느 하나의 개념이 다른 개념을 포괄한다고 보기보다는 두 개념은 상호 보완적이면서 균형적인 관점에서 바라보아야 될 필요성이 있다. 그러므로 본 교재에서는 e-비즈니스를 "인터넷과 같은 정보통신기술에 기반하여 조직 내·외부의 비즈니스 프로세스(process)와 행위(activities)를 혁신하는 경영활동"이라고 정의한다. 즉, e-비즈니스는 인터넷과 같은 정보통신기술에 기반하여 조직전반의 업무처리시간 단축, 생산성 향상, 전사적 자원관리, 공급사슬관리, 고객 지향적 서비스 제공 등 경영활동의 효율성을 추구한다. 그에 덧붙여 제품이나 서비스의 판매와 구매에 연관된 비즈니스 정보의 신속한 교환과 기업 내, 기업 간, 기업과 소비자 간, 그리고 기업과 공공조직 간의 가치 극대화를 꾀하는 경영전략이다. 그러므로 e-비즈니스는 전통적인 비즈니스의 제약요인이었던 시간과 공간의 제한을 뛰어넘어 거래기업과 고객들에게 새로운 부가가치의 제공과 경영활동의 효율성을 추구하는 디지털경영활동이다.

제2절 e-비즈니스 프레임워크

조직의 성과를 획기적으로 개선하는 새로운 비즈니스 패러다임인 e-비즈니스의 특징을 보다 잘 이해하기 위하여 e-비즈니스를 구성하는 주요 구성요소(components)를 정리하여 프레임워크(framework)로 나타낸 것이 [그림 2-2]이다. e-비즈니스는 변화의 속도가 매우 빠르기 때문에 이에 대한 체계적인 분석과 이해가 요구된다. 그러므로 본 절에서 제시한 e-비즈니스 프레임워크는 e-비즈니스에 대한 전체적인 시각과 이해를 높이는 데 유용한 개념적 틀로서 활용될 것이다.

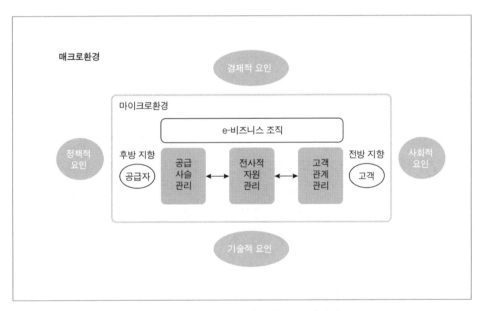

| 그림 2-2 | e-비즈니스 프레임워크

[그림 2-2]에서 보는 바와 같이 e-비즈니스를 구성하는 주요 요소는 마이크로환경과 매크로환경으로 구분할 수 있다. 즉, e-비즈니스는 인터넷과 정보통신기술을 주요한 전략적 도구로 활용하여 비즈니스의 모든 구성요소(고객, 조직, 공급자, 그리고 프로세스)들이 네트워크로 긴밀하게 연계되어 글로벌 접근을 통한 기존 사업의 성

장과 새로운 부가가치 창출을 지향하고 있다. 이러한 관점에서 마이크로환경의 e-비즈니스 조직은 전사적 자원관리, 공급사슬관리, 고객관계관리에 기반하여 외부의 고객과 공급업자 등과 밀접하게 연계되어 다양한 경영활동을 수행하고 있다. 또한 성공적인 e-비즈니스의 확산은 매크로환경 측면의 경제적 요인, 사회적 요인, 정책적 요인, 그리고 기술적 요인에 의해 영향을 받고 있음을 알 수 있다. 이들에 대한 보다 구체적인 설명은 다음과 같다.

2.1 e-비즈니스의 마이크로환경

e-비즈니스의 마이크로환경에서의 주요 구성요소는 고객, 공급자, 고객관계관리, 공급사슬관리, 전사적 자원관리 등을 들 수 있다. 고객과 공급자는 고객관계관리, 공급사슬관리, 그리고 전사적 자원관리와 상호 영향을 주고 받는 밀접한 관계(close relationship)로서 이들에 대한 보완 설명은 다음과 같다.

1) 고객

e-비즈니스에서 고객(customer)은 기업이 될 수도 있고 개인이 될 수도 있다. 이를 알기 쉽게 요약하여 나타내면 [그림 2-3]과 같다. 즉, e-비즈니스 고객이 기업인 경우는 기업 간 e-비즈니스 형태가 될 것이고, 개인인 경우에는 기업과 소비자 간 e-비즈니스로 분류된다. 기업과 공공조직 간 e-비즈니스 유형은 편의상 기업 간 e-비즈니스 유형에 포함한다. 이와 같은 구분에 의거하여 e-비즈니스의 유형별 특징을 간략히 정리하면 다음과 같다.

(1) 기업과 기업 간 e-비즈니스(B-to-B)

기업과 기업 간 비즈니스는 전용선이나 유무선 인터넷에 기반하여 거래 상대방 기업 간에 전자적인 비즈니스 트랜잭션이 수행되어 왔다. 예를 들면, 엑스트라넷(extranet)에 의거하여 제조업자들은 여타의 기업들과 거래 관련 정보 등을 신속·정확하게 교환하고 있다. 또한 기업 간 판매와 구매가 이루어지는 전자시장(electronic marketplace)은 최상의 제품을 구매하거나 최적의 가격에 제품을 판매 및 구매하기를 원하는 기업 상호 간에 최상의 공간을 제공하고 있다.

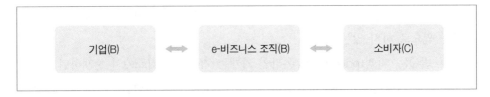

| 그림 2-3 | **e-비즈니스 유형**

유무선 인터넷에 기반한 기업과 기업 e-비즈니스의 차별적인 특징을 정리하면 다음과 같다. 먼저, 새로운 비즈니스 기회(new business opportunity)를 들 수 있다. 인터넷에 기반한 글로벌 디지털경제에서 기업들은 새로운 사업기회를 잡을 수 있다. 득히 기업과 기업 간의 비즈니스를 중계해 주는 전자시장은 물리적(physical) 중간상 (middleman)들을 제거하면서 전자공간에 새로운 유형의 기업 간 비즈니스의 기회를 제공하고 있다.

두 번째는, 저렴한 마케팅비용(lower marketing costs)을 들 수 있다. 기존의 기업 간 비즈니스와 비교하여 글로벌 시장을 목표로 자사의 제품 및 비즈니스를 광고 및 홍보할 뿐만 아니라 건물임대료, 창고비용, 인력비용 등을 절감함으로써 마케팅비용을 절감할 수 있다. 세 번째, 중간상의 제거를 들 수 있다. 생산자들은 유무선 인터넷에 기반하여 기존의 도매상, 소매상, 기타 유통상 등을 배제하고 직접 고객들에게 자사제품의 판매가 가능하게 되었다. 특히 영화, 음악, 비디오, 소프트웨어 등과 같은 디지털제품은 인터넷상에서 별도의 유통단계나 유통비용을 수반하지 않고도 사이버상에서 전달이 가능하게 되었다. 마지막으로, 향상된 공급사슬관리(better supply chain management)를 들 수 있다. 제품의 주문에서부터 최종고객에게 전달되기까지의 일련의 흐름인 공급사슬의 체계적인 관리가 가능하게 되었다.

(2) 기업과 소비자 간 e-비즈니스(B-to-C)

전통적인 기업과 소비자 간 비즈니스와 비교하여 유무선 인터넷에 기반한 기업과 소비자간 e-비즈니스의 주요한 특징을 정리하면 다음과 같다.

먼저, 편리함(convenience)이다. 인터넷상의 온라인 가게는 1년 365일 24시간 운영이 가능하다. 그러므로 고객들은 언제 어디서나 자기가 원하는 제품이나 정보, 서비스를 구입할 수 있다. 그에 덧붙여 필요한 물품을 구매하기 위한 차량운행이나 별도의 방문을 필요로 하지 않는다.

두 번째는, 가격(price)이다. 온라인 가게는 기존 비즈니스에서 존재하던 중간상을 제거하고 거래비용(transaction cost)을 줄임으로써 보다 저렴한 가격으로 제품판매가 가능하다. 예를 들면, 화장품 제품 같은 경우 기존의 판매원과 같은 중간 유통단계를 축소하고 직접 고객들에게 판매함으로써 고가의 화장품 가격을 1만원 이하의 가격으로 판매가 가능하게 되었다. 이러한 중간상의 배제로 인한 가격절감은 고객들에게 비용 측면에서 상당한 혜택을 제공할 수 있게 되었다.

세 번째는, 보다 양질의 정보(better informaton) 제공이다. 온라인 가게는 보다 양질의 그리고 최신의 정보를 고객들에게 제공하고 있다. 이러한 정보는 기존의 거래 관계에 있던 가게들로부터 입수할 수밖에 었었던 제한적인 정보와 비교할 때 온라인 가게에 대한 고객들의 선호도를 향상시킬 수 있는 요인이다.

네 번째는, 다양한 선택(greater choice)이다. 고객들은 인터넷상에 있는 여러 유형의 온라인 가게에서 판매하는 다양한 제품들을 비교한 다음 자신이 필요로 하는 물품을 자유롭게 구매할 수 있게 되었다.

다섯 번째, 향상된 고객서비스(better customer service)를 들 수 있다. 온라인 가게들은 인터넷에 기반하여 보다 다양한 제품정보와 양질의 서비스를 제공하고 있다. 즉, 온라인 가게들은 고객의 주문에서부터 최종적으로 제품을 고객에게 전달하기까지 그리고 거래 후 애프터서비스까지 일련의 과정에 양질의 서비스를 제공할 수 있게 되었다.

2) 공급자

e-비즈니스의 주요한 구성요소 중의 하나인 공급자(supplier)는 e-비즈니스 조직과 매우 밀접하게 연계되어 상호 영향을 주고 받는 요인이다. e-비즈니스에 관련된 구매자와 판매자 조직은 아주 세밀한 메시지 전달방식을 필요로 할 뿐만 아니라 정확하게 거래 상대방에게 비즈니스 도큐멘트가 전달되어야 된다. 이러한 모든 요구 조건들을 아주 저렴한 비용에 가능하게 하는 것이 인터넷이다. 인터넷은 매우 빠르고

신뢰할 만한 연결(connection)방식을 e-비즈니스 조직과 공급자 사이에 제공해 준다. 즉, e-비즈니스 조직은 인터넷에 기반하여 어떤 위치에서도 추가적인 통신비용의 부담 없이 글로벌하게 산재되어 있는 공급업자와 통신이 가능하다. 유무선 인터넷에 기반한 공급자와의 연계는 기존에 기업들과 공급업자 사이에 존재했던 정보의 불균형 문제를 해소함으로써 기업과 공급업자 사이에 존재했던 구매력을 상호 동등한 관계로 정립할 수 있게 하였다. 예를 들면, 수많은 웹사이트 검색에 의해 잠재적인 제품 구매 업자는 구매할 상품에 대한 보다 구체적인 정보를 입수할 수 있게 됨으로써 기존에 판매자만이 소유한 독점적인 정보에 기반한 교섭력(bargaining power)의 차이를 대등한 수준까지 끌어올릴 수 있었다.

또 다른 예로서, 특정한 부문에서 경쟁력 있는 기술력을 보유한 중소기업의 경우 웹상에서 자사의 제품을 전 세계를 대상으로 널리 홍보하고 새로운 구매선을 확보할 수 있게 되었다. 최근에는 기업과 기업 간의 협력(collaboration)을 통하여 기업들은 보다 빠른 제품전달, 보다 효과적인 주문시스템 완비, 그리고 지속적인 관계 유지를 이룩하기 위하여 노력하고 있다. 그렇지만 이러한 기업 간 관계의 본질적인 핵심은 거래가 이루어지는 제품의 질이나 서비스의 수준에 의해 영향을 받는다. 일반적으로 e-비즈니스 조직은 기존 공급자와의 관계에서 두 가지의 상황을 고려할 수 있다. 첫째는, 기존 공급업자와 긴밀한 관계를 유지하는 것이고, 두 번째는, 새로운 공급업자를 모색하는 경우이다. 이러한 결정에 영향을 미치는 주요 요인은 거래제품과 기업 간 상호긴밀성의 정도에 달려 있다. 예를 들어, 만약 어떤 기업이 다른 기업이 가지지 않은 아주 독특한 제품을 소유하고 있다면, 공급업자와 아주 강력하면서 신뢰할 수 있는 관계를 형성할 수 있기 때문이다.

3) 고객관계관리

고객관계관리(Customer Relationship Management: CRM)는 구매자와 판매자가 보다 만족할 수 있는 교환의 과정을 통하여 가치를 향상시키는 장기적이면서 유익한 경영활동이다. 이러한 고객관계관리는 e-비즈니스의 주요한 자산 중의 하나로 고려될 만큼 중요한 구성요소라고 할 수 있다. 고객관계를 정교화하고 확장하는 일련의 과

정은 기업의 장기적인 수익과 밀접하게 연관되어 있기 때문이다. 고객 중심의 시장을 따라가지 못하는 기업은 자연히 도태될 수밖에 없는 시장 환경 속에서는 고객을 최우선적으로 생각하여야 한다. 이러한 추세에서 데이터베이스 마케팅이 각광을 받았고 이제는 한 단계 더 발전한 기법인 CRM(Customer Relationship Management)이 화두로 부상하게 되었다. CRM은 1990년대 후반 이후에 등장한 개념으로 아직까지 명확한 학문적 개념이 정립되어 있지 않은 상태이다. 그러나 CRM과 관련된 연구는 활발히 진행되고 있으며 최근에 많은 학자들과 실무자들을 중심으로 다양한 정의가 내려지고 있다.

Kalakota & Robinson(1999)은 전사적인 관점에서 통합된 마케팅, 세일즈 및 고객서비스 전략을 통해서 개별 고객의 평생가치(Life Time Value: LTV)를 극대화하는 것이 CRM이라고 정의하고 있다. 또한 Gartner Group(2000)에서는 신규고객 획득, 기존고객 유지 및 고객수익성을 증대시키기 위하여, 지속적인 커뮤니케이션을 통해 고객 행동을 이해하고, 영향을 주기 위한 광범위한 접근방법이라고 정의한다. Ronald(2001)는 고객획득, 고객유지, 고객로열티, 고객수익성을 향상시키기 위해 의미 있는 커뮤니케이션을 통해 고객행동을 이해하고 영향을 주는 전사적 접근방법이 CRM이라고 정의하였다.

이상에서 살펴본 기존 CRM의 정의를 종합하여 정리하면, CRM은 기업 중심적인 사고에서 CRM의 가장 핵심적인 개념인 고객 중심적인 사고를 요구하므로, 경영전략, 조직, 프로세스, 정보시스템 등 거의 모든 경영자원에 영향을 주는 광범위한 경영활동이다. CRM에 대한 다양한 정의를 종합해 본 결과 CRM은 고객과의 장기적인 관계를 구축하고 기업의 성과를 향상시키기 위해, 기업의 필수적인 요소들인 목표, 전략, 조직구조, 기술 인프라, 업무 프로세스 등을 고객을 중심으로 개선하는 총체적 경영활동이라고 정의할 수 있다. 최근 CRM은 e-비즈니스에 맞게 진화한 e-CRM으로 확산되고 있다. CRM과 e-CRM의 차이점을 살펴보면 다음과 같다.

인터넷을 통해 고객이 인식하지 못하는 차원의 데이터까지도 수집하여 고객의 모든 정보와 성향을 실시간으로 분석하여 마케팅활동으로 바로 연결이 가능한 고객 지향적 경영혁신활동이 e-CRM이다. e-CRM은 e-비즈니스 프로세스 기반하에서 웹 고객 데이터를 이용한 마케팅, 영업, 고객서비스 프로세스의 자동화 및 최적화를 통한 고객관계관리라고 말할 수 있다. e-CRM을 기술적인 관점에서 살펴보면 효율적인 e-비즈니스를 전개하고 고객가치를 최대화하기 위해 고객과의 커뮤니케이션을 통합하고 웹사이트 분석, 개인화 추천엔진, 일대일 마케팅, 캠페인 엔진, 콘텐츠 관리시스템, 교차판매, 반복판매, 추가판매, 고객 셀프서비스, 이메일 자동 응답시스템 등의 기능들이 주요한 기능으로 구성된다. 이러한 e-CRM 통합관리 단계는 ① 조직 내에 현존하는 온·오프라인 CRM 프로세스 파악, ② e-CRM에 대한 계획과 전략의 명확화, ③ 최상의 경영지원 확보, ④ 적절한 기술 파트너 선택, ⑤ 현재의 정보체계를 평가하고 프로세스를 모니터하고 개선시키기 위한 새로운 메커니즘과 매트릭스 설계라는 5단계 과정으로 이루어진다. e-CRM은 인터넷을 통한 실시간 고객관계관리를 통하여 고객의 요구사항에 신속히 대응하고 고객행동에 대한 예측성을 높임으로써 고객점유율을 높이며 시장점유율을 향상시키는 것을 목적으로 한다. e-CRM의 최종결과로 강화되고 만족된 고객을 창출하고 고객의 다양한 경험들을 기업의 비스니스 프로세스에 통합함으로써 고객충성도 향상이 이루어지게 된다.

| 표 2-1 | CRM과 e-CRM 비교

	고객 데이터	고객 특성 분석	고객 서비스
CRM	• 데이터웨어하우징 　－고객정보 　－거래내역 　－산업정보	• 거래분석 　－고객 태도 　－지난 거래내역	• 타깃 마케팅 　－정적인 서비스 　－일방적인 서비스 　－시간과 장소의 한계
e-CRM	• 웹하우스 　－고객정보 　－거래내역 　－산업정보 　－Click 흐름 　－콘텐츠정보	• 거래분석 　－고객 태도 　－지난 거래내역 행동 분석 　－탐험적인 행동(네비게이션, 　　장바구니, 쇼핑 패턴 등)	• 일대일 마케팅 　－실시간 서비스 　－쌍방향 서비스 　－자유로운 시간 　－어디서든 가능

자료: Pan & Lee (2003)

4) 공급사슬관리

원재료 공급업체에서부터 제품이 최종고객에게 전달되는 일련의 과정을 포함하는 공급사슬관리(Supply Chain Management: SCM)는 e-비즈니스의 핵심구성요소 중의 하나라고 할 수 있다. 공급사슬은 원재료 공급업체부터 제조업체, 도소매업체, 유통업체, 최종소비자까지의 재료(materials), 정보(information), 자금(money), 그리고 서비스(service)의 흐름(flow)을 말한다. 이러한 공급사슬관리는 최종고객에게 제품, 정보, 그리고 서비스를 생산하고 전달하는 조직(organization)과 과정(process)을 포함한다. 그에 덧붙여 공급사슬관리는 전체 제품의 수명주기 동안 발생할 수 있는 모든 행위(activities)를 포함한다. 이러한 공급사슬관리는 내부지향 공급사슬관리와 외부지향 공급사슬관리로 구성된다. 내부지향 공급사슬관리는 공급자와 e-비즈니스 조직 사이에 수행되는 내부 물류를 말한다. 외부지향 공급사슬관리는 e-비즈니스 조직과 도·소매업자나 고객 사이에 이루어지는 외부 물류로 구성된다. 이것을 도식화한 것이 [그림 2-4]이다.

이러한 공급사슬관리는 인트라넷이나 엑스트라넷을 이용하여 각 유통 및 물류 단계별 과정에서 발생할 수 있는 오류를 방지하고 정보활용의 적시성 확보를 통한 비용절감, 생산성 향상, 판매증진 등을 통하여 e-비즈니스에 관련된 모든 영역에서 이익을 최대화하는 기법이다. 공급사슬관리의 두 가지 주요한 목표는 다음과 같다. 먼저, 공급사슬 내에 하나의 부분만이 아닌 전체 공급사슬의 효율성(effectiveness)과 효과성(efficiency)을 최대화하는 것이다. 두 번째는, 모든 공급사슬 프로세스 전체에서 적절한 재고를 유지하여 고객구매의 기회를 최대화하는 것이다.

그에 덧붙여 효과적인 공급사슬관리에 포함되어야 하는 두 가지 핵심 요소는 다음과 같다. 첫 번째, 공급사슬 내의 각 사용자의 분배요구에 대한 계속적인 관심이 요구된다. 두 번째는, 전체 물류시스템을 포괄하는 효과적인 계획, 통제, 통신시스템을 구비하는 것이다. 이를 위해 인터넷과 같은 정보통신기술(information communication technology)은 전체 공급사슬시스템의 계획, 모니터링, 통신, 구현, 그리고 통제를 위해 사용될 수 있는 유용한 도구라고 할 수 있다.

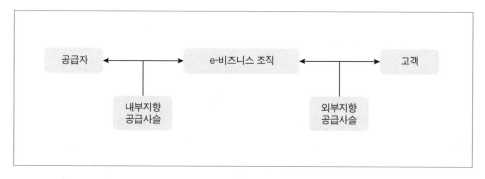

| 그림 2-4 | **공급사슬관리의 유형**

공급사슬관리의 주요 성공요인과 발생할 수 있는 문제점들을 정리하면 다음과 같다. 성공적인 공급사슬관리는 정보공유(information sharing), 공동계획(joint planning), 공유된 기술(shared technology), 공동 문제해결(joint problem solving), 그리고 공유된 혜택(shared benefits) 등을 제공한다. 이러한 공급사슬관리에 있어 야기될 수 있는 문제 중 제일 첫 번째는 불확실성(uncertainties)이다. e－비즈니스에서 공급사슬관리의 불확실성의 대표적인 예는 수요예측이다. 이러한 수요예측은 고객의 기호, 경제적 여건, 경쟁, 가격, 기후, 기술수준, 고객들의 신뢰수준 등과 같은 요인에 의해 영향을 받는다. 두 번째 불확실성은 전달시간(delivery times)이다. 전달시간은 기술적인 결함으로부터 도로 사정에 이르기까지 여러 가지 요인에 의해 영향을 받는다. 그 이외 공급사슬관리에서 제기될 수 있는 여러 가지 문제점들은 낮은 수준의 고객서비스, 높은 창고비용, 생산의 단절, 수익의 감소, 선적 시 추가비용 등을 들 수 있다.

가상의 가치사슬에 기반하는 순수한 온라인 e－비즈니스는 물리적 기반의 e－비즈니스와 비교하여 공급사슬관리에서 다른 문제점을 내포할 수 있다. 예를 들면, 물리적인 물류 인프라 스트럭처(logistics infrastructure)를 보유하지 않았기 때문에 외부의 물류전문기업에 의존함으로써 물류비용의 증가와 아웃소싱에 따른 물류 부분의 종속 등의 문제점이 발생할 수 있다. 이러한 이유 때문에 세계 최대의 온라인 e－비즈니스 기업 중의 하나인 Amazon.com의 경우 물리적인 창고와 물류시스템을 구축하였다. 기타 온라인 e－비즈니스 조직들은 물류기업들과 전략적인 연계(strategic alliances)를 통해 이런 문제점을 해결하기 위하여 노력하고 있다.

5) 전사적 자원관리

전사적 자원관리(Enterprise Resource Planning: ERP)는 기업의 신경시스템이라고 할 만큼 e−비즈니스의 핵심적인 구성요소라고 할 수 있다. 즉, e−비즈니스 환경에서 효과적인 전사적 자원관리는 조직의 경쟁우위를 유지하기 위한 중요 이슈 중의 하나이다. 이러한 전사적 관리는 구매, 생산, 물류, 판매, 서비스, 인사, 회계, 재무, 기획 등의 경영요소 통합과 선진화된 업무 프로세스 수행을 통하여 기업의 생산성을 극대화하고 경영의 효율성과 최적의 의사결정을 지원하는 기업통합정보시스템이다.

그러나 기업의 경영자원을 하나로 통합한다는 것은 쉽지 않은 일이다. 왜냐하면 회계, 재무, 생산, 서비스 등과 같은 비즈니스 기능들은 서로 독립적인 시스템에서 운영되기 때문이다. 그러므로 조직 내에 운영 중인 다양한 유형의 정보시스템과 데이터의 통합을 해결하기 위한 것이 전사적 자원관리시스템이다. 전통적으로 기업 내의 여러 부서들은 독자적인 예산과 정보시스템 애플리케이션을 개발하여 사용하고 있다. 이러한 시스템들은 해당 부서의 요구사항만 충족하면 되었기 때문에 상이한 시스템 아키텍처로 인해 서로 다른 부서의 시스템과 충돌을 야기한다든가 데이터를 상호 공유하지 못하는 등의 문제점들이 나타났다. 심지어 동일한 내용의 데이터가 상이한 데이터 포맷 때문에 서로 다른 시스템에 각각 입력해야 하는 불편함도 존재하고 있었다. 이러한 문제점들을 해소하기 위한 전사적 자원관리시스템의 기본적인 개념은 전사적인 표준화된 비즈니스 프로세스의 정립과 이를 위한 공용의 데이터베이스를 구축하는 것이다. 이를 도식화한 것이 [그림 2−5]이다.

그림에서 보는 바와 같이 통합된 e−비즈니스 데이터베이스에 의해 제품이나 고객 관련 정보 등이 하나의 항목으로 데이터베이스에 저장됨으로 인해 데이터의 중복성 배제와 통일성을 추구할 수 있다. 또한 조직 내의 모든 비즈니스 프로세스와 업무 처리가 하나의 데이터베이스를 액세스함으로써 데이터의 정의나 가치(value)에서 충돌이 발생할 여지가 없어졌다. 심지어는 비즈니스 프로세스가 다른 지역, 다른 장소, 다른 부서에 흩어져 있어도 동일한 데이터베이스를 액세스하기 때문에 정보의 공유나 교환에 있어 전혀 문제가 발생하지 않는다. 두 번째로 통합된 e−비즈니스 데이터베이스의 전사적 자원관리의 장점은 조직 내의 모든 비즈니스 프로세스를 표준화한다는 점이다. 조직의 비즈니스 프로세스를 표준화함으로써 데이터의 입력과 출력 그리고 각 비즈니스 프로세스의 처리 또한 표준화가 된다. 이러한 표준화를 통하여 통합적인 데이터 관리, 변화된 규정에의 신속한 대응, 전사적인 의사결정의 통합, 그리고 글로벌 운영체제를 확립할 수 있다.

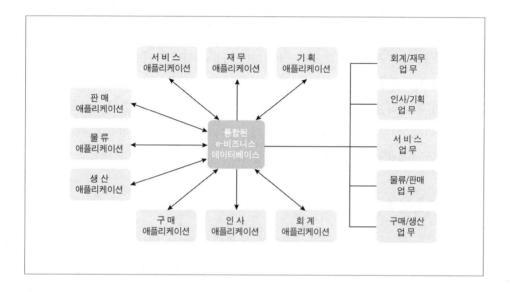

| 그림 2-5 | **전사적 자원관리의 개요**

2.2 e-비즈니스 매크로환경

e-비즈니스의 구성요소는 마이크로 측면의 고객, 공급자, 고객관계관리, 공급사슬관리, 그리고 전사적 자원관리 이외에 매크로 측면에서도 고려해야 될 주요한 요인들이 있다. 즉, e-비즈니스 매크로환경의 경제적 요인, 사회적 요인, 정책적 요인, 기술적 요인을 들 수 있다. 각각의 요인에 대한 개괄적인 설명은 다음과 같다.

1) 경제적 요인

지금까지 전통적인 경제에서는 수확체감의 법칙(diminishing returns to scale)을 주로 가정하였으나, 디지털경제에서의 많은 비즈니스는 수확체증의 법칙(increasing returns of scale)을 따른다. 그러므로 수확체증의 법칙이 관철되는 디지털경제하의 e-비즈니스는 경제주체의 거래방식의 변화와 조직구조의 변화, 시장구조의 변화, 나아가서는 산업구조까지 변화시키고 있다. 즉, e-비즈니스의 확산으로 인해 제품 유통구조의 축소, 물류 프로세스의 단축, 전자화폐 사용의 확대와 가상의 가치사슬에 기반한 디지털제품 거래의 확대 등과 같은 경제적 요인에 의해 e-비즈니스의 확산이 촉진되고 있다. 이러한 e-비즈니스의 확산으로 인해 제품 거래에 있어 발생하는 탐색비용(search cost), 이동비용(transaction cost), 그리고 물류비용(logistics cost)과 같은 거래비용(transaction costs)이 절감되고 있다.

2) 사회적 요인

e-비즈니스의 확산에 따라 주요하게 고려해야 될 부분이 사회적 요인이다. 즉, 사회적 측면의 윤리적 이슈, 도덕적 인식, 소비자 보호, 개인정보 보호, 전자화폐 위조 등과 같은 요인 등을 들 수 있다. 그 외에 중소기업이나 일반 가정에서의 인터넷 이용자 및 PC 보급 및 사용에 관련된 이슈, 그리고 지금까지 상점이나 백화점에서 물건을 직접 보고 구입하던 소비자들의 상관행 등을 예로 들 수 있다. 또한 e-비즈니스를 위한 콘텐츠 부족 및 수·배송관련 물류 유통체계가 취약한데 이에 대한 적절한 대응이 요구된다. 이러한 e-비즈니스의 활성화에 관련된 사회적 요인과 e-비즈니스에 관련된 거래에서 발생할 수 있는 다양한 위험 요소들을 얼마나 효과적으로 관리하느냐가 e-비즈니스 확산의 주요한 요인으로 작용할 것이다.

3) 정책적 요인

인터넷과 정보통신기술에 기반한 e-비즈니스는 기존의 관습과 규범 그리고 법규에 새로운 변화와 규정을 필요로 한다. 기술이 앞서가고 제도나 규범이 마련되지 않으면 많은 혼동과 위험을 야기시킨다. 그러므로 e-비즈니스의 성공적 확산을 위한 관련 제도 및 법규상의 정비가 이루어져 e-비즈니스에 참여하는 조직, 소비자, 공공 기관 등에게 신뢰와 안전한 토대를 제공해 주는 것이 중요하다. 이를 위해 e-비즈니스의 전반적인 정책과 기본 방침, 표준 설정, 예산 및 투자 계획, 정부 차원의 지원 정책, 그리고 e-비즈니스 관련 제도 및 법규 등이 마련되어야 한다. 이러한 정책적인 계획과 지원 없이는 e-비즈니스의 계속적인 성장은 어려울 것이다. 또한 법률적 측면에서 전자거래의 분쟁해결 메커니즘 마련, 전자데이터에 대한 지적소유권, 특허권, 가상세계에서의 상표 유지 및 양도 등의 문제도 중요하게 고려되어야 된다. 특히 소비자 보호 측면에서 소비자 개인정보의 노출, 거래사기 발생, 허위·과장광고로 인한 손실 등에 관련된 법과 제도적 측면의 정비가 필요하다.

4) 기술적 요인

e-비즈니스의 확산을 지속하기 위해서는 e-비즈니스 관련 핵심요소기술과 부수적인 정보기술의 계속적인 개발과 발전이 요구된다. 즉, e-비즈니스가 활성화되기 위해서는 안전한 거래를 위한 보안, 거래의 편의성을 위한 전자결제시스템, 조직 내부의 시스템과의 유기적인 통합, 적절한 네트워크 인프라 스트럭처, 보안, 인증 등 기술적인 이슈에 대한 고려가 필요하다. 이 가운데 e-비즈니스의 확산에 따른 조직 내외부의 불법 침입자로부터 정보의 손상, 변조 및 유출 등에 대한 보안 및 인증문제가 특히 중요하게 대두되고 있다. 또한 e-비즈니스를 확산시키기 위해서는 다양한 개발자에 의해 만들어진 소프트웨어에 대한 표준도 제정될 필요성이 있다.

e-비즈니스는 기존의 산업경제에서 조직들이 직면했던 환경과 다른 디지털경영 환경에 적합한 새로운 법칙과 전략적 접근을 제공한다. 이에 본 절에서 제시한 e-비즈니스 프레임워크는 e-비즈니스에 대한 이해를 제고하는 데 일조할 것이다.

제3절 e-비즈니스 혜택

성공적인 기업들의 공통점은 디지털경제의 기회를 인식하고 새로운 기회 창출을 위해 인터넷과 정보통신기술에 기반하여 e-비즈니스를 적극 활용하고 있다는 점이다. 이처럼 e-비즈니스를 조직에서 성공적으로 구현함으로써 얻을 수 있는 혜택 (benefits)을 정리하면 다음과 같다.

3.1 디지털경영 기반구조

e-비즈니스는 유무선 인터넷과 최신의 정보통신기술을 활용하여 비즈니스 유형, 비즈니스 프로세스, 조직구조, 조직문화 등을 디지털경영방식으로 근본적으로 변화시키는 것을 말한다. 그러므로 조직에서 e-비즈니스를 도입함으로써 구매, 생산, 유통, 서비스 등의 공급사슬 프로세스의 최적화, 효율적인 고객관계관리, 그리고 전략적 의사결정 지원 및 정보관리를 위한 체계적인 전사적 자원관리 등의 효과를 거둘 수 있다. 이러한 모든 것들은 유무선 인터넷과 같은 네트워크로 긴밀하게 연계되어 조직 내부의 효율성 향상뿐만 아니라 새로운 비즈니스 기회와 가치를 창출하게 한다. 그러나 이러한 디지털경영을 위한 기반구조는 한 번에 이루어지는 것이 아니라 구체적인 계획 속에 실행될 때 성공적인 e-비즈니스의 구현이 가능할 것이다.

3.2 새로운 가치 창출

유무선 인터넷에 기반한 e-비즈니스는 전통적인 비즈니스와 비교하여 판매, 마케팅, 운영 등에 있어 보다 저렴한 가격에 비즈니스를 가능하게 한다. 사람들이 인터넷에 접속하는 이유는 그들에게 제시된 가치(value) 때문이다. 만약 사람들이 인터넷상에서 제품이나 서비스를 구매하는 것이 가치가 있다고 판단하면 컴퓨터를 켜고 브라우저를 접속하는 수고를 인내할 것이다. 그러므로 유무선 인터넷에 기반한 e-비즈니스의 중요한 혜택 중의 하나는 사람들이 인터넷에 계속적으로 접속하게끔 유도할 수 있는 새로운 가치를 창출할 수 있다는 점이다. 일반적으로 가치는 가격에 대하여 균형적이다. 그러나 만일 사람들이 지각하는 가치가 가격보다 큰 경우에는 보다 많은 사람들이 인터넷에서 필요한 제품이나 서비스를 구입할 것이다. 그러므로 e-비즈니스를 통한 거래비용의 절감, 물리적인 운영비용의 절감, 비즈니스 인력 감축 등에 따른 비용절감을 제품가격에 반영함으로써 동일한 제품을 보다 저렴한 가격에 고객들에게 판매함으로써 고객들이 인식하게 되는 낮은 가격 대비 높은 가치는 e-비즈니스의 경쟁우위를 지속하게 할 것이다. 이렇게 e-비즈니스에 기반하여 새로운 가치창출에 성공한 비즈니스로서 커뮤니티 사이트, 검색서비스, 그리고 전자시장 등을 예로 들 수 있다.

3.3 새로운 판매채널 확대

기업들은 e-비즈니스에 기반하여 고객들을 위한 새로운 판매채널(sales channels)을 제공할 수 있다. 제품정보(product information), 기술지원(technical support), 그리고 주문정보(order information)를 인터넷을 통하여 제공함으로써 보다 높은 가치활동(value activities)을 추구할 수 있다. 즉, e-비즈니스에 기반하여 기업들은 언제 어느 때나 신속·정확하게 시장의 새로운 기회에 능동적으로 대응할 수 있게 되었다. 즉, 인터넷을 통하여 전 세계의 고객들과 1년 365일 24시간 계속해서 최신의 정보와 최상의 서비스를 제공하면서 글로벌 비즈니스를 전개할 수 있게 되었다. 그에 덧붙여 인터넷을 활용하여 새로운 부가서비스의 창출과 신제품 개발을 통한 새로운 사업기회를 개척할 수 있게 되었다.

3.4 고객서비스와 충성도 향상

성공적인 기업의 웹사이트는 기업과 브랜드(brand)의 이미지를 유지하고 제고시키기 위한 중요한 수단이 되고 있다. 또한 제품정보 역시 유무선 인터넷을 통하여 쉽게 제공할 수 있게 되었으며 고객 지향적인 제품판촉이 가능하게 되었다. 대부분의 고객들에게 있어 e-비즈니스는 적절한 장소에서 원하는 시간에 필요한 제품이나 서비스를 구입하는 것을 의미한다. 그러므로 이러한 새로운 유형의 고객들을 적절하게 만족시킬 수 있는 기업만이 성공할 수 있을 것이다. 이러한 연장선에서 e-비즈니스에 기반한 최상의 고객서비스 제공과 고객충성도(customer loyalty) 제고는 기업들에게 계속적인 경쟁우위를 제공할 것이다.

3.5 효과적인 프로세스 관리

조직에서 e-비즈니스를 도입하려고 할 때 네트워크 인프라를 갖추거나 온라인 채널을 추가하는 것만 아니라 조직의 업무 프로세스를 혁신적으로 변화시켜 디지털경영에 적합한 비즈니스 모델을 만들어 내야 한다. 왜냐하면 산업경제에서의 기존 조직 프로세스로는 디지털경제에서 경쟁우위를 지속시키기에는 한계가 있기 때문이다. 그러므로 인터넷에 기반한 효과적인 프로세스관리를 통한 비용절감과 고객의 요구에 대한 신속한 대응은 e-비즈니스를 통한 주요한 혜택 중의 하나이다. 즉, 조직 내외의 가치사슬과 주문시스템을 통합함에 의해서 비용절감, 시간단축 및 새로운 사업확장이 가능하다. 예를 들면, 생산자, 구매자, 판매자들은 e-비즈니스에 기반하여 적절한 재고수준에 대한 정보를 공유함으로써 구매와 재고관리에 관련된 비용을 절감할 수 있다. 또한 공급자와 구매자와의 응답시간(response time)도 인터넷에 기반한 비즈니스 트랜잭션의 신속화로 인하여 향상될 수 있다.

제4절 e-비즈니스 진화 단계

e-비즈니스의 진화 단계는 도입, 성장, 성숙, 전환의 4단계로 구분할 수 있다. 각 단계별로 e-비즈니스에 관련된 주요한 이슈들을 사회적 측면, 경제적 측면, 정책적 측면, 기술적 측면으로 나누어서 살펴보고자 한다. 여기에서 제시한 e-비즈니스 진화 단계 모형은 e-비즈니스에 관련된 개인과 조직에 e-비즈니스가 성장해 나가는 방향과 모습을 이해하는 데 유용한 개념적 틀로 활용된다.

4.1 e-비즈니스 도입기

e-비즈니스 도입기에는 조직이 e-비즈니스를 통하여 소비자나 고객기업에 제

품이나 서비스를 제공하려고 시도하는 단계로서 e-비즈니스에 대한 사회구성원들의 인식 정도와 신용도는 낮고, 위험 정도는 높은 단계이다. 도입기에는 e-비즈니스에 관련된 이용자 수가 많지 않기 때문에 단위당 거래비용이 높을 뿐만 아니라 전체 거래에서 차지하는 e-비즈니스에 관련된 거래의 매출액도 낮을 것이다. 이러한 초창기의 높은 거래비용은 e-비즈니스의 확산을 지연시키는 요인으로 작용할 것이다.

그리고 e-비즈니스 관련 제도와 법규들이 아직 체계적으로 정립되지 않고 이를 법률화하기 위하여 준비하는 단계가 도입기이다. e-비즈니스의 정책입안 및 홍보는 주로 국가 주도로 이루어지며, e-비즈니스 확산을 위한 교육과 홍보도 전문가 위주로 실시되어 점점 대상과 폭이 확대될 것이다.

도입 단계에서의 기술 기반구조는 핵심요소기술들이 활발하게 개발될 것이며, 표준화되지 않는 e-비즈니스 기술들이 서로 상충되면서 기술의 표준이 되기 위해서 격렬한 경쟁을 벌일 것이다. 이 단계에서의 보안은 통신망 및 관련 요소기술들의 개발 진행으로 인해 외부의 해커 공격이나 침해에 다소 미약한 상태라 할 수 있다.

4.2 e-비즈니스 성장기

성장기에는 정보통신기술의 혁신과 e-비즈니스의 확산으로 인해 다수의 조직들이 e-비즈니스 시장에 참가하여 경쟁이 더욱 가속화될 것이다. 그러므로 e-비즈니스를 통한 제품판매와 서비스 제공이 점점 소비자와 기업에 확산되며, e-비즈니스에 대한 소비자들의 인식도나 사회적 신용도가 점점 증가하고, 그에 반하여 e-비즈니스에서의 위험 정도는 완화될 것이다.

이 단계에서는 활용 가능한 제반 정보기술을 이용하여 가능한 빨리 e-비즈니스 지원체제를 확립하고, 경쟁 조직보다 e-비즈니스 시장 선점에 의한 고객유치와 시장 확대에 의한 비교우위를 가지는 것이 요구된다. 그러므로 조직들은 자사의 홈페이지를 개설하여 조직을 홍보하거나 전자카탈로그를 통해 자사의 상품과 서비스를 안내하는 초창기 수준에서 인터넷쇼핑몰이나 전자시장을 통한 제품판매로 진화할 것이다. 이로 인해 e-비즈니스에 관련된 매출액도 점점 증가할 것이다.

또한 e-비즈니스가 확산됨에 따라 제품거래에서 물리적 중개자는 점점 사라질 것이고, 전자공간상의 중개자가 증가할 것이다. 그리고 전자거래에서도 고객들의 요구가 복잡한 상품이나 정보를 탐색하는 데 많은 시간과 비용이 요구될 경우 이를 대행할 전자공간에서의 전자중개인이 필요하게 될 것이다. 이로 인해 단위당 거래비용이 점점 낮아질 것이다.

성장기의 e-비즈니스 관련 제도와 법규는 개별 법률 내에 e-비즈니스 관련 법 조항들이 점점 체계화되면서 e-비즈니스의 정착과 확산 및 이용을 촉진하기 위한 기반을 조성하게 될 것이다. 도입기에 국가에 의해 주도되었던 e-비즈니스 정책 및 홍보 기능이 공공기관과 조직으로 이양될 것이며, 전문가 위주의 e-비즈니스 관련 홍보와 교육이 e-비즈니스를 이용하는 일반사용자들에게로 확대될 것이다.

그리고 성장기의 e-비즈니스 기술들은 표준화되지 못한 기술들이 일부 탈락하면서 점차 표준화된 기술로 바뀌어 갈 것이다. 기술들의 표준화가 진행되어 감에 따라 기술의 확산속도도 급속히 증가할 것이다. 그리고 e-비즈니스의 핵심요소기술과 관련 정보통신기술이 표준화되어 감에 따라 e-비즈니스에서의 확인과 인증, 접근제어, 변경방지, 감시 등에 관련된 보안기술의 기능이 향상될 것이다. 특히 인증기관의 확립, 디지털 인증서의 양식 규정, 디지털 서명의 표준 프로토콜 등의 제정 등이 성장기에 이루어질 것이다.

4.3 e-비즈니스 성숙기

성숙기가 되면 e-비즈니스에 대한 사회적 신용도와 소비자들의 인지도가 성숙되고, e-비즈니스에 따른 위험 정도는 낮기 때문에 e-비즈니스 조직의 시장점유율은 안정되고, 이익률은 정점에서 서서히 하강곡선을 그릴 것이다. 그와 더불어 소비자들은 개별 인터넷쇼핑몰이나 전자시장 등의 특성을 숙지하게 될 것이며, 다양한 유형의 인터넷쇼핑몰과 전자시장이 등장할 것이다. 또한 e-비즈니스 기술도 타 기업에 의해 쉽게 모방되며, 낮은 비용의 경쟁자가 시장에 진입함으로써 가격경쟁력이 점점 약화되기 시작할 것이다. 이로 인해 e-비즈니스가 성숙됨에 따라 비용에 의한 경쟁우위에서 차별화에 의한 경쟁우위로의 전략수정이 요구될 것이다.

그리고 영화나 리서치 정보, VOD와 같은 무형의 디지털제품이 성숙기에 본격적으로 거래되기 시작할 것이다. 그러므로 e－비즈니스를 통한 사용자의 증가로 인해 단위당 거래비용은 낮아지며, 전체매출액에서 차지하는 e－비즈니스의 매출액 정도는 높아질 것이다.

또한 개별적으로 산재되어 체계적인 관리 부재와 법률 개정에 따른 혼선이 초래되었던 e－비즈니스 진흥 및 이용 촉진에 관련된 법률들이 e－비즈니스 통합 법령 하나로 통합될 것이다. e－비즈니스의 확산은 e－비즈니스 이용자인 정부, 기업, 기관, 학교 및 일반소비자들의 e－비즈니스에 대한 인식이 매우 중요하므로 이들에 대한 교육 및 홍보가 체계적으로 성숙기에 이루어질 것이다. 그리고 성숙기에는 e－비즈니스 기반기술의 표준화가 완료되어 표준화된 기술들이 널리 확산되게 될 것이다. e－비즈니스에 있어서 기술적으로 가장 중요한 부분 중의 하나가 보안의 확보인데 조직 내외의 컴퓨터 및 통신망 보안, 사용자 및 인터넷쇼핑몰과 전자시장에 대한 인증, 데이터의 손실 및 변형방지, 고객데이터의 기밀성 유지 등의 보안기술이 성숙기에 표순화가 이루어질 것이다.

4.4 e-비즈니스 전환기

전환기는 e－비즈니스 발전을 새롭게 촉진하기 위한 과도기적인 시기로서 지금까지의 성장과정에서 한계에 직면했던 정보통신기술과 e－비즈니스 전략의 새로운 정립이 요구되는 시기이다. 즉, e－비즈니스의 발전기간에 축적된 그동안의 기술과 지식이 새롭게 재편되고 적용되어 e－비즈니스 개념에 기반한 새로운 유형의 정보통신 전략이 제시될 것이다. 그리고 기존 단계에서 복잡하고 다양한 e－비즈니스의 사업영역이 재검토되어 경쟁우위가 있는 디지털콘텐츠와 같은 핵심사업으로 통합·정리될 것이다. 또한 지금까지 방만하게 운영되어 왔던 e－비즈니스 시스템들이 새로운 전략에 의해 재평가되어 새로운 정보화 전략에 의해 재구현될 것이다. 그리고 지금까지 개별 국가단위로 제정되었던 e－비즈니스 관련 법령들이 국제 e－비즈니스 통합 법령으로 통일화하는 작업이 이루어질 것이다. 그와 더불어 기존의 기술들에 대하여 새로운 기술진보를 모색하게 될 것이다. 기술분야의 연구에서 기술수준과 그 기술에 대한 연구의욕(research ambition)의 수준을 비교하여 연구의욕이 기술수준보다 낮으면 기술주도

(technology-push)형이고, 연구의욕이 기술수준보다 높으면 사용자주도(demand-pull)형으로 구분할 수 있다. 지금까지 기술주도에 의해 이루어진 e-비즈니스 성장이 전환기에는 e-비즈니스 기술분야에서의 새로운 이론 정립과 연구의욕의 확산에 따라 사용자주도형으로 패러다임이 전환될 것으로 예상된다. 이러한 전환기에 기술적 진화를 모색하지 않는 기업은 새롭게 진보된 기술을 수용하여 e-비즈니스에 진입한 여타 조직과의 경쟁에서 패배하여 도태될 것이다.

e-비즈니스는 특정 제품 및 서비스가 생산되어 고객에 전달되기까지의 일련의 과정을 정보통신기술에 기반하여 통합한 새로운 형태의 비즈니스라고 할 수 있다. 인터넷 사용의 급속한 확산과 통신망을 고속화하고자 하는 노력, e-비즈니스 체계를 성공적으로 구축하기 위한 기업의 노력, 그리고 지불과 보안문제를 해결할 수 있는 기술의 개발 등으로 인하여 e-비즈니스는 디지털경영의 핵심동인으로 자리잡았다. 지금까지 살펴본 e-비즈니스 발전 단계별로 주요한 특징을 정리하면 [표 2-2]와 같다. [표 2-2]는 e-비즈니스에 관련된 주요한 이슈인 사회적, 경제적, 정책적, 기술적 측면에서 e-비즈니스 성장 단계를 평가 및 분석할 수 있는 틀(framework)로서 의의가 있다. e-비즈니스의 발전 단계는 기업별 혹은 국가별로 처해 있는 상황이 다르기 때문에 성장 단계가 일률적이지 않고 다르게 평가될 수 있다. 또한 대기업과 중소기업, 그리고 동일 산업 내의 기업들 간에도 e-비즈니스의 성장 단계는 다르게 평가될 수 있다. 그리고 e-비즈니스의 매크로환경 측면의 사회적, 경제적, 정책적, 기술적 요소 내의 세부요인들 간에도 기업별로 성장 단계가 다를 수 있다. 본 교재에서 제시한 e-비즈니스 진화 단계 프레임워크는 기업과 국가에서 현재 자신의 e-비즈니스 진화 단계를 평가하여 향후 발전을 위한 로드맵을 개발할 때 유용하게 활용될 수 있다.

| 표 2-2 | e-비즈니스 진화 단계 프레임워크

분석측면		e-비즈니스 성장단계			
구분	분석변수	도입기	성장기	성숙기	전환기
사회적	사회적 신용도	낮음	보통	높음	매우 높음
	전자거래인식도	낮음	중간	높음	매우 높음
	위험 정도	높음	보통	낮음	매우 낮음
경제적	제품	전문품	종합판매	무형제품	–
	거래비용	높음	보통	낮음	매우 낮음
	매출액 정도	낮음	보통	높음	매우 높음
정책적	제도 및 법규	준비	개별법 형태	국내 EC법령 통합	국제 EC법령 통합
	정책 및 홍보	국가주도	기업으로 확산	일반소비자	보편화
기술적	기술 기반구조	개발	표준화/확산	활용	새로운 기술 패러다임
	표준화 정도	낮음	보통	높음	매우 높음
	보안수준	낮음	보통	높음	매우 높음

토의문제

1. e-비즈니스와 전자상거래(electronic commerce)의 개념적 관계에 대하여 비교·설명 하시오.
2. e-비즈니스 프레임워크에서 마이크로 요인과 매크로 측면의 주요 이슈들에 대하여 논 하시오.
3. 조직에서 e-비즈니스를 구현함으로써 얻을 수 있는 혜택(benefit)에 대하여 설명하시오.
4. e-비즈니스를 진화 단계별로 구분하여 주요한 특징에 대하여 토의하시오.

참고문헌

Camisasca, C., *How to Start and Graw an E−Commerce Business*, Independently Published, 2022.

Campbell, K., *E−Commerce Growth Strategy*, Kogan Page, 2023.

Chaffey, D., Hemphill, T., and Edmundson−Bird D., *Digital Business & E−Commerce Management*, Pearson, 2019.

Evans, N., *Mastering Digital Business: How Powerful Combinations of Disruptive Technologies Are Enabling the Next Wave of Digital Transfor− mation*, BCS, 2017.

Gupta, S., *Driving Digital Strategy: A Guide to Reimagining Your Business*, Harvard Business Press, 2019.

Kreutzer, R. T., Neugebauer, T., Pattloch, A., *Digital Business Leadership: Digital Transformation, Business Model Innovation, Agile Organization, Change Management*, Springer, 2019.

Laudon, K. C. and Laudon, J. P., *Management Information System*, Pearson, 2022.

Liebana, F. and Kalini, Z., *Impact of Mobile Services on Business Development and E−Commerce*, IGI Global, 2019.

Moore, C. and Finn, K. M., *Digital Transformation with Business Process Management*, Future Strategies, 2017.

Parker, P. M., *Mobile Enterprise Business Applications*, IGI Global, 2019.

Rogers, D., *The Digital Transformation Playbook: Rethink Your Business for the Digital Age*, Columbia University Press, 2016.

Ross, J. W., Beath, C. M., Mocker, M., *Designed for Digital: How to Architect Your Business for Sustained Success*, The Mit Press, 2019.

Tapscott, D., *Blueprint to the Digital Economy*, McGraw Hill, 1998.

Tapscott, D., *The Digital Economy Anniversary Edition: Rethinking Promise and Peril in the Age of Networked Intelligence*, McGraw Hill, 2014.

Venkatraman, V., *The Digital Matrix: New Rules for Business Transformation Through Technology*, LifeTree media, 2017.

Woll, P., *How to Create a Successful E−Commerce Website*, Independently Published, 2024.

"51년간 제철소를 운영하면서 축적한 엄청난 노하우, 조업자의 '놀라운 경험', 이 핵심 경쟁력이 '지능화'돼 놀라운 결과를 가져왔습니다."

경북 포항의 포스코 2열연공장. 고로(高爐)에서 녹인 쇳물이 두께 25㎝, 길이 7~8m 슬래브(철강 반제품)로 만들어진 뒤 이곳으로 들어왔다. 연간 500만대 승용차를 만들 수 있는 철판을 생산하는 이 공장을 움직이는 건 2층 통합운전실의 12명이 전부였다. 예전엔 50여명이 슬래브 한 개가 들어갈 때마다 산소량·온도 등을 일일이 입력해 작업을 지시했지만 지금은 인공지능(AI)이 대신한다. 포스코 장인(匠人)들과 AI 모델 개발 전문가들이 협력해 철강 원산지, 보관 환경, 용광로 내 온도 등에 따라 달라지는 작업 내용을 AI에 학습시켜 '스마트 제철소'를 만들었다. 30년 이상 갈고 닦은 장인들의 '감(感)'이 AI의 '판단력'으로 거듭났다.

그 결과, 불량률은 3%대에서 1.3%로 낮아지고, 쇳물에서 불순물을 제거하는 제강 조업에 투입되는 원료 사용량은 60%나 줄었다. 정태기 공장장은 이를 "자동화가 아닌 지능화"라고 했다. 김기수 포스코 기술연구원 소장은 "제조업의 국내총생산 기여율이 30%가 넘는 우리나라가 살길은 상상 초월의 디지털 기술을 활용해 제조업을 전면 혁신하는 것밖에 없다"고 했다. 포스코는 지난 7월 세계경제포럼(WEF)이 선정하는 '등대공장(Lighthouse Factory·제조업의 미래를 이끌 공장)'에 뽑혔다. "제조업은 어차피 가장 싼 가격에, 질 좋은 품질의 제품을 만드는 것입니다. 포스코를 벤치마킹해 최신 기술의 제철소를 짓고 있는 중국, 지난 20년 넘게 신산업에 매달렸다가 결국 실패한 후 다시 제조업 노하우로 재무장한 일본과 경쟁에서 생존하려면 공장 '지능화' 밖에 없습니다."

수십년 장인(匠人) 노하우와 AI 결합

3년 전 등대공장 프로젝트를 시작할 무렵, 포스코가 모방할 수 있는 모델은 세상에 없었다. 제철소의 현장은 거칠다. 쇳물이 흘러가면서 엄청난 고온과 고압의 작업이 이어진다. 거칠기 때문에 여기서 파악할 수 있는 데이터도 정확할 수 없다. '스마트 제철소' 개발 실무 작업을 담당한 포스코 기술연구원 책임연구원은 "결국 알고 보니 데이터를 단순히 모으는 게 아니라 만드는 것이었다"고 말했다. 섭씨 1500도가 넘는 고로에서 어떤 센서도 온도 측정을 하기는 어렵다. 그러니 아무도 내부 정보를 정확히 몰라 수십 년 경험을 가진 작업자의 '감(感)'으로 조업할 뿐이었다. 철광석이 브라질산인지, 호주산인지, 섞여 있는 것인지에 따라 작업 방법이 달라야 생산 효율을 높일 수 있다. 야적장에서 비를 맞은 철광석과 일주일 동안 건조한 날씨를 겪은 철광석은 고로에 넣어 온도를 높여야 할 타이밍, 산소 주입량, 원료 추가 주입량도 모두 다르다. 이를 결정하는 건 현장의 베테랑 조업자였다. 이 베테랑의 경험을 활용해 데이터를 찾아내자 공장은 달라졌다. 등대공장 프로젝트에 참여한 포항제철소 열연부 과장은 "4차 산업혁명의 데이터는 숫자가 아니라 때로는 이미지이고, 심지어 노하우의 영역인 이른바 비정형 데이터들"이라며, "그래서 숙련된 경험자가 필수이고, 이들과 AI 전문가들이 협업해야 한다"고 말했다. 포스코의 등대공장 프로젝트는 놀라운 성과를 내고 있다. 생산 계획 수립에 12시간 걸리던 것이 1시간으로 줄었고, 용광로의 일일 생산량이 240t 늘었다. 포항 2열연공장의 경우, 2015년 476만t을 압연했는데 지난해 압연량을 511만t으로 늘려, 스마트공장을 도입한 이후 3년 사이 생산량이 10% 정도 늘어났다. 공장 한 곳당 수십만t의 표본을 추출해 철강 품질 관리를 했던 것을 AI가 예측해 예방함으로써 연간 검사 비용도 수억원 절약했다.

코크스 실시간 물류 추적 시스템… 진화하는 프로젝트

'하루 2000만개.' 고로(高爐) 흐름에 매달리는 포스코 기술연구원에서 하루에 수집하는 데이터다. 이를 이용해 포스코 내 물류 흐름을 혁신하는 인공지능 시스템을 만들고 있는 것이다. 포스코의 스마트공장 프로젝트는 계속 진화하고 있다. 제철소에서 쓰이는 고체 연료인 코크스의 흐름을 추적해, 이를 기반으로 제철소 물류를 혁신하는 길을 찾고 있는 것이다. 이제 인력의 패러다임도 바뀌었다. 4차 산업혁명이 일자리를 없애기만 하는 건 아니다. 근로자의 영역이 작업 수행의 영역이 아니라 관리감독의 영역으로 탈바꿈할 것이기 때문이다. 실제 포스코 등대공장에선 사용 안 하던 계측 장비, 정비 인력 등이 더 중요해지고 있다. 일자리는 이런 곳에서 추가로 만들어진다. 김기수 소장은 "지금 우리는 압축 성장을 하면서 엄청난 노하우를 갖고 있다"면서 "조업자의 '놀라운 경험'이 우리의 핵심 경쟁력이고 이를 통해 혁신적인 일자리를 만들 수 있을 것"이라고 말했다. 우리가 4차 산업혁명에 더 적극적으로 매달려야 하는 또 다른 이유였다.

☞ **등대공장(Lighthouse Factory)**

세계경제포럼(WEF)이 2018년부터 글로벌 컨설팅 업체 맥킨지와 함께 매년 두 차례 선정하고 있는 '혁신 공장'. 빅데이터·인공지능(AI)·사물인터넷(IoT) 등 4차 산업혁명 핵심 기술을 활용해 제조업의 미래를 이끌어 가는 공장을 뜻한다. 포스코를 비롯해 지멘스(산업자동화), BMW(자동차), P&G(생활용품), 하이얼(가전) 등 26곳이 선정됐다. 등대공장에 뽑힌 최초의 국내 기업은 포스코이다(조선일보, 2019. 08. 19).

스마트 공장으로 디지털 전환에 속도

LS일렉트릭은 청주 1 사업장 G동에 부품 공급부터 조립, 시험, 포장 등 전 라인에 걸쳐 자동화 시스템이 구축된, 이른바 제조업 혁신의 핵심으로 꼽히는 '스마트 공장'을 구축해 운영 중이다. LS일렉트릭의 청주사업장이 스마트 공장으로 바뀐 이후, 이 공장에서 생산하는 저압기기 라인 38개 품목의 1일 생산량은 기존 7500대 수준에서 2만대로 확대되고 에너지 사용량 역시 60% 이상 절감됐으며 불량률도 글로벌 스마트 공장 수준인 7PPM(Parts Per Million; 100만개 중 7개)으로 급감하면서 생산효율이 획기적으로 개선됐다. 특히 청주 스마트공장은 지난해 말 국내기업 두 번째로 '세계등대공장(Lighthouse Factory)'에 선정됐다.

친환경 에너지 기업 E1은 여수·인천·대산 기지 내에 작업자가 모바일 기기로도 작업 현황을 실시간으로 확인할 수 있고, 작업별 안전조치 사항 및 물질안전보건자료(MSDS) 등의 정보도 편리하게 조회함으로써 다양한 안전환경 데이터를 통합 관리하는 '안전환경 포털 시스템'을 운영 중이다. 이와 함께 E1은 설비 관련 데이터를 디지털화하는 '설비정보 HUB' 구축을 추진, 기지 내 빅데이터 기반을 조성하고 IoT, AI 등의 기술을 적용해 스마트플랜트 구축에 나설 계획이다. 또 RPA(Robotic Process Automation) 서비스를 도입해 재무·회계Risk 관리 및 안전·구매·설비 관련 문서 관리 등 다양한 업무 분야에 자동화를 실현하며 디지털 혁신을 이어가고 있다(전기신문, 2022. 1. 26).

토의문제

1. 1차 산업혁명, 2차 산업혁명, 3차 산업혁명, 4차 산업혁명에 대하여 비교·토의해 보자.
2. 4차 산업혁명이 한국에 기회적인 요인인 이유에 대하여 설명하시오.
3. 포스코와 LS일렉트릭이 세계등대공장으로 선정된 이유에 대해 토론해 보자.
4. RPA(Robotic Process Automation)를 통한 서비스 혁신의 장점에 대해 토의해 보자.

전자기업, IT업체 · 빅테크, 전기차 눈독 들이는 이유

일본 가전 업체 소니는 완성차 업체 혼다와 전기차 합작법인 '소니혼다모빌리티'를 세우고 자동차 시장에서 도약을 노리고 있다. 소니는 오는 2030년까지 아필라를 비롯해 총 세 종의 전기차를 출시하며 '전기차 시장'의 일원으로 합류, 전기차 시장의 경쟁에 나선다. 그리고 세계 최대 통신장비 회사인 중국의 화웨이는 전기차까지 내놓으며 첨단기기 영역을 확장해 성장세를 이어나가고 있다.

전기차는 여러모로 전자기업이나 IT업체에게 진입장벽이 낮다. 우선 제조 공정이 내연기관차에 비해 단순한 데다 전자부품의 비중이 높다. 그리고 IT기업은 소프트웨어 기술 경쟁력을 갖고 있어 소프트웨어 중심으로 자율주행, 연결성 등의 기능이 진화하고 있는 자동차 산업에서 강점이 있다. 이를 통해 자사의 스마트폰 생태계와 '바퀴 달린 스마트폰'으로 변모하고 있는 자동차를 물흐르듯이 연결해 소비자들을 충성고객으로 묶어둘 수 있다.

소니와 화웨이 등 전자기업과 IT업체는 물론 글로벌 스타트업들이 앞다퉈 전기차 시장에 뛰어들고 있는 이유는 크게 두 가지로 볼 수 있다. 전동화가 모빌리티(이동수단) 산업의 대세로 떠오르면서 폭발적 성장성이 예상되는 데다 내연기관 차량에 비해 기술적 진입장벽이 낮고 자동차의 디지털화로 전자제품화가 빠르게 진행되고 있어서다. 하나금융투자는 지난해 발표한 전기차시장 전망보고서를 통해 "지난해 글로벌 전기차 판매량은 앞으로 4년간 연평균 30% 이상의 성장률이 예상된다"고 예측했다. 한국투자증권도 "전기차가 내연기관 차량의 수익성을 뛰어넘을 것"이라며 "전기차는 기업 입장에서 규모의 경제를 실현하기 용이하고, 전기차의 상위 개념인 미래차는 소비자의 지불 의사를 충분히 높일 수 있어 공급과 수요 양 측면에서 전기차 시장은 지속 성장할 것"이라고 내다봤다.

내연기관차에 비해 부품이 40%가량 적고 생산 플랫폼(차를 생산하는 규격)도 규모가 작아 제조와 생산의 문턱도 높지 않다. 테슬라 생산 구조 등에 비춰보면 전기차는 내연차보다 완성에 필요한 부품 구성이 간단해 소수의 플랫폼으로도 많고 다양한 차를 생산할 수 있다는 얘기다. 이호근 대덕대 자동차공학과 교수도 "전기차를 생산하는데 있어 기술적 장벽이 많이 낮아졌기 때문에 IT 같은 전장산업 쪽 기업이 전기차 시장에 뛰어드는 건 당연하며 향후에도 IT 관련 기업들이 전기차 산업으로 뛰어드는 사례들을 자주 볼 수 있을 것"이라고 했다.

한발 더 나아가 자동차가 전자제품으로 바뀌는 변곡점으로 보는 시각도 있다. 구글과 테슬라, 애플 등이 전 세계 자동차 업체들과 이 변화의 헤게모니를 쥐기 위한 경쟁에 나서고 삼성전자와 LG전자 등 국내 IT 업체들도 전장 사업 강화에 힘을 쏟고 있는 이유다. 소니가 EV 차량을 게임 체험과 오디오와 같은 엔터테인먼트 공간으로 활용할 수 있다고 설명한 것도 같은 맥락이다. 하나금융투자 연구원은 "전기차로의 전환은 단순히 자동차 동력원이 내연기관에서 배터리로 바뀌는 것에 그치지 않고, 자동차가 이동수단을 넘어 모빌리티 영역으로 확장되는 것을 의미한다"며 "자동차 업체들이 전기차 하드웨어에 못지않게 소프트웨어와 IT에 막대한 투자를 하는 이유"라고 강조했다. 이어 "자동차 업체들이 전동화 전환 시기를 서두르고 있어 전기차 시장의 경쟁은 갈수록 심해질 것"이라며 "현대차·기아를 비롯해 폭스바겐과 GM, 토요타 등 기존 완성차 업체들은 전용 플랫폼을 기반으로 한 전기차 전용 모델들의 출시를 늘릴 예정이고 테슬라와 루시드, 리비안, 샤오펑 등 전기차 전문 업체들도 신차 출시에 박차를 가할 것"이라고 덧붙였다(머니투데이, 2022. 1. 6; 세계일보, 2024. 1. 20).

토의문제

1. 전자기업과 IT업체가 전기차 시장에 진출하려는 이유가 무엇인지에 대해 이야기해 보자.
2. 위의 사례가 우리에게 주는 시사점이 무엇인지에 대해 논의해 보자.
3. IT기업이 전기차 시장에서 디지털 트랜스포메이션을 통해 경쟁력을 향상시킬 수 있는 강점 분야는 어떤 것들이 있을지 토의해 보자.

CHAPTER
03

모바일 비즈니스 경영

학습목표

- 모바일 비즈니스의 개념과 특징에 대하여 학습한다.
- 모바일 비즈니스의 애플리케이션에 대하여 학습한다.
- 모바일 비즈니스의 가치사슬의 구성요소에 대하여 학습한다.
- 모바일 비즈니스의 확산을 저해하는 이슈들에 대하여 학습한다.
- 모바일 비즈니스의 활성화 방안에 대하여 학습한다.

"빌, 고맙소. 세상은 더 나은 곳이군요."

1997년 8월 애플 창업자 스티브 잡스(1955~2011)는 괴로웠다. 제품의 기술력은 인정받았지만 비싸다는 이유로 소비자의 외면을 받았다. 주가 역시 채 1달러가 되지 않았다. 궁지에 몰린 잡스는 자존심을 접고 경쟁자인 빌 게이츠 마이크로소프트(MS) 회장에게 도움을 청했다. 게이츠가 1억 5000만 달러의 투자를 결정했고 애플은 기사회생 했다. 이때만 해도 애플이 25년 만에 '주식회사 미국'의 간판 기업이자 세계 최초로 시가총액 3조 달러를 넘는 기업이 될 것으로 예상한 사람은 거의 없었을 것이다.

올해 미국 증시의 첫 거래일인 3일 애플의 시가총액이 장중 3조 달러를 돌파했다. 이날 나스닥 시장에서 애플의 주가는 전 거래일 대비 2.5% 오른 182.01달러에 마쳤다. 이는 2020년 세계은행(WP) 기준 세계 5위 경제대국인 영국의 GDP보다 많은 수치이며 과거 '주식회사 미국'을 대표했던 제너럴일렉트릭(GE)의 30배에 이른다.

1976년 잡스와 스티브 워즈니악이 공동 창업한 애플은 1980년 상장했다. 이후 여러 굴곡을 겪으면서 20여 년간 주가 또한 이렇다 할 상승세를 보이지 않았다. 반전의 계기는 2000년대 중반 출시한 스마트폰 '아이폰'이었다. 아이폰 시리즈가 전 세계 시장에서 불티나게 팔리면서 주가도 고공행진을 거듭했다. 2020년 8월 미 상장 기업 최초로 2조 달러 벽을 깼고 약 16개월 만인 이날 3조 달러 고지까지 넘어섰다.

애플의 질주는 신종 코로나바이러스 감염증(코로나19) 대유행의 수혜를 본 덕이 크다. 비대면 기술이 발전하면서 스마트폰 의존도가 더 커졌고 주가 역시 고공행진을 거듭했다. 아이폰에 안주하지 않고 온라인동영상서비스(OTT) '애플TV플러스', 클라우드 서비스 '아이클라우드', 음악 서비스 애플뮤직, 스마트워치 '애플워치', 무선 이어폰 '에어팟' 등 다양한 분야로 진출한 것도 호평을 받고 있다. 로이터통신은 자율주행차, 가상현실(VR) 등 새로운 시장을 계속 개척하는 가운데 아이폰 등 기존 베스트셀러 제품 또한 지속적으로 출시할 것이란 확신을 투자자에게 줬다고 분석했다. 수익성도 독보적이다. 시장조사업체 카운터포인트리서치에 따르면 지난해 애플의 스마트폰 판매량은 약 2.3억 대로 삼성(약 2.7억 대)보다 적다. 하지만 같은 해 6월 말 기준 세계 스마트폰 판매 영업이익 중 75%를 차지해 삼성(13%)을 압도했다(동아일보, 2022. 1. 5).

애플의 '서비스 사업' 실적의 의미

애플이 지난 10월 4분기 실적 발표에서 서비스 사업에서 지난 6년 동안 3배 성장했으며 860억 달러의 매출을 올렸고 인-앱 구독을 포함한 (애플)서비스 전반에 걸쳐 7억 4,500만 명의 유료 구독자를 보유(5년 만에 5배 증가)하고 있다고 밝혔다. 고객을 구독자로 전환하려는 시도가 모든 산업에서 모멘텀을 얻고 있는데 애플은 자사 비즈니스의 상당 부분을 이러한 방식으로 전환하는 데 성공했다. 애플의 서비스 부문에는 애플 뉴스플러스(Apple News+), 애플 뮤직(Apple Music), 애플 티비플러스(Apple TV+), 애플 아케이드(Apple Arcade), 애플 피트니스(Apple Fitness), 아이클라우드(iCloud)만 있는 게 아니다. 여기에는 애플 케어(AppleCare), 앱 스토어(App Store), 애플 페이(Apple Pay), 애플 카드(Apple Card), 아이튠즈 스토어(iTunes Store)를 비롯해 잘 알려지지 않은 다양한 제품 및 서비스가 포함돼 있다.

애플은 새로운 서비스 기반 비즈니스(애플 비즈니스 에션셜(Apple Business Essentials))를 인식하고 도입하는 데 집중하고 있는 것으로 보인다. 아울러 BNPL(Buy Now Pay Later; 선구매 후결제) 시장에 진출할지도 모른다는 추측도 계속되고 있다.

기업도 서비스를 좋아한다

엔터프라이즈 시장은 네트워킹부터 하드웨어, 비즈니스 서비스, 서드파티 클라우드 내 스토리지까지 모든 것을 위한 '서비스형(As-a-Service)' 모델로 매우 빠르게 마이그레이션하고 있다. 대부분 규모가 큰 기업들은 이러한 모델을 통해 비즈니스 니즈에 따라 배포를 신속하게 확장할 수 있다는 점과 비용을 훨씬 더 정확하게 예측할 수 있다는 점을 선호한다. 맥킨지는 82%의 기업이 영구 라이선스 구매보다 소프트웨어 구독을 선호한다고 말한 바 있다. 애플이 애플 비즈니스 에션셜을 비롯해 비즈니스 사용자를 위한 서비스를 제공한다는 사실을 그냥 넘어가서는 안 되는 이유다. 시간이 흐를수록 점점 더 중요해질 수 있다. 스타벅스가 커피 구독 계층을 만들려는 시도는 이러한 트렌드를 반영한다.

그렇다면 소속 기업의 비즈니스가 구독 기반으로 전환될 수 있을까? 모든 비즈니스가 제각각 다르기에 그렇다고 말할 순 없지만 도전은 좋은 출발점을 만든다. 구독 매출을 이끌어내기 위한 서비스를 구축하는 접근방식에서 스타벅스와 애플은 한 가지 공통점을 가지고 있는데, 기존 비즈니스의 매출 감소를 감수할 정도로 '용감'했다는 것이다. 이를테면 애플은 음악 스트리밍 서비스를 출시하기 전에 세계에서 가장 큰 음악 매장을 소유하고 있었고, 스타벅스도 이미 커피를 많이 판매하고 있었다. 둘 다 기존의 수익성 있는 사업을 새로운 비즈니스 모델로 바꾸는 위험을 감수해야 했다. '수평적 사고(Lateral thinking)'도 도움이 된다. 애플 케어는 많은 사용자가 기기 서비스 및 유지관리의 대가로 정기 요금을 지불할 수 있다는 것을 보여줬다. 한편 유연성은 구독의 가장 큰 이점이다. 사용자가 원하는 대로 구독하고, 취소하며, 옵션 및 비용을 확장 및 축소할 수 있어야 한다.

애플의 맥, 아이폰, 아이패드 사용자는 고객 만족도가 90점을 상회한다. 이처럼 고객 만족도가 높은 애플 사용자는 새로운 애플 서비스가 출시되는 즉시 기꺼이 투자할 의향이 있다는 게 이미 입증됐다. 최적의 사용자 경험은 강력한 고객 충성도를 형성하는 데 도움이 된다. 또한 더 많은 고객 데이터를 수집할 수 있어 향후 제품 개발에도 도움이 된다.

애플은 고객과의 커뮤니케이션이 비즈니스 성공에 필수적인 요소라는 것을 인지하고 있으며, 고객이 진정으로 필요한 제품 및 서비스를 제공해야 한다는 것도 알고 있다. 마케팅은 고객이 적응하도록 강요하기보다는 고객이 진정으로 필요한 솔루션을 제공하는 애플의 리테일 방식을 적용할 때 가장 원활하게 작동한다. 이러한 접근방식은 애플의 소매 매장이 지구상에서 가장 수익성 높은 매장으로 자리 잡는 데 도움을 줬다. 이는 또한 회사 문화의 핵심에 뿌리를 두고 있다. 애플의 유명한 휴먼 인터페이스 가이드라인(Human Interface Guidelines)은 항상 사용자를 경험의 중심에 두는 것을 목표로 한다(애플 Developer, 2022. 6. 7).

토의문제

1. 애플이 세계 최초로 시가 총액 3조 달러가 넘는 기업으로 성장할 수 있었던 동인과 세계 스마트폰 판매 영업이익이 삼성전자가 13%인 반면에 애플은 75%에 이르는 이유와 시사점에 대하여 토론해 보자.
2. 애플의 다양한 구독서비스들이 제공하는 차별적 요소에 대해 토의해 보자.
3. 애플이 추구하는 최적의 사용자 경험은 강력한 고객 충성도를 형성한다고 하는데, 이것의 시사점을 토의해 보자.

제1절 모바일 비즈니스 개념

이동통신 단말기를 활용한 모바일 비즈니스가 새로운 시장과 산업을 형성하며 비즈니스의 가치를 새롭게 창출하면서 새로운 비즈니스 체계를 구축하고 있다. 모바일 비즈니스는 e-비즈니스와 유비쿼터스 비즈니스 사이에 가교 역할을 한다. 유선 인터넷의 웹 기능에 이동성(mobility)이 추가됨으로써 언제 어디서나 원하는 정보접근이 가능해졌으며, 이를 바탕으로 이동통신을 통한 서비스가 다양해짐으로써 모바일 비즈니스가 확산되고 있다. 이에 본 절에서는 모바일 비즈니스의 개념과 특징에 대하여 학습하고자 한다.

1.1 모바일 비즈니스의 개념

모바일 비즈니스 개념과 관련하여 모바일 커머스(m-commerce), 모바일 비즈니스(m-business), 무선 인터넷 비즈니스 등의 용어가 혼재되어 사용되고 있다. 이러한 용어 가운데 일반적으로 가장 많이 사용되고 있는 모바일 비즈니스(mobile business)를 본 교재에서는 통일하여 사용하고자 한다. 여기서 모바일이란 유선과 대비되는 무선의 개념에 이동성이 가미된 개념이다. 모바일 비즈니스는 스마트폰, PDA(Personal Digital Assistants), 태블릿(tablet), 기타 모바일 기기에 의해서 구동되는 새로운 유형의 비즈니스 형태이다. 모바일 비즈니스는 무선으로 음성, 데이터, 영상정보를 송수신할 수 있는 비즈니스이며, 무선환경에서 인터넷을 비롯한 다양한 데이터 통신망에 접속하여 송수신하는 기술에 기반하고 있다. 그러므로 모바일 비즈니스는 스마트폰, PDA, 태블릿과 같은 모바일 디바이스를 사용하여 통신(communication), 거래(commerce), 그리고 부가가치 서비스(value added services)를 수행하고 있다.

여기에서 모바일 비즈니스와 e-비즈니스와의 연관성을 살펴보면 다음과 같다.

| 표 3-1 | e-비즈니스와 모바일 비즈니스

구 분	e-비즈니스	모바일 비즈니스
단말기	• 화면이 넓음 • 메모리가 큼 • 빠른 처리속도 • 다양한 입출력장치	• 화면이 좁음 • 메모리가 적음 • 낮은 처리속도 • 불편한 입출력장치
네트워크	• 고정형, 이동성 미약 • 상대적으로 고속 • 풍부한 응용 프로그램	• 휴대용, 이동성 풍부 • 상대적으로 저속 • 빈약한 응용 프로그램

e-비즈니스는 조직의 내외부 업무 프로세스를 유선 인터넷 기반에서 처리하는 행위(activity)뿐만 아니라 인터넷 기반의 거래를 포괄하는 개념이라고 할 수 있다. 그에 반해, 모바일 비즈니스는 이동통신사에서 제공되는 무선 인터넷에 기반한 개인용 서비스뿐만 아니라, 기업에서 수행하는 모바일 오피스, 무선 결제서비스, 모바일 고객 서비스, 모바일 물류관리, 모바일 전자무역 등을 포함한다. 그러므로 모바일 비즈니스는 기존의 e-비즈니스의 연장선에서 비즈니스 기능이 모바일 기술에 의해 실행된다는 차이점이 존재한다. 모바일 비즈니스와 e-비즈니스의 주요한 특징을 정리하면 [표 3-1]과 같다.

본 교재에서는 모바일 비즈니스의 개념을 "모바일 기술에 기반하여 수행되는 비즈니스 행위(activity)와 프로세스(process)"라고 정의한다. 본 교재에서 정의한 모바일 비즈니스의 개념은 넓은 의미의 정의로서 모바일 통신(communication), 거래(commerce), 부가가치 서비스(value added service)를 포함한다.

현재 글로벌하게 확산되고 있는 모바일 비즈니스의 주요한 촉진요인을 정리하여 보면 다음과 같이 두 가지로 요약할 수 있다. 먼저, 모바일 디바이스 사용자의 급증을 들 수 있다. 국제전기통신연합(ITU) 자료에 따르면 2015년 6월 기준으로 전 세계 이동통신 인구가 70억 명을 넘는 것으로 나타났다. 전 세계 이동통신 인구가 70억 명을 돌파했다는 것은 모바일이 전 세계인의 생활 속으로 깊숙이 파고들었다는 것을 의미한다. 그 외 스마트폰과 PDA와 같은 모바일 기기 또한 모바일 비즈니스의 성장을 촉진하고 있다. PDA는 정보의 수집, 저장, 작성, 검색 및 통신 기능이 결합된 휴대용 컴퓨터(portable computer)의 일종이다. 이 외에도 스마트폰과 PDA는 카메라나 MP3 플레이어와 같은 디바이스를 포함하고 있다. 두 번째로, 모바일 비즈니스 확산을 촉진하고 있는 것은 무선 통신 네트워크와 인터넷의 융합이다. 즉, 무선망과 인터넷이 통합되어 언제 어디서든 자유로이 인터넷을 이용할 수 있는 무선 인터넷은 기존의 고정된 PC에 의한 전자상거래(e-commerce)의 한계를 뛰어넘어 액세스 단말에 있어서 이동성(mobility)이나 휴대성(portability)을 부가한 것이다. 따라서 이동이 가능한 노트북, PDA, 스마트폰 등의 모바일 기기와 무선 인터넷이 모바일 비즈니스의 확산을 촉진하고 있다. 이러한 모바일 비즈니스는 기본적으로 최종이용자뿐만 아니라 잠재적으로 정보통신, 금융 그리고 소매와 미디어 부문에 이르기까지 산업 전반에 지대한 영향을 미치고 있다.

이처럼 모바일 인터넷에 의해 수행되는 주요 모바일 비즈니스 애플리케이션을 통신(communication), 상거래(commerce), 그리고 부가가치 서비스(value added services)의 세 가지 측면으로 구분하여 주요한 시사점을 정리하면 [표 3-2]와 같다. 모바일 비즈니스 애플리케이션의 주요한 이용자인 기업과 소비자는 통신 측면에서는 유사한 애플리케이션을 이용하고 있음을 알 수 있다. 그러나 상거래와 부가가치 서비스 측면에서 이용하는 애플리케이션은 많이 다름을 알 수 있다. 즉, 기업은 비즈니스에 관련된 거래와 조직운영 그리고 고객관리 등에 대한 애플리케이션에 집중하고 있음을 알 수 있다. 그에 반하여 소비자 측면에서는 개인적인 흥미, 정보, 오락, 서비스에 관련된 애플리케이션에 중점을 두고 있음을 알 수 있다.

| 표 3-2 | 모바일 비즈니스 애플리케이션

구 분	기 업	소 비 자
통신(Communication)	• 음성 • 이메일 • 즉각적인 메시징 • 통합된 메시징 • 팀작업 도구 • 비디오 텔레포니	• 음성 • 이메일 • 즉각적인 메시징 • 통합된 메시징 • 채팅 • 비디오 텔레포니 • 커뮤니티 서비스 • 디지털 우편엽서

상거래(Commerce)	• 소매 • 위치기반 상거래 • 주식중개 • 뱅킹 • 기업경매 • 다채널 상거래 • 보험 • 예약 • 광고	• 소매 • 위치기반 상거래 • 비교쇼핑 • 티케팅 • 주식중개 • 다차원 상거래 • 보험 • 예약 • 광고 • 경매 • 뱅킹 • 도박 • 음악
부가가치서비스 (Value Added Service)	• 산업뉴스 • 고객관계관리 • 레포트관리 • 선적관리 • 세일즈관리 • 여행관리 • 구인관리 • 공급사슬관리 • 인적자원관리 • 보안	• 뉴스 • 오락 • 여행 • 운전방향 • 위치기반 서비스 • 보안 • 캘린더 • 사회서비스 • 즉각적인 메시지 서비스

1.2 모바일 비즈니스의 특징

모바일 비즈니스는 조직들에게 새로운 비즈니스 기회를 제공하고 있다. 예를 들면, 고객관계의 강화, 공급사슬의 향상, 작업 생산성 향상, 그리고 비즈니스 영역의 확대 등을 들 수 있다. 모바일 비즈니스와 e-비즈니스를 구별할 수 있는 두 가지 주요한 특성은 이동성(mobility)과 접근성(reachability)이다.

먼저, 모바일 비즈니스는 사용자들이 소지하고 다니는 휴대폰이나 모바일 디바이스에 의해 언제 어디서나 이용이 가능하다. 모바일 비즈니스의 이동성이라는 특징을 이용하여 사용자 위치기반 서비스, 개인에 맞는 정보를 제공해 주는 개인화된 서비스, 인터넷 접속에 의한 시간과 공간의 제약을 받지 않은 실시간 모바일 서비스, 그리고 모바일 기기의 한정된 크기로 인한 불편함을 대체할 수 있는 모바일 음성기반 서비스 등이 제공되고 있다. 모바일 비즈니스에서 이동성은 휴대성(portability)과 같은 의미로 해석될 수 있다. 두 번째, 사용자들은 언제 어디서나 모바일 비즈니스의 이용이 가능하다.

이러한 모바일 비즈니스의 두 가지 특성은 기존 비즈니스의 주요한 장애요인이었던 지역과 시간적인 장애를 뛰어넘을 수 있게 하였다. 그러므로 사용자들은 스마트폰이나 기타 모바일 디바이스에 기반하여 매우 편리하게 비즈니스를 수행하게 되었다. 이러한 두 가지 모바일 비즈니스의 특성으로 인해 다음과 같은 다섯 가지의 주요한 특징이 파생되었다. [그림 3−1]에서 보는 바와 같이 모바일 비즈니스의 다섯 가지 주요한 특징인 편재성(ubiquity), 위치성(localization), 접속성(connectivity), 개인화(personalization), 그리고 편리성(convenience)에 대한 설명은 다음과 같다.

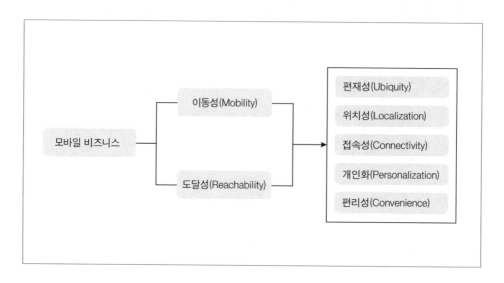

| 그림 3-1 | **모바일 비즈니스의 특징**

1) 편재성

편재성(ubiquity)은 어느 시간에 어떤 장소에서든지 실시간으로 통신이 가능하도록 해주는 속성을 의미한다. 스마트폰이나 PDA와 같은 모바일 기기에 기반하여 사용자들은 지역과 시간에 상관없이 실시간으로 정보를 검색하고 교환할 수 있게 되었다. 예를 들면, 모바일 비즈니스의 등장으로 개인들은 더 이상 인터넷이나 웹을 액세스하기 위해 그들의 책상에 앉아 있을 필요가 없어졌다. 고객들은 중요한 정보를 언제 어느 곳에서나 편리하게 이용할 수 있게 되었다. 편재성을 이용한 모바일 비즈니스의 예로는 모바일 쇼핑과 광고, 그리고 스마트폰이나 PDA를 이용한 물류 배송관리 등을 들수 있다. 이와 같이 어떤 상황에서든지 모바일 기기에 기반하여 비즈니스 정보를 교환할 수 있게 된 것은 모바일 비즈니스의 주요한 특징 중의 하나이다.

2) 위치성

사용자들이 어느 지역에 위치하는지 인식하는 것은 사용자가 거래하고 싶은 욕구가 생기도록 유인할 수 있는 적절한 서비스를 제공하기 위한 핵심적인 요인이다. 이러한 서비스를 위치기반 서비스라 칭한다. 최근 GPS(Global Positioning Systems)가 부착된 차량이 증가하면서 고객들의 정확한 위치파악이 용이해졌다. 그러므로 모바일 운영자가 고객들이 어디에 있는지를 알게 되면 그에 적절한 위치정보 서비스를 제공하여 고객만족을 증진시킬 수 있다. 예를 들면, 특정 상거래 지역에서 특정 시간에 해당 장소에 있는 사용자에게 모바일 기기를 통하여 그 지역과 사용자층에 부합하는 모바일 서비스를 제공할 수 있다. 또한 모바일 비즈니스의 확산으로 인해 어떤 지역에 위치한 고객이든지 실시간으로 그들의 프로파일을 열람할 수 있으며 매우 다양한 새로운 서비스를 제공받을 수 있다. 예를 들면, 고객들이 무선으로 인터넷 쇼핑몰에 접속했을 때 판매자는 고객의 신상과 구매정보를 참고로 하여 해당 고객에게 적절한 광고와 콘텐츠를 제공할 수 있다. 이러한 위치성(localization)은 모바일 비즈니스의 중요한 특성이다.

3) 접속성

패킷 스위치 네트워크와 제4세대 이동통신의 상용화로 사용자들은 언제 어디서나 인터넷, 인트라넷, 그리고 기타 모바일 디바이스에 손쉽게 접속하여 모바일 서비스를 이용할 수 있게 되었다. 이러한 기능은 기존의 DSL(Digital Subscriber Line)과 케이블 모뎀상에서 제공되던 서비스와 비교하여 매우 향상된 접속성(connectivity)을 사용자에게 제공하고 있다. 예를 들면, 휴대폰은 '늘 지니고 다닌다'는 특정이 있는데, 이로 인해 모든 시간대에서 모바일 비즈니스의 접속이 가능해진다. 그러므로 시간의 제한 없이 모바일 기기의 사용이 가능한 곳이라면 곧바로 모바일 비즈니스에 관련된 정보의 취득 및 거래가 가능하다.

4) 개인화

PC 등 기타 정보통신 기기와 달리 모바일 기기는 독점적으로 개별 사용이 가능하기 때문에 개인화(personalization) 정도가 상당히 높다. 개별 고객이 모바일 기기를 이용하여 제공한 데이터에 기반하여 사용자 개인의 특성에 맞는 콘텐츠를 제공하는 것이 개인화이다. 모바일 비즈니스는 여러 가지 방식으로 개인화 정도를 향상시킬 수 있다. 예를 들면, 먼저 기존의 고객정보나 구매정보에 잠재고객군에 대한 개인화된 접속과 경험에 근거한 고객 지향적인 서비스를 제공할 수 있다. 두 번째, 언제 어디서나 접속이 가능한 고객들의 위치를 파악할 수가 있다. 예를 들면, 어떤 고객이 여행하기를 원할 때 그들이 관심 있어 하는 여행 관련 정보와 광고가 제공된다. 마지막으로, 무선 포털을 통하여 개인화된 정보검색 및 거래처리 등의 수준을 높일 수 있으므로 궁극적으로 무선 인터넷에 기반한 모바일 기기의 사용이 일상생활에 필수적인 도구로 활용되고 있다.

5) 편리성

유선 인터넷 기반의 비즈니스는 주로 개인용 컴퓨터에 기반하여 이루어지기 때문에 고객들이 원하는 시간에 접속하기가 용이하지가 않다. 그러나 모바일 비즈니스 환경에서 고객들은 자신들이 접속하고 싶은 시간과 장소에 구애됨이 없이 접속이 가능하다는 편리성(convenience)이 있다. 예를 들면, 기업의 경영진들은 출장지나 혹은 이동 중에도 모바일 기기로 그들의 업무를 수행할 수 있게 되었다. 또 다른 예로, 개인투자자들이 그들의 투자상황을 자동차 안에서 주식정보나 거래내역 등을 통해 확인할 수 있을 뿐만 아니라, 레스토랑에서 식사 전후에 단지 몇 분의 시간만 할애하여도 자신이 원하는 물건이나 서비스를 구매할 수 있다.

이러한 모바일 비즈니스의 장점 이외에 몇 가지 측면에서 주의를 요하는 이슈가 있다. 예를 들면, 스마트폰이나 PDA를 이용하는 모바일 비즈니스 사용자들이 대량의 도큐멘트를 읽거나 긴 웹사이트 주소를 타이프라이팅해야 한다면 불편함을 느낄 것이다. 모바일 비즈니스 사용자들은 가능하면 적은 분량의 내용을 읽으려고 할 뿐만 아니라 한 번의 입력으로 원하는 정보나 사이트에 도달하려고 하는 경향이 있다. 또한 모바일 비즈니스를 이용하는 고객들은 되도록이면 여러 사이트의 방문을 자제하고 특정 사이트에서 보다 많은 시간을 보내려고 한다. 이런 행위로 인해 고객들이 사이트를 직접 방문하지 않고도 필요로 하는 정보를 받아 볼 수 있게 하는 모바일 비즈니스가 증가하고 있다. 고객들에게 이메일로 여행정보, 교통정보, 날씨정보, 주식정보 등을 제공하는 모바일 비즈니스를 예로 들 수 있다. 또한 모바일 비즈니스는 고객들이 자사의 중요한 비즈니스 행위들을 어디서나 추적하는 것을 가능하게 한다. 그러므로 주식가격이나 판매가격 등과 같은 정보는 수시로 변경해야만 한다. 왜냐하면 이렇게 변경된 정보는 모바일 기기를 사용하는 고객들에 의해 언제 어디서나 즉각적인 조회가 가능하기 때문이다.

제2절 모바일 비즈니스 가치사슬

2.1 개요

모바일 비즈니스의 확산은 서로 다른 배경과 흥미를 가지고 있는 다양한 참여자들에 의해 영향을 받는다. 전통적인 폰 운영자, 인터넷 기업, 콘텐츠 제공업자, 그리고 새롭게 시작하는 신생 모바일 기업 등을 예로 들 수 있다. 그러므로 모바일 비즈니스에 참여하는 기업 간의 협력은 필수적으로 요구된다. 그리고 수익 공유(revenue sharing), 고객 소유(customer ownership), 그리고 투명한 협력(transparent coopera-tion)은 모바일 비즈니스의 가치사슬에서 가장 핵심적인 요인이다. 왜냐하면 모바일 비즈니스 참여기업 상호 간에 별다른 충돌 없이 협력적인 기업 간(business-to-busi-ness) 비즈니스 관계의 형성이 성공적인 모바일 비즈니스의 확산을 촉진할 것이기 때문이다.

현재의 글로벌 디지털경제의 출현은 여타의 기업들에 새로운 변화를 요구하고 있다. 즉, 대내외 환경에서 조직들은 지속적인 성장을 위한 새로운 비즈니스 기회를 찾으면서 적극적인 고객관계와 강력한 브랜드 형성을 위하여 노력하고 있다. 이러한 대내외적인 환경에서 모바일 비즈니스 조직들은 그들의 핵심역량의 부족한 부분을 보완해 줄 수 있거나 현재의 위상을 만회할 수 있는 협력적인 파트너십(cooperation partnerships)을 찾고 있다. 이와 같은 배경하에 모바일 비즈니스 가치사슬은 네트워크(network), 모바일 비즈니스 기술(mobile business technology), 콘텐츠(contents), 그리고 인터페이스(interface)라는 네 가지 주요한 요소로 구성되어 있다.

자료: Pavilainen, J.(2003).

| 그림 3-2 | **모바일 비즈니스 가치사슬**

이러한 모바일 비즈니스 가치사슬의 네 가지 구성요소는 [그림 3-3]에서 나타낸 바와 같이 하부 구성요소들을 포함한다. 예를 들면, WAP 서버와 보안 애플리케이션은 모든 모바일 비즈니스 네트워크에 공통적으로 요구되는 필수 구성요소이다. 이 외

에도 모바일 비즈니스 기술, 콘텐츠, 그리고 인터페이스 측면에서 주요 하부 구성요소를 나타내고 있다. 이러한 모바일 비즈니스 가치사슬에 기반하여 볼 때 고객들은 기본적인 서비스만 제공하는 기업들에 대해서는 강력한 브랜드나 긍정적인 고객관계관리와 같은 이미지를 느끼지는 못할 것이다. 또한 고객관계관리나 강력한 브랜드관리는 모바일 비즈니스 가치사슬의 끝부분으로 갈수록 중요성이 더욱 증대됨을 알 수 있다. 이러한 배경하에 모바일 비즈니스 가치사슬을 구성하는 네 가지 요소별로 보다 구체적인 설명을 하면 다음과 같다.

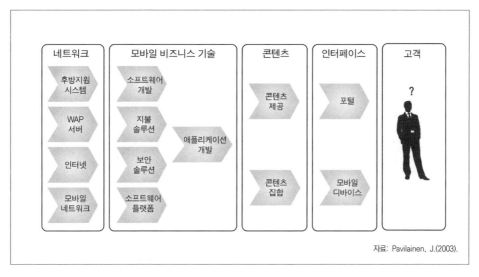

| 그림 3-3 | **모바일 비즈니스 가치사슬의 구성요소**

2.2 네트워크

[그림 3-4]에서 보는 바와 같이, 네트워크는 모바일 비즈니스 가치사슬에서 가장 기본적인 부분으로서 모바일 비즈니스의 부가가치 서비스 제공과 비즈니스 트랜잭션 전송을 담당한다. 네트워크의 하부 구성요소는 후방지원시스템(back-end system), WAP(Wireless Application Protocol) 서버, 인터넷, 그리고 모바일 네트워크이

다. 이러한 네트워크의 하부 구성요소는 모바일 비즈니스 가치사슬의 기본 인프라를 구성하는 공통 인자(denominator)들이다. 먼저, 조직의 후방지원시스템은 실시간으로 네트워크 기반 아키텍처를 지원하는 기본 시스템이다. 이러한 후방지원시스템은 웹과 WAP 서버와 연계되어 있다. WAP는 이동단말기에서 유선 인터넷 서버에 접속할 수 있도록 변환해 주는 프로토콜이다. 그에 덧붙여 모바일 네트워크는 인터넷으로부터 정보를 입수하는 것과 다른 모바일 기기와의 직접적인 접속을 제공한다.

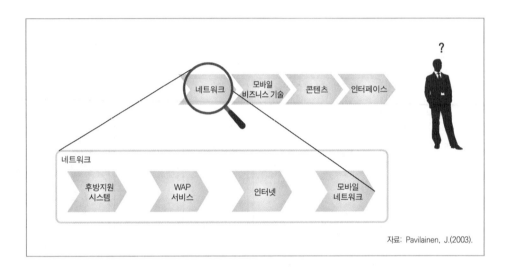

| 그림 3-4 | **네트워크의 구성요소**

2.3 모바일 비즈니스 기술

모바일 비즈니스 가치사슬의 두 번째 구성요소는 모바일 비즈니스 기술이다. [그림 3-5]에서 보는 바와 같이 모바일 비즈니스 기술은 소프트웨어 개발(software development), 지불 솔루션(payment solutions), 보안 솔루션(security solutions), 그리고 소프트웨어 플랫폼(software platforms)을 하부 구성요소로 포함한다. 소프트웨어 개발은 새로운 애플리케이션이 기존의 애플리케이션과 쉽게 접속할 수 있는 아키텍처를 제공하는 것을 목표로 한다. 지불 솔루션은 모바일 비즈니스 기술에서 고객들의 지불 처리와 관련이 있는 중요한 부분이다. 또한 보안 솔루션은 안전한 모바일 거래를 가능하게 하는 기반 기술로서 거래에 대한 기밀(confidentiality), 구매자와 판매자 사이의 인증(authentication), 트랜잭션의 승인(authorization), 데이터 통합(integrity), 그리고 부인방지(non-repudiation)를 지원한다. 모바일 기술의 마지막 주요 구성요소는 터미널이나 후방지원시스템, 지불 솔루션, 그리고 보안 솔루션과의 시스템 연계(system integration)를 담당하는 소프트웨어 플랫폼과 애플리케이션 개발을 포함한다.

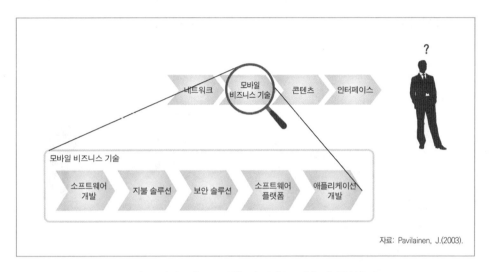

| 그림 3-5 | **모바일 비즈니스 기술의 구성요소**

2.4 콘텐츠

모바일 비즈니스에서 콘텐츠(contents)는 고객을 유인하거나 계속해서 이용하게끔 이끄는 핵심적인 요인이다. 그러나 모바일 환경에서의 콘텐츠는 유선 인터넷 환경의 e-비즈니스와는 차이가 있다. 예를 들면, 인터넷의 브라우저에서 사용하는 입출력 장치와 비교하여 크기의 제한이 있다. 그러므로 많은 양의 문자 입력을 요구하는 서비스는 모바일 비즈니스 환경에 적합하지 않다. 예를 들면, 사용자들이 리스트에서 필수 항목을 선택하게끔 하는 서비스 유형은 모바일 비즈니스에 적합한 형태라고 할 수 있다. 따라서 컴퓨터와 비교하여 모바일 기기의 작은 입력 사이즈는 문자나 그래픽의 입출력 양을 제한하고 있다. 이와 같이 작은 스크린 사이즈와 제한된 양의 문자 입력은 보다 적은 브라우징과 다양한 선택 기능을 가진 콘텐츠 서비스의 중요성을 증가시키고 있다.

가치사슬 내의 콘텐츠는 콘텐츠 제공자(contents providers)와 콘텐츠 수합자(contents aggregators)로 구성된다. 콘텐츠 수합자는 다양한 원천으로부터 정보를 수집하는 모바일 포털을 예로 들 수 있다. 그러므로 콘텐츠 제공자들은 콘텐츠 수합자와의 파트너십을 통하여 보다 양질의 다양한 콘텐츠를 제공할 수 있다.

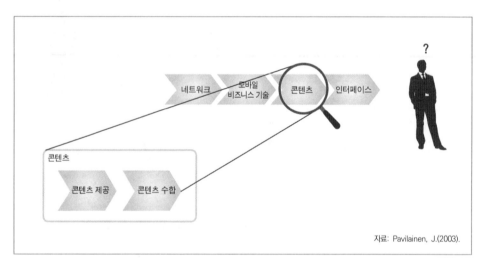

| 그림 3-6 | **모바일 비즈니스 콘텐츠의 구성요소**

2.5 인터페이스

모바일 비즈니스 가치사슬의 마지막 구성요소인 인터페이스는 모바일 비즈니스에서 고객들의 인식과 브랜드 인지도 측면에 주요한 영향을 미치는 구성요소이다. 이러한 인터페이스는 모바일 비즈니스 가치사슬 내에서 [그림 3-7]에서 보는 바와 같이 모바일 포털과 디바이스로 구성되어 있다. 대다수의 콘텐츠 제공자와 수합자는 시장에서 좀 더 높은 인지도를 획득하기 위하여 고객들에게 개별적인 통신 서비스 제공이 가능한 모바일 포털을 운영하고 있다. 특히 모바일 비즈니스의 확산은 콘텐츠 제공자와 수합자에게 새로운 수익원을 창출할 수 있는 기회를 제공하고 있다. 휴대용 컴퓨터, 휴대폰, PDA, RFID, 모바일 게임 플레이어, 네트워크 디지털 카메라 등과 같은 모바일 디바이스에 기반한 모바일 서비스 액세스는 모바일 비즈니스의 확산을 촉진하고 있다. 전 세계적으로 이용하고 있는 무선 통신 디바이스는 이미 데스크톱 PC의 수를 넘어서고 있다. 모바일 디바이스는 배터리, 대역폭, 메모리, 그리고 화면 크기 등의 제한에도 불구하고 언제 어디서나 어떤 디바이스에서도 액세스할 수 있다는 편리성 때문에 매우 다양한 방법으로 사용이 확산되고 있다.

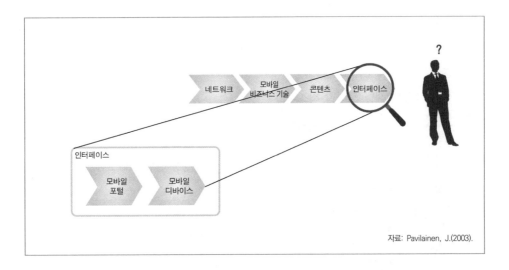

| 그림 3-7 | **모바일 비즈니스 인터페이스의 구성요소**

제3절 모바일 비즈니스 모델

    모바일 비즈니스를 이용하는 고객을 크게 소비자와 기업으로 구분하여 주요한 특징을 정리한 것이 [표 3-3]이다.

    [표 3-3]에서 보는 바와 같이 소비자들은 휴대용 폰에 기반하여 접근성과 편의성에 초점을 맞추어 콘텐츠 제공 서비스, 위치기반 서비스, 그리고 게임 등과 같은 유희적 서비스를 이용하고 있다. 그에 반하여, 기업들은 정보의 풍부성과 생산성에 초점을 맞추어서 배송, 서비스, 보험, 기타 원격교육 등의 모바일 서비스를 전용 단말기나 스마트폰, PDA 등과 같은 모바일 디바이스에 기반하여 이용하고 있다. 이러한 이해에 기반하여 모바일 비즈니스의 주요 애플리케이션을 기업 내, 기업 간(B-to-B), 그리고 기업과 소비자 간(B-to-C)으로 구분하여 정리하면 [표 3-4]와 같다.

| 표 3-3 | **대상고객별 모바일 비즈니스**

구 분	소비자	기 업
주안점	• 접근성 중심 • 편의성에 초점	• 풍부성 중심 • 생산성 향상에 초점
플랫폼	• 스마트폰	• PDA, 스마트폰, 태블릿, 전용단말 등
주요 서비스	• 콘텐츠 제공 서비스 • SMS • 위치기반 서비스 • 게임	• B2B(배송, 현장인력, 서비스, 보험 등) • 인트라넷 서비스 • 원격 교육

자료: 모바일 콘텐츠 비즈니스로 가는 성공로드맵(2003)

| 표 3-4 | **모바일 비즈니스 모델**

구 분	모바일 비즈니스 애플리케이션	설 명
기 업	모바일 전사적 자원관리	전사적 자원관리가 모바일 터미널에 의해서 수행

	모바일 근로자지원	모바일 디바이스를 이용한 작업 수행
내	지능화된 업무지원	기업 내 컴퓨터, 팩스, 이메일과 모든 통신 서비스를 무선 LAN 기반하에 통합한 지능화된 사무실
소 비 자 간	모바일 쇼핑	모바일 기기에 의한 신속한 검색, 가격비교, 주문, 그리고 배송
	모바일 광고	• 모바일 사용자들의 기호와 개인화 정도에 따른 푸시(push) • 풀(pull) 모바일 광고 제공
	모바일 포털	모바일 사용자들을 위한 콘텐츠와 서비스 제공
	모바일 게임	무선 인터넷 서비스 환경에서 사용할 수 있는 게임 애플리케이션
	모바일 음악	모바일 네트워크와 터미널에 기반한 모바일 음악 비즈니스
	디지털 라디오	인공위성과 기타 무선 기술에 기반한 글로벌 라디오 서비스
	모바일 고객관계관리	모바일에 기반한 고객관계 강화, 효율적인 공급사슬관리, 그리고 생산성 향상
	모바일 호텔비즈니스	모바일 기기를 활용한 호텔 비즈니스의 모바일 서비스
기 업 간	기업 간 공급사슬	무선기술에 기반한 기업 간 공급사슬 비즈니스 프로세스 통합
	모바일 물류관리	무선 네트워크망에 기반한 물품 전달경로 안내, 스케줄 변경, 그리고 도착시간 고지 등의 물류관리 업무 수행
	모바일 금융서비스	무선 인터넷에 기반한 증권, 은행, 보험 등의 모바일 금융 서비스
	모바일 무역	모바일 기기에 기반한 제품 카탈로그나 기타 무역정보 제공

3.1 기업 내 모바일 비즈니스

모바일 비즈니스 애플리케이션이 많이 활용되는 분야 중의 하나가 조직 내이다. 모바일 터미널은 조직의 근로자들이 그들의 작업환경이나 위치에 상관없이 회사의 정보와 통신에 액세스하기 위한 채널로서 활용이 가능하다. 그러므로 조직구성원들은 이전에는 사용하지 않았던 디지털 채널을 조직구성원 간 혹은 비즈니스 파트너 간 통신을 하기 위하여 사용하고 있다. 조직 내에서 활용되고 있는 주요한 모바일 애플리케이션에 대하여 살펴보면 다음과 같다.

1) 모바일 전사적 자원관리

전사적 자원관리(Enterprise Resource Planning: ERP)는 기업의 광범위한 활동(activities)을 효과적으로 관리하기 위한 개념이다. 이러한 전사적 자원관리는 인사·재무·생산 등 기업의 전 부문에 걸쳐 독립적으로 운영되던 인사정보시스템·재무정보시스템·생산관리시스템 등을 하나로 통합, 기업 내의 인적·물적자원의 활용도를 극대화하고자 하는 경영혁신기법이다. 따라서 ERP를 구축한 기업의 경우, 한 부서에서 데이터를 입력하기만 하면 전 부서의 업무에 반영되어서 즉시 처리할 수 있게 된다. 최근 이러한 전사적 자원관리가 모바일 기기에 의해서 수행되고 있다. 모바일 디바이스에 기반하여 고객들은 시스템에 즉각적인 액세스가 가능하고 필요한 제품을 주문할 수 있게 되었다. 이때, ERP시스템은 주문한 제품의 현재 재고량을 점검한 다음 고객에게 적절한 응답 메시지를 보낼 수 있다. 이러한 과정을 통하여 고객들은 보다 신속하게 그들의 주문 상황과 적정 배송시간을 알 수 있다. 또한 모바일 지원 ERP시스템은 조직 내부에서 모바일로 정보를 이용하는 것을 가능하게 지원한다. 조직 내의 모바일 작업자들은 주문접수 현황이나 배송 상황, 그리고 기타 내역 등을 ERP를 통하여 모바일로 알 수 있다. 그에 덧붙여, 모바일 지원 기기를 활용하여 임원들은 실시간으로 기업의 주요한 업무를 관리·감독할 수 있게 되었다.

2) 모바일 근로자 지원

모바일 근로자들의 예로는 판매원, 여행사 직원, 물류센터 근로자, 고객서비스 담당자, 기타 이동정비사 등을 예로 들 수 있다. 이들 모바일 근로자들은 조직 내부 근로자들이 이용하는 데이터와 동일한 유형의 데이터를 이용한다. 모바일 근로자들이 회사 이외의 지역에 떨어져 있을 경우에는 유선 디바이스에 의한 회사 정보시스템 접속이 상당히 불편하거나 어떤 경우에는 불가능한 경우도 있다. 이러한 문제점을 해결할 수 있는 것이 휴대가 간편한 모바일 디바이스이다. 모바일 디바이스는 조직 내의 인트라넷이나 워크플로우 애플리케이션과 연동하여 모바일 근로자들에게 작업에 관련된 구체적인 정보를 전달할 수 있다.

모바일 기기를 이용한 작업 지원 서비스의 주요한 분야를 소개하면 다음과 같다. 첫째, 음식, 오일, 신문, 화물 등의 물류/택배 분야를 들 수 있다. 두 번째, 차량 및 기타 운송 분야이다. 세 번째, 가스, 전기, 수도 등의 공공기기 분야를 포함한다. 네 번째, 컴퓨터, 사무실 기기, 업무용 기기 등의 사무기기 분야이다. 다섯 번째, 방문 간호, 의사, 기타 사회봉사 등의 건강 진료 분야를 들 수 있다. 여섯 번째, 순찰, 경보 등의 보안업무 등을 예로 들 수 있다. 일반적으로 모바일 기기를 이용한 작업 수행으로 인해 30% 정도의 통신비용 절감 효과를 거둘 수 있을 뿐만 아니라 약 25%의 작업효율성을 향상시킬 수 있는 것으로 나타났다.

3) 지능화된 업무 지원

기업 내 컴퓨터, 팩스, 이메일과 기타 모든 통신 서비스를 무선 LAN 기반하에 통합적인 연계가 가능하다. 이러한 지능화된 사무실은 사무실 운영의 생산성과 품질을 향상시킨다. 예를 들면, 마케팅 담당 이사가 조직 내의 특정 직원의 신상과 판매기록, 기타 정보를 스마트폰이나 기타 모바일 기기를 이용하여 검색이 가능하다. 모바일 정보의 활용에서 주요한 역할을 하는 것은 고객정보를 손쉽게 액세스할 수 있는 스마트폰과 같은 모바일 기기가 효과적이다. 모바일 기기로 액세스할 수 있는 주요한 데이터의 예는 고객관리정보, 제품정보, 그리고 거래정보 등이다. 모바일 기기를 이용하여, 세일즈맨은 고객의 사무실을 별도로 방문할 필요 없이 고객의 최신정보를 모바일 판매 지원 툴을 이용하여 체크하거나 혹은 고객과의 계약 체결 이후 즉각적으로 계약내용을 송신할 수 있다.

또한 빌딩, 전기시설, 작업장, 기타 작업하기 어려운 환경에서 근무하는 근로자들은 착용식 디바이스(wearable device)라고 하는 특수한 유형의 모바일 컴퓨팅 디바이스를 착용한다. 이러한 착용식 디바이스의 예를 살펴보면 다음과 같다. 먼저, 안전모에 부착되어 있는 카메라를 예로 들 수 있다. 작업자들은 안전모에 부착되어 있는 모바일 카메라를 이용하여 사진이나 비디오 등을 촬영한 다음 이를 즉시 전송할 수 있다. 두 번째, 안전모 위나 혹은 근로자들의 눈 앞에 스크린을 부착할 수 있다. 세 번째, 손목에 착용 가능한 키보드는 착용하지 않은 다른 손에 의해 타이핑이 가능하다. 네 번째, 모바일 근로자들은 손에 부착된 편평한 접촉식 패널 디스플레이를 손톱이나 손가락을 사용하여 필요한 정보를 액세스할 수 있다.

3.2 기업과 소비자 간 모바일 비즈니스

기업과 소비자 간(B-to-C) 모바일 비즈니스 애플리케이션이 가장 많이 이용되는 비즈니스 분야는 쇼핑, 광고, 포털, 게임, 음악, 그리고 모바일 고객관계관리 분야이다.

1) 모바일 쇼핑

대부분의 조직들은 고객들이 모바일 기기에 기반하여 쇼핑을 원활히 할 수 있도록 지원한다. 모바일 기기에 의한 쇼핑은 고객들로 하여금 신속한 검색, 가격비교, 주문, 그리고 배송 현황을 그들의 휴대폰을 이용하여 살펴볼 수 있게 한다. 모바일 쇼핑 비즈니스는 유선의 인터넷 비즈니스와는 완전히 다른 환경의 비즈니스 모델이다. 예를 들면, 작은 스크린 사이즈는 고객들에게 제공되는 제품의 카테고리와 고객이 선호하는 제품정보의 디스플레이를 제한하고 있다. 그러므로 고객과의 인터페이스가 모바일 쇼핑에서는 중요한 고려사항이다. 즉, 쇼핑 프로세스는 신속해야 하며, 많은 양의 정보 입력을 요구하는 화면 구성은 적절하지 못하며, 제품에 대한 장황한 설명은 고객들을 지루하게 할 수 있기 때문에 간결하게 제공되어야 한다.

2) 모바일 광고

판매자들이 모바일 사용자들의 위치와 그들의 기호(preferences) 그리고 구매형태 등을 파악하면 사용자 지향적인 광고 메시지를 전송할 수 있다. 모바일 광고는 잠재적인 구매자가 있는 가게나 백화점, 그리고 식당에 위치한 고객들에게 다양한 판매정보를 알릴 수 있다. 이러한 모바일 광고는 고객의 휴대폰에 SMS 메시지를 전송함으로써 가능하다. 또한 개별 모바일 사용자들의 기호와 개인화 정도에 따라서 고객그룹별 혹은 고객특성별로 적절한 푸시(push)·풀(pull) 모바일 광고를 제공할 수 있다. 이때 개별 고객에게 전달되는 광고의 수와 양은 제한되어야 한다. 왜냐하면 너무나 많은 정보가 고객들에게 집중되는 것과 무선 네트워크의 과도한 혼잡(congestion)을 피하기 위해서이다. 그러므로 모바일 비즈니스 광고 수행자가 고객의 위치를 인식하면 그에 맞는 위치 지향적인 고객서비스 광고를 제공할 수 있다.

3) 모바일 포털

모바일 포털은 사용자들에게 무선 웹에 의한 이동성(mobility)을 최적화하기 위한 고객 상호작용 비즈니스 유형이다. 모바일 포털은 모바일 사용자들을 위한 콘텐츠와 서비스를 제공한다. 모바일 포털에서 제공되는 서비스의 대표적인 예로는 스포츠, 뉴스, 기후, 지도, 그리고 교통정보 등을 들 수 있다. 모바일 포털은 고객들이 이용하는 서비스에 의해 요금이 부과된다. 예를 들면, 고객들이 모바일폰에 의해서 날씨정보를 듣기 원하면 그에 대한 소액의 요금을 지불해야만 한다. 그에 덧붙여 고객들이 모바일 포털의 이용 시 종신회원이나 연간회원, 혹은 월간회원 등에 가입할 시에는 해당 기간 동안 자유로운 정보나 서비스의 이용이 가능하다. 그러나 적절한 가격에 고객이 만족할 수 있는 서비스를 제공하는 것이 무엇보다 중요하다. 최근 개별 고객들을 위한 포털 이외에 기업들을 대상으로 하는 모바일 기업 포털도 등장하고 있다.

4) 모바일 게임

모바일 게임(mobile game)이란 무선 인터넷 서비스 환경에서 사용할 수 있는 게임이라고 할 수 있다. 넓게는 휴대폰, PDA, 휴대용 게임기 등과 같은 모바일 기기에서 이용하는 게임으로 정의할 수 있으며, 좁게는 이용자가 이동전화 단말기를 통해 모바일로 서버에 접속하여 이용하는 게임으로 정의할 수 있다. 모바일 게임은 유저가 모바일 기기에 기반한 무선 인터넷 서버에 접속하여 빠르고 쉽게 자신이 원하는 프로그램을 다운로드받거나 혹은 네트워크상에서 게임을 이용하는 것을 말한다. 게임은 모바일 비즈니스 영역에서 거대한 시장을 형성하고 있다. 모바일 게임의 가장 큰 장점 중의 하나는 사용자들이 더 이상 PC에 의존할 필요가 없다는 것이다. 왜냐하면 모바일 게임은 사용자들이 어디에 있든지 상관없이 사용이 가능하기 때문이다. 스마트폰상에서 작동하는 게임을 만드는 것은 도전적인 작업이면서 주의를 요하는 작업이다. 왜냐하면 빈번한 사용자 입력을 요구하는 게임은 스마트폰에서는 적합하지 않고, 보다 사고할 수 있는 모바일 게임이 바람직하기 때문이다.

5) 모바일 음악

모바일 음악은 가장 성공적인 모바일 비즈니스 애플리케이션 중의 하나이다. 이동용 MP3 플레이어의 효과는 모바일폰에 의한 음악 디바이스의 개발을 촉진하고 있다. 예를 들면, 대표적인 스마트폰 기업인 삼성전자는 모바일 디바이스상에서 작동되는 MP3폰을 개발하였다. 이러한 모바일 디바이스 생산업체는 고객세분화의 중요성을 인식하고 있다. 왜냐하면 소비자들은 구매결정을 할 때 색다른 형태의 모바일 디바이스를 찾는 경향이 있기 때문에 고객 개개인의 특성을 고려한 제품 생산 및 판매가 중요하다. 그러므로 라디오, TV, 기타 전자거래 업체들은 모바일 네트워크와 터미널에 기반한 모바일 음악 비즈니스에서 새로운 기회를 찾고 있다.

6) 디지털 라디오

대부분의 라디오 방송 신호는 그들의 신호 발생지로부터 48km 밖에서는 청취할 수가 없다. 게다가 AM과 FM 방송은 제한된 스펙트럼에 의존한다. 이러한 결과로서 라디오 프로그램에서 오디오의 질은 일정하지가 않다. 그러나 새로운 무선기술은 라디오 신호가 수천 킬로미터 밖에 있어도 청취가 가능하게 한다. 이것을 가능하게 하는 세 가지 주요한 기술적 요소는 인공위성, 인터넷 프로토콜, 그리고 디지털 셀룰러이다. 인공위성 기술은 신호를 지면으로부터 인공위성까지 전송할 수 있게 한다. 이러한 신호는 다시 수신자에 의해 청취될 수 있게 되돌아온다. 인공위성 기술은 유선 인터넷이나 웹상에서는 고객들에게 제공되지 않는다. IP 라디오 기술은 수백만의 채널을 사용자들에게 전달하기 위해 웹을 사용하는 것을 포함한다. 그러므로 이러한 IP 라디오 기술에 기반한 인공위성의 주요한 장점 중의 하나는 사용자들에게 생동감 있는 인터넷 접속을 가능케 한다는 점이다. 마지막으로, 디지털 셀룰러 기술은 웹으로부터 멀티채널까지 청취할 수 있는 능력을 제공한다. 사용자들은 밤에 필요한 콘텐츠를 다운로드한 다음, 낮시간에 그것을 청취할 수 있다. 현재까지 이러한 서비스는 틈새시장이다. 전형적으로 라디오는 지역적인 매체였지만, 인공위성은 이러한 라디오의 성격을 글로벌하게 변경시킬 수 있는 서비스를 제공하고 있다.

7) 모바일 고객관계관리

모바일 비즈니스는 기업들이 수행하는 비즈니스 방식을 변경하고 있다. 예를 들면, 모바일에 기반한 고객관계관리, 효율적인 공급사슬관리, 그리고 생산성의 향상 등을 들 수 있다. 이 가운데 모바일 비즈니스는 기업과 고객 사이의 관계를 강화시키고 있다. 고객들은 모바일 인터넷에 기반하여 정보와 트랜잭션에 대한 신속한 접근을 통하여 기업들과의 비즈니스 수행을 보다 용이하게 함으로써 고객들의 만족 정도를 향상시키고 있다. 또한 모바일 터미널에 기반하여 기업들은 그들의 비즈니스 정보를 어디에나 전송하게 되었다. 마케팅 부서는 판매원들이 모바일 기기에 기반하여 제공하는 정보에 근거하여 최상의 고객집단을 정의하고 마케팅 목표를 신속히 구체화할 수 있게 되었다. 최근 모바일 고객관계관리(CRM)의 확충으로 세일즈맨들은 모바일 기기에 기반하여 실시간으로 고객과 공급자, 그리고 관리자 등을 연계 및 정보전송이 가능하게 되었을 뿐만 아니라, 개인 판매기록 유지나 개별 고객의 정보관리 도구로서 활용하고 있다.

8) 모바일 호텔서비스

호텔업계 내에도 모바일 비즈니스 애플리케이션의 활용이 증가하고 있다. 예를 들면, 블루투스가 부착된 모바일 기기를 소지한 고객들은 식사, 쇼핑, 여행 등의 이후에 호텔에 들어섰을 때부터 즉각적으로 호텔 카운터에 의해 인식된다. 손님들이 호텔 카운터에 등록한 이후 모바일 디바이스를 이용하여 문을 연다든가 혹은 자판기로부터 필요한 물건을 구입한다든가, 체크아웃을 한다든가 하는 것에 이용할 수 있다. [표 3-5]는 전통적인 호텔서비스와 모바일 호텔서비스를 비교하여 정리한 것이다.

| 표 3-5 | 모바일 호텔서비스

구 분	전통적 호텔서비스	모바일 호텔서비스
호텔에 도착 시	• 등록하기 위해 프론트 앞에 대기 • 등록 및 호텔 방 키 수령	• 고객: 개인용 PDA나 휴대폰으로 개인정보나 선호도, 신용카드 정보 송부 • 호텔: 인증된 방번호와 PIN 코드를 고객 PDA를 통해 부여
방에 도착 시	• 호텔 바인더 검색, 안내 책자 검토 • TV로부터 기타 정보 입수	• 고객의 PDA나 핸드폰으로 필요정보 자동 전송
음식 주문	• 호텔 바인더 검색 • 호텔 룸서비스에 전화 주문	• 고객 PDA에 다운로드된 메뉴 정보 검토 • 고객 PDA를 통한 음식 주문
인터넷 이용	• 전화 플러그에 노트북 연결 • 다이얼업 연결	• 브로드밴드 접속 가능 • 최신정보나 뉴스 갱신
렌터카 예약/이용	• 랜터카를 이용하기 위해 전화로 예약	• 소지한 PDA로 예약
공항이나 기타 장소 이동	• 호텔 카운터에 연락	• PDA상의 정보 검색 및 연락

3.3 기업과 기업 간 모바일 비즈니스

모바일(mobile)을 통한 각종 기술과 서비스는 이제 사람들의 일상생활에서 필수적인 부분이 되고 있다. 그러므로 모바일 비즈니스는 산업 특성에 따라 다양한 모습으로 적용되고 있으며, 시간이 흐를수록 각종 모바일 비즈니스의 성장세와 수익성도 주목받고 있다. 이러한 가운데 모바일 인터넷, 스마트폰, PDA, 무선 노트북 등의 모바일 단말기를 통한 무선 인터넷 서비스 사용이 일반화되면서 모바일 비즈니스 애플리케이션의 활용이 기업과 기업 간(B−to−B)에 확산되고 있다. 주요한 기업 간 모바일 비즈니스 애플리케이션을 정리하면 다음과 같다.

1) 기업 간 공급사슬

정확한 시간정보는 비즈니스의 성공에 있어 매우 중요하다. 기업들은 공급사슬을 관리하는 데 있어 실시간으로 빠르고 정확하게 대응하는 것이 중요하기 때문이다. 그러므로 기업 간 공급사슬 비즈니스 프로세스의 통합은 기업 간 모바일 비즈니스에서 핵심적인 이슈가 되고 있다. 공급사슬상에 무선 통신을 사용함으로써 다른 기업과의 협력적인 상거래에서 상호 간 흥미를 북돋울 수 있는 기회를 증진시킬 수 있기 때문이다. 공급사슬 프로세스는 시간에 매우 민감할 뿐만 아니라 참여자들은 모바일 지향적이기 때문에 조직들은 모바일 디바이스에 기반하여 기업 간 정보교환 흐름을 통합해야 된다.

이러한 기업 간 모바일 비즈니스의 통합은 판매자 측면뿐만 아니라 구매자 측면에서 공동의 전사적 자원관리(ERP)에 의해 더욱 공고히 할 수 있다. 그에 덧붙여 공급사슬 구성원 사이의 협력도 모바일 기기에 의해 촉진될 수 있다. 이제는 더 이상 협력업체에 전화를 한다든가 혹은 특정 근로자를 찾기 위해 어떤 사람에게 부탁할 필요가 없어졌다. 대신에 그들이 소지한 휴대폰으로 직접 연락함으로써 조직 내 구성원 사이의 통신을 신속화 할 수 있다.

또한 모바일 액세스는 조직 공급사슬의 효율성(efficiency)을 향상시킬 수 있다. 예를 들면, 모바일 인터넷 기술은 조직 공급사슬 내의 물리적, 재무적 그리고 정보적인 모든 흐름을 향상시킬 수 있다. 물리적인 흐름(physical flow)은 모바일 물류관리나 모바일 액세스와 같이 기업 간 공급사슬 흐름상의 일련의 기업업무를 향상시킬 수 있다. 또한 정보 흐름은 원격지에 위치한 대리점이나 고객들로부터 신속하게 정보를 피드백함으로써 향상시킬 수 있다. 예를 들면, 물류창고의 관리자가 제품을 선적한 다음에 휴대폰으로 선적된 정보를 고객에게 신속하게 알려 줄 수 있다. 재무적인 응용은 주문과 지불 프로세스의 빠른 수행에 의해 향상될 수 있다. 최종적으로 많은 대기업들은 거대한 정보시스템에 대규모의 투자를 하고 있다. 이때 이 시스템에 조직원들이 무선으로 액세스할 수 있게 지원함으로써 전체적인 작업생산성을 향상시키고 있다.

2) 모바일 물류관리

　조직 간 물류관리는 생산업체와 소매업체가 정시에 제품 전달을 요구하는 경향 때문에 기업 간 거래에 있어 시간에 아주 민감하다. 최근 모바일 비즈니스의 확산으로 비용절감과 고객만족의 최적화를 위한 물류관리 부분의 효율화가 점점 중요해지고 있다. 그러므로 최근 모바일 비즈니스 기업에서 물품 전달경로 안내나 스케줄 변경, 그리고 도착시간 고지 등과 같은 효과적인 통신을 위해 콜센터와 물류담당자 사이에 무선 네트워크 망을 구축하고 있다. 모바일 데이터 솔루션을 사용하여 콜센터와 물류담당자는 실시간으로 어느 지역에서든지 물류 관련 정보를 공유할 수 있게 되었다.

　예를 들면, 자동항법장치(Global Positioning System: GPS)를 부착한 트럭은 어느 지역에 위치하든지 실시간 무선으로 물류정보에 액세스가 가능하다. 그러므로 물류담당자는 효과적인 물류전달 경로관리를 통하여 작업효율을 높일 수 있게 되었다. 콜센터는 고객과 기업 사이에 발생하는 통신정보에 대해 효과적인 관리를 수행한다. 모바일에 기반한 물류관리의 대표적인 예로는 차량이용률 관리, 위치기반 정보전송, 물류 루트관리, 운전시간관리 등을 들 수 있다. 적은 운송비용과 자원으로 모바일에 기반한 신속한 고객서비스와 효과적인 물류관리가 가능하게 되었다.

3) 모바일 금융서비스

　최근 무선 인터넷 이용자가 크게 늘면서 증권, 은행, 보험 등의 금융서비스 산업이 모바일을 매력적인 분야로 인식하면서 앞다투어 모바일 금융서비스를 제공하고 있다. 은행 계좌이체부터 주식매매, 신용카드 대출, 그리고 외환거래에 이르기까지 모든 금융거래를 스마트폰으로 처리하는 모바일 금융시대가 전개되고 있다. 모바일 금융서비스를 통해서 고객은 굳이 은행·증권사·PC방을 찾아가지 않아도 스마트폰으로 웬만한 금융거래를 원스톱(one-stop)으로 편리하고 신속하게 처리할 수 있으며 금융기관 측에서는 비용절감 효과와 더불어 부가적인 상품판매, 개인적인 서비스의 제공 등을 통한 수익을 기대할 수 있다. 또한 금융업계뿐만 아니라 통신 사업자, 기기 제조업을 포함하는 새로운 가치사슬이 형성되면서 다양한 경영모델이 제시되고 있어 모바일 금융서비스의 새로운 경쟁을 불러 일으키고 있다.

여러 가지 모바일 금융서비스 중에서 모바일 뱅킹은 어디서든 사용할 수 있다는 '무선(wireless)'의 의미와 언제든지 이용할 수 있다는 '온라인(online)'의 의미, 그리고 금융서비스 가운데 '뱅킹(banking)'이라는 세 가지 의미가 결합된 용어이다. 모바일 뱅킹의 새로운 서비스는 모바일 지불(mobile payment), 계좌통합(account ag-gregation), 모바일 빌링(EBPP), 금융포털(financial portal) 등의 형태로 나타나고 있다. 현재 모바일 뱅킹은 은행서비스의 새로운 창구로 보급되고 있을 뿐만 아니라, 모바일 무역의 주요 애플리케이션의 하나로 주목받고 있다. 향후 단말기 내에 전자화폐(IC) 기능이 내장돼 화폐 충전이나 모바일 결제, 모바일 오피스와 같은 서비스 연계가 이루어지면 모바일 뱅킹을 포함한 모바일 금융서비스는 더욱 빠르게 확산될 것이다. 그 이외에 보험 분야에서 설계, 계약조회, 공지사항 전달 등 고객과 일대일서비스를 구현하는 데 모바일 기기가 이용되고 있다.

4) 모바일 무역

무선서비스는 전자무역에서도 중요하게 활용되고 있다. 전자무역은 인터넷과 같은 정보통신기술을 이용하여 글로벌 시장을 대상으로 전개되는 무역활동으로서 시간과 공간의 제약 없이 무역업무를 보다 편리하고 신속·정확하게, 그리고 경제적으로 수행하는 무역거래방식이다. 이러한 전자무역은 지금까지 견실하게 구축한 국가 IT 인프라를 산업에 접목해 직접적인 수출확대를 꾀할 수 있는 국가 모바일 비즈니스 정책의 핵심과제로, 최근 인터넷 확산에 따른 국가 간 거래와 국내 상거래의 구분이 모호해지면서 그 중요성 또한 어느 때보다 강조되고 있다.

모바일 기기에 기반한 모바일 무역은 사용자들이 그들의 스마트폰으로 제품 카탈로그나 기타 무역정보 등을 편리하게 열람하게 한다. 모바일 인터넷은 기존의 유선 인터넷보다 모바일 무역에서 새로운 비즈니스 채널로서 활용이 증대되고 있다. 즉, 거래처를 발굴하거나 광고·마케팅하는 방법이 달라지고, 상담 및 계약 체결을 위한 의사교환방식도 모바일 기기에 기반하여 전개되고 있다.

그렇지만 모바일 무역이 확산되는 데 있어 걸림돌로 작용할 수 있는 세 가지 이슈가 있다. 먼저, 스마트폰의 제한된 스크린 사이즈는 대량의 데이터 입력이나 조회가 불편하다. 두 번째는, 모바일 디바이스에 기반하여 수행되는 안전한 모바일 무역을 위한 네트워크 표준이다. 세 번째는, 전송되는 데이터의 보안과 이러한 보안에 대한 사용자들의 인식을 들 수 있다. 이러한 요인들은 계속적인 정보통신기술 발전과 네트워크 전송능력 향상 그리고 거래정보 및 시스템의 보호를 위한 보안기술의 향상 등을 통하여 모바일 무역의 계속적인 확산을 견인할 것이다.

이 외에도 현재까지 다양한 영역에서 모바일 비즈니스 애플리케이션의 적용이 확대되고 있다. 예를 들면, 판매력 제고, 원격 창고관리, 원격 데이터 액세스 등과 같은 분야에서 모바일 비즈니스 애플리케이션의 적용이 확대되고 있다. 그러므로 기업 간 모바일 비즈니스 영역은 향후 유비쿼터스 컴퓨팅과 연계하여 조직에서 가장 주요한 영역 중의 하나로 부상할 것이다.

제4절 모바일 비즈니스 확산

우리나라는 정보통신 인프라 측면에서 세계 최고 수준이며, 특히 모바일 분야에서는 세계 선도 국가 중의 하나이다. 우리나라가 지식정보화 선진국으로 발돋움하는 데 있어 현재 구축된 자원을 얼마나 효과적으로 활용하느냐가 중요한 이슈라고 할 수 있다. 이러한 배경하에 모바일 비즈니스의 확산을 촉진시킬 수 있는 주요한 요인 세 가지를 정리하면 다음과 같다. 첫째, 모바일 기기는 사용하기 쉽다는 점이다. 두 번째, 고객들과의 관계 측면에서 통신회사에 의해 제공되는 모바일 비즈니스 서비스의 확대이다. 세 번째, 모바일폰 사용자의 급속한 증가 등을 들 수 있다. 이러한 긍정적인 요인에도 불구하고 모바일 비즈니스에서 국내 기업이 글로벌 시장을 선점하고 21세기 세계화 전선에서 유리한 고지를 차지하기 위해서는 아직도 넘어야 할 산이 많다. 이에 본 절에서는 먼저 모바일 비즈니스가 확산하는 데 있어 제기되는 세 가지 장애요인에 대하여 먼저 살펴보고, 이어서 모바일 비즈니스 활성화 방안에 대하여 정리하고자 한다.

4.1 모바일 비즈니스 확산의 장애요인

모바일 비즈니스는 지식기반 사회의 핵심영역으로 빠르게 확산되고 있다. 그러나 이러한 모바일 비즈니스가 확산되는 데 있어 몇 가지 이슈를 정리하면 다음과 같다.

1) 사용의 편리성 문제

모바일 사용자가 모바일 비즈니스 사이트를 액세스했을 때 사용의 편리성(usability)은 사용자의 계속적인 접속과 이용에 핵심적인 영향을 미치는 요인이다. 이러한 사용의 편리성은 효과성(effectiveness), 효율성(efficiency), 그리고 만족(satisfaction)이라는 세 가지 영역으로 구성된다. 최근의 서베이 결과 모바일 비즈니스에 대한 사용의 편리성이 사용자들이 느끼는 가장 민감한 이슈 중의 하나로 밝혀졌다. 현재의 모바일 디바이스는 사용자에게 제한된 스크린 크기, 작은 키보드에 기반한 입력 기능, 그리고 제한된 메모리와 처리용량 등으로 인하여 낮은 사용의 편리성을 제공하고 있다. 그에 덧붙여, 제한된 저장용량과 액세스 속도 등으로 인하여 큰 용량의 파일을 다운로드받기가 어려운 경우가 발생하고 있다. 그러므로 계속적인 모바일 비즈니스의 확산은 얼마나 향상된 편리성을 제공하느냐에 달려 있다고 할 수 있다.

이러한 모바일 비즈니스의 편리성은 사용자와 상호작용하는 모든 측면을 고려함으로써 향상시킬 수 있다. 예를 들면, 모바일 디바이스에 의거하여 사용자들이 정보를 액세스할 때 유선 인터넷에서와 같이 많은 정보의 제공보다는 고객이 선호하는 핵심적인 정보만 제공하는 것이 바람직하다. 그러므로 고객들이 위치한 장소(locations), 행동(activities), 그리고 환경(environments)을 고려한 개인화(personalization)된 서비스를 제공하는 것이 중요하다. 고객들이 모바일 비즈니스에 접속했을 때 지금까지 축적된 고객에 대한 정보에 근거하여 고객이 선호할 수 있는 고객 지향적인 콘텐츠를 제공하는 것을 예로 들 수 있다.

2) 기술적 측면의 제약

모바일 기반의 웹사이트에서 통용 가능한 보안방식에 대한 표준(standardization)

과 합의(consensus)가 이루어지지 않았다. 낮은 보안은 모바일폰이나 PDA를 사용하는 고객의 신뢰를 떨어뜨리고 있다. 그러므로 모바일 비즈니스를 확산시키기 위해서는 보안에 대한 신뢰를 제고시켜야 된다. 그에 덧붙여 WAP 사이트 접속속도가 너무 느리다는 점이다. 대부분의 모바일 사용자들은 WAP 사이트를 로딩할 때 속도가 느릴 경우 계속적인 사이트 접속을 주저하게 될 것이다. PC와 비교하여 낮은 접속속도는 사용자들이 필요로 하는 정보나 서비스를 다운로드받는 데 오랜 시간을 요하고, 이러한 시간지연은 사용자 불만족으로 이어진다. 그리고 여전히 비싼 스마트폰 사용요금은 모바일 쇼핑이나 기타 모바일 비즈니스 사용자들의 이용을 저해하고 있다. 그러므로 모바일 비즈니스에 관련된 기술적 표준과 보안, 그리고 지불 등과 관련되어 계속적인 기술적인 개발이 요구된다. 또한 기업과 소비자 간(B-to-C) 모바일 비즈니스는 이동통신사업자 주도로 빠르게 성장을 하고 있지만, 기업과 기업 간(B-to-B) 모바일 비즈니스는 모바일 인터페이스 기술 부족과 기업의 활용도 저하 등으로 성장이 완만하게 진행되고 있다.

3) 잠재적인 건강상의 위험

모바일폰 디바이스로부터 발생하는 전자파가 암을 유발할 수 있다는 논쟁이 몇 년간 지속되고 있다. 영국의 BBC 방송은 기획 프로그램에서 "뇌종양 환자들을 조사한 결과 스마트폰 사용자의 발병 확률이 사용하지 않은 사람에 비해 2.5배 높은 것으로 드러났다"고 보도했다. 또한 독일의 시사주간지 슈피겔 최근호에 따르면 스마트폰을 많이 사용하면 안암에 걸릴 가능성이 높다는 연구 결과를 보도했다. 연구에 따르면 안구흑색종 환자 118명을 대상으로 스마트폰 또는 이와 유사한 기기의 사용 여부를 조사한 뒤 일반인 474명과 비교한 결과, 스마트폰을 사용한 사람들의 발병률이 3.3배 높은 것으로 나타났다. 하지만 이러한 연구 결과만 가지고 모바일 기기 전자파와 암의 연관관계에 대하여 단정을 내리는 것은 시기 상조라고 할 수 있다.

현재 세계 각국은 이러한 이슈들에 대하여 보다 광범위한 연구를 진행하면서 모바일 기기를 사용하는 사용자들에게 권고성 홍보를 제시하고 있다. 예를 들면, 영국의 보건부는 "스마트폰의 빈번한 사용은 두뇌가 아직도 성장 중인 16세 이하 아이들에게 위험할 수 있다"고 지적하고 "휴대전화는 꼭 필요할 때만 아주 짧게 사용하라"고 권고하고 있다. 우리나라에서도 전자파 예방 차원에서 전자파 인체보호기준을 고시해 스마트폰의 출력을 뇌 1kg당 인체흡수율 1.6W로 정하고 있다. 하지만 이는 휴대폰 출력에 대한 규제일 뿐 휴대폰을 장시간 사용하는 사람들에 대한 보호 대책은 없는 실정이다. 또한 스마트폰을 사용하는 운전자들이 교통사고에 노출될 가능성이 높다. 운전 중에 한 손으로 전화기를 들고 다른 한 손으로 핸들을 잡고 있는 상황이므로 만일 돌발상황이 발생하였을 경우 신속히 대응하지 못할 경우가 발생할 수 있기 때문이다.

이와 같은 제약사항들은 통신기술과 새로운 응용기술의 발전에 따라 점점 해결될 것으로 예상된다. 이러한 모바일 비즈니스 확산에 관련된 이슈에 대한 이해에 기반하여 모바일 비즈니스의 확산을 촉진하기 위한 활성화 방안에 대하여 정리하면 다음과 같다.

4.2 모바일 비즈니스 활성화 방안

지금까지의 논의와 학습에 기반하여 모바일 비즈니스 활성화 방안에 대하여 정리하면 다음과 같다.

1) 고객 지향적인 모바일 비즈니스 모델

국내 모바일 비즈니스는 단순한 B2C 형태인 소비·오락 위주의 상품구조를 가지고 있으며 주로 인포테인먼트(infotainment) 부문에서 성공을 거두고 있다. 소비자들이 즐겨 사용하는 서비스를 보면 단문메시지, 벨소리와 캐릭터 다운로드, 게임 등이 주류를 이루고 있다. 이에 비해 세계 일류의 인프라를 보유하고 있음에도 불구하고 과실을 수확할 수 있는 기업에서의 모바일 비즈니스 도입은 상대적으로 부진하다. 모바일 비즈니스의 도입이 지연되고 있는 주요한 요인 중의 하나로 성공적인 모바일 비즈니스 모델의 부족을 들 수 있다. 따라서 모바일 비즈니스의 계속적인 확산을 위해서는 무선 인터넷 환경에 기반한 고객 지향적인 다양한 유형의 모바일 비즈니스 모델이 제시되어야 한다. 현재의 모바일 비즈니스는 대부분 수익 모델에 급급하여 엔터테인먼트와 기본적인 정보 제공 형태를 띠고 있는 데 반해, 망의 개방과 더불어 개인에 맞게 세분화·차별화되어서 연령과 직업, 성별에 따라 사용자 지향적인 모바일 비즈니스 모델이 제시되어야 한다. 즉, 무선 환경에 적합한 위치, 시간, 개인화, 사용자 상황, 명확한 의미전달 등이 가능한 비즈니스 유형으로서 일방적인 콘텐츠 제공형이 아닌 상황에 따라 신축적으로 대응할 수 있는 고객 지향적 비즈니스 모델의 출현이 요구된다.

즉, 모바일 비즈니스 시대를 맞이하여 이용자의 가치관은 계속 변화하고 있다. 지금까지 사용자들은 공통의 가치관을 가지고 있었지만 명확한 타깃 고객층을 겨냥한 미디어와 모바일 기기의 급속한 보급 확대로 인하여 집단적인 가치관은 점점 약해지고 개인의 가치관이 중요시되는 개인의 시대로 변화하고 있다. 이러한 개인화에 따른 상황형, 맞춤형 모바일 비즈니스, 즉 브로드밴드 콘텐츠만 제공하는 비즈니스가 아니라 축적된 고객정보에 기반한 고객 지향적인 모바일 비즈니스 모델의 설계와 운영이 요구된다. 예를 들면, 모바일 콘텐츠 비즈니스는 기존의 유선의 콘텐츠와 달리 멀티디바이스와 위치기반서비스에 기반한 고객 개인별 특성이 반영된 서비스가 제공되어야 한다. 그에 덧붙여 고객 지향적인 모바일 비즈니스 모델의 제시뿐만 아니라 수익을 창출하는 것 또한 중요한 이슈이다. 수익을 창출하는 데에는 여러 가지 방법이 있을 수 있다. 예를 들면, 모바일 비즈니스 사용에 따른 기본요금, 전환요금, 콘텐츠나 서비스 이용 요금, 호스팅 요금, 인증요금, 유지요금 등이 있다. 이러한 모바일 비즈니스 요금은 월별, 연별, 혹은 종신회원으로 구분하여 거둘 수 있을 것이다.

2) 모바일 미디어와 매스 미디어의 융합

일반적으로 미디어는 정보를 대량 생산하여 불특정 다수의 사람들에게 대량 전달하는 기구 및 전달시스템을 말한다. 기존의 산업사회에서는 몇 안 되는 언론사나 방송사만이 정보를 만들어 전달하고 대중은 그것을 일방통행식으로 수용하는 것이 일반적이었다. 그러나 지식기반 사회에서는 일방적으로 전달되는 대중매체의 정보에만 만족하지 않고 목적에 맞는 다양한 정보 욕구가 나타나고 있다. 이러한 배경하에 모바일 비즈니스에 있어서 모바일 미디어와 매스 미디어의 연동은 반드시 필요하다.

모바일 미디어와 매스 미디어의 가장 큰 차이는 모바일 비즈니스 마케팅에 있어서 인지도에 영향을 미친다. 매스 미디어는 모바일 미디어에 비해 보다 광범위한 인지도를 확보하는 데 있어 유리한 반면에 모바일 미디어는 인지도 측면에서는 다소 떨어지지만 때와 장소에 관계없이 고객들의 특성에 맞게 접근하여 모바일 비즈니스의 장점을 반영한 고객 지향적 비즈니스가 가능하다는 특징이 있다. 이것은 모바일 기기의 다소 미흡한 인터페이스를 보완해 줄 수 있는 비즈니스 기법이라고 할 수 있다. 즉, 넓은 인지도 측면에서는 매스 미디어가 효과적이고 행동으로의 유도는 모바일 미디어가 장점이 있기 때문에 모바일과 매스 미디어의 적절한 융합에 의한 마케팅이야말로 모바일 비즈니스의 중요한 성공 포인트라고 할 수 있다.

3) 무선 네트워크 기반구조 고도화

모바일 비즈니스의 주요 기반구조(infrastructure)인 무선 인터넷의 경우 초고속 인터넷과 비교하여 비싼 요금과 느린 속도, 그리고 협소한 단말환경 등으로 인하여 사용자들이 제대로 된 인터넷 서비스를 이용하지 못하고 있다. 왜냐하면 새로운 인터넷 인프라로 자리잡은 초고속 인터넷에 익숙한 국내 사용자들은 빠른 속도와 저렴한 요금의 유선 인터넷 환경에 이미 익숙해져 있기 때문에 국내 무선 인터넷 사용이 활성화되지 못하고 있다. 그러므로 현재 외형적으로만 성장하고 있는 국내 무선 인터넷 산업을 활성화시키기 위해서는 우리나라 사용자들의 특성에 맞는 네트워크 인프라 측면에서의 고도화가 필요하다. 즉, 초고속 인터넷에 익숙한 사용자들이 불편을 느끼지 않을 수 있을 만큼의 속도와 품질을 제공할 수 있도록 네트워크를 고도화하고, 요금을 인하하며, 유무선 복합 비즈니스 모델 개발을 촉진하는 등 유선 인터넷과 동등한 무선 네트워크 기반구조의 고도화가 요구된다.

4) 소비자 신뢰

모바일 비즈니스에서는 판매자와 구매자가 공간적·시간적으로 분리되어 있다. 그러므로 무선 인터넷과 모바일 기기에 기반한 모바일 거래에서 신뢰(trust)는 모바일 비즈니스의 핵심적인 성공요인 중의 하나이다. 모바일 비즈니스는 사용자들이 필요한 경우 언제 어디서나 사이버상에서 이루어지는 비즈니스이기 때문에 소비자 신뢰가 중요하다고 할 수 있다. 신뢰는 거래상대를 믿고 의존하려는 정도라고 할 수 있다. 일반적으로 소비자들은 무료 서비스를 선호하거나 가능하면 저렴한 비용을 지불하기를 원한다. 그러나 고객들은 어떤 모바일 비즈니스의 서비스나 제품을 신뢰하기 시작하면 기꺼이 많은 비용을 지불하는 데 있어 주저하지 않을 것이다. 그리고 모바일 비즈니스에 대한 사용자들의 신뢰가 점점 증대될 때 모바일 비즈니스 확산은 가속화될 것이다.

또한 모바일 비즈니스는 수많은 비즈니스 파트너를 포함한다. 성공적인 모바일 비즈니스의 확산은 참여하는 파트너들 사이의 신뢰와 협력(cordination) 정도에 달려 있다. 그러므로 모바일 비즈니스에서 어떤 기업도 단독으로 통합 비즈니스 모델을 제공하기 어렵기 때문에 이동전화 사업자, 단말기 제조업자, 솔루션 업체, 금융기관 등의 상호 협력이 요구된다.

5) 합리적인 모바일 산업구조 및 정책

모바일 비즈니스의 확산에 있어 고려되어야 할 부분 중의 하나가 이동통신 네트워크 기업 중심의 산업구조와 규제 위주의 정책이다. 이동통신 시장은 3사가 과점하고 있으며 SK텔레콤이 50%의 점유율을 나타내고 있음에도 불구하고 진행속도가 매우 더디다. 최근 모바일 결제시스템의 표준화 논의에서도 보듯이 기존 규제 위주의 정보통신정책적 접근은 이러한 움직임을 뒷받침하는 측면이 있는 것으로 보여 상당히 우려된다. 모바일 비즈니스는 제조업과 서비스 산업 그리고 정보통신기술의 융합이다. 따라서 국민경제 차원의 효율적 자원배분을 위한 정보통신정책과 산업정책의 조율은 아무리 강조해도 지나치지 않으며, 이러한 점에서 산업육성과 경쟁촉진의 경험을 바탕으로 산업정책 부처의 더욱 적극적인 정책대응이 요구된다. 특히 하드웨어와 소프트웨어를 포함한 모바일 비즈니스의 글로벌 리더 부상을 위해 관련 부처의 협력과 지원이 절실히 요구된다.

토의문제

1. 모바일 비즈니스의 개념과 특징에 대하여 논하시오.
2. 모바일 비즈니스의 가치사슬을 구성하는 요소에 대하여 토의하시오.
3. 조직 내에서 활용되고 있는 주요 모바일 비즈니스 애플리케이션에 대하여 논의하시오.

4. 기업과 소비자 간 모바일 비즈니스 애플리케이션에 대하여 설명하시오.

5. 모바일 포털과 PC상에서 운영되는 포털과의 차이점에 대하여 설명하시오.

6. 모바일 게임 비즈니스의 주요 성공요인에 대하여 토의하시오.

7. 기업 간 모바일 비즈니스 애플리케이션의 주요한 예를 제시하시오.

8. 모바일 비즈니스의 확산을 저해하는 이슈들에 대하여 토의하시오.

9. 모바일 비즈니스의 계속적인 활성화 방안에 대하여 설명하시오.

참고문헌

Camisasca, C., *How to Start and Graw an E-Commerce Business*, Independently Published, 2022.

Campbell, K., *E-Commerce Growth Strategy*, Kogan Page, 2023.

Cerrato, P. and Halamka, J., *The Transformative Power of Mobile Medicine*, Academic Press, 2019.

Chaffey, D., Hemphill, T., and Edmundson-Bird D., *Digital Business & E-Commerce Management*, Pearson, 2019.

Gupta, S., *Driving Digital Strategy: A Guide to Reimagining Your Business*, Harvard Business Press, 2019.

Kreutzer, R. T., Neugebauer, T., Pattloch, A., *Digital Business Leadership: Digital Transformation, Business Model Innovation, Agile Organization, Change Management*, Springer, 2019.

Laudon, K. C. and Laudon, J. P., *Management Information Systems*, Pearson, 2022.

Liebana, F. and Kalini, Z., *Impact of Mobile Services on Business Development and E-Commerce*, IGI Global, 2019.

Mutetwa, N. P., *Mobile Money Market Share*, LAP LAMBERT Academic Publishing, 2019.

Oluwaseun, O., *Mobile Commerce Adoption for Business Transactions*, LAP LAMBERT Academic Publishing, 2019.

Paavilainen, J., *Mobile Business Strategies*, Wireless Press, 2003.

Parker, P. M., *Mobile Enterprise Business Applications*, IGI Global, 2019.

Ross, J. W., Beath, C. M., Mocker, M., *Designed for Digital: How to Architect Your Business for Sustained Success*, The Mit Press, 2019.

Woll, P., *How to Create a Successful E-Commerce Website*, Independently Published, 2024.

에필로그 사례연구-1: 카카오 급성장, 기존기업과 갈등

골목상권 침해 논란으로 비판받은 카카오가 국정감사 이후 플랫폼 규제 이슈에도 최대 실적을 갈아치웠다. 특히 분기 기준 처음으로 네이버를 매출에서 제쳤다. 콘텐츠 부문이 저력을 발휘했다. 최근 카카오는 소상공인과의 상생, 글로벌 매출 다양화, 인공지능(AI), 대체불가토큰(NFT) 등으로 차세대 경쟁력을 확보한다는 전략을 세웠다. 카카오는 연결기준 2022년 매출액이 7조 원을 돌파하고, 2023년 매출액은 8조 1058억 원으로 14.0% 증가하였지만, 영업이익률은 5019억 원으로 11.0% 감소했다. 카카오그룹은 사업 기간이나 덩치 면에서 결코 스타트업이라고 부를 수 없는 기업이다. 그러나 경영 방식은 외연 확장에 급급한 스타트업의 형태를 쫓고 있고, 이같은 기조는 매출확대, 영업이익 히락을 나타낸 연결기준 실적에도 고스란히 반영되었다. 대기업 집단인 카카오그룹에 문어발 확장이나 골목 상권 침해 등의 비판이 제기되는 이유이다(이코노미스트, 2024. 2. 21).

카카오는 계열사를 늘리는 과정에서 미용실·꽃집·중간물류·퀵서비스·대리운전·배달·연예기획·부동산·암호화폐·골프 등에 진출한다. 곧장 골목 상권 침해 논란이 제기되었다. 카카오는 정치권과 여론의 질타로 택시 호출 수수료 인상, 꽃·샐러드 배달 진출 등 다수의 카카오모빌리티 사업 확장 계획을 철회했다. 정보기술(IT)업계 관계자는 "카카오모빌리티가 접은 계획은 기존에도 매출에 잡히지 않았던 미래 사업의 일부분"이라며 "현재 매출에 큰 영향을 주지 않을 것으로 보인다"고 말했다. 카카오의 이번 깜짝 실적은 카카오게임즈의 '오딘' 흥행에 힘입은 것이고, 모바일게임 수명이 길지 않다는 설명이다. 카카오 관계자는 "카카오톡과 AI의 결합을 통해 긍정적인 이용자 경험을 확대하고, 이를 바탕으로 광고 및 커머스 등 카카오의 핵심 비즈니스의 성장이 지속적으로 이어질 수 있도록 선순환 구조를 군건히 할 계획이다"라고 말했다(IT조선, 2024. 2. 15).

글로벌, 혁신사업 중심 확장
카카오는 기세를 이어 가기 위해 새로운 사업 확장에 힘을 쏟는다. 일본 웹툰 플랫폼 픽코마를 운영하는 카카오재팬이 카카오픽코마로 사명을 변경하고 프랑스를 비롯한 유럽 시장 진출 계획을 발표했다. 카카오픽코마는 연내 프랑스에서 픽코마를 출시한다. 픽코마는 지난해 '나 혼자만 레벨업' 등 국내 유명 웹툰 지식재산권(IP)을 앞세워 네이버 라인망가를 제치고 일본 웹툰 플랫폼 1위 자리를 차지했다. NFT(대체 불가능 토큰) 관련 사업 확장 계획도 발표했다. 이 회사 CIO는 "카카오는 공동체 내 역량을 집중해 다가올 메타버스 시대를 준비하고 있다"며 "카카오 블록체인 자회사 그라운드X의 기술력과 계열사 내 강력한 콘텐츠 자산을 활용할 수 있는 NFT 관련 전략 역시 수립하고 있다"고 밝혔다.

카카오페이지 핵심 지식재산권(IP)을 2차 영상물로 확대하는 작업에도 박차를 가한다. 특히 'K-콘텐츠'에 대한 반응이 폭발적"이라며 "아시아, 북미를 넘어 전 세계로 카카오엔터테인먼트 오리지널 IP 가치를 높여 나가겠다"고 포부를 밝히며 콘텐츠 외에도 기술 바탕의 신사업을 다양하게 추진하겠다고 했다. 또한 "메타버스와 NFT 모두 카카오 공동체 안에서 준비하고 있으며 해외 사업의 베이스캠프 역할을 할 법인 '크러스트'를 2020년 3월에 싱가포르에 설립했고 블록체인 플랫폼 '클레이튼'과 시너지 효과를 내기 위한 사업도 구상 중이며 AI를 활용한 글로벌 신사업도 추진할 것"이라고 했다(한국경제, 2021. 11. 5).

플랫폼 기업 진출로 기존 기업과 갈등도

카카오, 네이버 등 플랫폼 기업들이 모빌리티, 금융 등 산업 곳곳에 진출하면서 기존 기업과의 갈등이 커지고 있는 것으로 나타났다. 미디어 분야는 넷플릭스 같은 온라인 동영상 서비스(OTT·Over The Top) 사업자가 나타나 시장 경쟁구조가 상당히 바뀌었고, 유통 분야는 코로나19 상황과 맞물려 온라인 유통 비중이 급속히 증가했다. 택시 등 교통수단을 이용할 때 모바일 앱을 통한 호출과 예약이 보편화되면서 플랫폼 기업의 영향력은 지속해서 확대되고 있었다. 독보적 1위 사업자인 카카오모빌리티는 위치정보시스템(GPS) 위치 지정, 자동결제 등 다양한 호출서비스 제공을 넘어 택시업, 택시가맹업에 직접 뛰어드는 등 저변을 빠르게 넓혀갔다. 2015년 출시된 카카오T는 지난해 누적 가입자 수 3천만 명에 도달했고, 카카오모빌리티는 자회사 TJ파트너스를 통해 9개 택시회사를 인수했다. 택시가맹업에는 카카오T블루 외에 타다라이트, 마카롱택시 등 6개 브랜드 택시가 운영 중이며, 이들이 전체 택시 시장의 14.6%를 차지했다. 향후 만능 교통앱 개념의 통합모빌리티서비스(MaaS·Mobility as a Service) 체계가 완성되면 플랫폼의 입지는 더욱 견고해질 전망이다.

진입장벽이 높고 규제가 많은 금융 시장에서도 핀테크 기업이 빠르게 성장하고, 빅테크의 금융시장 진입이 활발해지면서 업역 간 경계가 사라지는 빅블러(Big Blur) 현상이 빨라지고 있다. 카카오는 카카오뱅크, 카카오페이 증권을 직접 설립했다. 카카오 뱅크는 자사 플랫폼을 기반으로 한 편의성 등을 내세워 이용자를 빠르게 확보하면서 기존 금융권을 위협하고 있다.

유통산업은 전통적인 오프라인 유통기업 외에도 네이버·카카오 등 빅테크 등 다양한 사업자가 온라인 유통시장에 진입하면서 경쟁이 치열해지고 있다. 기업들은 연결성·편의성을 극대화한 슈퍼앱(하나의 앱으로 쇼핑, 음식배달, 모빌리티 등 다수의 미니프로그램을 통합 제공하는 형태) 전략을 시도하는 등 성장전략을 모색하고 있다. 네이버와 카카오는 검색서비스, 메신저에서 금융, 쇼핑, 기업간거래(B2B), 엔터테인먼트까지 진출했고, 쿠팡은 쇼핑에서 음식 배달, OTT 서비스로 영역을 확장했다(한국경제, 2024. 3. 26).

카카오는 앞으로 핵심 성장동력인 '뉴이니셔티브'(엔터프라이즈·브레인·헬스케어) 사업 체질 개선에 나선다. 카카오헬스케어는 실시간 혈당관리서비스인 파스타로 글로벌 시장 진출을 추진할 계획이다. 구조조정을 마친 카카오엔터프라이즈는 클라우드 사업에 역량을 집중한다. 카카오브레인은 경량AI 모델을 카카오톡에 적용해 AI 기반 서비스를 고도화할 예정이다(한국일보, 2024. 2. 15).

토의문제

1. 모바일 게임과 NFT의 연관성, 사업의 확장 가능성에 대해 토의해 보자.
2. 카카오의 경쟁우위 요소를 살펴보고 향후 AI를 활용한 사업분야에 대해 토론해 보자.
3. 카카오는 한국을 대표하는 모바일 비즈니스이다. 한국을 넘어 세계속의 모바일 비즈니스로 성장하기 위한 카카오 비즈니스 전략에 대하여 토의해 보자.

📑 에필로그 사례연구-2: 배달의 민족

'배달의 민족'은 이제 웬만한 사람들이라면 다들 아는 음식 배달용 앱 서비스이다. 배달의 민족은 전형적인 투사이드 마켓을 대상으로 하는 플랫폼 비즈니스이다. 이러한 플랫폼 비즈니스는 지불자와 사용자가 나뉘어지는 게 가장 큰 특징이고 이 지불자와 사용자를 어떻게 빨리 확보하고 확산시키느냐가 중요하다. 배달의 민족의 경우 지불자는 '배달 음식 업체'가 되겠고 사용자는 배달 음식을 시켜 먹는 사람들이 된다. 이러한 플랫폼 비즈니스의 문제는 지불자와 사용자를 함께 모아야 하는데 어디부터 공략을 해야 할지를 판단하는 것이다. 배달의 민족 같은 경우는 지불자인 '배달 음식 업체'를 먼저 모으는 데에 주력했고 이 전략은 현재의 성공의 밑거름이 된다.

김봉진 대표는 처음부터 배달에 착안한 것은 아니었다고 한다. 원래는 스마트폰용 114 서비스를 만들고 싶었지만 데이터를 모으고 분류하는 작업을 개인이 하기 너무 힘들었고, 또 그 분야가 시장성이 없어서 결국 실패했다. 그 다음에 전화를 통해 가장 많이 이루어지는 경제활동을 찾다가 음식 배달이 떠올랐다. 그때부터 데이터(전단지 정보)를 모으기 위해 인터넷 포털을 뒤지고 서울 강남역 등을 돌며 전단지를 모았다.

무수히 많은 배달 앱 중에 업계 1위를 달리고 있는 배달의 민족은 사용자를 극대화하기 위한 B2C 마케팅 전략을 세우고 끈기 있게 실행하였다. 배달의 민족은 사용자 그룹을 20대 대학생과 직장인 초년생으로 정밀하게 세그먼트해서 구체적인 브랜드 전략과 마케팅 계획을 세웠다. 또한 배달 음식을 주문할 때 뭐든 정확하게 말해 주는 손석희 아나운서보다 동네 형 같은 개그맨 박명수에게 물어보는 것이 더 편할 것이라는 정의를 내렸다. 따라서 사람들이 편하게 찾고, 재미있게 즐길 만한 문화적인 코드를 담아 보기로 하여, 홍대문화의 키치와 B급, 웹툰, 짤방, 패러디적 코드들을 담아 만든 서비스가 배달의 민족이다. 소비자들은 돈이 많고 똑똑하기 때문에, 로고가 박힌 머그컵 따위를 주면 관심도 없고 쓰지도 않는다며, 이런 진화하는 고객들을 위해서는 다른 접근방식이 필요하다는 것이 배달의 민족 운영회사인 '우아한 형제들'의 결론이다.

이들의 첫 마케팅이 바로 넉가래 마케팅이다. 배달의 민족 앱에 리뷰를 작성한 사람을 추천해서 눈삽이나 넉가래 중 하나를 증정하는 '리뷰 달고 넉가래 받자' 이벤트를 했다. 어이없는 경품으로 인해 오히려 더 홍보가 되는 상황이 발생했고, 이벤트에 소모된 금액도 크지 않았기에 성공적이라고 평가되는 마케팅이다. 비타500 소녀시대 모델 시설에 9명을 다 모으고 싶었던 대표는 자신들이 타깃으로 하는 20대 역시 같은 마음일 거라 생각하고, 소녀시대 비타500 9명을 다 모아서 이벤트 경품으로 건 '리뷰 달고 소녀시대 풀세트 받자' 이벤트로 큰 호응을 얻었다. 매월 잡지 하나씩을 선정해 광고를 내보내는 우아한 형제들은 「국회보」에는 '잘 먹고 잘살자', 웨딩잡지에는 '다이어트는 포샵으로' 식으로 '경희야, 넌 먹을 때가 제일 예뻐'는 「여성중앙」이라는 여성잡지에 실었던 광고다. 사람들은 이러한 옥외광고를 찍어 SNS에 올려 공유하고, 심지어 '경희야' 자리에 자신의 이름을 편집해 올리는 사람도 있었다.

이러한 심리를 파악하여 100명의 이름을 넣어 버스 광고에 실었고, 또 그중 어떤 분이 '내 이름은 없다'고 메일이 와서 본인의 이름이 들어간 포스터를 만들어 1,700명 정도에게 발송했다. 우아한 형제들은 폰트 역시 브랜딩 콘셉트로 보여 주는 것 중 하나다. 글자가 많이 나오는 서비스에서 글자체 자체가 브랜딩이 될 수 있다고 봤기 때문에 '우아한 형제들'다운 '한나체'와 '주아체'를 직접 디자인했다. 포스터를 만들고, 부채, 카드 케이스 등을 만들어 알린 결과 사고 싶다는 사람들이 생겨나 판매도 했다

'배달의민족' 월간 이용자 수는 1000만 명을 돌파했고 주문 건수는 월 3000만 건에 육박했다. 배달의민족 서비스 이용이 빠르게 늘어난 배경으론 크게 두 가지가 꼽힌다. 첫째는 밀레니얼세대는 소비할 때도 재미를 좇는 '펀슈머(Fun+Consumer) 마케팅' 전략이 통했다. 둘째는 편리함을 추구하는 1인 가구가 증가하면서 배달 주문이 늘어난 점도 작용했다. 통계청에 따르면 1인 가구 수는 2000년 222만 가구에서 2017년 561만 가구로 두 배 이상 증가했다. 대다수 1인 가구는 편리함을 추구한다. 식자재 구매부터 요리, 뒤처리까지 혼자 하느니 모바일 앱으로 간편하게 배달시켜 식사를 해결하는 편이 경제적이라고 여긴다. 이러한 성과에 힘입어 우아한형제들은 2023년 매출 3조 4155억 원, 영업이익 6998억 원을 기록했다. 전년 대비 매출은 15.9%, 영업이익은 65% 증가하였다.

구체적으로 사업 분야 중 상품 매출이 6880억원으로 전년 대비 34% 증가했다. 배민B마트 등 커머스 사업 부문이 실적 성장을 견인했다. 우아한형제들은 배민B마트

서비스를 위해 지난해 기준 서울, 경기, 부산, 대구, 울산, 대전, 천안 등에 약 70개 도심형 유통센터(PPC)를 운영하고 있다. 상품 종류수(SKU)는 약 1만개다. B마트의 경우 지난해 고객 평균 주문금액이 사업 초기 대비 3배 가량 증가했다. 커머스 사업 성장은 영업이익 개선에도 크게 기여했다. 물류 과정 효율화로 운반·보관비 등 비용 절감 효과를 키운 것이 이익률 개선을 도왔다. 우아한형제들의 한 관계자는 "배달 커머스 사업에 적극 투자하고, 알뜰배달을 통해 합리적인 고객 배달팁을 실현한 것이 실적에 긍정적 영향을 미쳤다"며 "사장과 고객 모두에게 더 나은 서비스를 지속적으로 제공할 수 있도록 노력할 것"이라고 말했다.

한편 김봉진 우아한형제들 대표는 2019년 하반기 4조 7500억 원에 회사 지분 전량을 독일 DH에 넘겼다. 국내 배달앱 시장 1위인 배달의민족을 2·3위 배달앱 '요기요'와 '배달통'을 소유한 독일 DH 본사에 넘긴 것이다. 김 대표 등 경영진과 DH는 50대50으로 합작회사(JV) '우아DH아시아'를 만들어 한국 배달의민족 사업을 포함한 아시아 전체 배달시장을 총괄하고 있다(헤럴드경제, 2023. 3. 29).

토의문제

1. 기술적 차별점을 내세우기 어려운 배달 앱 서비스 시장에서 '배달의 민족'이 1위를 선점하게 된 성공요인은 무엇인지에 대하여 토의해 보자.
2. 배달의 민족의 주요한 마케팅 시사점에 대하여 토론해 보자.
3. '배달의 민족', '배달통', 그리고 '요기요' 브랜드의 비교분석과 전략분석 및 향후 시사점에 대하여 논의해 보자.
4. 최근 배달비의 급격한 인상에 따른 자영업자들의 불만을 해소시킬 수 있는 방법에 대해 토론해 보자.

CHAPTER
04

유비쿼터스 비즈니스 경영

학습목표

- 유비쿼터스 컴퓨팅의 등장배경과 개념에 대하여 학습한다.
- 유비쿼터스 컴퓨팅의 활용에 대하여 학습한다.
- 유비쿼터스 컴퓨팅의 발전에 대하여 학습한다.
- 유비쿼터스 비즈니스의 개념에 대하여 학습한다.
- 유비쿼터스 비즈니스 모델을 분류하고 주요한 특징을 학습한다.
- 유비쿼터스 비즈니스의 주요 성공요인을 학습한다.

유비쿼터스 컴퓨팅(Ubiquitous Computing)은 언제 어디서든 편리하게 컴퓨터의 자원을 사용할 수 있도록 현실 세계와 가상 세계를 결합시킨다. 이 용어는 '언제 어디서나 존재한다'라는 뜻에서 출발하였는데 쉽게 말하면 컴퓨터를 생활 곳곳에 연결시켜서 사람들이 원하는 다양한 것들을 충족시켜 줄 수 있는 정보통신환경을 말한다. 유비쿼터스 컴퓨팅의 예로 소에 RFID 태그를 달아 놓게 되면 사육, 포장, 판매 등의 전 과정을 자동으로 확인할 수 있는 시스템이 가능하다. RFID칩을 소에 부착하여 농장에서부터 식육점까지, 사육에서 판매까지의 모든 과정에서 발생하는 데이터를 수집할 수 있다.

그리고 유비쿼터스와 원격의료 기술을 활용한 건강관리시스템를 통하여 센서로 사람의 혈압, 체온, 콜레스테롤 수치 등을 모니터하여 건강상태를 체크하고 이를 전문의와 공유하여 진료를 받을 수 있다. 가까운 장래에는 스마트폰에 각종 센서가 무선으로 연결되어 집안의 보일러, 가스레인지, 전등 등을 통제할 수 있고, 신체와도 센서 연결이 되어 자신의 건강상태도 확인할 수 있는 시대가 도래하고 있다. 그리고 갤럭시 기어나 아이워치 같은 스마트 시계와 연동하여 허리 사이즈를 인지하여 자동으로 조임 조절이 되는 스마트 벨트, 사람의 보폭을 계산하여 건강정보를 체크하는 신발, GPS 기능의 내비게이션, 상대방이 잠을 자고 있는지 체크할 수 있는 커플 베개 등을 예로 들 수 있다.

그 외 최근 개발되어 각광받는 유비쿼터스 스포츠 시스템은 운동하는 사람의 동작 및 신체정보를 사물인터넷(IoT)을 통하여 실시간으로 기기(서버 및 단말기) 간에 주고받으면서 운동하는 사람의 신체역량에 알맞게 처방도 하고 프로그램을 제시한다. 또한 스크린 골프와 스크린 야구와 같이 실제 환경과 같은 가상환경이 만들어진 스크린이나 모니터에 사용자의 움직임을 나타내는 캐릭터를 띄우고 실제 행위를 하는 것과 같은 현실감을 맛보게 하여 운동을 실감나게 하게 한다.

우리의 일상에서 쉽게 접할 수 있는 자동차에도 유비쿼터스 컴퓨팅의 활용이 점점 확대될 예정이다. 이러한 예로 유비쿼터스 자동차 네트워크 시스템을 들 수 있다. 유비쿼터스 자동차 네트워크 시스템이란 차량, 운전자, 도로관리자를 유비쿼터스 네트워크로 연결하여 도로의 이용상태를 실시간으로 측정하여 도로관리자와 운전자에게 정보 서비스를 제공할 수 있다. 또한 정수기, 공기청정기, 비데와 같은 생활가전에서 부터 침대 등 가구에 이르기까지 사물인터넷(IoT)이 다양하게 활용되고 있으며, 보일러 업체들도 관련 제품을 내놓으며 소비자들을 공략하고 있다. 경동나비엔은 AI와 IoT 기술이 접목되어 있어 스마트폰 앱으로도 난방 및 온수 온도 조절이 가능할 뿐만 아니라 향후 자사와 타사 가전 제품을 아우르는 통합 생태계를 구축할 계획이다. 이를 통해 외출 중에도 방범, 난방, 에어컨, 환기, 조명 등을 실시간으로 제어할 수 있고, 에너지 사용량 조회, 가스밸브 잠금, 택배 및 주차 알림, 원격 검침 서비스까지 제공한다. 귀뚜라미 보일러 역시 IoT 기술을 적용한 '귀뚜라미 IoT 원격제어 가스보일러'를 선보이며 스마트폰으로 보일러 상태 확인, 조작, 고장 진단 등 여러 가지 부가 기능을 손쉽게 활용해 편의성을 제공한다(전자신문, 2024. 2. 22, 스마트경제, 2024. 3. 12).

미래의 중추신경계 사물인터넷(AIoT)

최근 사물인터넷은 인공지능과 융합된 지능형 사물인터넷(AIoT)으로 진화하여 단순 연결에만 그치는 것이 아니라 산업·경제·사회 전 분야와 융합해 디지털 혁신을 주도하는 핵심기술로 주목받고 있다. 특히 '집'과 '일터' 등 우리 일상 공간과의 융합이 활발히 진행 중이며, 이를 통해 우리의 일상은 더욱 안전하고 편안하게 바뀌고 있다. 예를 들어, 매일 일정한 시간에 약을 복용해야 하는데 깜빡 잊고 안 먹으면 본인이나 의사에게 알려 주는 약병, 비가 올 것을 미리 인지하여 현관에서 깜빡이는 우산, 주인이 놓고 10미터 이상 가면 어디에 있다고 경고하는 지갑 등이 있다. 모두 '사물인터넷(IoT: Internet of Things)'을 활용하여 삶의 질을 보완해 주는 제품들이다.

개인의 일상생활 공간인 스마트 홈이나 헬스케어 제품부터 공공분야의 스마트 시티까지 사물인터넷의 활용은 다양하고 무궁무진하다. 산업분야에는 자율주행 자동차, 전력 공급의 최적화를 이루는 스마트 그리드(Smart Grid) 그리고 생산과 물류의 효율성 향상 등이 그 대표적 예이다. 사물인터넷은 그 생태계에서 빅 데이터, AI, 클라우드 및 각종 센서 기술 등과 결합하고, 적절한 육성 정책하에 유비쿼터스 세상을 실현할 수도 있다(에이빙, 2023. 10. 11).

AIoT란 사물인터넷(IoT)의 연결성에 AI의 초지능이 결합된 합성어이다. 사물인터넷에 포함된 기기들은 스마트 락에서부터 카메라, 휴대폰, 의료 기기 등에 이르기까지 다양하다. IoT 커넥티드 디바이스는 보급 확산과 더불어 AI와 결합되면 훨씬 더 큰 역할을 할 것이다. AI는 데이터를 분류 및 분석하고, 데이터에서 예측을 도출하는 알고리즘을 만들고 데이터에 대한 행동, 새로운 데이터로부터 학습, 시간이 지남에 따라 향상하는 기능이다. AI의 가장 중요한 기술은 머신러닝 딥러닝과 자연어 처리다. 챗봇, 안면감지 및 인식, 자동교정, 디지털 비서, 검색 추천 등 AI의 활용 영역은 수없이 많다. AI와 IoT가 결합하면, 인공지능은 사물인터넷 기기가 수집한 데이터를 인간의 개입 없이 학습, 분석, 통찰력 개발, 의사결정 등에 활용된다. IoT에서 데이터 분석이 이루어지는 것이 바로 지능형 사물인터넷(AIoT)이며, 사물들 간 스마트한 소통을 가능하게 해준다.

다양한 산업에서 AIoT가 활용된다. 센서와 스마트 카메라는 사무실 보안에 도움을 주기도 하는데 스마트 카메라는 실시간 데이터와 이미지를 이용한 안면인식 기술을 통해 직원을 식별할 수 있다. 유통업계도 AIoT와 보안 카메라를 설치하여 가게에서 물건을 훔치는 것을 방지할 수 있다. 그리고 대도시의 교통 제어에도 AIoT의 활용하여 실시간으로 교통 트래픽 흐름을 모니터링하여 상황에 따라 트래픽을 리디렉션하고, 신호등, 속도 제한 등을 변경할 수 있다. 또한 지능형 사물인터넷(AIoT)이 부착된 '대기배출시설 관리시스템'에 의해 대기오염물질 배출과 방지시설의 가동정보가 관할 기관에서 실시간 모니터링이 가능해진다. 인공지능(AI), 사물인터넷(IoT), 빅데이터, 센서등 디지털 기술을 융합해 선원없이 스스로 최적 항로를 항해할 수 있는 자율운항 선박이 기획되고 있다(아주경제, 2023. 6. 13; 보안뉴스, 2024. 4. 2).

토의문제

1. 우리의 일상생활에서 유비쿼터스 컴퓨팅이 적용된 예에 대하여 토론해 보자.
2. 유비쿼터스 컴퓨팅, AI, 그리고 사물인터넷이 지향하는 방향과 연관성에 대하여 토론해 보자.
3. 전통산업의 혁신 성장을 위해 필요한 사물인터넷의 활용분야 및 방식에 대해 토론해 보자.
4. 유비쿼터스 컴퓨팅이 지향하는 방향에 대하여 토론해 보자.

제1절 유비쿼터스 컴퓨팅 이해

유비쿼터스(Ubiquitous)란 라틴어로 도처에 편재한다는 뜻이다. 인터넷을 기반으로 전 세계는 이미 하나로 연결되어 있으며, PC의 충분한 보급은 네트워크화와 휴대전화, TV, 카 내비게이터 등 정보기기가 네트워크로 연계되어서 언제, 어디서나, 누구나 대용량의 통신망을 저렴하게 사용 가능하게 되었다. 1998년 유비쿼터스 컴퓨팅이란 용어를 처음으로 사용한 미국 제록스 팰로앨토 연구소의 마크 와이저(Mark Weiser) 소장은 유비쿼터스 컴퓨팅이 메인프레임, PC에 이은 제3의 정보혁명의 물결을 이끌 것이라고 주장하였다.

유비쿼터스 컴퓨팅의 발전과정을 보면 컴퓨터 출현 초기에는 대형의 메인프레임 컴퓨터를 다수의 사용자가 공농 사용하는 문화였다. 당연히 기술이나 수요공급의 법칙에 따라 고가의 장비를 많은 사용자들에게 공급할 수는 없었다. 그러나 1980년대 이후 PC의 출현으로 1인 1컴퓨터의 사용환경이 구축되기 시작하였고, 계속적인 컴퓨터 가격의 하락과 사물인터넷(IOT)의 확산으로 도처에 컴퓨터가 산재하는 현상이 온 것이다. 학교에서도, 회사에서도, 집에서도 마음만 먹으면 언제 어디서든 컴퓨터를 활용할 수 있게 된 것이다. 여기서 컴퓨터란 PC만을 의미하는 것이 아니라 컴퓨터 칩이 내재된 기기와 유무선 네트워크를 포함한다. 예를 들면, 세탁기나 전기밥솥도 컴퓨터 칩을 내장하고 있는 것이다. 그런데 문제는 컴퓨터의 사용환경이 서로 다르기 때문에 불편하다는 것이다. 이런 불편을 없애고 편리하게 사용할 수 있는 인터페이스 관점의 발전이 요구되고 그 맥락에서 유비쿼터스 컴퓨팅의 개념이 도입되었다고 보면 된다. 즉, 물리 공간은 원래 비효율적인 시스템으로 정보화를 통한 효율화를 지속적으로 추구해 오던 공간이었으며, 전자 공간은 현실성의 결여와 모방성 등이 존재하는 시스템으로 구성되어 있었기 때문에 이들 두 공간이 하나로 통합되어 효율적인 경제시스템이 될 필요가 있는 것이다.

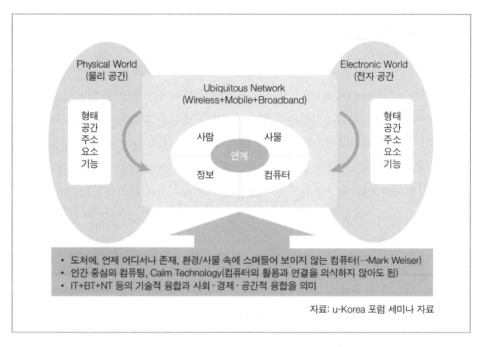

| 그림 4-1 | **유비쿼터스 환경의 개념도**

물리 공간과 전자 공간이 통합된 형태인 유비쿼터스 4차 공간혁명은 우리에게 새로운 시대를 열어 줄 것이며 새로운 가치관이 형성될 것으로 예상된다. 유비쿼터스화가 진전되어 나가면 지금까지의 산업 간 경계는 매우 불분명해질 것이며, 새로운 산업이 등장하여 이전의 산업지도를 크게 바꾸어 놓을 것이다. 본 절에서는 새롭게 떠오르는 유비쿼터스 컴퓨팅에 대한 개념을 이해하고자 한다.

1.1 유비쿼터스 컴퓨팅의 개념

원시 농경사회에서 인류의 역사는 증기기관을 발명함으로써 산업경제체제로 전환되었다. 즉, 산업혁명은 농경사회를 공장의 설립 및 산업단지의 조성에 의해 대량생산체제로 변모시켰으며, 산업사회는 공장의 산업생산성 향상이 관건이었다. 그러나 컴퓨터의 발달로 정보화가 시작되고, 특히 인터넷의 출현으로 인해서 디지털경영체제로 전환되고 있다. 인터넷이라는 개방형 네트워크는 개인과 조직의 통합능력과 경제활동의 방식에 많은 변화를 불러일으키고 있다. 컴퓨터의 연산속도나 정보저장기술의 향상으로 정보의 검색, 비교분석이 가능해졌고 인터넷에 의해 형성된 가상 공간에서의 기술적 진보가 지속적으로 이뤄짐에 따라 가상 공간에서 처리할 수 있는 활동의 범위는 더욱 확대되고 있다.

정보통신기술(ICT)에 근거한 비즈니스의 발전은 메인 프레임 시대로부터 e-비즈니스 시대, 그리고 e-비즈니스 시대에서 모바일 비즈니스 시대로, 모바일 비즈니스 시대에서 유비쿼터스 비즈니스 시대로 발전되어 왔다. e-비즈니스 시대에서는 현실세계인 물리 공간이 유무선 인터넷 기술에 기반하여 전자 공간으로 비즈니스 영역이 확장되었다. 그러나 현재는 물리 공간과 전자 공간을 연계시키는 것이 더욱 효율적이라는 믿음으로 유비쿼터스 공간이라는 새로운 공간을 창조·확대하고 있다. 유비쿼터스 컴퓨팅은 물리 공간과 전자 공간의 한계를 극복하고 사람, 컴퓨터, 사물이 하나로 연결됨으로써 최적화된 공간을 창출하는 4차 공간혁명을 지향하고 있다.

도시혁명이 인류의 활동 공간인 물리 공간을 원시적 평면에서 도시적 방식으로 창조한 1차 공간혁명이라고 한다면, 산업혁명은 도시 공간을 중심으로 물리 공간의 생산성을 고도화한 2차 공간혁명으로 불리며, 산업혁명에 이은 정보혁명은 인류의 활동기반으로서 물리 공간이 아닌 인터넷과 같이 완전히 새롭고, 보이지도 않는 전자 공간을 창조한 3차 공간혁명이다. 3차 공간혁명인 정보혁명은 물리 공간과 전자 공간이 서로 이질적일 수밖에 없었는데, 이를 통합한 것이 4차 공간혁명인 유비쿼터스 혁명이다.

인류역사의 발전과정을 새로운 공간의 창조라는 관점으로 해석할 때 가장 큰 영향을 미친 4대 공간혁명으로 도시혁명, 산업혁명, 정보혁명, 유비쿼터스 혁명으로 구분할 수 있다. 도시혁명이 인류의 활동 공간인 물리 공간을 원시적 평면에서 도시적 방식으로 창조한 1차 공간혁명이라고 한다면, 산업혁명은 도시 공간을 중심으로 물리 공간의 생산성을 증강시켜 물질의 풍요를 이끌어 낸 2차 공간혁명이다.

산업혁명에 이은 정보혁명은 인류의 활동기반으로서 물리 공간이 아닌 인터넷과 같은 완전히 새롭고, 보이지도 않는 전자 공간을 창조한 3차 공간혁명이다. 그리고 유비쿼터스 혁명은 서로 이질적인 물리 공간에 전자 공간을 연결해 물리 공간과 전자 공간이 하나로 통합되고 함께 진화할 수 있는 것을 토대로 4차 공간혁명이라고 불린다. 정보혁명은 정보통신기술 속에 물리 공간을 집어넣은 혁명이지만, 4차 공간혁명인 유비쿼터스 혁명은 물리 공간에다 정보통신기술을 집어넣는 혁명으로 서로 연계된 통합시스템을 구현해 준다. 물리 공간은 항상 비효율성을 기본으로 하는 반면에, 전자 공간은 정보통신기술의 효율성을 기반으로 구축된다. 이 둘을 서로 연계시킴으로써 통합된 세계가 효율화를 도모할 수 있게 되는 것이다.

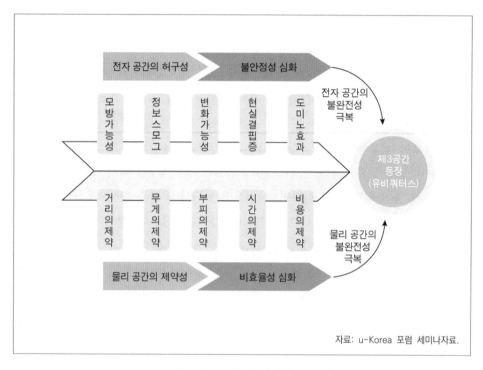

자료: u-Korea 포럼 세미나자료.

| 그림 4-2 | 유비쿼터스 공간

유비쿼터스 컴퓨팅은 최근 전 세계적으로 최대 화두로 다뤄지고 있으며, 유비쿼터스 컴퓨팅의 실현으로 실세계의 각종 사물들과 물리적 환경 전반에, 즉 물리 공간에 걸쳐 컴퓨터들이 편재되어 사용자에게는 겉모습이 드러나지 않도록 환경 내에 효과적으로 심어지고 통합되는 새로운 정보통신환경이 구축되고 있다. 또한 마크 와이저는 유비쿼터스 컴퓨팅의 특징을 네 가지로 정의하였다. 첫째는 네트워크에 연결되어 있으며, 둘째, 눈에 보이지 않는 인간화된 인터페이스로서, 셋째, 가상 공간이 아닌 현실

세계의 어디에서나 컴퓨터의 사용이 가능해야 한다. 그리고 마지막으로, 사용자 상황, 즉 장소나 시간, 온도, 날씨 등에 따라 유연한 서비스를 제공하는 환경이어야 한다.

　　스마트폰의 사용을 예로 유비쿼터스 컴퓨팅의 개념을 설명해 보면, 언제, 어디서나, 어느 때나, 어떤 네트워크상이든, 어떤 장치든, 어떤 서비스든지 사용이 가능하다는 의미이다. 휴대전화를 지니고 있으면 어느 장소에 있더라도 통신이 가능하며, 각자 가지고 있는 개인 전화이므로 언제라도 통화가 가능하다. 또한 이동전화 사업자에 관계없이 010 전화번호를 부여받아 SK, KT, LG유플러스 등에 무관하게, 즉 통신망이나 통신 사업자에 무관하게 통신서비스를 제공을 받을 수 있게 된다. 그리고 과거와는 달리 어떤 장치이든지 전화 기능이 탑재되어 사용이 편리해졌다. 예를 들면, 차세대 휴대선화기, 노트북 컴퓨터, PDA 단말기 등을 이용해서 유무선 전화 및 유무선 인터넷 서비스가 가능하다. 서비스 관점에서도 과거의 유선전화는 시내, 시외, 국제전화 서비스를 제공하고, 무선선화는 개인용 휴대선화 서비스, 기업용 상업무선통신 서비스를 제공하고, 데이터 통신은 데이터통신 전용회선이나 인터넷 회선을 이용하며, 팩스서비스는 유선전화망을 이용했지만 향후에는 한 개의 통신망에서 이러한 서비스들을 모두 제공하게 된다. 이를 유비쿼터스 네트워크라 한다.

　　유비쿼터스 컴퓨팅을 구축하기 위해서는 정보통신기술(ICT)의 고도화가 전제돼야 하며 모든 전자기기에 컴퓨팅과 통신 기능이 부가되어야 한다. 또 이를 위해서는 각 전자기기가 고유한 주소를 가져야 하며 유선 혹은 무선을 통해 광대역 네트워크에 접속될 수 있어야 한다. 이 같은 문제는 최근 관심을 끌고 있는 IoT(Internet of Things)와 홈 네트워크 기술 등이 해결해 줄 것으로 기대된다. 이런 기술적 토대 위에서 유비쿼터스 컴퓨팅은 다수의 컴퓨터들이 무선으로 연결되어, 실세계와 통합되며, 사용자는 도구 자체에 대한 부담 없이 일에 집중할 수 있는 환경이라고 정의할 수 있다.

1.2 유비쿼터스 컴퓨팅의 활용

　　유비쿼터스 컴퓨팅 시대의 도래로 우리의 생활은 어떻게 바뀔 수 있는지를 중심으로 유비쿼터스 컴퓨팅의 활용에 대하여 살펴보기로 한다. 먼저 컴퓨터의 형태를 보면, 현재처럼 딱딱한 모양이 아니고 과학 공상영화의 장면처럼 사람들이 입는 옷에 컴퓨터가 내장되어 있어서 따로 컴퓨터를 가지고 다니지 않아도 각종 센서가 부착된 옷으로부터 외부의 필요한 정보를 입수하고 분석하여 의사결정에 활용할 수 있다. 이런 것을 웨어러블 컴퓨터라 부르는데 입는 옷을 비롯하여, 쓰고 다니는 안경도 컴퓨터의 입력장치가 될 수 있다.

물론 우리의 가정생활은 홈 네트워크를 기반으로 방범은 물론 집 안의 각종 기기들을 원격제어하여 실내온도, 습도, 점등 및 소등이나 창문의 개폐에도 컴퓨터 네트워크를 이용한 통제가 이루어질 것이다. 예를 들어, 거울 뒤에 컴퓨터를 설치하여 사용자가 평소처럼 거울을 보기만 해도 얼굴의 상태를 자연스레 체크할 수 있다. 건강화장실은 사용자의 배설물을 자동으로 검사하여 당뇨 같은 질병을 생활 속에서 자연스럽게 확인하는 시스템이다. 생체 계측기를 몸에 부착하여 몸의 상태를 체크한 후, 이상증상이 발생하는 경우 사용자에게 알려 주거나 무선 통신으로 병원으로 정보가 전송되어 적절한 조치가 이루어지도록 하는 시스템도 가능하다. 또한 지능형 로봇을 조정하여 집 안의 단순하고 반복적인 시간 소비형의 업무를 대신 해주는 로봇이 가족의 일원이 될 것이다. 이와 같은 개념으로 최근의 아파트 건설의 추세는 건설업체들이 통신업체와 제휴하여 유비쿼터스 컴퓨팅 아파트를 신개념의 주거환경으로 내세우고 있다. 홈 네크워크의 구축으로 원격교육, 재택근무, 원격검침, 원격제어 등 영화 속의 생활모습이 실제로 가능해지지만, 완벽한 유비쿼터스 컴퓨팅을 구축하기 위해서는 소형화, 저가격화, 저전력 공급 등의 여러 가지 해결해야 할 문제가 많다.

또한 자동차를 이용하여 초행길을 가는 경우 목적지에 대한 여러 가지 정보가 필요한데 이런 정보가 제공된다면 얼마나 편리할까? 이를 위해 GPS와 무선 송수신기로 구성된 관리시스템을 이용하여 스마트폰을 통하여 차량의 운행정보와 기상상황을 운전자에게 미리 통보해 주는 등, 교통상황, 최적경로, 차량위치추적, 엔진상태 등의 정보를 자동 제공하여 운전의 편리를 더해 준다. 교육환경도 획기적으로 변하여 스마트폰, GPS, 이어폰, 마이크 등이 내장된 재킷을 입고 교내 곳곳을 돌아다니며 캠퍼스 곳곳의 정보를 제공받을 수 있다. 또한 교내에 설치된 무선랜을 이용하여 교내 어디에서든 인터넷을 사용할 수 있다. 해외에서는 UCLA, MIT 등에서 스마트 유치원에 관한 연구도 진행되고 있다. 특히 숫자, 사물 등에 대한 개념을 이해하기 시작하는 어린이들을 대상으로 사물에 갖가지 센서 및 칩을 내장하여 어린이들이 장난감처럼 가지고 놀면서 소리, 빛 등으로 반응하여 학습이 즐겁고 재미있게 이루어지도록 하고 있다. 전자종이를 이용하여 멀티미디어를 텍스트에 연결함으로써 저렴하면서도 효율적인 학습도구를 제공하는 등 매우 즐거운 공부가 가능하게 한다.

그 외에 쉽게 접할 수 있는 변화는 유통과 물류 분야이다. 대형 할인마트의 경우 재고감소와 신선도 유지를 위해 실시간으로 매출 및 고객정보를 파악하고 필요할 때 즉각적인 재고보충이 이루어지도록 한다. 또한 택배업이나 항공 수하물 등은 발신지에서 도착지까지 무사고로 제때에 정확히 배달되어야 하는 매우 중요한 업무이다. 이런 분야에 물류자동화를 통한 혁신이 도래하고 있다. 즉, 바코드 대신 더욱 많은 정보를 저장하고 빨리 읽어서 데이터베이스와 연동시킬 수 있는 RFID칩의 활용이 그것이다. 마트에서 소비자는 필요한 물품을 장바구니에 담아서 계산대에서 다시 꺼내 놓아야 하는 현재의 장보기 프로세스가 아니라 바로 주차장으로 가서 차에 옮겨 싣기만 하면 계산은 자동으로 처리된다.

또한 공공행정에서는 모든 민원이 모바일 인터넷 및 DTV 등을 통해 고객 중심의 맞춤형 서비스가 24시간 제공될 뿐만 아니라, 광대역 통합망에 기반하여 민·관의 지식 및 정보 공유가 활발히 이루어져 업무의 생산성 극대화를 유도한다. 이러한 유비쿼터스의 확대를 위해 디지털 홈, U−센서 네트워크, U−우체국, U−제주 등이 추진되고 있다. 디지털 홈은 홈 네트워크를, U−센서 네트워크는 RFID를, U−우체국은 물류 및 택배의 유비쿼터스화를 추진하기 위한 정책이며, U−제주는 유비쿼터스 시범도시로서 추진되고 있다. 유비쿼터스 컴퓨팅은 인터넷을 기반으로 하는 네트워크가 중요한데, 우리나라처럼 인터넷 및 휴대폰 보급률이 높은 나라는 그만큼 우위를 차지할 수 있는 여지가 클 것이다.

특히 보건 및 복지 정책에 있어서는 그 활용도가 더욱 크다고 본다. 예를 들어, 마이크로 칩을 이용한 네트워크를 통해 식·의약품의 품질 보존기간에 대한 인공지능적 관리로 오남용을 방지하며, 농축산식품의 종합적인 이력관리를 통한 유통경로의 투명성 확보 및 광우병, 조류독감 등에 대한 사전 예방 강화가 가능하다. 만약 장애인이나 고령자 혹은 어린이들이 도로나 가정에서 센서 네트워크에 의해 위치나 주변정보를 전달하고, 부착형 단말기 또는 마이크로 칩이 신체장애나 부상의 정보를 실시간으로 의료 구조기관 등에 발신하여 긴급 상황 시 즉각 대응할 수 있게 하며, 노인들의 건강을 지속적으로 보살피기 위한 u-건강관리시스템들이 연구되고 있다. 또한 실내 곳곳에 노인들의 동작을 살필 수 있는 카메라, 초음파, RF 센서들이 부착되어 노인의 행동유형을 관찰함으로써 건강을 체크할 수도 있다.

제2절 유비쿼터스 컴퓨팅 발전

2.1 유비쿼터스 컴퓨팅의 발전

유비쿼터스 컴퓨팅 환경은 상품, 사람, 기계 등의 상호작용에서 지능적이고 자율적인 감지와 구동체로서의 컴퓨팅 및 무선통신 기술을 통해 새로운 가능성과 가치를 제공한다. [그림 4-3]에서 보는 바와 같이 유비쿼터스 컴퓨팅은 기본적으로 센서, 프로세서, 커뮤니케이션, 인터페이스, 보안 등의 기술이 접목되어 컴퓨팅 기능이 사물 속에 내재되어 기능을 강화하고 초소형화를 통해 언제나 어디서나 사용 가능한 이동성을 확보하는 것이 기본이다.

유비쿼터스 컴퓨팅 기술이 초래하는 4차 공간혁명은 조용하게 추진되는 혁명일지는 모르나 그것이 가져올 파급효과는 엄청날 것으로 예측되고 있다. 유비쿼터스 컴퓨팅 혁명은 새로운 지식기반 국가건설과 자국의 정보산업 경쟁력 강화를 위한 핵심 패러다임이라는 인식하에 미국, 일본, 유럽의 정부뿐만 아니라 이들 국가들의 기업과 주요 연구소들은 유비쿼터스 컴퓨팅 관련 기술을 앞다투어 개발하고 있다. [표 4-1]에서 보는 바와 같이 유비쿼터스 컴퓨팅 기술의 발전 단계는 1단계 기기의 지능화, 2단계 모바일 디바이스, 3단계 일상용품의 지능화, 4단계 착용(wearable) 디바이스, 5단계 공간 네트워킹을 거쳐 최종적인 6단계 유비쿼터스 컴퓨팅으로 진화한다. 즉, 유비쿼터스 컴퓨팅은 소형화와 이동성을 기본으로 사물에 내재되어 보이지 않게 되며 지능화하여 궁극적으로 환경, 사물과 사람 간의 유기적인 네트워킹이 가능한 자율적인 환경을 구현하는 것을 목표로 한다.

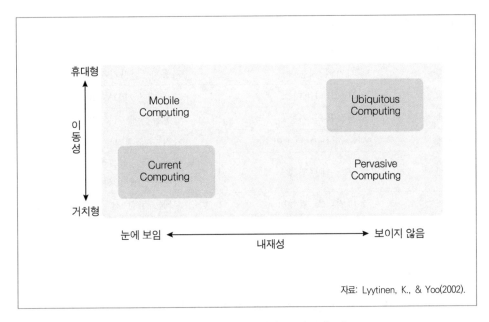

| 그림 4-3 | **유비쿼터스 컴퓨팅 개요**

　유비쿼터스 컴퓨팅은 언제 어디서나 사용하는 컴퓨팅 환경을 지칭하며 다양한 종류의 컴퓨터가 사람, 사물, 환경 속에 내재되어 있고, 이들이 서로 연결되어, 필요한 곳에서 컴퓨팅을 구현할 수 있는 환경을 말한다. 현재의 컴퓨팅은 기기 중심적이며, 기계 사용을 위해 사용자가 기계를 배워야 하는 구조이지만 유비쿼터스 컴퓨팅은 기계가 사용자의 행동을 배워 필요한 솔루션을 제공하는 개념으로 지능화가 이루어진 것을 말한다. 유비쿼터스 컴퓨팅은 컴퓨팅 기능의 내재성 강화와 컴퓨터의 이동성 제고 관점에서 기술 개발이 진행되고 있다. 유비쿼터스 컴퓨팅 기반 기술은 새로운 신기술이라기보다는 일상생활 공간과 컴퓨터 간의 자연스러운 통합이 가능한 기술들을 네트워크로 연결하려는 융합의 개념으로 접근하고 있다.

| 표 4-1 | 유비쿼터스 컴퓨팅의 발전

단 계	구 분	설 명
1단계	기기의 지능화	자동차, 전자기기의 자동화
2단계	모바일 디바이스	휴대폰, PDA 등 보급
3단계	일상용품의 지능화	일상용품에 지능 센서 부착
4단계	착용(wearable) 디바이스	기기 초소형화로 휴대 용이
5단계	공간 네트워킹	개별 공간 차원의 네트워킹 (생활공간에서 센서 + 컴퓨팅)
6단계	유비쿼터스 컴퓨팅	환경, 사물, 사람 간 유기적 네트워킹

2.2 유비쿼터스 Auto-ID 기술

유비쿼터스의 기본 개념은 상황인식 및 위치인식을 가능하게 하는 내장 센서와 인식시스템에 의한 지능형 컴퓨팅 환경인데, 이를 가능하게 하는 기본 프레임워크가 유비쿼터스 Auto-ID이다. Auto-ID란 원거리에서 모니터링이나 트랜잭션을 할 때 인간의 개입없이 인식 및 상호작용을 하는 자동화시스템을 말한다. 가장 대표적인 유비쿼터스 Auto-ID 기술개발 프로젝트는 MIT Auto-ID 센터의 '사물인터넷망(The Internet of Things)'이다. 이는 인터넷과 인터넷 비슷한 네트워크를 통하여 스마트 태그가 부착된 아이템을 원거리에서 실시간 감지하는 개념이다.

유비쿼터스 Auto-ID시스템의 목적은 적합한 기기나 장치에 데이터를 운반하는 것과, 특정 응용을 만족하기 위하여 기계가 읽을 수 있는 방법으로 적절한 시간 및 장소에서 데이터를 회수하는 것이다. 데이터는 제조·운송 중인 상품, 위치, 차량, 동물 또는 개인의 특성에 관한 항목의 인식을 제공한다. 예를 들어, 생산라인에서 페인트 스프레이 공간으로 들어가는 자동차 차체의 페인트 색깔, 유연한 제조 셀에 대한 설정 명령, 혹은 상품 선적에 동반하는 목록과 같은, 특별한 항목의 정보 등이다.

현재 가장 널리 사용되고 있는 Auto-ID 시스템은 바코드이다. 바코드는 아이템에 직접 또는 아이템에 붙여질 스티커 위에 인쇄된 기계가 읽을 수 있는 기호체계이다. 그러나 바코드는 기계화된 데이터의 포착은 가능하지만 자동으로 데이터가 포획

되는 꿈은 실현시키지 못하고 있다.

따라서 현재 유비쿼터스 컴퓨팅 환경에서 가장 실현 가능한 접근은 스마트 태그 (smart tag)라고 불리는 RFID(Radio Frequency Identification) 태그 기술이다. 무선주파수를 이용하는 RFID시스템은 비접촉 읽기를 허용하여 바코드 라벨의 부착이 불가능한 환경에서 효과적이다. 또한 움직이는 객체를 추적하는 능력 때문에, RFID는 가축 식별과 자동화된 운반장치 식별시스템을 포함하는 넓은 범위의 시장에서 위치를 확립했다. 바코드와 대조해서, RFID시스템은 항목의 식별과 데이터 수집 목적을 위한 로컬 메모리를 제공한다. 기본적인 RFID시스템은 흔히 RF 태그라 불리는 고유정보를 저장하는 부분과 정보를 읽어 판독 및 해독 기능을 하는 송수신기 부분과 호스트 컴퓨터에 정보를 전달하는 응용시스템으로 구성된다.

RFID 태그는 다양한 모양이나 크기가 있다. 동물을 추적하기 위해 피부 아래에 이식되는 태그는 직경이 연필심만큼 작으며 길이는 1cm밖에 안 된다. 물리적인 크기가 태그의 유일한 구별은 아니다. 또한 메모리 형태는 읽기 전용, 읽고 쓰기가 가능한 형, 한 번만 쓰며 여러 번 읽기가 가능한 형태 등, 메모리 종류에는 EEPROM, 강유전체 RAM(FRAM)과 가격에 따라 다양한 것들이 있다. RFID 태그는 정보축적과 발신 기능을 가진 작은 칩을 통해 고주파(RF) 신호를 받아 내장된 정보를 전송할 수 있는 기능을 가지고 있다. 좁쌀보다 작기 때문에 사람의 옷이나 사물, 공간 등 어디에나 부착이 가능하다. RFID는 현재 사용 중인 바코드와는 달리 기억용량에 제한이 없어 기존 바코드에 기록할 수 있는 가격, 제조일 등의 정보 외에도 제품의 원산지, 이동과정, 현재상태, 구매이력 등 다양한 정보를 담을 수 있다. 또한 무선으로 신호를 주고받기 때문에 거리에 제한이 없이 비접촉으로 데이터를 스캐닝할 수 있으며 자동으로 RF 신호를 인식하여 박스 속의 제품정보들을 인식할 수 있다.

유비쿼터스의 소리 없는 상거래에서 RFID의 활용 단계를 보면, 첫 번째 단계는 물건자체가 제자리에서 이동되면 자동으로 알려 도난을 방지하는 단계로 상품도난·분실 등의 예방수준에 활용되는 단계이다. 그리고 두 번째는 매장 전체나 창고에서 재고품에 대한 정보를 실시간으로 자동으로 알려 주는 단계로 기업 간 활용으로 물류시스템 및 재고시스템의 효율화를 통해 비용절감에 초점을 맞추는 단계이다. 마지막 활용 단계에서는 시장바구니에 담긴 물건이 자동으로 한꺼번에 계산되는 단계로서 고객의 구매상품 탐색 및 번거로운 결제문제를 해결해 고객서비스 증대를 통한 구매확대를 가져올 수 있다. 예를 들면, 백화점에서 고객을 자동 식별하여 고객이 백화점의 특정 매장을 지날 때 고객이 원하는 물건에서 부착된 무선 태그의 정보가 고객에게 PDA나 무선전화기를 통하여 자동으로 전달되는 상황을 상상할 수 있다. 또한 슈퍼마켓에 채소가 들어왔을 때 채소의 신선도 등을 자동으로 고객에게 알려 주는 것과 음식점에서 물컵의 물이 비면 종업원에게 자동으로 알려줘 리필 서비스를 가능케 하는 것 등을 들 수 있다.

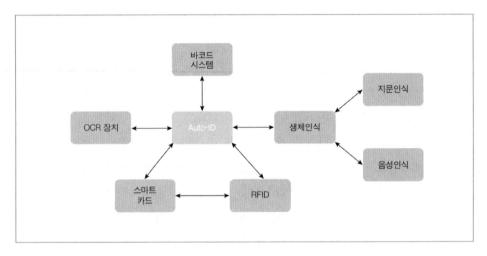

| 그림 4-4 | 유비쿼터스 Auto-ID 시스템

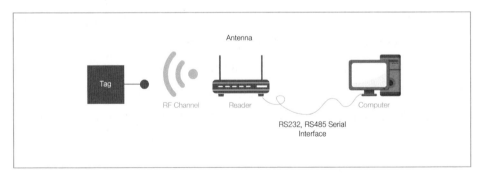

| 그림 4-5 | RFID 시스템 구성

RFID기술이 가장 폭넓게 활용되고 있는 분야가 유통·물류부문이다. 유통 및 물류시스템에 RFID가 도입되면 제조업체에서 상품 출하 시 상품에 붙어 있는 RFID의 정보를 이용해 어느 차량에 실어야 하는지를 작업자에게 자동으로 지시할 수 있다. 유통업체에 도착한 차량에서 상품이 내려지면 RFID가 부착된 상품정보를 인식해 수량 및 품목을 자동으로 점검한 뒤 납품을 승인하고 나서 어느 곳에 배치될 것인지를 자동으로 인식해 재고창고의 해당 위치에 배치시킬 수 있으며 재고 변경도 즉각 반영된다. 또한 고객이 상품을 구매할 때마다 구매량만큼의 재고 수량이 자동 감소되고, 재고 미달 시 재고창고에 정보를 발신해 상품 발주를 유도할 수도 있다. 유통업체와 물류업체는 RFID를 도입함으로써 고객서비스 및 비용절감의 효율성을 증대시킬 수 있다.

제3절 유비쿼터스 비즈니스

세계 각국의 기업들도 유비쿼터스 환경을 구축하고 관련 시장을 선점하기 위해 치열한 경쟁을 벌이고 있다. 일본의 마쓰시다는 홈 네트워크의 구성을 통한 가정 내 유비쿼터스 구축에 주력하고 있으며, 히타치는 유비쿼터스의 관건이 정보 보호라고 보고 보안기술 분야에 집중하고 있다. 또한 소니는 각 기 기간의 호환성 구축을 통한 자유로운 정보교환의 측면에서 관심을 보이고 있다.

유비쿼터스 컴퓨팅 기술은 일반 비즈니스 분야에도 폭넓게 적용될 수 있으며, 공장 생산라인의 경우 모든 스마트 기계와 부품들 간의 상황인식 및 커뮤니케이션을 통해 스스로 불량품을 줄이고 생산성을 높일 수 있다. 화학공장에서는 위험물질을 감지하고 공사장에서는 안전모나 안전장비들에 태그를 부착해 접근통제나 작업활동을 실시간으로 모니터링할 수 있다. 또한 공항에서는 수화물에 RFID 태그를 부착해 스스로 이동경로를 찾아갈 수 있도록 하고 스키장에서는 이용자에게 RFID 배지를 달아 슬로프 등급에 따른 리프트 탑승통제, 요금계산, 충돌경고 및 안전 위험지대 접근방지 등의 서비스도 제공하고 있다.

유비쿼터스 환경이 구축되면 기존의 전통적인 비즈니스 활동이 유비쿼터스 네트워크로 흡수되기도 하지만 사람과 사물, 상품과 상품, 기계와 기계 간의 지능적이고 자율적인 감지나 스스로 능동적인 구동체로서의 컴퓨팅 및 무선통신 기능을 통해 새로운 비즈니스의 가능성과 가치의 제공이 가능하다. 유비쿼터스 환경의 비즈니스 가치는 수많은 상품과 물건끼리의 상호 커뮤니케이션을 통해 더욱 커진다. 그간의 무선통신이 사람 간 통신의 전유물이라고 생각하는 것은 잘못된 생각이며, 자동차, 배, 자전거, 컴퓨터, 상품 및 애완동물 등 움직일 수 있는 모든 것은 무선통신의 대상이 되며, 물리 공간에서 전자 공간으로, 전자 공간에서 물리 공간으로의 정보 교류가 활성화되고 있다. 이러한 유비쿼터스 컴퓨팅에 기반한 비즈니스 환경을 유비쿼터스 비즈니스(u-Business)로 부르기로 하고 이번 절에서는 유비쿼터스 비즈니스에 대하여 살펴보고자 한다.

3.1 유비쿼터스 비즈니스 개요

유비쿼터스 컴퓨팅 환경에서는 작은 컴퓨터들이 식재된 사물들이 대부분의 일상 업무를 관리하고 기업들은 제품과 서비스를 B2B나 B2C보다는 O2O(Object to Object) 방식으로 판매 또는 거래가 이루어진다. 유비쿼터스 컴퓨팅 환경에서 지능화된 단말 대 단말, 사물 대 사물 간의 네트워킹을 통한 거래, 즉 유비쿼터스 비즈니스가 점점 확산되고 있다. 일반적으로 e-비즈니스와 e-커머스를 구별하는 데에는 상거래에 국한된 좁은 영역의 활동인가 아니면 상거래를 포함한 경영활동 전반을 의미하는가로 구분한다. 그러나 대부분의 논의에서는 e-비즈니스와 e-커머스를 동일한 의미로 해석한다. 따라서 유비쿼터스 비즈니스와 유비쿼터스 커머스의 관계도 그런 맥락에서 이해하면 된다. 또한 유선 인터넷을 통한 상거래를 e-커머스라고 하고, 무선 인터넷을 통한 상거래를 m-커머스라 칭한다. 이에 반해 u-커머스 또는 u-비즈니스는 휴대폰, PDA, 디지털 TV, RFID, IoT 등 유비쿼터스 컴퓨팅에 관련된 기술에 기반하여 이루어지는 지능화된 단말 대 단말, 사람 대 사물, 사물 대 사물 간의 네트워킹을 통한 거래를 말한다. 따라서 유비쿼터스 비즈니스는 e-비즈니스 기반과 m-비즈니스의 이동성, 편리성 등을 조합한 비즈니스라고 할 수 있다.

그렇지만 유비쿼터스 비즈니스는 일반적으로 말하는 e-비즈니스와 다음과 같은 여섯 가지 측면에서 다른 특성을 지닌다.

첫째, e-비즈니스는 유무선 인터넷과 웹기술을 활용하지만 유비쿼터스 비즈니스는 IoT와 증강현실 그리고 센서기술을 활용한다.

둘째, e-비즈니스가 주로 PC 네트워크를 기반으로 하는 데 반해 유비쿼터스 비즈니스는 PDA나 스마트폰 그리고 입는 컴퓨터와 같은 다양한 유형의 휴대기기를 사용하고 이들 휴대기기의 네트워크를 기반으로 한다.

그리고 셋째, e-비즈니스는 상거래활동이 의식적인 컴퓨터 활용을 통해 이루어지지만 유비쿼터스 비즈니스는 자율 컴퓨팅 기능에 의해 무의식적으로 이루어진다는 점이다.

넷째, e-비즈니스는 주문, 결제와 같은 상거래과정에 정보화를 도입하지만 유비쿼터스 비즈니스에서는 제품과 연계된 물리적 생활 공간과 기업의 비즈니스 공간에 존재하는 모든 사물에 이르기까지 정보화 영역이 확대된다. 즉, e-비즈니스에서는 온라인으로 진행되는 상품 거래과정과 오프라인에서의 제조, 물류, 상품진열 및 매장관리가 별도로 수행되지만 유비쿼터스 비즈니스에서는 온·오프라인을 모두 통합한 상거래가 이뤄진다.

또한 다섯 번째의 차이점은 e-비즈니스에서는 주로 고객이 회원으로 가입할 때 입력한 정보를 활용해 마케팅 활동이 이루어지나 유비쿼터스 비즈니스에서는 보이지 않는 컴퓨터로서 단말기기와 사물에 식재된 센서, 칩, 태그 및 라벨이 고객의 상황정보는 물론이고 제품의 상황정보도 언제 어디서나 실시간으로, 또 연속적으로 인식하고, 추적하고, 통신하여 마케팅 활동을 수행하는 유비쿼터스 상황인식 마케팅이 가능해진다.

마지막으로, e-비즈니스 환경에서는 사업영역이 아니었지만, 유비쿼터스 비즈니스 환경에서는 생활, 경제, 산업, 교통공간과 그 속의 사물, 기계, 상품 등 필요한 모든 것에 센서, 칩, 마이크로머신, RFID 태그 등이 식재되고 이들이 사물인터넷(IoT)으로 연결됨으로써 과거에는 없었던 새로운 비즈니스의 등장과 혁신이 일어나고 있다. 이러한 e-비즈니스와 유비쿼터스 비즈니스를 비교하여 정리한 것이 [표 4-2]이다.

유비쿼터스 컴퓨팅에 기반한 유비쿼터스 비즈니스는 브로드밴드와 무선통신, 어디든지 들고 다니거나 입을 수도 있는 다양한 단말기술, 차세대 응용 소프트웨어 등 첨단의 정보기술에 의한 쇼핑과 매장관리, 공급사슬관리, 고객관계관리, 제조공정관리, 부품 및 기계의 유지관리, 물류, 교통, 의료, 기업경영관리, 정보서비스 등의 다양한 분야에 응용하는 새로운 비즈니스 체계를 말한다. 유비쿼터스 비즈니스의 핵심은 유비쿼터스 컴퓨팅과 사물인터넷(IoT)을 기반으로 고객의 소비활동을 유발하는 일상생활 환경 속의 사물, 고객이 사용하는 무선 단말기, 고객이 구매하려고 하는 상품, 기업의 생산, 마케팅, 물류, 판매 및 고객관리 등의 비즈니스 프로세스를 구성하는 기기나 시스템들이 모두 지능화되고 네트워크로 연결되어 언제 어디서든 상거래가 가능한 것이 특징이다.

예를 들어, 도소매 분야의 유비쿼터스 비즈니스는 가장 혁신적인 변화를 가져올 수 있다. 유비쿼터스 비즈니스 환경에서는 센서 네트워크로 연결된 생활공간 속에서 센서가 식재된 사물들로부터 직접 전달되는 주문을 처리하며, 실시간 감지나 추적으로 개별 소비자의 상황정보를 마케팅에 활용함으로써 보다 많은 고객들을 확보할 수 있다.

| 표 4-2 | e-비즈니스와 유비쿼터스 비즈니스 비교

	e-비즈니스	유비쿼터스 비즈니스
정보기술	유무선 인터넷과 웹기술	사물인터넷(IoT), 증강현실, 센서기술
네트워크 기반	PC 네트워크	휴대기기(PDA, 입는 컴퓨터 등) 네트워크
상거래 지원	의식적인 컴퓨터 활용을 통한 거래지원	자율 컴퓨팅 기능에 의한 무의식적인 거래지원
정보화 영역	주문, 결제와 같은 상거래과정	상품과 연계된 물리적 생활 공간과 기업의 비즈니스 공간에 존재하는 모든 사물
정보원천	고객이 회원으로 가입할 때 입력한 정보를 활용	고객 및 상품의 실시간 상황정보 활용
사업 영역	조직과 내/외부 고객	조직과 내/외부 고객+공공, 환경, 생활

그러나 유비쿼터스 비즈니스 구현을 위해서는 모든 물리 공간과 그 속에 존재하는 사물에 컴퓨터를 심어 지능화하는 유비쿼터스 기반 확대, 유비쿼터스 네트워크 구축, 실시간 인증 및 결제, 보안이 가능한 유비쿼터스 플랫폼 가동, 유비쿼터스 상품 및 사물들의 무선 센서화, 인식시스템 및 상거래 표준화, 그리고 개인의 실시간 상황정보에 대한 프라이버시 보호, 센서와 태그의 고기능 및 저렴화 등이 이루어져야 된다.

3.2 유비쿼터스 비즈니스 활용

기업경영의 관점에서 유비쿼터스 컴퓨팅을 어떻게 활용해야 하는가 하는 문제를 생각해 보면 두 가지로 정리된다. 우선 기업이 제공하는 제품이나 서비스를 혁신, 고도화하여 부가가치를 창출하는 데 유비쿼터스 컴퓨팅 기술을 어떻게 사용해야 하는가의 문제이다. 또 다른 문제는 유비쿼터스 컴퓨팅 기술이나 개념을 기업경영 프로세스의 효율화 및 고도화에 어떻게 활용해야 하는가의 문제이다.

지금까지 기업경영에 ICT 활용을 언급할 때는 주로 경영의 프로세스나 조직, 기능에 초점이 맞추어져 왔다. 예를 들면, SCM에서 생산 프로세스의 합리화는 중요한 이슈 중의 하나이다. 그러나 델 컴퓨터처럼 생산 프로세스 합리화 과정을 거쳐 컴퓨터는 누구나 조립할 수 있는 제품이 되었다. 누구나 조립할 수 있다는 점은 반대로 경쟁이 매우 치열하다는 의미이며, 부가가치는 저하되어 이러한 사업에서 살아남는 자는 극소수일 것이다. 유비쿼터스 컴퓨팅 시대에 보다 본질적인 기업가치로 부상되는 것은 그 기업이 제품이나 서비스를 통해 어떠한 가치를 고객에게 제공할 수 있는가 하는 점이다.

즉, 유비쿼터스 컴퓨팅을 자사의 서비스와 제품으로 어떻게 업그레이드시켜야 하며, 회사의 프로세스를 어떻게 효율적으로 변화시켜 새로운 시장을 만들어 갈 것인지는 중요한 문제이다. 유비쿼터스 컴퓨팅 환경에서는 사람이 살아가는 모든 일상환경과 사물, 제품까지도 사람과 더불어 언제나 네트워크에 접속되어 있고, 언제나 상호작용하며, 언제나 상황인식이 가능한 지능적인 존재로서 경제활동에 참여한다. 따라서 유비쿼터스 컴퓨팅 환경의 상거래는 e-비즈니스보다 그 폭이나 깊이 그리고 효과 면에서 훨씬 더 큰 의미를 지닐 뿐만 아니라 기회도 확대되고 있다. 예를 들어, 쇼핑몰과 같은 매장에서는 모든 상품에 RFID 태그가 부착돼 소비자들에게 정보를 제공하거나 원하는 제품이 놓여진 진열대로 안내하며, 잘못된 상품진열이나 도난을 방지할 수도 있다. 그리고 지능형 쇼핑 카트는 쇼핑한 물건을 꺼내지 않고도 고객이 출구를 나서는 순간 한꺼번에 금액을 계산해 고객의 단말기에 통지하고 즉시 결제를 처리할 수 있다. 이와 같은 기존의 인터넷 기반의 환경에서는 상상하지 못했던 새로운 비즈니스가 전개되고 있다. 이미 미국의 월마트와 아마존 고는 현재 이를 적용하고 있다.

모든 제품에 보이지 않는 태그를 부착하는 것은 고급의류나 패션상품 메이커의 입장에서는 위조상품의 유통을 방지할 수도 있으며, 고객들에게 판매된 상품은 거리를 지나다가도 그 브랜드의 제품에 관심이 있는 사람들을 만나면 개인 단말기를 통해 마케팅을 전개할 수도 있다. 인형이 스스로 자기 옷과 액세서리를 주문할 수 있도록 사물 대 사물 간의 커뮤니케이션도 주요한 유비쿼터스 비즈니스 영역이다. 이와 같이 유비쿼터스 비즈니스 환경에서는 네트워크 활용의 진화에 의해 지식의 표현이나 공유 및 유통에 커다란 변화가 발생하고 있으며, 이런 변화를 바탕으로 한 새로운 시장이 창출되고 있다. 유비쿼터스 비즈니스 시대는 지금보다도 더 소비자의 파워가 증강될 것으로 예상된다. 그야말로 언제 어디서나 네트워크에 접속이 가능하여 커뮤니티의 형성이 쉬우며 그 결과 대량 고객화(mass customization)의 가능성이 더욱 커질 뿐만 아니라 위치추적 정보시스템들과의 연동으로 상황인식정보가 마케팅에 실시간으로 활용된다.

그러나 이런 변화의 추세를 감지하고 시장 창조에 노력을 한다고 해도 그 방법이 구시대적이라면 변화의 물결을 흡수하지는 못할 것이다. 현재의 많은 제품은 단품으로 판매되어 이용되고 있지만 항상 연결 가능한 네트워크는 신속한 업그레이드를 지원하여 마치 실세계에서 성장해 나가는 생물과 같은 개념을 가질 것이다. 그러므로 지속적이고 함께 성장해 나가는 생물학적 관점에서 시장을 창출하고 새로운 제품을 개발해 나가야 한다.

인터넷은 가상 공간을 만들어 냈지만 유비쿼터스 비즈니스 시대는 현실세계와 연동된 비즈니스의 세계를 만들어 내고 있으며, 우리의 생활에 정보혁명과는 또 다른 혁신을 불러 일으키고 있다. 앞으로 유비쿼터스 비즈니스 환경을 충분히 반영한 서비스와 제품의 출시 여부가 기업의 성패를 가늠할 것이다.

3.3 유비쿼터스 비즈니스 모델

유비쿼터스 비즈니스는 유비쿼터스 컴퓨팅 기술의 발전과 함께 매우 빠른 속도로 성장하고 있다. 기존의 e-비즈니스 환경에서는 네트워크에 접속된 컴퓨터를 만나야 전자상거래를 할 수 있었지만 유비쿼터스 비즈니스 환경이 되면 모든 사물은 네트워크의 일부이고 지능화되어 있기 때문에 PC나 휴대전화에 쇼핑목록을 입력만 해 놓아도 이동 중이거나 걷고 있을 때 원하는 제품을 파는 상점이 있을 경우 상가의 위치정보, 가격, 재고현황 등을 쉽게 통보받을 수 있어서 소비자들의 생각이 구매활동으로 쉽게 이어질 수 있다. 이런 변화는 새로운 유비쿼터스 비즈니스 모델이 다양하게 출현할 수 있음을 의미한다.

유비쿼터스 비즈니스 환경은 사용자가 쉽게 이용할 수 있는 네트워크이면서, 상황과 환경에 적합한 네트워크이다. 기존의 네트워크와는 전혀 다른 지능화되고 사용에 불편이 전혀 없이 안전한 정보이용환경이다. 따라서 서비스의 고도화 및 지능화로 고객이 증가함으로써 네트워크의 매력이 증가하고, 다시 고객이 증가하는 현상을 기대할 수 있다. 이러한 유비쿼터스 비즈니스는 목표고객의 유형에 따라 크게 세 가지로 구분할 수 있다. 첫째는 일반 개인고객을 대상으로 한 개인형 유비쿼터스 비즈니스 모형과 기업고객을 위한 조직형 유비쿼터스 비즈니스 모델, 그리고 공공사업의 주체인 사회구성원을 위한 공공형 유비쿼터스 비즈니스 모델로 나누어 볼 수가 있다.

첫 번째, 개인형 유비쿼터스 비즈니스 모델은 개인을 대상으로 사람이 더욱 살기 좋은 최적의 상태를 유지하기 위해 활용되는 모델로서 웰빙시대를 맞아 매우 활성화될 전망이다. 예를 들면, 건강이나 노인복지, 그리고 의료 분야에서 유비쿼터스 비즈니스는 매우 중요한 영역으로 부상하고 있다. 개인형 유비쿼터스 비즈니스 모델의 예로서 일본의 마쓰시다 전기회사의 건강 변기는 일상생활에서 몸무게, 체지방, 소변의 당도 등을 자동으로 모니터링하여 개인의 일일 건강상태를 체크해 준다. 변기는 매일 사용해야 하는 사물이지만 지능화되어 센서 및 컴퓨터가 식재되어 개인의 일상생활 중에 건강검진을 거부감 없이 자연스럽게 할 수가 있다. 노부모의 건강을 모니터링하는 데 사용한다면 아주 편리할 것이고 비즈니스로서 수익성도 기대할 수 있다.

| 표 4-3 | 유비쿼터스 비즈니스 모델

유 형	u-비즈니스 모델			
	기 술	범 위	가 치	적 용
개인형	센서기술	개인	개인 삶의 질 향상	• 건강, 웰빙, 범죄 예방 • 여행, 레저, 교육
조직형	플랫폼기술	조직	새로운 비즈니스 모델 개발	• 플랫폼 기반 비즈니스 • 지식기반 비즈니스 모델
공공형	네트워크기술	사회	공공서비스 향상	• 공공서비스, 환경보호 • 국토보존, 산림/자원관리

두 번째, 조직형 유비쿼터스 비즈니스 모델은 조직에서 업무효율이나 비즈니스 혁신을 위한 모델로 활용된다. 기업에서 그동안 축적된 여러 가지 정보를 빅데이터와 큐레이션 기술을 활용하여 분석하여 지식기반의 새로운 비즈니스 모델을 개발할 수 있다. 이렇게 개발된 비즈니스 모델을 유비쿼터스 기술을 활용한 플랫폼 기반 비즈니스를 전개하여 새로운 수익원을 창출하는데 활용 가능하다.

세 번째, 공공형 유비쿼터스 비즈니스 모델은 유비쿼터스 컴퓨팅 기술을 활용하여 공공서비스를 지능화 할 수 있다. 즉, 국민에게 지능화된 공공서비스를 언제 어디서나 받을 수 있도록 해준다. 예를 들어, 조세, 환경, 보건, 복지, 교통, 환경 등의 분야에 유비쿼터스 컴퓨팅 기술을 접목한 공공서비스를 제공하는 것이다. 우리나라의 경우 해마다 반복되는 장마철 홍수, 산불예방, 그리고 겨울철의 도로 결빙 등을 사전에 예방하거나 관련 정보를 제공하여 국민 안전을 향상시킬 수 있다.

또한 기존의 e-비즈니스가 유비쿼터스 비즈니스 모델로 전환되는 형태를 근간으로 분류해 본다면 크게 상향식 접근과 하향식 접근으로 나누어 볼 수 있다. 즉, 기존의 서비스나 제품들이 유비쿼터스 컴퓨팅 기술의 발전으로 나타날 수 있는 상향식 접근 모델의 핵심 포인트는 항상 사용하는 일상적인 상품을 유비쿼터스 비즈니스 환경과 부합하는 새로운 제품의 개발이다. 예를 들어, 앞에서 설명한 헬스케어 변기의 개발은 상향식 접근으로 볼 수 있다. 마쓰시다 전기의 헬스케어 변기는 체중이나 혈당 등을 자동적으로 체크해 주는데, 변기는 매일 사용하는 것이기 때문에 유비쿼터스 비즈니스의 대표적인 상향식 모델의 예로 들 수 있다.

반면 하향식 접근 모델은 새로운 유비쿼터스 비즈니스 모델에 의한 신규시장 창출을 의미한다. 예를 들어, IoT를 활용한 네스트의 온도 조절장치는 집안의 온도를 실시간으로 측정하여 기록하고, 자동으로 조절할 뿐만 아니라, 사람에게 유해한 연기를 감지하여 스마트폰을 통하여 경고를 보내 주는 기능이 있다. 하향식 유비쿼터스 비즈니스 모델은 기존에 존재하지 않았던 새로운 유비쿼터스 비즈니스이고, 상향식은 기존제품을 유비쿼터스 비즈니스 환경으로 끌어들인 형태이다.

3.4 유비쿼터스 성공요인

유비쿼터스 비즈니스는 실물 공간의 상거래와 가상 공간의 상거래를 연결·통합하는 모델을 제시하고 있다. 유비쿼터스 비즈니스를 성공적으로 구현하기 위해서는 먼저, 이용자 상황에 기반한 유비쿼터스 기획이 요구된다. 이용자가 다양한 인터넷 접속기기를 이용하거나 휴대하고 있는 경우 상황, 즉 시간, 위치, 사용현황 및 기타 고객데이터 등을 고려하여 유비쿼터스를 기획해야 한다.

다음으로, 유비쿼터스 분석 및 설계 단계로서 소비자 구매행동에 있어 정보 탐색 및 구매 단계에 있는 고객에 대한 특성 분석이 이루어 진다. 각 유무선 인터넷 접속기기에 따라 고객으로부터 입수하는 데이터의 특성에 차이가 있으며, 유무선 인터넷 접속기기의 개인화 정도도 틀리기 때문이다. 예를 들면, PC의 경우 이용자 위치 정보는 이용자가 입력한 주소에 의존하는 반면, 휴대폰의 경우 시시각각으로 변하는 이용자의 위치정보를 근거로 하여 유비쿼터스 비즈니스에 대한 설계가 이루어진다. 유비쿼터스 비즈니스에서 주로 등장하는 콘텍스트 상황 기반 비즈니스 모델이란 고객의 요구가 발생되는 시점에 호감을 불러 일으키면서 고객의 구매욕구를 자극하는 비즈니스 방법이다.

마지막으로 유비쿼터스 비즈니스를 성공적으로 수행하기 위해서는 유비쿼터스 생태계에 대한 구현이 이루어진다. 즉, 실시간 고객데이터베이스 기반의 회사, 센싱과 트래킹을 위한 위치정보 등을 가진 무선통신 사업자, 그리고 신용카드 회사들과 같이 고객별 라이프스타일에 적합한 최적의 제품과 서비스를 제공하는 사업자를 포괄할 수 있는 유비쿼터스 생태계에 대한 구현이 요구된다. 그러나 무엇보다도 중요한 것은 아무리 우수한 기업이라도 10년 후까지 현재의 모습을 유지하려 한다면 살아남을 수 없을 것이기 때문에 스스로의 혁신이 요구된다.

토의문제

1. 유비쿼터스 컴퓨팅의 등장배경과 개념에 대하여 설명하시오.
2. 유비쿼터스 컴퓨팅이란 무엇을 의미하는지 설명하시오.
3. 유비쿼터스 컴퓨팅에 기반한 공간혁명이란 무슨 의미인지 설명하시오.
4. 유비쿼터스 컴퓨팅이 어떻게 활용될 수 있는지에 대하여 기술하시오.
5. 유비쿼터스 컴퓨팅의 발전 단계를 설명하시오.
6. 유비쿼터스 자동인식시스템(Auto-ID)에 대하여 설명하시오.
7. 유비쿼터스 비즈니스의 개념을 기술하시오.
8. e-비즈니스와 u-비즈니스의 차이점을 설명하시오.
9. 유비쿼터스 비즈니스 모델을 분류하고 주요한 특징을 설명하시오.
10. 유비쿼터스 비즈니스의 주요 성공요인을 기술하시오.

참고문헌

양순옥 외, 지능형 자율시스템으로 진화하는 유비쿼터스 개론, 생능출판사, 2020.

조현준, Ubiquitous 시대를 향한 핵심 데이터 통신, 2018.

한국산업과학기술원, 유비쿼터스산업총람, 한국산업과학기술원, 2018.

Bhaga, A. and Maddisetti, V., *Cloud Computing Solutions*, VPT, 2019.

Camisasca, C., *How to Start and Graw an E−Commerce Business*, Independently Published, 2022.

Campbell, K., *E−Commerce Growth Strategy*, Kogan Page, 2023.

Chaffey, D., Hemphill, T., and Edmundson−Bird D., *Digital Business & E−Commerce Management*, Pearson, 2019.

Dian, *Fundamentals of Internet of Things*, Wiley, 2022.

Gupta, S., *Driving Digital Strategy: A Guide to Reimagining Your Business*, Harvard Business Press, 2019.

Jeyanthi, N., Abraham, A. and Mcheick, H., *Ubiquitous Computing and Computing Security of IOT*, Springer, 2019.

Kumar, A. S., Kumar, R. and Maleh, Y., *Ubiquitous and Transparant Security: Challenges and Applications*, CRC Press, 2024.

Neustein, A., Dey, N., Ashour, A. S. and Fong, S., *Advances in Ubiquitous Sensing Applications for Healthcare*, Academic Press, 2019.

Park, J. S., Yang, L., Pan, Y. and Park, J. J., *Advances in Computer Science and Ubiquitous Computing*, Springer, 2024.

Popkova, E. G., *Ubiquitous Computing and the Internet of Things,* Springer, 2020.

Rahman, H., *Ubiquitous Technologies for Human Development and Knowledge Management*, Information Science Reference, 2021.

Righi, R. da R., *Ubiquitous and Pervasive Computing*, IntechOpen, 2023.

Wanh, G. and Wang, H., *Ubiquitous Security*, Springer, 2024.

스마트 쇼핑카트는 글로벌 유통업계들이 주목하고 있는 차세대 유통산업 기술이다. 이름에서 느껴지듯 쇼핑카트에 다양한 정보통신 기술과 센서 등을 결합해 쇼핑을 돕는 제품으로 물건을 일일이 스캔하지 않아도 자동으로 결제하는 기능, 스크린에 유용한 정보를 띄우는 기능, 자율주행 기능 등을 탑재하고 있다. 현재 월마트, Kroger 등 일부 지점은 스마트 쇼핑카트를 시범 운영하고 있다.

월마트는 지난 2016년 자율주행 쇼핑카트 관련 기술장치 'Motorized Transport Units'를 개발하고 특허를 승인받았다. 중앙컴퓨터의 통제를 받아 작동하는 Motorized Transport Units는 기존 카트에 위치기반 센서, 공간/사물 인지 센서, 카메라, 무선 네트워크 등의 장치를 부착해 매장 내 자율주행을 실현한 기술이다. 아직 월마트는 해당 기술을 활용한 자율주행 쇼핑카트를 매장에 도입하지 않고 있지만, 무인 자율주행 배송 트럭을 개발하고 실증하는 등 첨단기술을 도입해 고객의 장보기 경험을 향상시키기 위해 노력하고 있어 향후 행보가 기대된다.

미국의 대형 유통업체 'Kroger'는 2021년 1월부터 'Caper'社의 AI 기반 스마트 쇼핑카트를 도입해 실증 운영하고 있다. Kroger가 도입한 스마트 쇼핑카트는 내장된 내비게이션 기술을 바탕으로 쇼핑 경로를 제공하고, AI와 머신러닝 기술을 사용해 고객이 카트에 제품을 넣을 때 자동으로 스캔하고 결제까지 할 수 있다. 쇼핑을 끝낸 후 계산하기 위해 기다릴 필요가 없다.

글로벌 유통업계는 스마트 쇼핑카트에 꾸준하게 관심을 보이고 있다. 지속적인 투자를 바탕으로 여러 지역에서 상용화를 위한 시범 운영도 이어가고 있다. 향후 관련 시장규모 확대를 예측하는 이유이다. 글로벌 리서치업체 'Research And Markets'에 따르면, 2020년 글로벌 스마트 쇼핑카트 시장규모는 약 9억 3,122만 달러로 평가되었으며, 연평균 성장률은 25.62%로 2025년에는 약 29억 1,300만 달러 규모에 달할 것이라고 전망했다.

스마트 쇼핑카트 분야에서 두각을 나타내는 기업

시장 확대에 따라 스마트 쇼핑카트를 개발하는 업체는 늘어나고 있다. 대형 유통업체 또한 점진적으로 스마트 쇼핑카트를 매장에 도입하기 위해 실증하는 일이 증가하고 있는데 고객이 쇼핑카트 조작에 직접 개입하지 않고 장을 볼 수 있는 수준의 자율주행 쇼핑카트를 개발하고 판매하는 회사가 2012년에 설립해 미국에 본사를 둔 'Five Elements Robotics'이다.

이 회사가 개발한 자율주행 로봇 쇼핑카트 'Dash Robotic Shopping Cart'의 핵심 기술은 내비게이션과 자율주행 기술이다. 구매하고 싶은 제품들을 입력하면, 가장 효율적인 쇼핑 경로를 탐색해 제공한다. 운전할 때 최적 경로를 안내해주는 것처럼 쇼핑할 때 가장 최적의 경로를 알려주는 것이다. 또한, 앱 등에 저장되어 있는 데이터를 바탕으로 고객의 구매 히스토리를 분석해서 관심 프로모션을 알려주고, 구매 제품의 보완재 등 고객이 필요할 수 있는 제품을 추천해준다. 예를 들어 무선 마우스를 구매하면 거기에 넣는 배터리를 추천해준다.

스마트 쇼핑카트의 가장 편리한 기능 중 하나는 자동결제이다. Dash Robotic Shopping Cart도 자동결제를 지원하는데 카트에 달린 스캐너로 물건을 담을 때 바로 스캔할 수 있습니다. 계산대에 물건을 꺼내지 않고도 계산할 수 있는 것으로 결제는 카트에 달려 있는 카드 결제기기를 이용하거나 애플페이, 구글 월렛 등을 연동해서 계산할 수 있다. 쇼핑을 끝내면 주차장으로 이동해 물건을 차에 싣고 나면, 쇼핑카트가 알아서 충전장소로 복귀한다. 카트를 반납하기 위해 마트로 돌아가거나 카트 거치대를 찾을 필요가 없다.

단점이라면 가격이다. 이렇게 다양한 기술을 접목한 스마트 쇼핑카트의 평균 가격은 대략 5,000달러에서 1만 달러에 달한다. 몇 대만 구매해도 직원 한 명의 연봉과 비슷한 수준이다. 다만, 스마트 쇼핑카트의 역할은 고객이 구매한 제품을 편하게 옮겨주는 데에서 끝나지 않는다. 실시간으로 재고를 파악할 수 있어 제품 진열이나 보충 타이밍을 알려줘 직원의 업무를 돕는다. 카트에 장착된 카메라와 센서를 통해 제품 도난을 방지할 수 있고, 매장 내 보안 강화에도 활용할 수 있으며 쇼핑카트에 장착된 스크린을 통해 프로모션을 진행, 마케팅 효과도 올릴 수 있다. 향후 관련 기술이 상용화되어 가격이 낮아진다면 합리적인 가격으로 운영 효율성을 높일 수 있을 것이다.

지난 2018년 4월, 이마트가 LG전자와 함께 고객인식, 안내, 결제, 음성인식 등의 기능을 지원하는 스마트 쇼핑카트 '일라이'를 개발하고 시범운행을 실시했다. 일라이는 화면을 통해 고객에게 쇼핑 정보를 제공하며, 음성 명령으로 카트를 이동시킬 수 있었다. 쇼핑을 끝내면 카트에서 간편 결제할 수 있는 정보통신 기술도 접목했는데, 아쉽게도 안전상 문제 등 다양한 이유로 아직 상용화하지 못했다. 참고로 이마트는 2021년 8월 디지털 트랜스포메이션(DT) 직군을 신설했다. 또한, 빅데이터 및 AI를 활용한 서비스 및 상용화 가능 기술 개발에 매진할 것이라고 밝히기도 했다. 자율주행 쇼핑카트, 라스트마일 배송 등 다양한 분야에서 노력하고 있어, 앞으로 이마트가 선보일 미래 유통산업 서비스를 주목해볼 만하다.

정부 차원의 접근은 개별 기술보다는 스마트시티 조성 측면에서 바라보고 있다. 지난 2018년 국토교통부가 세종시와 부산광역시를 대상으로 '스마트시티 조성을 위한 국가 시범도시 시행계획'을 수립했다. 민간기업의 활발한 참여를 위해 융합 얼라이언스를 구성하고, 공공 및 민간에 3조 7,000억 원 투자하며, 규제 장벽을 낮춰 신산업을 육성한다는 계획을 밝혔다. 모빌리티, 헬스케어, 교육, 에너지·환경, 거버넌스, 문화·쇼핑, 일자리 등 7대 스마트 서비스 구현을 위한 공간계획을 미래형 혁신 스마트 시티의 선도 모델로 마련한다는 계획이다.

스마트 쇼핑카트 기술 상용화에 필요한 시간과 극복할 점

스마트 쇼핑카트의 안정적인 상용화를 위해서는 몇 가지 과제를 해결해야 한다. 마트는 남녀노소 모두가 함께하는 공간으로 인구 밀집도가 높고, 돌발 상황이 발생할 수 있는 복잡한 환경이다. 따라서 기기의 오작동이나 돌발상황으로 인한 사고 예방 프로세스를 마련해야 한다. 또한, 고객이 개인적인 쇼핑 기록 공유를 거부할 수 있으므로 개인정보를 어떻게 보호할 것인지에 대해 고민해야 한다. AI가 고객 쇼핑에 개입할 수 있는 기준도 마련해야 한다.

앞으로 신뢰도 있는 안전성 검증과 합리적인 개인정보 기준 정립을 통해 쇼핑이 더욱 편리해지기를 기대해본다. 무거운 카트를 끌고 복잡한 마트를 돌아다니다 스트레스를 받는 대신, 알아서 나를 따라다니며 물건을 고르기만 하면 자동으로 계산해주는 쇼핑카트가 있다면, 장 보는 시간은 훨씬 더 즐거울 수 있을 것이다. '즐거운 장 보기'는 그리 먼 일이 아닐지도 모른다(동아일보, 2022. 1. 6; CEO 코리아, 2022. 7. 13).

토의문제

1. 고객의 편의를 향상시킨 자율주행 로봇 쇼핑카트 'Dash Robotic Shopping Cart'에 대하여 토론해 보자.
2. 스마트 쇼핑카트의 장점과 대중화를 위해 극복해야 할 과제에 대하여 토의해 보자.
3. IoT와 유통업이 접목된 다른 사례를 찾아보고 관련 스마트기술에 대하여 설명해 보자.

전 세계 인구는 계속 늘어나는 반면 경작지는 축소되고 농경 인구 또한 감소세다. 쌀, 밀, 옥수수, 대두 등이 중심이 된 세계 곡물 시장은 생산과 소비 모두 증가하고 있는 가운데 가격은 더 가파른 상승세를 타고 있다. 미국 등 주요 곡물 생산 국가를 제외한 나머지 국가들의 식량 자원화에 대한 우려가 깊은 상황이다. 이 때문에 최근 들어 수소경제, 바이오, AI 등과 더불어 스마트팜 산업의 성장성에 대한 투자자들의 관심이 커지고 있다. 스마트팜(Smart Farm)은 농림축수산물의 생산 및 가공, 유통단계에서 AI, 빅데이터, 클라우드, IOT등과 같은 ICT(정보통신기술)를 접목하여 농산물의 생산성과 품질을 향상시키는 지능화 농업 시스템이다. 농수산인이 스마트팜을 도입하면 노동력 절감, 소득 증대, 노동시간 감소로 삶의 질 향상을 기대할 수 있다. 투자자들이 주목하는 스마트팜 분야는 차세대 스마트팜 시스템(IoT 센서·통신 모듈), 농업용 로봇(무인화 기술), 빅데이터 솔루션(농업 클라우드 서비스), 이력 관리 유통 플랫폼(데이터 기술 기반 온라인 거래 플랫폼) 등이다(매일경제, 2021. 10. 5; IT동아, 2022. 12. 27; 한겨레, 2023. 1. 26; KT Enterprise, 2023. 6. 28).

스마트팜의 대표적인 해외 기업으로는 2014년 설립된 플렌티(Plenty)가 있다. 플렌티는 벽면을 이용해 식물을 재배할 수 있는 시스템을 만든 기업이다. 벽면에 설치된 지름 약 10cm의 파이프 내부에 카메라와 센서 등을 설치해 식물의 습도와 온도를 자동으로 점검하도록 하는 IoT 기술을 적극 활용한 것이 특징이다. 플렌티는 벽면 재배 시스템을 이용하면 벽면 위에서 흘려 내린 물을 재활용할 수 있기 때문에 기존의 농장에서 사용되던 물 양 대비 1%만 사용해도, 생산량은 최대 350배 늘릴 수 있다고 주장한다. 성장과 환경을 동시에 잡을 수 있는 플렌티는 손정의, 제프 베이조스, 에릭 슈미트 등 IT업계 주요 CEO들로부터 약 2억 2,600만 달러를 투자받았다.

한국 기업으로는 엔씽을 꼽을 수 있다. 엔씽의 특징은 이마트와의 제휴를 통해, 이마트의 유통라인을 활용해 갓 재배한 채소들을 소비자들이 구매하도록 하는 고객 경험까지 갖추었다. 엔씽은 식물을 재배하는 각각의 방을 출입하기 위한 절차를 까다롭게 관리하고 있다. 신발을 갈아 신고, 위생복, 마스크, 장화까지 착용하고 에어샤워도 해야 한다. 철저한 관리의 이유는 해충의 유입을 차단하는 것은 물론 태풍과 장마 등 날씨의 영향도 받지 않도록 외부 노출을 최소화한 구조로 운영하기 때문이다. 식물 생장의 최적 조건을 구성한 덕에 일반적인 농경지에 재배할 때보다 생산성이 최대 4배 정도 높다. 그만큼 데이터를 모으는 속도도 빠르며, 모든 식물 활동이 디지털로 기록돼 클라우드에 전송되고 있다. 이렇게 모인 빅데이터들은 AI로 최적화된 값을 찾아내는데 사용되고 24시간 동안 식물들을 관리할 수 있도록 도움을 주고 있다. 농업에 관한 전문 지식이 없어도 발광다이오드(LED) 광원 분배를 비롯해 냉난방, 비료 배합 비율, 물 분사 등을 적시에 제대로 가동할 수 있다.

스마트팜 도입의 결과 소비자들은 공산품처럼 항상 일정한 품질과 가격으로 채소를 구매할 수 있는 가능성이 높아지고 있다. 더불어 최근에는 스마트팜에서 활용되는 IoT 기술을 활용해 토양의 관련 데이터를 수집하고 분석해 활용하는 서비스가 다방면에서 활용되고 있다. KT의 '스마트 그린케어' 서비스가 대표적이다. 스마트 그린케어는 IoT 기술을 바탕으로 토양, 잔디, LED 조명을 원격으로 관리하고 최상의 컨디션으로 유지해주는 골프장 토탈 케어 서비스이다. 세부적으로는 토양과 잔디를 관리해주는 코스 관리 솔루션과 조명을 관리해주는 LED 조명 솔루션으로 이루어져 있다.

스마트팜으로의 변신은 무죄, 디지털 트랜스포메이션으로 지속 성장

스마트팜의 의의는 전통적인 농업에 얽매이지 않고 첨단 IT기술을 도입하고 적용함으로써 농업을 디지털 산업으로 탈바꿈시킨다는 것이다. 디지털 산업으로 전환하는 디지털 트랜스포메이션을 진행하는 과정에서 농업과 AI, 빅데이터, 클라우드, IoT 등 IT기술과의 융합 속도가 빨라졌다. 기존의 농업은 진입장벽이 높았는데, 농업에 관련된 경험과 연륜, 그리고 노하우를 갖추지 않는 이들에게는 쉽지 않은 일이었다. 하지만 AI, 빅데이터, 클라우드가 도입되면서 이야기가 달라졌다. 누구나 쉽게 IT기술의 도움을 받아 비료의 배합 비율같이 어려운 일들을 척척 해낼 수 있게 됐다. 앞으로 진입장벽이 낮아진 농업 산업에 어떤 변화가 생길지, 관심을 가지고 지속적으로 살펴봐야 할 것이다(KT Enterprise, 2023. 6. 28).

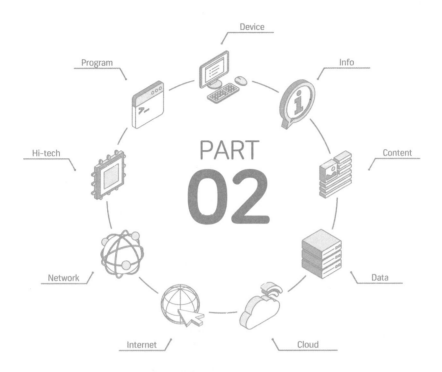

Program

Device

Info

Hi-tech

Content

PART
02

Network

Data

Internet

Cloud

디지털경영 기반

CHAPTER
05

클라우드 컴퓨팅

학습목표

- 클라우드 컴퓨팅의 시대별 진화과정에 대하여 학습한다.
- 클라우드 컴퓨팅의 생태계와 서비스에 대하여 학습한다.
- 클라우드 구현 방식에 대하여 학습한다.
- 클라우드 컴퓨팅 기술에 대하여 학습한다.
- 모바일 클라우드 비즈니스에 대하여 학습한다.
- 클라우드 컴퓨팅 주요 이슈에 대하여 학습한다

📑 프롤로그 사례연구-1: 구름 탄 4차 산업혁명! 클라우드산업

　　인류 역사에 기록될 일들이 2016년에 있었다. 그 해 1월 스위스 다보스에서 열린 세계경제포럼(WEF)에서 클라우스 슈밥 회장은 "지금까지 살아온 방식을 근본적으로 바꿀 기술혁명이 일어난다"며 4차 산업혁명을 처음 언급하며 그 기술혁명의 하나로 2025년부터 "인구의 90%가 무한 용량의 무료 저장소를 갖게 된다"고 말했다. 그때 많은 사람들은 무슨 '뜬구름 잡는 소리'인지 의아해했다. 3월에는 구글의 AI 알파고(AlphaGo)가 당시 최고의 프로기사 이세돌과 바둑 시합을 했다. 이세돌은 서울에서 묵묵히 앉아 반상을 보고 있었지만, 알파고는 구름 위에서 미국의 데이터센터와 전세계의 슈퍼 컴퓨터를 총 지휘하며 대국하였다.

　　클라우드(Cloud)는 4차 산업혁명의 핵심 기반기술로서, 2016년 다보스에서 언급된 '무한용량 저장소'이다. 클라우드 컴퓨팅은 물리적으로 같은 장소에 존재하지 않는 설비나 소프트웨어 등 정보통신 자원들을 마치 한 곳에 있는 것처럼 보이게 통합하고, 그를 이용하여 제공하는 정보기술 서비스라고 정의된다. 좀 더 쉽게 말한다면, 인터넷 기술을 활용하여 소프트웨어, 저장공간, 네트워크 등의 자원을 빌려 쓰고 전기처럼 쓴 만큼 사용료를 지불하는 서비스이다. 여러 곳에 산재된 슈퍼 컴퓨터급의 서버 및 저장 공간을 되도록 많이 연결시키면, 즉 같은 구름 안에 되도록 많은 멤버를 확보하여 연결할수록 다다익선으로 그 성능 및 용량이 향상되고 커지게 된다. 이렇게 확보한 컴퓨터 자원을 이용자가 볼 때 하나의 자원으로 보이게 하는 네트워크 '가상화(Virtualization)'가 클라우드 컴퓨팅의 핵심기술이다. 클라우드 이용자는 인터넷을 연결하여 원하는 작업만 지시하면 그 구름안에서 모든 일이 다 처리된다.

　　클라우드 이전의 기업과 개인 이용자는 정보통신 인프라와 소프트웨어를 각자의 비용으로 구매해서 설치해야 했다. 예를 들어 자동차 회사는 신규 공장을 건설하는 경우, 데이터센터, 소프트웨어, 서버와 네트워크 등 전산 인프라 구축에 몇 백억을 초기에 투자해야 했고, 개인들은 노트북 PC를 사더라도 MS윈도우와 MS오피스를 구매해서 설치해야 한다. 그러나 지금은 클라우드 덕분에 그런 부담스러운 초기투자는 획기적으로 줄일 수 있게 되었다. 또 기업이 자신만의 소유로 하기 위해 전산 인프라와 소프트웨어에 막대한 자금을 투입한 경우, 시장상황에 따라 그 인프라를 기동력 있게 확대하거나 축소할 수가 없는 비효율이 생긴다. 그것이 클라우드 서비스를 이용하는 또 하나의 이유인 동시에 바로 아마존이 클라우드 서비스를 시작한 동기이다. 온라인 상에서 안 파는 물건이 없는 아마존의 서버 등 하드웨어 인프라는 추수감사절과 굿프라이데이(Good Friday) 전후에만 100% 활용되고, 나머지 기간에는 70~90% 정도가 사용되지 않는다. 그 유휴 자원을 활용하기 위해 2006년부터 아마존은 클라우드 AWS(Amazon Web Service)를 가동했고 현재 클라우드 시장점유율 1위를 차지하고 있다. 그후 MS, 구글 그리고 네이버 등이 그 시장에 진입했다.

현재 보급된 클라우드 서비스의 제공방식은 크게 세 가지로 분류된다. 서버, 저장장치 그리고 네트워크 장비와 IT 기술을 세공하는 인프라 서비스(IaaS: Infra as a Service), 플랫폼 개발을 지원하는 플랫폼 서비스(PaaS: Platform as a Service) 그리고 애플리케이션이나 응용 프로그램 등 소프트웨어를 제공하는 서비스(SaaS: Service as a Service)이다. 보안의 강도에 따라 폐쇄형 클라우드(Private Cloud)와 공개형 클라우드(Public Cloud)로 분류하기도 한다.

지금까지 진행된 4차 산업혁명은 그 10% 정도만 발현된 것이라 한다. 인공지능, 사물인터넷, 빅 데이터, 자율주행차 등 향후 4차 산업혁명의 놀라운 결과는 모두 클라우드 컴퓨팅을 기반으로 발전될 것이다. 그러므로 클라우드 시장은 IaaS에서 PaaS로 지속 성장할 것이고, 폐쇄형과 공개형 클라우드가 결합된 하이브리드 클라우드가 보편화 될 것으로 전망된다.

한편 클라우드의 가장 큰 문제는 역시 보안과 사생활 침해이다. 정부는 서비스 제공자인 빅테크(Big Tech) 기업들이 이용자 모르게 구름 안에서 어떤 일을 벌이던지 그냥 방치해서는 안된다. 그 원천기술을 되도록 오픈소스로 하여 최대한 활용이 가능하도록 생태계를 조성하여 보안 사고 및 프라이버시 침해를 예방하는 정책을 펴 나가야 한다(매일경제, 2022. 2. 14).

최근 전 세계, 전 산업군에 폭풍처럼 불어온 생성형 AI가 클라우드 시장에도 거센 바람을 일으키고 있다. 생성형 AI를 뒷받침하는 안정적인 인프라는 물론, 클라우드 기반 플랫폼과 애플리케이션 등 전 영역에서의 생성형 AI 서비스 지원 수준이 CSP를 평가하는 최우선 척도가 됐다. 그간 클라우드 시장에서 절대 강자로 군림해 온 AWS

를 MS와 구글 클라우드가 생성형 AI 기술력을 앞세워 맹추격하고 있으며, 국내 CSP들도 새로운 기회를 모색하고자 발 빠르게 움직이고 있다(아이티데일리, 2024. 3. 31).

토의문제

1. 클라우드 서비스의 개념에 설명해 보자.
2. 클라우드 서비스의 세 가지 제공방식에 대하여 토의해 보자.
3. 향후 4차산업혁명의 성장은 클라우드 컴퓨팅을 기반으로 발전될 예정인데, 이에 대하여 토론해 보자.

구글은 2022년 3월 8일 사이버 보안 회사 맨디언트를 54억 달러에 인수했다. 구글의 역대 인수 가운데 지난 2012년 모토로라모빌리티(125억 달러)에 이어 둘째로 큰 규모이다. 구글은 "맨디언트는 금융, 헬스케어, 소매 업체까지 서로 다른 산업군에 있는 구글 클라우드(가상 서버) 고객에게 맞춤형 보안 서비스를 제공할 것"이라고 밝혔다. 미국 CNBC는 "아마존웹서비스(AWS)나 마이크로소프트(MS) 같은 클라우드 시장 리더를 넘어서기 위한 구글의 승부수"라고 했다.

글로벌 빅테크들의 클라우드 시장 쟁탈전이 격화되고 있다. 클라우드 시장의 톱3로 꼽히는 AWS와 MS, 구글은 지난해 4분기 각각 전년 대비 39.5%, 32%, 45%의 클라우드 사업 매출 성장을 기록했다. 세계 클라우드 시장 점유율은 AWS(33%), MS(21%), 구글(10%)순이다. AWS의 경우 지난해 아마존 전체 매출에서 차지하는 비율이 13.2%에 불과하지만 영업이익은 74.4%에 이른다. 클라우드가 아마존의 본업인 쇼핑을 넘어 핵심 캐시카우(수익원)로 자리 잡은 것이다. MS는 지난해 클라우드 소프트웨어 업체 누언스를 200억 달러에 인수하며 클라우드 부문을 신성장 동력으로 육성하고 있다.

클라우드 시장이 급성장하고 있는 것은 코로나 사태를 계기로 전 세계 기업들이 앞다퉈 디지털 전환에 나서고 있는 데에다 AI, 메타버스, 자율주행차 같은 미래 기술 구현에도 클라우드가 필수적인 인프라이기 때문이다. 예를 들어 서버를 기업이 직접 유지·보수하고 주기적으로 교체하는 것보다, 일정한 금액을 주고 최고의 서버와 소프트웨어까지 빌려 쓰는 쪽이 경제적이고 효율적이라는 인식이 확산되고 있기 때문이다. 글로벌 시장조사업체 가트너에 따르면 전 세계 클라우드 시장 규모는 2024년 6787억 달러에서 2028년 1조 4658억 달러로 커질 전망이다.

특히 최근 들어서는 기업들이 여러 클라우드 업체를 동시에 활용하는 '멀티 클라우드'를 선호하는 경향까지 뚜렷하다. 한 업체에 지나치게 의존하지 않으려는 현상 때문에 클라우드 시장이 더 팽창하고 있는 것이다. 다만 일각에서는 클라우드에 대한 의존이 높아지면서 수많은 기업의 업무나 서비스가 일시에 마비될 위험이 더 높아진다

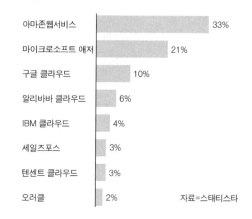

글로벌 클라우드 시장 점유율
2021년 4분기 기준

아마존웹서비스	33%
마이크로소프트 애저	21%
구글 클라우드	10%
알리바바 클라우드	6%
IBM 클라우드	4%
세일즈포스	3%
텐센트 클라우드	3%
오러클	2%

자료=스태티스타

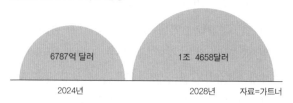

글로벌 클라우드 시장 전망

6787억 달러   1조 4658달러

2024년   2028년   자료=가트너

는 우려도 나온다. AWS는 지난해에만 세 차례나 전 세계적인 서비스 중단 사태가 발생했다. 또 클라우드 서버에 해킹이 일어날 경우 이전과는 비교할 수 없을 만큼 피해가 커질 수도 있다(조선일보, 2022. 3. 15).

또한 전 세계 산업군에 폭풍처럼 불어온 생성형 인공지능(AI)이 클라우드 산업에 지대한 영향력을 발휘하고 있다. 예를 들면 막대한 데이터를 수용할 수 있는 인프라가 필수적인 챗GPT(ChatGPT)와 같은 생성형 AI는 클라우드와 '불가분'의 관계를 맺고 있다. 그러므로 가트너(Gartner)도 앞으로는 클라우드 컴퓨팅이 AI와 머신러닝(ML)의 성장을 주도할 것으로 전망하고 있다. 생성형 AI가 고도화되기 위해서는 이를 뒷받침하는 클라우드 컴퓨팅이 요구되고, 마찬가지로 클라우드 산업도 더욱 몸집을 불리고자 생성형 AI 기반 역량과 서비스 개발에 중점을 두기 시작했다(아이티데일리, 2024. 3. 31).

토의문제

1. 전 세계 기업들이 빠르게 클라우드로 전환하는 이유에 대하여 설명해 보자.

2. 기업들이 여러 클라우드 업체를 동시에 활용하는 '멀티 클라우드'를 선호하는 이유에 대해 토론해 보자.

3. 챗GPT(ChatGPT)와 같은 생성형 AI와 클라우드와의 관계에 대해 토의해 보자.

제1절 클라우드 컴퓨팅 이해

클라우드 컴퓨팅을 최초로 착상한 사람은 구글에서 검색 품질 및 인프라 업무를 맡고 있던 연구원 크리스토프 비시글리아(Christophe Bisciglia)이다. 그는 2006년 9월 구글의 CEO 에릭 슈미츠와의 회의에서 클라우드 컴퓨팅을 제안했고, 에릭 슈미츠는 이를 받아들여, 마이크로소프트에 대항하기 위한 비즈니스 모델의 핵심으로 발전시키기에 이르렀다.

하지만 클라우드 컴퓨팅의 개념이 그 시점에 처음 생겨난 것은 아니다. 네트워크 기술, 가상화 및 프로비저닝 같은 소프트웨어 기술의 발전과정에서 자연적으로 진화되어 생겨난 컴퓨팅 기술이다. 컴퓨팅의 진화과정은 메인프레임 시대, PC 중심의 분산형 컴퓨팅 시대, 그리고 클라우드 컴퓨팅 시대로 설명될 수 있다. 소수의 범용 대형 컴퓨터, 즉 메인프레임에서 정보처리가 이루어지고, 그 결과를 메인프레임과 연결된 전용 단말기를 통해 받아보던 시대를 메인프레임 시대라고 한다면, PC(Personal Computer) 등장 시대를 PC 중심의 분산형 컴퓨팅 시대로 볼 수 있다. 이러한 분산형 PC들에 인터넷이 접목되면서, PC와 서버가 연결되고 이것이 브로드밴드로 대표되는 네트워크 기술 및 소프트웨어 기술의 발전으로 다시 중앙집중형 정보처리 및 다수의 단말기를 통한 입·출력이 이루어지는 클라우드 컴퓨팅 시대로 발전하게 된 것이다. 하지만 '클라우드 컴퓨팅'이라 명명되고 난 이후 IT업계의 새로운 패러다임으로 언급되면서 그 생명력이 더욱 증폭되고 있는 것 또한 사실이다.

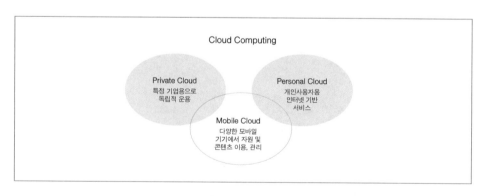

| 그림 5-1 | **클라우드 컴퓨팅과 모바일 클라우드의 관계**

1.1 클라우드 컴퓨팅

무선기기와 네트워크 기술의 발전으로 언제 어디서나 인터넷에 접속하여 자신이 원하는 정보를 구할 수 있는 환경이 도래했다. 하지만 대부분의 경우 단순히 정보를 얻을 수 있을 뿐 추가적인 업무나 활동을 하기 위해서는 자신의 PC를 이용해 작업을 해야만 한다. 개인 사용자라면 운영체제와 문서작성 프로그램을 실행해야 하며 이를 위해서는 구입을 해야만 한다. 기업이라면 더욱 큰 비용이 발생한다. 업무효율을 위해서는 각각의 사용자에 단말기와 소프트웨어를 할당해야 하며 사용자가 늘어나면 늘어날수록 발생하는 비용도 증가한다.

이러한 상황에서 등장한 클라우드 컴퓨팅은 매력적인 요소로 다가온다. 모든 실행 프로그램과 하드웨어는 거대한 구름인 클라우드에 네트워크로 연결되어 있고 사용자는 단순히 네트워크 접속만 가능한 단말기를 통해서 각 프로그램을 불러들이기만 하면 된다. 작업의 내용은 웹에 저장되며 어떤 장소에서 원하는 시점에 자신이 가지고 있는 단말기에서 접속해 볼 수 있다. 네트워크로 연결된 세상은 사용자에게 있어 접근과 사용이 쉬운 환경을 제공하고 있다. 마이크로소프트, 구글, 아마존 등의 글로벌 기업이 클라우드 컴퓨팅 사업에 뛰어들면서 클라우스 서비스 사용자는 언제 어디서나 자신이 보유한 단말기의 네트워크 기능을 통해 자신의 정보에 접근할 수 있다. 이 과정에서 정보를 실행하기 위한 고사양의 개인용 단말기는 필요 없다. 네트워크에 접속할 수 있는 최소한의 기능만 있으면 클라우드 안의 컴퓨터들이 대신 기능을 처리하여 사용자의 단말기로 결과를 도출하여 전송한다. 클라우드 컴퓨팅은 사용자 중심으로 언제나 이용할 수 있으며, 사용하기 편리한 컴퓨터 자원들의 집합체를 말한다. 웹 기반 애플리케이션을 활용해 대용량 데이터베이스를 인터넷의 가상 공간에서 분산 처리하고, 이 데이터를 PC와 휴대폰, 노트북, PC, 스마트폰, PDA 등 다양한 단말기에서 불러오거나 가공할 수 있게 하는 환경이다.

클라우드 컴퓨팅에서 제공하는 서비스는 IaaS, PaaS, SaaS 등을 포함하여 IT 환경 전반에서 요구되는 모든 것을 포함한다. 이러한 점 때문에 클라우드 서비스를 EaaS라 부르기도 한다. 클라우드 컴퓨팅의 가장 큰 장점은 사용자들이 복잡한 실행과정에 대하여 몰라도 된다는 것이다. 사용자는 자신의 단말기를 통해 정보에 접근하는 과정 정도만 이해하면 되며 나머지 복잡한 과정들은 클라우드 컴퓨팅 서비스를 제공하는 업체에서 모두 해결한다.

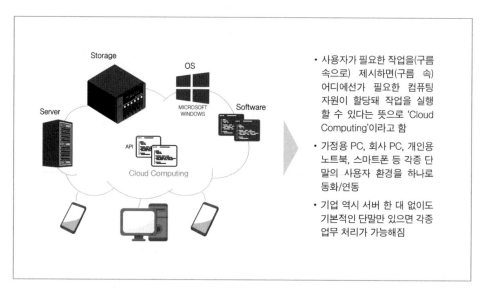

| 그림 5-2 | **클라우드 컴퓨팅**

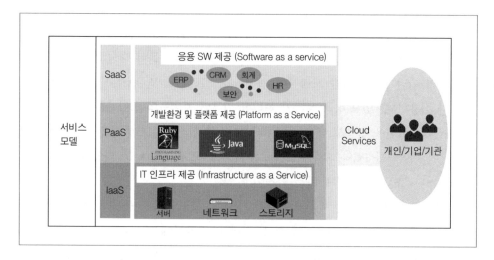

| 그림 5-3 | **클라우드 컴퓨팅 서비스**

1.2 클라우드 컴퓨팅 진화

클라우드의 정의에 대해 각종 연구기관 및 전문가들이 각자 다르게 표현하고 있지만, 클라우드라면 갖추어야 할 핵심적인 요소에 대해서는 대부분 의견을 같이하고 있다. 인터넷에 연결된 각종 하드웨어와 소프트웨어 등의 IT 자원을 원하는 때, 필요한 만큼 임대하여 사용할 수 있어야 하며, 인터넷에 분산되어 있는 수많은 IT 자원과 개인의 단말기가 마치 하나인 것처럼 가상화되어야 한다는 것이다. 이러한 요소를 만족하는 서비스라면 클라우드 서비스라고 할 수 있다. 그 대표적인 사례가 e−mail, 지도, 검색 서비스 등이다. e−mail, 지도, 검색 데이터 등은 모두 인터넷상의 서버에 저장되어 있지만, 필요할 경우 언제든지 PC, 스마트폰 등 각종 개인 단말기에서 쉽게 확인할 수 있기 때문에 클라우드 서비스의 범주에 포함된다고 할 수 있다. 따라서 클라우드를 사용해 보았느냐는 질문의 정답은 모든 사람들이 이미 클라우드를 사용하고 있다는 것이다.

이처럼 클라우드는 전혀 특별하거나 새로울 것이 없으며, 이미 우리의 생활 속에 들어와서 누구나 사용하고 있는 것임에도 불구하고, 대부분의 사람들이 클라우드를 새로운 것으로 받아들이는 이유가 무엇일까? 그 이유는 지금까지 존재하던 클라우드가 아닌, 보다 진화된 모습의 클라우드이기 때문일 것이다. PC 중심의 기존 웹하드와 달리, 최근의 스토리지 서비스는 스마트폰, 스마트패드 등 모바일 기기까지 영역이 확대되고 있으며, 인터넷상의 스토리지와 개인의 여러 단말기에 내장된 스토리지가 마치 하나의 가상 저장 공간으로 인지될 수 있도록 자동으로 동기화(Sync)시켜 주고 있다.

이처럼 과거의 웹하드와 최근의 스토리지 서비스는 모두 광의의 클라우드 범주에 속하지만, 클라우드를 이용하는 수준에서 스토리지 서비스가 한 단계 진화한 것이라고 할 수 있다. 이러한 클라우드의 진화는 특히 스마트폰을 중심으로 한 모바일 환경 변화로 인해 촉발되었으며, 스토리지 서비스는 거대한 진화의 흐름 중 단지 시작에 불과할 것이다. 앞으로의 클라우드는 멀티 디바이스 환경이 본격적으로 도래하면서 보다 다양한 모바일 서비스와 결합될 것이고, 모바일 기기의 이동성을 향상시키기 위해 단순히 인터넷상의 저장 공간만을 이용하는 것에서 벗어나 인터넷상의 IT 자원을 프로세싱에 활용하는 비중이 높아질 것으로 예상된다. 또한 4G(LTE) 시대가 본격적으로 열림에 따라 보다 고품질의 네트워크를 필요로 하는 새로운 유형의 클라우드가 등장하고 있다.

전 세계적으로 이미 클라우드 도입이 본격화됨에 따라 클라우드가 주는 비즈니스상의 이점이 분명하게 인식되기 시작했고, 클라우드 기술의 완성도가 급격히 높아졌으며 퍼블릭 클라우드 오퍼링이 크게 늘어난 한편, 프라이빗 클라우드가 수많은 종류의 비즈니스 애플리케이션을 위한 강력하고 안전한 플랫폼을 제공한다는 사실이 증명되고 있다. 이제는 클라우드를 사용할지 여부가 아니라, 클라우드를 사용하여 어떻게하면 가장 경제적인 방식으로 정보시스템과 기술을 비즈니스에 활용할 수 있을지를 고민해야 할 시점이다.

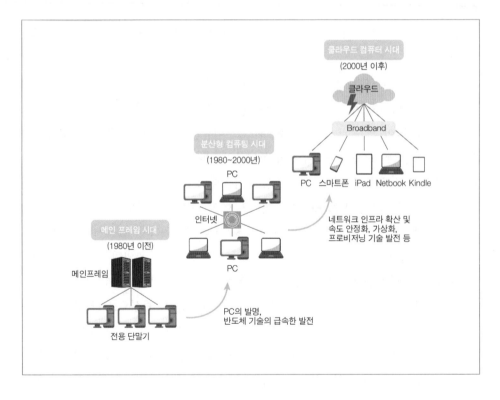

| 그림 5-4 | 클라우드 컴퓨팅

관건은 각 애플리케이션 또는 관련된 여러 애플리케이션을 퍼블릭 클라우드, 프라이빗 클라우드, 하이브리드 클라우드 또는 조직의 기존 컴퓨팅 환경 중 어디에 배치해야 하는지, 어디에 배치할 때 이러한 각 '워크 로드'가 최적의 성능, 비용 및 유연성을 갖게 되는지를 파악하고, 새로운 컴퓨팅 플랫폼으로 진화해 가고 있는 인터넷 환경에서는, 기종별 브라우저 기반 클라이언트를 지원하기 위한 동적 클라우드 컴퓨팅 인프라에 대한 수요가 지속적으로 증가되고 있다.

1.3 모바일 클라우드 컴퓨팅

모바일 클라우드란 휴대폰과 같은 이동단말에서 고객이 애플리케이션이나 서비스를 이용할 수 있도록 해주는 실행 환경을 말한다. PC의 운영체제와 같은 것으로 하드웨어를 제어하는 브레인 역할을 한다. 우리가 통상 이야기하는 모바일 클라우드의 플랫폼은 크게 단말 플랫폼과 서버 플랫폼으로 나뉜다. 단말 플랫폼은 운영체제·미들웨어·브라우저와 같이 단말기에 탑재되는 것을 말하고, 서버 플랫폼은 인증 및 과금, 게이트웨이, 온라인 마켓플레이스와 같은 서버단말에 탑재되는 플랫폼을 말한다. 소비자 입장에서는 단말기에 탑재되는 단말 플랫폼이 곧 모바일 플랫폼인 셈이다. 초창기 플랫폼은 단순히 하드웨어를 제어하는 기능에 충실했다. 따라서 특별히 UI(사용자 환경)라고 불릴 만한 것이 존재하지 않았고, 하드웨어를 직접 제어했기 때문에 소비자들이 플랫폼의 매력을 느낄 수는 없었다. 이른바 '보이지 않는 중간자'의 역할만을 한 셈이다. 그러나 최근의 플랫폼은 애플리케이션과 서비스를 실행해 주는 브레인 역할은 물론 독자적인 UI까지 갖추는 등 PC의 운영체제 수준으로 진화를 거듭하고 있다.

모바일 클라우드 컴퓨팅은 전통적인 클라우드 혹은 가상화의 개념이 모바일로 확장된 것이 아니라 사용자 자신뿐 아니라 사용자가 이용하고 생성하는 데이터, 콘텐츠 및 서비스에 자유로운 이동성을 제공하기 위해 모바일 서비스 자체를 클라우드 플랫폼화해 제공하는 것을 의미한다. 즉, 스마트폰뿐 아니라 사용자가 갖고 있는 다양한 이동성 기기 모두에서 클라우드 기술을 사용하며, 원하는 콘텐츠와 서비스를 시간과 공간의 제약없이 활용한다는 개념이다. 사용자 입장에서 보면 모바일 클라우드는 개인과 기업의 업무를 위한 프라이빗 클라우드(private cloud)의 특성과 개인의 생활과 관련된 다양한 외부 서비스의 활용을 위한 퍼블릭 클라우드(public cloud)의 특성을 동시에 갖는다.

모바일을 클라우드화해 서비스를 제공하는 것은 다양한 IT 자원을 서비스의 형태로 제공하는 클라우드 컴퓨팅의 특성에 따라 다양한 효과를 얻을 수 있다. 전통적 PC에 비해 자원적인 제약이 큰 모바일 단말에 클라우드 컴퓨팅을 제공함으로써 모바일 단말이 갖는 처리능력(processing power), 배터리 수명(battery life), 데이터 저장소(data storage)와 같은 한계를 극복해 PC 수준 이상의 다양한 서비스를 제공할 수 있다. 또한 특정 플랫폼에 종속되지 않고 데이터의 이동이 자유로워 별도의 연동과정 없이 동기화된 유비쿼터스 컴퓨팅 환경을 제공할 수 있다. 뿐만 아니라 이 같은 서비스를 제공하기 위해 애플리케이션 개발자가 별도의 백 엔드 개발을 할 필요가 없다는 장점이 있다. 더욱이 개발자는 단말의 사양과 플랫폼에 독립적으로 하나의 애플리케이션만을 개발해 모든 단말에 제공할 수 있다.

모바일 클라우드 컴퓨팅 개념은 매우 간단하다. 필요한 만큼 사용하고 쓴 만큼 지불하는 클라우드 컴퓨팅과 모바일 서비스를 결합한 것이다. 여기서 모바일의 개념은 매우 다양하다. 스마트폰은 물론이고 이동성을 갖는 기기들, 즉 노트북과 넷북, PDA, UMPC 등을 모두 포괄한다. 따라서 모바일 클라우드란 다양한 모바일 단말기를 통해 클라우드로부터 서비스를 지원받는 모델이라고 할 수 있다.

대표적인 모바일 클라우드 서비스로는 애플의 '모바일미(MobileMe)'가 꼽힌다. 클라우드를 통해 사용자의 메일과 연락처, 일정정보를 관리할 수 있다. 아이폰, 노트북 등 모바일 기기와 웹사이트 간에 자동으로 동기화되며 이처럼 모바일 클라우드는 언제 어디서든, 어떤 기기를 이용해서든 사용자에게 동일한 데이터와 서비스를 제공하는 것이 핵심이다. 마이크로소프트는 '마이폰(My Phone)' 서비스를 제공하고 있다. 윈도 모바일 기반의 스마트폰 콘텐츠에 대한 온라인 접속을 제공하는데 연락처와 일정, 작업, 문자 메시지, 사진, 비디오 등 다양한 데이터에 대한 동기화와 백업, 복원 기능을 지원한다. 다른 사람과 정보를 공유할 수 있고 분실된 휴대폰의 잠금 기능과 분실된 휴대폰 찾기 기능도 지원하고 있다.

미래의 모바일 클라우드 기술은 개인 스마트폰으로 클라우드상의 개인 가상시스템과 연결하여 컴퓨팅 자원(CPU, 스토리지, 메모리, 네트워크)을 무제한적으로 사용하는 '내 손안의 슈퍼컴퓨터'를 실현하고, 물리적 공간을 뛰어넘는 'Always on Computing' 생활공간을 마련하여 사용자가 언제, 어디서든 클라우드 자원과 개인 스마트폰 자원을 동시에 활용하여 '리치 서비스'를 실행시킬 수 있는 것이다.

제2절 클라우드 컴퓨팅 생태계와 서비스

2.1 클라우드 컴퓨팅 생태계

클라우드 컴퓨팅 생태계는 일반적으로 [그림 5-5]에서 보는 것과 같이 공급자, 서비스 제공자 및 사용자 등 세 그룹으로 분류할 수 있다.

1) 공급자

공급자는 서비스 제공자에게 HW 및 SW 솔루션을 패키지로 납품하는 기업을 말한다. 한편, 공급자들은 서버, 스토리지, 네트워크 장비, 단말 등 HW와 설비를 제공하는 HW/IDC 설비 및 단말업체, 클라우드 컴퓨팅 서비스를 구성하기 위한 솔루션을 판매하는 클라우드 SW 솔루션 업체 및 CRM, ERP 등 응용 SW를 SaaS에 탑재하는 응용 SW 솔루션 업체로 구분할 수 있다. 공급자들은 각각의 비즈니스 모델, 즉 HW/IDC 설비 및 단말업체는 장비 납품을 통해, 클라우드 SW 솔루션 업체들은 솔루션 제공을 통해 수익을 얻으며, 응용 SW 솔루션 업체는 사용자들이 사용하여 얻어진 수익금을 배분함으로써 수익을 창출하는 구조로 되어 있다.

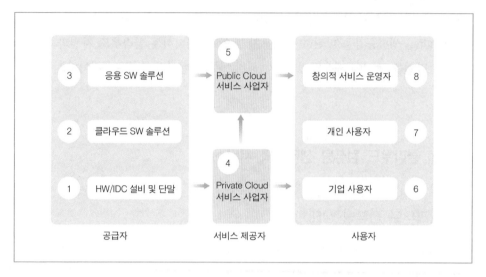

| 그림 5-5 | 클라우드 컴퓨팅 생태계

2) 서비스 제공자

서비스 제공자는 공급자로부터 솔루션을 제공받아 클라우드 컴퓨팅 서비스를 구성·운용하는 기업을 말한다. 기업 내 프라이빗(private) 클라우드 구성을 위한 IT 서비스 솔루션을 제공하는 프라이빗 클라우드 서비스 사업자와 일반 개인 또는 기업 사용자가 클라우드 컴퓨팅 서비스를 이용할 수 있도록 제공하는 퍼블릭(public) 클라우드 서비스 사업자로 구분할 수 있다. 이들 서비스 제공자들은 공급자로부터 컴퓨팅 자원 및 서비스 제공 플랫폼을 공급받아 개인 및 기업을 대상으로 인터넷 기반의 서비스를 제공하고 사용한 용량에 따라 과금함으로써 수익을 창출한다.

3) 사용자

사용자는 기업 사용자, 개인 사용자 및 창의적 서비스 운영자로 구분할 수 있다. 즉, 프라이빗 또는 퍼블릭 클라우드 서비스의 기업 고객인 기업 사용자, 퍼블릭 클라우드 서비스의 개인 고객인 개인 사용자 및 클라우드 컴퓨팅 자원을 활용하여 서비스를 운영하는 창의적 서비스 운영자로 구분할 수 있다. 이들 사용자들은 제공자들의 인터넷 서비스를 통해 컴퓨팅 자원을 할당받아 사용하고, 이에 대한 비용을 지불하는 주체이다.

2.2 클라우드 컴퓨팅 서비스

클라우드 컴퓨팅은 제공되는 컴퓨팅 자원의 종류에 따라 크게 소프트웨어 및 애플리케이션을 서비스하는 SaaS, 개발자용 플랫폼 및 개발 툴을 제공하는 PaaS, 데이터 저장 및 처리를 위한 스토리지와 서버시스템을 대여하는 IaaS로 구분된다.

1) 소프트웨어 서비스(SaaS: Software as a Service)

- 기존 소프트웨어 라이선스를 구매하여 개별 단말에 설치해야 하는 패키지 방식에서 벗어나, 웹상에서 제공되는 소프트웨어를 필요한 만큼 대여하여 이용하는 서비스
- 값비싼 소프트웨어 패키지 구매비용 없이 사용한 만큼만 요금을 지불하는 방식이라 이용자의 부담을 경감시키는 효과
- 웹상에서 실시간으로 소프트웨어의 업데이트가 이뤄지므로 번거로운 업데이트 다운로드 및 설치 불편 해소
- 현재 제공되는 SaaS는 클라우드 서비스 사업자가 자체 개발한 소프트웨어가 대부분이라 기존 패키지 소프트웨어와의 호환성 문제 등 해결과제가 남아 있음
- 기존 패키지 소프트웨어와의 호환성이 보장되지 않을 경우 클라우드 SaaS 이용에 불편이 예상되며, 특히 문서 작성 프로그램 등 워드, 아래아한글 등 패키지 소프트웨어의 점유율이 높은 경우 이용자가 쉽게 클라우드 서비스로 전환하지 못함
- 3D 그래픽 작업용 소프트웨어와 같은 고용량, 고사양 제품의 경우에 인터넷으로 제공되는 데 한계가 있어, 아직까지 SaaS로 제공되는 소프트웨어의 기능이 패키지형보다 더 떨어지는 실정임

| 표 5-1 | 클라우드 컴퓨팅 서비스의 종류와 특징

구분	특징	서비스 예시
SaaS (Software as a Service)	• S/W나 애플리케이션을 서비스 형태로 제공 • 기존 S/W처럼 라이선스를 구매해 단말에 직접 설치하는 것이 아니라 웹을 통해 '임대'하는 방식	Google Apps, Apple MobileMe, Nokia Files on Ovi, MS Dynamic CRM Online 등
PaaS (Platform as a Service)	• 애플리케이션 제작에 필요한 개발 환경, SDK 등 플랫폼 자체를 서비스 형태로 제공 • 개발사 입장에서는 비싼 장비와 개발 툴을 자체 구매하지 않고도 손쉽게 애플리케이션 개발이 가능함	Google App Engine, Windows Azure, force.com, Facebook F8, Bungee Labs 등
IaaS (Infrastructure as a Service)	• 서버, 스토리지(storage), CPU, 메모리 등 각종 컴퓨팅 기반 요소를 서비스 형태로 제공 • 자체 인프라에 투자하기 어려운 중소업체가 주요 고객	Amazon EC2 & S3, GoGrid Joyent, AT&T 등

자료: 스트라베이스(2011)

2) 플랫폼 서비스(PaaS: Platform as a Service)

■ 프로그램 및 애플리케이션 개발작업을 수행하는 데 필요한 개발 툴 등의 플랫폼 환경을 대여해 주는 서비스

■ 개발 툴 이용에 따른 라이선스 비용 등을 사용한 만큼 지불함으로써 개발자의 부담을 덜 수 있고, 클라우드상에 구축된 협업환경을 통해 원활한 작업 프로세스를 지원함

■ 플랫폼 홀더가 자사의 플랫폼 생태계를 강화할 목적으로 무료 또는 저렴한 가격에 PaaS를 제공하고 있음

■ 개발자는 개발비용을 절감하고 플랫폼 홀더는 더 많은 개발자의 참여로 풍부한 콘텐츠 확보가 가능해지는 윈윈(win-win) 효과 기대

■ 플랫폼 홀더 간 이해관계 충돌로 서비스 간 호환성 문제가 해결되지 않고 있어, 개발자 입장에서는 개별 플랫폼마다 별도의 개발작업을 수행해야 하는 불편을 겪음

3) 인프라 서비스(IaaS: Infrastructure as a Service)

- 컴퓨팅 자원의 기본이 되는 저장매체와 하드웨어시스템, 서버 등의 인프라 기반을 클라우드 형태로 제공하는 서비스
- 중앙서버에서 데이터를 통합 관리하고 요청이 들어온 단말에 전송하는 방식이며, 인터넷을 통해 언제 어디서든 원하는 데이터에 접근할 수 있다는 것이 최대 장점
- 저장된 데이터는 동기화 절차를 거쳐 다양한 단말에서 동시 접근이 가능하며, 개별 단말에 데이터를 저장하지 않기 때문에 단말기 파손이나 분실, 해킹에 따른 데이터 피해 우려도 줄어듦
- 직접 데이터 센터를 운영하기 힘든 중소기업의 경우 클라우드 서버를 대여하는 방식으로 데이터 관리비용을 절감할 수 있음
- 클라우드 사업자의 데이터 센터에서 모든 데이터를 총괄하기 때문에, 데이터 센터에 이상이 발생할 경우 치명적인 손실이 우려됨
- 데이터 센터에 천재지변이 일어날 경우 고객의 모든 데이터가 한꺼번에 사라지는 재앙이 닥칠 수 있음
- 대부분의 IaaS 사업자는 최대한 위험이 덜한 센터 부지를 선정하고 복수의 데이터 센터를 운영하는 등 만일의 사태에 대비하고 있음

제3절 클라우드 구현 방식

인터넷의 IT 자원을 단말기와 함께 묶어서 데이터 스토리지 또는 프로세싱에 사용하는 클라우드는 구현하는 방식에 따라 여러 가지 유형이 존재할 수 있는데, 현재 크게 세 가지가 존재하고 있다. 단말기의 OS 위에 설치하여 이용하는 네이티브 앱(native App) 방식과 웹브라우저를 통해 웹사이트에 접속하여 이용하는 웹 앱(web

App) 방식, 그리고 네이티브 앱 방식과 웹 앱 방식을 적절히 혼합한 하이브리드 앱 방식이 그것이다. 그런데 5G(LTE) 시대가 본격적으로 개막되면서 세 가지 유형 외에 클라우드 스트리밍(cloud streaming)이라는 궁극적인 클라우드 방식이 추가적으로 등장했다.

3.1 네이티브 앱 방식

네이티브 앱(native application)은 모바일 기기에 최적화가 되어 있는 앱으로 모바일 OS 제조사에서 제공하는 개발 언어를 이용하여 자신들의 제품에서만 동작되는 앱을 말한다. 예를 들어, 안드로이드 SDK를 이용해서 Java 언어로 개발된 안드로이드 앱과 iOS SDK를 이용해서 Objective-C 언어로 개발된 아이폰 앱들이 바로 여기에 속하는 것이다. 그래서 네이티브 앱은 앱스토어나 마켓에 등록·판매할 수가 있고 사용자는 네이티브 앱을 다운로드 받아 모바일 기기에 직접 설치·실행할 수가 있다. 네이티브 앱은 모바일 기기의 고유정보(주소록, 파일)를 읽고 변경할 수가 있으며 하드웨어(카메라, 각종 센서)를 제어할 수가 있고 또한 고성능의 그래픽 처리가 가능해서 2D 및 3D 게임이나 증강현실과 같은 앱을 개발할 수가 있어서 현재 사용자들이 말하는 앱의 대부분이 네이티브 앱이다.

장점으로는 구동속도가 특정 모바일 OS로 맞추어져 있어서 가장 빠르고 UI 등 앱 제작에 필요한 다양한 요소가 패키지화되어 있으며, 편리한 개발 툴 제공 및 라이브러리나 함수들이 내장되어 있어 개발이 쉽고 유지가 쉽다. 최근에는 Xcode, eclipse라는 개발자 툴을 이용하여 간단한 앱을 쉽게 개발할 수 있는 환경을 제공해 준다. 단점으로는 특정 모바일 OS(플랫폼)에서만 동작하도록 개발이 되어 있어서 앱스토어를 통해서 업데이트가 가능하기 때문에 업데이트가 가장 느리고 또한 사용자와 개발자를 모두 번거롭게 한다는 것이다. 가장 큰 문제로는 안드로이드의 경우는 버전별, 제조사별 제품마다 다른 해상도 등을 제공을 하고 있어서 단편화가 너무 심각하여 모든 제품을 지원하기가 쉽지가 않다.

3.2 웹 앱 방식

웹 앱(web application)은 모바일 웹 환경에서 구동하도록 만들어져 있어서 모바일 웹 앱은 모바일 웹보다 모바일에 더 최적화되어 있는 네이티브 앱화된 것을 말하는 것으로 웹 앱은 웹과 앱이 결합된 것인데 모바일 웹의 특징을 가지고 있으며 네이티브 앱의 특징도 갖고 있다. 모바일 웹 앱 역시 HTML, CSS, Java Script, JSP, PHP, ASP, ASP.NET 등 일반적인 웹 기술로 개발되고 모바일 브라우저에 의해 실행되는데 풀 브라우징 방식이 아닌 단일 페이지 모델을 사용해서 화면을 전환하기 때문에 모바일 웹 앱보다 실행속도가 빠르다. 첫 페이지는 웹으로부터 풀 브라우징으로 받고 그 이후부터는 AJAX 통신으로 모든 것을 처리하여 화면 전환 시 애니메이션 효과, 사용자 터치 이벤트 처리, AJAX 통신, HTML5 로컬 저장소를 이용하여 네이티브 앱과 유사한 실행환경과 사용자 경험을 제공해 주고 있다.

모바일 웹 앱은 모바일 웹과 마찬가지로 모바일 브라우저에서 실행되며 모바일 기기의 고유 정보(주소록, 파일)를 사용할 수 없으며 하드웨어(카메라, 각종 센서)를 제어할 수가 없다. 그래서 애플의 앱스토어나 안드로이드 마켓에서 판매를 할 수가 없다. 장점으로는 HTML5, 다양한 프레임워크, 플러그인 등을 통해 제공을 할 수 있는 서비스가 많은데 웹 메일, 에버노트나 온라인 문서작성, 웹 게임 등이 있다. 이렇게 되면 아이폰, 안드로이드, 윈도용으로 각각 앱을 만들어야 하는 번거로움이 없어져서 비용이나 시간을 훨씬 절감할 수가 있고 앱을 등록하고 심사하는 과정을 거치지 않아도 된다. 단점으로는 하드웨어적인 성능인 디바이스의 카메라 기능이나 GPS 등 모바일 플랫폼에서 작동되는 API를 통한 특화된 다양한 기능들의 활용이 불가능하다.

3.3 하이브리드 앱 방식

하이브리드 앱(hybrid application)은 네이티브 앱과 웹 앱의 장점을 합친 형태의 앱이다. 즉, 앱의 내부는 HTML5, CSS, Java Script 코드로 만들고 이를 각각의 모바일 OS에서 실행되도록 패키징하는 방식이다. 단순히 말해 네이티브 앱으로 겉을 감싼 웹 앱이라 할 수 있다. 한마디로 네이티브 앱처럼 돌아가는 웹 앱인 셈이다. 하이브리드 앱은 기본적으로 웹을 통해 동작하지만 가속도 센서, 카메라, 진동 등의 모바일 기기의 네이티브 기능을 사용하는 것이 가능하다. 또한 웹브라우저에서 URL을 입력하므로써 작동하는 웹 앱과는 달리 네이티브 앱처럼 앱을 동작할 수 있어 사용자는 마치 네이티브 앱을 사용하는 것과 같은 접근성을 가질 수 있다. 하이브리드 앱은 쉽게 말하면 모바일 웹 앱의 가장 큰 단점을 해결하기 위하여 나온 것으로 모바일 웹 앱의 단점은 다음과 같다.

■ 사용자가 모바일 웹 앱을 실행하기 위해서 브라우저를 열고 URL로 접근해야 하는 불편함이 있다[홈 화면(바탕화면)에 바로가기 아이콘을 추가해 두면 편리할 수도 있다].
■ 매번 서버로부터 첫 페이지를 로딩해야 하므로 무선 네트워크 상황이 좋지 않다면 첫 화면이 나오기까지 오랜 지연이 있을 수 있다.
■ 애플 앱스토어나 안드로이드 마켓에 등록할 수 없다.
■ 기기의 고유정보를 사용할 수 없고 하드웨어를 제어할 수 없다.

이러한 모바일 웹 앱의 단점을 해결하기 위하여 네이티브 앱으로 모바일 웹 앱을 포장을 하는 것으로 이 기술을 바로 하이브리드라고 부른다. 모바일 웹 앱을 하이브리드 앱으로 변환해 주는 툴로는 폰갭, 앱스프레소, 티타늄 등이 있다. 그래서 하이브리드 앱의 외부 형태는 네이티브 앱이지만 실제 내부는 모바일 웹 앱으로 실행이 되어 모바일 웹 앱 첫 페이지와 UI 파일, 이미지 등 실행에 필요한 모든 리소스 설치 시 모바일 파일시스템으로 저장되어서 서버에서 따로 받을 필요가 없다. 그리고 기기의 고유정보(주소록, 파일)를 읽고 변경할 수 있으며 하드웨어(카메라, 센서)를 제어할 수가 있고 앱의 기본 골격이 iOS SDK와 Android SDK를 사용하여 만들기 때문에 앱스토나 안드로이드 마켓에 등록해서 판매를 할 수가 있다.

장점으로는 구동속도가 모바일 웹보다 빠르고 앱스토어를 통해 배포되나 한 번 다운받은 앱은 항상 고정되어 변하지 않는 요소들은 앱으로 만들어서 사전에 배포하고 변동되는 콘텐츠만 그때그때 다운로드받는 방식이다. 그래서 앱을 계속적으로 업데이트하거나 추가 개발해야 하는 번거로움이 적어진다. 단점으로는 자체 사이트만 지원하므로 타 사이트를 브라우징하는 것은 불가능하다.

3.4 클라우드 스트리밍 방식

네이티브 앱, 웹 앱, 하이브리드 앱 등 여러 방식에 존재할 수밖에 없는 단점을 모두 극복할 수 있는 대안이 클라우드 스트리밍이라 할 수 있다. 클라우드 스트리밍은 데이터 및 앱을 저장하는 것뿐만 아니라 앱을 실행하는 프로세싱까지도 모두 인터넷 상의 서버에서 이루어지는 방식을 의미한다. 단말기에서는 단지 서버에서 생성된 화면 이미지만을 전송받아 디스플레이하는 역할만을 수행한다. 단말기의 성능 자체가 무의미해지는, 클라우드의 가장 궁극적인 형태라고 할 수 있다.

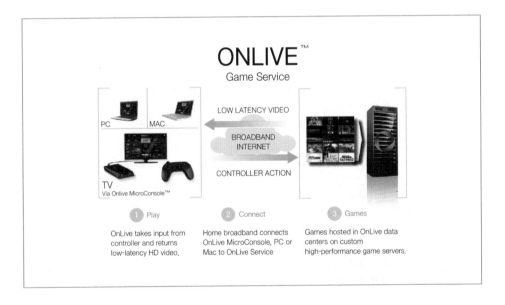

| 그림 5-6 | **클라우드 기반 게임 스트리밍 서비스**

클라우드 스트리밍을 이용할 경우, 서버의 무제한에 가까운 처리 성능을 이용하기 때문에 모바일 단말에서 네이티브앱을 실행하는 것보다 빠르게 동작할 수 있으며, 서버에 여러 종류의 OS를 동시에 설치하여 이용할 수 있기 때문에 개발자는 하나의

OS만 대응하여 앱을 개발해도 클라우드 스트리밍을 이용하는 모든 사용자가 앱을 이용할 수 있게 되는 것이다. 또한 수 GB에 달하는 대용량 앱이라고 해도 이미 서버에 설치되어 있고, 사용자는 실행만 하여 화면 이미지만을 전송받으면 되기 때문에, 네이티브 앱과 같이 다운로드받고 설치하는 과정 또는 웹 앱과 같이 로딩하는 과정이 전혀 없이 바로 이용할 수 있다는 장점도 있다.

예를 들어, 클라우드 게임 업체인 온라이브(OnLive)의 경우, 클라우드 스트리밍 방식을 이용하여 아이패드에서 플레이스테이션용 3D 게임을 구현한 바가 있다. 플레이스테이션에 비해 매우 낮은 성능의 단말기로도 고품질의 3D 게임을 무리 없이 이용할 수 있는 것이다. 이처럼 클라우드 스트리밍이 완벽하게 구현될 수 있다면, 단말기에 설치되어 있는 OS와 무관하게 윈도XP용 애플리케이션도, iOS 또는 맥 OS용 애플리케이션도, 플레이스테이션 또는 Xbox와 같은 게임기용 애플리케이션도 모두 하나의 단말기로 이용할 수 있게 될 것이다. 게임 콘텐츠 또한 모두 구입할 필요도, 설치할 필요도 없이 원하는 때 콘텐츠를 이용하고, 이용한 시간만큼 금액을 지불하면 된다. 그렇게 되면 훨씬 저렴한 비용에 다양한 콘텐츠 및 서비스를 이용할 수 있는 환경이 구현되는 것이다.

| 표 5-2 | **클라우드 구현 방식 비교**

클라우드 구현방식	설명	장점	단점	특징
네이티브 앱	• 대부분의 데이터와 앱이 OS 위에 설치되어 동작 • 부분적으로 인터넷 상의 IT 자원 활용	동작 속도가 빠름.	OS마다 별도 개발에 따른 개발 비용 부담	• OS 업체가 배포한 SDK를 통해 서비스 개발 • 앱스토어를 통한 배포 OS 업체 주도
하이브리드 앱	• UI는 네이티브 앱 방식으로, 핵심 서비스는 웹 앱 방식으로 구현하는 절충형	• UI 조작속도는 빠름 • OS 개발비용이 경감	• OS별 개발 필요 • 서비스 동작 속도는 느림	• 앱스토어를 통한 배포 • OS 업체 주도
웹 앱	• 모든 데이터와 앱	하나의 앱으로	동작속도가 느려	• 앱스토어를 거치

	은 인터넷상의 서버에 저장 • 사용자가 웹브라우저를 통해 접속하면 HTML로 전송	모든 단말 대응 가능	서 빠른 조작을 요하는 모바일 서비스는 구현에 한계	지 않고 사용자에게 바로 서비스 제공 • 서비스 플랫폼 업체 주도
클라우드 스트리밍	모든 연산이 서버에서 이루어지고 단말기에는 화면 이미지만 전송	• 동작 속도 빠름. • 개발자의 개발 및 업그레이드 용이	고품질, 고속 네트워크가 없다면 구현 자체 불가	• 네트워크 품질이 서비스 품질로 직결 • 통신 업체 주도

이와 같이 클라우드 스트리밍은 네이티브 앱, 웹 앱 등 기존의 클라우드 방식을 보완할 수 있는 유용한 방식이지만, 이를 구현하기 위해서는 완벽에 가까운 네트워크가 필요하다는 제약사항이 존재한다. 네트워크가 단절되어도 일부의 서비스를 이용할 수 있는 네이티브 앱, 네트워크가 느릴 경우 다소 불편함은 있지만 이용은 가능한 웹 앱과 달리, 클라우드 스트리밍은 네트워크에 단절이 있거나 속도가 느려지면, 그 즉시 서비스를 이용할 수 없게 된다. 초고속 유선 네트워크보다는 느리지만, 3G보다 한 단계 발전된 4G 모바일 네트워크에서는 클라우드 스트리밍 방식이 구현될 수 있다. 이와 더불어 Wi-Fi 등의 우회망을 4G와 끊김 없이 연결하여 활용하고, 서비스 유형에 따라 전송속도 및 지연시간을 조절하는 4G의 지능적인 품질보장 기능을 적용한다면, 클라우드 스트리밍의 구현이 가능하다.

제4절 클라우드 컴퓨팅 주요 기술

클라우드 컴퓨팅 기반 서비스를 제공하기 위해서는 하드웨어 장비 인프라가 갖춰져 있는 데이터 센터 구축이 선행되어야 하며, 주문형 서비스, 동적 자원할당, 데이터 동기화, 서비스 과금체계 등 클라우드의 특징을 충족하기 위한 다양한 기술 솔루션이 요구된다.

클라우드 컴퓨팅 서비스를 지원하기 위해서는 하드웨어 장비를 설치할 데이터 저장소(IDC)로부터 사용자 인터페이스 웹사이트에 이르기까지 많은 솔루션이 필요하다. 클라우드 컴퓨팅 기술구조는 클라우드 인프라 레이어(layer), 클라우드 플랫폼 레이어, 클라우드 응용 및 서비스 레이어로 구성되며, 이를 기반으로 IaaS · PaaS · SaaS의 클라우드 서비스를 제공하게 된다.

4.1 인프라 레이어 기술

클라우드 인프라 부문은 가상화, 분산 컴퓨팅, 자원 프로비저닝, 클라우드 간 연동 및 저전력 HW 등 클라우드 컴퓨팅을 위한 핵심기술로 구성되어 있다. 우선, 클라우드 컴퓨팅의 주요 특성인 사용자 요구에 따른 IT 자원의 동적 자원할당, 온디맨드 서비스를 가능하게 하는 주요 기반인 가상화 기술의 대표적인 적용 대상 IT 자원은 서버, 스토리지 및 네트워크 등이다.

둘째, 분산 컴퓨팅은 클라우드 컴퓨팅의 하드웨어를 구성함에 있어 인트라넷 또는 인터넷으로 연결된 다수의 컴퓨팅 자원을 하나로 연결하는 것이다. 분산 컴퓨팅은 독립적인 파일시스템 및 데이터베이스를 단일 시스템으로 인지하고 접근할 수 있도록 하며 대용량 데이터에 대한 빠른 처리를 가능하게 한다.

셋째, 자원 프로비저닝은 IT 자원을 사용자 또는 기업의 요구사항에 맞게 할당, 배치, 배포하여 시스템을 효율적으로 사용할 수 있도록 지원한다. 또한 네트워크 구성 작업을 수행하여 필요한 스토리지 용량을 가상서버에 제공하고 운영체제, 관리 소프트웨어, 용도별 주요 소프트웨어 등을 미리 구성하여 준비하였다가 사용자가 요청할 경우 자동으로 제공하는 역할을 한다.

이 분야는 클라우드 컴퓨팅 구현을 위해 반드시 필요한 기술이지만, 기술격차로 인해 국내는 시작 단계에 있다. 국내 통신사업자들 위주로 제공하고 있는 클라우드 인프라 서비스는 외산을 이용하여 구축하고 있는 상황이다. 즉, 서버용 가상화 솔루션의 경우 VMware, 시트릭스, MS 등 외산 업체의 솔루션을 우선 검토 및 도입해 활용하고 있다.

| 표 5-3 | 클라우드 컴퓨팅의 주요 기술

주요 기술	개념 및 의미	요소기술
가상화 기술	• 가상 하드웨어 인프라를 구축해 물리적인 하드웨어의 한계를 넘어선 시스템 운영 • 한 대의 전산자원을 한 대처럼 운영하거나 그 반대로 운영하는 기술	Resource Pool, Hypervisor, 가상 I/O, Partition Mobility 등
대규모 분산처리	• 대규모의 서버 환경(수천 노드 이상)에서 대용량 데이터를 분산처리하는 기술	분산처리기술
오픈 인터페이스	• 인터넷을 통해 서비스를 이용하고 서비스 간 정보 공유를 지원하는 인터페이스 기술 • 클라우드 기반 SaaS, PaaS에서 기존 서비스에 대한 확장 및 기능 변경에 적용 가능	SOA, Open API, Web Service 등
서비스 프로비저닝	• 서비스 제공업체가 실시간으로 자원을 제공 • 서비스 신청부터 자원 제공까지의 업무 • 자동화, 클라우드의 경제성과 유연성 증가	자원 제공 기술
자원 유틸리티	전산자원에 대한 사용량 수집을 통해 과금체계를 정립하기 위한 기술	사용량 측정, 과금, 사용자 계정 관리 등
SLA (서비스 수준관리)	외부 컴퓨팅 자원을 활용하는 클라우드 서비스의 특성상 서비스 수준이라는 계량화된 형태의 품질 관리 기술 요구됨	서비스 수준 관리시스템
보안 및 개인정보 관리	• 민감한 보안정보를 외부 컴퓨팅 자원에 안전하게 보관하기 위한 기술	방화벽, 침입방지 기술, 접근권한 관리 기술 등
다중 공유 모델	• 하나의 정보자원 인스턴스를 여러 사용자 그룹이 완전히 분리된 형태로 사용하는 모델 • SaaS를 제공하는 데 필수요소로 꼽힘	

자료: 한국정보화진흥원(2009)

4.2 플랫폼 레이어 기술

클라우드 플랫폼 부문은 클라우드 실행 미들웨어, SaaS 플랫폼 및 데이터베이스 제공 기술 등이 있으며, 주로 오픈 소스를 활용하거나 일부는 기술개발 중에 있다. 클라우드 실행 미들웨어는 멀티모바일 OS를 지원하고 사용자 사용 패턴 및 정보를 수집하기 위한 기술로서, 모바일 클라우드 구성 기술의 핵심이다. SaaS 플랫폼은 멀티 테넌시(multi-tenancy) 기술과 응용 확장 기술로 구성된다. 특히, 멀티 테넌시 기술은 모든 사용자가 동일한 데이터베이스를 사용하게 함으로써 보안에 대한 기술이 중요하다. 클라우드 실행 미들웨어 기술은 유선 분야에서는 외국과 기술력의 차이가 있다. 그러나 모바일 분야는 성장 단계이기 때문에 모바일 클라우드는 우리나라가 선발국들을 쫓아갈 가능성이 높은 분야이다. SaaS 플랫폼 기술은 일부 기술개발 중에 있어 기술력 차이는 크지 않은 상황이나, 보안 기술 분야는 기술력 차이가 있는 상황이다. 응용 API 기술은 현재 민간 기업을 중심으로 상용서비스를 위해 개발 중에 있으며 기술력도 비슷한 수준이다.

4.3 응용 및 서비스 레이어 기술

응용 소프트웨어 서비스 부문은 SLA 기술, 서비스 관련 기술, 응용 유통 기술 등 주로 계약, 관리, 과금 및 유통 기술들로 이루어진다. SLA 기술은 IaaS, PaaS 및 SaaS 등에 모두 적용되는 기술로 사용자와의 계약을 위한 기술을 말한다. 또한 서비스 관련 기술은 사용자 관리, 데이터 관리, 과금 및 연동 기술 등을 말하고, 응용 유통 기술은 앱스토어 구축과 응용 유통체계 기술 등이 있다. SLA 기술, 서비스 관련 기술 등에서 일부 기술력 차이가 있다. 그러나 동 분야는 기술적 난이도가 높지 않아 추격할 가능성이 크다고 할 수 있다.

제5절 모바일 클라우드 비즈니스

인터넷을 통해 IT 인프라를 공유하는 클라우드 컴퓨팅 활용이 기업에서 개인고객으로 확대되고 있다. 모바일 애플리케이션 서비스가 큰 인기를 모으면서 클라우드 컴퓨팅 기반 스마트폰 서비스가 잇따라 등장하고 있다. 최근 출시되는 서비스는 스마트폰의 저장 공간을 늘려 주는 것부터 단말기에 관계없이 증강현실과 내비게이션 등의 기능을 이용할 수 있는 것까지 다양화되는 추세다. 스마트폰과 클라우드 컴퓨팅을 이용한 모바일 애플리케이션 중 대표적인 것은 구글의 내비게이션과 포털 지도 서비스 (구글 어스)다. 최근 공개된 구글의 내비게이션 서비스는 안드로이드 운영체제(OS)를 탑재한 스마트폰이라면 종류에 상관없이 이용할 수 있는 게 특징이다. 또 포털에서만 서비스되던 구글의 지도 서비스도 클라우드 컴퓨팅을 활용해 스마트폰에서 사용이 가능해졌다.

국내 업체들도 스마트폰과 클라우드 컴퓨팅을 접목한 서비스를 선보이고 있다. 이 밖에 3 Screen 서비스를 준비하고 있는 삼성전자, 마이크로소프트 등도 클라우드를 통해 개인 사용자들에게 콘텐츠를 제공한다는 목표다. "스마트폰과 클라우드 컴퓨팅이 접목되면 이동하면서도 데스크톱 수준의 컴퓨팅 환경을 즐길 수 있게 될 것"이라고 관련 업체에서 발표한 바 있다.

5.1 애플 '모바일미'

애플(Apple)의 모바일미(MobileMe)는 이메일, 연락처, 캘린더 정보를 '클라우드'에 보관하고, 푸시 기술을 사용하여 iPhone, Mac, PC와 웹의 정보 전체를 자동 동기화 상태로 유지한다. 따라서 어떤 기기를 어디에서 사용하든지 모든 정보가 최신으로 유지되며, 컴퓨터에 연결하지 않아도 된다.

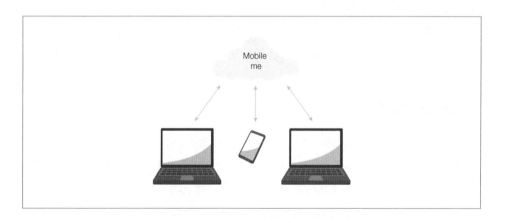

| 그림 5-7 | **모바일미(MobileMe) 개념도**

1) 이메일 푸시

모바일미에 가입하면, me.com 이메일 계정이 생성되며 항상 최신 상태로 유지된다. 새로운 메시지는 iPhone 및 iPod touch에 자동으로 푸시되므로 도착하자마자 바로 알 수 있다. 모바일미가 새로운 메시지를 계속 확인하므로 본인이 직접 확인할 필요가 없다. 그리고 모바일미를 사용하면 iPhone의 '받은 편지함'을 집에서 사용하는 Mac의 '받은 편지함' 또는 회사에서 사용하는 PC의 '받은 편지함'처럼 확인할 수 있다. 읽은 메시지는 '읽었음'으로 표시하고, 모든 폴더는 보았던 그대로 유지되므로 사용하는 기기에 상관없이 이메일을 확인할 수 있다. 그중에서도 가장 좋은 점은 모바일미의 '받은 편지함'에는 광고가 없으며 스팸 및 바이러스 방지 기능이 내장되어 있다는 점이다.

2) 연락처 푸시

모바일미 연락처를 사용하면 주소록 전체를 컴퓨터, iPhone, 웹에도 올려두고 이용할 수 있다. 누군가를 만나고 연락처에 해당 정보를 추가했다고 가정한 경우, 모바일미는 새로운 연락처를 클라우드에 자동으로 푸시하므로 Mac의 주소록이나 PC의 아웃룩에 곧 표시된다. iPhone을 컴퓨터나 다른 기기에 연결하지 않아도 된다. 새로 추가한 사람에 대해 전화번호, 이메일 주소, 사진과 '학부모 세미나에서 옆자리에 앉았던 사람' 같은 메모가 정확하게 유지되므로 필요할 때마다 바로 확인할 수 있다.

3) 캘린더 푸시

모바일미는 캘린더를 Mac, PC, iPhone, iPod touch와 동기화하여 유지하므로 약속장소와 시간을 정확하게 알 수 있다. 예약 진료시간을 회사 컴퓨터에서 변경하면 iPhone을 컴퓨터에 따로 연결하지 않아도 iPhone에 자동으로 업데이트된다. iPhone에 이벤트를 추가하면 me.com의 캘린더 응용 프로그램에서도 확인할 수 있으며 컴퓨터와도 곧장 동기화된다. 여러 개의 캘린더도 관리할 수 있다. 따라서 점심 약속이나 축구 시합 또는 중요한 회의를 잊을 염려가 없다.

4) 익숙한 데스크톱 응용 프로그램과 연계

모바일미는 Mac의 메일, 주소록, iCal과 PC(Windows XP 또는 Windows Vista)의 마이크로소프트(Microsoft) 아웃룩처럼 매일 사용하는 응용 프로그램과 iPhone이나 iPod touch에 내장된 응용 프로그램의 데이터를 항상 동기화한다. 모든 정보가 최신 상태로 유지되고 어디서든지 볼 수 있으므로, 새로운 소프트웨어를 따로 배우거나 반복되는 일정을 변경할 필요가 없다.

5.2 마이크로소프트 '마이폰'

마이크로소프트(Microsoft)의 마이폰(My Phone) 서비스는 윈도 모바일 기반 휴대폰 백업/동기화 서비스로, 기본 설정에서는 휴대폰과 웹 계정의 연락처, 일정, 작업, 사진, 동영상, 문자 메시지, 음악, 즐겨찾기 및 문서의 동기화를 수행한다. 이와 함께 동기화한 장소의 위치정보를 바탕으로 한 휴대폰 위치 찾기 서비스가 제공된다. 모바일 클라우드 서비스를 위한 마이폰은 다음과 같은 기능을 제공하고 있다.

1) 휴대폰 데이터 자동 백업

마이폰 서비스에서는 Windows®휴대폰의 정보를 마이크로소프트가 호스팅하며 암호로 보호되는 웹사이트에 백업한다. 휴대폰을 분실했거나 새 휴대폰으로 업그레이드한 경우 사용자 정보를 쉽게 복원할 수 있다.

2) 사진을 PC에 보내 소셜네트워크 사이트에 올리기

마이크로소프트 마이폰을 사용하면 휴대폰에서 가져온 사진을 쉽게 공유할 수 있다. 마이폰 웹 계정 또는 Windows®휴대폰에서 직접 Facebook, Flicker, MySpace 및 Windows Live로 사진을 공유할 수도 있다.

3) 분실한 휴대폰 찾기

마이폰 서비스는 마지막으로 감지된 휴대폰의 위치(마지막으로 동기화되거나 마이폰을 사용하여 사진을 공유한 위치)를 지도에 나타낼 수 있다. 이때 사용자 활성화가 필요하다.

4) 온라인에서 연락처 정보, 문자 메시지 등 확인

웹에서 휴대폰에 있는 연락처와 약속을 관리하고 예전 문자 메시지를 검색할 수 있다. 변경내용은 다음번에 동기화할 때 휴대폰에 나타난다.

5) 모바일 오피스 서비스

스마트폰에서 doc, ppt, xls 등 주요 오피스 파일을 별도의 오피스 프로그램 없이 모바일 단말기에서 열람하거나 백업, 협업 및 인쇄할 수 있다. 리모트 유저인 인터페이스(UI) 기술을 이용해 클라우드에서 실행한 후 그 결과만 단말기에 전송하는 방식으로 서비스한다.

5.3 구글 클라우드 프린트

구글(Google) '클라우드 프린트'는 웹에서 통상적인 프린팅 옵션을 사용하지만, 클라우드 인식 프린터 혹은 프록시를 통해 출력하는 프린터와 연결해 사용할 수 있는 인터넷 서비스에 프린팅 임무를 전달해 준다. 프린터가 등록되어 있는 한, 사용자는 홈 네트워크로부터 떨어져 있을 때조차도 항상 문서들을 프린트할 수 있다. 개발되고 있는 프로그래밍 인터페이스는 양방향 커뮤니케이션을 가능케 하고, 근처에 있는 프린터처럼 프린트 상태를 보면서 할 수도 있다. 현재 개발은 초기 상태이고, 크롬 웹 브라우저와 크롬OS 플랫폼용으로 약간의 기본 코드들을 포함하고 있다. 그러나 이 서비스가 소프트웨어에 특화된 것이 아니라, 모든 컴퓨터들, 모바일 기기들, 스마트폰들을 대상으로 하고 있다.

제6절 클라우드 컴퓨팅 주요 이슈

시장조사업체 얼라이드 마켓 리서치에 따르면 전 세계 클라우드 컴퓨팅 시장 규모는 1,886조 원에 달하는 규모로 2030년까지 연평균 15.8%의 고속 성장이 예상된다. 클라우드 컴퓨팅 시장 성장의 핵심 요인으로 비용 효율성을 꼽았다. 클라우드 서비스를 통해 회사는 연간 35%의 운영 비용을 절감할 수 있는 것으로 나타났다. 클라우드 컴퓨팅 유형별로는 SaaS가 시장에서 40%의 점유율로 가장 큰 비중을 차지할 것으로 예상되며, Iaas가 가장 성장 폭이 클 것으로 예상된다. 지역별로는 전 세계 클라우드 시장의 60%를 점유하고 있는 북미 시장보다, 아시아―태평양 시장의 상승세가 클 것으로 전망된다.

6.1 클라우드 컴퓨팅 서비스 전망

- 온라인 서버를 기반으로 한 클라우드 방식의 모바일 서비스가 애플리케이션을 중심으로 급속 확산
- 5G 네트워크 기술의 본격 상용화에 따른 모바일 브로드밴드 확산과 HTML5 표준, Smart Card Web Server 등 신규 기술 등장이 모바일 클라우드 서비스의 확산 원동력
- 스마트폰과 태블릿 PC를 비롯한 인터넷 접속 단말(connected device)이 급증하면서 모바일 클라우드 시장 본격화

- 아시아·태평양 지역의 스마트폰 판매량이 계속적으로 증가할 것으로 예상
- 개인의 모바일 단말기 보급이 확산되면서 기업이 아닌 개인 대상의 퍼스널 클라우드 서비스도 높은 성장 잠재력을 지님

6.2 클라우드 컴퓨팅 서비스 관련 이슈

- 클라우드 컴퓨팅이 언제 어디서든 원하는 서비스를 이용할 수 있다는 점은 매력적이지만, 인터넷 접속이 선행되어야 한다는 점은 제약이 될 수 있음
- 인터넷 네트워크 인프라 및 인터넷 접속 단말 보급이 더딘 지역에서는 클라우드 컴퓨팅 서비스가 제대로 확산될 수 없음
- 인터넷 접속이 일시적으로 불량 상태가 되면 아무 작업도 할 수 없다는 점은 클라우드 컴퓨팅의 태생적 한계
- 클라우드 컴퓨팅의 한계를 보완하기 위해 인터넷 접속경로를 다양화하는 다중 접속 서비스, 오프라인 상태에서도 구동되는 로컬시스템 연동 등의 대안이 마련되고 있음
- 다중 접속 서비스는 유선 인터넷 접속이 막혔을 때 무선 인터넷 접속을 지원하는 동글(dongle) 서비스를 통해 우회 접속경로를 제공함
- 로컬시스템 연동은 클라우드 컴퓨팅으로 제공되는 서비스를 오프라인에서도 다운로드하여 이용할 수 있는 서비스로, 인터넷 접속이 불가능한 지역에서도 작업이 가능하다는 장점이 있지만 갑작스런 접속 차단 사고에 대한 대책으로 볼 수는 없음
- 클라우드 컴퓨팅 서비스를 제공하는 업체들은 데이터 센터 자체에서 인터넷 접속 문제가 발생하지 않도록 서비스 품질 관리에 몰두하고 있음
- 이용자의 소재지에서 발생하는 인터넷 접속 문제에 대한 해결책을 찾기는 어려울 것으로 전망

6.3 대기업 중심의 사업 독점 우려와 서비스 간 호환성 확보

- 클라우드 서비스가 원활히 제공되기 위해서는 방대한 규모의 데이터 센터가 구

비되어야 하며 데이터 센터의 구축과 유지보수를 충분히 감내할 수 있는 대기업이 클라우드 컴퓨팅 서비스에 유리함

■ 클라우드 컴퓨팅은 중앙 서버에 집중된 자원을 대여하는 형식을 취하고 있어 '규모의 경제'를 통한 비용 절감 효과가 가장 큰 장점임

■ 현재 클라우드 컴퓨팅 사업을 전략적으로 추진하는 업체는 대부분 대형 IT 기업, 통신사 등임

■ 클라우드 컴퓨팅 기술의 표준화 논의가 진행 중이지만 여전히 대다수의 업체가 독자 기술로 구축된 클라우드 서비스를 제공하고 있어 서비스 간 호환성 문제가 해결되지 않고 있음

■ 중앙서버에 저장된 데이터를 다른 클라우드 서비스로 이동시키는 것이 쉽지 않아 서비스 종속현상이 발생할 수 있음

■ 초기 시장에 진출해 있는 소수 내기업에 의해 시상이 장악될 것이라는 우려가 제기됨

6.4 하드웨어/소프트웨어 시장의 변화

■ 중앙 서버의 IT 자원을 대여해 사용하는 클라우드 컴퓨팅의 개념이 확산되면서 개인 소유의 단말 성능보다는 클라우드 서버의 성능과 인터넷 접속환경이 서비스 품질의 핵심요소로 부상하고 있음

■ 최종적으로는 모든 컴퓨팅 자원을 클라우드 서버에 일임하고 각 단말은 입출력만을 담당하는 매체에 머물 것으로 예상

■ 개인 소비자 대상의 하드웨어 단말 시장은 위축되고, 기업용 대형 서버 및 네트워크 장비 시장이 활성화될 것으로 전망

■ 기존 패키지 방식의 소프트웨어 시장은 클라우드 컴퓨팅의 대여 서비스 모델과 배치되어 점차 도태될 것으로 예상

■ 소프트웨어 개발사들은 클라우드 컴퓨팅 사업자와 콘텐츠 제휴 등을 통해 사업을 유지할 것으로 예상

6.5 클라우드 컴퓨팅 패러다임 전환

- 개인 PC 컴퓨터에서 작업을 수행하던 기존 컴퓨팅 환경이 중앙서버에서 통합적으로 작업을 수행하는 클라우드 컴퓨팅 환경으로 패러다임 전환이 이뤄지고 있음
- 중앙 서버에 모든 컴퓨팅 자원의 관리와 유지보수를 맡김으로써, 개별 이용자는 서비스 이용에만 전념할 수 있음
- 사용량에 따른 과금 방식으로 불필요한 지출 없이 보다 효율적인 비용관리가 가능해짐
- 중앙서버의 철저한 보안관리로 이전보다 해킹 공격에 의한 정보유출 사고 확률이 크게 낮아질 수 있음
- 클라우드 컴퓨팅 개념은 현존하는 거의 모든 IT 서비스에 접목 가능
- 기업용 스토리지, 서버, 협업 시스템을 비롯해 개인 대상의 데이터 동기화 및 스토리지 관리 서비스의 확산 예상
- 다양한 종류의 엔터테인먼트 미디어 콘텐츠를 언제든지 자유롭게 이용하는 서비스에 대한 기대치 높음
- 클라우드 컴퓨팅은 기존 IT 기반의 콘텐츠 서비스 시장에도 긍정적인 영향을 미칠 것으로 예상됨
- 중앙서버에서 모든 자원을 관리함으로써 불법적인 콘텐츠 이용 가능성을 원천봉쇄할 수 있어, 불법 복제에 대한 해결책으로 부상
- 언제 어디서든 끊김 없이 콘텐츠 이용이 가능한 N-스크린 서비스 등 클라우드 기반 콘텐츠 서비스 모델이 속속 등장하고 있음
- 단말간 연동 기능을 통해 각 단말의 특성을 살린 독특한 콘텐츠의 등장도 기대됨

토의문제

1. 클라우드 컴퓨팅의 시대별 진화과정을 간략하게 요약하시오.
2. 클라우드 컴퓨팅 생태계를 세 그룹으로 나눠 요약하시오.
3. 클라우드 컴퓨팅의 세 가지 서비스의 특징을 설명하시오.
4. 클라우드 구현의 네 가지 방식에 대하여 서술하시오.
5. 클라우드 컴퓨팅의 주요 기술별로 요소기술를 포함하여 설명하시오.
6. 모바일 클라우드 비즈니스에 대하여 기술하시오.
7. 클라우드 컴퓨팅의 주요 이슈에 대하여 설명하시오.

참고문헌

Amanfi, M., *Implications of Cloud Computing for Small and Medium Enterprise*, Independently Published, 2019.

Ayyappa, P. and Konda, S. R., *Cloud Computing: Fundamentals*, LAP LAMBERT Academic Publishing, 2019.

Blokdyk, G., *Cloud Computing Security: A Complete Guide*, SSTARCooks, 2019.

Claver, H. and Hamraz, E., *Introduction to Security and Privacy in Cloud Computing*, LAP LAMBERT Academic Publishing, 2019.

Comer, D., *The Cloud Computing Book: The Futuer of Computing Explained*, Chapman and Hall, 2023.

Erl, T. and Monroy, E., *Cloud Computing: Concepts, Technology, Security, and Architecture*, Pearson, 2023.

Gupta, D., *The Cloud Computing Journey*, Packt Publishing, 2024.

Jamsa, K., *Cloud Computing*, Jones & Bartlett Learning, 2022.

Lifshitz, L. R and Rothchild John A., *Cloud 3.0: Drafting and Negotiating Cloud Computing Agreements*, ABA Book Publishing, 2019.

Lisdorf, A., *Cloud Computing Basics: A Non−Technical Introduction*, Apress, 2021.

Mills, M. P., *The Cloud Revolution*, Encounter Books, 2021.

Munoz, V. M. and Ferguson, D., Helfert, M. and Pahl, C., *Cloud Computing and Services Science*, Springer, 2019.

Nayyar, A., *Handbook of Cloud Computing: Basic to Advance Research on the Concepts and Design of Cloud Computing*, BPB Publications, 2019.

Ruparelia, N. B., *Cloud Computing*, MIT Press, 2023.

Surianarayanan, C. and Chelliah, P. R., *Essentials of Cloud Computing: A Holistic Perspective*, Springer, 2019.

Wegener, A., *Cloud Computing: Systems and Technologies*, Clanrye International, 2019.

Yarali, A., *Big Data and Cloud: Trust, Security and Privacy*, Nova Science Pub Inc, 2020.

http://aws.amazon.com

http://www.google.com

http://www.ibm.com

클라우드를 도입해 비즈니스 혁신을 일으키고, 매출 증가와 가치 증진을 달성한 기업들을 쉽게 찾아볼 수 있다. 데이터 활용을 위한 IT 인프라를 개별 기업에서 직접 구축해 관리하는 것은 엄청난 비용과 인력을 필요로 하기 때문에 클라우드 서비스에 대한 요구치는 매년 상승 추세다.

클라우드 산업 매출 증가세 지속

국내 클라우드 부문 전체 매출은 2020년 4조 원을 돌파했으며, 2021년 4조 9250억 원, 2022년에는 5조 8409억 원을 기록하며 6조 원 시장을 알리고 있다. 클라우드 서비스 부문별 매출은 IaaS(Infrastructure as a Service)가 2조 5580억 원으로 43.8%를 차지했으며, SaaS(Software as a Service) 2조 1360억 원(36.6%), CMS(Cloud Management Service) 6500억 원(11.1%), PaaS(Platform as a Service) 4000억 원(6.8%) 순으로 나타났다. 특히 클라우드 서비스 소비자와 제공자 사이에서 기술 지원과 컨설팅을 담당하는 비즈니스인 CMS는 전년 대비 매출액이 73.9% 증가했다. CMS 매출액의 높은 증가율은 클라우드 전환 시장 확대에 비례해 급성장하고 있는 관리형서비스공급자(MSP) 산업의 활성화를 대변한다고 분석할 수 있다.

클라우드 서비스 제공기업 수는 SaaS 기업이 1571개(58.3%)로 가장 많았다. 이어 IaaS 기업 537개(19.9%), PaaS 기업 391개(14.5%), CMS 기업 102개(3.8%) 순이었다. 2022년에는 SaaS, CMS 사업 진출 기업들이 증가했는데 기존 SW, SI 기업의 클라우드 사업 확장에 의한 것으로 분석된다. 국내 클라우드 인력은 2021년(2만 4473명) 대비 8.6% 증가한 2만 6585명을 기록했다. 담당 부문별로는 연구개발 종사자가 9200명(34.6%)로 가장 많았고 기술 및 사업 부문이 5881명(22.1%), 서비스 운영 종사자 5428명(20.4%)인 것으로 나타났다.

컴퓨터 자원 언제 어디서나 활용

클라우드는 복잡한 네트워크 및 서버 구성 등을 알 필요 없이 구름과 같이 내부가 보이지 않고, 일반 사용자는 어디에서나 구름 속의 컴퓨터 자원으로 자기가 원하는 작업을 할 수 있다는 의미를 내포하고 있다. 클라우드는 다양한 장점으로 인해 많은 수요를 부르고 있다. 대표적으로 클라우드는 빠른 응답 시간으로 언제 어디서나 액세스할 수 있으며, 필요할 때 필요한 만큼 컴퓨팅 능력을 확보할 수 있다. 다시 말해 서버, 네트워킹, 스토리지를 추가 또는 제거할 수 있고, 새로운 사용자를 즉각 온보딩할 수 있다.

또한 플랫폼, 데이터베이스, 소프트웨어 애플리케이션을 언제나 최신 버전으로 유지할 수 있다. 머신러닝(ML), 인공지능(AI), 사물인터넷(IoT) 등 새롭게 부상하는 기술 활용이 용이하고, 언제나 가장 최근의 혁신을 최신 상태로 반영한다. 클라우드 서비스에는 인프라, 애플리케이션, 개발 도구, 데이터 스토리지 등의 제품이 포함돼 있다. 이러한 서비스는 여러 가지 카테고리 또는 서비스 모델로 분류할 수 있다.

먼저 SaaS(서비스형 소프트웨어)를 사용하면 소프트웨어가 원격 서버에 호스팅되며 고객은 웹 브라우저나 표준 웹 통합을 통해 언제 어디서나 이 소프트웨어에 액세스할 수 있다. SaaS 제공자는 백업, 유지보수, 업데이트를 관리한다. SaaS솔루션에는 ERP(전사적 자원 관리), CRM(고객 관계 관리), 프로젝트 관리 등이 포함된다.

PaaS(서비스형 플랫폼)는 클라우드 기반의 애플리케이션 개발 환경으로, 개발자가 앱을 구축하고 배포하는 데 필요한 모든 요소를 제공한다. PaaS를 이용하는 개발자는 원하는 기능과 클라우드 서비스를 선택할 수 있으며, 구독 또는 종량제(pay−per−use) 방식으로 비용을 지불하면 된다.

IaaS(서비스형 인프라)를 도입하면 회사에서 서버, 네트워크, 스토리지, 운영 체제와 같은 컴퓨팅 리소스를 종량제로 임대할 수 있다. 인프라의 규모를 확장할 수 있으므로 고객은 하드웨어에 투자할 필요가 없다.

산업 활성화 난관은 수두룩

확장성과 유연성 같은 클라우드의 수많은 장점에도 불구하고 산업 활성화를 위해서는 몇가지 숙제를 해결할 필요가 있다. 클라우드 산업 활성화 저해 요인으로 작용하는 영향 1순위로 '도입 비용의 부담'이 38.3%로 가장 높았다. 이어 '성능/기능 부족(19.9%)', '보안 우려(15.3%)', '유지비용의 부담(10.1%)', '서비스모델 정보 부족

(6.3%)', '정서적 이질감(5.3%)', '관리자 인식 부족(3.4%)' 등의 순으로 조사됐다. 이들 요인들은 기업 규모에 따라 상이하게 나타났다. 대기업의 경우 '성능/기록 부족(40.9%)', '보안 우려(22.7%)', '도입 비용의 부담(13.6%)' 순으로 조사됐다. 상대적으로 자본력이 부족한 중소기업은 1순위로 '도입 비용의 부담(39.6%)'이 꼽혔고, '성능/기능 부족(19.0%)', '보안우려(14.7%)' 순이었다.

또한 클라우드 산업 발전을 위한 필요 기술 1순위는 보안기술이 37.1%로 가장 높았고, 다음으로 모니터 제어 기술(30.6%), 분산데이터 저장기술(14.4%) 등이었다. 이 가운데 클라우드 보안 문제는 서비스가 본격적으로 상용화됐던 시기부터 불거지기 시작했다. 2010년 MS는 서비스 환경설정 오류로 인해 클라우드상의 기업 정보가 타인에게 열람되는 사건이 발생했으며, 2011년 아마존의 가상서버를 임대하고 가명으로 가입 후 가상서버를 좀비 PC화해 소니플레이스테이션 네트워크를 해킹했다. 국내 클라우드 시스템도 이런 위험에서 자유롭지 않다. 일례로 2018년 11월 22일 AWS는 서울 리전(Region)에서 EC2 인스턴스가 내부 DNS 서버 설정 오류로 인해 84분간 DNS 기능을 할 수 없었다고 발표했다. 오류로 인해 AWS를 사용하는 쿠팡, 배달의민족, 이스타항공, 야놀자, 업비트 등에서 접속 오류(Connection Error) 현상이 나타났다.

클라우드 도입은 시대적 흐름이다.

하지만 해커들은 클라우드를 사용하는 기업들에서 흔히 발생할 수 있는 보안 홀을 노린다. 따라서 클라우드 도입 시 '클라우드 서비스 제공자의 보안'과 '고객 책임 영역의 보안'을 모두 고려할 필요가 있다. 보안업계 관계자는 "클라우드 전환 증가와 함께 클라우드 보안 아키텍처와 보안전략 미흡으로 위협이 증가할 것으로 예상되며, 특히 계정 관리 실수와 과잉 권한으로 위협이 증가해 데이터 유출로 이어질 가능성이 있다"고 지적했다. 이어 "접근 통제를 위한 인증과 접근 프로세스 도입 등 클라우드 관리 전략을 체계적으로 수립하고, 하이브리드 클라우드, 멀티 클라우드 등 기업의 업무 특성을 반영한 클라우드 운영 형태에 맞춰 빈틈없는 클라우드 보안대책을 수립해야 한다"고 강조했다(정보통신신문, 2024. 4. 5; 한국경제, 2024. 7. 10).

토의문제

1. 클라우드 서비스 부문별 매출에 대하여 토의해 보자.

2. 클라우드 서비스의 세 가지 모델에 대하여 설명해 보자.

3. 클라우드 도입을 주저하게 만드는 요인에 대하여 대기업과 중소기업으로 구분하여 토론해 보자.

네이버는 덩치 키우고, 카카오는 내실 다지기

네이버와 카카오의 클라우드 서비스 계열사인 네이버클라우드와 카카오클라우드가 상반된 행보를 보이고 있다. 네이버클라우드가 클라우드를 넘어 서비스 분야를 확대해 덩치를 키우는 반면, 카카오클라우드는 클라우드 사업에만 집중하면서 내실을 다지고 있다.

1) 네이버클라우드, 핵심사업 받고 해외 사업 진두지휘

2024년 1월 기준 네이버클라우드 직원 수는 1929명으로 2년 전(약 900명)보다 두 배 넘게 증가했다. 임직원 증가로 기존 역삼오피스 외에 판교오피스까지 확장했다. 네이버클라우드의 지난해 매출은 1조 132억 원으로 네이버 별도기준 매출(5조 5126억)의 5분의 1 수준으로 성장했다. 이는 네이버가 네이버클라우드를 집중해서 키운 영향이다. 네이버는 내부 기술조직을 네이버클라우드를 중심으로 모아 시너지를 내고 글로벌 B2B(기업간거래) 사업을 강화하고 있다. 최근 아마존, 마이크로소프트(MS), 구글 등 글로벌 빅테크 기업도 클라우드 서비스를 중심으로 생성형 AI(인공지능) 기술 등의 경쟁력을 키우고 있는 추세다. 이에 네이버가 생성형 AI 서비스를 위해 개발한 초거대언어모델(LLM) 하이퍼클로바X의 B2B 사업권을 네이버클라우드에 부여했다. 특히 네이버는 지난해 사우디아라비아 수도 리야드 등 5개 대도시를 대상으로 1억 달러(약 1330억) 규모의 디지털트윈 구축 사업을 수주한 이후 현재 '네옴시티' 프로젝트 수주도 도전하고 있다. 네옴시티는 사우디 정부가 서북부 사막 한가운데 추진 중인 스마트시티 건설 사업이다. 네이버는 생성형 AI·로봇·클라우드 등 기술력을 활용해 스마트 빌딩 건설을 추진한다는 목표다. 네이버의 향후 미래 먹거리가 달린 사우디 사업의 명운이 네이버클라우드 역량에 달린 상황이다.

2) 카카오클라우드, "클라우드 중심 조직으로 변모"

카카오클라우드는 네이버클라우드와 다른 행보를 보이고 있다. 2024년 1월 기준으로 임직원 수가 537명으로 집계됐는데, 지난해 상반기(1200여 명)에 비해 반토막이 났다. 지난 2021년부터 계속된 적자와 투자유치 실패 등으로 2023년 7월부터 구조조정을 추진한 영향이다. 카카오클라우드는 지난 2022년에도 영업적자 1405억 원을 기록했지만, 지난해는 클라우드 서비스 중심 조직으로 변모해 적자 폭이 크게 줄었다는 게 카카오의 설명이다. 업계에선 카카오클라우드가 확고한 사업 모델이 없는 상황에서 과도하게 많은 인력을 채용한 것이 발목을 잡았다고 분석한다. 이에 카카오엔터프라이즈는 지난해부터 클라우드 서비스 전문 기업으로 정체성을 강화하는 작업을 진행하고 있다. 기업용 클라우드 플랫폼의 기존 서비스명을 '카카오 i 클라우드'에서 '카카오클라우드'로 변경했다.

또 카카오클라우드는 2024년 1월 음성 AI 비서 헤이카카오, 업무 협업 도구 카카오워크, 챗봇 서비스 등 클라우드 부문을 제외한 비주력 IT솔루션 서비스를 정리했다. 카카오클라우드는 올해 카카오 계열사의 IT 인프라를 카카오 클라우드로 전환하는데 집중할 계획이다. 2023년 하반기 카카오게임즈의 게임 '아키에이지 워' 일부 서버를 글로벌 클라우드 서비스에서 카카오클라우드로 성공적으로 전환한 바 있다. 또 정부가 추진하는 'SaaS(클라우드 서비스형 소프트웨어) 개발 지원 사업'에도 참여해 공공 클라우드 시장 공략을 본격화한다. 카카오클라우드 관계자는 "올해 카카오 공동체는 물론 게임, 블록체인, 의료·바이오 분야에서 HPC(고성능컴퓨팅) 클라우드 수요가 클 것으로 보고 이 곳을 집중 공략하고 있다"고 말했다(조선일보, 2024. 3. 15; 한국경제, 2024. 7. 10).

토의문제

1. 네이버클라우드의 사업 방향에 대하여 토의해 보자.
2. 카카오클라우드의 사업방향에 대하여 토론해 보자.
3. 내가 카카오클라우드의 CEO라면 글로벌 IT 기업들과 클라우드 비즈니스에서 경쟁하기 위한 전략적 방향에 대하여 설명해 보자.

CHAPTER
06
빅데이터

학습목표

- 빅데이터의 등장배경에 대하여 학습한다.
- 빅데이터의 기본 개념에 대하여 학습한다.
- 빅데이터의 특성에 대하여 학습한다.
- 빅데이터의 유형에 대하여 학습한다.
- 빅데이터의 기술요건에 대하여 학습한다.
- 빅데이터의 발전동인에 대하여 학습한다

프롤로그 사례연구-1: 해외 빅데이터 활용 사례

아마존(Amazon)

아마존은 세계적인 전자상거래 기업이다. 아마존은 고객들의 쇼핑 경험을 향상시키고자 빅 데이터를 적극 활용하고 있다. 아마존은 분석 시스템을 통해 특정 나이, 특정 취향, 특정 수입의 고객이 어떤 상품을 좋아할지 예측할 수 있다. 빅 데이터가 예측한 추천 상품은 고객이 아마존에서 쇼핑할 동안 배너로 계속 보여진다. 또한 아마존은 빅 데이터를 활용하여 가격을 최적화한다. 경쟁 업체의 가격, 주문 내역, 웹 사이트 내의 활동, 예상 이익률 등을 토대로 데이터를 수집하여 상품 가격을 10분마다 최적화한다. 이러한 관리 덕분에 아마존은 매년 수익을 높이고 있다.

스타벅스(Starbucks)

스타벅스 또한 성공적인 빅 데이터 활용 사례로 들 수 있다. 스타벅스는 매장을 오픈하기 전에 빅 데이터를 기반으로 주변 상권을 분석한다. 다른 스타벅스의 위치, 지역 인구 통계, 교통 패턴 등을 기반으로 최상의 입점 위치를 찾는다. 이러한 분석을 통해 신규 스타벅스가 오픈하면 기존 매장에 어떤 영향을 줄 지도 예측할 수 있다. 또한 스타벅스는 빅 데이터를 활용하여 고객에게 최상의 경험을 제공한다. 자체 애플리케이션을 통해 소비자의 정보를 수집한 후, 이를 바탕으로 고객의 커피 취향과 방문 예상 시간까지 예측한다. 이를 기반으로 고객의 취향에 맞을 것 같은 신메뉴를 추천하는 서비스도 제공한다.

자라(Zara)

자라는 차별화된 글로벌 스파(SPA) 패션 브랜드이다. 패스트 패션을 추구하고 있다보니 누구보다도 빠르게 유행을 예측하고 내보여야 한다. 자라와 비슷한 패스트 패션 업체인 유니클로는 전체 매출의 4% 이상을 광고비로 사용하지만, 자라는 광고를 하지 않는다. 그 이유인즉슨, 자라는 매일 데이터 분석을 하기 때문이다. 자라의 모든 상품에는 RFID 태그가 붙어있는데, 이를 통해 고객들이 탈의실에서 많이 입은 옷, 많이 팔린 옷, 반응이 안 좋은 옷 등을 알 수 있다. 영업 종류 후에는 자라 매장의 직원들이 RFID 태그 데이터를 토대로 그 날에 가장 많이 팔린 옷을 정리한다. 이렇게 정리한 데이터는 자라 본사의 디자이너에게 전달된다. 디자이너는 많이 팔린 옷의 디자인, 원단, 색상 등을 참고하여 잘 팔릴 것 같은 새 옷을 만들어낸다. 고객의 데이터를 기반으로 새 옷이 만들어지는 것이다. 그래서 자라는 1년에 세일을 2번만 하는데도 재고 관리를 효율적으로 할 수 있다.

할리우드(Hollywood)

할리우드는 엔터테인먼트 비즈니스의 상징이자 미국 영화 산업의 중심부이다. 이제 할리우드에서는 빅 데이터를 사용하여 영화의 흥행을 예측할 수 있다. 시대가 흐를수록 영화의 제작비는 기하급수적으로 늘어나는데, 만약 제작비가 많이 들어간 영화가 흥행하지 못하면 제작사는 파산을 면치 못하기 때문이다. 그래서 할리우드에서는 파산을 방지하기 위해 빅데이터를 적극 활용한다. 예를 들어 영화 <행 오버>, <인터스텔라>를 제작한 영화사에서는 SNS의 빅 데이터를 토대로 신작 영화 <블랙 코드>의 실패를 예측했다. 결과적으로 해당 영화 제작사는 큰 타격을 입었지만, 마케팅 비용을 줄인 덕분에 파산은 면할 수 있었다.

페이팔(Paypal)

페이팔은 간편하고 안전한 결제 서비스를 제공하는 미국 기업이자 대표적인 빅데이터 활용 사례 중 하나로 꼽는다. 페이팔은 갈수록 증가하는 온라인 쇼핑몰 사기 수법을 분석 및 예방하기 위해 딥 러닝을 도입했다. 이로써 페이팔은 전 세계에서 이뤄지는 온라인 결제의 잠재적 특징을 분석하여 특정 사기 유형을 탐지할 수 있게 되었다. 그리하여 딥 러닝으로 사기 가능한 모델이 탐지되면 사기 방지 전문가는 현실 가능성과 그 다음에 벌어질 일을 예측할 수 있다. 페이팔은 딥 러닝을 도입하면서 '챔피언－챌린저' 방식의 접근법을 사용했는데, 이는 기존 전략보다 뛰어나면 새로운 전략을 선택하는 과정을 거친다. 즉, 결과를 비교하면서 더 우수한 전략을 선택하는 것이다. 페이팔은 이러한 접근법을 통해 어떤 사기 탐지 모델을 활용할지 결정하고 있으며, 딥 러닝에 의해 새로운 모델이 자리를 잡아가고 있다.

지금까지 해외 빅 데이터 활용 사례를 살펴 보았는데, 인간의 주관적인 생각과 감이 맞을 때도 많지만, 성과를 올리거나 상황을 개선하기 위해서는 정확한 데이터가 필요하다. 앞으로 빅 데이터가 우리 일상에 어느 정도로 영향을 줄지 기대된다(오늘의 빌견, 2023. 2. 19).

토의문제

1. 해외 빅데이터 활용 사례에 대하여 토의해 보자.
2. 해외 빅데이터 활용 사례가 주는 시사점에 대하여 토론해 보자.

프롤로그 사례연구-2: 국내 빅데이터 활용 사례

쿠팡

국내 대표 이커머스 기업 쿠팡은 광범위한 고객 데이터를 활용한 빅데이터 분석에 중점을 두고 있다. 이를 통해 쿠팡은 개인화된 서비스 제공, 상품 추천, 배송 최적화, 고객 서비스 향상 등 다양한 분야에서 빅데이터를 활용하고 있다.

1) 개인화된 상품 추천

고객들의 구매 이력, 검색 기록, 페이지 방문 기록 등을 분석하여 개인화된 상품 추천을 제공한다. 이를 통해 고객은 자신의 선호에 맞는 상품을 쉽게 찾을 수 있고, 쿠팡은 고객 만족도를 높이고 매출을 증가시킬 수 있다.

2) 배송 최적화

쿠팡은 배송 데이터를 분석하여 배송 루트를 최적화하고, 배송 시간을 줄인다. 이는 '로켓 배송'이라는 쿠팡의 주요 서비스에 기여하며, 고객들에게 빠른 배송을 제공함으로써 경쟁력을 유지하고 있다.

3) 고객 서비스 개선

쿠팡은 고객의 피드백 및 상품 리뷰 데이터를 분석하여 고객 서비스를 개선한다. 예를 들어, 특정 상품의 리뷰에서 반복적으로 나타나는 문제점을 파악하면, 해당 문제를 해결하기 위한 조치를 취할 수 있다.

이외에도, 쿠팡은 마케팅 효율성 분석, 재고 관리, 가격 최적화 등에서도 빅데이터를 활용하고 있다. 이를 통해 쿠팡은 고객 만족도를 높이고, 비즈니스 운영의 효율성을 증가시키고 있다.

당근마켓

중고 거래를 중심으로 하는 지역 생활정보 플랫폼 서비스 '당근마켓'. 이미 중고 거래 서비스는 많이 있지만 당근마켓은 '지역'이라는 특성을 바탕으로 차별성을 갖게 됐고, 결국 이용자가 늘어나면서 지역 사회의 이야기를 담아내는 커뮤니티로 성장했다. 그리고 이 비즈니스 확장의 중심에는 데이터가 있다. 당근마켓은 빅데이터와 머신러닝 기반의 데이터 분석 서비스를 통해 게시판을 효율적으로 운영하고 있다. 당근마켓의 머신러닝 활용 예시 중 두 가지를 소개한다.

1) 상품 카테고리 자동 분류

사용자가 당근마켓에 물품을 판매하기 위해 사진을 게시했을 때, 머신러닝 기반 이미지 인식 및 분류 기술을 통해 상품 사진을 자동으로 분석하고, 상품 카테고리를 자동으로 지정할 수 있다. 이는 사용자들이 올린 상품을 쉽게 찾을 수 있도록 도와주며, 판매자들도 상품 정보를 입력하는 시간과 노력을 줄여준다.

2) 이용자에 맞춤형 콘텐츠 추천

당근마켓은 사용자들에게 관심 상품을 추천하여 매칭해주는 서비스를 제공한다. 이때 머신러닝 기술을 기반으로 사용자의 검색 이력, 관심사, 거래 기록 등을 분석하여 사용자가 좋아할 만한 상품이 홈 화면에 자동으로 추천되어 보여진다. 이러한 개인화된 추천 시스템은 사용자들이 더욱 편리하고 맞춤화된 거래 경험을 할 수 있도록 도와준다.

위의 두 사례 외에도 당근마켓은 가품 판별, 스팸 댓글 필터링, 악성 사용자 탐지 등 소비자의 소통 및 거래 만족도 향상을 위해 빅데이터를 적극 활용하고 있다. 이러한 빅데이터 기반 머신러닝 모델을 적용하면서 당근마켓은 늘어나는 게시물을 효율적으로 관리할 수 있게 됐고, 이용자별 맞춤 서비스도 갖출 수 있었다. 결과적으로 급격하게 성장하는 스타트업이 시스템 때문에 겪을 수 있는 문제들을 깔끔하게 해결하게 됐다.

마켓컬리

'마켓컬리 새벽배송'으로 국내 식품 유통 시장에 혁신을 일으킨 컬리는 최근 화장품 분야로도 사업분야를 확장하여 '뷰티컬리' 서비스도 함께 운영하고 있다. 컬리 또한 빅데이터를 다양한 방식으로 활용하고 있다.

1) 고객 맞춤형 상품 추천

컬리는 고객의 구매 이력, 검색 이력, 페이지 뷰 등의 데이터를 분석하여 고객 맞춤형 상품 추천을 제공한다. 이를 통해 고객은 자신의 선호에 따른 상품을 더 쉽게 찾아볼 수 있고, 컬리는 매출을 늘릴 수 있다.

2) 재고 관리 및 수요 예측

고객의 구매 패턴, 계절성, 트렌드 등을 분석하여 수요를 예측하고 재고를 관리한다. 이로 인해 불필요한 재고 비용을 줄이고 상품 품절을 최소화하여 고객 만족도를 높일 수 있다.

3) 마케팅 전략 개발

컬리는 고객 행동 데이터를 분석하여 효과적인 마케팅 전략을 개발한다. 예를 들어, 어떤 상품이나 카테고리가 고객들에게 인기가 있는지, 특정 시간대에 가장 많은 트래픽이 몰리는지 등의 정보를 활용하여 타기팅 광고나 프로모션을 진행한다.

이처럼 컬리는 빅데이터를 통해 고객 경험을 향상시키고, 비즈니스 운영의 효율성을 증대시키는 데 활용하고 있다.

빅데이터의 활용 사례를 살펴보면, 빅데이터 분석이란 단순히 데이터를 수집하고 분석하는 것만을 의미하는 것이 아니다. 데이터를 통해 얻은 인사이트를 실제 비즈니스 전략과 결정에 적용하는 것에 있다. 이를 통해 경쟁력을 향상시키고, 효율성을 증가시키며, 고객 만족도를 높이는 모습을 빅데이터 활용 사례에서 살펴볼 수 있다(제로베이스 데이터, 2024. 5. 5).

토의문제

1. 쿠팡의 빅데이터 활용 사례에 대하여 토의해 보자.
2. 당근마켓의 빅데이터 활용 사례에 대하여 토의해 보자.
3. 마켓컬리의 빅데이터 활용 사례에 대하여 토의해 보자.

제1절 빅데이터 등장배경

인터넷의 확산으로 여러 가지 데이터가 발생하면서 정보가 넘쳐나는 정보의 홍수 시대가 도래하였다. 이러한 상황에서 양과 질이 확보된 데이터에서 정보를 생성하여 경쟁력을 높이려는 기업에서의 데이터 분석 수요가 증가하였다. 그에 덧붙여 인터넷 보급이 확산되면서 저장기술의 발전 및 가격 하락, 모바일 시대의 도래 등의 상황이 맞물려 빅데이터가 등장하게 되었으며, 보다 자세한 내용은 비즈니스 측면과 기술 측면으로 구분하여 살펴보겠다.

1.1 비즈니스 측면

기업들이 비즈니스 측면에서 빅데이터를 활용하려는 주요 목적은 크게 두 가지로 압축된다. 하나는 기존 비즈니스와 운영의 효율화 및 고도화인데, 기존의 고객관계관리(Customer Relationship Management: CRM)나 비즈니스 인텔리전스(Business Intelligence: BI) 측면과 연계해 보면 쉽게 이해된다. 또 다른 이유는 고객가치(Customer Value)의 창출이다.

후자와 관련해 빅데이터가 출현하게 된 등장배경은 고객 내지 소비자들의 일상적인 생활의 변화상에서 관찰된다. 아이폰(iPhone)으로 촉발된 모바일 혁명 이후 일상적으로 스마트폰 이용자는 아침에 일어나자마자 이메일을 확인하고 소셜 및 메시지 서비스를 확인한다. 그 다음은 TV를 켜 놓은 채 아침 식사를 즐기며 태블릿으로 뉴스를 보고, 업무 시간에는 끊임없는 스마트폰과 PC 사용에 의해 얼마나 하루를 생산적으로 보낼 수 있느냐가 결정된다. 또한 귀가 후에도 저녁을 먹고 TV를 켜놓은 채 태블릿으로 인터넷 브라우징이나 소셜네트워킹서비스를 이용하는 것은 이제 일상이 되어 버렸다.

소비자들의 일상적인 디지털 생활은 다양한 멀티 스크린으로부터 정보와 서비스를 획득하기 때문에 TV 등 스크린 하나만을 이용하는 날들은 과거의 일이 되어가고 있다. 소비자들은 PC, 스마트폰, 태블릿, 스마트TV 그리고 웨어러블 디바이스에 이르기까지 다양한 멀티 스크린으로부터 정보와 서비스를 이용한다. 소비자 이용 행태는 단말기 스크린의 변화와 서비스를 통해 파악이 가능하다. 정보 획득 도구는 PC, 스마트폰, 태블릿, 그리고 TV가 있으며 서비스는 메시지, 이메일, 브라우징, 검색, 비디오, 음악, 그리고 소셜서비스 등이 있다.

현재 시점에서 본 소비자 이용 행태는 손 안의 단말기 스크린 변화와 서비스를 통해 파악이 가능한데, 다양해진 기기에 따라 그 사용 행태도 각각 다른 것으로 파악된다. 예컨대, 스마트폰 및 태블릿의 앱이나 브라우저를 통해서 디지털서비스를 이용한다고 볼 때, 사람들은 매우 다양한 서비스들을 누리고 있음을 알게 된다. 즉, 스마트폰에서는 텍스트 전송과 사진 촬영 서비스, 이메일 서비스 및 날씨 정보 활용도가 가장 높은 데 반해, 태블릿에서는 인터넷 검색이나 이메일, SNA 접속 및 게임이 가장 높은 것으로 나타난다.

이와 같이 디지털 생활 및 소비가 일반화된 상황은 기업늘이 소비자 데이터를 활용하게 되는 주요 요인이 되고 있다. 특히 트위터와 페이스북 같은 SNS의 확산으로 개인이 언제, 어디서, 누구와 만났는지, 무엇을 했는지를 손쉽게 기록하고 검색할 수 있는 개인화된 빅데이터, 즉 퍼스널 빅데이터(personal big data)에 대한 관심이 증가하고 있다. 이러한 퍼스널 빅데이터는 기존의 공급자 중심의 데이터 수집과 확보에서 사용자 중심으로 전환하여 온/오프라인상에서 데이터를 수집 및 확보한다는 측면에서 사용자를 제대로 이해하고자 하는 많은 기업들로부터 관심을 받고 있다.

글로벌 경영컨설팅 기업인 액센츄어의 보고서에 의하면, 빅데이터가 사용자 중심으로 새로운 가치를 창출할 수 있다는 내용을 강조하고 있다. SNS 영역이 확대되면서 사용자가 오프라인에서 보이는 행태까지도 예측 가능한 수준까지 발전하면서 퍼스널 빅데이터의 새로운 사업 기회는 전 세계적으로 가장 가치 있는 도전으로 인식되고 있다.

그동안 고객의 인터넷 트래픽(traffic)을 선점해 왔던 페이스북, 아마존, 구글, MS와 같은 기업들은 빅데이터 처리를 위한 인프라 기술들을 개발하거나 인수, 그리고 오픈소스(open source)화(化)하는 데 누구보다도 앞장서 있다.

특히, 페이스북, 구글, 애플, MS 등은 자신들의 기반 기술을 가지고 다양한 영역의 제3자 개발자(3rd party)들을 대거 참여하게 하여 다양한 서비스를 만들 수 있는 플랫폼의 모습을 갖추어 자신들만의 비즈니스 생태계를 진화시키고 있는 대표적 기업들이다. 이를 통해 이용자가 얻게 되는 고객가치(customer value)는 단말기 제조사나 통신 사업자로부터의 것이 아닌, 플랫폼을 소유한 이들 기업들의 생태계 내지 에코시스템을 기반으로 다양한 제3자들이 생산해 낸 모바일 앱과 콘텐츠를 통한 경험(experience) 이다.

이처럼 소비자의 디지털 생활 변화가 비즈니스 측면에서의 빅데이터 등장배경이라면, 기업들은 어떤 준비를 해야 할까에 관심을 갖게 된다. 이들은 쏟아져 나오는 다양한 데이터의 연계와 활용에 대해 고민하게 된다. 다양한 데이터의 특성과 처리 기술의 장단점이 모두 다르므로 이에 대해서도 기업들은 지속적으로 고민하게 된다. 이를 위해선 데이터 관리 운영체계의 고도화 및 전략적 관리 프로세스, 메타데이터(meta data) 및 스키마(schema)의 관리 확보가 매우 중요해진다. 기업들은 기업 내 데이터 아키텍처 디자이너를 육성해야 할 것이며, 전사적 차원의 데이터 셋을 디자인하는 전문가 육성이 시급하다.

1990년대 말과 2000년대 초에 불었던 CRM과 데이터베이스(database: 이후 DB) 마케팅의 열풍으로 이미 수많은 데이터들이 기업 내에 축적되어 있다. 그러나 기반 시스템과 부서별로 이루어진 수직적 관리체계(silo system) 때문에 향후 필요 시에 맞는 퍼스널 빅데이터를 활용하려면 아마도 전체 설계를 리뉴얼(renewal)해야 할지도 모른다. 빅데이터 시대에는 이런 부분을 보다 체계적으로 설계·관리하는 전사적 전문가가 반드시 필요한데, 기업들이 가장 고심하는 부분도 데이터 분석전문가를 확보하는 일이 될 것이다.

데이터(data)를 가공하고 패턴(pattern)을 발견하고 이를 통해 인사이트(insight)를 발견하는 것은 매우 어려운 작업이다. 기업들이 그동안 직관에 의존해 왔다면, 이제는 무수히 많은 데이터를 활용하여 기존의 직관과 함께 사용하는 기업이야말로 정체된 포화시장에서 1%의 디테일을 더하게 될 것이다. 이마케터(eMarketer)의 설문 조사 결과에 의하면, 미국 기업가들은 빅데이터로부터 고객을 이해(22%)하고 사실에 기반해 의사결정(22%)하고, 매출 증대(15%)를 기대하고 있는 것으로 나타났다. 그 외에도 제품 혁신(11%)과 리스크 감소(11%), 제품과 서비스의 질 향상(10%), 더욱 효율적인 경영관리(10%)도 기대하고 있는 것으로 나타났다. 이러한 기대들에 영향받는 기업들은 기존의 경영방식을 빅데이터 기반의 경영방식으로 변화시켜야 한다.

1.2 기술 측면

이상에서는 비즈니스 측면에서 빅데이터의 등장배경을 살펴보았는데, 이러한 기업들의 니즈를 반영하듯이 빅데이터 기술도 소비자 데이터로부터 가치를 창출하게 하기 위해 1990년대부터 지속적으로 발전하여 왔다. 즉, 고객관계관리(CRM, 1990년대)에서 데이터 웨어하우징(Data Warehousing, 2000년대)으로 발전하였으며, 최근에는 빅데이터 분석(Big Data Analytics, 2013년 이후)으로 진화하고 있음을 알 수 있다.

ICT 선두 기업들은 빅데이터 기술 및 서비스 시장을 매우 긍정적으로 보고 적극적으로 진출하고 있다. 세일즈포스닷컴(salesforce.com)이나 오라클(Oracle) 같은 소프트웨어 기업들은 소비자 데이터를 수집, 저장 및 분석하는 서비스로 분화하였고, 액센처(Accenture)나 딜로이트(Deloitte)는 컨설팅 기업이지만, 고객관계관리(CRM), 데이터웨어하우징(DW), 비즈니스 인텔리전스(BI) 및 빅데이터 분석(BA)을 통해 이윤을 창출하는 기업으로 발전하고 있다. 한편, 시장조사 기관 VMR(Verified Market Research)이 최근 발표한 글로벌 데이터 시장 연구 보고서에 따르면, 전 세계 빅데이터 시장은 2030년까지 연평균 13.9% 성장하여 3,993억 달러 규모에 달할 것으로 예측되었다.

IDC는 빅데이터 시장을 크게 인프라, 소프트웨어, 서비스 세 가지 세부 시장으로 분류했으며, 이 3개 시장 모두 향후 5년 동안 성장할 것으로 전망했다. 소프트웨어 시장은 정보 관리, 정보 검색과 분석, 애플리케이션 소프트웨어로 구성되며 연평균 26% 성장하며 시장을 주도할 것으로 기대됐다. 서비스 시장에는 인프라와 소프트웨어에 대한 전문 서비스 및 지원 서비스가 포함되며 이 시장은 연평균 22.7% 성장할 것으로 예측됐다. IDC는 컴퓨팅, 네트워킹, 스토리지 인프라, 기타 보안 같은 데이터센터 인프라로 구성된 인프라 시장이 연평균 21.7% 성장하며 전체 빅데이터 투자에서 약 절반을 차지할 것으로 전망했다.

ICT 업계는 빅데이터라는 화두하에 빅데이터 운영 기반 및 대용량 처리 시스템, 솔루션, 스토리지 등을 판매하며 빠르게 성장하고 있으며 기업들 간의 인수합병도 매우 활발하게 진행되고 있다. 최근 동향만 보면, 주요 빅데이터 전문업체 네 곳 중 세 곳이 인수되는 양상을 보이고 있다.

이처럼 기업들의 빅데이터 활용 니즈가 관련 기술 기업들의 빅데이터 기술 자산화의 주된 배경인데, 이 외에도 매년 가트너(Gatner) 등이 선정하는 10대 미래전략기술 트렌드도 한몫을 차지한다. 새롭게 부상했던 기술들이 한두 해 사이 보편화되고 신규 기술들이 새롭게 떠오르면서 ICT 업계의 새로운 기술 트렌드는 빠르게 진화하고 있다. 특히 가트너는 지속적으로 기업에 의미 있는 영향을 미칠 수 있는 잠재력을 가진 전략적 기술들을 정의하고 있는데, ICT 혹은 비즈니스 전반에 있어서 파괴적 영향력을 미칠 수 있는 높은 잠재력을 가지고 대규모 투자가 필요하거나 채택이 늦은 경우 위험요인이 나타날 수 있는 기술을 선정기준으로 하고 있다.

또한 가트너는 소셜, 모바일, 클라우드, 빅데이터 등의 네 가지 기술들을 향후 컨버전스와 새로운 융합 플랫폼을 제공하면서 변화를 가속화시키고 새로운 기회를 창출하게 하는 핵심 기술로 보고 있다. 이제는 모바일(소셜)과 클라우드, IoT(Internet of Things)와 빅데이터 기술이 단일 기술요소로 활용되기보다는 다중적 기술요소로서 함께 작용하여 이들이 밀접하게 결합된 비즈니스모델과 서비스가 등장할 것이다. 또한 빅데이터와 함께 지속적으로 10대 기술에 오른 클라우드, 모바일, 그리고 IoT 등이 빅데이터를 발전하게 하는 기술적 배경이 되고 있음을 시사하고 있다. 특히, 클라우드 서비스는 빅데이터가 급부상하는 데 매우 중요한 기술적 요건이 되고 있다.

제2절 빅데이터 기본 개념

ICT 분야가 유무선 통신에 기반한 컴퓨팅 환경으로 발전하고 있는 현실에서 주목해야 할 점은 다양하고 방대한 양의 데이터가 축적되고 있고 이를 분석함으로써 이전에는 얻을 수 없었던 새로운 가치를 창출하고자 하는 시도가 이루어지고 있다는 점이다. 이러한 움직임을 대표하는 기술이 빅데이터 기술이고, 빅데이터의 개념에 대해서는 아직도 기관에 따라 다양하게 정의되고 있다.

삼성경제연구소(SERI, 2011)에 의하면 빅데이터란 "거대한 데이터 집합으로 대규모 데이터와 관련한 기술과 도구를 포함한다"라고 정의하였다. 리서치기관인 가트너

(2012)는 빅데이터를 3V(Volume, Velocity, Variety)로 정의하고 있다. 그리고 ICT 솔루션 기업이면서 빅데이터 기술 기업인 SAS(2012)는 3V에 가치(Value)를 더하여 빅데이터를 정의하였다.

또한 세계적 컨설팅 기관인 맥킨지 글로벌 인스티튜트(McKinsey Global Institute)는 2011년 5월에 발간한 보고서(Big Data: The Next Frontier for Innovation, Competition, and Productivity)에서 빅데이터는 기존 데이터베이스 관리 도구의 데이터 수집, 저장, 관리, 분석하는 역량을 넘어서는 데이터 셋(data set) 규모로, 그 정의는 주관적이며 앞으로도 계속 변화될 것이며, 데이터양 기준에 대해 산업분야에 따라 상대적이며 현재 기준에서는 몇 십 테라바이트(tera byte)에서 수 페타바이트(peta byte)까지가 범위이다. 한국의 국가정보화 전략위원회에서는 빅데이터를 "대량으로 수집한 데이터를 활용·분석하여 가치 있는 정보를 추출하고 생성된 지식을 바탕으로 능동적으로 대응하거나 변화를 예측하기 위한 정보화 기술"로 정의하고 이를 정책적으로 육성하고자 노력을 기울이기 시작하였다.

다양한 개념 정의가 있지만, 맥킨지의 정의대로 빅데이터 자체는 기술이라기보다는 데이터이다. 즉, 빅데이터는 '데이터 형식이 매우 다양하고 그 유통속도가 매우 빨라 기존 방식으로 관리·분석하기 어려운 데이터'이며, 스마트 기기와 SNS의 확산으로 빅데이터가 급증하고 있다. 위키피디아의 정의에서도 빅데이터는 데이터 크기가 엄청나고 복잡하여 현존하는 데이터 관리 툴로 다룰 수 없는 것으로, 정형, 반(半)정형, 비(非)정형 데이터 모두를 말한다. 그리고 빅데이터를 생산하는 매개물로는 모바일 기기, 센서, 소프트웨어 로그, 카메라, 마이크로폰, 무선센서네트워크, 주파수 인식 기기를 들 수 있다.

빅데이터는 단순한 데이터양의 증가가 아니라, 데이터의 형식, 입출력 속도 등을 함께 아우르는 의미이다. 데이터 폭증, 즉 기존 데이터에 비해 양이나 종류가 너무 커서, 기존 방법으로는 도저히 수집, 저장, 검색, 분석 등이 어려운 데이터를 총칭해 일컫는 용어가 빅데이터이다. 지난 10년간 인터넷과 컴퓨팅의 발전과 모바일 기기와 센서들의 진화, 페이스북이나 트위터와 같은 소셜네트워크의 출현 등이 기업 내 데이터양의 폭증을 이끌었는데, 여기서 발생되는 데이터나 텍스트 및 문서, 통화 기록, 대규모의 전자상거래 목록 등이 바로 빅데이터이다. 예컨대 웹 로그, RFID, 센서 네트워크, 소셜네트워크, 인터넷 텍스트/문서, 인터넷 검색 인덱싱, 음성 통화 상세 기록, 천문학/대기과학/유전학/생화학/생물학 등 학문적 연구 기록, 군사 경계 기록, 의료 기록, 사진 목록, 동영상 목록, 전자상거래 기록 등이 바로 그것이다.

다시 정리하면, 빅데이터란 기존 기업이 다루던 데이터의 규모를 넘어서 이전 방법이나 도구로 수집, 저장, 검색, 분석, 시각화 등이 어려운 정형, 반정형 또는 비정형 데이터 셋(set)을 의미하며 나아가 그러한 데이터를 처리하는 기술, 운영체계, 기반 아키텍처, 프로세스를 포괄하기도 한다. 한편, 금융이나 통신산업 영역에서는 이미 방대한 데이터를 처리하고 있다. 즉, 이미 내부관리를 위한 프로세스가 정리되어 운영 중이므로 빅데이터라 일컫기보다는 외부에 존재하는 웹 로그, 동영상, 텍스트, 이미지 정보 등이 향후 기존 정형 데이터와 연계하여 관리대상이 될 빅데이터로 이해하는 경향이 더 크다.

제3절 빅데이터 특성

빅데이터의 특성을 살펴보기 전에 유형에 대한 언급이 먼저 필요하다. 데이터는 정형화의 정도에 따라 유형화되는 것이 일반적이다. 비정형(Unstructured) 데이터는 고정된 필드에 저장되어 있지 않은 데이터로 텍스트 분석이 가능한 텍스트 문서 및 이미지/동영상/음성 데이터 등을 예로 들 수 있다. 비정형 데이터는 배치 프로세싱(batch processing)에 의한 데이터 저장에 의해 단순한 경향 파악이 주요 이유일 경우에 효과적이다. 즉, 실시간적인 처리를 요하지 않는 수많은 데이터를 저장장치에 저장하여 필요가 있을 경우에 데이터를 일정량 모아서 한꺼번에 처리하면 효율적이다. 한편, 정형(structured) 데이터는 고정된 필드에 저장된 데이터를 이야기하며, 관계형 데이터베이스 및 스프레드 시트 등에 저장되는 기업에서 관리 중인 대부분의 데이터 포맷이다. 또한 반정형(semi-structured) 데이터는 고정된 필드에 저장되어 있지는 않지만, 메타데이터나 스키마 등을 포함하는 데이터로 XML이나 HTML 텍스트 등을 예로 들 수 있다. 그에 덧붙여, 가트너(2013)에 의하면, 데이터는 내부와 외부데이터로 구분되기도 한다.

크기가 큰 데이터만 처리한다고 모두가 빅데이터 기술은 아니다. IBM은 3V, 즉 다양성(Variety), 규모(Volume), 속도(Velocity)라고 설명하는 빅데이터의 세 가지 특성 가운데 두 가지를 충족시킬 수 있으면 빅데이터 관련 기술이 된다고 언급했다. 대용량(Volume)이라 함은 과거보다 데이터의 규모가 더욱 증가하였다. 이는 여러 개별 요소들의 방대한 생 데이터(raw data: source data 또는 atomic data라고도 함)의 집합이다. 다양성(Variety)이란 기존의 관계형 데이터베이스뿐만 아니라 SNS, 위치정보, 각종 로그 기록을 비롯해 멀티미디어 등의 비정형 데이터를 포함한 다양한 유형의 구조화되지 않은 데이터를 다룬다는 의미이다. 마지막으로, 실시간성(Velocity)이란 데이터를 생성하거나 수집 및 통합하고 분석하고 활용하는 모든 단계에 있어서 속도가 중요하다.

궁극적으로 빅데이터에서는 분석 결과를 실시간으로 활용하는 것을 추구하며, 이 것이야말로 과거의 유사한 기술 트렌드와 빅데이터를 구별하는 가장 큰 특징이라 할 수 있다. 이러한 3대 특성 외에도 가트너는 네 번째 특성으로 복잡성(complexity; 외부 데이터 활용, 중복성 등)을, IBM은 가치(value)를 추가하기도 한다.

이상에서 논의된 빅데이터를 구분짓는 특징은 기존의 데이터웨어하우스(Data Warehouse: DW) 및 비즈니스 인텔리전스(Business Intelligence: BI) 기술로는 처리하기 어려웠던 정형 및 비정형 데이터가 다양한 형태로 혼재된 복잡성 높은 대용량 데이터를 신속하게 처리 가능하며, 이를 기반으로 심층분석(advanced analytics)과 예측 등을 통한 새로운 차원의 비즈니스 및 서비스 창출이 가능하다는 점이다. 이에 따라 빅데이터를 규정 짓는 3대(大) 기본 특성도 방대한 규모(Volume), 빠른 처리 속도(Velocity), 다양한 형태(Variety) 등의 '3V'로 특징지어지며, IBM은 가치를, 가트너는 복잡성을 추가했는데, 이는 3V만으로는 빅데이터의 진실을 설명하기가 부족함을 시사한다. 가트너가 말하는 빅데이터의 진실(truth)은 다양한 데이터 셋(multiple sets of data) 간의 상관관계를 이해하는 데 있다. 새로운 것이 아닌 이전부터 존재했던 데이터를 모으는 것 자체가 의미가 있는 것이 아니라, 의미가 없는 다크 데이터(dark da−ta)와 가치가 있는 데이터를 구분할 수 있어야 경영에 도움이 되는 것이다.

제4절 빅데이터 기술요건

이상에서는 빅데이터의 개념과 특성을 살펴보았는데, 축적된 엄청난 양의 데이터를 빠르게 처리하고 효율적으로 분석하기 위해서는 기존의 데이터 기술로는 불가능하며, 빅데이터 기술이 필수적이다. 즉, 단순히 운영을 위한 데이터 관리뿐만 아니라 데이터에서 찾을 수 있는 가치있는 정보를 추출해 내고 분석해야 한다. 그렇다면 빅데이터 기술 요건은 어떻게 구성되는지 살펴보면 다음과 같다.

웹 2.0을 지나 모바일 웹 시대가 되면서 점차 빅데이터가 핵심 자산이 되었고, 현재는 기계학습(machine learning), 텍스트 마이닝(text mining), 자연어 처리(Natural Language Processing: NLP), 세만틱스(semantics) 등 다양한 분석 기술들이 등장하고 있지만, 결국에는 빅데이터의 품질이 중요해지고(지능화), 이를 기반으로 미래를 예측하는 기술들이 나오고 있다. 그에 덧붙여, 실시간 데이터 수집에 필요한 크롤링(crawling), 데이터 저장과 처리에 필요한 클라우드 및 NoSQL이나 통계(statistics) 기술도 기반이 되는 주요한 인프라이며, 분석된 내용을 보여 주는 시각화(visualization) 기술도 더욱 중요해지고 있다.

따라서 빅데이터의 기술요건을 수집·저장/처리·분석·활용 단계로 나누어 살펴볼 필요가 있다. 먼저 데이터 수집을 보자. 빅데이터 수집 기술은 기업 내부와 외부의 분산된 여러 데이터 소스로부터 필요로 하는 데이터를 수동 또는 자동으로 수집하는 데 관련된 기술이다. 빅데이터 수집 기술은 단순 데이터 확보가 아닌 검색, 수집, 변환을 통해 정제된 데이터를 확보하는 기술도 포함한다. 데이터의 수집은 조직의 내부와 외부에 분산된 여러 가지 데이터를 검색하는 것뿐만 아니라 스크라이브(scribe), 척와(chukwa), 플룸(flume) 등의 다양한 데이터 수집 기술을 통해 수집한 데이터를 변환, 저장하는 과정까지도 모두 포함된다. 그에 덧붙여, 더욱 가치 있는 데이터를 산출하기 위해서는 변환, 저장, 분석과정을 반복하게 된다. 일반적인 조직 내부에 존재하는 정형 데이터는 로그 수집기를 통해 수집하며, 조직 외부에 존재하는 비정형 데이터는 크롤링, RSS Reader, 그리고 소셜네트워크서비스에서 제공하는 Open API를 이용하여 수집한다. 최근에는 데이터 소스가 내·외부인지에 대한 구분은 의미가 없어지고 있으며, 어떤 데이터가 필요한지가 데이터 수집과 관련하여 주요한 평가요건이 되고 있다. 내부 데이터는 ETL(Extract, Transformation, Load) 등의 솔루션을 적용하여 수집하거나 물리적 이동 없이 분석에 적용할 수 있는 EII(Enterprise Information Integration)를 활용할 수 있다. 즉, 분석 뷰(view)가 수시로 변화하는 상황에서는 물리적 이동이나 생성보다는 EII를 통한 처리가 훨씬 효과적이다. 외부 데이터 수집의 경우 앞에서 언급한 크롤링 엔진(crawling engine)을 활용해 키워드 검색을 수행하거나 스캐닝을 이용하여 데이터를 확보할 수 있다. 데이터 공유를 위해서는 데이터웨어하우스의 ETL 프로세스가 대표적으로 이용된다.

두 번째, 데이터 저장 및 처리 부문이다. 빅데이터 저장 기술은 작은 데이터라도 모두 저장하여 실시간으로 저렴하게 데이터를 처리하고, 처리된 데이터를 빠르고 쉽게 분석하여 비즈니스 의사결정에 즉시 이용할 수 있는 기술이다. 빅데이터 저장에 관련된 기술은 구글이나 애플, 야후 등에 의해 요소기술로서 상당히 향상되었으며 오픈소스인 하둡(Hadoop)의 하둡 분산형 파일 시스템(Hadoop Distributed File System: HDFS), H베이스(Hbase), 카산드라(Cassandra) 등을 대표적으로 들 수 있다. 병렬 DBMS와 NoSQL은 대량의 데이터를 저장하기 위해 수평 확장 접근방식을 사용하며, 동일한 분산처리 기술인 하둡은 저렴한 비용으로 빅데이터 시스템을 구축할 수 있는 장점 때문에 많이 이용되고 있다.

하둡은 서로 다른 오픈소스 데이터들의 빅데이터 아키텍처로서 대용량 데이터의 관리 및 분석에 적합할 뿐만 아니라, 데이터 증가에 따른 확장성도 용이한 특징이 있다. 외부 데이터만으로 통찰력(insight) 있는 분석을 수행하기는 어렵기 때문에, 정형화된 DB 형태로 저장된 내부 데이터와 연계되어야 빅 인사이트를 얻을 수 있다. 이를 위해서는 파일시스템 혹은 NoSQL DB 영역과 일반 DBMS 영역을 연계할 필요가 있다.

데이터 활용의 시급성 및 특성에 따라 저장위치(data positioning)를 구분할 수 있다. 실시간으로 활용되는 빅데이터는 하둡을 활용하여 보관하고, 좀 더 시간적 여유가 있는 데이터는 빅데이터 어플라이언스(big data appliance)에 저장하면 된다. 예를 들어, 통신기업의 CDR(Call Data Record) 데이터를 분석할 경우, 생명주기(분석의 유효성)가 50일 정도일 경우에 50일간의 CDR은 하둡에, 50일에서 6개월 이내 CDR은 BDW에, 나머지는 아카이브에 저장하는 것을 고려할 수 있다. 이러한 정보생명주기관리(information life-cycle management)는 빅데이터의 처리 및 저장에 대한 중요한 기술요건이 된다. 그리고 내부 및 외부 데이터를 상호 연계하여 분석하기 위해서는 내부 데이터와 연계할 수 있는 키를 선택하여 외부 데이터에 인식하는 작업도 중요한 기술요건이다.

최근에, 반정형 데이터라 할 수 있는 메타데이터 시스템의 중요성이 증가하고 있다. 외부 데이터를 의사결정의 주요한 요소로 활용한다는 것이 약간의 위험성을 내포하고 있으나, 이러한 위험을 최소화하기 위한 데이터 품질에 대한 관리가 선행되어야 한다. 대규모 데이터를 관리하기 위한 비용적 부담 때문에 정보생명주기관리, 메타데이터 시스템 및 데이터 품질 측면에서 클라우드가 더욱 중요해지고 있다.

빅데이터 처리 기술은 엄청난 양의 데이터의 저장·수집·관리·유통·분석을 수행하기 위한 일련의 기술이다. 수많은 사용자 요청을 실시간으로 처리한 후 대량의 데이터를 분산 환경에서 병렬로 처리하는 수평적인 확장 접근방식을 취하고 있다. 방대한 양의 데이터를 하드디스크가 아닌 메모리에 보관하여 실시간으로 분석할 수 있는 인—메모리 기술과 DB 내부에서 직접 분석로직을 실행하는 인—데이터베이스 기술을 대표적으로 들 수 있다. 빅데이터 처리 기술로는 하둡과 몽고DB(MongoDB), 병렬처리 모델인 맵리듀스(Mapreduce), 그리고 인메모리(In-memory) 기술인 에스퍼(Esper) 등이 있다.

세 번째, 빅데이터의 기술에서 가장 핵심이 되는 부문은 분석이다. 주요 빅데이터 분석 기술로는 빅데이터 통계 분석, 데이터 마이닝, 텍스트 마이닝, 예측 분석, 최적화, 평판 분석, 그리고 소셜네트워크 분석 등이 있다. 먼저, 통계 분석은 여러 가지 빅데이터 분석에 활용되는 기술로써 통계적 컴퓨팅에 사용되는 R, SAS 등을 활용하여 통계적 통찰력과 결과를 얻을 수 있다. 여러 가지 통계기법 중에서 목적에 맞는 가장 효율적인 통계기법을 활용하면 된다.

데이터 마이닝은 통계 및 수학적 기술뿐만 아니라 패턴인식 기술들을 이용하여 데이터 저장소에 저장된 대용량의 데이터를 조사함으로써 의미 있는 새로운 상관관계, 패턴, 추세 등을 발견하는 과정으로 다양한 분야에서 활용될 수 있으며, 기계학습, 패턴 인식, 통계학, 신경망 컴퓨팅 등과 관련하여 가장 기본적인 분석 기술이다. 데이터 마이닝의 주요 기법으로는 OLAP(Online Analytical Pro-cessing), 군집 분석

(Cluster Analytics), 연결 분석(Link Analytics), 사례기반 추론(Case−Based Reasoning), 연관성 규칙 발견(Association Rule Discovery), 인공 신경망(Artificial Neural Network), 의사결정 나무(Decision Tree), 그리고 유전자 알고리즘(Genetic Algorithm) 등이 있다. 텍스트 마이닝은 정형화되지 않은 대규모의 텍스트 집합으로부터 새로운 지식을 발견하는 기술로서 텍스트 문서 전처리 및 패턴 분석 등의 단계를 이행하며, 순환구조로서 계속적인 피드백을 수행한다.

예측 분석은 과거 자료와 변수 간의 관계를 이용하여 관심이 되는 변수를 추정하는 것이다. 앞에서 언급된 통계 분석, 데이터 마이닝 및 텍스트 마이닝 기술들을 활용하여 예측 분석을 수행하게 된다. 평판 분석은 SNS 등의 정형·비정형 텍스트의 긍정, 부정, 중립의 선호도를 판별하기 위한 분석 기술로서 주로 특정 서비스 및 상품에 대한 시장규모 예측과 소비자의 반응, 그리고 입소문 분석 등에 활용된다. 소셜네트워크 분석은 소셜·네트워크 연결·구조 및 연결강도 등을 바탕으로 사용자의 명성 및 영향력을 측정하는 기술로서 수학의 그래프 이론에 근간을 두고 있다. 소셜네트워크 분석은 마케팅을 위하여 소셜네트워크상에서 입소문의 중심이나 허브 역할을 하는 사용자를 분석하는 데 주로 활용된다. 그 밖에 '준 실시간 분석' 등과 같은 정확성보다는 분석속도에 초점을 두는 실시간 분석 기술도 있다. 모든 가용한 데이터를 활용하여 사용자의 요청에 대한 분석을 빠르고 적시에 수행하기 위하여 인—데이터베이스 분석, 인—메모리 분석, 그리고 다중 프로세스를 활용한 MPP 등과 같이 보다 빠른 지원기술을 이용할 수 있다.

분석 부문에서 중요한 것은 외부의 유용한 데이터와 내부 데이터를 같이 활용하기 위해 연계 분석영역(federation mart)을 두어 활용할 데이터를 지속적으로 확장하는 형태로 유지하는 것이다. 그에 덧붙여, 데이터 사이언티스트들이 지속적으로 알고리즘을 개선하여 새로운 비즈니스 룰을 생성하고 적용(deployment)할 수 있도록 일정영역(Test−Bed성 DB영역)을 유지하는 것이 중요 요인 중의 하나이다.

마지막으로 데이터의 실제적 활용을 위한 기술적 요건으로 시각화를 들 수 있다. 현업에 종사하는 인력들이 분석 결과를 효과적으로 활용하게 하기 위해서는 시각적 요소가 가장 중요하다. 물론 도표나 그래프를 활용한 분석 결과의 표현과 버튼을 활용한 변수 값 조정 등의 기능들을 포함한다. 그러나 가장 중요한 것은 분석 시나리오에 따라 관련 분석정보들을 순차적으로 혹은 동시에 분석하는 '분석경로'를 설계하여 구축에 반영하는 것이다. 이러한 설계를 바탕으로 한 주제에 대한 분석 뷰(view)들이 구성되어 있어야 한다.

시각화 기술에는 시간 시각화, 분포 시각화, 관계 시각화, 비교 시각화, 공간 시각화, 그리고 인포 그래픽 등의 기법을 포함한다. 먼저 시간 시각화 기술은 분절형과 연속형으로 구분된다. 분절형은 데이터를 특정시점 또는 특정시간의 구간 값(예: 어떤 시험의 평균 통과율)으로 구분하여 막대그래프, 누적 막대그래프, 그리고 점그래프 등으로 나타낸다. 연속형은 기온 변화같이 계속 변화하는 값, 시계열 그래프, 계단식 그래프, 그리고 LOESS 곡선 등으로 표현한다. 분포 시각화 기술은 전체 분포와 시간에 따른 분포로 구분하여 나타낸다. 즉, 최대, 최소, 전체 분포를 나타내는 그래프를 이용하여 전체의 관점에서 각 부분 간의 관계를 보여 주기 위하여 파이 차트, 도넛 차트, 누적 막대그래프, 그리고 인터랙티브 누적 막대그래프 등으로 표현된다. 시간에 따른 분포는 1900년부터 2000년까지의 연령별 한국 인구 분포처럼 시간에 따라 어떤 변화가 있었는지 나타내는 기술로서, 누적 연속 그래프, 누적 영역 그래프, 인터랙티브 누적 영역 그래프, 그리고 선그래프 등으로 나타낼 수 있다.

관계 시각화 기술은 각기 다른 변수 사이에서 관계를 찾는 기술로서 상관관계, 분포, 그리고 비교로 나눌 수 있다. 예를 들어, '상관관계'는 스캐터플롯, 스캐터플롯 행렬, 버블차트 등으로 나타낼 수 있다. 비교 시각화 기술은 여러 변수를 비교하는 히트맵, 체르노프 페이스, 스타 차트, 평행좌표 그래프, 다차원척도법(multi-dimensional scaling), 그리고 아웃라이어(Outlier) 찾기 등으로 나타낸다. 공간 시각화는 위치에 점을 찍은 지도, 선을 그린 지도, 그리고 버블을 그린 지도 등으로 특정 색상으로 영역을 구분하여 나타낸다. 시간과 공간에 따라서 조그마한 지도를 하나로 그려서 패턴의 변화를 보여 주는(예: 실업률 변화 등) 스몰 멀티플이나 애니메이션 확산 지도로 활용된다.

인포그래픽(infographic)은 인포메이션(information)과 그래픽(graphic)의 합성어로서 여러 가지 정보를 차트, 지도, 다이어그램, 로고, 그리고 일러스트레이션 등을 활용하여 한눈에 파악할 수 있게 한 것이다.

제5절 빅데이터 발전동인

IDC의 디지털 유니버스 연구에 따르면, 2025년까지 빅데이터가 50배 성장할 것으로 전망되지만, 빅데이터가 지속적으로 기회를 창출할지에 대한 의문이 제기된 바 있다. 빅데이터는 필연적으로 빅노이즈를 발생하며, 빅노이즈로부터 의미 있는 신호를 포착하는 것은 기술적 어려움을 수반한다는 이유에서이다. 이처럼 2025년까지 빅데이터가 빠르게 성장할 것으로 전망하면서 증대되는 데이터의 양처럼 품질도 중요하다는 인식이 증가하고 있다. 또한 몇몇 산업 영역, 즉 금융, 보험, 광고, 의료서비스 등 빅데이터를 통한 성과 창출이 용이한 분야 이외의 산업들도 빅데이터의 성과에 대한 기대가 커지고 있다. 이러한 배경하에 빅데이터를 견인할 발전동인에 대하여 살펴보고자 한다.

데이터 급증이 야기할 두 가지 현상은 저장공간의 부족과 네트워크 부하이다. 이 두 가지가 빅데이터 기술 발전만큼이나 뒷받침되어야 한다는 의미이다. 그렇다면 빅데이터 발전동인으로 하드웨어와 네트워크의 현재 상황은 어떠한가? 먼저, 하드웨어 측면에서 데이터 저장소의 가격 하락이 빅데이터 생태계를 촉진하고 발전시키는 동인의 역할을 수행하고 있다. 저렴해진 저장소 비용이 더 저렴한 빅데이터 분석과 서비스 비용으로 이어지고, 이는 모바일 기기의 저장 역량의 증가를 촉진시킬 것이기 때문이다. 실제로 1980년대 기가 바이트당 가격은 약 10억 원이었는데, 2016년 약 50원 수준으로 가격이 급락되면서 데이터를 수집, 유지 및 관리하는 것이 보다 용이해지고 있다.

한편, IDC는 클라우드와 빅데이터 요구가 확대됨에 따라 스토리지 아키텍처에도 변화가 있을 것으로 전망했다. 소프트웨어 스토리지(SDS) 추세와 맞물려 서버 내장 디스크나 JBOD(Just a Bunch of Disks), 저가 DAS 기반 표준 플랫폼에 이기종 관리 기능이 강화된 가상화 소프트웨어나 오픈소스 기반의 분산 처리 파일시스템을 조합한 방식의 스토리지 운용이 확대될 것으로 예상된다.

하드웨어 측면에서 발전동인은 클라우드 서버에 대한 투자에 따른 시장의 성장이다. 데이터 급증으로 저장공간의 부족으로 인해, 용량이 큰 고가 스토리지 투자가 많았지만, 데이터의 분산 저장이 가능해지면서 중저가 보급형 스토리지와 서버 투자가 증가세를 보이기 시작하였다. 클라우드를 사용하게 되면 서버당 비용을 절감하게 되었다. 기존 서버 유지보다 클라우드가 더 저렴하다는 뜻이다. 클라우드 컴퓨팅으로 물리적 저장공간 부족의 한계도 극복할 수 있게 될 것이다.

다음은 네트워크이다. 유무선 브로드밴드 확산과 접근성 확대는 디지털 서비스 수요를 촉발시키는 역할을 수행했다. 와이파이(WiFi)에서 5세대 이동통신(5G)에 이르기까지 통신기업들이 제공하는 네트워크가 TV, 음성, 인터넷 연결성을 포함한 패키지를 제공하는 발전동인으로 부상한다. 통신업계 선두 주자들은 멀티스크린 포트폴리오를 무선 서비스까지 확대하였고, 전통적인 소비 행태에서 광대역 네트워크 기반의 유료, 무료, 혼합형 등 새로운 비즈니스 모델들을 출시하고 있다.

이처럼 네트워크도 빅데이터 기술만큼이나 중요한 발전동인이 되고 있으나, 이를 제공하는 통신기업에 수직적 통제력을 유지해 온 통신기업들은 네트워크에서 점차 수익성을 담보받지 못하게 되는 치열한 경쟁에 직면하고 있다. 이러한 배경하에 최근 풍부한 고객데이터(wealth of customer data)가 수익화가 가능한 비즈니스 기회를 열어줄 것이라는 기대감이 일면서, 글로벌 통신기업들이 데이터 거래 비즈니스에 뛰어들기 시작했다. 네트워크가 빅데이터의 주요 발전동인이라면, 네트워크로 수익을 낼 수 있는 환경과 정책적 뒷받침이 필요하다.

토의문제

1. 빅데이터의 등장배경을 비즈니스와 기술적 측면으로 구분하여 설명하시오.
2. 빅데이터의 기본 개념에 대하여 토의하시오.
3. 빅데이터의 특성을 3V 관점에서 토론하시오.
4. 빅데이터의 세 가지 유형에 대해 논의하시오.
5. 빅데이터의 기술요건을 수집·저장/처리·분석·활용 단계별로 구분하여 설명하시오.
6. 빅데이터의 발전동인을 하드웨어와 네트워크 측면에서 논하시오.

참고문헌

Balusamy, B., Abirami, N., Kadry, S. and Gandomi, A. H., *Big Data: Concepts, Technology, and Architecture*, Wiley, 2021.

Gyamfi, A. and Williams, I., *Big Data and Knowledge in Virtual Organizations*, IGI Global, 2019.

Jeyaraj, R., Pugalendhi, G. and Paul, A., *Big Data with Hadoop MapReduce*, Apple Academic Press, 2022.

Krishnan, K., *Building Big Data Applications*, Academic Press, 2019.

Kudyba, S., *Big Data, Mining and Analytics: Components of Strategic Decision Making*, Auerbach Publications, 2019.

Kumar, J., *Big Data and Analytics: The Key Concepts and Practical Applications of Big Data Analytics*, BPB Publications, 2024.

Paul, B., *Big Data and Analytics for Beginners*, Independently, 2024.

Sardar, T. H., *Big Data Computing*, CRC Press, 2023.

Solanki, V. K. and Diaz, V. G., *Handbook of IOT and Big Data*, CRC Press, 2019.

Strydom S. K. and Strydom, M., *Big Data Governance and Perspectives if Knowledge Management*, IGI Global, 2019.

Sun, Z., *Managerial Perspectives on Intelligent Big Data Analytics*, IGI Global, 2019.

Treder, M., *Becoming a Data－Driven Organization*, Springer, 2019.

Yarali, A., *Big Data and Cloud: Trust, Security and Privacy*, Nova Science Pub Inc, 2020.

에필로그 사례연구-1: 빅데이터 산업별 활용 사례

빅데이터 활용에 의해, 새로운 발견이 되어 안고 있는 과제의 해결과 업무 운영의 효율화가 기대되므로, 기업이나 조직의 일하는 방식을 완전히 바꾸어 여러 가지 업계에 혁명을 일으키고 있는 사례를 소개한다.

빅데이터 활용사례: 제조업

제조업에서는 데이터가 ERP나 MES, CMMS등의 수많은 시스템에 산재해, 데이터를 단일적으로 이용할 수 없기 때문에, 공장의 가동 상황을 전반적으로 파악하는 것이 어렵다. 기업에서 빅데이터 분석의 첫걸음은 바로 데이터를 통합하여 관리해야 하는 것이다. 빅데이터의 활용으로 제조 프로세스를 개선할 수 있을 뿐만 아니라 생산성 향상 및 품질 안정 등에 도움이 된다. 제조업에서 빅데이터의 구체적인 활용은 아래와 같다.

- 설비예지보전: 센서 데이터의 가시화를 통하여 공장전체, 라인별 설비의 운전 상황, 고장이 많은 설비의 파악, 설비 문제를 조기 발견 가능하다.
- 예실관리: 당초 계획에 대하여 실적이나 목표와 실적과의 차이를 인식하여 원인을 철저히 분석하여 차기부터 개선할 수 있다.
- 제품 트래킹: 빅데이터를 분석하여 바코드 스캐너와 무선장비를 이용하여 원자재 조달에서 생산, 소비 또는 폐기에 이르기까지 추적할 수 있다.

빅데이터 활용사례: 의료업

매일 대량 복잡한 비구조화 데이터를 생성하는 의료업은 빅데이터 기술을 통해 의료정보 활용의 폭과 가능성이 넓어진다. 의료업에서 빅데이터의 구체적인 활용은 아래와 같다.

이 데이터 분석 사례는 유행병의 발생을 예측하고 그 영향을 최소화하기 위해 어떤 예방책을 강구할지를 결정하는 데 도움이 된다. 엑셀 수백만 명의 환자로부터 수집된 엑셀 데이터나 다른 데이터를 사용하여 근거에 따른 진단을 하므로 치료비를 절감

240 PART 02 디지털경영 기반

한다. 웨어러블 디바이스를 사용하면 빅데이터가 환자의 건강상태를 감시하고 의사에게 보고할 수 있다.

빅데이터 활용 사례: 은행업

은행업에서는, 빅데이터가 오랜 세월 활용되어 이미 경쟁 전략상 빠뜨릴 수 없는 것이 되었다. 현금 회수부터 재무 관리까지 빅 데이터는 은행 모든 업무의 효율을 높인다. 은행업의 빅데이터 애플리케이션은 고객의 수고를 덜어주고 수익을 창출한다. 은행업에서 빅데이터의 구체적인 활용은 아래와 같다.

클라우드 컴퓨팅으로 리스크 계산 데이터 처리에 드는 비용을 절감하고 리스크 관리의 효율을 향상시킨다. 고객 데이터 수집, 분석을 통해 보다 개개인에 맞는 개별 서비스를 제공한다. 클러스터링+어소시에이션의 데이터 분석 기법을 사용하여 지점 장소 선정 등 중요한 결정의 정확도를 높인다.

빅데이터 활용 사례: 소매업

빅데이터는 시장과 고객 관심 분석을 통해 소매업 발전에 좋은 기회를 제공한다. 다양한 시장 정보를 수집해, 빅데이터의 해석을 기초로, 고객 만족도를 판단하거나 신제품 개발에 도움이 되거나 투입 시기를 계산하는 등 광범위하게 활용된다. 소매업에서 빅데이터의 구체적인 활용은 아래와 같다.

운용을 통한 결합 판매 데이터, 고객가구 데이터 등 빅데이터는 패턴별로 세분화해 고객을 분류하고 각 부분에 대해 최적의 마케팅을 한다. 예측 분석에 힘입어 상품을 높인다. 공급과 수요 예측의 정확도는 받아들일 수 없는 상품을 시장에 내놓는 것을 피한다. 히트 상품과 데드 셀러 분석을 하다상품의 재고 범위를 정하여, 재고 보유 비용의 영향을 최소한으로 억제한다.

빅데이터 활용 사례: EC업계

EC사이트는 인터넷상에서 고객에게 상품이나 서비스를 판매함으로써 이익을 획득하므로, 고객과 상품이 EC사이트 운영에 있어서의 가장 중요한 요소라고 생각할 수 있다. EC 업계에서 빅데이터는 데이터 분석 및 마이닝을 통해 법칙을 도출하여 기업에 지속적인 경쟁 우위를 가져온다. EC업계에서 빅데이터의 구체적인 활용은 아래와 같다.

유입원과 사이트 내의 고객 행동 데이터를 조합하여 효과가 있는 집객 채널과 판매 활동을 판별한다. 구매 데이터, 경쟁사 가격, 상품 원가 등의 데이터에 따라 상품의 베스트 프라이스를 결정한다. 고객의 취향과 과거의 행동 패턴에 따라 그 고객에게 최적의 상품만을 추천한다.

빅데이터 활용 사례: 농업

농업은 경험과 직감에 의지하는 부분이 많지만, 농사일에 빅데이터를 구사해 디지털 기술을 도입하면, 예측이나 생산성 향상, 생산 현장의 가시화를 가능하게 한다.

센서에서 얻은 기온, 일조량, 우량농작 데이터를 분석하여 생산 계획부터 수확출하까지 모두 볼 수 있게 한다. 기상 데이터 등 각종 빅데이터에 따른 리스크 예측, 사전대책을 실현한다.

업계에 따라 빅데이터 활용 방법과 효과가 다르지만 공통적으로 과거에는 기업은 사람의 느낌과 경험에 의지해, 비즈니스의 상태를 파악하는 일이 많았다. 그러나 빅데이터 활용으로 다양한 데이터의 수집 및 저장은 쉬워지고 데이터 분석이 가능하게 되었고, 분석을 통해 일의 시사점을 찾아내고 신속히 적절한 액션을 취하는 것이 가능하게 되었다. 빅데이터 활용의 또 다른 장점은 기존 제품과 서비스, 바이어와 공급자, 소비자의 취향에 대한 정보를 수집하고 통합적인 분석을 함으로써 기업들이 새로운 비즈니스 기회를 발견하고 완전히 새로운 서비스를 창출하게 되었다(파인 레포트, 2022. 2. 8).

토의문제

1. 업종별 빅데이터 활용 사례에 대해 토의해 보자.
2. 빅데이터 활용은 업종에 따라 다르지만 공통적인 효과에 대해 토론해 보자.

글로벌 빅데이터 전문가에게 듣는 빅데이터 활용법

어떻게 데이터를 활용해야 성공할 수 있을까? 이러한 궁금증을 해결하기 위해 글로벌 빅데이터 전문가인 안드레아스 카플란 ESCP 유럽 경영대학원 학장과 마이클 헨라인 ESCP 유럽 경영대학원 마케팅 교수, 마크 반리즈메넘 데이터 플로크 창업자와 서면 인터뷰를, 필 사이먼 전 애리조나주립대 경영대학원 교수와 화상 인터뷰를 진행했다. 이들은 "대기업만 빅데이터를 활용할 수 있다는 건 착각"이라며 "누구나 빅데이터를 활용할 수 있다"고 강조했다.

많은 사람이 오프라인에서 온라인으로 활동 영역을 넓히며 더 많은 데이터가 쌓이고 있다. 온라인 활동은 오프라인보다 추적하기 쉬워 더 많은 데이터가 생긴다. 여기에 AI의 발전이 빅데이터 시장을 키우는 원동력이 됐다. AI를 활용하기 위해서는 많은 데이터가 필요해 빅데이터 발전을 가속화시켰다. 빅데이터가 모든 산업에 영향을 미치고 있고, 많은 이에게 통찰력을 제공하고 있기 때문이다. 많은 기업은 경험, 지식에 따른 전통적인 의사결정 방식을 데이터기반 의사결정으로 바꾸고 있으며, 동시에 경쟁력도 끌어올렸다.

빅데이터 활용 영역은 무궁무진하다. 미국에서는 교회에서도 빅데이터를 활용하기 시작했다. 이들은 개인의 종교를 파악하고, 종교 활동 참여 의향이 어느 정도인지 데이터화 한다. 스포츠 분야에서도 빅데이터를 활용한다. 운동선수들의 체력 단련이나 근력 강화에 활용하기 위해 신체 데이터를 모으는 식이다. 빅데이터는 모든 산업에 영향을 미치고 앞으로 더 큰 영향력을 발휘할 것이다. 그중 빅데이터에 더 큰 영향을 받을 산업을 예측해보면, 소비자와 직접적인 관계를 맺는 B2C 기업일 것이다. 패션이나 게임 기업 등은 좀 더 개인화된 제품이나 서비스를 출시하고 수익도 늘릴 수 있을 것이다.

대기업만이 빅데이터를 활용할 수 있는 건 아니다. 과거에는 빅데이터를 활용하려면 값비싼 하드웨어와 소프트웨어를 구매하고 데이터 전문가를 고용한 뒤 분석에 엄청나게 많은 시간을 쏟아야만 했다. 하지만 클라우드 컴퓨팅, 오픈소스 소프트웨어

(OSS), 서비스형 소프트웨어(SaaS) 등의 발전이 상황을 바꿨다. 빅테크가 아니더라도 의지만 있다면 누구나 빅데이터를 얼마든지 사용할 수 있다. 또한 빅데이터를 활용하려면, '인프라에 먼저 어마어마한 금액을 투자해야 한다'는 건 기업들의 착각이다. 요즘에는 요식업자들도 미국 최대 지역 리뷰 사이트 '옐프(YELP)'에서 데이터를 수집할 수 있다. 무료로 이용할 수 있는 온라인 도구가 많아져 직접 텍스트 마이닝을 하는 것도 가능하다. 기업은 빅데이터 인프라에 얼마나 많은 돈을 투자할지를 고민하지 말고, 빅데이터를 활용해 어떤 문제를 해결할 수 있을지, 어떤 방식을 활용해야 할 지부터 고민해야 한다. 대기업이라고 무조건 데이터 활용에 성공하는 것도 아니다. 미국 최대 부동산 거래 플랫폼 질로(Zillow)는 지난해 4분기 빅데이터를 활용한 집값 예측에 실패하면서 직원 4분의 1가량인 1600명을 해고해야 했다. 부동산 시장을 예측하는 알고리즘으로 주택을 선매수하고 수리한 뒤 더 비싼 값에 매도하려고 했으나 예측에 실패했다. 일부 주택은 구매 가격의 60% 이상 낮은 가격에 매도했고, 수익성 악화로 직원을 대량 해고했다.

해외 중소기업의 빅데이터 활용

호주의 한 수영장 건설기업 나렐란 풀스(Narellan Pools)는 빅데이터를 통해 6년 간의 수익 감소세를 딛고 실적을 개선시켰다. 마케팅 기업 어피니티(Affinity)와 협업해 고객이 사이트에서 머무는 시간, 사이트 방문 횟수, 날씨, 소비자 신뢰도, 인플레이션, 이자율 등 데이터를 분석해 온라인 마케팅을 했고, 방문 고객을 늘렸다. 빅데이터 마케팅을 진행한 해에 광고비는 전년도의 70%만 사용했지만, 연 매출은 20% 넘게 증가했다.

1919년 설립된 독일 공기압축기 회사 카이저콤프레셔스(카이저)는 데이터를 활용하는 플랫폼 기업으로 변신했다. 카이저는 2015년부터 센서와 스마트 IoT기술을 판매하며 서비스 기업으로 환골탈태했다. 이후 AI, 머신러닝 등의 기능을 활용해 데이터를 쌓고 구독, 유지 관리 프로그램도 판매하기 시작했다. 카이저는 이제 실시간으로 데이터를 처리하고 디지털 트윈(현실세계의 기계나 장비 등을 컴퓨터 속 가상세계에 구현한 것) 기술까지 활용한다.

농업과 식자재 분야에도 빅데이터 활용

농업관련 빅데이터와 혁신적 사업모델을 통해 새로운 시장과 고객을 창출하고 있는 스타트업인 그린랩스는 농업인들이 회원으로 가입하는 디지털 플랫폼이다. 농민들은 그린랩스 플랫폼 '팜모닝'을 통해 날씨, 병충해, 농약, 농기계, 스마트팜 등에 대한 정보를 얻는다. 재배 작물에 정부가 어떤 보조금을 지원하는지 관련 정보도 확인할 수 있다. 농산물 유통 채널도 팜모닝을 통해 확보할 수 있다. 서비스가 시작된 지 1년 6개월밖에 안 됐지만 현재 회원은 50만 명에 달한다. 국내 전체 농가 수가 100만 개임을 감안하면 엄청난 가입률이다.

푸드팡은 가락도매시장과 식당을 연결하는 식자재 기업 간 거래(B2B) 플랫폼을 운영하고 있다. 가락시장 내 도매시장법인 6곳이 농산물을 경매에 부치면 1300여 곳에 달하는 중도매인이 이를 낙찰 받아 중간 유통상이나 소매상, 식당 등으로 공급하는 방식이다. 푸드팡은 중도매인과 식당 간 거래를 디지털화하는 플랫폼을 고안했다. 식당이 영업을 마치고 푸드팡 애플리케이션(앱)으로 오후 10시까지 식자재를 주문하면 다음날 오전 8시까지 식당의 냉장·냉동고에 해당 식자재를 넣어준다. 편의성이 높다 보니 현재 푸드팡 서비스를 이용하는 식당이 5000여 곳으로 늘었다(매일경제, 2022. 1. 17).

애그테크(Ag-tech·농업과 첨단기술의 합성어) 스타트업 트릿지는 AI 기반 농축수산품 무역 거래 플랫폼이다. 이 회사는 AI를 활용해 전 세계에서 발표하는 각종 농업 데이터를 토대로 현재 1800여 품목의 농수산물에 대해 128억 건에 달하는 가격 데이터를 축적했다. 트릿지는 자체 데이터와 현지 무역 전문가를 통해 해외에서 수입할 만한 물량이 충분한지 검증을 거친 후 바로 농산물을 조달한다. 유통·식품 회사들이 필요로 하는 방대한 데이터를 축적한 덕에 지난해 3조 6000억 원의 기업가치를 인정받아 국내 첫 농식품 분야 유니콘(기업가치 1조 원 이상 비상장 기업) 스타트업으로 올라섰다(서울경제, 2024. 4. 5).

CHAPTER
07

위치기반서비스

학습목표

- 위치기반서비스(LBS)가 등장한 배경에 대하여 학습한다.
- LBS의 생태계에 대하여 학습한다.
- LBS의 비즈니스 모델에 대하여 학습한다.
- LBS 시장동향에 대하여 학습한다.
- LBS 전망에 대하여 학습한다.

프롤로그 사례연구-1: 위치기반마케팅 사례

위치기반마케팅 사례

위치기반 서비스는 위치기반 이동통신망이나 GPS(global positioning system)를 기반으로 이용자의 위치에 따라 다양한 서비스를 제공하는 것이다. 인터넷 기술의 발전으로, 별다른 정보 입력 없이 위치 파악이 수월해지면서 주목받게 되었다. 이러한 위치기반 서비스를 이용해 마케팅을 하는 것을 위치기반마케팅이라고 부른다. 이는 이용자의 위치를 이용해 광고나 판매 메시지를 보내는 전략부터, 매장 근처의 고객에게 홍보하는 등 다양하게 이용된다. 지금부터 구체적인 위치기반마케팅 사례에 대해 살펴보자.

1) 당근

첫 번째 위치기반마케팅 사례는 당근(구, 당근마켓)이다. 당근의 시작은 '동네 주민들끼리 서로 거래하는 커뮤니티'로 2015년 7월에 창업되었다. 당근은 위치정보시스템 인증을 통한 이웃간 연결 및 신뢰 형성, 높은 사기 방지 기술력 등에 기반하여 사용자는 본인 위치와 가까운 상품들을 모아보고, 구매할 수 있을 뿐만 아니라 근처 지역 사람들에게 상품을 판매할 수도 있다. 당근은 사용자의 인증 위치에 따라 광고를 노출시킬 수 있기에, 특정 주민을 타깃으로 지정하는 데 유용하다. 또한 해당 지역에 인증한 사람들만 활동할 수 있는 커뮤니티(동네생활)에서는 지역 주민을 대상으로 한 홍보가 수월하다. 현재 중고거래는 제대로 뿌리를 내렸다는 평가 속에, 로컬 광고와 구인·구직, 부동산과 중고차 거래 서비스까지 가지를 뻗어 나가고 있다.

2) 포스케어

두 번째 위치기반마케팅 사례는 포스케어이다. 포스케어는 체크인을 기반으로 한 콘테스트 및 게임 서비스다. 2009년 3년 미국 뉴욕에서 창업되었다. 회원가입한 소비자는 특정 장소에 체크인하면 보상으로 포인트와 배지 등을 받을 수 있는데, 많은 배지를 수집한 회원에게는 특별한 배지와 칭호 지급 등 차별화된 보상을 준다. 위치기반마케팅뿐 아니라 게이미피케이션 마케팅 전략을 이용한다. 게이미피케이션 마케팅은 어떤 임무를 부여하고 열심히 참여하는 심리를 자극하여 마케팅 효과를 높이는 방식을 말한다. 체크인을 많이 한 사람에게는 특별한 배지와 칭호가 부여된다는 점은 성취감과 묘한 승부욕을 자극하는 요소가 되고 있다. 포스퀘어는 2013년 기준 4500만 명 가입자와 50억 회의 체크인을 기록했으며, 2015년에는 세계 5500만 명 사용자가 가입할 정도의 성공적인 플랫폼으로 거듭났다. 사용자가 다른 사용자들보다 체크-인을 많이 하면 "메이어"(Mayor, 시장) 자리에 오르게 된다. 그런데 다른 사용자가 이 사용자보다 체크-인을 많이 하게 되면 "메이어" 자리는 그 사용자에게로 넘어간다.

3) 토스

위치기반마케팅의 세번째 사례는 금융·뱅킹앱 토스다. 토스는 이용자의 이동 정보를 수집하여 걸음 수, 위치를 파악한 후 이를 마케팅에 활용한다. 이용자는 특정 장소에 방문했을 때 현금처럼 사용할 수 있는 '토스포인트'를 받을 수 있는데, 이것은 이용자의 앱 체류시간을 늘리는데 기여한다. 또한, 토스는 이용자가 특정 장소에 방문하면 위치를 인식해 근처 매장의 할인쿠폰을 지급한다. 예를 들면, 100M 거리에 있는 던킨 도너츠 매장에서 사용할 수 있는 3,000원 할인 쿠폰을 제공하는 식이다. 이를 통해 이용자가 매장에 방문하도록 유도한다. 토스의 위치기반마케팅은 이용자가 쇼핑이나 식사 등 다양한 활동을 하도록 유도하는 역할뿐만 아니라, 걷고 매장에 방문하는 활동을 유도해 전체적인 거래액 증가(=뱅킹앱 사용)를 기대할 수 있을 것이다(마케팅 인사이트, 2023. 9. 27).

4) 스텔라비전(Stellarvision)

위치기반마케팅의 네번째 사례는 스텔라비전이다. 한국의 스타트업인 '스텔라비전'은 딥러닝과 머신러닝 기술 그리고 인공위성과 위성항법시스템인 GPS(global posi-tioning system) 기술을 활용하여 농산물 생산 모니터링, 홍수 피해량 예측, 항구 선박량 예측, 농작물 수확량 예측 등과 같은 위성영상 분석 서비스를 제공하여 다양한 산업에서 의사결정과 투자 방향의 질을 향상시키고 있다. 즉, 인공위성의 GPS 기술을 활용하여 다양한 지역 및 시설을 지속적이고 효율적으로 모니터링이 가능한 서비스를 제공하며, 이를 통해 얻은 데이터를 수집 및 분석을 통하여 직접 방문이나 드론으로는 접근이 어려운 오지나 해외 지역에 인공위성 정보를 활용한 위치기반 빅데이터 비즈니스 인텔리전스 서비스를 제공하고 있다(IT동아, 2024. 5. 14).

토의문제

1. 본인이 사용해본 위치기반 마케팅 사례에 대하여 토의해 보자.
2. 위치기반서비스에 활용하여 새롭게 출현한 스타트업이 있는지에 대해 토론해 보자.

'하이퍼로컬(지역 밀착·동네 생활권)' 서비스는 커뮤니티 기능과 정보 공유, 중고 거래, 지역광고 등 비즈니스모델이 결합되면서 새로운 성장성을 가진 서비스로 주목 받고 있다. 미국 '넥스트도어' 한국 '당근마켓' 등 플랫폼 성장이 이어지는 가운데, 메타, 구글, 네이버 등 검색 엔진 사업자도 존재감을 키우고 있다.

미국에서 2011년 첫 선을 보인 넥스트도어가 대표적인 하이퍼로컬 서비스다. 넥스트도어 사용자들은 이 회사의 플랫폼을 통해 이웃과 소통을 하거나 지역 소식, 생활 정보 등을 공유한다. 우리나라 당근마켓처럼 중고 거래도 이뤄진다. 넥스트도어는 11개 국가, 28만 개 도시에서 6300만 명에게 서비스를 하고 있다. 현재 미국에서 3가구 가운데 1가구가 이 플랫폼을 이용 중이다. 주간 이용자 수는 2021년 3분기 현재 3300만명 수준이다. 주간 이용자 한 명당 평균 매출은 2018년 3.83달러에서 2020년 4.62달러로 증가했다.

한국도 하이퍼로컬 산업에 눈뜨기 시작했다. 당근마켓 사례가 대표적이다. 당근마켓은 2015년 7월 판교장터로 시작해 3개월 뒤 '당신 근처의 마켓'이라는 뜻을 담아 사명을 변경했다. 동네 주변의 세탁소, 농수산물, 부동산 등의 정보 공유와 지역 가게를 홍보가 가능한 '내근처', '동네생활' 등의 기능을 제공하며 중고거래 뿐 아니라 지역 주민 간 커뮤니티 기능 강화에도 적극적으로 나서고 있다. 현재 총 가입자수는 2100만명, 주간활성이용자수(WAU) 1000만 명, 월평균 게시글 수 1300만 건에 달한다. 특히 월간활성이용자수(MAU)는 지난달 1611만 명으로 5년만에 670배 급증했다. 최근 당근마켓은 1789억 원 규모의 시리즈D 투자를 유치하며 몸값(기업가치)만 3조원을 넘겼다.

하이퍼로컬 서비스는 단순 광고 수익을 넘어 커머스, 결제 등 경제 활동까지 일어나도록 진화, 자사 플랫폼 중심의 온·오프라인 경제 생태계를 구축해 이용자 'Lock−In효과'를 노릴 수 있어 주목받고 있다. 업계 관계자는 "결제 도구의 발전, 비대면 소통의 익숙함이 더해지면서 로컬 서비스가 글로벌 성장세를 이루고 있다"며 "하이퍼로컬을 이용한 비즈니스 모델들은 앞으로 더욱 다양한 각도로 발전할 것"이라고 전망했다.

'검색 플랫폼'도 하이퍼로컬 숲 캔다

차세대 하이퍼로컬 플랫폼은 '검색 엔진' 사업자가 발굴할 것이란 게 업계 중론이다. 코로나19 이후 주변 상권 검색 및 발견에 대한 수요가 확대하고 있는 탓이다. 미래에셋증권은 "신규 성장 동력인 로컬 플랫폼에서도 기존 검색 엔진의 우위가 지속할 전망"이라며 "다만 일부 카테고리는 플랫폼으로 분화할 것"이라고 내다봤다.

글로벌 검색 플랫폼 구글은 하이퍼로컬 서비스 성장의 수혜를 톡톡히 보고 있다. 구글 검색의 '주변 찾기' 검색은 전년동기대비 400% 증가했다. 기존 검색과 구글 지도만으로도 지역 광고 수익 역시 크게 호조세를 보이고 있다. 지역광고는 하이퍼로컬 서비스의 대표적인 비즈니스모델(BM)이라는 점에 주목해볼 필요가 있다.

최근 메타의 메신저 왓츠앱은 브라질에서 '주변 상권 검색 기능'을 출시했다. 이를 통해 주변 호텔, 음식료품점, 옷가게 등 검색 가능 해졌다. 추후 커머스 사업과 연계 가능성도 적지 않다는 게 업계 시각이다. 메타는 중고 거래 서비스인 '마켓 플레이스'를 출시한 바 있는데, 이와 연계 시너지를 모색할 가능성이 있다. 마켓 플레이스에서는 개인간 중고거래뿐 아니라 중고차 거래, 부동산 정보 공유 등도 가능하다.

한국 1등 검색 사업자 네이버 역시 하이퍼로컬 서비스 발굴에 적극적이다. 지난해 동네 이웃 간의 더욱 활발한 소통을 지원하기 위해 이웃 서비스를 추가하고, 올해는 이웃 간의 커뮤니케이션이 가능한 '이웃 톡' 서비스도 적용했다. 네이버카페에서 이웃 간 교류를 늘리며 플랫폼 전반에 로컬 접점을 강화하겠다는 전략이다. 실제 '동네시장' 서비스는 지역 맘카페 중심으로 입소문이 나면서 크게 인기를 끌기도 했다.

코로나19 이후 주변 상권 검색 및 발견에 대한 수요가 확대하고 있어서 로컬 플랫폼 시장의 최대 수혜는 알파벳(구글)이다. 기존 검색과 구글 지도를 활용한 로컬 광고 호조로 신규 성장 동력을 확보했다. 위치기반 서비스(LBS) 플랫폼의 경우 '발견'에 관한 니즈로 '의도'를 가진 '검색'과 차이가 있다. 미국 넥스트도어, 한국 당근마켓 등 서비스는 성장을 이어갈 것이다.

네이버 · 소프트뱅크 日 골목 상권 꽉 잡았다… '하이퍼로컬' 정조준

네이버와 일본 소프트뱅크는 '커머스' 분야에서 전방위적 협력을 강화하는 가운데, 골목 상권까지 커머스 생태계로 끌어들이고 있다. 양사는 하나의 통일된 '하이퍼로컬(지역 밀착·동네 생활권)' 생태계를 구축하고 있다. 관계사 라인과 야후재팬, 페이페이의 골목 상권 검색, 리뷰, 커뮤니티 서비스 연동을 통해서다. 네이버와 소프트뱅크가 일본 '하이퍼로컬' 생태계에서도 지배적인 우위를 점하게 될 것이라는 게 지배적 시각이다. 양사가 가진 '검색·메신저' 역량이 빛을 발하게 될 것이라는 게 업계 평가다. 하이퍼로컬은 커머스, 간편결제 등 자사 플랫폼 중심의 온·오프라인 경제 생태계를 구축해야 이뤄낼 수 있는 탓이다. 차세대 하이퍼로컬 플랫폼은 '검색 엔진' 사업자가 발굴할 것이라는 분석이 속속 나오는 배경이다. 네이버와 소프트뱅크가 '검색' 서비스 연동을 통해 '발견'의 인사이트를 제공하는 점에 눈길이 쏠리는 이유다(테크M, 2022. 1. 28; 한국경제, 2024. 7. 4).

토의문제

1. 골목길 상권 부활에 미친 위치기반서비스의 역할에 대하여 토의해 보자.
2. 내가 경험해 본 골목길 위치기반서비스에 대하여 예를 들어 설명해 보자.
3. 하이퍼로컬 서비스가 다양한 비즈니스 모델로 발전할 가능성에 대하여 토의해 보자.

제1절 위치기반서비스 개요

위치정보와 연관된 정보/콘텐츠는 새로운 부가가치를 형성하며 독자적인 시장을 만들어오고 있다. 이렇게 위치정보와 위치기반의 정보 또는 콘텐츠를 결합하여 제공하는 서비스를 LBS(Location Based Services: 위치기반서비스)라고 한다. 스마트폰이 대중화가 되기 이전에는 GPS(Global Positioning System) 수신기를 탑재한 차량용 네비게이터를 통한 길안내, 과속방지 카메라정보 및 위험구간정보 제공 등이 대표적인 위치기반서비스로 제공되었으나 2009년부터 불어닥친 스마트폰 폭풍 속에서 차량용뿐만 아니라 보행자용의 다양한 위치기반서비스가 시장에 등장하고 있다.

여기서 주목해야 할 두 단어는 사회안전망과 SNS이다. 사회의 불안요소가 증가함으로 인해 이로부터 지켜야 할 가족, 자산 등의 관계가 사회적인 상황 속에서 사회안전망이라는 테두리를 형성하고 그 영역을 지키기 위한 요구사항이 증가하므로 이를 충족시키기 위한 위치기반서비스 기술이 개발/서비스되고 있다. 또 다른 영역에서는 삶의 질 향상, 관점의 다양성 인정, 활동 영역 확대 및 인적 교류 활성화에 따른 다양한 위치기반 SNS가 전 세계적으로 보급/사용되고 있으며 그 요구사항이 계속 증가하고 있는 추세다.

요구사항이 증가하고 있는 LBS 시장에서의 사업은 위치정보 사업과 위치기반서비스 사업으로 구분된다. 위치정보 사업은 해당 단말의 위치정보를 수집하여 위치기반서비스 사업자에게 제공하는 사업으로 '위치정보의 보호 및 이용 등에 관한 법률'에 따라 정부의 허가대상 사업이며 방송통신위위회에 신청하여 심의 후 허가를 받고 사업을 수행할 수 있다. 위치기반서비스 사업은 위치정보 사업자로부터 획득한 위치정보를 다양한 콘텐츠와 연결하여 LBS 수요자에게 서비스를 제공하는 사업이며 위치정보사업과는 달리 정부에 신고만으로 사업을 수행할 수 있다.

LBS 시장이 확장되고 있으나 개인의 위치정보는 법으로 보호되어야 할 대상이므로 개인 프라이버시 보호 문제가 항상 대두되고 있다. 따라서 개인의 안전성, 편의성 등을 위한 LBS와 개인의 프라이버시 보호는 항상 동시에 고려하여 사업화 또는 서비스를 이용해야 한다.

1.1 위치기반서비스의 개념

휴대폰 보급 초기부터 LBS는 성장 잠재력이 가장 높은 분야로서 많은 주목을 받았다. 휴대폰이 가진 이동성(mobility)이 가장 궁합이 맞는 분야였기 때문이다. 하지만 오랜 세월 동안 LBS 분야에서 큰 수익을 낸 업체를 찾아보기는 힘들었다. 과거의 LBS는 피처폰이 가진 제약, 그리고 값비싼 데이터통신 이용료, 콘텐츠의 부족 등으로 인하여 특정 기능을 제공하는 수준에 머물렀고 이용자층도 한정됐기 때문이다. 스마트폰이 대중화되고 데이터통신 요금이 하락하고 다양한 콘텐츠가 등장하면서, 비로소 LBS가 모바일의 핵심 서비스로 급부상하였다.

1) LBS의 정의

- Location Based Service의 약어로서 위치기반서비스로 통칭되며 이동통신망을 기반으로 사람이나 사물의 위치를 정확하게 파악하고 이를 활용하는 응용시스템 및 서비스라고 일반적으로 정의한다.
- 5GPP(5th Generation Partnership Project)는 LBS를 "위치기반의 응용 제공이 가능한 네트워크를 이용한 표준화된 서비스"로 정의한다.
- OGC(Open GIS Consortium)은 "위치정보의 접속, 제공 또는 위치정보에 의해 작용하는 모든 응용소프트웨어 서비스"라고 정의한다.
- FCC(미국 연방통신위원회)는 "이동식 사용자가 그들의 지리학적 위치, 소재 또는 알려진 존재에 대해 서비스를 받도록 하는 것"이라고 정의한다.

2) LBS의 주요 내용

- LBS는 단말기 사용자의 위치정보에 기반한 다양한 응용 콘텐츠(contents)를 제공하는 서비스를 말하는 것으로 단순한 위치정보를 가공하고 정보화하여 부가가치를 높이는 역할을 한다.
- LBS를 제공하기 위해서는 무선 측위 기술, 이동통신망 기술, 위치기반서비스 콘텐츠 응용 기술 등이 요구된다.

1.2 위치기반서비스 유형

우리는 스마트폰용 애플리케이션(이하 앱)의 홍수시대에 살고 있으며 지도 및 내비게이션, 위치기반 SNS, 위치기반 메신저, 쇼핑 및 구매 관련 주변정보, 교통 주변 이용정보 등과 같이 LBS 관련 앱 또한 많이 보급되고 있다. LBS 서비스 유형으로는 [그림 7-1]과 같이 크게 주변정보 제공, 내비게이션, 위치추적, 안전 및 보안, 엔터테인먼트 및 상업적 목적의 광고 서비스 등으로 분류될 수 있다. 기존의 LBS는 GPS 기반 위치정보 또는 이동통신망 기반 위치정보를 사용하여 주로 실외에서 서비스를 하거나 부정확한 실내 위치정보를 기반으로 서비스를 제공하였다. 그러나 인간이 실내공간에서 활동하는 시간이 총 87%나 되므로 점점 실내 영역에서의 LBS 요구사항이 증가하고 있다. 이를 위해 실내 위치추정 기술 및 실내공간 모델링, 실내공간 정보생성 기술이 최근 활발하게 개발되고 있다. 특히 실내에서의 위치추정 기술은 무선통신망 기반 위치추정 기술개발이 주를 이루고 있으며 3D 실내공간지도 및 정보 생성 기술이 LBS 영역에서의 핫이슈가 되어 개발되고 있다. 기존 지도의 한정된 데이터를 벗어나 완전히 새로운 형태의 LBS 서비스 영역이 확대되고 있다.

| 그림 7-1 | LBS 서비스 유형

- 데이터 시각화: Google Maps와 같은 2D와 Google Earth와 같은 3D 지도서비스 출현
- 사회적 위치정보의 출현: 매시업 등을 통해 일반 지역정보뿐만 아니라 사용자들이 직접 위치정보와 다양한 사회적 정보들을 결합
- 공개 표준의 대두: 위치정보 표시를 위한 공개 표준 포맷 및 지도 서비스에 대한 AP 제공 등이 이루어지고 있음.
- Desktop으로 이동: Google Earth 등은 빙산의 일각일 뿐이며 Desktop에서 사용할 수 있는 다양한 S/W, 특히 Open 소스 GIS S/W에 대한 관심이 증폭
- 위치인식: GPS, RFID 기술과 이를 이용하는 다양한 단말기를 통해 위치정보와 시각 및 지역정보의 결합이 더욱 쉽게 되고 있음. 이를 기반으로 한 다양한 서비스로 디지털 카메라를 통해 획득된 사진을 GPS 정보와 연결하여 부가적인 서비스를 제공하는 GPS Photo 콘텐츠, 사용자로 하여금 3D로 배열된 사진들을 보면서 공간적으로 그곳에 가 있는 듯한 착각에 빠져들게 하는 Photosynth, 실제 길거리를 가상으로 운전/보행하는 듯한 느낌을 주는 서비스인 Real Street View 콘텐츠, Google Earth 및 MS Virtual Earth, NASA World Wind와 같은 2D/3D 지도 서비스 콘텐츠 등이 있음.

1.3 위치기반서비스 애플리케이션

1) SNS 연동 서비스

'포스퀘어(Foursquare)'는 LBS에 SNS를 접목시킨 신개념 서비스로, 트위터의 '리트윗'과 페이스북의 '담벼락'과는 달리 사용자들이 가는 장소마다 '체크인(check-in)'을 통해 타인과 정보를 공유하고 대화를 나누는 방식으로 진행된다. 이 서비스는 같은 장소에서 반복 체크인을 하면 점수가 올라 '배지(badge)'를 받으며, 가장 많이 등록된 장소에서는 그 지역의 '메이어(mayor)'로 선정되는 등 '땅 따먹기' 형식을 취하고 있다. 메이어가 될 경우, 해당 지역의 특별한 서비스도 이용 가능하다. 특히 배지는 한 지역에 10번 이상 방문한다거나 특정 쇼핑센터에서 체크인했을 때만 주어지기 때문

에, 이를 살펴보면 이용자의 생활패턴을 알 수 있다는 장점이 있다. 이에 따라 각 기업들의 마케팅이나 홍보 전략에 효율적이라는 것이 업계 평가다. 이용자 입장에서도 방문하는 곳의 정보를 저장할 수 있기 때문에, 해당 장소에 대해 미리 알고 가는 등 팁을 공유할 수 있다는 점에서 인기를 끌고 있다. 실제 최근 글로벌 SNS 시장 점유율에서 눈에 띄는 성과를 보이는 것으로 알려져 있다.

2) 이벤트 참여 및 쇼핑 서비스

LG유플러스가 제공하는 '딩동(DingDong)'은 위치정보·커머스·SNS·게임 등을 결합한 위치기반 소셜쇼핑 서비스로, 인근 가맹점 조회와 방문 시 포인트 획득, 각종 이벤트 참여까지 한번에 가능하다. 이용자들은 가까운 마트, 편의점, 음식점, 카페, 화장품점 등 다양한 업종의 지역 가맹점을 조회하고, 가맹점 방문 시 자동으로 포인트를 적립받아 포인트몰의 상품과 교환할 수 있다. 가맹점의 경우 전단지를 돌리는 방식에서 벗어나 고객에 매장 상세정보를 제공할 수 있으며, 포인트와 할인쿠폰, 이벤트 등으로 고객의 내방을 유도할 수도 있다는 설명이다. 특히 딩동 내 '포인트몰'에서는 적립된 포인트로 영화관람권, 문화상품권, 식/음료 쿠폰 등 다양한 상품 중 원하는 상품을 선택해 바로 구매도 가능하다. LG유플러스는 더페이스샵·뷰티플렉스·픽스딕스 등과 제휴를 진행 중으로, 외식·패스트푸드·편의점·백화점 등 분야 대표 브랜드와 지역기반 소기업 등과도 제휴를 적극 추진하고 있다. 이에 따라 서비스를 받을 수 있는 업체 수도 계속해서 확대되고 있다.

3) 휴대폰 분실 서비스

'모락(MoLock)'은 GPS나 3G, 와이파이 등을 이용해 휴대폰의 대략적인 위치를 파악할 수 있다. 타 기기로 해당 휴대폰에 문자를 보내면, 사이렌이 울려 정확한 위치를 알 수 있게 도와준다. 또한 악의적인 목적으로 휴대폰을 습득한 사람도 확인할 수 있다. 전화를 받지 않으면 문자를 통해 전화를 걸게 할 수 있으며, 잠금 해제를 시도할 경우 전면 카메라가 소리 없이 얼굴 사진을 찍어 사용자 메일로 전송한다. 기존 SIM 카드 외 타 카드가 감지돼도 해당 휴대폰 번호가 메일로 전송된다. 이와 함께 민감한 정보가 있다면 문자 하나로 휴대폰을 잠글 수 있고, 데이터를 원격으로 삭제하는 것도 가능하다. 또한 전체 앱 중 갤러리, 주소록, 연락처 등 원하는 앱만 잠그는 기능도 활용할 수 있다.

4) 범죄 예방 서비스

밤늦게 귀가하는 여성들을 위한 '범죄 예방' LBS도 등장했다. 이중 '늑대다' 앱은 지난 2000년 이후 발생한 강도 등 범죄에 대한 대검찰청 통계 데이터를 프로파일링, 해당 위치의 범죄 가능성을 통보한다. 특히 반경 50m를 기준으로 성범죄자 거주지, '바바리맨' 출몰지역, 청소년 출입금지, 우범지역 등 접근 시 경보를 울리는 등 활용이 가능하다. 사용자가 직접 위험지역을 등록할 수 있으며, 타 사용자가 등록한 위험지역도 볼 수 있다. 또 늦은 귀갓길에 사용자 위치를 지정된 사람의 휴대폰에 주기적으로 전송해주며, 보호자가 직접 실시간으로 조회하는 것도 가능하다. 독거여성이나 청소년이 혼자 있을 때 방문자가 있을 경우에는 집에 남자가 있는 것처럼 음성지원도 된다.

5) 대리운전 서비스

스마트폰의 GPS를 이용해 가장 가까이 있는 대리기사를 연결시켜 주는 앱도 있다. '카카로'는 대리운전 요청고객과 대리운전 기사의 정확한 위치를 파악, 서비스 체결 후 대리 기사의 위치를 실시간 확인할 수 있으며 지인에게도 위치정보를 제공한다. 특히 대리 기사의 기본 정보를 제공해 범죄에 대한 걱정 없이 안전한 서비스를 받을 수 있으며, 비용 측면에서도 여러 명의 대리 기사들이 제시한 요금을 비교해 가장 적당한 요금을 선택하는 것이 가능하다. 요금과 상관없이 연결 수수료는 500~1,000원으로 국내 최저수준이라는 설명이다. 개발사인 카카로에 따르면 이 앱은 콜센터와 오퍼레이터가 필요 없는 원터치 서비스로, 전화번호를 따로 기억하거나 저장할 필요가 없어 편리하다. 앱에서 대리운전 콜만 터치하면 자신이 있는 위치에서 가장 가까이 있는 대리운전 기사에게 연결된다.

LBS가 가능하게 된 기술적 배경은 위치추정(측위) 기술과 위치정보 기반 콘텐츠, 콘텐츠 제공 단말 및 정보제공 통신망 기술이 뒷받침하고 있다. 위치추정 기술은 2000년 이후에 GPS의 SA(Selective Availability: 인위적인 오차)가 제거됨으로써 저가용 GPS 수신기가 민용으로 활성화/보급화가 되면서 LBS 기술이 본격적으로 시작이 되었으며 이동통신망 및 무선통신망 기반의 위치추정기술의 발달로 LBS 사용 영역 및 시장이 확대되었다. 위치정보 기반 콘텐츠 기술은 지도정보와 연계한 길 안내, 특정 목적지 찾기, 친구 찾기, 위치기반 광고, 디지털 사진에 위치를 결합한 서비스 및 최근에는 증강현실 서비스까지 제공되고 있다. 그래픽에서 실사영상 기반의 서비스로 확대됨에 따라 서비스의 질과 수준이 향상되고 있다. 위치기반 정보를 기반으로 고객이 있는 위치에서 가까운 곳과 관련된 광고 메시지를 노출할 수 있는 위치기반 모바일 광고는 이제는 대중에게 익숙해져 있다. 예를 들어, 광고주들이 소비자가 어떤 곳에 있느냐에 따라 해당 장소에 맞는 맞춤형 광고를 하는 것이 가능하게 되었다.

2.1 위치기반서비스 기술

LBS를 제공하기 위해서는 위치추정 기술, 위치정보 기반 콘텐츠 기술, 위치정보 제공 단말기술 및 위치정보 제공 통신기술 등이 필요하다.

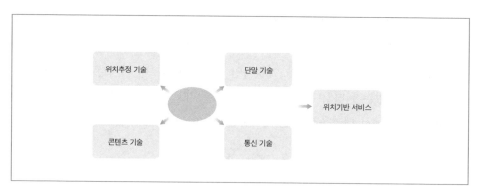

| 그림 7-2 | **LBS 기술 구성**

1) 위치추정 기술

위치를 추정하는 기술은 사용자에 따라 차량용과 보행자용으로 나눌 수 있다.

차량용은 기존의 내비게이터에서 사용해 오던 GPS를 가장 많이 사용한다. GPS는 미국에서 운영 중인 위성항법시스템으로 20,200km 상공에 위치한 24개의 위성을 사용하여 위치를 추정하는 시스템이다. 위성 가시성이 좋은 곳에서는 정확한 위치정보를 추정할 수 있지만 위성신호가 차단되는 도심지역이나 실내영역에서는 위치정보를 추정할 수 없거나 큰 오차를 유발하게 된다. 위성의 가시성을 향상하기 위해서 현재 운영 중이거나 향후 운영하게 될 타 위성항법시스템(러시아의 GLONASS, EU의 Galileo, 일본의 QZSS, 중국의 Compass 등)과 같이 사용하는 GPS/GNSS(Global Navigation Satellite System) 기술이 연구되고 있다. 이 외에도 센서기반의 항법기술인 DR(Dead Reckoning) 기술도 사용되고 있다.

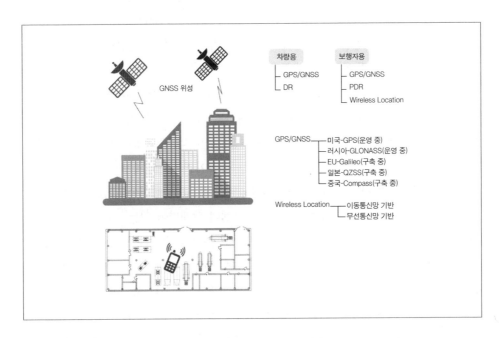

| 그림 7-3 | **위치추정 기술의 분류**

차량용 LBS를 위한 위치추정에서 GPS/GNSS와 DR의 기술은 상호보완적인 특성을 갖는다. GPS/GNSS는 시간에 따른 오차의 누적 현상은 없지만 지역적인 환경에 따라 오차가 발생하며 DR은 환경영향을 받지는 않지만 시간에 따라 오차가 누적되는 현상을 보인다. 따라서 두 기술을 결합한 복합항법 기술이 사용되어 연속적이며 정확한 위치정보를 제공하기도 하지만 고가이므로 주로 고급 차량에서 사용된다.

보행자용 LBS를 위한 위치추정 기술은 차량용과 마찬가지로 가장 많이 사용되는 것은 GPS/GNSS 기술로 현재는 스마트폰에 탑재된 GPS 수신기를 사용하여 위치정보를 제공한다. 보행자용 DR인 PDR(Pedestrian Dead Reckoning) 기술은 차세대 보행자용 항법 기술로 현재 활발하게 연구/개발되고 있다. 스마트폰에 탑재되어 있는 관성센서(가속도계, 자이로스코프)와 지자기 센서를 사용하여 보행자의 걸음과 이동방향을 검출하여 위치를 추정하는 방법으로 보병(군용), 소방관, 시각장애인 등의 특수 목적의 정밀 위치추정을 필요로 하는 LBS 수요자를 위해 개발되고 있다.

GPS와 더불어 보행자의 위치추정에 가장 많이 사용되고 있는 방법은 무선 위치추정 기술(wireless location)이다. 무선 위치추정 기술은 CDMA/WiBro 등과 같은 이동통신망을 이용하는 방법과 Wi-Fi, ZigBee 등과 같은 무선통신망을 이용하는 방법으로 나누어진다. 주로 이동통신망을 이용하여 핸드폰의 위치를 추정하는 방법을 사용하여 왔으나 실내외 모든 지역에서 미국 FCC 규정(99-254) 무선 측위 정확도를 만족하기 어려운 수준이다. 이런 문제에 의해 최근에는 무선통신망 기반 위치추정 기술이 활발하게 개발/보급되고 있다. 무선통신망은 실내외 구분 없이 AP(Access Point)가 설치된 지역에서는 위치를 추정할 수 있는 장점이 있다. 특히 Wi-Fi 인프라가 국내의 경우 대부분의 건물 내에 다수의 개인용/사업용 AP가 설치되어 있으며 실외에도 공용/사업용 AP가 설치되어 있어서 Wi-Fi 모뎀이 탑재되어 있는 스마트폰에서는 앱 설치만으로 해당 스마트폰의 위치를 실시간으로 추정할 수 있는 장점을 갖고 있다.

스마트폰에서 GPS를 사용하기 위해서는 퀄컴에 막대한 로열티를 지불해야 하는 문제가 있다. 최근에는 Skyhook Wireless에서 보유한 Wi-Fi AP DB 구축문제 등과 관련한 특허로 인해 향후 유사한 로열티 문제가 발생할 수도 있다. 이에 대비하여 국내 연구진에서 Wi-Fi 기반 위치추정 및 AP DB 구축과 관련한 연구개발에서 다수의 특허를 출원/등록하는 노력을 기울이고 있다.

실내외에서 연속적으로 위치를 추정하기 위해서 Wi−Fi와 GPS를 연동하는 기술이 개발되고 있다. 이를 위해서는 Wi−Fi와 GPS가 함께 내장된 스마트폰이 필요하며 최근 출시되는 스마트폰은 이 기능을 포함하고 있어 LBS 앱 설치만으로 실내외 연속 위치추정 서비스를 제공받을 수 있다.

2) 콘텐츠 기술

이 기술은 핸드폰용 GPS 솔루션 제공업체인 퀄컴, SiRF 등과 Wi−Fi 기반 위치추정 솔루션 제공업체인 Skyhook Wireless와 파트너십을 형성하여 위치추정용 통합 플랫폼을 제공한다. 이 외에도 많은 위치추정 솔루션 업체들 간에 밀접한 유대관계를 갖고 기술/제품 개발을 하고 있으며, 이를 통해 개발자의 비용 부담을 줄일 수 있어 시장 확장 및 신규 시장 창출에 기여할 것으로 기대된다.

Wi−Fi 기반 위치추정기술은 AP에서 송출된 신호를 스마트폰에서 수신하여 그 신호세기정보(Received Signal Strength Indication: RSSI)를 활용하는 방법을 사용한다. 실내의 경우 NLOS(None Line of Sight) 문제 및 다중경로 신호에 의한 오차 등에 의해 정확한 위치를 추정하기가 쉽지 않다. 이런 문제를 해결하기 위해 현재는 실생활에서 아직 인프라가 구축되어 있지는 않지만 향후 그 실용성에 의해 구축 가능한 IEEE 802.15.4a 표준 기반 IR−UWB(Impulse Radio-Ultra Wide Band), CSS(Chirp Spread Spectrum) 등 다양한 신호기반 위치추정 기술이 개발되고 있다. 이 신호들은 신호의 전파시간을 측정하여 정확한 위치정보를 추정할 수 있는 장점을 갖고 있다.

3) 단말기술

스마트폰에서는 다양한 통신 모듈이 탑재되고 있으며 이런 추세를 고려하여 향후에는 다양한 통신망을 결합하여 고정밀 유비쿼터스 위치정보를 제공할 수 있게 될 것이며, 이를 기반으로 실내외 고품질 LBS 서비스를 제공할 수 있을 것으로 전망된다. Google에서는 2011년 모바일용 Google Map에 실내 위치추정 기능을 추가하였다. 실내 지도의 부재 등에 의해 소수의 Mall과 공항 등에서만 사용 가능하나 점점 실내 지도의 업로드에 의해 서비스 지역이 확대될 것으로 전망된다.

4) 통신기술

Google에서는 Wi-Fi의 'hotspots'의 위치 DB를 구성하여 위치정보를 생성하는 방법을 사용한다. Microsoft에서는 윈도우즈 폰 서비스 단말에서 GPS 신호 가용성에 관계없이 위치정보 제공 서비스를 위해 2011년 'location services team'을 구성하였다. 주로 Wi-Fi 기반 위치추정을 하며 FM 라디오 신호정보를 사용하는 기법 등도 연구하고 있다. 이 외에도 퀄컴, Nokia, Samsung, Apple, RIM, Sony Ericsson 등의 주요 회사에서도 WiFi 및 Beacon 등을 사용한 실내 위치추정 기술을 개발하고 있으며 UWB, Blooth 등의 다양한 통신 인프라 기반 위치추정 기술도 추가적으로 개발하고 있다.

| 표 7-1 | 주요 회사별 위치추정 기술 요약

Company	Cellular & Wi-Fi Signals	Movement Tracking	Beacons	Other Methods	Research Maturity
Google	○			○	High
Microsoft	○	○		○	High
Qualcomm	○	○			High
Nokia	○		○		High
Samsung	○	○		○	Medium
Apple	○			○	Low
RIM	○	○		○	High
Sony Ericsson	○		○	○	Low

자료: GRIZZLY(2011)

2.2 측위 기술

측위 기술(Location Determination Technology: LDT)이란 GPS, 인접 이동통신 기지국과의 거리 관계 및 전파 상태 측정값, 무선랜 등 다양한 방식을 조합하여 이용자의 위치를 측정하는 기술이다. 활용 가능한 여러 수치들을 통해 위치값을 계산해 내기 때문에, 실외뿐만 아니라 실내에 있는 이용자의 위치 또한 측정해 낼 수 있다.

| 표 7-2 | **LBS에서 쓰이는 기술**

기술	역할
무선 측위 기술	위성 시스템 또는 이동통신망을 이용하여 사용자의 위치를 결정
이동통신망 기술	사용자의 위치를 결정하기 위한 신호를 제공하거나 또는 결정된 위치를 전송
위치기반 콘텐츠 응용 기술	• 위치정보를 이용한 다양한 서비스를 개발하여 사용자에게 제공 • 비상 구조지원, 위치기반 상거래, 위치기반 광고, 교통 혼잡 안내 및 차량 위치 추적과 같은 텔레매틱스(telematics) 등이 포함

1) 무선 측위 기술의 개요

■ 모바일 핸드셋이나 모바일 네트워크를 기반으로 이동전화 사용자의 정확한 위치를 측정하는 기술을 말한다.

■ GPS, GLONASS, Galileo와 같은 인공위성 신호를 이용한 무선 단말기의 측위 기술인 위성신호이용 측위 기술(SV−Based LDT)과 IS−95, CDMA 2000 및 WCDMA 등의 이동통신 신호를 이용한 무선 단말기의 측위기술인 이동통신 신호 이용 측위 기술(WN−Based LDT) 등이 있다.

■ 단말기의 측위 모드로써 최종 위치 결정 또는 확인이 무선 단말기에서 수행되는 모드인 단말기 위치결정 모드(mobile−based mode)와 단말기에서 위치결정을 위한 정보를 네트워크에게 제공하고 최종 위치 결정 또는 확인이 네트워크에서 수행되는 모드인 단말기 정보제공 모드(mobile−assisted mode)가 있다.

■ 네트워크 기반(network−based) 기술은 기지국 및 무선망을 이용하여 위치정보를 획득하는 기술로 Cell−ID, AOA, TOA, TDOA 등이 있다.

■ 사용자의 위치정보를 주변 기지국의 수치 계산으로 획득하기 때문에 핸드셋 자체에 대한 별도의 업그레이드 요구가 없다.

■ 핸드셋 기반(handset−based) 기술은 단말기에 칩을 내장하는 기술로 GPS,

D-GPS, A-GPS 등이 있다.

■ 사용자의 핸드셋을 통해 위치정보를 획득하기 때문에 핸드셋의 하드웨어적 혹은 소프트웨어적 업그레이드(또는 변형)가 요구된다.

■ 하이브리드(hybrid) 기술은 네트워크 기반 기술과 핸드셋 기반 기술을 결합한 기술방식으로 OTD, E-OTD 등이 있다.

2) 네트워크 기반 기술

(1) Cell-ID 방식

■ Cell-ID 기술은 위치추적방법 중 가장 단순한 기술로 사용자에게 서비스를 제공하는 기지국의 Cell-ID를 통해 이용자의 위치를 추적하는 방법이다.

■ 핸드셋이나 네트워크의 변경이 필요가 없으며, 사용자의 위치를 약 3초 이내에 파악할 수 있다는 장점을 가지고 있다.

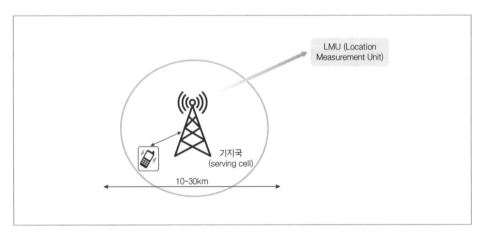

| 그림 7-4 | Cell-ID 시스템 방식 개요

■ 셀 반경의 크기에 따라 위치의 정확도가 큰 편차를 가지는 단점이 있다.

■ 도심지의 경우는 기지국의 간격이 촘촘하기 때문에 100~1,000m의 위치 정확도를 보이는 반면, 시골과 같은 외각지역은 셀 반경이 수 킬로미터에서 수십

킬로미터인 경우도 있기 때문에 정확한 위치 정확도를 보장할 수 없다.

■ 이 기술에서 정확도를 향상시키기 위한 방법으로 셀을 몇 개의 섹터(sector)로 나누어 위치를 측정하는 방법(Enhanced Cell ID)이 제안되고 있다.

(2) TDOA 방식

■ 기지국에서 이동국으로 신호를 보내는 경우(forward link)에 사용한다.

■ 서로 다른 곳에서 송신한 신호의 위치를 알고자 하는 곳에서 수신하면 두 신호는 각각 다른 시간에 도착하게 되는데 이 상대적인 차이를 측정하여 위치를 결정하는 것을 TDOA(Time Difference of Arrival) 방식이라고 한다.

■ TDOA 방식에는 여러 개의 신호원과 한 개의 수신기로 구성된 Forward Link 방식과 한 개의 신호원과 여러 개의 수신기로 구성된 Reverse Link 방식이 있다.

■ TDOA의 기본 원리는 두 기지국에서 핸드셋까지 거리의 차에 비례하는 전파 도달 시간차를 측정하고, 두 기지국에서 거리가 일정한 곳, 즉 두 기지국을 초점으로 하는 쌍곡선 위에 수신기가 위치하게 된다는 것을 이용하는 것이다.

■ 이와 같은 방법으로 3개의 기지국으로부터 2개의 쌍곡선을 얻게 되고 이 두 쌍곡선의 교점이 수신기의 위치가 된다.

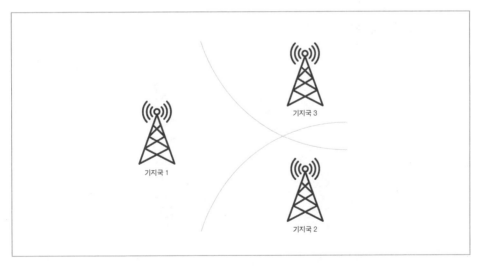

| 그림 7-5 | **TDOA 방식 개요**

- 이 방법 또한 기지국의 위치와 분포에 의해 정확도가 크게 변하게 되며 위치를 결정하기 위해서는 최소한 3개의 기지국이 있어야 한다.
- 평균적으로 100m에서 500m의 정확도를 보이며 고도에 대한 정보는 제공하지 않는다.

(3) AOA 방식

- 이동국에서 기지국으로 신호를 보내는 경우(Backward Link)에 사용한다.
- AOA(Angle of Arrival) 방식은 기지국(base station)에서 핸드셋(mobile station)으로부터 나오는 신호의 방향을 측정하여 방위각을 구하고 이 방위각을 통해서 사용자의 위치를 결정하는 방법이다.
- 이 방법은 신호의 방향각만을 측정하기 때문에 사용자의 위치를 결정하기 위해서는 2개의 신호의 방향각이 필요하다. 그러나 2개의 방향각만 가지고 사용자의 위치를 결정할 수 없는 경우가 있기 때문에 실제 시스템에서는 3개 이상의 방향각을 이용하여 사용자의 위치를 결정하고 있다.
- 도심지역에서 신호의 경로를 측정할 경우 신호의 경로가 다중경로에 의해 영향을 받기 때문에 정확한 방향을 측정하기가 어려운데 이 경우 신호의 방향각은 신호의 세기가 가장 센 성분의 방향으로 결정하게 되므로 이에 따른 위치오차가 발생하게 된다.

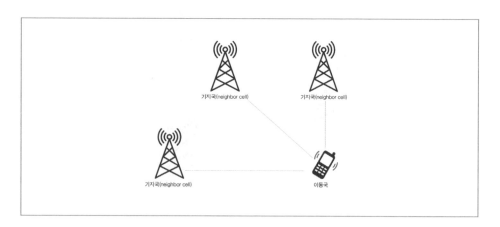

| 그림 7-6 | AOA 방식 개요

- 기지국과 핸드셋의 거리가 멀어질수록 AOA의 오차는 더욱 커지게 된다.
- AOA 측정은 Multi-array 안테나를 이용하는데, 핸드셋으로부터 오는 신호를 기지국에서 Multi-array 안테나로 측정하여 서로 근접한 안테나들 간의 위상차를 이용하면 측정할 수 있다.
- AOA는 이론적으로는 50~150m의 정확도를 보장하지만 실제 정확도는 150~200m 정도인 것으로 알려져 있다.

(4) 무선 지문(RF, fingerprinting) 방식

- 수신되는 수신기 신호의 특성값을 얻기 위하여 순간적으로 수신된 신호를 스냅샷하고 스냅샷된 수신기의 송신신호를 분석하여 수신된 신호의 고유한 특성을 추출 Radio Camera가 기존의 데이터베이스와 이 신호를 비교·분석하여 수신기의 위치를 측정하는 측위방식이다.
- 이 방식의 경우 데이터베이스 구축에 높은 비용이 필요하며 정확도는 지리적 환경과 날씨의 변화 등에 크게 의존하게 된다.
- 데이터베이스는 지리적 환경이 바뀔 때마다 모두 업그레이드를 해야 한다는 문제를 지니고 있다.

3) 핸드셋 기반 기법

- 핸드셋 기반(handset-based)의 위치측정 기술인 A-GPS(Assisted-Global Positioning System)는 날씨와 상관없이 인공위성에서 보내는 위치정보를 휴대폰에 내장된 칩이 읽어 기지국에 알려 주는 방법이다.
- GPS 위성 및 무선 시스템 신호를 혼합한 방법이다.
- 핸드셋만 새로 구입하고 기존의 모바일 네트워크를 그대로 활용하는 장점이 있어서 CDMA 이동통신업자들이 주로 채택하고 있는 기술이다.
- A-GPS는 위치정보의 정확도가 이론상으로는 3~25m이지만 실제로 50m 정도의 정확도를 보장하는 것으로 알려져 있다.
- 장점: 사용하기 쉽고 정확도가 높아 이동통신을 위한 무선측위에 적합하다.
- 단점: 전력소모량이 많고 워밍업 시간이 오래 걸린다.

■ 다중경로(multipath)와 가시위성 부족으로 인하여 도심에서의 위치결정 능력이 제한을 받는다.

■ 단점의 극복방안: 저전력 기술과 분산 컴퓨팅 기술 등을 이용한다.

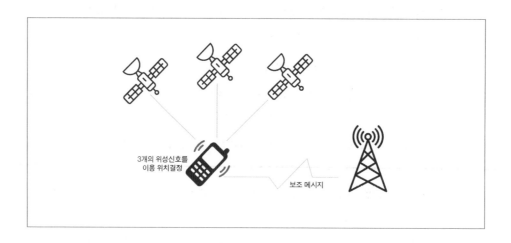

| 그림 7-7 | A-GPS 시스템 개요

| 표 7-3 | 무선 측위 기술 비교

기술의 형태		정확도	이용자 정보 보호 여부	반응 시간	이동통신 사업자의 비용	단말기 제조업체의 비용	시장 진입 시기
네트워크 기반 기술	Cell－ID	500~3,500m	불가능	3초	최소 (MSC Interface)	낮다	1999년
	Timing Advance	1km	불가능	5초	최소	낮다	1999년
	Cursor(E－OTD)	50~150m	가능	5초	낮다	낮다	현재 이용 중
	ToA(Time of Arrival)	125m	불가능	10초	높다	낮다	2000년 후반
	E－OTD	150m	가능	－	중간	중간	2001년

	AoA(Angle of Arrival)	125m	불가능	10초	높다	낮다	2000년 후반
단말기 기반 기술	GPS	15~100m	가능	1분 이내	낮다	아주 높다	2001년

4) 하이브리드 기법: E-OTD

■ 종래의 위치측정 기술에 비해 약 10배의 정밀한 측정이 가능하다.

■ 네트워크와 핸드셋 기반의 위치측정 기술을 혼합한 하이브리드(Hybrid) 위치 측정 기술인 E-OTD(Enhanced-Observed Time Difference)는 핸드셋의 신호가 3개의 기지국에 도착한 시간의 차이를 이용하여 위치정보를 제공하는 기술이다.

■ 별도의 네트워크 업그레이드 없이 GPS를 지원하는 핸드셋을 필요로 하고 있다.

■ E-OTD는 도심이든 시골이든 상관없이 5초 이내에 이용자의 위치정보를 이론 상으로 10~30m, 실제로는 50~200m의 정확도로 제공할 수 있는 것으로 알려 져 있다.

■ 단점: 전파 채널의 환경에 의해서 위치 정확도 면에서 떨어진다.

■ 지상에서의 신호 전파과정에서 가청성(hearability)의 문제를 가지고 있다.

■ 건물과 지형으로 인한 다중경로와 NLOS(None Line of Sight)의 영향으로 인하 여 전달시간을 정확히 측정하지 못하는 문제가 있다(도심시 오차 수십~수백 미터).

■ 장점: 본래 단말기가 수용하는 전파신호만 사용하므로 단말기의 소형화가 가능 하다.

5) 무선 측위 기술과 서비스에서의 DB 연계

무선 측위 기반 서비스는 사용자 DB에서 시작하여 상세한 도심의 지도를 표현할 수 있는 GIS DB에 이르기까지, 사용자 보안 및 서비스 인증과 위치기반의 다양한 인터넷 서비스를 제공하기 위하여 데이터베이스와의 연동을 요구한다.

무선 측위 서비스를 제공하기 위해 사용하거나 고려하여야 하는 DB 유형은 다음과 같다.

- 디지털 지도: 최단 경로/지도 검색/항법 서비스를 위한 도로 DB
- 인접 지역 정보(proximity) 서비스를 위한 건물 DB 등의 공간 데이터
- 측위 서비스 이용자: 측위 서비스가 가능한 단말기 사용자, 서비스 회사 등의 프로파일
- 실시간 변동 데이터: 뉴스, 교통량, 이벤트, 상품정보, 기상 등의 콘텐츠
- 위와 같은 DB에 대하여, 데이터베이스 관리 시스템(DBMS)과의 통합과 지도 매칭, 최적경로 계산, 주소 매칭, 그래픽 연산 등과 같은 응용 기술이 수행되어져야 한다.

2.3 위치기반서비스 구성요소 및 활용 분야

1) 구성요소

LBS의 주요 구성요소를 살펴보면 다음과 같다.

| 표 7-4 | LBS의 주요 구성요소

단말기	GPS chip set 또는 내부 알고리즘에 의해 기기의 위치를 계산하거나, 위치정보를 이동통신망에 전달
측위 서버	통화자의 위치계산, 위치정보 제공 및 서비스 제공업자의 인증을 포함
응용 서버	디지털 지도 DB, 콘텐츠 DB, 사용자 DB와 실시간 정보를 이용한 LBS 제공

2) 활용 분야

- 무선 측위 기술은 위성시스템 또는 이동통신망을 이용하여 사용자의 위치를 결정하는 역할을 담당한다.
- 이동통신망 기술은 사용자의 위치를 결정하기 위한 신호를 제공하거나 또는 결정된 위치를 전송하는 역할을 담당한다.
- 위치기반서비스 콘텐츠 응용 기술은 위치정보를 이용한 다양한 서비스를 개발하여 사용자에게 제공하는 역할을 담당하는 것으로 여기에는 비상 구조지원, 위치기반 상거래, 위치기반 광고, 교통 혼잡 안내 및 차량 위치 추적과 같은 텔레매틱스(telematics) 등이 포함된다.

| 표 7-5 | LBS 활용 분야의 예

활용 분야	기대 효과
어린이나 치매노인의 위치추적	미아방지, 사고예방
애완동물(애완견) 위치추적	분실, 사고예방
택시호출, 응급/긴급 구조차량 배차, 경찰/보안/군용차량 관리	고객/환자에 대한 신속한 대응, 범죄예방, 범죄자 추적
차량 내비게이션	차량의 이동경로를 전자지도상에 표시함으로써 이동경로 파악
택배/화물의 위치정보 제공	유류/교통비/통신비 절감
외근직원의 경로/일정 관리	외근직원의 효과적 관리
현재 위치의 주변정보 제공	극장, 주유소, 식당, 백화점 등 주변정보를 제공함으로써 고부가 서비스 제공

- 이 외에도 ITS 연계 분야, 장애인을 위한 보조수단, 위치정보를 기반으로 한 L-커머스 등 그 적용 분야는 무한하다.

제3절 위치기반서비스 비즈니스

스마트폰이야말로 LBS 사업의 구세주라고 할 수 있다. 현재 국내에서 출시되어 있는 모든 스마트폰에는 기본적으로 GPS가 장착되어 있다. 또한 스마트폰 특유의 강력한 운영체제와 개발도구를 통해 과거와는 달리 비교적 손쉽게 LBS 애플리케이션의 개발이 가능하게 되었다. 그에 따라 다양한 LBS 애플리케이션이 쏟아지게 되었고, 이용자들도 열렬히 호응하고 있다. 또한 최근의 LBS 애플리케이션은 소셜네트워크, 상거래, 엔터테인먼트의 요소들을 LBS와 융합하여 수익 모델로 진화되어 가고 있는 추세이다.

3.1 위치기반 소셜네트워크서비스(포스퀘어)

전 세계적으로 가장 주목받고 있는 LBS 서비스를 선택한다면 그것은 바로 '포스퀘어(Foursquare)'이다. 페이스북, 트위터에 이어 성공한 서비스로 포스퀘어를 꼽는 전문가들이 많다. 포스퀘어는 LBS 기능에 체크인, 배지 수집, 랭킹 등의 게임적 특성과 친구 맺기 등의 소셜네트워크적 특성을 동시에 갖춘 독특한 서비스다. 포스퀘어는 2009년에 처음 선보인 서비스인데, 2011년 3월 50만 명에 불과했던 이용자 숫자가 5개월 만에 300만 명을 넘어섰다. 한국에서도 유저그룹이 결성되어 정기적인 모임을 갖고 있으며, 포스퀘어의 기본 동작방식은 다음과 같다.

- 목적지에 도착하면, 앱을 실행시켜 'Places' 메뉴에 들어간다.
- 장소 목록에서 자신이 위치한 장소를 선택한다.
- 체크인을 하거나 새로운 장소를 등록하면 포인트를 획득할 수 있다.
- 다른 이용자들이 남긴 장소에 대한 메시지를 조회하거나, 메시지를 등록할 수 있다.
- 활동내역에 따라 배지를 획득할 수 있다.
- 한 장소에서 가장 많이 체크인을 한 이용자에게는 시장(mayor) 등급이 부여된다.

| 그림 7-8 | **포스퀘어(Foursquare)**

포스퀘어는 소셜네트워크적 요소와 게임적 요소를 통해 이용자들이 활발하게 이용하도록 유도를 하면서, 그러한 이용자들의 활동내역을 분석하여 비즈니스 대시보드를 제공하고 있다. 장소를 소유한 업체들은 비즈니스 대시보드를 통해 이용자 통계를 조회할 수 있는데 총 체크인 수, 많이 이용한 사람, 성별 비율, 체크인이 페이스북과 트위터에 포스팅된 건수 등을 확인할 수 있다. 포스퀘어는 기업의 브랜드나 이벤트를 프로모션하기 위해 신규 배지를 만들어 제공하며 기업은 배지를 활용하여 이용자들의 관심을 유도하는 마케팅을 할 수 있다. 포스퀘어는 또한 영리·비영리기관들과 제휴마케팅도 강화하여 해당 기관의 여러 매력적인 장소를 모아 놓은 별도의 페이지를 개설하여 제공하기도 한다. 국내에서도 포스퀘어를 카피한 서비스들이 계속 등장하고 있는데, 대표적인 것으로는 다음의 플레이스, KTH 파란의 아임IN, 그리고 벤처기업이 만든 런파이프 등을 꼽을 수 있다.

3.2 지역기반 공동구매 소셜커머스(그루폰)

LBS가 상거래와 융합된 사례다. 소셜쇼핑으로 유명한 그루폰(Groupon)은 스마트폰 애플리케이션을 통해 모바일 상거래를 유도하고 있다. 그루폰은 LBS, 공동구매,

광고, 소셜미디어를 절묘하게 융합한 소셜쇼핑의 대표적인 성공 사례인데 현재 20여 개 국가, 170여 개가 넘는 도시에서 서비스를 하고 있다. 그루폰 앱을 실행시키면 위치정보를 통해 자신이 위치한 장소에 해당하는 쿠폰을 바로 조회하여 구매를 할 수 있으며, 구매한 쿠폰을 손쉽게 확인하고 사용할 수 있다.

| 그림 7-9 | **그루폰(Groupon)**

3.3 위치기반 소셜미디어서비스(베일 리조트)

최근 미국 콜로라도에 위치한 베일 리조트(Vail Resorts)에서는 새로운 위치기반 Social Media 서비스인 에픽믹스(EpicMix)라는 서비스를 시작했다. 이 서비스는 일단 스키장의 슬로프에서 Facebook의 위치기반서비스인 Places를 이용해 체크인(check-in: 해당 장소에 방문했음을 사용자가 표시하는 것)을 하고, 내려오면서 존재하는 여러 핀(pin)들을 획득하면서 보너스도 받고, 다양한 스키 관련 기술을 익힐 수 있으며, 자신이 내려온 길을 친구들이나 가족들에게 보여 줄 수도 있다. 이렇게 내려온 루트

(route)의 거리와 실제 어느 정도의 거리를 내려왔는지도 계산해 볼 수 있다.

단순히 대도시 등에서 레스토랑 같은 곳에서 이용하는 위치기반서비스의 한계를 넘어, 스키 리조트에 최적화된 새로운 위치기반 Social Media 서비스를 구현한 것이다.

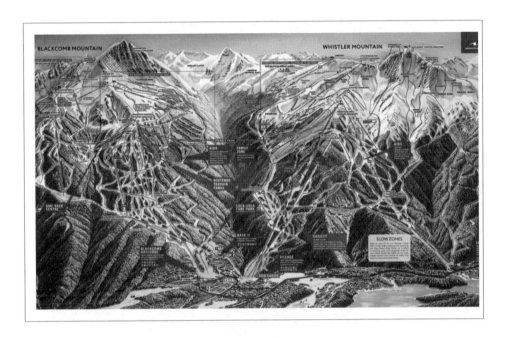

| 그림 7-10 | **베일 리조트의 위치기반서비스**

이러한 서비스에 재미적인 요소를 부가시켰는데, 리프트 패스에는 RFID Chip이 부착되어 있어, 스키를 타는 사람들이 별도의 스마트폰을 가지고 다니지 않아도 간단히 자동으로 체크인을 할 수 있으며, 아이폰(iPhone)이나 안드로이드(Android) 플랫폼을 지원하는 EpicMix 모바일 애플리케이션을 다운로드받아 언제든지 정보에 접근할 수 있다.

3.4 위치기반 소셜네트워크서비스(다음 플레이스)

다음(Daum) 플레이스 애플리케이션은 '체크인'을 통해 방문한 장소에 대해 즉시

기록하고 사람들과 이야기를 나눌 수 있는 서비스다. '체크인'은 인터넷의 로그인과 유
사한 개념으로 로그인이 특정 사이트에 내가 있음을 알리고 글이나 사진을 올릴 수
있듯, '체크인'은 온라인이 아닌 오프라인의 자신이 있는 위치에 대한 이야기를 글이나
사진으로 기록하고 싶을 때 이용하는 기능이다.

다음 플레이스 애플리케이션의 이용방법은 아래와 같다.

- 내 주변 검색으로 편리하게 실시간 정보 확인(맛집, 구인정보, 할인, 이벤트 등)
- 작성한 게시글을 트위터, '요즘'으로 보내기
- 카페에서 우연히 유명 연예인을 만났다면 즉석에서 인증사진을 찍어 남들에게
  자랑하기
- 내가 어디에서 무엇을 했는지 '체크인' 하기
- 지금 내 친구들이 어디에 있는지 확인하기

| 그림 7-11 | **다음 플레이스**

3.5 위치기반서비스 마케팅

위치기반서비스(LBS)는 이동통신망이나 GPS 등을 통해 위치정보를 바탕으로 이용자에게 여러 가지 서비스를 제공하는 서비스 시스템을 말한다. 특정 장소의 날씨서비스, 지름길을 찾는 교통정보서비스 등 각종 서비스로의 활용이 가능하며 이를 통해 기업에서 마케팅 수단으로 활용하고 있는 서비스 중 하나이다. 위치기반서비스는 말 그대로 현재 이용자의 위치를 바탕으로 정보를 제공하기 때문에 보다 즉각적이고 실질적인 효과를 얻을 수 있다. 즉, 특정 매장 주변에 있는 고객에게 매장의 할인정보, 이벤트 등을 안내해 줌으로써 방문 가능한 고객에게 접근하여 매장으로의 방문을 유도할 수 있다는 장점이 있다.

- 미국 자동차 회사인 쉐보레가 텍사스 지역을 기반으로 하는 소셜미디어 게임업체 'Gowalla'와 함께 진행한 프로모션을 들 수 있다. Gowalla를 이용하는 사람이 지역 공항에 도착하면 환영 메시지를 랜덤으로 발송하게 되고, 이 중 행운의 주인공에게 공항에서 쉐보레 자동차를 무료로 탈 수 있는 기회를 제공하는 프로모션이다. 마케팅을 진행하고 싶어도 적재적소에서 대상자를 찾는 것이 쉽지 않은데 위 마케팅은 위치기반서비스를 매우 잘 활용한 사례라고 할 수 있다.
- 일본 도미노피자에서는 모바일 애플리케이션을 실행하면 현재 위치를 기반으로 가장 가까운 매장에서 피자를 주문할 수 있는 서비스를 제공하고 있다. 주변 매장의 전화번호를 찾는 번거로움을 해결함으로써 고객의 편의를 높이고 매출 또한 높인 우수 사례다.

제4절 위치기반서비스 시장 동향

LBS는 고정된 Network와 GPS 기반 위치추정을 지원하는 PC, 휴대폰과 같은 독립된 기기에서 교통 및 지도, 위치추적서비스를 제공하며 물류 및 제조와 같은 영역에서 서비스되고 있다. 이런 LBS가 점점 기술의 고도화 및 시장의 확대에 따라 Smart LBS로 변화되고 있다. 고정된 Network와 Wireless Network를 인프라로 하고 GPS뿐만 아니라 Wireless Location 및 PDR 등의 향상된 위치추정 기술을 지원하는 스마트 디바이스들 간의 상호연결을 통해 기존의 LBS 시장 위에 금융, 미디어, 의료, 교육, 엔터테인먼트 등으로 확장되고 있다.

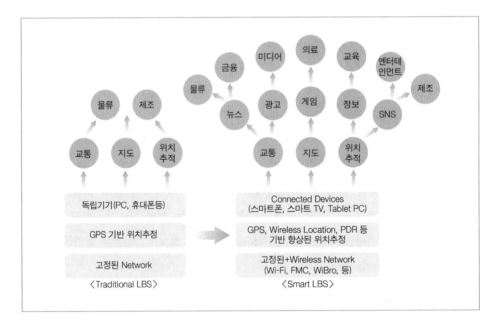

| 그림 7-12 | **LBS 기술 변화에 따른 시장 변화**

이에 따라 Consumer용 모바일 LBS 시장으로 확대되고, 기술의 Convergence를 통해 LBS가 고도화되며 SNS와의 연계를 통한 LBSNS(LBS+SNS)의 플랫폼화가 이루어지고 있다.

4.1 세계 위치기반서비스 시장 동향

Technavio Research에 의하면, 세계 LBS 시장 규모는 2030년 까지 연평균 성장률 24.2%로 성장할 것이며, 운송 및 물류 시장이 성장을 주도할 것이라고 밝혔다.

세계 Application 유형별 LBS 가입자 수 전망의 양상은 세계 LBS 시장 전망과 유사하게 개인용 내비게이션, 위치추적, 친구 찾기/소셜네트워킹, 가족위치/안전서비스 순으로 가입자 수를 확보하고 있다. LBS 시장의 확장은 스마트폰 공급의 확대와 Wi-Fi를 포함한 네트워크 인프라의 발전, 그리고 위치추정 기술의 향상 및 LBS 서비스 수준 향상에 의해 계속 증가할 것으로 전망되며, LBS 가입자 수 또한 다양한 LBS 서비스 질적·양적 증대에 따라 증가할 것으로 전망된다.

미국의 주요 LBS 제공사업자 중 Sprint Nextel에서는 Sprint Navigation/AAA Mobile/TeleNav GPS Navigator와 같은 차량용 내비게이션, 자신의 위치를 확인하고 제공해 주는 MapQuest Find Me, 부모로 하여금 아이의 위치를 지도상에서 확인할 수 있도록 하는 Family Locator 및 차량 긴급 상황 발생 시 지원서비스인 Roadside Rescue 등을 유료로 제공하고 있다. Verizon Wireless는 Verizon Communications와 Vodafone의 합작회사로 차량용 내비게이션인 VZ Navigator, GPS를 활용한 가족용 위치추적서비스인 Chaperone, 지도기반으로 교통정보, 주변의 상점 및 주유소 정보 등을 제공하는 서비스 및 컬러 지도에 턴바이턴 내비게이션을 제공하는 Mapquest Mobile 서비스를 지원하고 있다.

이 외에도 Google은 미국 내 자전거 전용도로와 자전거 길 안내를 Google Map에 통합한 Google Biking Direction 서비스, 게임기반의 위치기반 SNS인 Foursqure, 이와 유사한 가상 땅 따먹기 게임인 Gowalla 등이 인기가 높아 이용률이 증가하고 있다. 유럽의 주요 LBS 사업자 중 T-Mobile은 화물 차량 관리 및 자산 추적서비스인 LocInfor Tracking 서비스, 음성 데이터 서비스에 대해 위치기반으로 차등요금을 부과하는 위치기반 Billing 서비스, 스마트폰용 턴바이턴 내비게이션인 NaviGate, 모바일 서치/지도보기/내비게이션 애플리케이션을 통합한 Wiseplot 서비스 및 위치추적/관리/통신기능을 통합한 화물 관리 서비스인 T-mobile Fleet Manager 서비스를 제공하고 있다. Orange

Group에서는 Orange Navigation, Orange Map, 영국 내 수백만 개의 사업자와 기관을 찾을 수 있는 Orange Finder 및 Traffic TV 등의 서비스를 제공하고 있다.

4.2 국내 위치기반서비스 시장동향

LBS 시장은 스마트폰 열풍에 힘입어 스마트폰 기반 차량용 LBS 및 보행자용 LBS Application이 확대 보급되고 있다. 스마트폰의 성능이 기존의 휴대폰에 PC를 추가한 모바일 PC에 의해 통신 기능이 가능함에 따라 단순한 위치정보 제공서비스가 아닌 주변 및 타 지역의 위치기반의 다양한 콘텐츠 제공이 가능하다. 또한 사용자에 의해 생성된 정보의 상호 교류가 가능함에 따라 새로운 형태의 시장이 형성되고 있다.

국내 LBS 시장의 경우 80%를 단말이 차지하고 있고 20%를 서비스가 차지하고 있다. 서비스별 매출 비중은 교통/항법서비스가 가장 많으며, 그 뒤로 물류추적 및 B2B 서비스, 위치확인서비스 순이다. 이 외에도 주변정보서비스, 광고 및 상거래 서비스, 안전 및 보안서비스, 위치기반 엔터테인먼트 등의 서비스 매출액이 계속 증가하고 있으며 모바일 인터넷 산업에서 큰 규모의 시장을 지속적으로 형성하고 계속 확장될 것으로 전망된다. 또한 신규 투자가 증가하고 위치정보 사업자의 등록 신청 수가 계속 접수되며 위치기반서비스 사업자에 의해 다양한 서비스가 등장함으로써 그 시장이 계속 증가할 것으로 보인다. 그러나 Apple, Google 등 Global 기업이 국내 LBS 시장에 진출함에 따라 국내 LBS 사업자들의 사업화 위기가 예상된다.

4.3 위치기반서비스 시장 발전과 기업 대응방안

LBS 시장은 주요 이동통신 업체, 단말 업체, 포털 업체 및 독자적인 서비스를 위한 신규시장 진입업체에 의해 주도된다. 이동통신 업체는 무선망과 유선망을 통합한 유·무선 통합 환경에서 IPTV 등 방송까지 통합하며 새로운 LBS 서비스 및 시장을 형성하기 위한 노력을 기울여야 한다.

- 대상 서비스 영역: 내비게이션 및 위치확인에서 벗어나 유통, 물류, 금융, 교육, 건설, 광고, 엔터테인먼트

- 단말기 업체: 데이터의 융복합에 위치정보를 결합한 새로운 형태의 서비스를 기획, 자체 개발한 단말에 콘텐츠 결합을 통한 LBS 앱 서비스를 지향
- 포털 업체: 3D Map에 실내 Map을 추가하여 Global 지도기반 LBS 제공
- 신규진입 업체: 자체 보유기관의 홍보, 광고, 서비스 등을 위한 LBS 시스템 구축을 도모
- 중소기업 대응전략: 지적재산권 확보, 새로운 패러다임의 기술/제품 개발, 변화 및 환경에 적응적인(adaptive) 전략 수립, 개인별 차별화 및 미래 가치 추구 전략
- 세계시장으로의 진입방안: 새로운 콘텐츠의 개발, 세계적인 앱 개발/보급 후 후속 부가가치 생성, SNS 기반 광고, 향상된 위치정보 제공 기술개발, 지적재산권 (특허, S/W, 능) 출원/등록

4.4 위치기반서비스 애플리케이션 시장

한국정보통신산업협회의 자료에 따르면, 향후 LBS 분야에서 새로운 비즈니스 모델이 계속 등장하고 수익 모델이 증가할 경우에 LBS 시장은 계속 성장할 것으로 예상된다. 주요 LBS 애플리케이션의 현황과 모바일 광고 LBS 애플리케이션의 응용 분야는 아주 다양하다. 자신의 위치뿐만 아니라 허가받은 타인의 위치를 파악하거나 물품의 위치를 추적할 수도 있다. 또한 자신이 위치한 장소의 날씨나 교통 상황 등을 파악할 수도 있고, 목표 근접 시 알림 기능을 이용함으로써 목표 지정 광고, 친구 또는 데이트 상대자 찾기 등도 가능하다.

스마트폰의 보급과 함께 가장 먼저 인기를 끈 LBS 애플리케이션은 구글, 네이버, 다음 등의 인터넷 기업들이 만든 지도 애플리케이션이다. PC 인터넷을 중심으로 활발한 지도 서비스를 하고 있던 주요 인터넷 기업들은 재빨리 모바일 인터넷에 최적화된 지도 애플리케이션을 만들어 마케팅에 힘을 쏟고 있는 상황이다. 특히 구글의 경우 안드로이드폰, 아이폰 등의 주요 스마트폰에 기본 지도 서비스가 탑재되어 있어 이용자 층이 급속도로 늘어나고 있다. 국내 이용자들에게 친숙한 네이버, 다음이 스마트폰용 지도 애플리케이션을 만들어 장소검색, 길찾기, 대중교통, 교통량 등의 정보를 충실히 제공함에 따라 많은 스마트폰 이용자들이 지도 애플리케이션을 즐겨 이용하고 있다.

하지만 현재 이러한 포털의 지도 애플리케이션은 단순히 평면적인 지도정보를 제공하는 데 머물고 있는데, 좀 더 모바일의 기능을 활용한 분야가 바로 LBS와 결합된 AR(Augmented Reality: 증강현실) 애플리케이션이다. 스마트폰에 탑재된 GPS와 카메라를 동시에 활용한 증강현실 애플리케이션은 이용자가 위치한 실제 거리의 화면에다 모바일 인터넷으로 받아 온 정보를 합성하여 보여준다. 증강현실 애플리케이션에 따라 맛집을 검색해 보여 주거나 은행, 커피숍, 병원, 약국 등을 표시해 주기도 한다. 또는 특정 장소에 이용자가 태깅(tagging: 부연정보를 입력하는 것)을 함으로써 장소에 대한 정보를 추가하거나 또는 타인이 입력한 정보를 조회할 수도 있다.

이러한 LBS 애플리케이션과 밀접한 관계를 갖고 있는 것이 바로 모바일 광고이다. 위치정보와 광고가 결합함으로써 더 강력하게 상거래를 유도할 수 있게 된다. LBS를 활용하는 모바일 광고의 기본 작동방식은 다음과 같다. 스마트폰에서 콘텐츠를 조회하는 중 근처 점포의 광고가 나오게 되고, 광고를 클릭하면 광고주의 위치를 나타내는 지도와 함께 버튼 두 개가 표시된다. 첫 번째 버튼은 '찾아가기'로서 버튼을 클릭하면 해당 점포를 찾아가는 방법이 자세하게 제공한다. 두 번째 버튼은 '전화연결'로서 버튼을 클릭하면 바로 광고주와 연결시켜 준다. 광고를 클릭하거나 또는 전화를 연결할 때 광고주에게 과금을 하게 된다. 위의 두 가지 방식은 PC에서는 경험할 수 없었던 것으로서 이용자에게는 광고를 넘어서서 정보의 성격을 띠게 되며, 상거래를 유도함으로써 광고주와 이용자 모두에게 좀 더 나은 혜택을 제공한다.

제5절 위치기반서비스 전망

텔레매틱스용 내비게이터가 주를 이루어 오던 위치기반서비스(Location Based Services: LBS)가 2009년부터 보급 활성화된 스마트폰의 영향으로 인해 모바일 인터넷 사업에서 'Killer Application'으로 각광받고 있다. 이와 별도로 최근 무서운 성장세를 보이는 증강현실(Augmented Reality: AR)과 SNS(Social Network Service) 등과의 융복합을 통한 새로운 서비스가 형성되고 시장이 창출되고 있다. LBS는 차량의 위치확인 및 주행경로 서비스에서 벗어나 이제는 물류, 금융, 미디어, 의료, 교육, 엔터테인먼트, 제조 등의 분야에서 정보 및 광고, 게임, SNS 등의 서비스를 위치정보와 연계하여 제공하고 있으며 적용 분야 및 니즈가 계속 증가하고 있다.

5.1 위치기반서비스 전망

현재 스마트폰 애플리케이션 중 상당수가 LBS 기능을 활용하면서 좀 더 정교한 수익 모델을 가진 서비스가 등장할 것이다. LBS 애플리케이션은 단순히 정보의 제공이 아니라 소셜네트워크 상거래, 엔터테인먼트적인 요소를 어떻게 잘 융합하는가에 따라 성패가 갈릴 것이다. 특히 LBS 분야는 단순한 애플리케이션이 아니라, 위치기반 소셜플랫폼(Location- Based Social Platform)으로 발전하고 있다. 앞으로는 플랫폼 경쟁이다. LBS와 관련되어 긍정적인 부분만 있는 건 아니다. 무엇보다 프라이버시 문제가 부각되고 있다. 과도하게 개인의 사생활이 노출될 수 있고 심할 경우 악용당할 소지도 있기 때문이다. 그렇기 때문에 해외에서는 LBS와 관련된 법·제도적 정비를 요구하는 시민단체들의 목소리도 높아지고 있는 상황이다. 앞으로 LBS 사업을 하는 업체들은 프라이버시 및 개인정보의 보안에 좀 더 많은 투자를 함으로써 이용자들에게 신뢰감을 줄 수 있어야 한다. 일부 우려되는 점이 있다고 하더라도 LBS는 머지않아 새로운 단계로 진입할 것이고 크게 시장이 확대될 것이다. LBS 트랜드를 아홉 가지로 정리하면 다음과 같다.

- 모바일 기기들은 각종 위치정보 기술(Wi-Fi, Cell-ID, GPS signal, NFC 등)을 이용하여 위치정보를 끊김 없이 획득한다. 특히, 실내 측위 기술의 발전으로 사용자들의 위치정보는 끊김 없는 파악의 가능성이 더욱 높아진다.
- 모바일 기기의 소셜시스템은 위치파악 능력과 통합된다.
- 내비게이션 기능은 소셜활동과 결합되어 보다 정교한 지역정보가 제공되는 서비스로 진화된다(예: 속도위반 카메라, 교통 번잡지역, 도로통제, 교통사고 등).
- 추적(tracking)은 부담되나, 공유(sharing)는 환영받는다. 위치정보 사용자들은 항시 추적되는 것은 우려하지만, 자신의 위치정보를 공유하고 싶을 때는 공유한다.

- LBS를 사용하여 특정 지역의 환경이 주거지역으로 적절한지 판단한다는 초우량 지역정보 경험(ultra local experience)이 제공된다(예: 이웃성향, 범죄율 등).
- 위치정보가 통신사 간 자유롭게 이동 및 공유된다. 문자서비스(SMS)의 진화처럼 초기에는 통신사별로 위치정보가 묶이지만, 결국에는 위치정보 유통에 통신사 간 장벽이 없어진다.
- 대형 업체들의 모바일에 대한 인지도가 더욱 향상되어, 관계성 높고 아주 개인적인 혜택들이 모바일 광고나 증강현실로 제공된다. 따라서 목표시설을 직접 가보거나 이용하지 않더라도 상세한 정보가 증강현실로 제공된다.
- 다양한 경로를 통해 서로 확인하고 검증하는 질적 개선이 이뤄진다.
- LBS 판도에 큰 변화가 도래하여, 유럽에서 Google의 입지는 강화되고 있다.

5.2 위치기반서비스 이슈

위치추정 및 위치정보 기반 서비스를 위한 이슈사항들 중 실내 LBS 문제와 프라이버시 보호 문제를 언급한다. 먼저 실내 LBS 문제의 경우 위치추정을 위한 인프라 문제가 발생한다. 앞에서 언급한 바와 같이 실내에서는 GPS를 사용할 수 없으며 이동통신망을 사용하는 경우 큰 오차가 발생하게 된다. 따라서 Wi−Fi와 같은 무선통신망 기반의 위치추정 기술이 주로 사용된다. 여기서 설치되어 있는 AP들의 위치 DB 부재 문제가 발생한다.

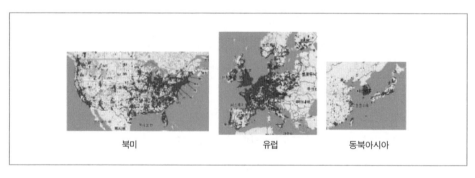

| 그림 7-13 | Skyhook Wireless에서 구축한 Wi-Fi DB
(도로에서 획득할 수 있는 Wi-Fi 정보)

이 외에도 Wi-Fi 폰용 AP 및 사업용 공용으로 설치한 AP의 수 또한 수백만 대에 이른다. 이렇게 설치된 AP들의 위치 DB는 현재 이루어져 있지 않으며 국내에서는 각 통신 사업자가 LBS 서비스를 위해 구축하는 방안을 마련하고 있다. Skyhook Wireless에서 도로에서 획득할 수 있는 Wi-Fi 정보를 기반으로 AP들을 전 세계적으로 DB화하고 있으며 이에 대한 지적재산권을 확보하고 있다. 그리고 국내외 연구진에 의해 실내 LBS를 위한 실내에 설치된 AP의 위치 DB화 기술을 연구하고 있으며, 특히 사용자 참여형으로 위치 DB가 자동적으로 구축되는 기술을 개발/보급 중에 있다.

프라이버시 보호 문제는 '위치정보의 보호 및 이용 등에 관한 법률'에 따라 보호해야 할 개인정보로 최근 애플의 아이폰 위치정보 수집에 대한 위법 판결에서 볼 수 있듯이 중요한 이슈 중의 하나이다. 프라이버시 보호를 위해서는 먼저 위치정보 자기 통제 기능을 강화해야 한다. 이것은 위치정보사업자가 개인의 동의 없이 위치정보를 수집하는 것에 대한 자기 방어 기능을 강화하는 것으로 개인 스마트폰에서 GPS 기능을 필요에 따라 On/Off함으로써 임의로 위치정보가 수집되는 문제를 해결할 수 있다.

이와 별도로 방송통신위원회에서는 위치정보 사업자 및 위치기반서비스 사업자에게 개인위치정보 자기 제어 시스템 구축 계획서를 제출하도록 하고 이행 여부를 확인함으로써 정부 차원의 개인 프라이버시 보호 문제를 해결하고 있다. 공공목적의 위치정보 활용 확대에 따른 보호조치 강화는 경찰청, 소방청, 해경청에서 개인 위치정보의 오남용을 방지하기 위한 자동화 시스템 구축을 권고하고 있다. 이러한 배경하에 LBS의 주요 이슈 다섯 가지를 정리하면 다음과 같다.

1) 사생활 보호 등의 시스템적 문제 해결

이미 보편화된 주변 버스정류장 안내서비스는 버스의 도착 예정시간을 알려 주어 기다리는 데 드는 수고를 덜어 주었고, 낯선 곳을 여행할 때에도 목적지로 가는 노선을 어렵지 않게 검색할 수 있도록 해준다. 차를 운전할 때에도 현재 도로상황 안내 서비스를 통해 정체구간을 미리 인지하여 우회하거나, 사고지점에서는 더욱 안전하게 운행하는 등의 활용을 하고 있다. 또한 주변 음식점과 상점정보를 제공해 주는 앱으로 흔히 가는 음식점이 아닌, 새로운 것을 먹고 싶을 때에 주변 음식점 검색서비스를 통해 미리 메뉴와 평가, 약도 등을 알아볼 수 있다. 현재 위치 주변의 커피전문점 검색, 편의점 검색, 현금인출기/은행 검색서비스 등은 일상생활에서 늘 활용하는 기능이다.

이 밖에도 현재 위치의 지도보기나, 사진촬영 시 위치정보를 사진파일 내에 저장하는 기능 등은 기본적으로 스마트폰에서 제공되는 기능이지만 매우 유용한 정보로써 활용된다. 이러한 위치기반서비스는 주로 내 위치정보를 내가 아는 것을 기본으로 하고 있다. 내 위치정보를 타인이 아는 것은, 응급구조 서비스와 같은 공공의 목적으로 활용될 때에 우리 삶이 한 단계 더 나아질 수 있겠지만, 혹여나 악용될 경우에는 심각한 사회적 문제로 확산될 가능성이 있다. 따라서 내 위치를 '정보'로써 활용하기 위해서는 사생활 보호와 관련된 제도/시스템적인 문제를 어떻게 해결해 나갈 것인지에 대한 논의가 충분히 선행되어야 한다.

2) 상업적 악용방지를 위한 법적 장치 마련

LBS라는 용어는 아직 낯설지만 차량용 내비게이션, 인터넷 포털 사이트에서 제공하고 있는 '지도(거리보기) 서비스' 등은 이미 우리 생활 속에서 폭넓게 활용되고 있다. 몇 년 전 핸드폰 사용자의 동의를 전제로 사용자의 위치를 확인할 수 있는 상용서비스가 등장하면서 재미삼아 가족, 연인, 친구끼리 이 서비스를 이용 가능했지만 서비스 초기에는 큰 관심을 끌었던 이러한 위치기반서비스는 스마트폰과 SNS(Social Networking Service) 등이 대중화되면서 다양한 형태의 서비스로 발전했다.

사용자의 위치정보를 기반으로 주변정보 제공, 길 찾기, 자녀 위치 조회 등 우리 삶에 다양한 편의성을 제공하고 있는 것은 사실이다. 그러나 편리성의 이면에는 개인정보가 본인의 동의 없이 제3자에게 제공되는 경우 그 사람이 어떤 행동을 하고 있는지를 알리는 것과 같은 효과이므로 현재보다 더욱 엄격한 보호방침이 마련되어야 한다. 개인이 제공하는 위치 정보의 수준을 등급별로 세분화해 이를 정보제공자가 통제할 수 있는 방안이 마련되어야 하며, 본인의 동의 없이 무분별하게 상업적으로 악용되는 사례를 막기 위한 강력한 법적 규제가 필요하다.

그리고 위치기반서비스 관련 서비스 가입 및 활용 시 보안 설정값을 보다 면밀히 확인하고, 트위터나 페이스북 같은 소셜네트워킹서비스 이용 시 지나친 개인정보의 공개는 피하는 등의 지혜가 필요하다. 기술의 발전에 따라 보다 다양한 위치기반서비스가 등장하면서 더욱 편리해지는 생활에 대한 기대감과 알지 못하는 사이에 개인의 일거수일투족이 노출될지 모른다는 불안감은 양면의 칼날과 같다고 볼 수 있다.

3) 가치있는 지식정보의 활용

불과 몇 년 전까지만 해도 국내 LBS는 사생활 침해의 소지가 많은 예민한 개인정보로 인식되어져 서비스 제공범위가 교통, 안전, 복지 등에 집중되어 왔다. 하지만 최근 스마트폰의 급격한 보급과 함께 위치정보에 대한 소비자 인식이 바뀌면서 내 위치를 중심으로 주변정보를 검색하는 지도 및 지역정보서비스와 내 위치를 일반인에게 공개하여 상호 소통하는 사회관계망서비스(SNS), 증강현실(AR)서비스 등의 위치정보 공유서비스 이용이 세계 시장에 비해 상당히 높은 것으로 나타났다. 이처럼 내 위치를 노출하고 공유하면서 연관된 다수의 이용자를 상호 연계하는 사용자의 서비스 요구(needs)는 국내 LBS 시장변화를 빠르게 선도하고 있다고 해도 과언이 아니다.

이러한 시점에서, 자발적으로 본인의 위치를 일반인에게 공개할 경우 현행법상 조정 가능한 범위를 완화하여 사용자의 서비스 요구를 충족시킴과 동시에 국내 산업 활성화를 유도하는 것이 필요하다. 반면, LBS 산업을 저해하는 위치정보 악용사업자에 대해서는 더욱더 제재수위를 높여서 선량한 의무를 다하고 있는 사업자를 보호하고 소비자가 안심하고 사용할 수 있는 기반을 마련하는 조치가 필요하다. 향후, 수많은 위치기반 앱은 시장의 논리에 의해 사라지고 다시 만들어지겠지만 사용자에 의해 축적된 위치기반정보의 가치는 특화된 지식서비스로 등장할 수 있다.

4) 셀프케어 자세 인식 제고

스마트폰의 보급 활성화에 힘입어 다양한 종류의 위치기반서비스들이 나오고 있다. 무심코 설치한 앱 중에도 꽤 많은 수가 위치정보를 활용하여 서비스를 제공하고 있는 것을 확인할 수 있다. 실제로 우리가 실생활에서 가장 많이 활용하는 위치기반서비스는 구글맵과 같은 지도서비스나 교통정보(예: 버스, 지하철 등) 관련 정도이다. 이러한 서비스들은 정보획득을 목적으로 사용하고 있지만, 요즘 들어 SNS와 결합한 형태나 게임에서 위치정보를 활용한다든지 하는 엔터테인먼트가 가미된 서비스 관련 소식들을 많이 접하게 된다. 하지만 이런 새로운 서비스들의 문제점은 사용자의 프라이버시(현재 위치)를 그대로 노출하여 악용한다는 것이다.

'Tap Snake'라는 게임의 경우, 'GPS Spy' 앱을 이용하여 'Tap Snake' 앱이 설치된 단말기의 위치정보를 확인한 후 사용자 몰래 특정 서버로 전송하는 악성기능을 포함하여 논란이 되기도 했다. 또한 GS칼텍스, 옥션, 루센, 네이트온 등 대형 인터넷 사이트 내 개인정보 유출사고도 끊임없이 일어나고 있다. 정보사회에서 인터넷이나 스마트폰, SNS를 빼고 생활하는 것은 상상도 할 수 없지만 이러한 것들이 주는 편리성과 즐거움에 빠져서 자신도 모르는 사이에 노출된 개인정보가 되돌려줄 독을 간과했을 경우, 문제의 심각성은 증폭된다. 제도적인 장치나 앱 개발자의 개인정보 보호 인식도 중요하지만, 이제 내 손안에 있는 만물상이 나를 공격하지 않도록 사용자 스스로 'Self Care' 하는 자세를 잊지 말아야 한다.

5) 범죄악용 위험성 차단 방안

최근 스마트폰의 LBS 앱인 '오빠믿지'가 사회적으로 이슈가 된 적이 있다. 아이폰에서 GPS 기능을 활용해 이용자의 위치를 실시간 추적 가능한 프로그램인데 주로 연인 간에 선풍적인 인기를 끌었으나 사생활 침해 논란을 불러와 현재 서비스가 중지되었다. 서로 위치정보를 주고받기로 동의해도 은연중에 족쇄 역할을 하게 될 것이 뻔해 보인다. 자신의 위치정보가 타인에게 실시간으로 제공되면 위치정보를 이용하는 쪽에서 조금만 나쁜 마음을 먹으면 위치정보가 악용되어 사생활 침해의 위험성이 높다. 위치기반서비스를 좋은 용도로 쓰면 실생활에 많은 도움이 되나 범죄에 악용될 소지가 많다.

이와 같이 칼과 같은 양면성이 있으나 강도가 아닌 주부의 입장에서 위치기반서비스를 잘 활용할 수 있는 방법이 없을까? 우리나라에서 한 해에 실종되는 어린이가 7,000명이나 된다고 한다. 만약, 이러한 실종 어린이들에게 위치기반서비스 단말기가 부착되어 있다면 대부분 부모님 품에 돌아올 수 있지 않겠는가? 어린이나 노약자, 특히 귀가하지 않은 딸을 기다리는 부모의 입장에서도 꼭 필요한 기능이다. 앞으로 이용자들이 잘 활용할 수 있도록 법과 제도적으로 개선하여 사생활 침해 걱정 없이 안심하고 서비스를 이용할 수 있어야 한다.

토의문제

1. LBS가 최초로 등장한 배경에 대하여 간략하게 설명하시오.
2. LBS의 다섯 가지 핵심적인 서비스를 제시하시오.
3. LBS의 네 가지 주요 기술에 대하여 설명하시오.
4. LBS의 측위 기술에 대하여 논하시오.
5. LBS 활용 사례를 서비스 제공 기업별로 비교하고 특장점을 설명하시오.
6. LBS에 기반한 마케팅 서비스 방법에 대하여 특정 기업의 사례를 들어 설명하시오.
7. LBS의 주요 이슈 다섯 가지에 대하여 제시하시오.
8. LBS 전망과 핵심이슈 사항들에 대한 자신의 의견을 제시해 보시오.

참고문헌

Blokdyk, G., *Location−Based Services Complete Self−Assessment Guide*, SSTARCooks, 2021.

Bovee, C. L. and Thill, J. V., *Business Communication Essentials: Fundamental Skills for the Mobile−Digital−Social Workplace*, Pearson, 2018.

Brainy, G., *Visibility Location and Positioning for Success*, Independently Published, 2024.

Cammack, R., *Trends and Technologies for Maps and Internet*, Springer, 2021.

Evans, L. and Saker, M., *Location−Based Social Media: Space, Time and Identity*, Palgrave Macmillan, 2017.

Frattasi, S. and Rosa, F. D., *Mobile Positioning and Tracking: From Conventional to Cooperative Techniques*, Wiley, 2017.

Grueau, C. and Rodrigues, A., *Geographical Information Systems Theory, Applications and Management*, Springer, 2024.

Hauser, D., *Build Location−Based Projects for iOS: GPS, Sensors, and Maps*, Pragmatic Bookshelf, 2020.

Heathcote, L., *Digital Forensic Process Model for Mobile Business Devices: Smart Technologies*, Independently, 2018.

Liebana, F. and Kalini, Z., *Impact of Mobile Services on Business Development and E−Commerce*, IGI Global, 2019.

Liu, Y. and Yang, Z., *Location, Lpcalization, and Localizability: Location−awareness Technology for Wireless Networks*, Springer, 2024.

Oluwaseun, O., *Mobile Commerce Adoption for Business Transactions*, LAP LAMBERT Academic Publishing, 2019.

Paiva, S., *Mobile Applications and Solutions for Social Inclusion*, IGI Global, 2018.

Parker, P. M., *Mobile Enterprise Business Applications*, IGI Global, 2019.

Parker, P. M., *The 2025−2030 World Outlook for Mobile Location Based Services*, ION Group International Inc., 2024.

Parker, P. M., *The 2020−2025 World Outlook for Mobile Location Based Services*, ION Group International Inc., 2019.

Ragia, L., Grueau, C. and Laurini, R., *Geographical Information Systems Theory, Applications and Management*, Springer, 2019.

Sladden, D. and Girimaji, J., *Connected Mobile Experiences and Location Based*

Services: Understanding Indoor and Outdoor Location Technologies using Wifi, BLE, iBeacon and Other Sensors, Cisco Press, 2017.

http://blogs.nokia.com

http://foursquare.com

http://www.groupon.kr/app/index

http://www.roadb.com

http://www.snow.com

http://www.vailresorts.com/Corp/index.aspx

http://blog.daum.net/placeapp

위치기반서비스(Location Based Service: LBS)는 실시간 위치 추적이나 교통정보를 반영하여 위치기반 검색 및 광고마케팅 등 위치 추적 관련 애플리케이션이 증가하면서 점점 발전하고 관련된 사업이 성장하고 있는 추세이다. 스마트폰은 사용자가 이동중에 앱을 활용할 때가 많다. 이때 사용자가 주소를 직접 입력할 필요없이 GPS나 이통사의 위치인식 기술로 내 위치가 적용된 개인화 서비스를 받을 수 있다. 지도나 내비 서비스뿐만 아니라 현재 다양한 위치기반 앱들이 있다. 은행 앱은 가까운 현금인출기 위치를 조회할 수 있고, 포스퀘어나 다음플레이스 같은 친구들과 본인의 위치도 알리고 좋은 곳도 추천할 수 있다. 사진 앱은 사진 찍은 위치 정보를 자동으로 기록할 수 있고, 서울버스와 같은 앱은 내가 있는 위치에 가까운 버스 정류소를 알려 주기도 한다. 위치기반서비스는 우리 삶 깊숙이 들어와 영향을 미치고 있다.

이러한 위치기반 서비스는 크게 Information, Entertainment, Safe & Security, Tracking, Commerce 등으로 나눌 수 있다. 먼저, Information 서비스는 주로 위치정보에 기반한 각종 정보 제공을 목적으로 하는 서비스로서, 주변정보 서비스, 도로상황 및 교통정보 서비스 등이 포함된다. 둘째, Entertainment 서비스는 최근 각광받고 있는 분야로서 위치별로 미션을 수행하거나, 지역별 대항전을 벌이는 게임이 서비스 제공중에 있고, 위치에 기반한 운세 서비스와 미팅 서비스 등이 있다. 셋째, Safe & Security 서비스는 GPS 기반의 측위 방법이 도입되면서 관심이 높아진 분야로서, 가족간 또는 연인간 상대방의 위치를 파악하여 안전을 보장하는 서비스이다. 넷째, Tracking 서비스는 사람, 차량, 물류 등을 추적할 수 있는 서비스이며 현재는 개인보다는 기업을 대상으로 한 물류추적서비스, 렌터카나 화물의 위치를 추적하는 서비스로 발전하고 있다. 최근 전자상거래 분야에서 고객이 주문한 물건의 배송상태나 배달 차량의 추적에 쓰이고 있다. 다섯째, Commerce 서비스는 LBS를 상업적으로 사용하는 분야이며, 현재 mCommerce를 넘어 위치에 기반한 L-Commerce 경우 위치기반의 광고를 볼 수 있거나, 주변 상가 혹은 쇼핑몰 등에서 할인 쿠폰을 지원 받는 개념의 서비스이다. 이러한 위치기반 서비스 중에서 삼성SDS의 디지털 물류 플랫폼 '첼로스퀘어(Cello

Square')와 경찰청의 '보이는 112' 서비스에 대하여 살펴본다.

삼성SDS의 디지털 물류 플랫폼 '첼로스퀘어(Cello Square)'

삼성SDS 판교캠퍼스 GCC(글로벌컨트롤센터)의 대형 상황판에 세계 곳곳에서 이동 중인 화물선과 항공기, 화물트럭의 운행 상황이 실시간 표시되고 있다. 이들 운송수단에 실려 고객들이 의뢰한 4만여 개의 컨테이너와 5600톤 가까운 항공화물이 5대양 6대주에서 이동하고 있다. GCC는 물류사업에 진출한 삼성SDS가 해운·항공 등 물류운영 관제와 시스템 모니터링을 위해 2012년에 세운 중앙센터다. 회사는 전 세계 38개 국에 230여 개 사이트를 두고 1900개 파트너와 협력해 물류 서비스를 제공하고 있다. 항공편으로 1년에 처리하는 물류가 41만 톤, 선박 운송량이 101만 컨테이너로, 글로벌 10위권 수준의 물동량을 운영하고 있다. 삼성SDS가 자체 개발한 AI분석 플랫폼 '브라이틱스 AI'도 물류 현장에서 운송선사와 운항경로를 추적해 물류지연 가능성을 사전 예측하고 운송 이상을 감지하여 항공, 선박, 육상 등 다양한 대체경로를 제시해 최적의 운임을 제공하고, 현재의 운송 경로를 분석해 물류비 절감을 지원한다(이코노미조선, 2024. 4. 4).

경찰청의 '보이는 112' 서비스

경찰청은 신고자 휴대전화를 통해 신고자의 위치와 상황을 실시간 영상으로 볼 수 있는 '보이는 112' 서비스를 전국에 제공하고 있다. 112 신고를 접수하면 신고자 휴대전화로 문자 메시지를 전송, 신고자가 문자에 포함된 URL을 누르면 신고자 위치와 신고자 휴대전화 카메라로 찍히는 현장 상황이 상황 요원에게 실시간으로 전송되는 서비스다. 이 서비스는 LBS 요청 없이 정확한 신고자의 위치를 확인하고 112 상황실에서 신고자 휴대전화 카메라를 원격 조정할 수 있도록 했다. 경찰과 비밀 채팅 기능도 제공, 채팅 화면을 구글 웹 화면으로 변경시켜 신고한 사실을 노출하지 않고 실시간으로 채팅을 할 수도 있다. 접수 단계에서 촬영된 영상과 채팅 내용은 출동 경찰관에게 파일로 전달돼 112 휴대전화와 태블릿에서 확인하게 된다(네이버 뉴스, 2023. 11. 28).

토의문제

1. 삼성SDS에서 개발한 물류 플랫폼이 제공하는 위치기반서비스에 대하여 토의해 보자.

2. 최근 위치정보 사업자들이 클라우드 서비스를 이용하는 방향으로 변화하는 이유에 대해 토론해 보자.

3. 우리의 일상생활에서 접할 수 있는 위치기반서비스에 대하여 토의해 보자.

CHAPTER
08
디지털 큐레이션과 정보디자인

학습목표

- 큐레이션의 정의와 의미에 대하여 학습한다.
- 큐레이션 서비스 개념에 대하여 학습한다.
- 소셜필터링과 소셜큐레이션을 비교하여 학습한다.
- 서브스크립션 커머스에 대하여 학습한다.
- 서브스크립션 커머스의 사례에 대하여 학습한다.
- 데이터 시각화와 정보그래픽의 차이점에 대하여 학습한다.
- 정보디자인 콘셉트에 대하여 학습한다.

디지털 큐레이션은 다양한 정보가 범람하는 현대사회에서 개별 사용자가 좋아할 만한 정보를 모아서 보여주는 것으로, 필요한 디지털 콘텐츠를 더욱 쉽고 간편하게 확인할 수 있다. 이러한 디지털 큐레이션은 정보의 홍수 속에서 가장 가치 있는 정보를 찾아내야 하는 현대사회에는 필수적인 요소가 되고 있다. 디지털 큐레이션은 인터넷에 널린 정보들을 주제별로, 혹은 관련된 연계성, 연관성을 지닌 무엇인가를 모아서 정돈하고 정리해서 사람에게 알기 쉽게, 그리고 접근하기 쉽게 내보이는 작업을 말한다. 인터넷을 정보의 바다라고 말한다면 디지털 큐레이션은 일종의 등대라 할 수 있다.

현재 우리가 가장 흔하게 디지털 큐레이션을 접할 수 있는 분야는 쇼핑이다. 인터넷 쇼핑몰에 로그인했을 때 배너로 뜨는 '추천상품'이 대표적인 예이다. 나중에 결제하기 위해 장바구니에 넣어두거나 그동안 구입했던 제품과 연관된 제품을 추천해주는 시스템이다. 많은 종류의 쇼핑몰 가격 중 최저가를 찾아 가격을 비교해 보여주는 비교 쇼핑 큐레이션 사이트도 존재한다. 최근에는 인공지능을 적용한 디지털 큐레이션은 사용자의 온라인 행동을 학습하고 분석해 더 정확한 소비자를 구분하는 것이 가능하다. 예를 들어 와이더플래닛의 빅데이터 기반 맞춤형 큐레이션 서비스는 인터넷 쇼핑몰을 방문한 사용자가 어떤 상품 페이지에 오래 머물렀는지, 해당 페이지 재방문율은 얼마인지 등을 분석해 제품 구매를 고려하고 있다고 파악되면 사용자에게 광고를 노출한다(뉴스핌, 2023. 10. 25).

디지털 큐레이션이 적극적으로 활용되는 또 다른 분야는 영상과 음악 등 디지털 콘텐츠 플랫폼이다. 영상을 즐기고 찾아보는 세대가 아니더라도 누구나 유튜브 앱 혹은 누군가 모바일 메신저로 보내준 링크를 통해 유튜브 영상을 감상한 적이 있다. 유튜브 홈페이지 내 '맞춤동영상' 카테고리는 그동안 회원이 보았던 영상들을 토대로 유사하거나 흥미를 느낄 만한 콘텐츠를 추천한다. 또한 해외 드라마와 영화, 예능 프로그램 등 다양한 동영상 콘텐츠를 감상할 수 있는 유료 동영상 스트리밍 플랫폼인 넷플릭스는 더욱 체계적인 '시네매치(Cinematch)' 추천 알고리즘에 기반하여 디지털 큐레이션을 제공하고 있다. 빅데이터를 활용해 회원이 가장 선호할 만한 영상 콘텐츠를 추천하는 디지털 큐레이션 서비스인데, 회원이 감상한 영상 콘텐츠를 검토해 감독, 배우, 장르에 대한 선호도를 산출한다. 뿐만 아니라 영상을 재생하는 기기가 TV인지 PC인지 혹은 모바일 디바이스인지 분석한다. 시청시간과 감상패턴도 콘텐츠 추천을 위한 요소로 사용되는데, 특정 장면을 반복해 감상한다거나 건너뛰기(Skip)하는 행위조차 회원의 호불호를 판단하는 기준이 된다(비즈니스 포스트, 2023. 12. 28).

국내 디지털 콘텐츠 사이트도 다양한 방식으로 디지털 큐레이션 서비스를 제공하고 있다. 영화 평점 애플리케이션 왓챠(Watcha)는 영화 스트리밍 서비스를 시작하면서 사용자 취향에 맞는 영화를 추천하는 디지털 큐레이션을 제공하고 있다. 평점 사이트로 시작한 만큼 영화에 대한 평가 데이터가 많아 정확한 추천이 가능한 장점이 있다. 왓챠는 영화, 드라마, 예능, 다큐멘터리, 애니메이션, 웹툰과 같은 디지털 콘텐츠에 대해 머신러닝과 같은 AI로 고도화된 개인화 추천 엔진을 통해 내 취향에 최적화된 디지털 콘텐츠 큐레이션을 제공한다(스포츠경향, 2023. 12. 22). 디지털 음악 플랫폼 지니뮤직은 기존에 사용자 위치와 날씨 등 이용 상황을 기반으로 디지털 큐레이션 서비스를 제공했지만 최근 빅데이터와 AI를 바탕으로 한 '인텔리전스 큐레이션' 서비스를 제공한다. 전체 가입자의 개인적 취향을 세밀하게 분석한 후 비슷한 사람끼리 분류해 적절하게 음원 콘텐츠를 추천하는 방식이다(세계일보, 2024. 5. 9).

이러한 인공지능 기반 디지털 큐레이션 서비스는 소비자가 직접 무엇인가를 찾는 번거로움을 줄여주며 취향에 맞는 디지털 콘텐츠만 쉽게 모아볼 수 있게 한다. 기업은 이를 마케팅 수단으로 활용, 적재적소에 자사의 제품과 서비스를 노출시키고 소비자와의 접점을 늘리며, 서비스 및 제품 이용을 결정하는 데까지 소비자가 고민하는 시간을 줄일 수 있다. 디지털 기술의 발전에 따라 이미 다양한 분야에서 빛을 발하고 있는 디지털 큐레이션은 인공지능과 빅데이터와 결합되어 더욱 정교해지고 폭넓게 활용될 것으로 전망된다(한국정경신문, 2024. 5. 16).

토의문제

1. 디지털 큐레이션이 무엇인지에 대하여 토론해 보자.
2. 자기가 경험해본 디지털 큐레이션에 대하여 설명해 보자.
3. 빅데이터와 인공지능이 결합된 디지털 큐레이션에 대하여 토의해 보자.

📑 프롤로그 사례연구-2: 개인화 디지털 큐레이션 서비스

마윈 알리바바그룹 창업자는 "세상은 정보기술(IT) 시대에서 데이터기술(DT) 시대로 바뀌고 있고, 앞으로는 데이터를 통해 사회에 얼마나 많은 가치를 창출해 내느냐가 중요해질 것"이라고 말한다. 방대한 데이터를 활용해 개별 고객의 요구에 부응할 줄 아는 기업이 성공하는 시대가 온다는 것이다. 그러나 우리나라 기업의 대다수를 차지하는 중소기업에 이러한 이야기는 멀게만 느껴진다. 당장 하루하루 사업이 바쁘고, 인적·기술적 역량이 부족한 중소기업들이 디지털 큐레이션을 사업에 활용하는 것은 말처럼 쉬운 일이 아니다. 디지털 큐레이션을 활용하여 어떤 문제를 해결하고 자신들의 사업에 어떤 가치를 부여할 수 있는지도 막연하다. 그래서 대부분 중소기업은 디지털 큐레이션은 자신들과는 상관없는 일이라고 생각하기 쉽다. 그러나 디지털 큐레이션은 기업의 규모와 관계없이 새로운 시장과 기회를 찾아줄 수 있는 좋은 도구다.

뷰티테크 기업의 티커(Ticker) 서비스

뷰티테크 기업 타키온비앤티가 운영하는 티커(Ticker) 서비스는 AR 콘텐츠와 빅데이터를 통해 초 개인화된 '온택트 큐레이션'을 제공하는 테크 스타업이다. 증강현실 기술을 활용하여 매장을 직접 방문하지 않아도 증강·가상현실에서 상품을 착용하고 구입하는 '언택트 라이프 스타일'을 지원한다. 스마트폰의 고성능화 및 사용자 경험(UX) 보급, AR 인터페이스의 확산과 함께 이러한 기술에 익숙한 MZ세대가 주요 소비층으로 부상하며 시장수요가 반영됐다는 분석이다.

티커는 고도화된 AR 뷰티 기술 및 AI 빅데이터 시스템으로 유저 정보와 인앱 액션을 추적·분석하여 큐레이션 서비스를 제공한다. 유저의 성별, 연령, 국가, 도시, 직업 등 기본 통계학적 데이터와 피부컬러, 피부톤, 피부타입, 얼굴형태 및 스타일을 분석하고 사용시간, 페이지 뷰, 제품 클릭 수, 선호 브랜드, 구매패턴을 종합하여 증강현실(AR) 기술을 기반으로 고객의 니즈와 상황에 맞춘 통합 뷰티 플래폼 티커(Tiker) 서비스를 운영하고 있다(연합인포믹스, 2024, 5. 23).

CHAPTER 08 디지털 큐레이션과 정보디자인 301

잼페이스 '퍼컬매칭 서비스', AI가 내게 맞는 컬러 추천

국내 최초 영상 중심 뷰티 큐레이션 플랫폼 잼페이스가 선보인 '퍼컬매칭' 서비스는 오프라인 중심의 기존 퍼스널컬러 진단과 달리 증강현실(AR) 가상 메이크업 기술을 활용한 것으로 앱을 내려 받으면 누구나 온라인에서 무료로 손쉽게 본인의 퍼스널컬러를 진단할 수 있도록 설계됐다. 퍼스널컬러는 피부톤, 모발색, 눈동자색 등 각 개인의 고유한 신체색을 의미하는 것으로 최근 MZ세대 사이에서 '뷰티 MBTI'로 불리며 선풍적 인기를 얻고 있다. 크게 봄 웜 톤, 여름 쿨 톤, 가을 웜 톤, 겨울 쿨 톤 등 네 가지로 분류되며 세부 기준에 따라 12가지 또는 16가지 세부 톤으로 나뉜다. 퍼스널컬러에 어울리는 제품을 선택하고 메이크업을 하면 각자의 매력과 장점을 더욱 돋보이게 할 수 있다.

잼페이스 앱에서 제공되는 퍼컬매칭 서비스는 이용자가 셀프 카메라로 자신의 얼굴에 다양한 립 컬러를 가상으로 입혀보며 어울리는 색상을 선택하는 것이다. 인공지능(AI)이 12가지 타입의 세부 톤 중 가장 유사성이 높은 톤을 분석해 알려준다. 또한 각 퍼스널컬러에 맞는 제품과 영상, 유튜버도 추천해준다. 더 나아가 퍼스널컬러 랭킹을 통해 퍼스널컬러별 인기 제품도 빠르게 확인할 수 있다. AI가 분석하기 때문에 설문 형식의 기존 온라인 퍼스널컬러 테스트보다 진단 결과의 정확도와 신뢰도가 높게 나타난다. MZ세대 대표 모바일 뷰티 플랫폼으로 자리 잡은 잼페이스는 12만 415건 이상의 퍼스널컬러별 매칭 제품 데이터베이스(DB)를 구축하고 테스트 결과에 따라 잘 어울리는 뷰티 제품을 추천하고 있다(전자신문, 2022. 10. 11).

CJ올리브영, 초개인화 큐레이션 서비스 시동

CJ올리브영이 빅데이터 기반 AI 스타트업 '로켓뷰'를 인수하여 초개인화 큐레이션 서비스를 시작했다. 연간 1억 건을 웃도는 고객 구매 데이터를 축적하고 있는 올리브영은 이번 로켓뷰 인수를 통해 빅데이터와 AI 기반의 상품 추천 엔진을 장착할 수 있게 됐다. 올리브영이 인수한 로켓뷰는 지난 2017년부터 스마트폰 카메라로 화장품 상품명을 촬영하면 최저가와 상품 속성, 성분 등의 상품 정보를 알려주는 '찍검(찍고 검색)' 서비스 앱(App)을 선보이며 빅데이터 기반 플랫폼을 개발 및 운영한 스타트업이다. 딥러닝 기반 광학 문자 인식(OCR) 수집 솔루션을 통해 화장품 속성 데이터를 추출하고, 상품 속성 데이터와 고객 행동 데이터 등의 빅데이터를 엮어 상품 AI 추천 알고리즘을 구현하는 역량을 갖췄다.

올리브영은 자체적으로 쌓아온 방대한 데이터와 로켓뷰가 보유하고 있는 핵심 기술을 바탕으로 온라인몰에 AI 추천 시스템을 구축하는 데에 주력하고 있다. 고객들의 쇼핑 패턴과 상품 데이터를 다각도로 수집하고 분석하며 맞춤형 상품 추천을 한층 정교화 한다는 방침이다. 올리브영은 이번 인수를 통해 더욱 고도화된 초개인화 큐레이션 서비스를 제공하여 디지털 경쟁력을 강화하고 있다(뉴데일리경제, 2024. 5. 10).

'패션업계'의 큐레이션 서비스

패션업계에서는 전문가가 만든 스타일링 조합을 AI에 학습시켜 고객에게 딱 맞는 코디를 제안하거나, 검색 패턴·클릭·구매·관심상품 등과 같은 행동 패턴을 분석해 고객별로 맞춤형 혜택이나 기획전을 추천해주는 큐레이션 서비스를 운영 중이다. 신세계인터내셔널이 운영하는 '에스아이빌리지'는 구매 이력이나 장바구니 내역을 기반으로 선호 브랜드, 추천 스타일, 유사 상품 추천, 함께 구매하기 좋은 제품 등 개인별 맞춤 추천 기능을 제공한다. 또한 브랜드나 제품명을 모르더라도 즉석에서 사진을 촬영하거나 갖고 있는 이미지를 올리면 해당 제품을 찾아 주거나 그와 유사한 상품을 제안해 주는 큐레이션 서비스를 운영하고 있다(뉴데일리경제, 2024. 5. 10).

토의문제

1. AR, AI, 그리고 빅데이터를 활용한 개인화된 온택트 큐레이션 서비스에 대해 토론해 보자.
2. 잼페이스의 퍼스널 컬러 매칭 서비스에 대하여 설명해 보자.
3. CJ올리브영의 빅데이터와 AI기반 상품추천 개인화 큐레이션 서비스에 대하여 토의해 보자.
4. 패션업계의 큐레이션 서비스에 대하여 설명해 보자.

제1절 큐레이션 서비스 개념

우리는 정보과잉 시대에 살고 있다. 조금만 관심을 가지면, 각종 매체와 광고, 뉴스를 통해 무수히 많은 정보에 노출되어 살아가면서 엄청난 피로감을 느끼고 있다. 특히, 소셜미디어 시대의 도래로 누가 누구를 인용하는지 꼬리에 꼬리를 물면서 진짜와 가짜를 구분하기조차 어려워지고 있다. 이제는 가히 정보의 범람이라고 해도 과언이 아니다. 정보를 만들어 내는 것에서 그쳐서는 안 된다. 이를 효과적으로 큐레이션하여 재조명하고 유통하는 시대가 도래하고 있다. '생산'에서 '유통'으로 패러다임이 이동하고 있는 것이다. 이러한 큐레이션은 결코 기계가 대신할 수 없다. 나를 잘 아는 친구나 특정 분야의 전문가들이 직접 골라줄 때 만족도가 더욱 높기 때문이다. 인간의 판단력, 나아가 필터링이 바로 큐레이션이며 여기에 새로운 기회가 있으며, 최근에는 큐레이션을 통해 성공한 비즈니스 모델도 점점 증가하고 있다.

1.1 큐레이션 등장 배경

인간의 정보필터링 활동이 새삼스럽게 주목받고 있는 이유는 무엇일까? 정보유통의 채널이 다양해지면서 사물에 대한 합의된 사회적 가치를 부여하던 매스미디어의 중요성이 감소한 반면, 이로 인해 발생한 가치기준의 공백을 소셜네트워크상의 신뢰할 만한 지인들의 관점을 통해 보충하려는 이용자들의 니즈는 증가하고 있기 때문이라고 할 수 있을 것이다. TV, 신문 등 매스미디어가 정보유통의 대부분을 담당하던 시대에는 대중들이 접하는 정보의 종류에도 큰 차이가 없었다. 따라서 제품의 사회적 기호에 대한 대략적인 합의가 존재했다. 이 시대에는 자신의 사회적 지위를 과시하기 위한 개인의 사회적 소비활동 또한 사회적으로 합의된 소비의 기준을 바탕으로 큰 혼란 없이 이루어질 수 있었다. 그러나 매스미디어의 시대가 퇴조하고 정보의 유통이 인터넷에 의해 개방되면서, 그리고 정보생산의 주체가 매스미디어에서 일반이용자로 확대되면서 매스미디어에 의해 형성되었던 '사물에 대한 합의된 사회적 가치'의 힘이 약화되었다.

인터넷 시대가 되면서 정보량은 가히 폭발적인 속도로 증가하고 있으며 정보의 생산 주체도 일반소비자로 확산되고 있다. 구글 전임 회장인 에릭 슈미트는 '인류 문명이 시작된 이후 2003년까지 만들어진 정보량이 5엑사바이트인데, 지금은 이틀마다 그만큼의 데이터가 신규 생산되고 있다'는 예시를 통해 정보량의 폭발적인 증가를 설명하고 있다. 또한 이용자들이 손쉽게 정보를 공유할 수 있는 소셜네트워크 서비스인 트위터에는 전 세계적으로 하루 2억 개의 글이 올라오고 있으며, 페이스북에는 매일 2억 5천만 장의 사진이 등록된다. 유튜브에 60일간 올라온 동영상 분량은 미국 ABC, CBS 등의 메이저 방송국들이 지난 60년 동안 제작한 영상 분량을 상회한다.

1.2 큐레이션의 정의

- 큐레이션(curation)은 박물관 또는 미술관에서 작품 등을 수집 시 기획하는 전문가인 큐레이터(curatior)에서 파생된 신조어
- 라틴어로 'cura'는 돌보다는 의미로 'curation'은 온라인상에서 다양한 기술을 통해 데이터와 정보를 'curator'와 같이 '돌보는' 행위에 초점을 맞춤
- 큐레이션 서비스는 개인의 열정과 전문성을 바탕으로 새로운 가치를 창출하고 공유함으로써 정보유통의 새로운 대안을 제시하는 소셜미디어
- 온라인상에서 질 좋은 콘텐츠를 수집/공유하고, 다른 사람이 만들어 낸 콘텐츠를 가치 있게 퍼블리싱하여 다른 사람들이 소비할 수 있도록 하는 행위
- 수집/구성하는 대상에 인간이 질적인 판단을 추가해서 가치(가중치)를 부여하고, 이에 따라서 가치 있는 데이터 및 정보를 식별하는 특징을 가짐
- 큐레이션 서비스는 원작자, 큐레이터, 사용자 모두에게 긍정적 영향
- (원작자) 저작권을 보호하면서 콘텐츠를 광범위하게 전파 가능
- (큐레이터) 누구나 손쉽게 가치 있는 콘텐츠를 생성할 수 있음
  (전문지식이 부족한 아마추어라도 자동화된 도구의 힘을 빌어 지식과 취향에 따라 손쉽게 정보를 재가공) → 가치 있는 콘텐츠 생성 및 전파
- (사용자) 다양한 소셜미디어를 통해 관심정보를 편리하게 획득 가능

1.3 큐레이션 서비스 의미

- 쉽게 잊혀지지 않는 구조화된 콘텐츠의 창조
- 소셜네트워크 서비스(SNS)에서 생성되는 대부분의 콘텐츠는 일시적으로 소비되고 잊혀지지만, 큐레이션을 통해 구조화되면 훨씬 오랫동안 전파될 수 있는 생명력을 가지게 됨
- 손쉬운 생산도구 제공으로 콘텐츠 소비자를 생산자로 전환
- 큐레이션 도구의 발전으로 전문지식 또는 충분한 시간이 없더라도 웹, SNS 등 여러 정보원에서 다양한 형태의 콘텐츠를 수집하고 재가공하여 새로운 가치를 부여할 수 있음
- 생산된 콘텐츠를 더욱 많은 사용자에게 전파 가능
- 큐레이션 서비스에서 소셜네트워크 서비스로 배포(publishing)된 콘텐츠가 다시 큐레이션 서비스로 유입되는 눈덩이 효과 → 콘텐츠가 전달되는 범위가 대폭 확대

1.4 큐레이션을 통한 소셜미디어의 변화

- 블로그와 UCC 등 웹 2.0 열풍은 누구나 콘텐츠를 만들 수 있다는 기대를 주었으나, 콘텐츠 창조의 어려움으로 지속되지 못함
- 누구나 콘텐츠를 생산할 수 있다는 기대에도 불구하고 많은 이용자들은 곧 가치 있는 콘텐츠를 지속적으로 생산한다는 것이 얼마나 어려운지 깨닫게 됨
- 트랙백 및 RSS 등 새로운 기술의 도입은 소수의 블로거가 창조하는 콘텐츠를 다수가 소비하는 구조를 가속화
- 소셜네트워크 서비스(SNS)의 등장은 콘텐츠 생산과 소비방식에 대변혁을 가져왔으나 정보과잉의 역효과 양산
- 단지 몇 줄로 개인의 생각을 간단히 적거나 또는 사진을 찍어 올리는 등 콘텐츠 생산방식이 이전과 비교할 수 없을 정도로 손쉬워짐
- 소셜네트워크 내부에서 생산되거나 외부에서 유입된 콘텐츠가 네트워크에 의

해 폭넓게 전파되면서 정보과잉에 대한 우려가 증대

■ 큐레이션 서비스는 정보의 홍수 가운데 유용한 가치를 발견하고, 더불어 정보 소비자를 다시 생산자로 전환할 수 있는 기반을 마련

■ 기존 시간흐름에 따라 생산/소비되었던 콘텐츠를 좀 더 구조적인 집합으로 재구성하여 쏟아지는 정보로부터 가치를 찾고자 하는 시도가 전개

■ 콘텐츠 스크랩 도구가 발전함에 따라서 이미지 등 멀티미디어를 중심으로 간편하게 콘텐츠를 제작할 수 있는 기반이 마련됨

제2절 큐레이션 서비스 현황

모바일 기기와 인터넷의 확산은 디스플레이 기능과 커뮤니케이션 기능이 결합되어 이동 중에도 이러한 기능을 활용하여 원하는 사람과 커뮤니케이션을 할 수 있는 상황으로 발전하게 되고, 이에 걸맞은 페이스북이나 트위터와 같은 1세대 SNS 서비스가 전 세계적으로 성장하였다. 2004년 페이스북, 2006년 트위터로 대변되는 SNS가 등장한 이후 댓글, 쪽지, 트윗으로 소통하는 새로운 세대는 즉각적이고 직관적인 소통의 세대로, 이 세대의 특징은 아주 쉽게 자신의 그룹을 만들고 빠르고 광범위하게 자신의 의사를 전파하며, 주어진 정보를 빠르게 분석하고 직관적으로 판단하여 대응하는 특징을 갖고 있다.

이러한 사용자층의 성장은 필연적으로 이미지 소셜기반의 서비스의 등장을 요구하게 되었고, 2008년 소셜큐레이션이라는 콘셉트하에 이미지 소셜서비스의 대표주자 핀터레스트가 서비스를 시작하였다. 핀터레스트의 등장 이후 직관적인 이미지로 소통하면서, 자신의 관심사항을 중심으로 자료를 재정열하여 공유/소통하는 소셜큐레이션에 대하여 국내외의 관심이 커지고 있는 가운데, 현재 서비스되고 있는 소셜큐레이션 서비스 현황을 알아본다.

2.1 핀터레스트

2008년 10월 서비스가 오픈된 핀터레스트(http://pinterest.com)는 현재 국내외 수많은 클론(복제) 사이트의 원형이 될 정도로 소셜큐레이션으로서의 초기 모델을 제공해 주면서, 많은 사용자들을 짧은 시간 내에 끌어들이는 성공을 거두었다. 2012년 3월 페이스북, 트위터에 이어 월 1억 방문수를 달성하면서 전체 SNS 서비스 중 3위에 랭크되는 실적을 얻고 있어, 많은 사람들의 놀람과 관심을 이끌어 내고 있다. 핀터레스트의 컬렉션 기능과 핀잇버튼 기능과 같은 큐레이션을 보다 편리하고, 재미있게 만드는 장치들은 이후 수많은 큐레이션 서비스들의 기본적인 구현 모델이 되고 있다.

2.2 핀스파이어

핀스파이어(http://www.pinspire.com)는 유저 인터페이스에서 보듯이 색상만 조금 다를 뿐 기능적인 측면에서는 핀터레스트와 매우 유사하게 구현된 Clone 사이트이다. 실제로 핀터레스트는 '카피캣의 제왕'이라 불리는 독일계 로켓인터넷이라는 글로벌 기업의 한국지사가 운영하는 서비스로 로켓인터넷은 전 세계의 성공한 모델을 카피하여 Localization화한 서비스를 매각하는 비즈니스 모델을 갖고 있는 투자전문회사로, 국내에도 벌써 핀스파이어를 비롯하여 그루폰(소셜비즈니스), Airbnb(소셜숙박), birch-box(서브스크립션 커머스) 등의 서비스를 국내에 들여와 서비스를 시작하고 있다.

2.3 스토리파이

새로운 미디어로서의 가능성으로 관심을 모으고 있는 스토리파이(http://storify.com)는 스토리를 만든다는 서비스 명칭(Storify)에서 알 수 있듯이 관심 주제영역을 보드나 폴더 형태로 모아서 단위 이미지를 보는 형태가 아니라 하나의 주제를 갖고 다양한 영역(블로그, 트위터, 페이스북 등)의 이미지를 엮어서 배치함으로써 주제에 대한 자신만의 스토리로 편집할 수 있는 특장점을 갖고 있는 서비스이다. 그러므로 스토리파이만의 차별성을 부각시켜 소셜큐레이션 영역의 새로운 가치를 더한 성공한 서비스라 할 수 있다.

제3절 큐레이션 서비스 응용

우리는 어떠한 시대에 살고 있는가? 많은 사람들이 큐레이션(선별)이라는 키워드에 집중해 가며 정보필터링의 중요성에 대해 이야기하고 있다. 전 세계는 새로운 콘텐츠혁명의 기로에 서 있다. 이 과정에서 한국식 큐레이션 서비스들을 성공적으로 수행하기 위한 기술, 서비스, 그리고 성공조건에 대하여 살펴보고자 한다.

3.1 큐레이션 기술

큐레이션은 기술이라기보다는 기술이 가야 할 방향이자 하나의 개념으로 이해해야 한다. 웹 2.0 이후 새로운 웹의 흐름은 개방/공유에 그치지 않고 '발견과 통합'이란 가치로 발전되어 가고 있다. 큐레이션은 이 과정에서 정보필터의 개념으로 개방된 정보를 어떻게 선별하고 이를 재설계해 보여 줄 것인가 하는 것에서 시작되어야 한다. 유저가 특정한 주제의 URL을 소개했다는 것에서 끝나는 것은 큐레이션이 아니다. 이를 누군가가 제대로 소비할 수 있게 다시 재설계를 해주어야 한다는 개념이 되어야 하는 것이다. 글은 전통적으로 인간의 지식을 발전시키고 새로운 미래로 나아가는 창구 역할을 하는 개념이었다. 문제는 많은 전문가들이 큐레이션이 바로 이 글에서 파생된 새로운 개념이라는 점을 인식하고 있지 못하다는 것이다.

글은 다양한 도구이자 문자로 그리고 정보를 전달하는 매개체로서 존재하며 끊임없이 새로운 유형으로 발전해 왔고, 최근에는 신조어란 명목으로 웹 시대가 요구하는 형태로 발전해 가고 있다. 그것이 옳으냐, 그르냐는 중요한 문제나 가치가 아니며, 그 흐름과 맥락에서 왜 그런 현상이 일어나고 있는지를 살펴보아야 한다는 것이다.

글은 다양한 형태(예: 타이포그래피, 디자인 아이템, 텍스트형 정보, 협약의 도구 등)로 여러 가지 쓰임새를 가지며 발전해 왔다. 이것이 있었기에 인류는 그 어떤 시기보다도 빠른 기술 발전과 사회·문화적 발전을 도모할 수 있었다. 문제는 현재의 흐름이 이런 단순한 문자(텍스트)에 의한 정보생산의 시대를 지나 정보를 활용하는 시대로 진입하고 있다는 것이다.

3.2 비즈니스에서 큐레이션 서비스

정보생산의 시대에는 인간의 다양한 지식을 공유하기 위해 문자를 활용하고 이것을 전달하는 데 초점을 맞출 수밖에 없었다. 그러한 과정을 수백 년 거치며 엄청난 데이터가 오프라인에 쌓였고, 다시 정보화 시대를 20여 년 가까이 거치면서 상당수의 데이터가 온라인에 공유되고 저장되기 시작하며, 이제는 단순한 정보생산의 시대가 아닌 이를 활용하는 시대로 진입하고 있는 것이다.

또한 단순한 발견적 큐레이션은 이미 웹 2.0이 만개하면서 Digg, Reddit 같은 서비스가 온라인 미디어들에 의해 실현되어졌다. 문제는 새로운 형태의 큐레이션 서비스는 기존과 같은 유저에 의한 선언적이고 선별적인 정보필터가 아니라는 것이다. 좀 더 집중화되고 개념화된 것을 의미하는 것이고, 이것을 유저에게 가치 있게 전달하는 데 초점을 맞춰야 한다.

큐레이션 서비스가 제공하는 세 가지 비즈니스 가능성을 찾을 수 있다. 첫째, 정보를 원하는 사용자에게서 신뢰를 얻을 수 있다는 것이다. 둘째는 정보를 취합하고 공유하는 과정에서 사용자 흥미 또는 성향으로 관계를 확장시킬 수 있다. 마지막으로 단순한 참여를 넘어 협업과 집단지성으로 가치를 창출하고 공유할 수 있다는 것이다. 특히 특정 주제 콘텐츠를 보유하거나 관련 서비스를 준비하는 기업이라면 이 가능성을 염두에 두고 디지털 큐레이션 개념을 비즈니스에 접목해 볼 필요가 있다. 기업 콘텐츠와 서비스의 신뢰 확보는 물론이고 긴밀한 상호작용으로 관계를 확대하고 고객과 가치를 공유할 수 있는 기회를 잡을 수 있을 것이다.

3.3 정보재설계로서의 큐레이션 서비스

핀터레스트는 유저가 특정 관심사에 기반한 콘텐츠를 URL로 공유한다. 여기까지만 본다면 다음뷰, Digg와 같은 사이트와 별반 다르지 않다. 기술적으로도 크게 차이가 없지만, 유저들이 공유한 콘텐츠를 타일형＋갤러리형 배치로 재설계하고 큐레이터와 그것을 소비하는 독자를 댓글로 연결하는 새로운 개념을 제시했다. 선별＋표현＋참여의 방법으로 이 콘텐츠는 새롭게 태어나게 된다.

또한 단순한 URL의 정보를 파싱함에 있어서 이미지 중심으로 파싱할 수 있게 함으로써 자투리 시간을 활용해 매거진을 구독하는 독자층에 특화시켰다. 그리고 독자가 그 타일형으로 배치된 수많은 콘텐츠에 댓글을 달며 기존의 정보에 독자의 생각을 더하는 정보의 재설계라는 개념을 완성시킨 것이다. 이미지를 가진 URL을 가져다 재배치했다고 생각하는 것으로 서비스 벤치마킹이나 분석이 완료됐다고 생각하는 것은 빠르게 서비스를 모방하겠다는 것밖에 안 된다는 점을 꼭 인식해야 한다. 그 서비스가 가진 가치에 좀 더 깊이를 더해야 그것을 활용한 다양한 서비스가 탄생한다. 핀터레스트가 국내에 알려진 이후 한국형 큐레이션 서비스들이 많이 생겼지만, 아직까지 뚜렷한 성과를 못 만들어 내는 것은 바로 이런 철학 부재와 서비스의 근원적 고민의 부족에서 시작된다고 할 수 있다.

3.4 한국형 큐레이션 서비스의 성공조건

해외에서 성공하는 서비스의 대부분도 모방에서 탄생했고, 이것을 발전시켜 자신들의 가치로 변환했기에 그런 성공을 만든 것이기에 모방이 나쁘다고만 볼 수는 없다. 하지만 단순히 따라 하는 것은 경계해야 한다. 애플은 누구나가 인정할 카피캣이 맞다. 자신들이 처음부터 하나하나 다 설계하고 만들어 낸 것은 사실 거의 없다고 해도 과언이 아니다. 그러나 그들의 제품을 소비하는 유저들을 보면 이 제품을 모방품이나 복제품이라고 생각하지 않는다. 이유는 다양하게 알려진 기술을 가져다 그들 나름대로 재해석하고 그들만의 가치로 소비자에게 어필했기 때문이다.

터치폰에 OS를 넣어서 소프트웨어를 설치하게 했다거나 개발자들이 이 스마트폰에 설치되는 제품을 만들어 판매수익을 얻게 하는 것 등 이미 전통적인 정보화 사회에서 가지고 있었던 것들을 새롭게 시대에 맞게 재해석하고 설계해 보여 줬기에 성공할 수 있었다.

한국형 큐레이션도 그래야 한다. 핀터레스트처럼 타일형 UI가 적용됐다고 성공하는 것이 아니라는 것이다. 그렇게 적용된 UI 구조에서 한국의 특수한 유저가 반응하게 하는 것은 서비스의 껍데기가 아니라 본질적인 철학이라는 점을 잊지 말아야 한국형 큐레이션이 성공하고 새로운 지식사회로 진입할 수 있다.

제4절 큐레이션 서비스 진화

유통을 통한 큐레이션의 진화는 단순히 정보의 가치를 분별하는 능력만 있는 것이 아니라 정보를 조직화하고 시각화시키는 방향으로 발전하고 있다. 이러한 과정에서 핀터레스트는 'Board'라는 개념의 조직화(categorization)와 'Pin'이라는 개념의 시각화(visualization)에 성공한 사례로 볼 수 있다. 여기서 중요한 것은 시각화는 기계가 대신해 줄 수 있지만, 조직화는 '사람'이 큐레이팅을 해줘야 하는 영역이다. 그래서 핀터레스트 서비스의 가치는 Pin이 아니라 Board에 있다고 볼 수 있다. 핀터레스트의 성장은 Board를 통해서 확장하게 될 때 더욱 경쟁력이 생긴다. Board를 통한 확장, 공유, 협업을 통해서 소셜조직화(social categorization)가 가능해진다.

현재의 소셜큐레이션이 존재하기까지 가장 큰 역할을 한 것은 분명 웹 2.0의 정신이었다. 비록 웹 2.0은 트렌드로 끝났지만, 생산자들은 생산의 부담으로부터 스트레스를 받고 있으며, 소비자는 정보의 홍수로부터 스트레스를 받고 있다. 어느 때보다 정보의 선별과 요약이 중요한 시대이며, 공감할 수 있는 코멘트를 제공하는 것이 큐레이터의 역할이라 볼 수 있다. 이런 측면에서 이제는 정보의 공유시대가 아니라 마인드의 공유시대라 말할 수 있을 것 같다.

최근 스마트 TV 광고를 보면 20년 전 초고화질 TV 사례를 되풀이하고 있다는 느낌이 든다. 아무리 마케팅이 인식의 싸움이고, 인식의 변화를 통해서 트렌드를 만들 수 있다고 생각하지만, 실제로 진화의 과정에서 사람에 대한 이해가 수반되지 않는다면 어떤 제품도 혁신이라고 불릴 수 있는 가치를 만들어 내지는 못할 것이다. 위에서 얘기한 것처럼 사람들이 스마트폰 같이 다기능의 똑똑한 TV를 원할 것이라는 증거도 없기는 마찬가지다. TV가 진보하여도 역시 핵심은 콘텐츠다. 이전에는 많은 콘텐츠를 원했지만, 지금은 내게 필요한, 그리고 내가 원하는 것만을 보고 싶어한다. 스마트 TV가 필요한 이유는 결국 방송 콘텐츠 큐레이팅이 되어야 한다고 본다. 이렇게 큐레이션은 사람과 연결되어 콘텐츠를 수집하고 조직화하여, 새로운 콘텐츠 소비문화를 만들게 될 것이다. 그리고 소셜큐레이터가 이 역할을 주도하게 될 것이다. 사람이 가장 중요하고, 사람에 대한 진지한 고민이 더 많이 필요로 한다.

4.1 소셜필터링과 소셜큐레이션

정보의 양이 많아지고, 정보의 생산주체도 다양해지면서 믿을 수 있는 전문가나 지인인 '큐레이터'가 소셜네트워크 서비스를 통해 공유하고, 많은 지인들의 추천에 의해 그 중요성과 신뢰성이 검증된 '큐레이션된' 정보에 대한 의존도가 높아지고 있다. 소셜네트워크 서비스의 폭발적인 성장 또한 이러한 큐레이션 니즈의 연장선상에서 해석이 가능하다. 페이스북, 트위터 등의 소셜네트워크 서비스는 이용자가 정보를 쉽게 공유하고 평가할 수 있도록 정보필터링의 편의성을 제공하여, 정보를 평가하는 이용자 개개인이 필터가 되는 '소셜필터링'을 가능케 하였다. 이용자들이 구독하는 정보에 가치를 부여하고 부여된 가치에 'Like'나 'Retweet' 등의 평가 기능을 제공하여 선호도가 높은 가치의 정보들이 선별적으로 유통되도록 하여 '지인들에 의해 합의된 가치'를 제공하는 것이다.

1) 소셜네트워크 서비스상에서의 의사표현 장치들

소셜필터링에 참여하는 개인들이 소셜네트워크상의 지인들에게 비춰지는 모습은 각 개인이 생산, 공유하는 정보들의 합이다. 따라서 각 개인들은 자신이 제공하는 정보들을 통해 다른 사람들의 공감을 얻기 위해 노력하는 한편, 자신들이 필터링하는 정보의 신뢰성에 신경을 쓸 수밖에 없다. 결국 소셜네트워크상에서 유통되는 정보는 이용자가 다른 사람들의 '신뢰'와 '공감'을 확보할 수 있다고 생각하는 정보일 가능성이 높으며, 이는 자발적인 필터링 품질의 유지 및 향상의 동인으로 작용하고 있다.

2) 정보탐색 진화, 소셜큐레이션 서비스

소셜큐레이션 서비스들은 지인들에 의해 걸러진 정보들에 대한 검색 및 분류를 편리하게 해주는 기능을 제공해 줌으로써, 기존 소셜네트워크 서비스의 단점을 보완하고 있다. 플랫폼을 활용한다는 측면에서 소셜큐레이션 서비스는 기존의 소셜네트워크 서비스와 크게 다르지 않다고 볼 수도 있다. 그러나 소셜네트워크 서비스는 타임라인 위주의 실시간 정보제공에 초점이 맞추어진 반면, 소셜큐레이션 서비스들은 정보

탐색과 열람방법에서의 편의성을 극대화하였다는 점에서 기존의 소셜네트워크 서비스와 차이를 지닌다.

　정보필터링의 수단으로서의 기존 소셜네트워크 서비스는 스스로 업데이트한 사진이나 비디오 등을 제외하고는 정보 업데이트의 순서로만 열람이 가능하여 정보의 휘발성이 강하고 정보의 탐색이 어렵다는 한계를 지녔다. 즉, '지금'과 관련된 내용을 필터링하는 데는 유리할 수 있으나, 쌓인 정보들에서 유의미한 정보들을 찾는 데는 한계가 있었다. 반면, 소셜큐레이션 서비스에서는 정보분류가 특정 테마와 주제 중심으로 이루어지고 정보의 형태 또한 이미지 등 특정 포맷 중심이므로, 기존 소셜네트워크 서비스 대비 정보의 열람과 검색이 훨씬 용이하다. 즉, 소셜큐레이션 서비스에서는 '신뢰'와 '공감'을 얻을 수 있는 정보들을 시계열에 따른 순서는 물론, 소셜필터링에 참가하는 각 개인이 정한 분류기준이나 키워드를 사용한 검색을 통해 찾을 수 있다. 가령 핀터레스트의 경우는 웹이나 모바일상에서 접하게 되는 마음에 드는 이미지, 또는 다른 사람들의 핀터레스트 계정에 올려진 이미지들을 클릭 한 번으로 자신의 핀터레스트 계정의 특정 주제 폴더에 코멘트와 함께 저장할 수 있으며, 수집된 정보는 자신의 핀터레스트 계정을 구독하는 다른 사람들이 언제든지 방문하여 코멘트를 남기거나 다른 사람들과 공유할 수 있도록 해준다. 또한 계정별, 카테고리별, 세부주제별로 이미지의 열람이 가능하고 키워드 입력을 통한 이미지 검색도 가능하기 때문에 특정 주제에 대해서는 기존 검색 엔진보다 관련성이 높은 정보를 제공할 수 있다.

　실제로 Sociable Labs의 설문조사 결과에 따르면 온라인 쇼핑 이용자들 중 62%가 페이스북에 올라오는 지인들의 제품 사용 관련 코멘트를 읽어본 적이 있고, 그들 중 75%는 제품 정보 링크를 눌러 해당 제품 판매 페이지를 방문한 적이 있으며, 이 중 53%는 해당 제품 정보에 기반하여 실제로 제품을 구매한 것으로 나타났다. 또한 소셜네트워크 서비스상에서 공유된 정보를 기반하여 구매를 결정한 제품이 마음에 들 경우 구매 경험자의 81%가 해당 경험을 다른 지인들과 재공유하는 것으로 조사되었다. 이러한 영향력은 소셜큐레이션 서비스에서도 마찬가지로 나타나고 있다. 핀터레스트 계정 보유자들에 대한 설문조사 결과, 21%에 이르는 이용자들이 핀터레스트에서 본 아이템을 실제로 구매한 경험이 있다고 답하는 등, 핀터레스트를 통해 추천된 제품에 대한 소비자들의 신뢰도 또한 실제로 높은 편이다.

4.2 소셜큐레이션의 영향

기업의 입장에서 이러한 변화가 반가울 수만은 없는 이유는 소셜큐레이션 서비스를 통해서 필터링된 정보들에 대한 보다 연관성 높은 검색까지도 가능해지면서 지인 추천이 소비자들의 구매의사결정에 미치는 영향력이 확대될 수 있기 때문이다. 소셜 필터링에 기반한 신뢰성 높은 정보가 유통되는 소셜네트워크 서비스나 소셜큐레이션 서비스를 통해 제품이나 브랜드에 대한 지인들의 추천을 손쉽게 접하는 것에서 더 나아가 추천기반 정보들에 대한 검색까지 가능해졌다. 이러한 변화는 소비자들의 구매 의사결정 과정에서 기업 주도 마케팅의 효과가 감소하고, 지인들 간의 추천 등 기업의 영향력이 제한적일 수밖에 없는 변수들이 제품구매에 큰 영향을 줄 수 있는 환경이 심화될 수 있음을 예고하고 있다.

또한 소셜큐레이션을 통해 취향이나 정서적 공감에 기반한 정보의 탐색이 가능해지면서 소비자의 신뢰와 공감을 얻을 수 있는 제품요소의 중요성도 부각될 것이다. '큐레이터'에 의해 추천되는 정보들은 지인들로부터의 신뢰성 유지 및 정서적인 공감 확보를 염두에 두고 선별된 정보이다. 정보수용자들의 신뢰와 공감을 염두에 둔 정보의 경우 정보제공자와 수용자 간 취향의 유사성이 담보되어야 하므로 기존의 검색이나 다수 추천의 방식을 통해서 필터링을 하기에는 한계가 있었는데, 소셜네트워크 서비스와 소셜큐레이션 서비스는 이러한 취향 기반의 정보필터링을 가능하게 해준 것이다. 결국, 소셜큐레이션 시대의 기업 마케팅 활동은 고객들이 우리 제품에 대해서 어떠한 이야기를 하고 있는지를 듣고 이를 통해 제품을 신뢰할 수 있도록 하는 진정성의 요소를 찾고, 이를 제품에 반영하려는 노력을 수반하여야 한다.

또한 고객들이 제품에 대해 어떻게 생각하는지에 대한 고객과의 지속적인 커뮤니케이션을 통해서 제품개발 단계부터 소비자들의 관점을 적극적으로 반영하고, 소비자들이 다른 소비자들과 공감할 수 있는 방향으로 제품에 대한 마케팅 방향을 정해야할 필요가 있다. 소비자들에게 기업이 생각하는 메시지를 반복적으로 전달하여 소비자들의 뇌리에 각인시키려는 노력은 제품/브랜드의 실질적인 장점과 상관없이 오히려 고객들의 외면을 불러올 수 있기 때문이다.

소셜큐레이션을 통한 소비자 중심의 정보유통채널의 증가로 인해 소비자의 구매 의사결정에 영향을 미칠 수 있는 자발적 추천이 중요해지면서 기업들의 마케팅 활동에도 변화가 요구되고 있다. 진정성이 결여된 메시지에 냉소적이거나 부정적인 반응을 보이는 소비자들이 많아지고 있는 것을 감안하여 기업들의 마케팅 활동도 소비자의 공감과 신뢰에 기초한 자발적 추천을 이끌어 내려는 노력이 필요하다. 소비자들이 어떠한 경우에 자신이 사용하는 제품과 서비스를 자랑스럽게 다른 사람들에게 공유하고 추천하는지, 어떻게 해야 기업의 진정성을 유지하면서 잠재고객들의 입소문을 북돋울 수 있는지에 대한 이해를 통해 이러한 환경 변화에 대해 대응하려는 노력이 중요한 시점이다.

소셜큐레이션 서비스의 성장은 정보유통에 있어 기업이 커뮤니케이션을 주도할 수 있는 매스미디어 채널의 영향력이 감소하고, 정보를 선별하여 수집, 공유하는 '큐레이터'들의 영향력이 확대됨을 의미한다. 신뢰성과 공감의 요소를 제품에 담기 위한 기업의 노력이 더 커져야 할 것으로 보인다. 2011년 5월에 정식 서비스를 시작한 핀터레스트는 8개월 만인 2012년 1월 순 사용자수가 1,100만 명을 기록하여 인터넷 서비스 사상 가장 빨리 순 사용자수 1,000만 명을 돌파한 서비스가 되었다. 또한 월 평균 이용 시간은 트위터의 3배를 상회하는 80분에 달하여, 페이스북, 텀블러에 이어 인터넷 서비스 전체 3위 서비스로 부상하였다. 인터넷 서비스 업계의 많은 기록을 갈아치우고 있는 핀터레스트 외에도 텀블러, 플립보드 등 통칭 '소셜큐레이션' 서비스들의 사용자 기반이 급격하게 증가하면서 유사 서비스의 신규 론칭도 이어지고 있다.

제5절 서브스크립션 커머스 정의

큐레이션이 서브스크립션 커머스에 적용되면서 공급자는 '소비자'라는 대상 정보의 분석을 바탕으로 소비자의 니즈에 더욱 근접하며 결과적으로 소비자에게 최적화된 상품을 제공함으로써 만족도를 제고시킨다. 큐레이션 기반의 서브스크립션 커머스는 고객의 취향을 분석한 후 제품에 대한 정보를 취합, 재가공한 후 이를 다시 소비자에게 제공하는 방식으로 진행된다. 넘쳐나는 정보를 큐레이션하여 소비자에게 적합한 제품을 전문적으로 제공하고 선택적 구매를 하도록 도와주는 것이다. 지금의 서브스크립션 커머스에서 큐레이션은 '중개자'의 역할을 한다. 생산과 소비에 대한 정보를 전문적으로 취합하고 제시해 주는 역할로, 소비자가 원하는 제품에 대한 판단을 내리고 패키징하여 소비자에게 전달한다. 중개자의 제품 소개 및 추천으로 품질에 대한 신뢰 확보는 물론 제품에 대한 경험의 폭을 넓힐 수 있다. 큐레이션은 바로 정보 홍수 속에서 소비자 맞춤 정보를 제공함으로써 소비자의 정확한 구매 선택을 유도할 수 있다.

5.1 서브스크립션 커머스의 정의

최근 급부상하고 있는 새로운 형태의 온라인 상거래로, 우리말로 번역하자면 '구독 상거래'라 할 수 있다. 잡지나 신문처럼 정기 구독료를 지불하면 전문가가 나만의 제품을 선별해 주기적으로 배달해 준다. 미국에서는 이미 화장품, 구두, 액세서리, 의류, 면도기, 식재료, 장난감 등 다양한 상품을 이런 방식으로 선별, 제공하는 업체들이 성업 중이다.

5.2 서브스크립션 커머스 기반의 큐레이션 형태

현재 시장에서 큐레이션은 크게 두 가지 형태를 보인다. 하나는 전문적인 큐레이터가 자신의 지식과 경험을 통해 쌓은 노하우로 제품을 선별하여 제공하는 '추천형' 큐레이션이며, 또다른 하나는 소비자들의 취향과 니즈를 적극적으로 반영하여 이를 바탕으로 제품을 제공하는 '맞춤형' 큐레이션이다.

서브스크립션 커머스(subscription commerce)는 문자 그대로 가입한 회원들이 정기적으로 상품을 구매를 할 수 있는 서비스 및 사업 모델이다. 이 모델을 기반으로 한 회사들은 2009~2010년을 기점으로 해외에서 생기기 시작했으며 국내에는 2011년부터 본격적으로 등장하고 있는데, 온라인을 통해 유료 가입한 회원들에게 특정 카테고리의 상품을 추가 비용 없이 주기적으로 배송해 주는 비즈니스 모델 형태를 띠고 있다.

- 타깃고객집단
- 배송되는 상품의 카테고리
- 배송되는 상품의 속성(샘플 또는 실제품)
- 배송되는 상품의 조합(단일 제품 선택 또는 복수 제품 조합 구성)

기본적으로 서브스크립션 커머스는 불특정 다수의 고객층을 타깃으로 하지 않고 특정한 니즈로 묶을 수 있는 집단을 대상으로 한다. 실제로 사업화되어 있는 서비스들의 예를 들면 다음과 같다.

- 출산을 앞둔 임산부나 갓 태어난 아기를 키우는 엄마
- 직장생활로 바쁘지만 아침식사는 몸에 좋은 것으로 꼬박꼬박 챙겨 먹고 싶은 직장인
- 새로운 화장품이나 패션 트렌드에 민감하지만 가격저항이 있기 때문에 최신 제품의 샘플을 통해 우선 체험해 보고 구매는 신중하게 하는 2030 여성
- 나름 패션에 신경은 쓰고 싶지만 패션을 볼 줄 아는 시각도 없고, 따로 시간을 투자하기도 뭐해서 누군가가 알아서 멋지게 코디해 줬으면 하는 직장인 남성
- 남들과 같은 입맛을 갖기는 싫고 시중에서 쉽게 구하기 어려운 먹거리를 이것 저것 체험해 보고 싶은 사람

타깃집단은 결국 상품의 카테고리와 강한 연결 고리를 갖고 서로 영향을 주고받으며, 상품의 속성과 조합에도 결국은 영향을 미친다. 같은 패션 카테고리라고 하더라도 타깃고객의 성향에 따라, 취향에 맞는 실제 제품 하나를 선택해서 그 달의 배송상품으로 보내주는 서비스도 있는 반면에, 고객의 호기심과 니즈를 충족시킬 만한 여러 개의 샘플 제품들로 제공한다.

5.3 서브스크립션 커머스 현황

국내외의 대표적인 서브스크립션 커머스 서비스 주요 업체 현황은 다음과 같다.

| 표 8-1 | **서브스크립션 커머스 업체 현황**

서비스명	가입비용	카테고리	주목할 만한 특징
Shoedazzle	월 $39.95	여성패션	• 최신유행 디자인의 구두, 액세서리 등 패션 제품을 매달 추천 • 제품 구매를 원치 않을 경우 월정액 요금이 적립금으로 전환
Stylemint	월 $29.99	여성패션	인기 디자이너의 T셔츠를 매달 추천
Jewelmint	월 $29.99	여성패션	유명 연예인이 착용했던 액세서리와 유사한 스타일의 제품을 매달 추천
Foodzie	월 $25	식품	• 일반 식료품점에서는 찾아볼 수 없었던 식품을 패키지로 제공 • 테마별 식품 패키지 추천
LovewithFood	월 $14	식품	• 5~6가지로 구성된 식품 패키지 추천 • 구매 후기 작성 시 현금처럼 사용할 수 있는 포인트 제공 • 수익의 일부를 빈곤층에 기부
Kiwicrate	월 $19.95 연 $220	아동	• 장난감, 공예 도구 등 체험상품으로 구성된 아동 학습 제품 패키지 추천 • 제품 패키지 구성 시 교육 분야 전문가 및 부모 고객 참여
WittleBee	월 $39.99	아동	• 매달 아동용 의류 8벌을 추천 • 부모 고객이 가입한 자녀의 프로필을 기반으로 의류를 추천
Birchbox	월 $10	화장품	• 남성과 여성을 별도로 관리 • 유명 브랜드의 샘플 상품 중심이지만 완제품도 판매. 구매 시 포인트 적립 • 전문가의 팁과 사용법 안내 영상 제공
Babbaco	월 $29.99	아동	Create, Explore, Story tell, Connect 네 가지 섹션의 요소들이 박스에 포장되어 배송. 각 섹션은 손으로

			직접 만들어 보는 것, 세상과 자연을 탐구할 수 있는 것, 큐레이팅된 상상력 증대, 인터넷에서 다운로드할 수 있는 인터랙티브 교재
미미박스	월 16,500원	남성 화장품	기존 월의 상품 구성 공개 홍보 섹션
	월 17,800원	여성 화장품	• 제품별 홍보 이벤트별도 진행 • 관련 행사 및 제품 소개, 회사 소개 영상
	(3, 6개월 모델도 있음)	유아	미미티비(웹 동영상) 서비스
저스트픽	월 9,900원	각종 상품	제휴를 맺은 다양한 카테고리의 제품들 중 원하는 제품을 주기적으로 배송받는 모델
글로시박스 (한국)	월 16,500원	여성 화장품	• 글로시박스를 추천하거나 제품에 대한 피드백을 제공하면 포인트 적립하여 박스구매에 사용 • 제품별 설문조사를 통해 포인트 적립 • 팁, 트렌드, 인터뷰 등을 콘텐츠로 할 웹 매거진 제공. 일단 누구에게나 오픈

　　가장 역사가 오래된 'Shoedazzle.com'의 경우 2011년 여름까지 지속적으로 성장해 왔음을 확인할 수 있다. 현재 1천만 가입자 및 페이스북의 페이지에서도 200만 팬을 자랑하는 Shoedazzle은 월 $39.95를 지불하고 가입하면 매월 고객의 성향에 맞는 구두들을 추천해 주고 그중에서 원하는 제품을 하나 선택해서 추가 비용 없이 배송해 준다. 현재 기준 월 $5,000,000의 매출을 올리고 있는 서브스크립션 커머스의 터줏대감이자 대형 플레이어이다.

| 표 8-2 | **카테고리별 서브스크립션 커머스 서비스**

Clothes and Fashion	Food	Art and Literature
▶ ShoeDazzle	▶ Foodize	▶ Artsicle
▶ Jewelmint	▶ Healthy Surprise	▶ Alula
▶ Stylemint	▶ PaleoPax	▶ Totapress
▶ Me Undies	▶ Steepster Select	▶ Just the Right Book
▶ Manpacks	▶ Craft Coffee	▶ Papirmasse
▶ The Under Shirt Club	▶ Milk Maid Ice Cream	▶ Stack Magazines
▶ Panty by Post	▶ Farm Fresh to You	
▶ Trunk Club	▶ Graze	**Multi-Vertical**
▶ Adore Me	▶ Pressed Juicery	▶ Amazon
	▶ Soup Cycle	▶ THE THING
Health and Beauty	▶ Handmade Tea	▶ Quarterly.co
▶ Blissmobox	▶ Lollihop	▶ Not Another Bill
▶ Birchbox	▶ Candy Japan	▶ Umabox
▶ Hoseanna		
▶ Guy Haus	**Baby and Parenting**	**Subcom Platforms**
▶ Razwar	▶ Wittlebee — Kids Clothing Club	▶ Memberly
▶ Loose Button	▶ Babbabox	▶ Order Groove
▶ Beauty Mint	▶ Citrus Lane	
▶ Carmine	▶ Little Passports	
▶ Trinkets	▶ Bluum	

유료 가입을 통해 주기적으로 제품과 서비스를 공급받는 것은 새로운 사업 모델이 아니라 오래전부터 우리 일상생활에서 접해 오던 사업 모델이다. 잡지나 신문과 같이 주기적으로 소비하게 되는 제품은 꼬박꼬박 가판대에서 구매하는 것보다 정기구독을 하여 집이나 회사로 배송받아 보는 것이 편하다. 우유나 요구르트 등 집에서 주기적으로 먹는 유제품의 경우 역시 대형 마트에서 다량의 제품을 사는 경우도 있지만, 배달받아서 먹는 시장이 여전히 크게 존재한다. 학습지나 정수기 렌탈 시장 역시 동일한 관점에서 볼 수 있다.

화두가 되고 있는 서브스크립션 커머스도 본질적으로는 기존의 비즈니스 모델을 그대로 활용하고 있지만, 시장 초기인 현 단계에서도 다음과 같은 차이점들을 살펴볼 수 있다. 우선 제공하는 제품이 단일 제품보다는 여러 가지의 제품을 엮어서 종합 선물세트 같은 박스 형태로 제공하는 경우가 많다. 해외에서 유명한 Birchbox나 국내에서 급성장하고 있는 미미박스는 아예 서비스 이름 자체에서 이러한 이미지를 전달하고 있다. 이렇게 박스로 구성된 경우는 완제품보다는 샘플 제품으로 구성된 경우들이 많은데, 제품생산 기업이 마케팅을 위해 만들어낸 샘플 제품을 마케팅 대행 명목으로 무료에 공급받아 매력적인 선물 박스를 구성한 다음에, 이 제품들에 관심이 있을 법한 소비자들을 끌어모아 일정 금액의 정기구독료를 받고 샘플 박스를 제공하는 것이다. 한편, 식료품 서브스크립션 커머스인 Foodzie같이 샘플이 아니라 시장에서 찾아보기 힘든 아이템들을 적절하게 구성하여 그러한 것에 호기심이 많은 니치집단을 효과적으로 공략하는 사례도 있다.

이 사례들을 보면, 기존의 정기구매 모델과 확연한 차이점이 있음을 알 수 있다. 기존에는 재화의 생산자가 정기구독을 하는 가입자와 다이렉트로 연결된 비즈니스 모델이었다. 하지만 '서브스크립션 커머스'에서 고객과 연결되어 있는 것은 재화의 생산자가 아닌 '중개 역할'을 하는 다른 기업이다. 이 흐름은 오픈마켓에서부터 소셜비즈니스를 거쳐 이어져 온 개념이다. 오픈마켓이 저렴한 가격을 중심으로 시장을 성장시키고 소셜비즈니스가 엄선된 상품을 파격적인 할인가로 기간한정 판매함으로써 반향을 일으켰는데, 그 이면에는 저렴하거나 매력적인 상품 라인업을 만드는 MD의 역할이 가장 중요했다. 즉, 중개자로서의 전문성을 기반으로 다양한 제품들 안에서 큐레이션(선별과 조합)을 하여 원래 개별 제품 이상의 차별적인 가치를 제공하는 것이 핵심이다.

이처럼 최근에 화두가 되고 있는 서브스크립션 커머스는 완전히 새로운 비즈니스 모델은 아니지만 그렇다고 해서 기존에 존재하던 정기구독, 정기가입 모델과 동일하지도 않다. 일정기간을 전제로 고객을 유료로 가입시켜서 그 기간 동안 자동으로 재화를 전달한다는 점에서는 동일하지만, 그 재화를 서브스크립션 커머스 기업이 직접 생산하는 것이 아니라 고객과 생산 기업 사이의 중개자 역할을 한다는 점에서 큰 차이를 지니고 있다. 이러한 공통점과 차이점을 명확하게 인식하고 있어야 이 사업 모델의 기회요인과 위기요인에 대해서 정확하게 파악하고 그에 맞추어서 전략과 전술을 준비할 수 있다.

제6절 데이터 시각화와 정보디자인

6.1 데이터 시각화

　데이터 시각화(data visualization)는 정보 등을 조합해 그래픽적인 요소로 변환시킨 것으로 이해하면 된다. 데이터베이스에 오랫동안 축적된 정보들과 국가기관의 데이터 그리고 웹사이트들의 다양한 로그 데이터들은 분석이나 표현에 따라 소비자나 사람들에게 의미 있는 트렌드 정보를 보여 준다. 최근 스마트폰의 위치기반서비스(location based service)에서 제공되는 위치정보는 데이터 시각화에서 활용되는 대표적인 데이터로서, 축적됨에 따라 요긴하게 활용될 수 있는 정보이다. 프라이버시를 침해하지 않는 선에서 데이터를 가공하면 트렌드를 살펴볼 수도 있기도 하며 공공적인 정보로 사람들에게 좋은 정보를 줄 수 있는 데이터로 가공도 가능하다. 실제로 서울 시내 스마트폰 유저의 대중교통 사용패턴을 만들 수 있고 이런 데이터들을 통해 좀 더 효율적인 교통시스템의 설계가 가능해지고 이와 함께 시민들의 의견과 아이디어로 필요한 정책 등에도 반영이 가능하도록 웹 또는 모바일 환경의 애플리케이션 설계가 가능하다.

　최근 SNS의 부각과 기업들의 연이은 소셜미디어 활용이 붐을 일으키고 있는 상황이다. 특히 최근에는 기업들이 SNS를 통해 다양한 이벤트와 프로모션 또한 진행하고 있다. 특히 네티즌과의 공감을 위한 기부와 나눔을 통한 접근이 눈에 띈다. 데이터 시각화는 네티즌의 참여와 그들의 생각을 시각화해서 보여 줄 유용한 도구이다. 참여의 규모를 쉽게 보여 주거나 참여를 유도할 수 있는 동기를 마련해 줄 수 있는 기능을 한다. 플랫폼 측면에서 볼 때 SNS와 데이터 시각화가 연계된 인터랙티브한 사이트는 고객과 집단지성의 가능성이 많은 고객대화 채널이다. 국내에서도 데이터 시각화를 활용한 기업의 SNS 플랫폼 사례가 많아지는 추세이다.

　실제로 GE(General Electric Company)는 참여형 사이트를 구축하고 네티즌이 직접 참여해 작성한 콘텐츠나 정보 등을 통해 쉽게 정보를 열람할 수 있는 데이터 시각화 사이트를 구축했다. 이 인터랙티브 웹사이트에서 데이터를 기반으로 로버트 우드 존슨재단과 위스콘신 인구 보건 연구소 대학 간의 협력을 통해서 다양한 건강정보를 표현하고 있다. 실시간으로 변하는 이 웹사이트는 방대한 통계치를 통해서 네티즌에게 참고가 될 공공정보를 제공하고 있다. 전 세계에서 6만 5,000명 이상의 사이트 유저들이 GE의 Ecomagination Challenge Site에 로그인해 제출한 3,500개 이상의 아이디어와 투표와 댓글을 남겼다. 방문자가 좋은 아이디어를 좀 더 쉽게 찾을 수 있도록, GE는 해당 사이트를 데이터 시각화해서 보여 주고 있다. GE의 데이터 시각화 페이지는 실시간으로 반영되는 살아있는 정보들을 소비자나 시민들이 열람할 수 있다는 큰 장점도 가지고 있는 한편, 참여를 통해서 그리고 무엇보다 복잡하게 표현된 정보들을 축적해 단순하고 직관적으로 보여 주고 있다.

6.2 정보그래픽

SNS 시대에 걸맞은 콘텐츠와 플랫폼 활용에서 정보그래픽(info graphic)은 인포메이션 그래픽(information graphics)으로도 불리며 TV나 신문 등의 언론매체에서 뉴스그래픽(news graphic)으로도 사용되고 있다. 정보그래픽은 정보를 구체적이고 실용적으로 전달한다는 점에서 일반적인 그림이나 사진 등과는 구별된다. TV나 신문을 보면 사건의 개요와 정황을 한눈에 알 수 있는 도표나 그래픽을 흔히 볼 수 있다. 이러한 정보그래픽은 사실전달과 사건의 정황들을 독자들로 하여금 이해하기 쉽게 도와준다. 또한 독자가 복잡하고 읽기 어려운 수치들을 한눈에 볼 수 있어 정보전달에 큰 장점을 가지고 있다. 대표적인 정보그래픽으로는 지하철 노선도를 들 수 있다.

신문, 잡지 등과 TV에서 정보그래픽의 활용을 살펴보면 미디어의 특성에 따른 포맷이 각각 존재한다. 신문의 경우는 고정된 지면에 표현돼야 하며, TV의 경우는 동영상 형태로도 구현이 가능하다. 그에 반해 온라인에서는 위 두 매체의 표현방식에 대한 제약이 없으며 인터랙티브한 장점을 부각하여 독자가 직접 탐험하고 체험하는 것이 가능하다. 정보그래픽을 표현하는 과정에서 가장 중요한 요소를 살펴보면 다음과 같다.

1) 시각적 요소: 컬러, 그래픽, 기호

정보그래픽에서 가장 중요한 부분은 정보가 시각적으로 표현되는 것이다. 독자들이 눈으로 보게 하는 부분이지만 보여 주기를 넘어 매력적인 디자인으로 표현돼야 한다. 색상이나 도형, 기호, 상징들을 활용하여 누구나 쉽게 공감할 수 있게 나타내야 한다.

2) 통계와 시간경과

통계와 시간경과는 정황을 파악할 수 있는 대표 요소들이다. 두 가지 요소만으로도 보여 주고자 하는 맥락적인 내용의 표현이 가능하다.

3) 정보(특정 상황)

추론 커뮤니케이터가 가상 중점적으로 고민해야 할 부분이며 표현하고자 하는 사실이나 내용을 뒷받침할 수 있는 정보들을 갖고 구성해야 한다. 또한 정보그래픽을 통해 캠페인 등을 신행할 경우에는 독자로 하여금 어떤 참여가 변화를 이끌 수 있을지에 대한 추론을 가능하게 만들어 주는 것이 좋다. 예를 들어, 서울 시민들에게 대중교통을 이용하여 배기가스 배출량을 줄이는 운동에 동참하도록 하는 메시지를 전달하고자 할 경우, 먼저 사실에 근거하여 한 해 동안 배출되는 서울시의 배기가스량을 타 도시 배출량과 비교함으로써 대중교통을 이용할 때 얼마나 배출량을 줄일 수 있는지 추론할 수 있게 구성하면 된다.

4) 인터랙티브

디지털미디어의 가장 큰 매력이자 기존 미디어와의 차별점은 바로 인터랙티브적인 요소이다. 정보그래픽을 보는 독자의 손끝에서 변화되는 정보와 그래픽은 몰입도를 높이고 콘텐츠의 역동성을 선사한다. 특히 SNS를 전략적으로 활용한다면 독자와 콘텐츠 제공자 간의 서비스에 따른 릴레이션(관계)의 구축도 가능할 것이다. 옛말에 백 번 듣는 것보다 한 번 보는 것이 낫다고 했다. 이제는 웹을 통해 단순히 보여 주는 것을 넘어 경험할 수 있는 디자인이 가능해졌다. 물론 정보그래픽은 쉽게 만들 수 있는 콘텐츠는 아니다. 시각적인 부분에서부터 내용 등 배포채널까지 모두 연계해 제작돼야 하기 때문이다. 하지만 복잡한 내용이나 수치를 독자에게 쉽게 전달한다는 것만으로도 활용의 가치는 높다. 특히 정보그래픽의 접근방법은 웹의 플랫폼과 결합하여 콘텐츠 측면에서 역동적인 사이트의 구성이 가능하게 해준다.

6.3 정보디자인

사실 정보를 대상으로 하지 않는 디자인이란 없다. 포스터, 패키지, 광고, 제품에 이르기까지 모든 디자인 결과물은 정보를 그 대상으로 하고 있다. 그런데 최근에는 '정보'를 고도의 통신기술을 동반한 글로벌 네트워크 주변에만 해당되는 것으로 인식하는 경향이 강하게 나타나고 있다. 이러한 경향은 지금까지 오랜 기간을 통해 형성된 정보의 관계를 갑자기 디지털로 전환하는 행위만을 '정보화'라고 생각하게 만들어 버렸고, '정보디자인(info design)'을 단순히 웹사이트의 설계로 그 분야를 한정지어 버리고 있기 때문이다. 하지만 정보라는 것은 이미 생명의 탄생 이전부터 존재해 왔고, 정보의 생산이라는 측면의 디자인이 있어 왔다. 선사시대에 자신의 주변 정보를 기록하고 전달하는 방법으로 그린 지도에서 그 예를 볼 수 있다.

1) 정보디자인을 함에 있어서 가장 주요한 사항

한마디로 정의하자면 관계에 대한 발견이다. 예를 들면, 우리가 하는 일을 설명할 때 "정보의 숨어 있는 대각선 찾기"라는 말을 자주 사용하고 있는데 바로 이 "대각선 찾기"라는 표현 안에는 정보를 어떻게 선택하고, 분석하여, 이를 유저가 필요로 하는 정보의 형태로 발전시켜 나갈 것이냐에 대한 문제가 모두 포함된 함축적인 것이다. 따라서 정보디자인을 하는 데 있어서 무엇보다도 중요한 문제는 정보와 정보 사이, 정보와 사용자 사이의 관계(대각선)를 어떤 과정을 통해 발견해 나갈 수 있느냐는 것이다.

2) 정보디자인과 관련된 다양한 분야 중에서 가장 필수적인 분야

어떤 것을 필수적인 분야라고 규정하기는 매우 어렵다. 왜냐하면 우리가 살고 있는 세상은 현재, 온라인과 오프라인 미디어가 공존하고 있고 이 각각의 미디어들은 서로에게 그 영향을 미치는 복잡한 구조로 발전하고 있기 때문이다. 따라서 정보디자인에 있어서 파이그래프나 바(bar)그래프가 지도디자인보다 필수적이라고 말할 수 없으며, 지도나 다이아그램에 대한 이해가 있어야만 사이트 맵을 만들 수 있다고 말할 수는 없다. 오히려 필수적이라고 한다면 그 정보가 속해 있는 장르에 대한 내용적인 이해, 그 정보의 결과(디자인)를 사용하게 될 유저에 대한 배려 등이라고 말할 수 있을 것이다.

3) 정보디자인 프로세스

이것은 최종적인 결과가 단순히 1박 2일의 여행 일정을 안내하는 형태의 타임라인으로 표현될 것인가, 온라인상에서의 유기체적인 형태의 커뮤니티로 발전될 것인가에 따라 전혀 다르다. 그렇지만 손수건을 만들거나 웨딩드레스를 만들거나 그 기본적인 프로세스에는 공통점이 있다. 우선 적절한 소재의 선택이 필요하고, 그것을 적절하게 가공하는 과정을 거쳐, 최종적으로 그것을 적절하게 사용할 사람에게 제공하는 것이다. 그러나 이 단순한 3단계 프로세스에서 발생하는 각각의 "적절함"이란 똑같은 계란을 가지고 삶은 계란을 만드느냐, 당뇨병 환자를 위한 오믈렛을 만드느냐 만큼이나 다를 것이다.

4) 정보디자인이 내포하고 있는 시사점

리처드 솔 워먼이라는 사람은 "훌륭한 정보를 담고 있는 결과물은 억지로 아름답게 꾸미려 하지 않아도 언제나 조형적으로 아름답다"라는 말을 남겼다. 요즘 주변의 젊은 디자이너나 디자이너를 지향하는 학생들을 보면 그 내용(정보)보다는 그 결과(조형)에 더욱 충실하려고 한다는 느낌을 강하게 받는다. 사회의 전반적인 경향이 정보기술(IT)을 강조하고 있어 디자이너를 지향하는 학생들도 컴퓨터 소프트웨어를 잘 다루는 일에 치중하게 되었다. 그러나 정보기술은 결국 정보문화(IC)를 담아내기 위한 그릇에 불과하다. 보다 넓은 시각에서 다양한 장르에 관심을 가지고 그것의 관계를 발견하려는 노력을 기울이다 보면 그 조형적 아름다움은 자연스럽게 수반되리라 생각한다.

토의문제

1. 큐레이션의 정의와 의미 그리고 서비스를 통한 소셜미디어의 변화과정을 논하시오.
2. 큐레이션 서비스의 기술과 정보재설계로서의 큐레이션 서비스를 간략하게 기술하시오.
3. 한국형 큐레이션 서비스의 성공조건에 해당하는 사항들을 예를 들어 설명하시오.
4. 큐레이션 서비스 개념이 부상하게 된 배경은 무엇인지 확인해 보시오.
5. 소셜필터링과 소셜큐레이션을 비교하고 각각의 서비스 방법들을 기술하시오.
6. 서브스크립션 커머스가 최근 급부상하는 이유를 예를 들어 설명하시오.
7. 서브스크립션 커머스로 실제 사업화 가능한 사례들을 나열해 보시오.
8. 비즈니스로서의 서브스크립션 커머스를 향후 사업 모델로 선정하여 토의해 보시오.
9. 데이터 시각화와 정보그래픽의 차이점을 비교하고 주요 사례들을 열거하시오.
10. 정보그래픽을 표현하는 과정에서 가장 중요한 요소들을 설명하시오.
11. 정보디자인 콘셉트를 구성하기 위한 형식을 순서대로 기술하시오.
12. 데이터 수집부터 데이터 시각화 과정까지의 핵심사항을 분석해 보시오.
13. 웹과 데스크톱에서 사용할 수 있는 데이터 시각화 제작활용 사례를 열거하시오.

참고문헌

Blokdyk, G., *Content Curation Platform: A Complete Guide — 2019 Edition*, SSTARCooks, 2019.

Blokdyk, G., *Digital Curation*, SSTARCooks, 2018.

Camm, J. D., *Data Visualization: Exploring and Explaining with Data*, Cengage Learning, 2021.

Dekker, A., *Curating Digital Art*, Valiz, 2021.

DeRidder, J., *Digital Curation Fundamentals*, Rowman & Littlefield Publishers, 2018.

Evergreen S., Effective Data Visualization, SAGE Publications, 2019.

Grant, R., *Data Visualization: Charts, Maps, and Interactive Graphics*, Chapman and Hall, 2018.

Harder, J., *Creating Infofraohics*, Apress, 2023.

Healy, K., Data Visualization: A Practical Introduction, Princeton University Press, 2019.

Information Resources Management Association, *Digital Curation: Breakthroughs in Research and Practice*, IGI Globa, 2019.

Kirk, A., *Data Visualisation: A Handbook for Data Driven Design*, SAGE Publications, 2019.

Kowalczyk, S. T., *Digital Curation for Libraries and Archives*, Libraries Unlimited, 2018.

Malaska, T. and Seidman, J., *Foundations for Architecting Data Solutions: Managing Successful Data Projects*, O'Reilly Media, 2018.

Mollet, D., *Content Curation Success*, Independently Published, 2022.

Murrary, S., *Interactive Data Visualization for the Web*, O'Reilly Media, 2017.

Oliver, G. and Harvey, R., *Digital Curation*, Neal—Schuman Publishers, 2016.

Sant, T., *Documenting Performance: The Context and Processes of Digital Curation and Archiving*, Bloomsbury Methuen Drama, 2017.

Sikarskie, A. G., *Textile Collections: Preservation, Access, Curation, and Interpretation in the Digital Age*, Rowman & Littlefield Publishers, 2016.

Sosulski, K., Data *Visualization Made Simple*, Routledge, 2018.

Storm, J., *Design Mind for Data Visualization*, 6X9 Publishing House, 2022.

Ware, C., Information Visualization: Perception for Design, Morgan Kaufmann, 2020.

Wilke, C., *Fundamentals of Data Visualization: A Premier on Marking Informative and Compelling Figures*, O'Reilly Media, 2019.

http://techcrunch.com

http://ggamnyang.com

http://fyi.so/LMDsd2

http://fyi.so/KZdyW6

http://fyi.so/KZdDsY

http://fyi.so/KZdIwG

e커머스 후발주자 쓱닷컴(SSG닷컴), 두각을 나타낸 비결, '인포리테일' 전략

빠르게 바뀌는 트렌드를 포착하는 것은 경쟁이 치열한 e커머스 업계에서 살아남기 위한 필수조건이다. 이를 '트렌드 센싱'이라고 한다. 트렌드 센싱 성공 여부를 판단하는 척도는 무엇일까? 누구보다 변화에 민감할 뿐만 아니라 미래 핵심 소비층으로 자리매김한 'MZ세대'를 잡았는지를 보면 된다. 쓱닷컴은 e커머스 업계의 후발주자이지만 빠른 속도로 MZ세대 고객을 확보하며 두각을 나타내고 있다. SSG닷컴은 트렌디한 단독 상품 출시 등 기존 강점을 보완할 수 있는 '트렌디함'과 '새로움'을 무기로 내세웠다. SSG닷컴은 MZ세대의 특성을 파악해 '단독 상품', '인큐레이팅 전략', '인포리테일 전략', '디지털 명품 보증서' 등 다양한 방법으로 MZ세대를 공략했다.

또한 SSG닷컴은 공식 유튜브 채널을 통해 '인포리테일' 전략을 적극적으로 펼치고 있다. 정보를 뜻하는 단어 '인포메이션'과 유통의 '리테일'을 합친 말로, 상품 정보를 영상으로 전달하는 '콘텐츠 커머스'의 일종이다. 할인 혜택이나 상품명 등을 거부감없이 전달하기 위해 스토리를 입히는 방식이다. 일종의 '온라인 문화센터'처럼 해당 분야 전문가가 고객에게 정보를 제공하는 것에 집중한다. 판매는 오히려 정보를 전달한 후에 부수적으로 이뤄진다. 단순한 홍보성 판매전략에 거부감을 보이는 요즘의 소비자를 공략하기 위한 것이다. 덕분에 SSG닷컴 공식 유튜브 구독자 수는 1년 만에 30% 이상 증가했다(녹색경제신문, 2024. 5. 19).

롯데카드, 큐레이션 서비스 '발견' 오픈

롯데카드가 '디지로카' 애플리케이션(앱)에서 소비자의 현재 관심사를 실시간으로 감지해 관련 상품·콘텐츠·혜택을 모아 보여주는 서비스 '발견'탭을 오픈했다. 디지로카 앱 내 발견탭은 맞춤형 소비를 위한 큐레이션 서비스다. 마음에 드는 상품을 발견하고, 비교하고, 혜택을 찾고, 결제하는 소비의 과정을 기존보다 더욱 빠르고 단순하게 만든다. 구체적으로 영상 중심의 콘텐츠 추천으로 정보 탐색 시간을 줄였다. 각 분야 전문가·제휴사가 제작한 제품 분석·비교·트렌드 등 전문 콘텐츠를 제공한다. 이와 함께 브랜드 행사·서비스나 터치 쿠폰, 월 정기결제 서비스, 예약·편의 서비스 등 혜택도 알려준다. 발견탭에선 디지로카 앱의 커머스 서비스인 '환승프로젝트'와 '띵샵' 판매 상품·기획전·이벤트 등도 추천해 준다. 냉장고 구매에 관심있는 소비자에겐 환승프로젝트 판매 가전과 함께 띵샵에서 할인 판매하는 식품·밀키트 기획전도 보여준다. 롯데카드는 소비자의 취향을 실시간으로 분석하기 위해 다양한 데이터를 활용하고 있다. 결제 정보와 앱 내 행동 데이터, 롯데멤버스 품목별 선호 지수, 브랜드 이용 정보 등이 쓰인다. 이를 통해 관심 소비 영역부터 상품과 브랜드까지 취향 분석을 세분화하고 분석주기도 실시간으로 고도화했다. 또한 생일 등 주요 이벤트 발생시점을 파악해 추천하는 등 시간과 장소, 상황(TPO)에 맞는 큐레이션도 제공한다. 롯데카드는 그동안 소비 여정에서 마지막 결제 단계에 신용카드가 주로 활용됐지만 디지로카 앱 발견탭으로 고객 일상 전반을 편리하고 즐겁게 변화시키려고 한다. 발견탭에서의 소비는 고객이 시간과 노력을 들여 얻는 결과물이 아닌 롯데카드의 추천을 따르다 보면 금세 취향의 발견에 이르는 즐거운 경험으로 새롭게 정의될 것이라 한다(아시아경제, 2024. 5. 10).

카카오 NFT거래소 '클립 드롭스'

카카오의 디지털 작품을 사고팔 수 있는 NFT거래소 '클립 드롭스'를 운영하고 있다. 클립 드롭스는 미술 작품과 굿즈(기획 상품)를 포함한 다양한 디지털 작품을 큐레이션해 유통한다. 국내 주요 작가·아티스트가 제작한 예술품을 그라운드X가 자체 개발한 블록체인 플랫폼 '클레이튼'(Klaytn)에 기록해 유일무이한 한정판 디지털 작품으로 재탄생시킨다. 사용자 간 디지털 아트를 사고팔 수 있는 '마켓' 기능과 다양한 장르의 크리에이터 NFT를 수집할 수 있는 '디팩토리'(dFactory)도 포함한 게 특징이다.

카카오는 프리미엄 IP를 중심으로 NFT와 결합해 사업을 확장할 계획이다. PC기반서비스도 추가하여 NFT 기반 미술작품을 큐레이션 해 유통하는 서비스 클립 드롭스 베타서비스도 시작했다. 국내 주요 작가가 제작한 예술품을 그라운드X가 자체 개발한 퍼블릭 블록체인 플랫폼 클레이튼에 기록해 한정판 디지털 미술작품으로 재탄생시켜 판매했다. 현재 클립 드롭스는 스마트폰 카카오톡 내 '클립' 서비스에서 이용할 수 있는데, 향후 이용자와 작가들이 교류할 수 있는 온오프라인 전시 체험 기회를 제

공하고, 다양한 차별화된 혜택을 제공해 클립 드롭스 고유의 커뮤니티 문화를 지속적
으로 만들 예정이다(문화저널21, 2024. 4. 17).

토의문제

1. SSG닷컴이 MZ세대를 공략하기 위해 활용한 인포리테일 전략에 대하여 토론해 보자.
2. 롯데카드의 큐레이션 서비스 '발견'에 대하여 설명해 보자.
3. 카카오의 큐레이션 서비스인 '클릭 드롭스'의 사업 확대 가능성에 대하여 토의해 보자.

에필로그 사례연구-2: 정보디자이너와 인포그래픽

정보가 넘쳐나는 요즈음 같은 시대에 자신에게 필요한 정보를 선택하고 다른 사람에게 이를 효과적으로 전달하는 것은 누구나 필요로 하는 능력이라 할 수 있다. 현재 빠르게 확산되고 있는 정보디자이너와 인포그래픽 디자이너에 대하여 살펴본다.

정보디자이너

지금까지의 경쟁력은 논리와 언어적 기반의 활동과 지식이었지만 앞으로는 논리와 감성을 결합한 정보를 만들 수 있는 능력이 경쟁력이다. 즉, 과거에는 많이 배우고 다양한 지식을 섭렵하여 전문성의 정도에 따라서 능력을 판단했지만, 디지털경영시대에는 지식과 데이터를 어떻게 활용할 수 있느냐가 중요하다. '정보디자이너'는 수많은 데이터 속에서 가치를 찾고 설계하고 표현하는 사람을 말한다. 여기에서 '의미'와 '가치'는 목적에 따라서 가장 중요한 것을 찾거나 모두가 공유해야 할 사실을 재해석하거나 복잡한 데이터를 쉽고 직관적으로 풀어 내는 과정의 결과라고 할 수 있다. 그래서 정보디자이너는 그 자체만으로 직업이 될 수도 있지만, 특정 분야의 전문가이면서 '정보디자이너'의 능력을 겸비할 수도 있다.

인포그래픽

데이터와 사실을 정확하게 시각화 하여 표현, 전달하는 것을 '데이터 시각화'라고 한다. '인포그래픽'은 보다 넓은 의미로 정보디자인의 연장선에서 정보를 추출하여 이해 대상이 쉽게 알아볼 수 있도록 직관적인 그래픽을 활용해서 한 장의 이미지 중심으로 정보를 표현하고 메시지를 전달하는 방법을 말한다. 일반적으로 글을 쓰고, 보조적인 수단으로 그림이나 일러스트를 추가하는 차원을 넘어서 정보를 쉽고 빠르게 직관적이고 유쾌하게 전달할 수 있다는 것이 큰 장점이다.

정보디자이너와 인포그래픽 직업의 장단점

장점은 다양한 분야의 지식, 그리고 논리와 감성의 사고를 통합할 기회가 많다는

334 PART 02 디지털경영 기반

것과 이를 통하여 창의적인 능력을 지속적으로 기를 수 있다는 것이다. 단점으로는 그러한 시각과 능력을 갖추기 위해서는 이론적인 지식 배경과 함께 논리와 감성을 기를 수 있는 다양한 경험과 다방면의 노력이 필요하다. 단순히 책을 통한 이차적인 경험보다는 직접 정보를 찾고, 비판하며, 자신만의 것으로 만드는 훈련이 요구된다. 정보디자이너란 같은 것을 보고도 다른 결과를 상상할 수 있어야 하며, 스스로 의미부여를 규정할 수 있고, 쓰고, 그려서 표현할 수 있어야 남을 설득할 수 있기 때문에 어떻게든 자신의 사고력에 논리와 감성이 균형이 이루도록 노력해야 한다.

직업의 발전 가능성

많은 대학생이 비슷한 질문을 하고, 가장 적합한 학과와 전공을 선택하려고 노력한다. 하지만 현실을 보면 IT 기업에 종사하는 전문가들이 모두 컴퓨터 공학과를 나온 사람들은 아니다. 인문학을 잘하는 사람이 IT 기술을 더 잘할 수 있는 시대이기도 하기 때문에 이런 흐름은 결국 모든 비즈니스는 사람을 위하는 방향으로 초점이 맞춰져 있고, 이는 정보디자이너나 인포그래픽에도 그대로 적용된다. 결국, 정보디자이너나 인포그래픽은 학문과 비즈니스 영역을 넘어 사람 중심의 정보를 만드는 일이기 때문이다. 그만큼 발전 가능성이 크다고 할 수 있다. 정보디자이너나 인포그래픽을 자신의 직업으로 생각한다면 이제 더는 정보디자이너나 인포그래픽을 디자이너, 기획자, 마케터들의 전유물로 생각하지 말아야 한다. 그리고 자신만의 영역에서 정보디자인과 인포그래픽을 접목할 수 있도록 끊임없이 노력해야 한다. 정보디자이너와 인포그래픽은 이제 선망의 대상이 아니라 스마트 시대에서 반드시 정복해야 할 필수 능력이 되고 있다.

직업에 필요한 자질이나 능력

앞서 언급한 것처럼 단순히 기획력과 비주얼적인 스킬만을 습득한다고 해서 정보디자이너가 될 수는 없다. 주입식 교육으로 인포그래픽 디자이너는 만들어지지 않으니 장기적인 계획이 필요하다. 정보디자이너나 인포그래픽 디자이너는 생각을 그려내고, 데이터에서 가치를 볼 수 있는 능력이 필요하기 때문에 특별히 자격이나 교육과정을 이수해야 하는 것은 아니다. 가장 필요한 능력 여덟 가지를 정리하면 1) 다양한 경험과 관심사 2) 자료해석 능력 3) 스토리텔링 4) 아이디어 5) 끈기 6) 생각의 체력 7) 마케팅 감각 8) 소통능력을 들 수 있다(경남신문, 2024. 4. 16).

토의문제

1. 정보디자이너가 무엇인지에 대하여 토의하시오.
2. 인포그래픽이 무엇인지에 대하여 설명하시오.
3. 정보디자이너와 인포그래픽 직업의 장단점에 대하여 토론하시오.
4. 정보디자이너와 인포그래픽 디자이너로서 요구되는 자질이나 능력에 대하여 논의해 보자.
5. 정보디자이너와 인포그래픽 디자이너의 발전 가능성에 대하여 토론해 보자..

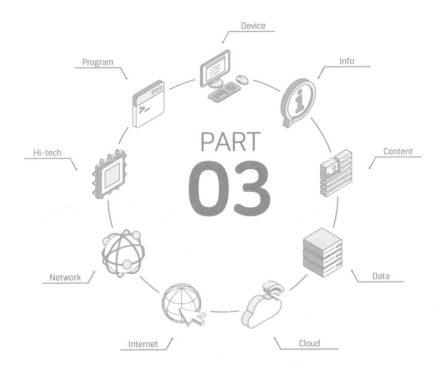

디지털경영 응용

CHAPTER
09
디지털콘텐츠

학습목표

- 디지털 콘텐츠의 개념과 구성요소에 대하여 학습한다.
- 디지털 콘텐츠의 분류에 대하여 이해한다.
- 디지털 콘텐츠 가치사슬에 대한 이해를 심화시킨다.
- 디지털 콘텐츠의 제작 단계와 주요 내용에 대하여 고찰한다.

디지털 콘텐츠 비즈니스

디지털 콘텐츠의 사전적 정의는 다음과 같다. 콘텐츠는 영화, 음악, 연극, 문학, 사진, 만화, 애니메이션, 컴퓨터 게임, 문자, 도형, 색채, 음성, 동작이나 그림이나 이들을 결합한 것 또는 이들에 관한 정보를 컴퓨터를 통해 제공하는 프로그램으로, 인간의 창조활동에 의해 창출되는 것 중 교양이나 오락의 영역에 속하는 것을 말한다. 디지털 콘텐츠를 어떤 시각으로 바라보는지에 따라서 수많은 의미를 지닐 수 있지만, 수많은 문화/미디어 정보를 컴퓨터에서 다루는 형태로 가공된 것들을 디지털 콘텐츠라고 한다.

수많은 디지털 콘텐츠가 생성되는 상황에서 다양한 비즈니스가 생겨나는 것은 어찌 보면 당연한 것이다. 디지털 콘텐츠 비즈니스는 경제적 부가가치를 창출하는 디지털 콘텐츠 또는 이를 제공하는 서비스의 제작, 유통, 이용 등과 관련된 사업이라고 정의한다. 반면, 외국에서 바라보는 디지털 콘텐츠 비즈니스의 범위는 경제적 부가가치를 창출하는 것에만 한정하지는 않고 디지털 콘텐츠 비즈니스의 발전을 위한 국가정책 등을 중요한 부분으로 포함시킨다.

디지털 콘텐츠 비즈니스는 21세기에 들어서면서 독립적인 하나의 산업으로서 인정받기 시작했다. 디지털 콘텐츠 비즈니스는 문화기반의 산업이기에 어느 정도 경제적인 성장을 이룬 선진국을 중심으로 발전하기 시작했다. 디지털 콘텐츠 비즈니스는 단순한 경제적·사회적 가치 이상으로 서비스 산업과 제조업과 같은 전후방 산업과의 연관효과를 일으키는 부가 잠재력이 큰 비즈니스이다. 또한 타 산업 대비, 성장성, 안정성, 수익성 측면에서도 비교우위를 보이고 있다. 디지털 콘텐츠 비즈니스는 제조업에 비해 기반시설 투자금도 적고 높은 고부가가치 특성을 지니고 있기에, 차별화된 경쟁력을 지닐 수도 있다. 디지털 콘텐츠 비즈니스에서는 일반 제품과 그 유통과정이 다른 점은 원가와 가격 산정이 무형의 디지털을 기준으로 하기 때문에, 디지털 콘텐츠 비즈니스의 수익은 기본적으로 판매하고 유통하는 데에서 발생한다.

디지털 콘텐츠 비즈니스의 확산

디지털 콘텐츠 비즈니스는 디지털 콘텐츠를 확산시키는 매체가 등장할 때마다 그 형태와 양, 발전속도 등이 변화하였다. 처음에는 아날로그에서 디지털화로 변화하였으며, 현재는 스마트화되어 개인 맞춤형을 지향하며 변화하고 있다. 인터넷의 등장은 디지털 콘텐츠의 유통의 형태와 소비의 형태를 다양화하여 디지털 콘텐츠 비즈니스의 양적/질적 성장에 일조했다. 인터넷의 등장을 통해 디지털 콘텐츠를 제공하는 형태가 양방향으로 변화하였으며, 시간과 공간의 제약을 줄여 주고 업데이트 비용 역시 감소시켰다. 이 시기부터 디지털 콘텐츠 비즈니스가 두각을 나타내며 고부가가치 산업으로 부각되었다.

최근 디지털 콘텐츠를 생산해 내고 유통하는 컴퓨터의 한계를 뛰어넘는 스마트폰 등의 스마트 디바이스가 빠르게 확산되면서 디지털 콘텐츠가 스마트화되었고 양질의 디지털 콘텐츠의 생산이 가속화되었는데, 이 속도를 가일층 높여 준 것이 바로 '소셜 네트워크 서비스'이다. 소셜미디어의 등장으로 디지털 콘텐츠는 이를 창조의 도구와 유통의 도구, 둘 다의 목적으로 사용하면서 기존 유통구조의 한계를 뛰어넘고 새로운 활로를 만들어 냈다. 수많은 소셜미디어가 존재하지만, 페이스북 하나만 보더라도 책, 음반, 게임 등의 디지털 콘텐츠를 편리하고 쉽게 접근하고 구매할 수 있게 되었다. 중간 유통과정이 생략되면서 'B2C' 혹은 'C2C' 형태의 유통과정이 등장하였다. 게다가 지인 기반의 소셜네트워크 서비스에서의 디지털 콘텐츠 추천은 디지털 콘텐츠 자체에 신뢰성을 더해 주면서, 소비의 확산과 구매율을 향상시켰다.

디지털 콘텐츠 비즈니스의 영향

디지털 콘텐츠 비즈니스는 문화산업 기반의 고부가가치를 창출하고, 다른 산업과의 연계가 쉬우며, 그 효과 또한 상상을 초월한다. 이러한 배경하에 문화와 경제 분야에서 그 효과와 영향을 살펴보자. 문화 콘텐츠 분야로서 '강남 스타일'의 확산경로를 보면 유튜브가 메인 채널이었고, 트위터가 이를 받쳐줬다. 이처럼 잘 만들어진 문화 콘텐츠 하나가 소셜네트워크 서비스라는 유통채널을 통해 전 세계로 퍼진 사례로서 디지털 콘텐츠 비즈니스가 문화라는 분야와 접목되었을 때 어떠한 잠재력과 효과를 보여 줄 수 있는지 알 수 있다.

디지털 콘텐츠 비즈니스가 경제에 미치는 영향을 살펴보면 다음과 같다. 첫 번째로 GDP 증가이다. 앞에서 살펴봤듯이 디지털 콘텐츠 산업 규모의 국가 순위와 GDP 국가 순위는 어느 정도 비례하고 있는 것을 알 수 있다. 두 번째로는 고용 창출이며, 연 평균 성장률이 2.63% 정도로 타 산업보다 높은 수준인 디지털 콘텐츠 비즈니스는 청년 취업에 밝은 미래를 가져올 것이다. 세 번째로는 국가 브랜드 이미지 상승이다. 브랜드 순위를 높이는 것은 물론, 수출에 직접적인 영향을 주기도 한다. 끝으로 '매니지먼트'의 저자이며 경영학의 대가 피터 드러커는 '21세기는 문화산업에서 각국의 승패가 결정될 것이며, 최후 승부처 역시 문화산업'이라고 말했다. 이는 엔터테인먼트, 미디어, 문화 등을 포함하는 디지털 콘텐츠산업의 부상과 정확히 일치한다. 디지털 콘텐츠 분야에서 새롭게 등장할 미래직업 몇 가지를 소개한다.

1) 디지털 큐레이터

인터넷에서 엄청난 양의 정보들이 생성과 소멸을 반복하고 있다. 하지만 대부분의 사람들은 이 정보들 중 어떤 것이 유용하고 가치 있는 정보인지 구별하기 어려워할 뿐 아니라, 자신이 원하는 정보를 탐색하는 데에 어려움을 느낀다. 이러한 불편을 해소하기 위해 특정 정보를 찾아 정리하고, 목적에 따라 편집하는 '디지털 큐레이션'이 등장하였고, 그 전문가를 디지털 큐레이터라고 부른다. 디지털 큐레이터는 온라인상에 존재하는 수많은 정보 중 사용자가 원하는 정보만을 선정하여 유용하게 사용할 수 있도록 제공한다. 또한 기존에 공개된 콘텐츠를 분석하여 다른 이용자가 손쉽게 사용할 수 있도록 도와준다.

2) 콘텐츠 크리에이터

최근 디지털 콘텐츠 시장의 대세를 이야기하려면 '1인 미디어'를 빼놓을 수 없다. 콘텐츠 크리에이터는 자신이 기획한 콘텐츠를 스스로 제작, 편집하여 유트브나 아프리카 tv 등 인터넷 방송을 통해 공개하는 1인 미디어 제작자를 뜻한다. 컴퓨터와 카메라, 마이크 한 대만 있으면 일반인들이 게임이나 스포츠 방송을 중계하기도 하고, 음악, 먹방 등 다양한 컨셉의 방송을 진행할 수 있다. 몇 년 전부터 유명 크리에이터들은 억대 연봉을 벌어들이고 있으며 외국에는 연간 800억 이상의 수입을 올린 유튜버도 있다. 콘텐츠 크리에이터는 자신의 취미활동을 동영상으로 올리는 일에서 출발한 만큼, 좋아하는 일을 꾸준히 하는 것이 중요하다. 또한 상위 크리에이터들과 MCN 관계자들은 자신만이 보여줄 수 있는 '킬러 콘텐츠' 개발을 통해 경쟁력을 키우는 것이 중요하다.

3) VR콘텐츠 개발자

현재 수많은 기업들이 VR사업에 뛰어들며 각종 기기와 콘텐츠를 생산해내고 자동차, 의료, 관광, 건축 산업 등에서 VR분야에 투자를 확대 중이다. 다양한 산업분야에서 본격 활용되기 위해서는 보다 풍부한 시청각 콘텐츠가 마련되어야 한다. 이러한 시장상황에 따라 VR콘텐츠 개발자는 향후 기업들의 핵심 인재로 촉망받고 있다. VR 콘텐츠 개발자는 소프트웨어 프로그램을 개발하는 개발자와, 웹 디자이너를 기본 역량으로, VR개발 역량이 융합된 직업이다. 하지만 VR콘텐츠 개발자는 소프트웨어 산업 분야에만 한정되지 않고 VR이 적용될 수 있는 모든 분야로 확장이 가능하다. 가상현실 콘텐츠 개발자는 신기술에 대한 기술적 숙달뿐 아니라, 새로운 콘텐츠를 발굴해 내는 전문인력으로 거듭날 필요성이 있다(SW중심사회, 2019. 9. 21).

토의문제

1. 디지털 콘텐츠 비즈니스가 무엇인지에 대하여 토의해 보자.
2. 디지털 콘텐츠 비즈니스는 고부가가치 산업으로서 경제에 미치는 영향에 대하여 설명해 보자.
3. 디지털 콘텐츠 분야에서 새롭게 등장할 미래직업에 대하여 토의해 보자.

수집 이상의 의미를 갖지 못하는 실물 콘텐츠

넷플릭스를 예로 들어보자. 넷플릭스의 초기 사업모델은 영상물 DVD의 임대였다. 업계의 패러다임을 바꾼 넷플릭스의 초기 사업모델도 기본적으로는 실물을 전제로 한 것이었다. 멤버십에 가입하면 기간 내에 실물 DVD를 빌릴 수 있었으며, 새로운 DVD를 빌리기 위해서는 기존의 임대 영상물의 반납이 필요했다. 오랜 기간 이런 식으로 실물을 전제로 한 거래가 이뤄졌기 때문에, 사람들은 무형의 '콘텐츠'를 거래하는 사업모델이 제대로 자리를 잡을 것이라고는 생각지 못했다.

현재 시장에서 거래되는 콘텐츠는 나의 '계정'에 특정한 콘텐츠를 받거나 스트리밍으로 즐길 '권리'를 부여받는 것 이상의 의미를 갖지 못한다. 언제 어디에서나 플랫폼에 접속만 하면 실물 제품으로 얻을 수 있는 것과 동일한 결과물을 즐길 수 있으며, 딱히 나의 디바이스에 자료를 저장하지 않더라도 스트리밍으로 모든 콘텐츠를 열람할 수 있다. 이 과정에서 거래되는 것은 오직 나의 계정에 남는 '결제내역' 하나뿐이다.

지금의 시장은 실물거래를 기반으로 한 과거와는 확연히 다르다. 콘텐츠를 즐기기 위해 실제 제품을 구매하는 행위는 이제 '마니아'의 영역으로 치부되고 있다. 아티스트들의 음반은 음악 플랫폼을 통해 거래되며, 이들의 뮤직비디오는 유튜브를 통해 송출되고 있다. 심지어 실물 상품을 구매한 이들조차도 실물 상품을 콘텐츠를 즐기기 위해 이용하고 있지 않다. 실제 콘텐츠를 즐기기 위해 취하는 액션은 CD나 DVD, 블루레이를 플레이어에 집어넣어 구동시키는 것이 아니다. 그저 플랫폼에 접속하는 것뿐이다.

디지털 콘텐츠 전환이 가속화된 이유

실물을 전제하지 않은 콘텐츠 서비스가 전 세계적으로 성공을 거둘 수 있었던 주된 이유로는 기술의 발전, 플랫폼 통합에 따른 편의성의 증진, 그리고 디바이스의 변화를 꼽을 수 있다. 아날로그 중심에서 디지털로 시대가 전환될 때 실물 상품이 필요했던 가장 큰 이유는 네트워크가 실물 상품이 담고 있는 콘텐츠를 빠르게 전송할 수 없었던 점이 될 것이다. 그렇기에 사람들은 보다 고품질의 콘텐츠를 즐기기 위해 실물 상품을 구매했다.

하지만 지금은 다르다. 기술이 발전하면서 네트워크는 빨라졌고, 저장매체에 담긴 콘텐츠보다도 고품질의 결과물을 스트리밍으로 제공할 수 있는 환경이 됐다. 책장에서 CD를 꺼내서 플레이어에 세팅하는 시간보다도 플랫폼에 접속해 음악을 스트리밍하는 것이 더 빠르고 간편하다. 네트워크 기술의 발전과 함께 플랫폼의 거대화도 이용자의 편의성 증진에 한몫 했다. 서점에서, 음반점에서, 영화관에서 찾아보기 힘든 콘텐츠가 거대 플랫폼의 데이터베이스에서는 어렵지 않게 조회하고 또 바로 즐길 수 있도록 마련돼 있다. 이는 결과적으로 콘텐츠의 불법 공유의 감소 현상을 불러오기도 했다. 불법 사이트를 통해 자료를 무단으로 내려 받는 행위가 금액을 지불하고 합법적으로 콘텐츠를 소비하는 것에 비할 수 없을 정도로 불편해진 것이 유료 이용률의 증가로 이어진 것이다.

이런 흐름을 가속화한 것이 소비자들이 콘텐츠를 소비하는 디바이스의 변화였다. 스마트폰의 시대가 찾아오면서 모든 콘텐츠가 앱스토어로, 모바일 페이지로 모였다. 음악 감상은 오디오로, 예능 프로그램은 TV로, 독서는 책으로, 영화는 VHS로 소비할 수 있던 시대가 바뀌었다. 음악도, TV 시청도, 심지어 독서도 스마트 디바이스로 할 수 있게 됐다. 소비자들은 스마트폰으로 더 많은 것을 빠르고 편리하게 누릴 수 있기를 바랐고, 여기에 순응한 업체들이 대형 플랫폼을 내놓으면서 디지털 콘텐츠의 소비가 가속화되기 시작했다.

급증하고 있는 콘텐츠 유료 결제율

단순히 디지털 콘텐츠 플랫폼이 많아지기만 한 것이 아니었다. 시대의 변화에 따라 사람들은 플랫폼의 편의성을 누리기 위해 기꺼이 지갑을 열었다. 정보통신정책연구원이 발표한 '디지털 콘텐츠 이용현황'에 따르면, 우리나라에서도 빠른 속도로 디지털 콘텐츠를 유료로 이용하는 비율이 늘어나고 있음을 확인할 수 있다. 젊은 연령층, 밀레니얼 세대를 중심으로 증가하던 콘텐츠 유료 이용률은 최근 다시 고연령층의 비율이 급격히 증가하면서 급증하고 있다. 현대카드가 최근 3년 동안 음악, 영상, 도서 등 디지털 콘텐츠를 제공하는 주요 가맹점 10곳의 결제 데이터를 분석한 결과, 50대와 60대의 결제율이 각각 2.9배, 3.2배 증가한 것으로 나타났다. 디지털 콘텐츠의 유형별 이용 비율을 살펴보면, 유료 결제 비율이 가장 높은 분야는 '음악'으로 집계된다. 뒤를 이어 게임, 신문/잡지/책, 동영상의 순이었다. 콘텐츠를 즐기는 단말기는 전 분야에서 스마트폰이 90% 이상 압도적으로 높게 나타나고 있다(앱스토리, 2020. 7. 27).

소비자 넘어 콘텐츠 창작자로

MZ세대는 콘텐츠 소비를 넘어 직접 제작자로 나서기도 한다. 소비자와 생산자의 경계가 무너지는 대표적인 장르는 게임이다. 젊은층의 이용자들이 직접 게임 월드를 만들고, 스스로의 게임을 창작하며 메타버스(3차원 가상세계) 플랫폼으로 진화하고 있는 마인크래프트나 로블록스 등이 대표적이다. 국내 게임사들도 이러한 '직접 참여 요소'를 끌어오고 있다. 넥슨은 유저들이 '메이플스토리' 등 넥슨 게임의 주요 그래픽 애셋을 이용해 직접 게임을 제작하고 공유할 수 있는 서비스 '프로젝트 MOD'를 개발 중이다. 맵이나 몬스터, NPC 등의 게임 요소 등을 자의적으로 구현해 '나만의 게임'을 만들 수 있고, 자신이 만든 월드에서 사용 가능한 아이템을 판매해 수익을 올릴 수 있다(동아일보, 2022. 1. 22).

토의문제

1. 디지털 콘텐츠 비즈니스가 빠르게 확산되는 이유에 대하여 설명해 보자.
2. 디지털 콘텐츠로 전환이 가져올 각 산업분야의 변화에 대하여 토론해 보자.
3. MZ세대가 소비하고 창조도 하는 디지털 콘텐츠 서비스의 특성에 대하여 토의해 보자.

제1절 디지털 콘텐츠 개념과 구성

본 절에서는 디지털 콘텐츠가 무엇이며, 어떻게 구성되었는지에 대한 내용, 즉 디지털 콘텐츠의 개념과 구성에 대하여 학습하고자 한다.

1.1 디지털 콘텐츠의 개념

세계경제의 패러다임이 전통적 경제에서 디지털 경제(digital economy)로 빠르게 전환되고 있다. 이는 디지털 산업(digital industry)의 발전이 국가간 경쟁력에 중요한 영향을 미치는 요인으로 등장했음을 의미한다. 디지털 경제에서는 정보와 문화적 산물들이 디지털화되고 있으며, 유형적 상품(tangible product)이었던 비디오, 음반, 서적 등이 점차 디지털화되어 다양한 매체들을 통해 여러 가지 방법으로 빠른 속도로 세계 곳곳의 사람들에게 전달되고 있다. 특히 광대역 통신망(broadband network)의 보급은 디지털 콘텐츠 비즈니스의 활성화를 위한 주요 기반이 되었다. 이와 같이 혁신적인 정보통신기술(Information Communication Technology: ICT) 환경을 고려할 때 디지털 콘텐츠 비즈니스는 매년 빠른 성장을 보이고 있는 미래의 성장동력 중의 하나이며 세계적으로 높은 경쟁력을 가지고 있어 산업 및 사회 전반에 큰 효과를 낼 수 있을 것으로 기대되는 미래 지향적 서비스(future oriented service)라고 할 수 있다.

콘텐츠란 문자, 소리, 영상, 화상 등 여러 가지 형태로 이루어진 정보의 내용물을 뜻하는 것으로 인류의 역사와 함께 발전하고 있다. 인류역사의 초기에는 글자와 그림 같은 콘텐츠를 바위나 대나무 등에 새겼으며, 종이와 인쇄술의 발명 이후에는 종이책의 형태로, 최근에는 인터넷과 정보통신기술을 활용하여 디지털 형태로 가공·처리하여 유·무선의 정보통신망을 통하여 유통·소비하고 있다. 디지털 콘텐츠(digital contents)란 디지털과 콘텐츠가 결합한 개념으로 기존에 아날로그 형태로 존재하던 텍스트, 음성, 화상, 영상 등 각종 정보 형태를 0과 1이라는 비트(bit) 단위로 디지털화한 콘텐츠를 총칭하는 개념을 말하며, 첨단 IT 기술을 사용하여 디지털 포맷으로 가공·처리하여 정보통신망, 디지털 방송망, 디지털 저장매체 등을 통하여 활용하는 정보를 말한다. 여기에는 출판, 영화, 방송, 사진 등의 시각적 미디어와 음악, 라디오 등의 청각적 미디어, 그리고 비교적 최근에 등장한 게임과 영상 등 인터랙티브한 형태를 취하고 있는 콘텐츠까지 광범위한 분야를 포함한다. 디지털 콘텐츠의 범주를 그림으로 나타내면 [그림 9-1]과 같다.

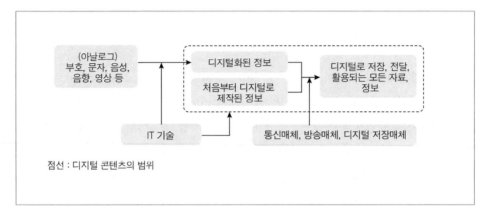

| 그림 9-1 | **디지털 콘텐츠의 범주**

[그림 9-1]에서 보는 바와 같이 디지털 콘텐츠는 유·무선 인터넷을 이용하여 유통되는 문자, 소리, 화상, 영상 등의 형태로 이루어진 내용물이나 정보 등을 일컫는다. 이는 디지털 콘텐츠 자체가 단순한 내용만을 의미하는 것이 아니라 여러 가지 정보기술을 이용하여 부가가치를 창출하는 자산으로 거래 및 서비스가 내재된 형태의 통합적인 개념으로 이해하는 것이 바람직하다. 따라서 디지털 콘텐츠는 정보상품(information goods)과 정보서비스(information service)를 포괄하는 정보 생산품(information products)으로 볼 수 있다.

일반적으로 디지털 콘텐츠는 다음과 같은 네 가지의 특성을 지니고 있다. 첫째는, 상호작용성(interactivity)이다. 이는 기존의 단방향적인 대중매체에 비해 생산자와 소비자가 구분되는 것이 아니라 정보이용자가 동시에 정보제공자가 되는 상호작용이 가능하다. 이러한 상호작용은 개인화, 지식화를 통해 더 큰 부가가치를 창출하는 바탕이 된다. 둘째는, 편집성(editability)으로, 디지털화된 콘텐츠는 새로운 내용의 추가 및 수정이 매우 용이하다. 특히 각종 미디어가 통합된 형태로 가공되어 텍스트, 음악, 그림, 동영상, 애니메이션 등의 정보들이 한꺼번에 모여 새로운 멀티미디어를 창출한다. 셋째는, 재생산성(reproducibility)으로, 이는 한 번 생산된 디지털 콘텐츠는 무한 반복 재생산이 가능하다. 또한 디지털화된 음악, 동영상, 애니메이션 등은 데이터베이스에 저장되어 언제든지 사용자의 요구에 의해서 재생산이 가능한 특징을 지니고 있다. 넷째로, 디지털 콘텐츠는 비소멸성(non-volatility)을 지닌다. 즉, 디지털 콘텐츠는 일단 한 번 생산되면 형태나 품질을 반영구적으로 유지할 수 있다. 또한 필요에 따라 언제든지 원하는 형태로 사용이 가능하며 동시에 많은 수의 사용자가 사용하더라도 디지털 콘텐츠 자체의 양적·질적인 감소를 가져오지 않음으로써 디지털 경제발전의 원동력이 되고 있다.

이러한 특성으로 인해 기존의 전통적인 매체가 아날로그 방식에서 디지털로 급격히 바뀌고 있다. 예를 들면, 음악을 들려주는 콤팩트 디스크, 사진을 찍는 디지털 카메라에서부터 웹으로 보는 전자책과 신문, 그리고 텔레비전 방식까지 디지털로 바뀌고 있다. 디지털 콘텐츠에서 중요한 것은 단지 아날로그에서 디지털로 매체와 형태의 변화만 수반하는 것이 아니라 엄청난 부가가치 창출이 가능하다는 점을 특징으로 지적할 수 있다. 예를 들어, 한 편의 애니메이션이 성공하면 그에 기반한 학교 교육용 교재, 놀이공원의 놀이시설, 캐릭터를 이용한 상품 개발과 서비스 등 원 소스 멀티유즈(one source multi use) 산업과 서비스를 촉발시킬 수 있다.

| 표 9-1 | 아날로그 콘텐츠와 디지털 콘텐츠 비교

구 분	아날로그 콘텐츠	디지털 콘텐츠
제공 수단	책, 신문, TV 등의 기존 미디어로 제공되는 콘텐츠	최신 정보기술을 활용하여 디지털로 제작된 정보생산품
제공 형태	아날로그	디지털
제공 방향	단방향 제공	쌍방향
제공 주체	콘텐츠 제공자와 이용자가 명확히 구분	• 콘텐츠 제공자와 이용자의 구분이 불명확

		• 콘텐츠 제공자가 동시에 이용자가 될 수 있음
제약성	시간과 공간의 제약을 받음	시간과 공간의 제약이 없음
개선 비용	업데이트의 비용이 큼	업데이트가 쉽고 비용이 저렴
제공 절차	순차적인 방법으로 정보를 제공	정보의 제공방법이 자유로움

1.2 디지털 콘텐츠의 구성요소

21세기는 모방이 아닌 창의, 하드웨어가 아닌 디지털로 승부를 해야 하는 창조의 시대가 도래하였다. 이러한 창조의 시대에는 영화나 음악, 게임 같은 무형의 디지털 콘텐츠 상품이 핵심적인 가치(value)를 창출하고 있으며, 디지털 방송, 디지털 시네마, 디지털 그래픽 건축 등 새로운 영역이 매년 확대되고 있다. 디지털 콘텐츠(contents)를 구성하기 위한 세 가지 기본 요소는 콘텐츠(Contents), 디자인(Design), 그리고 기술(Technology)을 들 수 있다. 이 세 가지의 구성요소를 총칭하여 콘텐디자이놀로지(ContenDesigNology)라고 한다.

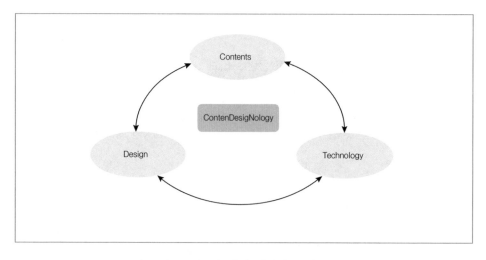

| 그림 9-2 | **세 가지 디지털 콘텐츠 구성요소**

콘텐디자이놀로지는 디지털 콘텐츠 개발에 있어서 가장 핵심적인 구성요소로서 디지털 콘텐츠를 효과적으로 전달하기 위해서는 사용자들의 특성을 잘 반영하는 것이 필요하며, 사용자 지향적인 정보를 정확하게 제공할 수 있어야 한다. 먼저, 콘텐디자이놀로지에서 콘텐츠는 협의의 디지털 콘텐츠를 의미하는데, 정보획득의 목적이나 감성적 이윤을 목적으로 사용되는, 텍스트, 소리, 정지화상, 동영상 등의 결합으로 구성되는 표현물이다. 출판 디지털 콘텐츠의 경우에는 "글로 된 작품", 음악 디지털 콘텐츠의 경우에는 "곡"을 말하며, 즉 담겨져 있는 정보의 내용을 의미한다. 따라서 전체 정보 및 창작물의 생산에서 디지털 관련 상품의 비중이 계속 증가하고 있기 때문에 콘텐츠야말로 얼마나 많은 수요자가 찾을 것인가를 결정하는 가장 중요한 요소라고 할 수 있다.

또한 디지털 콘텐츠 이용자들은 자신의 인지적 욕구뿐만 아니라 감성적 요구도 충족되어지길 바란다. 즉, 자신이 원하는 인지적 정보를 얻는 것도 중요하지만 그에 못지않게 디지털 콘텐츠가 자신에게 신뢰감이나 즐거움과 같은 감성적 만족을 주길 바라는데 그러한 감성적 요소를 충족시키는 것이 바로 디지털 콘텐츠의 디자인이다. 이를 위해 디지털 콘텐츠의 효율적인 사용을 극대화하기 위한 효율적인 디자인과 즐거움이나 슬픔, 기쁨 등 적절한 감성을 제공할 수 있는 감성적인 디자인이 요구된다. 그에 덧붙여, 디지털 콘텐츠의 내용적인 면과 더불어 외형적 이미지를 제고할 수 있어야 하며, 사용자의 편의성을 고려하여 사용자가 쉽고 편리한 방법으로 디지털 콘텐츠를 이용할 수 있도록 구성되어져야 한다.

그리고 디지털 콘텐츠는 기본적으로 창의력을 바탕으로 하여 정보기술(IT)과 같은 첨단기술을 활용하여 만들어진다. 디지털 콘텐츠의 내용에 적절한 기술을 이용하여 디지털 콘텐츠와 디자인을 잘 통합하여 전달하고자 하는 디지털 콘텐츠의 검색속도와 실행속도 등을 향상시키는 동시에 새로운 영상기술을 적용함으로써 디지털 콘텐츠의 표현수준을 향상시키는 것이 필요하다. 최근 네트워크 전송과 무선 인터넷 기술 등 빠르게 발전하고 있는 정보기술에 기반하여 대용량의 디지털 콘텐츠 전송이 가능하게 되었다. 예를 들면, 인터넷 게임은 대용량으로 개발되어 사용자들에게 현실감 있는 화면 제공, 웅장한 입체 사운드, 화려한 애니메이션 전개, 그리고 여러 가지 다양한 서비스를 제공함으로써 많은 사용자들이 이용 가능하게 한다. 따라서 초고속 정보통신망, 위성방송 등 정보인프라가 구축됨에 따라 양질의 디지털 콘텐츠에 대한 수요가 증가하고 있고, 사용자에게 인지적이면서 감성적인 디지털 콘텐츠를 제공하기 위한 디자인과 이를 구체화하기 위한 기술이라는 세 가지 요소가 어떻게 잘 조화롭게 배합되느냐에 따라서 디지털 콘텐츠의 질과 생명력은 결정된다.

대표적인 디지털 콘텐츠인 정보 콘텐츠(information contents), 오락 콘텐츠(entertainment contents), 그리고 교육 콘텐츠(education contents)별로 콘텐츠, 디자인, 기술 간의 구성비율에 대하여 살펴보면 다음과 같다. 먼저, 구글이나 네이버와 같은 정보 콘텐츠는 디자인이나 기술적인 요소보다는 얼마나 양질의 정보 콘텐츠를 빠르게 제공하느냐가 중요하므로 디자인이나 기술적인 요소보다는 콘텐츠가 상대적으로 중요성이 높다고 할 수 있다.

| 그림 9-3 | **정보 콘텐츠의 콘텐츠, 디자인, 기술 관계**

두 번째, 리니지와 같은 온라인 오락게임은 사용자들이 인터넷을 통해 다른 사용자들과 함께 교감하면서 게임을 진행하기 때문에 콘텐츠 자체보다는 디자인과 기술적인 요인이 보다 중요하게 고려될 것이다.

| 그림 9-4 | **오락 콘텐츠의 콘텐츠, 디자인, 기술 관계**

마지막으로 메가스터디와 같은 교육 콘텐츠는 교육에 관련된 양질의 콘텐츠와 사용자 친화적인 디자인, 그리고 다양한 동영상 기술이 조화롭게 구성되어야 할 것이다. 이와 같이 디지털 콘텐츠 비즈니스 유형별로 디지털 콘텐츠의 세 가지 구성요소인 협의의 콘텐츠, 디자인, 그리고 기술의 구성비율은 다르다는 것을 알 수 있다.

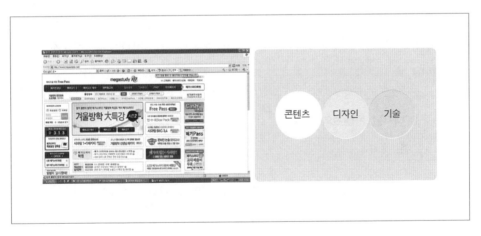

| 그림 9-5 | **교육 콘텐츠의 콘텐츠, 디자인, 기술 관계**

제2절 디지털 콘텐츠 분류

디지털 콘텐츠는 크게 네 가지로 분류할 수 있다. 첫째는, 디지털 콘텐츠의 형태에 따라, 두 번째는, 디지털 콘텐츠의 생성방식과 가변성에 따라, 세 번째는, 디지털 콘텐츠의 생성자에 따라, 마지막 네 번째는 디지털 콘텐츠의 가치에 따라 분류할 수 있다.

첫 번째, 디지털 콘텐츠의 형태에 따라 살펴보면 텍스트 위주의 문자 콘텐츠와 음악, 그래픽, 동영상, 소프트웨어들로 구성된 멀티미디어 콘텐츠로 구분할 수 있다. 특히 멀티미디어 디지털 콘텐츠는 정보, 커뮤니케이션, 커뮤니티, 엔터테인먼트, 전자상거래 등 모든 종류를 막론하고 멀티미디어 상품이나 서비스의 근간을 이루는 모든 것을 포함한다.

두 번째, 디지털 콘텐츠의 생성과 가변성에 따라 정적 디지털 콘텐츠, 동적 디지털 콘텐츠, 기능적 디지털 콘텐츠로 구분할 수 있다. 정적 디지털 콘텐츠는 웹사이트 구성 후 변경사항이 거의 없는 카피라이트 문구, 프라이버시 정책, 주소, 연락처, 회원 정책, 도움말, 회사 소개 등의 고정적인 디지털 콘텐츠로, 관리자에 의해 생성되는 디지털 콘텐츠라고 할 수 있다. 동적 디지털 콘텐츠는 지속적인 변화와 업데이트가 필요한 디지털 콘텐츠로서 뉴스 페이지, 공지사항, 이벤트, 상품정보 등이 대표적인 예에 해당된다.

| 표 9-2 | **디지털 콘텐츠의 종류**

종　류	특　징
정보중심 디지털 콘텐츠	• 정보의 질과 양으로 승부를 거는 특정 분야의 전문 정보 　- 경영, 경제, 무역 등 각종 비즈니스 정보 　- 컴퓨터 및 인터넷 관련 정보 　- 민원, 법률, 세무 관련 공공정보
커뮤니케이션 중심 디지털 콘텐츠	• 상담 위주의 디지털 콘텐츠 　- 온라인 원격 교육 강좌나 의료 상담, 재테크 상담 등
커뮤니티 중심 디지털 콘텐츠	• 게시판이나 채팅 등을 이용 　- 참여자들의 자발적인 의견과 정보 위주의 디지털

	콘텐츠
엔터테인먼트 중심 디지털 콘텐츠	• 게임, 오락, TV 동영상, 성인정보 등의 디지털 콘텐츠
전자상거래 중심 디지털 콘텐츠	• 전자상거래 관련 디지털 콘텐츠

마지막으로, 기능적 디지털 콘텐츠는 관리자가 정해 놓은 폼에 맞추어서 생성되는 디지털 콘텐츠로서, 회원등록 페이지, e-mail 가입 페이지, 제품주문 입력 등과 같이 사용자와 웹사이트의 쌍방향적인 트랜잭션에 의해 웹프로그램이 생성되는 디지털 콘텐츠를 기능적 디지털 콘텐츠라 한다.

| 표 9-3 | 생성과 가변성에 따른 디지털 콘텐츠 구분

종 류	내 용

정적 디지털 콘텐츠	• 변경이 거의 없는 고정적인 디지털 콘텐츠
	  - 카피라이트 문구, 프라이버시 정책, 주소, 연락처, 회원정책,
	    도움말

동적 디지털 콘텐츠	• 지속적인 변화와 업데이트가 필요한 디지털 콘텐츠 - 뉴스, 공지사항, 이벤트, 상품정보
기능적 디지털 콘텐츠	• 관리자가 정해 놓은 폼에 맞추어서 생성되는 디지털 콘텐츠 - 회원등록, e-메일 가입, 제품주문 입력

세 번째, 디지털 콘텐츠의 생성자에 따라 자체생산 디지털 콘텐츠, 사용자 참여 디지털 콘텐츠, 외부 디지털 콘텐츠로 나눠 볼 수 있다. 자체생산 디지털 콘텐츠는 웹사이트 제작사에서 제공하는 디지털 콘텐츠이다. 사용자 참여 디지털 콘텐츠는 게시판처럼 사용자들의 입력과 참여를 통해서 자발적으로 생성되는 디지털 콘텐츠이다. 최근에는 사용자에 의해 제작된 UCC(User Created Contents)에 기반한 사용자의 참여 확대는 결과적으로 사이트에 대한 사용자들의 충성도를 높이게 됨으로써 웹사이트의 활성화에 기여하고 있다. 외부 디지털 콘텐츠는 외부의 전문적인 디지털 콘텐츠 제공업자들의 협력을 통해 제공받는 디지털 콘텐츠로, 이러한 디지털 콘텐츠는 주로 포털사이트와 같은 대형 사이트에서 볼 수 있다.

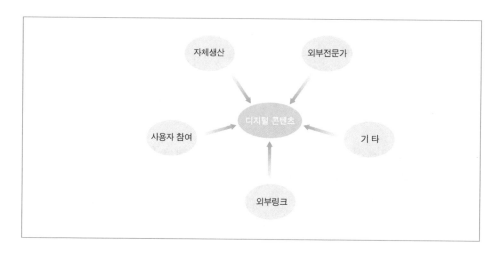

| 그림 9-6 | **디지털 콘텐츠의 제공원천**

　네 번째, 디지털 콘텐츠 가치에 따라 ① 상품 디지털 콘텐츠, ② 서비스 디지털 콘텐츠, 그리고 ③ 가치 디지털 콘텐츠로 구분할 수 있다. 먼저, 이용자에게 효용이나 가치를 제공하는 상품 디지털 콘텐츠는 정보 콘텐츠(information contents), 오락 콘텐츠(entertainment contents), 교육 콘텐츠(education contents) 등으로 분류된다.

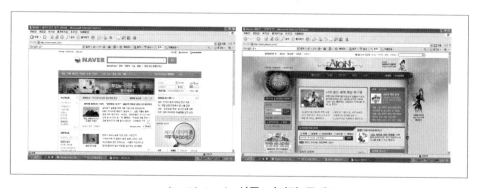

| 그림 9-7 | **상품 디지털 콘텐츠**

　서비스 디지털 콘텐츠는 전자정부 민원서비스와 같이 무형의 서비스가 가치를 제공해 주는 디지털 콘텐츠이다.

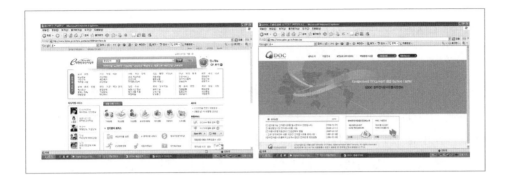

| 그림 9-8 | **서비스 디지털 콘텐츠**

마지막으로 가치 디지털 콘텐츠는 영화 예매 사이트와 같이 인터넷에 올려진 콘
텐츠 자체로는 별다른 가치를 가지지 못하지만 그러한 것이 내포하고 있는 영화표나
연극표는 고객들에게 중요한 가치를 지닌다.

| 그림 9-9 | **가치 디지털 콘텐츠**

제3절 디지털 콘텐츠 가치사슬

유·무선 인터넷이 생활의 저변에 확산된 현재의 환경에서 디지털 콘텐츠를 접할수 있는 기회가 많아지고 더불어 디지털 콘텐츠를 통해 부가가치를 생산해 내려는 산업적 관심이 높아져 가고 있다. 디지털 콘텐츠의 장점을 적절히 활용하여 수익을 창출하기 위해서는 디지털 콘텐츠 사업화에 관련한 위험과 불확실성을 줄이려는 노력이 필요하다. 디지털 콘텐츠 사업화 과정의 위험과 불확실성을 줄이고 디지털 콘텐츠 가치를 증가시키기 위해서는 무엇보다 디지털 콘텐츠 가치사슬에 대한 이해와 이를 효율적으로 이용하려는 노력이 필수적으로 요구되고 있다.

이러한 배경하에 디지털 콘텐츠 가치사슬의 구조적 추세를 정리하면 다음과 같다. 첫째, 디지털 콘텐츠 가치사슬은 콘텐츠 전송 부문을 중심으로 계속 변화하고 있다. 둘째, 전통적·물리적 전송수단이 디지털 전송수단으로 대체되고 있다. 셋째, 새로운 콘텐츠 중개사업자들은 대개 기존 가치사슬의 참여자이다. 넷째, 디지털 콘텐츠 비즈니스의 발전과 콘텐츠 전송채널의 다양화에 의해 가치사슬이 변화하고 있다. 다섯째, 디지털 콘텐츠 산업의 기업들은 규모 혹은 범위의 경제를 확보하기 위해 서비스 폭을 넓히려고 시도하고 있다.

이와 같은 디지털 콘텐츠 가치사슬의 변화는 참여자들에게 다양한 영향을 미치고 있다. 예를 들어, 디지털 콘텐츠 전송수단은 음반 회사와 여타 콘텐츠 개발자들에게 보다 다양한 수요층을 확대할 수 있는 기회를 제공한다. 그러나 온라인 환경은 예술가 등의 콘텐츠 창작자들에게 그들의 콘텐츠를 널리 보급하고 알릴 수 있는 기회를 부여한 것에 비해, 근간의 음악 산업을 고찰해 보면 산업적 성공에도 불구하고 인터넷을 통해 발굴된 예술가들은 많지 않음을 알 수 있다. 또한 전통적인 가치사슬상의 콘텐츠 중개 사업자들은 디지털 콘텐츠 산업의 발전에 따라 위협을 받았지만 몇몇 중재자들은 새로운 시장을 잘 활용하여 성공적으로 적응하여 왔고, 기반서비스 공급자(DRM 기술 및 과금 서비스 제공사업자)들은 가치사슬 변화와 상관없이 발전할 것으로 전망된다.

디지털 콘텐츠 비즈니스의 가치사슬은 디지털 콘텐츠의 정의에 따라 매우 다양하게 표현되고 있다. EU(2002)는 디지털 콘텐츠 비즈니스의 가치사슬을 크게 콘텐츠(contents), 패키징(packaging), 배급(diffusion)의 3단계로 구분하고, [그림 9-10]과 같이 이를 다시 8개의 세부 가치사슬로 구분하였다. 콘텐츠 부분은 우선 콘텐츠 판권을 일차적으로 가지고 있는 개인이나 기업(right holders)과의 계약 부분, 이를 통해 예술적, 재정적, 상업적으로 노하우를 가지고 있는 작품을 만드는 부분(content pro-ducers), 이렇게 제작된 콘텐츠 판권을 거래하는 주체(right dealers)로 구성된다. 패키징 부분은 방송국이나 채널 사업자와 같이 개별 프로그램을 묶어서 편성하는 부분(program packagers), 개별 채널을 묶어서 이를 소비자에게 판매하는 부분(aggregators)으로 구성된다. 전송 부분은 통신업체, 케이블 SO, 위성 등 인프라를 통해 콘텐츠를 전송하는 부분(networks)과 물리적인 미디어 플랫폼으로서 접속장비를 운영하면서 과금 등 서비스 관련 영역을 가지고 있는 부분(access providers), CPE(Customer Premises Equipment), 즉 접속 관련 장비를 제조, 판매, 마케팅하는 부분으로 구성된다.

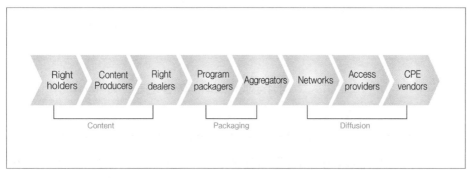

| 그림 9-10 | **EU 디지털 콘텐츠 가치사슬**

자료: EU(2002).

삼성경제연구소(2006)는 [그림 9-11]과 같이 Aggregator를 1차 유통업자로, Distributor를 2차 유통업자로 보고, 과거 통신형, 극장형, 패키지형으로 구분되었던 콘텐츠들이 통신형의 유통채널로 변화하면서 보다 복잡한 가치사슬로 분화하게 되었다고 분석하였다. 기존의 정보통신 산업의 가치사슬이 산업별 콘텐츠(contents), 플랫폼(platform), 디바이스(device) 단계를 독자적으로 구축하고 있었다면, 디지털 컨버전스 환경하의 가치사슬은 산업별 구분이 없어진 상태로 콘텐츠(contents), 플랫폼(platform), 네트워크(network), 디바이스(device)의 통합된 사슬로서 변화하고 있다.

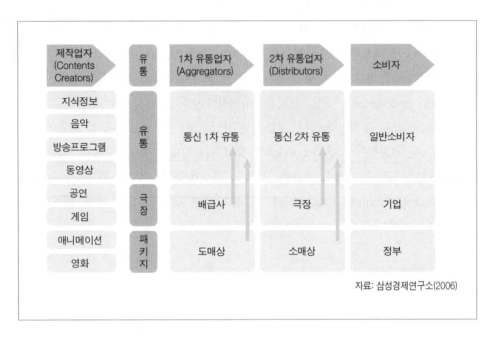

| 그림 9-11 | **삼성경제연구소의 디지털 콘텐츠 가치사슬**

한국소프트웨어진흥원(2007)은 Web 1.0 기반 디지털 콘텐츠 가치사슬과 Web 2.0 기반 디지털 콘텐츠 가치사슬을 제시하였다. Web 1.0 기반 디지털 콘텐츠 가치사슬은 [그림 9-12]와 같이 콘텐츠(contents), 플랫폼(platform), 네트워크(network), 터미널(terminal) 단계로 구성되어 있다. 콘텐츠 단계는 이용자에게 전달되는 정보를 생성하는 사업 영역을 말하며, 플랫폼 단계는 전달되는 정보를 전달 가능하도록 패키징하는 사업 영역을 말한다. 네트워크 단계는 정보가 전달되어질 수 있는 인프라를 제공하는 사업 영역을 말하며, 터미널 단계는 정보가 이용되는 접점을 제공하는 사업 영역을 말한다.

Contents	Platform	Network	Terminal	사업자
이용자에게 전달되는 정보를 생성하는 사업 영역	전달되는 정보를 전달 가능하도록 패키징하는 사업 영역	정보가 전달되어질 수 있는 Infra를 제공하는 사업 영역	정보가 이용되는 접점을 제공하는 사업 영역	
• 음악, 게임, 영상 등 콘텐츠 기획 및 제작 • One Source Multi-Use • 방송 콘텐츠 재활용	• 온/오프 콘텐츠 유통 • 유무선 연동 플랫폼 • 개인화 서비스	• xDSL, HFC BcN • WiFi, WiBro, HSDPA • 유무선 통합 서비스 커버리지 확보	• 카메라, MP3, PMP • 다기능 휴대폰 • Multi-Device • 3D 멀티미디어 지원	
• CJ Entertainment • 엔씨소프트, 넥슨 • Disney, News Corp • Time Warner	• Nate, Naver • Daum, Yahoo • Google, MSN • Softbank, Livedoor	• SK Telecom • KT/KTF • LGT/데이콤 • AT&T, NTT DoCoMo	• 삼성전자, LG전자 • 아이리버 • Nokia, Sony • Cannon, Apple	

자료: 한국소프트웨어진흥원(2007)

| 그림 9-12 | Web 1.0 기반 디지털 콘텐츠 가치사슬

그러나 Web 1.0 기반 디지털 콘텐츠 가치사슬에서 사용자는 피동적인 정보수용자가 되며, 사용자가 서비스, 콘텐츠 생산과정에 참여 및 기여하는 일련의 행동들은 간과되고 있다. Web 2.0 기반 디지털 콘텐츠 가치사슬은 [그림 9-13]과 같이 디지털 콘텐츠 관련 사용자, 사업자, 광고주, 파트너 등 행위자들이 상호작용하는 군집체로 간주하고, 그 속에서 콘텐츠, 수익 등 일련의 비즈니스 과정이 이루어지는 디지털 콘텐츠 생태계(internet ecosystem)로 인식하고 있다.

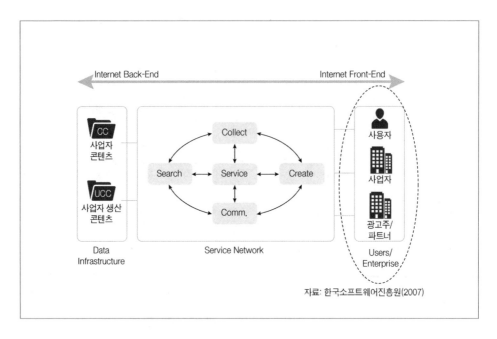

| 그림 9-13 | Web 2.0 기반 디지털 콘텐츠 가치사슬

지금까지 제시된 디지털 콘텐츠 가치사슬을 살펴보면 연구자마다 다른 용어를 사용하고 있지만 거의 유사한 형태를 취하고 있음을 알 수 있다. 즉, 디지털 콘텐츠 가치사슬을 종합하여 정리하면 [표 9-4]와 같이 디지털 콘텐츠 기획/제작 단계, 디지털 콘텐츠 유통/전달 단계, 그리고 디지털 콘텐츠 소비 단계의 가치사슬로 연결되며 궁극적으로는 디지털 콘텐츠 가치창출을 목적으로 한다.

| 표 9-4 | 디지털 콘텐츠 가치사슬 정리

연구자	디지털 콘텐츠 기획/제작	디지털 콘텐츠 유통/전달		디지털 콘텐츠 소비
EU (2002)	콘텐츠 (Contents)	패키징 (Packaging)	배급 (Diffusion)	
삼성경제 연구소 (2006)	제작업자 (Content Creator)	1차 유통업자 (Aggregator)	2차 유통업자 (Distributor)	소비자

한국소프트 웨어진흥원 (2007)	Contents	Platform	Network	Terminal	사업자
	Data Infrastructure	Service Network			User/ Enterprise

[표 9-4]에서 보는 바와 같이 디지털 콘텐츠 가치사슬은 디지털 콘텐츠 기획/제작 단계, 디지털 콘텐츠 유통/전달 단계 그리고 디지털 콘텐츠 소비 단계로 이루어져 있음을 알 수 있다. 이러한 3단계의 디지털 콘텐츠 가치흐름에 근거하여 디지털 콘텐츠 가치유형을 정리하면 [그림 9-14]와 같다. 즉, 디지털 콘텐츠 기획/제작 단계에서는 디지털 콘텐츠 본원적 가치, 디지털 콘텐츠 유통/전달 단계에서는 디지털 콘텐츠 상품/프로세스 가치, 그리고 디지털 콘텐츠 소비 단계에서는 디지털 콘텐츠 비즈니스 가치가 전달된다.

디지털 콘텐츠는 일련의 가치사슬(value chain)을 통하여 소비사에게 정보생산품(information products)을 전달하는데, [그림 9-14]에서 보는 바와 같이 디지털 콘텐츠 가치사슬은 디지털 콘텐츠 기획/제작 단계, 디지털 콘텐츠 유통/전달 단계, 그리고 디지털 콘텐츠 소비 단계로 구성되며 궁극적으로는 디지털 콘텐츠 가치창출과 전달을 목적으로 한다.

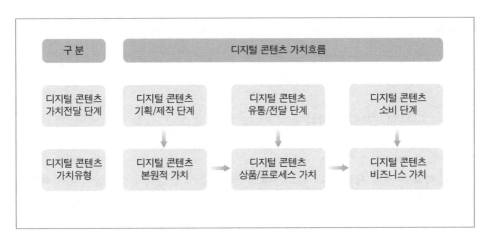

| 그림 9-14 | **디지털 콘텐츠 가치사슬**

먼저, 디지털 콘텐츠 기획/제작 단계에서는 우선 디지털 콘텐츠 판권을 일차적으로 가지고 있는 개인이나 기업(right holders)과의 계약 부분, 이를 통해 예술적, 재정적, 상업적으로 노하우를 가지고 작품을 만드는 부분(content producers), 이렇게 제작된 디지털 콘텐츠 판권을 거래하는 주체(right dealers)로 구성된다.

두 번째, 디지털 콘텐츠 유통/전달 단계에서는 디지털 콘텐츠 채널사업자가 개별 디지털 콘텐츠를 묶어서 프로그램으로 편성하는 부분(program packagers)과 이를 소비자에게 판매하는 부분(aggregators)으로 구성된다. 디지털 콘텐츠의 전송은 xDSL, 케이블망, 위성, Wibro, WLAN 등의 네트워크 인프라를 통하여 소비자에게 유통된다.

마지막으로 디지털 콘텐츠 소비 단계에서는 최종소비자가 다양한 형태의 단말기를 이용하여 자신의 목적에 적합한 디지털 콘텐츠를 서비스받는 과정을 거친다. 최근 디지털 콘텐츠 가치사슬의 특징은 가치흐름 내에 독립적으로 활동해 오던 사업자들이 다른 사업 영역으로 참여가 확대됨에 따라 콘텐츠 창작자와 콘텐츠 소비자 사이의 경계가 허물어지고 있다. 이러한 대표적인 예로서 국내에서 웹 애니메이션으로 제작된 '마시마로'를 들 수 있다. '마시마로'의 제작자는 전문적인 디지털 콘텐츠 제작업체도 아니며, 전송 역시 기존의 미디어 업체가 담당한 것이 아니라 자발적인 인터넷 사용자에 의해 이루어졌다. 그에 덧붙여, UCC(User Create Contents)에서 보는 바와 같이 디지털 콘텐츠 제작·유통이 전문가들만의 전유물이 아닐 뿐만 아니라, 소비자는 더 이상 받아들기만 하는 소극적인 소비자가 아닌 가치사슬 흐름을 변화시키고 있다.

제4절 디지털 콘텐츠 제작

디지털 콘텐츠 제작은 디지털 콘텐츠 가치사슬에 관련된 구성원들이 유기적으로 연관되어 있기 때문에 전체적인 제작과정에 대한 이해가 요구된다. 디지털 콘텐츠의 제작 단계는 크게 기획, 개발, 평가의 세 단계로 진행된다.

4.1 디지털 콘텐츠 기획

디지털 콘텐츠 기획 단계에서는 디지털 콘텐츠의 개념과 내용에 대한 정의가 포함되며, 사용자 분석, 브레인스토밍, 디자인, 모델링 등의 작업이 수행된다. 즉, 디지털 콘텐츠 기획은 유무선 인터넷이라는 환경과 이를 구성하고 있는 기술 및 고객과의 관계구축이라는 콘셉트(concept) 아래 조화롭게 진행되어야 한다. 즉, 콘셉트(concept)의 세 가지 구성요인으로는 첫 번째, 수행하고자 하는 비즈니스의 목적과 목표 그리고 고객과 관련된 비즈니스적 요인, 두 번째, 제공될 핵심적인 디지털 콘텐츠 및 이미지에 관련된 디자인적 요인, 세 번째, 비즈니스를 진행하기 위한 정보시스템에 관련된 시스템적 요인으로 구성된다. 따라서 콘텐츠를 기획할 때 누구를 위한 디지털 콘텐츠인가, 디지털 콘텐츠에 어떤 내용을 담을 것인가, 디지털 콘텐츠의 구성은 어떻게 할 것인가, 디지털 콘텐츠의 기능은 어떻게 할 것인가 등 다양한 요인들을 고려해야 할 필요가 있는데, 디지털 콘텐츠 기획 단계에서 주요하게 고려해야 될 사항들을 정리하면 [표 9-5]와 같다.

| 표 9-5 | **디지털 콘텐츠 기획**

구 분	고 려 사 항
Why(콘텐츠의 목적)	• 무엇을 위해 만드는 것인가? → 문제의식을 가지고 목적을 분명히 할 필요가 있다.
What(구성내용)	• 어떤 내용을 포함할 것인가? → 어떤 내용으로, 어떤 제품과 서비스로 승부할 것인지 결정한다.
Whom(대상고객)	• 누구를 위해 만드는 것인가? → 콘텐츠 사용자들이 누구이고, 그들이 이 콘텐츠를 이용하는 목적이 무엇인가를 파악한다.
Who(주체)	• 어떤 개발자를 선택할 것인가? → 콘텐츠를 구축하는 사람을 결정하는 과정으로 내부인원을 활용할 것인지, 아니면 아웃소싱할 것인지를 결정한다.
When(시기)	• 어느 시점에 제작하여 내놓을 것인가? → 콘텐츠 오픈 일과 오픈 전략을 어떻게 할 것인지를 결정한다.
Where(장소)	• 어느 시장에 위치할 것인가?

	→ 시장규모, 시장점유율 등을 결정한다.
How(방법)	• 어떤 장비와 프로그램을 활용할 것인가? → 하드웨어, 소프트웨어, 인적자원 등을 결정한다.
How Money(예산)	• 비용은 얼마나 투입할 것인가? → 콘텐츠 개발에 들어가는 총 비용을 결정한다.
How Long(기간)	• 기간을 얼마나 소요할 것인가? → 개발 일정을 결정한다.

4.2 디지털 콘텐츠 개발

디지털 콘텐츠의 기획이 끝나면 디지털 콘텐츠의 개발 단계로 넘어가게 되는데, 디지털 콘텐츠 개발은 기획 단계의 아이디어와 설계가 미디어를 통해 구체적으로 구현되는 단계이다. 디지털 콘텐츠 개발 단계에서는 사용자의 욕구와 개발할 콘텐츠의 브랜드 분석, 그리고 실제 콘텐츠가 제공할 시나리오 분석이 수행된다. 이러한 분석에 근거하여 콘텐츠와 사용자 사이의 상호작용을 디자인하는 항해 설계와 정보 설계가 이루어진다. 항해 및 정보 설계가 끝나면 효과적이고 감성적인 시각 커뮤니케이션을 통해 사용자에게 최적의 경험을 제공하기 위한 표현 설계가 이루어진다. 일반적으로 음악, 영화, 컴퓨터 및 인터넷 게임, 모바일 디지털 콘텐츠 등과 같은 유행성이 강한 디지털 콘텐츠는 수명주기가 상당히 짧아 개발과 유지·보수가 동시에 이루어져야 하기 때문에 시장의 여건에 적합한 기술로 개발이 이루어져야 경제성을 도모할 수 있다. 하지만 기술적인 특성만을 강조하는 디지털 콘텐츠의 개발보다는 기획 단계에서 조사되어진 다양한 요구사항을 충분히 반영하는 개발전략이 필요하다.

4.3 디지털 콘텐츠 평가

디지털 콘텐츠의 개발이 이루어지고 나면 디지털 콘텐츠에 대한 평가가 이루어져야 한다. 디지털 콘텐츠 평가기준으로는 목적성, 적절성, 다양성, 신뢰성, 지속성, 유용성, 편리성, 수익성 등의 여덟 가지 기준을 들 수 있다. 첫째, 목적성은 디지털 콘텐츠의 목적은 무엇인가, 즉 제공된 디지털 콘텐츠가 목적에 부합하였는가에 대한 평가기준이다. 둘째, 적절성은 디지털 콘텐츠의 사용자는 누구인가, 즉 디지털 콘텐츠 사용자와 디지털 콘텐츠의 내용 및 제공수단이 부합하는가에 대한 평가기준이다. 셋째, 다양성은 다수의 사용자를 만족시킬 만큼 다양하고 충분한 디지털 콘텐츠가 제공되어졌는가에 대한 평가기준이다. 넷째, 신뢰성은 제공되는 디지털 콘텐츠가 믿을 만한 신뢰성을 확보하고 있는가에 대한 평가기준이다. 다섯째, 지속성은 잎으로도 적합한 디지털 콘텐츠의 지속적인 제공이 보장되는가에 대한 평가기준이다. 여섯째, 유용성은 디지털 콘텐츠의 사용자에게 어느 정도 유용하게 사용될 수 있는가에 대한 평가기준이다. 일곱째, 편리성은 사용자의 편리성과 목적에 대한 충분한 배려가 제공되는가에 대한 평가기준이다. 여덟째, 수익성은 디지털 콘텐츠를 통한 직·간접 수익 창출이 가능하였는가에 대한 평가기준이다. 이와 같은 여덟 가지의 디지털 콘텐츠 평가기준을 토대로 개발자 입장에서는 사용자와 시장의 환경을 고려하여 디지털 콘텐츠를 개선하거나 새로운 디지털 콘텐츠를 기획할 수 있다.

토의문제

1. 디지털 콘텐츠의 개념에 대해서 설명해 보자.
2. 아날로그 콘텐츠와 디지털 콘텐츠를 비교하여 논의해 보자.
3. 디지털 콘텐츠의 세 가지 구성요소에 대해서 토의해 보자.
4. 디지털 콘텐츠 비즈니스 유형별로 디지털 콘텐츠의 세 가지 구성요소에 기반하여 구성 비율이 어떻게 다른지 분석해 보자.
5. 멀티미디어 디지털 콘텐츠의 종류와 특징에 대해서 논의해 보자.
6. 디지털 콘텐츠의 가치에 따라 디지털 콘텐츠를 구분해 보고 특징에 대하여 설명해 보자.
7. 디지털 콘텐츠 가치사슬이란 무엇인지 설명해 보자.
8. 디지털 콘텐츠의 가치전달 단계별 특징에 대하여 토의해 보자.
9. 디지털 콘텐츠 기획 단계에서 고려해야 될 주요한 사항에 대해서 설명해 보자.
10. 디지털 콘텐츠에 대한 주요 평가기준에 대하여 토의해 보자.

참고문헌

Bly, R., *The Digital Marketing Handbook, Entrepreneur Press*, 2019.

Deiss, R. and Henneberry, R., *Digital Marketing for Dummies*, For Dummies, 2020.

Ito, T. and Pandya, B., *Small Business Digital Marketing*, Marketing Nice Guys, 2022.

Jones, C., *The Content Advantage: The Science of Succeeding at Digital Business throuth Effective Content*, New Riders, 2018.

Lopez, J. K., Content Creation Guide, , 2024.

Miller, C. and Preace, D., Social Media Marketing, Independently Published, 2019.

Parker, P. M., *The 2025−2030 World Outlook for Digital Content*, Icon Group International, Inc., 2024.

Press, S., *Best Social Media Ever: Digital Content Planner*, Independently Published, 2018.

Roberts, S., B*ehind the Screen: Content Moderation in the Shadows of Social Media*, Yale University Press, 2021.

Sanchez, J. A. F., *Digital + Marketing & Vice Versa*, Independently Published, 2019.

Sheridan, M. and Kotrla, K., *They Ask You Answer: A Revolutionary Approach to Inbound Sales, Content Marketing, and Today's Digital Consumer*, Wiley, 2017.

Taffel, S., *Digital Media Ecologies*, Bloomsbury Academic, 2019.

Washington, W., *The Ultimate Guide to Digital Marketing for Content Creators*, Windi World Daily, 2023.

Winterroth, S., *The Digital Acquisition Cycle for Content*, Independently Published, 2019.

구독형 VOD 시장 포화론 '솔솔'

시장에 영원한 1등은 존재하지 않는다. 1등보다 더 나은 품질과 서비스가 출현하면 소비자들은 예외 없이 새 경쟁 서비스에 지갑을 열기 때문이다. 세계 온라인동영상 서비스(OTT) 시장에서 이 같은 격변이 벌어지고 있다. '1등 넷플릭스'의 숨통을 빠르게 죄고 있는 경쟁자는 바로 유튜브다. 비록 타깃 시장이 정확히 일치하지는 않지만 지난해 유튜브는 신규 구독자 수와 매출액 부문에서 처음으로 넷플릭스를 추월한 것으로 파악된다. 이는 한국 시장은 물론 세계 시장 진출을 노리는 웨이브 등 한국의 토종 OTT 업체들의 미래 성장 전략에도 중대한 시사점을 던지고 있다.

OTT 시장서 넷플릭스 옥죄는 유튜브

스마트폰 등을 통해 언제 어디서나 영상을 즐길 수 있는 OTT는 크게 구독형 VOD(SVOD)와 광고형 VOD(AVOD)로 나뉜다. 2015~2020년은 넷플릭스로 대변되는 SVOD시대였다면, 앞으로는 유튜브로 대변되는 AVOD(＋구독형)가 더 우위를 점할 것이란 관측이 힘을 얻고 있다. 구독형 넷플릭스보다 광고 기반에 구독을 첨가한 하이브리드형인 유튜브가 더 부각된 이유는 △무료라는 접근성 △광고주의 선호 △이용자 자체 제작 콘텐츠 풍부 등 '세 박자'가 골고루 갖춰졌다는 평가 때문이다. 넷플릭스로 대변되는 높은 품질의 '엘리트 작품'도 좋지만 일반인 콘텐츠가 가미된 플랫폼에서 사람들이 지갑을 더 화끈하게 열 것이라는 분석이다.

이는 양사 간 경영지표와 투자자 심리에서도 확인되고 있다. 지난해 넷플릭스 가입자 수는 2억 2184만명으로, 이에 기반한 넷플릭스 매출은 약 296억달러(가입자 1인당 약 133달러)다. 이는 전년 동기 대비 가입자 수에서 9%(1818만명), 매출은 18.8% 증가한 수준이다. 비교적 양호한 실적인데도 넷플릭스는 지난 1월 21일 실적 발표 후 주식시장에서 충격적 하락을 경험했다. 실적 발표 당일에만 20% 이상 주가가 빠졌다. 이를 두고 뉴욕타임스(NYT)는 "넷플릭스가 전년 동기 대비 가입자 증가폭에서 시장 기대를 하회했고, 디즈니·HBO 등 경쟁자들은 상대적으로 넷플릭스보다 괄목할 성장세를 보였다"고 보도했다.

넷플릭스 실망감, 구독형 OTT의 한계?

하지만 한 걸음 더 들어가 분석해 보면, 넷플릭스로 대변되는 구독형 모델이 이미 시장 포화 상태에 이르러서 확장성이 더 이상 크지 않은 것 아니냐는 반론이 나온다. 넷플릭스와 다르게 광고를 보면 공짜로 볼 수 있는 유튜브의 경우는 상황이 다르기 때문이다.

유튜브 모회사인 알파벳은 지난해 실적을 발표하며 유튜브 광고매출이 288억달러에 달한다고 밝혔다. 이는 넷플릭스의 지난해 매출액(296억달러)과 거의 근접한 수치다. 이에 더해 유튜브는 넷플릭스와 같은 구독 모델(월 12달러)인 '유튜브 프리미엄'을 운영하고 있다. 구글은 넷플릭스처럼 분기별로 가입자 수를 공개하지는 않지만, 지난해 9월 유튜브 프리미엄 구독자가 전 세계적으로 5000만명을 넘었다고 밝힌 바 있다. 2021년 한 해만 2000만명 이상 가입자가 증가했다고도 덧붙였다. 이를 감안하면 회사는 지난해에만 72억달러가량의 구독매출을 얻었을 것으로 추정된다. 이처럼 시장에 공개된 광고매출과 구독매출 추정치를 더하면 약 360억달러(약 43조원)로 넷플릭스의 작년 매출(296억달러·약 35조원)을 상회한다. 유튜브가 넷플릭스를 매출로 앞선 흐름은 넷플릭스가 실적 자료를 공개한 2017년 이후 처음 있는 일이다.

확장성·생산 효율성에서 밀리는 넷플릭스

이처럼 유튜브가 넷플릭스를 위협하며 매출·가입자의 고공행진을 이어가는 이유는 단연 확장성이다. 구독형(SVOD)보다 광고형(AVOD)에 자금과 사람이 몰리는 이유는 초심자도 무료로 접근이 가능하고, 광고주 입장에서도 타깃 소비자들에게 직접적으로 제품을 홍보할 수 있기 때문이다. 이에 더해 유튜브는 콘텐츠 확장성도 남다르다. 영화 드라마 예능 다큐 등 기존 카테고리에서 벗어나서 먹방·쇼핑 등 일반인들의 다양한 콘텐츠를 부담 없이 즐길 수 있다. 정보통신정책연구원이 지난해 유·무료 OTT 이용자 실태를 분석한 결과를 보면 AVOD 소비자가 선호하는 콘텐츠 중 거의 절반(47.8%)이 개인방송·제작 영상 콘텐츠였다. 이는 국내외 TV방송(37.8%), OTT 업체 전문 제작 프로그램(7.6%) 등을 압도하는 수치다.

콘텐츠 생산 방식에서 넷플릭스의 근본적 한계도 존재한다. 넷플릭스는 고액 연봉을 제시하며 양질의 인력을 확보해 높은 품질의 '오리지널 콘텐츠'를 만드는 데 집중하고 있다. 이 과정에서 콘텐츠 생산에 드는 비용이 계속 증가하는 데다 이용자들의 소비 속도를 콘텐츠 생산 속도가 따라가지 못한다는 지적이 제기되고 있다. 반면 유튜브는 자체 콘텐츠를 제작하기보다 플랫폼만 제공하기 때문에 콘텐츠 생산 속도가 빠르다. 그 덕분에 급격하게 변하는 소비 수요를 충족할 수 있다.

세계 OTT 시장, 급성장 후 정체 국면

SVOD의 대표주자인 넷플릭스의 더 큰 문제는 '미래'다. 넷플릭스 구독자 수(2억 2000만명)를 4개 지역(북미·유럽·남미·아시아)으로 구분할 때 북미와 남미의 가입자 수는 거의 정체기에 이르렀다는 진단이다. 전 세계에서 가장 구매력이 좋은 미국과 캐나다에서 넷플릭스 가입자는 약 7500만명으로 전체 인구(3억7000만명)의 약 20%에 달한다. 여기에 2명 이상 복수로 넷플릭스를 시청할 수 있는 서비스 방식을 고려하면 넷플릭스가 과거와 같은 가입자 상승 파티를 즐길 가능성은 크지 않다는 평가다(매일경제, 2022. 2. 4).

넷플릭스의 계획에 차질이 빚어진 것은 예상치 못한 막강한 경쟁자들이 시장에 뛰어들었기 때문이다. 디즈니·픽사·루카스필름·마블 등 초호화 콘텐츠를 보유한 디즈니가 2019년 11월 디즈니플러스라는 이름으로 스트리밍 사업에 뛰어들었고, 애플도 비슷한 시기 애플TV플러스를 출시했다. 유료 회원(아마존프라임)용 부가서비스 중 하나로 스트리밍을 제공해온 아마존 역시 2015년 이후 본격적으로 자체 콘텐츠 제작에 뛰어들었다. 크고 작은 회사를 다 합치면 현재 미국 내 OTT 업체는 200개가 넘는다.

하지만 사정이 녹록지 않은 건 경쟁자들도 마찬가지다. 지난 3분기까지 순조로운 구독자 증가세를 보여온 디즈니플러스는 4분기 구독자가 210만명 증가하는 데 그쳐 시장 전망치에 턱없이 못 미쳤다. '매년 140억~160억달러를 OTT 콘텐츠에 투자해 2024년엔 구독자 2억 3000만~6000만명과 흑자를 달성한다'는 구상 자체에 큰 차질이 생긴 것이다. OTT 분야에 대한 막대한 투자 때문에 4분기 미디어·엔터테인먼트 부문 순이익은 전 분기 대비 39% 감소했다. 이런 내용의 실적 발표 이후 디즈니 주가 역시 약세를 면치 못하는 중이다.

천정부지 치솟는 투자 비용과 입맛 까다로워진 시청자

하지만 OTT업체들은 콘텐츠 확보를 위해 매년 더 많은 돈을 쏟아붓고 있다. 넷플릭스는 올해 콘텐츠 제작에 170억달러 이상을 쓸 예정이다. 작년보다 25% 늘어난 액수다. 디즈니는 영화와 드라마 제작에 작년보다 40% 늘어난 230억달러를 지출할 계획이다. OTT업체들이 적자를 감수하면서 콘텐츠에 막대한 금액을 쏟아 붓는 것은 소비자들의 독특한 특성과도 관계있다. 애플 같은 '생태계'를 갖춘 기업이나 모바일 게임, 페이스북 같은 소셜미디어 소비자들은 제품이나 서비스가 다소 마음에 안 들더라도 곧바로 떠나지는 않는다. 그동안 쏟아 부은 돈과 시간이 매몰 비용으로 사라지기 때문이다.

하지만 OTT 시청자들은 구독 해지에 거리낌이 없다. 시청자 눈이 갈수록 높아지는 것도 업계에는 부담이다. 애플과 디즈니가 한국에서 고전하는 것도 이와 무관치 않다. 두 업체 나란히 작년 11월 한국에서 서비스를 시작했는데, 아직 이렇다 할 성과가 없다. 디즈니플러스의 경우 작년 11월 중순 59만여 명이었던 모바일 이용자 수는 20여 일 만에 29만명대로 떨어졌다. 결국은 가입자들이 만족할 만한 콘텐츠가 부족하다 보니 벌어진 일이다.

멈추면 죽는 '치킨게임'

OTT업체들이 큰 출혈을 감수하면서도 줄곧 '전진 앞으로!'를 외치는 것은 시장이 일종의 '치킨게임(상대가 무너질 때까지 출혈 경쟁을 하는 것)'에 접어들었기 때문이라는 분석이 많다. 콘텐츠를 확보하기 위해 큰돈을 쓰면 적자가 나지만, 적자를 피하기 위해 아무런 투자도 하지 않으면 사업을 완전히 접어야 하는 상황으로 내몰릴 수 있다는 것이다. 국내 업체의 경우 몸집을 키우면 해외시장에 나설 수 있다는 기대도 있다. 웨이브나 왓챠는 2020년에 적자 폭은 커졌지만, 매출액은 각각 전년보다 2배 정도 늘었다. 다만 어느 시점이 되면 도태되는 업체가 나올 수밖에 없다는 게 지배적 관측이다. 가입자 수는 한정돼 있고, 시장도 무한히 늘어날 수는 없기 때문이다.

업계 관계자는 "경쟁을 이겨내지 못하는 기업은 인수합병(M&A) 등을 통해 사라지는 게 미디어 시장의 생리"라고 말했다. 지난해 미국 디스커버리 채널은 통신사 AT&T에 합병됐고, 2019년에는 디즈니가 21세기폭스사를 인수한 바 있다. 유튜브는

2016년부터 이어 온 자체 프로그램(유튜브 오리지널) 제작을 중단한다고 18일 발표했다. 이 전례 없는 OTT 전쟁에서 최후의 승자는 누가 될까? (조선일보, 2022. 1. 20).

토의문제

1. 온라인 동영상 스트리밍 서비스의 국내외 경쟁상황에 대하여 토의해 보자.
2. 넷플릭스, 유튜브, 티빙의 장점과 단점에 대하여 비교 토의해 보자.
3. 국내 온라인 동영상 서비스 시장에서 경쟁우위를 갖기 위하여 어떤 전략적 접근이 필요한지에 대하여 토론해 보자.
4. 넷플릭스, 유튜브, 디즈니, 아마존, 애플 가운데 세계대전의 승자는 누가 될지에 대하여 토론해 보자.

📑 에필로그 사례연구-2: AI 활용으로 디지털 콘텐츠 제작과정 개선

AI는 최근까지만 해도 장난감이나 신기한 애플리케이션처럼 보였지만, 이제는 디지털 콘텐츠 제작, 관리, 수익화 산업의 거의 모든 측면을 혁신할 수 있는 디지털 콘텐츠 제작자를 위한 고도로 정교한 도구로 빠르게 발전하고 있다. 미디어, 엔터테인먼트 조직, 기타 디지털 콘텐츠 제작자·소유자와 같은 업계 리더는 AI를 이용한 혁신에 높은 기대를 갖고 있다. AI는 기존 보유 디지털 콘텐츠를 보강·강화하고, 제작 작업을 가속화하며, 디지털 콘텐츠 제작 워크플로우의 잠재적인 위험요소와 제한 요소를 극복할 수 있는 전략과 계획을 제공할 수 있다. AI를 활용해 디지털 콘텐츠 워크플로우를 개선하고, 제작 프로세스를 간소화·가속화해 새로운 디지털 콘텐츠를 더 빠르게 시장에 출시할 수 있는 방법을 살펴보자.

모든 디지털 콘텐츠 제작에 사용되는 생성형 AI

최근 주목받고 있는 많은 AI 도구는 '생성형 AI' 범주에 속한다. 사람이 입력한 프롬프트를 기반으로 새로운 디지털 콘텐츠를 만들어낼 수 있는 도구이며, 이전에는 존재하지 않았던 디지털 콘텐츠를 생성할 수 있다. 강력한 AI 도구는 그래픽 디자인부터 짧은 형식의 내러티브 디지털 콘텐츠, 진행 중인 영화, 텔레비전 영상물 제작에 이르기까지 크리에이티브 프로세스의 모든 부분에 적용될 수 있다. 진행 중인 영화, 드라마 제작, 대규모로 수집된 디지털 콘텐츠 라이브러리 관리, 큐레이션, 수익 창출에 이르기까지 모든 창작 과정에 적용할 수 있다.

AI로 디지털 콘텐츠 수익화 개선

AI 기술을 적용하면 디지털 콘텐츠를 훨씬 쉽게 수익화할 수 있는 버전으로 변환시킬 수 있다. 대표적인 예시는 다음과 같다.

번역: AI 도구는 동영상 내 음성 번역을 빠르게 생성해 새로운 시장에서 디지털 콘텐츠를 판매할 수 있도록 준비하는 작업 속도를 획기적으로 높일 수 있다. 이러한

도구는 시장의 고유한 요구 사항을 잘 알고 있는 번역 전문가를 대체하는 대신 전문성을 강화하고 작업 속도를 높여준다.

비디오 업스케일링: 디지털 콘텐츠 라이브러리는 종종 고해상도 화면의 현대 시청자에게는 구식으로 보일 수 있는 이전 포맷으로 디지털화된 디지털 콘텐츠를 수집한다. 단순한 '픽셀 두 배' 접근 방식이 아니라 4K와 같은 새로운 프레임 크기에 맞게 이미지의 특정 영역을 조작해 놀랍도록 선명하고 자연스러운 결과물을 생성하도록 훈련됐다.

오디오 업스케일링: 마찬가지로 오디오도 '업스케일링'의 이점을 활용해 배경 소음, 쉿 소리, 팝 소리를 제거하고 주 화자의 목소리를 돋보이게 할 수 있다.

이미지 향상: 현대 시장과 시청자에게 적합하도록 디지털 콘텐츠를 정리하는 방법은 셀 수 없이 많다. AI는 이러한 도구를 반복적으로 실행해 디지털 아티팩트를 정리하고, 그레인과 노이즈를 줄이고, 색 공간 조작까지 적용할 수 있다.

사용자 지정 작업 식별: 스포츠 디지털 콘텐츠 제작자 또는 수집가이고 디지털 콘텐츠의 대부분이 축구와 관련된 것이라면, 팬들의 관심이 높고 파울, 옐로카드, 골 등과 같이 클립에 가장 자주 필요한 일반적인 게임 액션을 식별하고 플래그를 지정하는 것이 큰 도움이 될 것이다.

가장 중요한 액션은 실제 경기 자체의 일부에 불과한 경우가 많으며, 팀에서 이를 더 빨리 식별할수록 시청자를 위한 매력적인 디지털 콘텐츠를 더 빨리 만들 수 있다. 이러한 도구를 여러 번 사용하면 오래된 디지털 콘텐츠 라이브러리를 새로운 대상과 용도에 맞게 경쟁력을 갖춘 디지털 콘텐츠로 빠르게 전환할 수 있다.

AI, 디지털 콘텐츠 경쟁 우위 확보

AI 기술을 활용해 디지털 콘텐츠를 제작하면 다음과 같은 기회를 포착할 수 있다.

디지털 콘텐츠 제작 보안 및 보호: 상시 가동되는 복잡한 디지털 콘텐츠 제작의 시대에는 디지털 콘텐츠에 대한 철저한 제어가 매우 중요하다. 전체 디지털 콘텐츠 제작 프로세스가 소유한 서버와 시스템에서 '내부'에 있으면 높은 수준의 보안과 민첩성을 보장해 변화에 대응하고 클라우드에서 쉽게 복제할 수 없는 새로운 기능을 추가할 수 있다.

경쟁 우위 확보: 자체 AI 기반 디지털 콘텐츠 향상 솔루션을 채택하고 맞춤형 모델을 개발하면 디지털 콘텐츠를 빠르게 전달하고, 반복 작업을 줄이며, 디지털 콘텐츠 전문가의 경험을 증폭시킬 수 있다. 이 모든 것이 더 빠르고 안정적인 제작으로 이어지며, 고유하고 가치 높은 프로세스와 지적 재산으로 경쟁사보다 우위를 점할 수 있다.

AI는 디지털 콘텐츠 제작에 혁신을 가져올 수 있는 강력한 차세대 기술로, 기존에 잘 활용해왔던 모범 사례를 참고해 신중하게 활용한다면 디지털 콘텐츠 제작에 큰 도움이 될 수도 있다. 이러한 도구를 도입해 워크플로우에 통합하면 제작 기간을 단축하고, 사람이 직접 작업하는 것보다 더 빠르게 원본 디지털 콘텐츠를 변환하고, 크리에이티브 전문가를 빠르게 참여시키고, 완성된 디지털 콘텐츠를 더 안정적이고 예측 가능하게 제공할 수 있다는 즉각적인 이점을 얻을 수 있다. 또한 소중한 디지털 콘텐츠를 활용해 새로운 잠재고객과 시장을 찾고 새로운 디지털 콘텐츠 애플리케이션을 더 쉽게 검색하고 찾을 수 있도록 도울 수 있다(데이터넷, 2024. 3. 29).

토의문제

1. 디지털 콘텐츠 제작에 사용되는 생성형 AI에 대하여 토의해 보자.
2. AI를 활용한 디지털 콘텐츠 수익화 개선에 대해 토론해 보자.
3. AI를 활용한 디지털 콘텐츠 경쟁 우위 확보 방법에 대하여 논의해 보자.

CHAPTER
10
디지털 금융

학습목표

- 모바일 뱅킹과 스마트 뱅킹의 차이점에 대하여 학습한다.
- 스마트 뱅킹의 특징에 대하여 학습한다.
- 스마트 뱅킹 서비스에 대하여 학습한다.
- 스마트 지급결제에 대하여 학습한다.
- 스마트 금융에 대하여 학습한다.

간편결제는 스마트폰에 저장해둔 신용카드, 은행계좌 정보 등을 이용해 단말기 접촉만으로 간편하게 결제하는 방식이다. 그러한 이유로 정보통신기술(ICT) 업체와 유통, 제조사까지 간편결제 시장에 뛰어들며 플랫폼 선점 전쟁이 벌어지고 있다. 카카오페이, 네이버페이, 케이페이, 유비페이, 페이코 등 ICT 주도 서비스는 물론 스마일페이, SSG페이, L페이, 삼성페이, LG페이, 로켓페이에 이르기까지 이종사업자 간 모바일 결제 전쟁이 지금도 벌어지고 있다. 모바일 간편결제는 사용자 지문이나 얼굴 등 생체 정보를 인식해 빠르게 이뤄진다. 모바일 앱(애플리케이션)과 PC 웹은 물론, 오프라인 결제 모두를 지원하기에 편의성도 높다.

간편결제 시장의 첫 번째 시작은 핀테크사와 전통금융사간 장벽이 허물어진 것이다. 플라스틱 카드로 십수 년간 돈을 벌어온 카드사가 시장 주도권을 버리고 간편결제 시장에 뛰어든 것 자체가 파격적인데 이 영향은 아무래도 삼성페이의 혜성 같은 등장과 강력한 경쟁자인 네이버페이, 카카오페이의 등장이 가장 컸다. 이 둘은 막대한 고객 기반을 통해 지급결제 생태계를 주도하고 있다. 시장을 둘러싼 기업 간 경쟁도 치열하다. 삼성페이, 카카오페이, 네이버페이, 페이코, 쿠팡 쿠페이와 신세계 SSG페이, 배민페이, SK페이 등이 각축을 벌인다. 그중 카카오페이, 삼성페이, 네이버페이가 강세를 보이고 있다. 이들 간편결제서비스는 사용자가 등록한 신용카드나 은행계좌와 연동해 작동한다. 선결제한 충전금으로도 결제할 수 있다. 네이버페이/카카오페이는 간편결제뿐 아니라 송금·인증 등의 서비스를 제공하고 있으며, 전통적인 금융 회사에서 진행하였던 대출 등 다양한 업무까지 확장하고 있는 추세이다. 계속해서 간편결제 시장의 변화는 큰 폭으로 변화하고 있다.

그렇다면 간편결제서비스 수익모델은 무엇일까? 결제 수수료만으로 서비스 운영비용을 감당하기는 어려운 것으로 알려졌다. 간편결제서비스 운영사는 다양한 금융서비스와 상품을 중개 판매하는 수익모델을 고안했다. 각종 보험 및 투자상품은 물론, 대출상품까지 종류도 다양하다. 간편결제로 시작된 핀테크 서비스는 다양한 영역으로 확장되고 있다. 스마트폰 생산 및 판매로 고객과 접점을 만든 삼성전자, 애플의 행보가 주목된다. 별도 앱을 실행하지 않고도 스마트폰을 단말기에 접촉하면 바로 결제가 이뤄지는 편의성이 강점이다. 독자 유통 채널을 확보한 온오프라인 유통업체들도 쇼핑몰 고객이 이용하는 자사 간편결제서비스를 통해 경쟁력을 확보했다.

간편결제 시장의 빅픽처를 노리는 회사들

한번 방문한 손님들을 오래도록 묶어 두는 것은 모든 기업들의 지상 목표이다. 그래서 네이버/카카오/쿠팡을 비롯한 플랫폼 업체들은 다양한 '락인(Lock–in)' 전략을 사용한다. 카카오, 네이버는 오래도록 묶기 위한 락인 전략을 극대화할 수 있는 최적화 플랫폼이다. 네이버/카카오는 쇼핑·금융·예약·지도, 콘텐츠 등 무궁무진한 서비스와 쓸수록 커지는 혜택, 멤버십 또한 출시해 더욱더 플랫폼 안에서 벗어날 수 없게 만들고 있다.

락인 전략의 일례로 쿠팡의 쿠팡플레이가 있다. 쿠팡은 커머스 본업과는 전혀 상관없어 보이는 온라인 스트리밍서비스(OTT)까지 제공하기 시작했다. 쿠팡플레이를 쓰게 하기 위해 쿠팡은 '와우 멤버십'(월 7,890원)에 가입돼 있는 이용자에게 자동으로 연동된다. 와우멤버십은 한 달 구독료를 내고 기존의 당일배송, 새벽배송, 30일 무료 반품 등의 혜택을 제공하며, 쿠팡플레이를 통해 OTT 이용권을 추가한 것으로 볼 수 있다. 이처럼 '○○페이' 간편 결제시장은 각자의 사업 특성 및 플랫폼에 따라 계속해서 변화해오고 있다.

최근 카카오페이가 삼성페이와 제로페이와의 제휴를 통해 카카오페이는 이번 제휴를 통해 국내 간편결제사 중에서 가장 폭넓은 오프라인 결제처를 확보하게 됐다. 카카오페이(대표 신원근)는 삼성페이·제로페이와 연동을 시작한다고 밝혔다. 이에 따라 카카오페이가 자체적으로 보유한 기존 국내 온·오프라인 100만 가맹점 외에 삼성페이 300만 결제처, 제로페이의 110만 소상공인 매장에서 카카오페이 결제 서비스를 이용할 수 있다. 카카오페이측은 "이제 전국 어느 매장에서나 고민할 필요 없이 카카오페이를 열면 해당 매장에서 사용 가능한 수단을 선택해 결제할 수 있다"고 의미를 부여했다(아시아경제, 2024. 3. 18; 디지털데일리, 2024. 4. 17).

토의문제

1. 간편결제서비스가 카드업계에서 급증하고 있는 이유에 대하여 토의해 보자.

2. 국내 주요 간편결제서비스를 이용해 본 경험에 대하여 설명해 보자.

3. 네이버, 카카오, 쿠팡 등 플랫폼업체들의 Lock-In 전략에 대해 토론해 보자.

4. 간편결제서비스사들의 전략적 제휴의 시사점에 대하여 토의해 보자..

간편결제 시장에서 선두를 달리는 네이버페이가 경쟁사인 카카오페이 및 토스와 격차를 벌이고 있다. 네이버페이는 2023년 '네·카·토'(네이버페이·카카오페이·토스) 중 처음으로 서비스 이용금액 40조원을 돌파했다. 핀테크업계에서는 쇼핑 플랫폼으로서 탄탄한 입지를 갖춘 네이버 인프라 위에서 공격적인 고객 보상 혜택까지 제공한 전략이 적중했다는 분석이 나온다.

2023년 한 해 동안 네이버페이를 통한 온·오프라인 간편결제(간편송금 제외) 금액은 43조 4684억원으로 집계됐다. 2023년 카카오페이 간편결제 이용금액은 25조 5466억원으로 네이버페이와 비교하면 17조 9218억원 차이가 난다. 해당 집계는 전자결제(PG) 및 선불전자지급수단 실적 기준으로 각 사 PG 정산 및 선불 시스템을 통하지 않는 오프라인 카드 연동 결제 등은 제외된다.

2019년만 하더라도 네이버페이의 간편결제 이용금액은 1조8305억원, 카카오페이는 7조 1309억원으로, 카카오페이의 서비스 이용 규모가 더 컸다. 그러나 이듬해 두 기업의 간편결제 금액 규모는 역전됐고 해마다 격차가 벌어지는 중이다. 토스의 간편결제 이용금액은 2019년 7409억원에서 작년 6조 5024억원으로 9배 가까이 성장했다. 그러나 여전히 1년 이용금액이 10조원을 밑돌며 네이버페이 및 카카오페이와 비교해 열세인 상태다.

이용건수에서도 네·카·토 3사 중 네이버페이의 성장세가 두드러졌다. 2019년과 2023년을 비교하면 네이버페이 이용건수는 8079만건에서 13억 1288만건으로 16배 증가했다. 같은 기간, 카카오페이 이용건수는 4억 1157만건에서 11억 9939만건으로 3배 가까이 늘었다. 토스의 경우 2744만건에서 2억 5132만건으로 9배 뛰었지만 절대적인 이용건수에서 네이버페이·카카오페이와 비교해 약소한 수준이다.

핀테크업계에서는 공룡포털 네이버가 한 손에 쇼핑 플랫폼 사업, 한 손에 간편결제 서비스를 쥐고 시너지를 내면서 간편결제 시장 주도권을 쉽게 잡았다는 평가가 나온다. 네이버는 지난 2012년부터 오픈마켓 '샵N'을 론칭하며 쇼핑 영역으로 사업을 확장했고 2014년에 '스토어팜'(현 스마트스토어) 서비스를 개설해 본격적인 쇼핑 플랫폼으로 거듭났다. 2023년 6월 기준 네이버 스마트스토어 쇼핑몰 수는 57만여개로 집계된다. 카카오페이와 토스가 온라인 쇼핑몰과 직간접적으로 결제 가맹제휴를 맺어야 하는 반면 네이버페이는 모기업의 스마트스토어만으로도 손쉽게 가맹점을 확보할 수 있었다. 인프라 선점의 우위는 소비자가 받는 혜택 강화로 이어졌다. 네이버페이와 카카오페이·토스는 결제 가맹을 맺기 위한 영업비용 및 수수료 지출을 부담하는 구조가 달라 소비자에게 돌아가는 혜택에도 격차가 생긴다는 게 업계의 시각이다.

핀테크업계 관계자는 "네이버페이는 모기업의 쇼핑 플랫폼에서도 수익이 나기 때문에 2~3%가량의 적립금을 줄 수 있는 반면, 카카오페이는 결제 수수료에서만 수익을 낼 수 있으니 1% 수준의 수수료 지급도 어려워한다"고 말했다. 그는 "네이버페이가 범용성 및 적립금 혜택 편익 측면에서 탁월한 전략을 세워 시장 점유율을 확보했다"고 평가했다(조선일보, 2024. 3. 6).

토의문제

1. 네이버 페이, 카카오 페이와 토스를 이용해 본 경험에 대하여 설명해 보자.
2. 네이버 페이가 카카오 페이와 토스와의 경쟁에서 시장 점유율 측면에서 우위에 설 수 있었던 이유에 대하여 토의해 보자.

제1절 스마트 뱅킹 개요

1.1 스마트 뱅킹 개념

2009년 아이폰이 국내에서 출시되면서 스마트폰과 태블릿 PC 등 스마트 기기 이용인구가 급격하게 늘어났다. 이로 인해, 기존 피처폰 등에서 제공되던 모바일 뱅킹의 단점인 사용자 조작 불편, 고가의 접속 통신료 등을 해결하고 편리한 은행업무 이용이 가능한 스마트 뱅킹이 확산되었다. 기존의 인터넷 뱅킹 서비스가 집, 사무실 등 고정된 장소에서 인터넷과 연결된 PC를 통해서 은행 업무를 하는 방식과 달리 스마트 뱅킹은 고정된 장소가 아닌 무선 인터넷이 가능한 어느 곳에서든지 스마트 기기를 이용하여 은행 업무를 보는 서비스로서 웹사이트보다는 모바일 애플리케이션을 설치하고 이를 실행함으로써 이루어진다. 즉 스마트 폰과 같은 스마트 기기를 활용하여 각종 금융조회, 자금이체, 금융자산 관리 등의 스마트 뱅킹 업무를 언제 어디서나 편리하게 이용할 수 있는 스마트 금융 서비스이다.

| 표 10-1 | **스마트 뱅킹과 모바일 뱅킹 비교**

구분	스마트 뱅킹	모바일 뱅킹
제공되는 거래 및 서비스	각종계좌조회·이체, 교통카드처럼 신용카드 소액결제 기능 청구서 관리, 가까운 은행지점 찾기, 주변 부동산 시세조회, ATM 위치검색, 납부일정 통합관리	각종 계좌조회·이체, 교통카드처럼 신용카드 소액결제 기능, 청구서 관리
서비스 속도	빠름	느림
지원되는 통신서비스	무선 인터넷, 휴대폰 인터넷	휴대폰 인터넷
이용 가능한 단말기	스마트폰, 태블릿PC, PDA	일부 구형 휴대폰은 안 됨
이용료 (통신요금 제외)	따로 없음	월 900~1,000원
소프트웨어	앱스토어에 무료 접속해 내려받음	내려받거나(Download) 저장돼 있음

1.2 스마트 뱅킹 특징

　스마트폰은 휴대폰과 개인휴대단말기(Personal Digital Assistant: PDA)의 장점을 결합한 것으로, 휴대폰 기능에 일정관리, 팩스 송·수신 및 인터넷 접속 등의 데이터 통신 기능을 통합시킨 것이다. 기존 휴대폰이 완제품으로 출시되어 주어진 기능만 사용하던 것과는 달리 수백여 종의 다양한 애플리케이션을 사용자가 원하는 대로 설치하고 추가 또는 삭제할 수 있다. 스마트폰은 2007년 애플의 아이폰이 출시되면서 스마트폰 시장은 급속히 팽창하기 시작했는데, 터치스크린, 가상 입력키, 풀 브라우징 등 기존 휴대폰에서는 구현하지 못했던 새로운 기능들이 추가되면서 소비자들의 다양한 욕구를 충족시키게 된 것이다. 스마트폰은 무선 인터넷을 이용하여 인터넷에 직접 접속할 수 있을 뿐 아니라 여러 가지 브라우징 프로그램을 이용하여 다양한 방법으로 접속할 수 있고 사용자가 원하는 애플리케이션을 직접 제작할 수도 있으며, 다양한 애플리케이션을 통하여 자신에게 알맞은 인터페이스를 구현함과 동시에 같은 운영체제(OS)를 가진 스마트폰 간에 애플리케이션을 공유할 수 있는 점 등도 기존 휴대폰이 갖지 못한 장점으로 꼽힌다. 스마트폰을 통한 뱅킹서비스 이용자수가 계속 증가하고 있으며, 국내은행 중에서 스마트폰을 활용한 뱅킹서비스를 주도하고 있는 국민은행은 스마트폰 뱅킹 애플리케이션 이용자수가 가장 많은 은행으로 알려졌다. 이러한 스마트 뱅킹의 주요한 특징을 정리하면 다음과 같다.

1) 휴대성, 이동성, 접근성, 편재성

　스마트 이동통신 단말기만 있으면 언제, 어디서나 시간과 장소에 구애받지 않고 편리하게 이용할 수 있다. 가정, 사무실과 같은 고정된 장소에서만 이용되는 인터넷 뱅킹, CD/ATM 등과 달리, 버스나 지하철로 이동 중이거나 극장에서 영화를 볼 때도 업무 처리가 가능하다는 장점이 있다.

2) 비용 절감 및 효율성

　스마트 이동통신 단말기만 있으면 누구나 언제 어디서나 이용이 가능하기 때문에 스마트 뱅킹의 효율성은 다른 어떤 수단보다 뛰어나다고 할 수 있다. 또한 은행 업무를 처리하기 위해 영업점에 찾아가는 시간과 비용 등을 절감할 수 있으며, 은행 측에서도 인건비 및 관리비용을 크게 줄일 수 있다.

3) 보안 위험성

스마트 이동통신 단말기의 특성상 전자적 장치에 대한 조작이나 이용방법에 대한 고객들의 어려움 등이 활성화에 걸림돌이 될 수 있다. 아울러 금융 업무의 안전성에 대한 위험과 이용자의 정보가 저장되어 있는 기기를 분실하거나 도난당했을 때의 위험성을 배제할 수 없다.

4) 긴밀한 협력관계 구축

은행·신용카드사·이동통신사·휴대폰 제조업체 등 다양한 이해당사자들의 긴밀한 협력관계 구축이 중요하다는 특징이 있다. 예를 들면, 통신업체와 금융기관이라는 이질적 업종이 IT라는 매개체를 통하여 상호협력해서 융합 효과를 얻을 수 있지만, 상호 이해관계가 달라 경쟁요인과 장애요인을 동시에 지니고 있기 때문에 긴밀한 협력관계가 중요하다.

| 그림 10-1 | 스마트 뱅킹 서비스

1.3 스마트 뱅킹 서비스

국내 각 은행들의 안드로이드 OS, iOS, 윈도우즈 플랫폼 서비스가 제공 완료됨에 따라 증강현실, LBS(위치정보서비스) 등 다양한 애플리케이션 기술을 활용한 서비스 차별화 및 부가서비스의 다양화를 추진하는 애플리케이션 개발과 각 OS별 개발 및 운영에 따른 비용 등의 비효율성을 극복하기 위한 스마트폰에서 운영되는 플랫폼 통합(모바일 클라우드) 개발로 서비스가 진행되었다. 스마트 뱅킹 가입자수가 가장 많은 하나, 국민, 신한, 기업, 우리은행의 스마트뱅킹 서비스 사례를 살펴본다.

1) KEB하나은행

은행 최초로 아이폰용 스마트폰 뱅킹을 출시한 KEB하나은행은 기존 인터넷 뱅킹의 가계부서비스를 강화한 '하나N뱅크'에 이어 '하나N머니'라는 무료 애플리케이션을 통해 하나 SK카드의 카드상품 판매와 인터넷 뱅킹 내 'e－플러스클럽'의 쿠폰마케팅을 시행하고 있으며 온라인 마케팅 채널인 '하나N플라자'를 의사전문 커뮤니티인 메디게이트의 애플리케이션 내 콘텐츠 중 일부로 반영, 직접 스마트폰을 통해 대출 및 PB 서비스 등 고객의 상품상담신청을 받아 신청 영업점에 연계하는 형태의 서비스를 제공하고 있다. 또한 삼성전자와의 전략적 제휴를 통해 삼성 스마트폰 출시시점에 기본 가계부용 애플리케이션으로 '하나N머니'의 탑재와 간접광고 등을 추진한 바 있다. '하나e－플러스적금'과 '하나e－플러스정기예금' 등 스마트폰 전용 상품을 판매하고 있으며, 스마트폰끼리 부딪쳐서 이체를 하는 '점프이체' 기능이 있다. 계좌번호 입력절차를 간소화해 이체를 편리하게 할 수 있는 특징도 있다.

2) 국민은행

국민은행은 스마트폰 기반의 생활밀착형 금융서비스인 KB스타플러스 서비스를 출시하여 기존 KB시세정보를 바탕으로 아파트시세, 가계부(포켓북), KB카드 스타샵 및 영업점과 자동화 기기 찾기, KB스타뱅킹, KB투자증권으로 구성되어 있으며 무료로 제공되고 있다. 또한 증강현실을 이용하여 스마트폰 카메라로 비쳐지는 화면에서 아파트시세 또는 매물정보 등 부동산정보를 상세조회 및 대출가능금액 조회에서 상담 서비스까지 제공하고 있다.

3) 신한은행

신한은행은 'S뱅크'를 통해 조회·이체 등 기본적 업무 외에 신한카드, 지로납부, 외환, 펀드 등의 부가서비스를 제공하고 있으며 기존 VM고객도 이용하기 쉬운 직관적이고 편리한 UI를 장점으로 메뉴이동 기능, 메인메뉴 내 불켜짐 기능 등 재미 요소를 가미했다. 또한 증강현실(Augmented Reality: AR) 및 위치기반(Location Based Service: LBS)의 스마트 쿠폰서비스(신한 S 쿠폰서비스)와 아파트 시세 및 대출한도 조회서비스 '신한 S 집시세(ZipSise)서비스' 등 차별화된 스마트폰 특화서비스를 제공하고 있으며 전 영업점에 KT 와이파이존(Wi-Fi)을 구축하였다.

4) 기업은행

기업은행의 'IBK아이폰뱅킹'의 장점은 순수 애플리케이션으로 속도가 빠르고 공인인증서 없이 애플리케이션의 다운로드만으로도 환율조회, 이벤트, 영업점 조회, 상품 등 동영상 확인서비스를 제공한다. 편의성과 간편함을 보완하였으며 데이터의 사용량이 적어 비교적 경제적이라는 점과 직관적 사용자 환경(UI)을 제공하고 있어 이용이 편리하다.

5) 우리은행

우리은행은 통합 플랫폼 구축을 완료하였고 '우리 스마트뱅킹'을 통해 웹과 앱(애플리케이션)을 적절히 혼용한 하이브리드 뱅킹 서비스를 채택, 기존 인터넷 뱅킹의 다양한 정보와 업무처리 속도가 빠른 스마트폰 앱의 장점을 통해 실제 계좌이체 및 상품가입을 강화하는 데 초점을 두고 있으며 금융권에서 처음으로 스마트폰을 통해서만 가입이 가능한 '우리 스마트 정기예금'을 출시하였다. 또한 공과금 납부 기능에 있어서 기존에 대출금 이자납입 및 원금상환, 펀드 납입 및 환매는 물론 전화요금, 국민연금, 아파트 관리비 및 서울시를 포함한 각종 지방세와 공과금 납부업무를 연결하였다.

1.4 스마트 뱅킹 서비스 특성

1) 즉시 접속성

즉시 접속성(instant connectivity)은 빠른 시간 내에 필요한 정보를 탐색할 수 있는 속성으로 시간이나 장소에 상관없이 자신이 필요할 때 스마트 단말기로 시스템에 접속해 필요한 자료를 검색하거나 업무 수행이 가능하다.

2) 시험 가능성

시험 가능성(triability)은 새로운 서비스를 소비자가 제한된 범위 안에서 시험적으로 사용할 수 있는 정도이다. 지금까지의 사례들을 본다면 시험 가능성이 높을수록 그 새로운 서비스가 시장에서 성공할 확률이 높다. 스마트폰에 기반한 스마트 뱅킹에 대한 시험 가능성 증대는 스마트 뱅킹의 사용 확대에 영향을 미칠 것이다.

3) 정보 풍부성

정보 풍부성(abundance of information)은 잠재적으로 자료가 전달할 수 있는 정보를 의미한다. 모호성이 높은 과업이나 특별한 과업을 수행하기 위해 이용자는 정보 풍부성 수준이 높은 커뮤니케이션 매체를 선택하게 될 것이다.

4) 이용 편의성

이용 편의성(use convenience)은 휴대가 용이하며 정보를 얻기 위한 조작도 간단하여 사용자가 편리하게 이용할 수 있기 때문에 사용하기 편리하다고 인식할수록 스마트 뱅킹에 대한 유용성을 높게 인식하게 하는 동기요인이다.

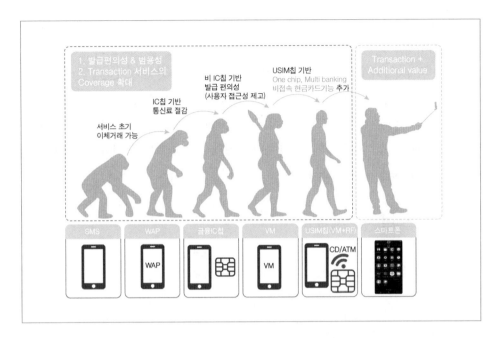

| 그림 10-2 | **스마트 뱅킹 서비스의 주요 흐름도**

제2절 **스마트 지급결제**

최근 급격히 이목이 집중되는 영역이 바로 스마트 결제이다. 시장의 이러한 기대감
을 바탕으로 스마트 결제 관련 시장은 급성장하고 있다. 스마트 지급결제(M–Payment)
는 개인이 휴대전화나 PDA 등 이동통신 기기를 사용하여 자금이체나 상거래 대금 결
제 등이 가능한 서비스를 의미한다. 이는 스마트 금융의 한 분야로서 온·오프라인상
에서 제공되는 상품이나 서비스를 구매할 때, 이동통신 단말기나 통신망을 이용하여
지불하는 결제서비스를 의미한다. 스마트 지급결제의 분류방식은 스마트 카드(IC칩)
의 내장 또는 탈착 여부에 따라서 카드·비카드 방식으로 구분하거나 무선 네트워크
의 이용 정도에 따라 온라인·오프라인 방식으로, 또는 금융기관의 참여 정도에 따라
직접결제·간접결제 방식 등으로 구분된다. 직접결제 방식은 금융기관이 독자적으로

제공하거나 이통사와 제휴를 통하여 서비스 탑재 형식으로 은행 계좌를 기반으로 실시간 계좌이체를 제공하는 방식과 USIM칩 내에 신용카드 및 전자화폐 등의 기능을 탑재하는 전자지갑이 대표적이다. 간접결제 방식은 이통사가 직접적으로 스마트 지급결제 서비스를 제공하는 사업자가 되어서 지급결제과정 전반을 관리하고 책임을 부담하는 것으로 휴대폰 요금에 통합과금하는 폰빌(Phone Bill)과 과거 SKT가 제공했던 네모(Nemo) 서비스, 최근 들어 KT가 신한은행과 오픈한 스마트 전자지갑 서비스인 주머니(ZooMoney) 등이 대표적이다.

| 표 10-2 | **스마트 지급결제 분류**

구분	내용
스마트 자금이체	상대방 핸드폰 번호/계좌로 자금이체
스마트 카드	플라스틱 카드 없이 다운로드된 신용카드로 결제
아이디/패스워드 결제	아이디/패스워드 입력 시 미리 설정된 신용카드 계좌로 결제(iTunes, Google Checkout)
휴대폰 소액결제	주로 온라인 소액 거래 시 핸드폰 문자 인증 후 매월 통신요금 청구서에 합산 결제
전자화폐 결제	핸드폰에 선불 충전하여 결제(예: 모바일 T-money)
In-app payment	스마트폰 Application 내에서의 과금으로 카드결제, 통신요금 합산 가능
새로운 결제방식	스마트폰으로 QR 리딩, 바코드 스캐닝 시 결제화면으로 바로 연결되어 결제(결제 방식보다는 연결 방식에 가까움)

2.1 국내외 스마트 지급결제

인터넷과 스마트폰의 발달로 인하여 스마트 결제를 활용한 스마트 금융 서비스 산업이 매우 활성화되고 점차 증가하는 추세이다. 스마트폰 하나로 모바일 쇼핑이 가능할 뿐만 아니라, 스마트폰을 카드인식기에 터치만 하면 자동으로 결제가 처리되게 된다. 스마트폰 뱅킹은 물론 카드사의 스마트 신용카드, 전자상거래 결제 시장도 꾸준히 성장하고 있다. 스마트폰의 보급은 당초 기대했던 바와 같이 다양한 부가서비스 영역을 개화시키는 헤일로 효과(halo effect)를 일으키고 있다. 이통사, 단말벤더, 개발업체, 그리고 금융업체들은 스마트폰을 활용한 스마트 결제 시장의 성장 가능성에 주목하여 관련 서비스와 솔루션 개발에 적극적으로 뛰어들고 있다.

국내외 스마트폰 관련 기업들의 가치사슬(value chain) 변화를 살펴보면, 기술변화에 따라서 산업 간의 경계를 넘나드는 비즈니스 모델로 치열하게 경쟁하고 있음을 확인할 수 있다. 특히 구글은 구글 월렛 그리고 아마존은 앱(App) 내 결제 모델을 개발하여 스마트 지급결제 시장에 본격 진출하였다. 애플 역시 아이폰에 NFC 기반의 스마트 지불결제 솔루션을 탑재하였다.

① 최근 스마트폰의 보급률이 급격하게 증가하고 스마트 지급결제가 진화하면서 스마트 지급결제 시장에서는 기존의 금융회사와 통신사업자뿐만 아니라 유통업체들까지 가세하면서 치열한 경쟁이 불가피해졌다.

- 구글은 시티은행, 마스터카드, 스프린터 등 협력업체들과 스마트 전자지갑 서비스인 '구글 월렛(Google Wallet)'을 공개하였고, 이후 많은 업체들이 스마트 지급결제시스템 개발에 투자를 시작함.
- 스타벅스는 스마트 지급결제업체인 스퀘어(Square)에 2,500만 달러를 투자하면서, 스퀘어의 기술을 활용해 미 전역에 있는 7,000개 매장에서 스마트 결제 서비스를 제공함.
- 월마트를 비롯해 타깃, 수노코, 세븐일레븐 등 소매유통업체는 급성장하는 스마트 지급결제시장을 위해 'Merchant Customer Exchange(MCX)'라는 스마트 결제서비스를 공동 개발.

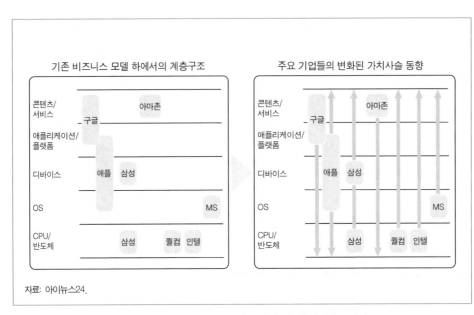

| 그림 10-3 | **스마트 지급결제의 가치사슬 변화**

② 스마트 지급결제는 통신사들의 휴대폰을 이용한 폰빌(phone bill) 등 소액결제시스템에서 시작하여 근거리무선통신(Near Field Communication: NFC)을 이용한 스마트 신용카드와 스마트 응용 프로그램(Application Program: APP)을 이용한 전자지갑형태(e-Wallet)로 발전하였다.

- 폰빌 방식은 통신사가 스마트 지급결제를 제공하는 사업자가 되어 지급결제과정 전반을 관리하면서 휴대폰 요금에 통합 과금하는 시스템으로 국내의 경우 휴대폰 번호와 주민등록번호만으로 쉽게 결제가 이루어지므로 소액결제에 주로 이용.
- 스마트 신용카드 방식은 기존 마그네틱이나 집적회로(IC)에 저장하여 사용하는 신용카드 정보를 휴대폰 메모리 또는 금융 USIM칩 등에 저장한 후 NFC를 이용한 비접촉 결제방식을 사용.
- 구글 월렛과 같은 전자지갑 방식은 지급결제서비스 사업자에게 개인계정을 생성하면서 신용카드 정보를 기재하고 이를 모바일 앱을 이용하여 NFC 또는 별

도의 자체 단말기를 통해 결제하는 방식을 사용.

③ NFC를 이용한 스마트 지급결제방식은 사용성이 뛰어나지만 기존의 신용카드 결제시스템을 그대로 이용하고 고가의 전용단말기가 필요해 신규 시장진입이 쉽지 않았으나, 스마트 앱을 이용하는 방식은 앱 개발과 계정관리 등만 필요하여 손쉬운 신규 시장진입이 가능하다.

- 스마트 지급결제시스템의 선두주자인 스퀘어사는 스마트폰이나 태블릿 PC 등의 이어폰잭에 연결해 신용카드를 결제할 수 있는 카드리더기를 고안하여 신용카드 리더기를 설치할 수 없는 노점 등의 영세 상인들에게 건당 수수료(2.75%)를 받는 조건으로 무료 배포하였음.
- 세계 최대 전자지급결제서비스를 제공하는 페이팔(Paypal)사도 스마트지급결제 서비스인 '페이팔 히어(Paypal Here)'를 통하여 기존의 페이팔 계정을 이용한 지급결제뿐만 아니라 개인수표 및 신용카드 결제까지 제공함.

④ 스마트 지급결제시장은 고객들의 이용편익을 증대시킬 뿐만 아니라 각종 결제에 관련된 정보들을 체계적이면서도 쉽게 축적할 수 있기 때문에 이를 활용한 신규 부가가치 창출이 활발하게 이루어지면서 빠른 성장세를 보일 것으로 전망된다.

- 고객들은 휴대폰을 이용하여 멤버십포인트, 할인쿠폰 등의 관리뿐만 아니라 주문, 결제까지 보다 편리하게 이용할 수 있게 됨.
- 소규모 사업자들은 별도의 POS단말기를 구비할 필요 없이 스마트폰이나 태블릿 PC등을 이용하여 판매관리시스템을 갖출 수 있으며, 고객들의 정보를 통합 관리할 수 있어 고객맞춤형 광고 등 저비용 고효율의 마케팅 활동이 가능함.

⑤ 스마트 지급결제시장에서는 금융업, 통신업, 유통업 등 각 업종 간의 고유 영업경계가 모호해지면서 시장 선점을 위한 전략적 제휴 움직임이 두드러질 전망이다.

- 미국을 비롯해 일본, 영국 등 주요국의 통신사들이 은행과 카드사를 규합해 스마트 지급결제 컨소시엄을 구축하였고, 통신사가 주축이 된 조인트벤처인 미국 아이시스(Isis)와 영국 프로젝트 오스카(Project Oscar)도 서비스를 상용화함.
- 우리나라의 경우 기술표준원에서 국산 정보기술(IT)을 종합하여 스마트카드 표준을 제정하였지만, 신용카드사들은 표준이 특정 카드사의 기술이라는 이유로 스마트 앱을 기반으로 한 자체 표준을 개발함.
- 국내 지급결제 시장에서 뿐만 아니라 향후 국제 표준방식을 놓고 전략적 제휴를 강화하고 있는 해외업체들과의 경쟁에서 뒤처지는 일이 없도록 상호협력 등을 통한 노력이 필요한 것으로 판단됨.

| 표 10-3 | **국내 기업들의 스마트 결제 진출 현황**

업종	기업명	진출내용
통신사	SK 텔레콤	하나카드 지분 49% 인수해 휴대전화와 신용카드 융합서비스 제공
	KT	비씨카드 인수를 통한 카드업 진출 타진
은행	KB은행	KT와 휴대폰 기반 스마트 페이온(Pay-On) 결제서비스 준비 중: 카드조회기 없이 전용 휴대폰을 통하여 결제
카드	신한 카드	칩 없이 무선 인터넷으로 결제 가능한 서비스 '7353 셀프레이 시스템': 카드조회기와 칩 없이 스마트폰으로 시스템에 접속해 카드 대금을 결제
	KB카드	칩 없이 KB스마트카드 서비스, 카드내역 조회, 현금서비스 신청
PG/모바일 결제	이니 시스	스마트폰용 전자결제 솔루션 'INIpay Mobile' 출시: 공인인증서를 통한 결제방식을 적용
	다날	운용체계에 관계없이 스마트폰에서 이용할 수 있는 스마트 결제 솔루션 개발
기타 솔루션 업체	인포 뱅크	모든 신용카드사와 이동사에 대해 휴대폰에서 신용카드로 결제할 수 있는 온/오프라인 통합 결제서비스 m&Bank 출시

2.2 스마트월렛

1) SK텔레콤 '스마트월렛'

국내에서 처음으로 등장한 스마트 전자결제 지원 앱이다. 등장한 지 오래된 만큼 사용자도 많다. 사용자 반응도 나쁘지 않다. 우선 지갑 부피를 차지한 멤버십카드를 스마트폰으로 다 옮겨놓을 수 있다는 장점이 있다. 스마트월렛은 제휴사 멤버십카드를 직접 발급받아 휴대폰에 저장할 수 있다. 사용하는 멤버십카드가 없을 경우엔 직접 번호를 입력해 등록할 수 있다. 스마트월렛과 제휴관계에 있는 업체들이 발급하는 쿠폰이나 기프티콘도 구매해서 사용할 수 있다. 구매한 제품은 오프라인 매장에서 실제 물건으로 교환할 수 있다. 스마트폰 소액결제나, 스마트 신용카드, T머니를 통해 직접 결제할 수도 있다. 스마트월렛의 장점으로 꼽는 또 다른 기능은 바로 '가계부'이다. 신용카드 회사로부터 직접 정보를 읽어 와서 사용자가 한 달에 얼마나 쓰는지, 매달 사용 금액 추이를 살펴볼 수 있다. 스마트월렛은 SK텔레콤 가입자가 아니어도 사용할 수 있다. SK텔레콤 플랫폼 자회사로 독립한 SK플래닛이 스마트월렛 서비스를 맡고 있다.

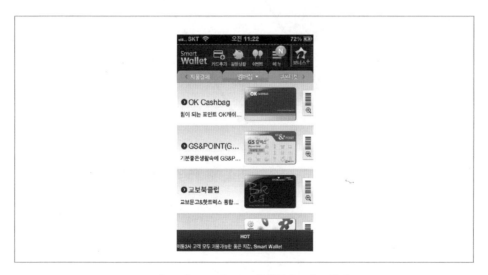

| 그림 10-4 | SK텔레콤 '스마트월렛'

2) LG유플러스 '유플러스 스마트월렛'

LG유플러스는 이동통신사 중에서는 2번째로 전자지갑 앱을 선보였다. LG유플러스 가입자가 아니면 이 앱을 사용할 수 없다. LG유플러스에서는 SK텔레콤 스마트월렛과 차별화되는 이 앱의 특징으로 '할인검색'과 '나만의 금고' 기능을 내세웠다. 유플러스 스마트월렛도 멤버십카드 등록 기능을 제공하지만, 할인검색 기능을 통해 각 카드사별 혜택과 이용 가능한 매장을 표시하거나 매장에서 할인 적립되는 카드를 알려준다. '나만의 금고'는 사용자의 계좌를 안전하게 관리할 수 있는 기능이다. 자주 사용하는 계좌를 입력한 다음 비밀번호를 걸기 때문에 다른 사용자가 해당 계좌정보를 못 보게 했다. 쿠폰이나 기프티콘 구매 기능은 제공하지 않지만 멤버십 제휴사의 할인과 특별 쿠폰을 내려받아 사용할 수 있다.

| 그림 10-5 | LG유플러스 '유플러스 스마트월렛'

3) KT '올레마이월렛'

올레마이월렛은 SK텔레콤 스마트월렛과 LG유플러스 스마트월렛의 기능을 적절히 섞은 모양새다. SK텔레콤 스마트월렛과 마찬가지로 KT고객이 아니더라도 해당 앱을 사용할 수 있다. 단, 쿠폰 구입 시 최초 1회에 한해 사용자 주소와 이메일을 입력해야 한다. 올레마이월렛은 NFC를 바탕으로 한 결제 기능을 지원한다. NFC 기능을 지원하지 않는 기기를 구매한 사용자라면 올레마이월렛은 지갑처럼 느껴지지 않을 수 있다. NFC 외 다른 결제는 지원하지 않기 때문이다. 스마트월렛과 마찬가지로 멤버십 카드 등록을 지원하지만, 오프라인 매장에서 물물 교환할 수 있는 쿠폰이나 기프티콘은 지원하지 않는다. 할인쿠폰을 지급할 뿐이다. 그렇기 때문에 보안카드 기능이 무의미하게 느껴질 수 있다. 이 앱에 자물쇠 카드나, 보안카드 번호를 등록해서 사용하기에는 해당 기능만 가진 다른 앱들이 너무 많다. 그 대신 올레마이월렛은 사용자의 위치를 기반으로 한 가장 큰 할인 혜택을 받을 수 있는 신용카드를 추천하는 기능을 제공한다. 주변 가맹점의 할인정보를 바탕으로 어떤 카드로 해당 가맹점에서 가장 큰 혜택을 누릴 수 있는지를 알려 준다.

| 그림 10-6 | KT '올레마이월렛'

4) 신한은행 '주머니'

신한은행과 KT가 손잡고 내놓은 선불형 전자화폐 서비스다. 이름이 주머니인 만

큰 동물 캐릭터로 애플리케이션이 꾸며져 있어 아기자기한 맛이 있다. 이 앱은 이동통신사가 만들어 낸 앱과 달리 결제 기능에 충실하다. 돈을 담고 있는 지갑 기능에 초점이 맞춰져 있다. 그래서 멤버십카드 등록 같은 기능이 없다. 사용방법은 단순하다. 신한은행 고객이라면 직접 본인의 계좌와 연동해서 금액을 충전해 사용할 수 있다. 신한은행 고객이 아니더라도 가상계좌 입금을 통해 충전이 가능하다. 충전된 금액은 QR코드나 NFC, KT 휴대폰 요금 납부에 사용할 수 있다. QR코드는 QR코드 결제를 지원하는 상품에 대해서만 스마트 기기로 코드를 인식해 결제가 가능하다. 특정 통신사 가입이나 은행계좌 보유 없이 휴대폰 번호만으로도 송금이 가능하다. 충전된 금액은 상대방 휴대폰 번호로 보낼 수 있다. 일반적인 계좌이체도 가능하다. 단, 공인인증서가 필요 없이 모바일 결제가 가능한 범위인 1일 50만 원, 1회 30만 원 안에서 송금이 가능하다. 충전한 금액을 은행계좌로 환급받을 수도 있다.

| 그림 10-7 | 신한은행 '주머니'

5) KEB하나은행 '하나N월렛'

하나N월렛은 이동통신사들이 출시한 전자지갑 앱에 은행의 장점인 결제 기능을 담았다고 볼 수 있다. 해당 앱에 가상화폐를 충전해서 사용하는 방식은 '주머니'와 같다. 이를 휴대폰 번호로 송금할 수 있다는 기능도 같다. 그러나 하나N월렛은 이용방식이 좀 더 다양하다. 우선 충전된 금액으로 해당 앱에 입주한 가맹점들의 쿠폰을 구입해서 오프라인 매장에서 교환할 수 있다. 쿠폰과 기프티콘 기능도 지원한다. 그리고 근처 ATM 기기에서 앱에 충전된 금액을 인출할 수 있다. 근처 ATM 기기에 인증번호를 입력하면 앱에 충전된 금액을 실물화폐로 교환할 수 있다. 상대방에게 용돈을 달라고 '조르기'도 가능하다. 원하는 금액을 입력한 다음 상대방 전화번호를 입력해서 전송하면 옆에 사진처럼 상대방에게 어떤 사용자가 얼마만큼의 금액을 필요로 하는지를 문자로 전송해 준다.

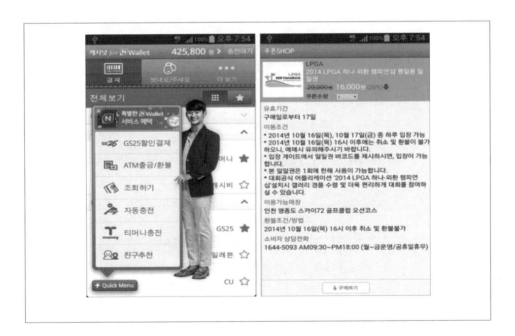

| 그림 10-8 | KEB하나은행 '하나N월렛'

제3절 스마트 금융

스마트폰의 확산은 금융서비스와 고객 간에 다양한 방식의 상호작용을 가능케 하고 있으며, 전통적으로 무풍지대로 인식되던 금융업을 파괴적 혁신의 대상으로 변화시키고 있다. 향후, 금융업의 경쟁력은 지점의 수나 브랜드 경쟁력 같은 전통적 경쟁우위에서 벗어나 편리하고 직관적인 스마트 금융 환경의 구축이나 다양한 고객의 니즈에 적합한 신규상품 출시능력의 보유 여부로 판단될 것이다. 미래의 금융시장은 서비스의 고도화, 사용자 저변 확대, 제도정비 측면에서 규제적인 요소보다 소비자에게 새로운 가치를 제공하는 환경조성에 더 많은 관심과 노력이 필요하다.

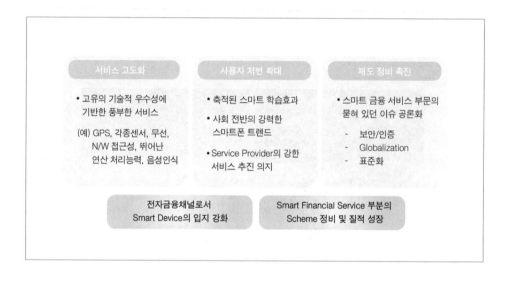

| 그림 10-9 | **스마트 금융 비즈니스**

3.1 금융 비즈니스의 스마트화

스마트폰의 확산은 금융 비즈니스와 고객 간 다양한 방식의 상호작용을 가능하게 하였다. 언제 어디서나 연결되는 스마트 기기를 통해 소비자들은 원하는 금융정보를 손쉽게 검색할 수 있다. 그리고 금융 중개인이 제시하는 정보에만 의존하던 정보의 비대칭성에서 벗어나, 실시간 비교를 통해 다양한 금융 혜택을 요구하거나 능동적으로 자산관리 및 수익활동에 참여할 수 있게 되었다. 또한 지점 영업의 지역적인 한계를 벗어나 다양한 금융사 간, 지점 간 서비스를 활용할 수 있게 되었다. 예대마진 중심의 이자수익 구조에서 탈피하여 다양한 영역에서 수익원 발굴 및 개발이 가능하게 되었다.

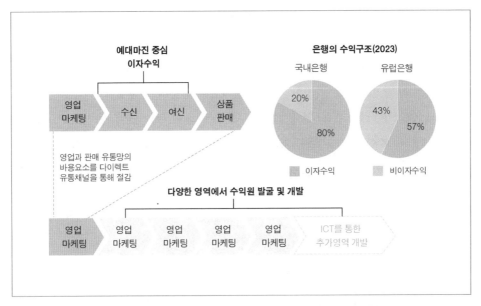

| 그림 10-10 | **금융 비즈니스의 수익구조 및 가치사슬**

3.2 새로운 사업기회 제공

스마트폰의 확산은 소수의 지배적 사업자에 의해 판도가 결정되던 금융시장에 새로운 플레이어들의 출현을 촉진시키고 있다. 기존 시장 질서를 파괴할 수 있을 정도로 혁신적인 비즈니스 모델(BM)을 가진 신생기업(disruptive innovator)들이 진입하고 있을 뿐만 아니라, 유통업과 같은 이종(異種) 산업에서도 ICT를 통해 비금융업의 역량과 금융업을 융합한 새로운 형태의 금융서비스가 등장하고 있다. 예를 들어, 지금까지 지급결제 및 송금서비스는 자체결제 통신망과 자금력을 갖춘 신용카드 회사 및 은행과 같은 금융기관들만 취급하였으나, 스마트폰의 폭발적인 보급과 컴퓨팅 능력은 스마트 결제의 비용 절감을 가능하게 하여 신규 스마트 금융의 등장을 가능케 하였다.

미국의 Square나 Intuit와 같은 회사들은 사용자가 스마트폰에 쉽게 부착할 수 있으며 소규모 사업자들이 손쉽게 신용카드를 수납할 수 있는 장치를 개발하여 스마트 지급결제 시장을 선도하고 있다. 유통 사업자인 일본의 세븐 일레븐도 현대인들의 바쁜 라이프 스타일로 인해 금융서비스 관련 불편사항이 짧은 영업시간과 지점 방문 등의 불편함이라는 사실에 착안하여 ICT 기술을 통해 유통업의 경쟁력을 금융서비스업에 도입하였다. 세븐일레븐은 인터넷 뱅크인 7−Bank를 설립하여 폭넓은 편의점 체인망을 금융서비스와 연계하였다. 소비자들은 24시간 동안 언제 어디서나, 인터넷을 통해 금융거래를 할 수 있다. 또한 가까운 편의점을 방문하여 생필품 등을 구매하면서 ATM을 이용하여 가상계좌로 현금 입출금, 환전 및 송금 등을 함께 처리할 수 있어 시간을 절약함과 동시에 별 어려움 없이 서비스를 즐길 수 있다.

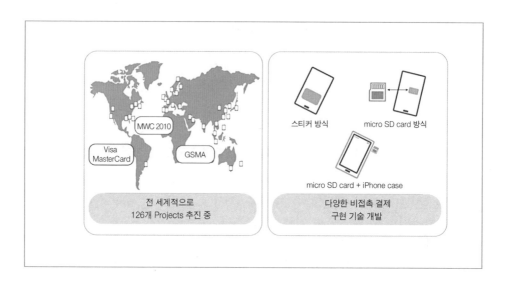

| 그림 10-11 | **비접촉 결제(NFC/Contactless) 비즈니스 모델**

3.3 핀테크 이해

1) 핀테크 개념

'핀테크(fintech)'는 이름 그대로 '금융(finance)'과 '기술(technology)'이 결합된 서비스를 가리키는 말이다. 여기서 말하는 기술은 정보기술(IT)이다. 서로 다른 두 분야가 융합하니 두 가지 다른 관점이 나온다. 금융을 중심에 두고 IT가 금융사업을 돕는다는 관점이 첫 번째다. 기존 금융권은 주로 이런 관점에서 핀테크를 바라본다. 금융산업이 새로 나온 IT쪽 기술을 채용하여 미시적인 혁신을 이룬다는 관점이다. 원래 금융산업은 IT산업 다음으로 IT 기술을 많이 도입하던 분야이다. 핀테크라는 이름이 나오기 전부터 인터넷 뱅킹과 스마트 뱅킹을 이용하여 왔다. 은행은 거래의 대부분을 전산으로 처리하고 있다.

두 번째 관점은 IT 기술이 금융산업을 뿌리부터 혁신한다는 관점이다. 금융산업은 돈 거래를 하는 분야로서, 금융소비자에게서 돈을 빌리고 그 돈을 투자해 수익을 거두는 메커니즘으로 운영된다. 이러한 금융산업은 2008년 금융위기 뒤에 수익성 악화를 경험하였다. 부실 주택담보대출(서브프라임 모기지론)에 파생상품을 붙여 팔다 대출원금을 돌려받지 못하자 내로라하는 금융회사가 줄도산했다. 엎친 데 덮친 격으로 금융위기를 불러온 금융업계에 규제가 들어왔다. 미국은 무분별하게 파생상품을 팔지 못하게 하는 법안(도드 프랭크 법)을 내놓았다. 과거처럼 '돈 놀이'를 맘껏 벌이지 못하게 된 금융업계는 한층 더 침체됐다. 활로를 뚫어야 했던 금융업계는 IT 업계에 손을 내밀었고, 금융 거래 과정을 스마트화했다. 사람이 일일이 해야 할 일을 최신의 정보기술을 활용하여 금융 시스템을 혁신하였다. 이렇게 함으로서 비용은 줄어들고 속도는 빨라짐으로서 소비자도 한층 편리하게 금융 서비스를 이용할 수 있게 되었다.

2) 핀테크 확산

금융 서비스를 혁신하니 또 다른 수익원을 발견하게 되었다. 바로 금융소비자가 만드는 데이터이다. 온라인에서 모든 활동은 데이터를 생성한다. 금융도 마찬가지인데, 여기에 착안하여 데이터를 기반으로 그동안 제공할 수 없었던 다양한 서비스가 선보이기 시작하였다. 그러면서 제대로 된 핀테크 산업이 싹을 틔웠다. 데이터를 바탕으로 사용자가 편리하게 이용할 서비스를 잘 만드는 쪽은 금융사일까, IT기업일까. IT기업은 태생부터 이런 일을 해온 곳이다. 진입장벽이 거의 없는 인터넷이라는 신대륙에서 살아남으려 진검승부를 벌여야 했다. 높은 진입장벽 안에서 큰 변화 없이 살아온 금융업계와 다르다. IT기업이 금융사보다 더 핀테크 산업에 가까운 이유이다.

본 교재에서는 핀테크를 IT를 활용한 금융산업의 혁신으로 인식하고, 핀테크를 지급 결제, 금융데이터 분석, 금융 소프트웨어, 플랫폼의 네 가지로 구분하여 살펴본다. 이 분류법은 영국 무역투자청(UKTI)이 핀테크를 분류한 것을 참고하였다.

(1) 지급 결제

일반 금융소비자가 가장 친숙하게 여기는 분야이다. 핀테크 회사의 대명사로 불리는 페이팔도 지급 결제 회사이다. '애플페이'와 '삼성페이' 같은 하드웨어 기반 모바일 간편결제 서비스부터 '카카오페이'와 '라인페이' 같은 앱 기반 간편결제 서비스까지 다양한 서비스가 나왔다. 지급 결제 서비스는 사용자가 쓰기 쉽게 만드는 게 첫 번째 요건이다. 온라인과 모바일 환경에서 사용자가 쉽고 편리하게 사용할 서비스를 만드는 일은 IT기업의 전문 분야이다. 그러니 많은 IT기업이 제일 먼저 지급 결제 부문에 진출하였다. 지급 결제 서비스는 편리한 서비스를 제공해 사용자를 모으고, 그 사용자를 결제 서비스가 필요한 사업자에게 내주면서 수수료를 받는다. 국내에도 많은 IT기업이 지급 결제 부문에 뛰어들었다. 네이버는 라인페이를, 다음카카오는 카카오페이를 내놓았다. KG이니시스와 LG유플러스, 페이게이트 같은 전자지급결제대행사(PG)도 각자 서비스를 꾸렸다. 비바리퍼블리카나 한국NFC 같은 핀테크 스타트업도 편리한 서비스를 무기로 기존은행들이 따라잡지 못하는 사이 새로운 기회를 열어가는 중이다.

(2) 금융데이터 분석

기존 금융데이터 분석 업무는 고객의 금융 거래를 바탕으로 신용도를 파악해 적절한 이자율을 계산하는 일을 주로 가리켰다. 핀테크 기술은 이러한 업무를 한차원 발전시켰다. 비주얼DNA라는 회사가 있다. 이 서비스를 이용하면 금융 거래 내역이 없어도 몇 가지 설문조사에만 답하면 신용도를 평가받을 수 있다. "무슨 색을 좋아하나요?", "비 오는 날은 파전을 먹나요, 부추전을 먹나요?"라는 식으로 사용자 취향과 심리 상태를 물어본다. 얼핏 보면 터무니없어 보이지만 사회심리학과 통계학을 바탕에 둔 치밀한 평가 방법이다. 마스터카드는 비주얼DNA 신용도 평가 데이터를 대출 업무에 도입해 부도율을 기존보다 23% 낮췄다.

소액대출회사 온덱(OnDeck)은 사회관계망 서비스(SNS)와 인터넷 활동 내역을 바탕으로 대출 이자율을 계산해 금융 거래 내역이 없는 소상공인에게 돈을 빌려준다. 점포 하나도 없는 온라인 대출회사 온덱은 지난해 말 기업가치를 1조 6천억원으로 평가받으며 뉴욕증권거래소에 상장했다. 신용평가는 신용평가 기관이 맡는다. 금융회사는 신용평가 기관이 내준 정보를 바탕으로 고객 신용도를 평가한다.

(3) 금융 소프트웨어

금융 소프트웨어는 금융 업무를 보다 효율적으로 만드는 소프트웨어를 제공하는 일을 가리킨다. 리스크 관리나 회계 업무 등을 더 효율적으로 만드는 깃도 여기에 속한다. 페이팔이 자체적으로 꾸린 사기거래탐지(FDS) 기술도 금융 소프트웨어 분야라고 볼 수 있다. 한국 서울 합정동 식당에서 쓰인 신용카드가 1시간 뒤 미국 뉴욕의 한 백화점 명품 매장에서 쓰인다면 아무래도 자연스럽지 않다. 1시간 만에 같은 고객이 미국으로 건너갈 방법도 없을 뿐더러, 5천원짜리 백반만 사먹던 고객이 갑자기 명품을 구매하는 점도 수상하다. 페이팔은 우수한 사기거래탐지시스템(FDS)을 구축한 것으로 알려져 있다. 이렇게 기존 거래 패턴에서 어긋나는 거래가 일어날 경우 이를 이상 거래로 인식하고 추가 인증을 요구하여 사기 거래를 막는 기술이 FDS다. 페이팔은 초기에 20%에 이르렀던 사기 거래 비용을 스스로 부담하면서 FDS를 발전시켰다. 비자나 마스터카드 같은 국제적인 신용카드 회사도 자체 FDS를 가동 중이다.

(4) 플랫폼

플랫폼은 금융기관을 중간에 두지 않고도 전 세계 고객이 자유롭게 금융업무를 처리할 수 있는 기반을 제공하는 분야다. 대표적인 플랫폼 핀테크 회사는 기업가치를 9조원으로 평가받으며 뉴욕증권거래소에 상장한 P2P 대출회사 렌딩클럽(LendingClub)이다. 렌딩클럽은 많은 고객에게 남는 돈을 빌리고 그 돈을 다시 많은 고객에게 빌려준다. 이 렌딩클럽의 사업은 은행이 하는 일과 동일하며, 다른 점은 투자금 모집과 대출 신청 및 집행을 모두 온라인 플랫폼에서 처리한다는 것이다. 렌딩클럽은 오프라인

지점이 없으니 운영 자금이 많이 들지 않는다. 또 IT를 바탕으로 고객 신용도를 한층 더 철저하게 평가할 수 있으니 대출 이자도 은행보다 낮출 수 있다. 투자하는 고객에게는 은행보다 높은 이자를 돌려주면서도 대출받는 고객한테는 기존 은행보다 더 싸게 돈을 대출해 준다.

민트나 웰스프론트 같은 개인 자산 관리 서비스도 플랫폼 사업자이다. 고객 동의를 받아 여러 금융기관에 흩어진 금융자산 정보를 한 곳에 모아 관리할 수 있도록 해준다. 덕분에 고객은 자금 흐름을 한눈에 파악하고 자기에게 알맞은 금융 상품도 바로 알아볼 수 있다. 영국 핀테크 회사인 트랜스퍼와이즈는 은행 인프라를 거치지 않고 바로 해외 송금을 해줘 평균 10% 정도인 해외 송금수수료를 0.5%로 낮췄다. 사용자 입장에서는 사용하지 않을 이유가 없다. 트랜스퍼와이즈는 성장 잠재력을 인정받아 올해 초 5800만달러(641억원)를 투자받았다. 페이팔도 플랫폼으로 볼 수 있다. 은행간 송금이 마치 해외 송금과 같은 미국 금융시장 구조를 우회하기 위해 페이팔 계정에 돈을 충전하고 그 돈을 주고받도록 했다. 덕분에 사용자는 인터넷상에서 훨씬 편리하게 돈을 주고받을 수 있게 됐다. 중간에 은행을 거치지 않기 때문에 더 싼 값에 더 편리한 서비스를 제공할 수 있다는 얘기다.

비트코인을 앞세운 가상화폐 또는 사이버화폐도 기존 금융회사를 대체하는 플랫폼이다. 위·변조가 불가능한 블록체인 위에서 작동하기 때문에 언제 어디서든 아주 적은 돈도 실시간으로 보낼 수 있다. 중간에 어느 기관도 끼지 않기에 그 어떤 지급 결제·송금 수단보다 비용이 저렴하다. 위·변조가 불가능한 P2P 플랫폼이라는 특성을 활용해 다양한 실험도 나온다. 분산형 DNS 시스템 네임코인이나 공개 등기 시스템 컬러코인, 분산형 컴퓨팅 플랫폼 에테리움 등이 그 예다.

3.4 새로운 스마트 금융: 카카오뱅크 & 케이뱅크

1) 일반 사항

2017년 7월 27일 카카오뱅크가 영업을 개시함에 따라 인터넷 전문은행인 케이뱅크와 더불어 양사 체제로 재편됐다. 1호 인터넷 전문은행인 케이뱅크와 카카오톡으로 확보한 인지도를 앞세운 카카오뱅크는 저비용과 편의성을 앞세웠다는 점에서 비슷하지만, 이용 절차나 세부 서비스 등에서는 차이를 보인다. 양쪽 은행 모두 휴대전화와 신분증을 활용해 비대면으로 계좌를 개설할 수 있게 했다는 점은 동일하다.

본인 명의 휴대전화와 신분증을 활용해 실명확인을 하도록 했고 이후 신청자 명의의 다른 은행 계좌에 이들 은행이 1원을 입금할 때 기재한 메시지 내용을 확인하도록 하는 절차를 뒀다. 케이뱅크는 타행계좌 메시지 내용을 확인하는 대신 신분증을 소지하고 영상통화를 함으로써 본인임을 증명할 수 있도록 이용자에게 선택지를 부여했다. 양쪽 모두 공인인증서가 없어도 거래할 수 있도록 했으나 거래 과정에서 공인인증서가 필요하게 될 가능성은 있다.

카카오뱅크는 계좌를 만들 때 자신의 타행 계좌에 기재된 내용을 확인해야 하므로 공인인증서를 활용해 타행 인터넷 뱅킹을 하거나 공인인증서를 사용하지 않는 스마트 뱅킹앱을 써서 해당 내용을 확인해야 한다. 신용대출을 받을 때는 공인인증서가 필요하며 인증서를 쓰지 않으려면 팩스로 서류를 보내야 한다. 케이뱅크는 대출을 신청하거나 계좌 이체 금액이 큰 경우, 예금계좌를 해지할 때 공인인증서를 요구한다.

2) 예금 · 적금 · 대출 금리 차이

케이뱅크의 적립식 예금상품인 코드K자유적금은 연 최고 2.2%, 거치식 예금상품인 플러스K정기예금은 연 최고 2.1%, 적립식 예금인 플러스 자유적금은 연 최고 2.50% 등으로 설정됐다. 이는 우대조건을 충족하는 경우이므로 개별 가입자에게 적용되는 실제 금리는 이보다 낮을 수 있다. 대출 금리의 경우 케이뱅크는 직장인 신용대출 최저 연 2.67%에 한도 1억원(현재 판매 중단), 소액마이너스 통장이 확정금리 5.5%이다. 케이뱅크는 체크카드 이용실적이나 급여계좌 연동 여부, 예·적금 가입 여부 등에 따라 대출·예금·적금 금리를 우대하는 제도를 두고 있다.

반면 카카오뱅크는 급여이체 등 거래 실적과 상관없이 기본적으로는 모든 고객에게 동일한 금리를 적용한다. 단, 대출의 경우 신용도에 따른 개인별 금리 차이는 있다. 카카오뱅크 적금은 만기인 경우 연 2.0%이며 자동이체를 설정하는 경우 0.2% 포인트 추가 금리를 제공한다. 정기예금은 1년 만기의 경우 연 2.0%다. 300만원 이내의 소액 마이너스통장은 최저 연 3.35%, 1억 5천만원 한도인 직장인 마이너스통장은 최저 연 2.86%, 중신용자도 신청할 수 있는 1억 5천만원 한도의 신용대출도 역시 최저 연 2.86%의 금리가 적용된다. 어떤 상품인지에 따라 차이는 있으나 적금은 모든 우대 조건을 모두 충족할 수 있다면 케이뱅크를 이용하는 것이, 우대조건에 해당하지 않는 다면 카카오뱅크를 이용하는 것이 유리하다. 카카오뱅크와 케이뱅크는 영업점을 두지 않기 때문에 무료로 현금자동입출금기(ATM)를 사용할 수 있다. 케이뱅크 이용자는 전국 GS25 편의점에서 수수료 없이 현금 출금을 할 수 있고, 카카오뱅크 이용자는 VAN사 기준 BGF핀링크, 한국전자금융[063570], 롯데피에스넷, 노틸러스효성 ATM (전국 11만 4천여대)을 무료로 이용할 수 있다. 카카오뱅크는 각종 알림 수수료를 면제하기로 했다. 케이뱅크가 카드 승인 등을 알리는 문자알림 서비스에 월 300원을 부과하는 것과는 차이가 있다.

3) 서로 다른 체크카드 이용 혜택

케이뱅크의 통신캐시백형 체크카드를 쓰면 KT 통신요금을 최대 3만원 돌려받을 수 있으며 포인트적립형 카드를 쓰는 경우 모든 가맹점에서 1%의 포인트를 쌓을 수 있다. 카카오뱅크는 체크카드 사용액의 0.2%(평일) 또는 0.4%(주말, 휴일)를 현금으로 돌려주도록 했으며 실적에 따라 내년 1월 말까지 월 최대 4만원을 캐시백한다. 카카오뱅크는 시중은행 창구에서 신청할 때와 비교해 약 10분의 1의 수수료로 모바일 국외송금을 할 수 있는 서비스를 마련했다. 케이뱅크는 24시간 365일 상담원과 전화 연결이 가능하다. 야간에도 분실 신고 외에 상품 가입이나 거래 관련 문의를 할 수 있어 편리하다. 카카오뱅크는 일과 시간에 전면적인 서비스를 하도록 시간의 제약을 두었다.

토의문제

1. 모바일 뱅킹과 스마트 뱅킹의 차이점을 서술하시오.
2. 스마트 뱅킹의 네 가지 특징을 간략히 설명하시오.
3. 금융기관별 스마트 뱅킹 서비스를 비교 서술하시오.
4. 스마트 뱅킹 서비스의 네 가지 특징을 간략히 기술하시오.
5. 국내외 스마트 지급결제 관련 기업들의 가치사슬 변화에 대하여 서술하시오.

6. 스마트월렛 서비스를 제공하는 기업들의 앱 서비스 특징을 비교하여 기술하시오.

7. 스마트 금융의 트렌드에 대하여 요약하여 설명하시오.

8. 핀테크의 개념과 네 가지 핀테크 분야에 대하여 설명하시오.

9. 새로운 스마트 금융인 카카오 뱅크와 케이뱅크의 유사점과 차이점에 대하여 설명하시오.

참고문헌

연합뉴스, 카카오 뱅크·케이뱅크, 서비스에 어떤 차이 있나, 2017. 07. 27.

Anker, C., *Phygital Banking*, Editions Universitaires Europeennes EUE, 2019.

Berger, A. N. and Molyneux, P., *The Oxford Handbook of Banking*, Oxford University Press, 2019.

Bhardwaj, A., Unleashing the Future: Exploring Trends in Fintech, Wiley, 2023.

Esteban, D. S., *ChatGPT and the Digial Revolution of the Financial Industry*, Humanizing Banking, 2023.

Ghose, Ronit, *Future Money*, KoganPage, 2024.

Harvey, E., *The Digital Banking Revolution and Financial Innovation, Willford Press, 2023.*

Mills, K., *Fintech, Small Business & the Amarican Dream*, Palgrave Macmillan, 2019.

Saunder, A., *Financial Institutions Management: A Risk Management Approach*, McGraw−Hill Education, 2020.

Sironi, P., Banks and Fintech on Platform Economies: Contextual and Conscious Banking, Woley Finance Series, 2021.

Tanda, A. and Schena, C.−M., *FinTech, BigTech and Banks*, Palgrave Pivot, 2019.

Tapscott, D. and Tapscott, A., *Blockchain Revolution*, Portfolio, 2019.

Wewege, L. and Thomsett, M. C., *The Digital Banking Revolution*, De Gruyter, 2019.

http://bank.keb.co.kr(외환은행)

http://www.facebook.com(페이스북)

http://www.ibk.co.kr(기업은행)

http://www.hanabank.com(하나은행)

http://www.kt.com/(KT올레)

https://omoney.kbstar.com(국민은행)

http://www.shinhan.com(신한은행)

http://www.sktelecom.com(SK텔레콤)

http://www.twitter.com(트위터)

http://www.uplus.co.kr(LG유플러스)

http://www.wooribank.com(우리은행)

"인터넷 은행" 뜨자 위기감…은행들, '가상자산'으로 반전 노린다

요즘 은행권 최대 화두는 '자사 디지털 플랫폼 육성'이다. 자체적인 디지털 플랫폼 경쟁력을 확보하겠다는 기조 하에 과거에는 은행권에서 언급조차 꺼리던 '가상자산(암호화폐)' 관련 서비스 경쟁에도 과감히 뛰어들었다. 디지털 지갑, 스테이블 코인(법정화폐 기반 가상자산), 커스터디(수탁) 서비스, 블록체인 플랫폼 등의 신사업을 전개하며 그동안 빅테크들의 전유물로만 여겨졌던 디지털 플랫폼 전쟁에 본격적으로 참전하는 모양새다.

KB국민은행은 자체 실험을 통해 가상자산 분야로 사업 영역을 넓히며 특히 미래 금융 플랫폼 시장의 주도권을 되찾겠다는 각오로 '디지털 지갑' 사업을 주목하고 있다. 최근 카카오의 블록체인인 클레이튼(Klaytn)을 기반으로 한 '멀티에셋 디지털 지갑(Multiasset Digital Wallet)'의 개발을 금융권 최초로 완료했다. 해당 지갑은 중앙은행 디지털화폐(CBDC)와 가상자산, 지역 화폐, 대체불가토큰(NFT) 등 다양한 가상 자산의 충전, 송금, 결제 등을 지원하도록 구현되었다.

신한은행은 국내 금융권 최초로 스테이블 코인 기반 해외송금 기술을 개발하고 개념증명(PoC)을 완료하며 해외송금 효율화에 나섰다. 스테이블 코인은 가격 변동성을 최소화해 미국 달러나 원화와 같은 법정화폐와 1대1로 가치가 고정된 블록체인 기반 가상자산이다. 대표적으로 미국 달러와 연동할 목적으로 만든 테더(USDT)가 있다. 자사 스테이블 코인 기반 해외송금 서비스가 기존 해외송금 서비스에 비해 저렴한 거래 비용과 신속성, 투명성, 확장성을 모두 확보했다. 송금 대상 은행에 직접 자금을 이체하는 방식이라 중개 수수료가 없고, 네트워크 사용료만 건당 100원 이하로 발생하며, 송금 소요 시간은 35초 수준으로 실시간에 가깝다.

NH농협은행도 KB국민은행·신한은행에 이어 가상자산 수탁사업에 뛰어들었다. 국내 블록체인 기술사 '헥슬란트'가 합작법인 형태로 설립한 '카르도'에 전략적 지분 투자를 단행하였다. 업계에 따르면 카르도의 전체 자본금은 약 20억원으로, 농협은행은 그 가운데 15% 미만인 약 3억원을 투자한 것으로 전해졌다. 은행법상 은행이 가상

자산 사업을 직접적으로 진행할 수 없기 때문에 합작법인을 통해 수탁 사업에 우회적으로 진출한 것으로 풀이된다. 앞서 KB국민은행이 한국디지털에셋(KODA)에, 신한은행이 한국디지털자산수탁(KDAC)에 각각 투자하며 가상자산 수탁 사업을 간접적으로 전개하는 모습과 동일하다.

우리은행은 향후 CBDC와 NFT 등 가상 자산의 유통을 위한 기술적 토대를 마련하고자 '블록체인 플랫폼'을 구축하였다. 해당 플랫폼을 통해 가상자산의 결제, 인증, 자산 관리 등을 신뢰성과 투명성을 확보한 네트워크 환경에서 제공하겠다는 것이다. 우리은행은 블록체인 플랫폼을 통해 자체 스테이블 코인인 '우리은행 디지털화폐(WBDC·WooriBank Digital Currency)'와 가상자산의 소유권을 증명할 수 있는 NFT 등을 발행할 예정이다. 또한 발행한 가상자산을 송금과 결제에 이용할 수 있도록 '멀티자산지갑' 등을 활용할 계획이다. 우리은행은 이러한 플랫폼 구축으로 디지털 신기술을 통한 혁신 서비스를 제공할 수 있는 토대를 마련하였다.

"네트워크 효과 큰 가상자산, 초기 진입 안 하면 빅테크 못 잡아"

주요 은행들이 이처럼 기술 개발과 투자 등 다양한 형태로 가상자산 분야에 뛰어든 배경으로는 가상자산이 지닌 네트워크 효과(특정 상품에 대해 형성된 수요가 다른 사람의 수요에 큰 영향을 미치는 효과)가 큰 점이 꼽힌다. 현재 은행사 전반적으로 가상자산이 기존 레거시(전통) 자산만큼 영향력을 펼치며 새로운 부가가치를 창출할 것으로 보고 있다. 이러한 점 때문에 은행들이 다방면으로 가상자산 사업을 서둘러 준비 중이다. 가상 자산 분야는 네트워크 효과가 막강하기 때문에 미리 준비하지 않으면 기술력 등에서 크게 밀려날 수 있기 때문에 초기 리스크를 안고 네트워크에 들어가지 않으면 나중에 따라잡기 어렵다. 그러므로 아직 관련 표준이 마련돼 있지 않고, 탈중앙화 시장을 주도하는 기술방식이나 네트워크가 무엇이 될지 모르겠지만, 주요 시중은행 모두 이 시장을 선점하기 위해 리서치와 업무협약(MOU) 등 다양한 형태로 사업을 적극적으로 추진 중이다(한국경제, 2022. 1. 10).

토의문제

1. 기존 은행 대비 인터넷은행이 제공하는 차별적 요소에 대해 토의해 보자.

2. 은행권에서 추진하고 있는 디지털 플랫폼 육성 형태를 비교 설명해 보자.

3. 은행들이 디지털 가상자산 분야에 뛰어드는 이유에 대해 토론해 보자.

📄 에필로그 사례연구-2: **별별 업무를 다 하는 AI 은행원**

20여 년 전 MS 창업자 빌 게이츠가 말한 "은행 업무는 필요하지만, 은행은 필요하지 않다(Banking is necessary, but banks are not)"라는 미래 예측이 현실로 다가오고 있다.

은행권 AI 바람은 계속된다.

은행권이 잇따라 AI 시스템을 구축하여 상담 및 내역을 분석해 불완전 판매를 잡는 등 AI 활용 추세가 증가하고 있다.

KB국민은행은 고객을 대상으로 금융투자상품을 판매할 때 상품 설명을 보다 정확하게 하고 소비자 보호 의무에 따른 적법 판매 절차를 준수하기 위해 AI 금융상담 시스템을 구축했다. 해당 시스템은 텍스트 데이터를 음성 파일로 변환하거나 반대의 경우도 가능하도록 했다. 전자는 고객에 안내할 상품을 음성으로 설명할 때 사용한다. 후자는 고객과 상담 녹취 기록에서 정보를 분석해 불완전 판매가 이뤄졌는지 검증한다. KB국민은행이 시범운영을 실시한 결과, 대포통장 발생 건수는 기존 시스템 운영 기간 대비 약 42% 감소한 것으로 나타났다.

하나은행은 AI 데이터 분석 플랫폼 '원큐 온 샘플'을 출시했다. 이는 하나금융그룹이 자체 구축한 것으로 하나금융 IT전문 관계사 하나금융티아이가 주도했다. 또 하나금융융합기술원 AI 플랫폼 기술을 결합했다. 하나은행은 모바일 앱 '하나원큐' 신용대출 신용평가모델에 원큐 온 샘플을 적용하고 로보어드바이저, AI 광학문자인식, AI 챗봇 등 다양한 AI 기술을 활용할 방침이다.

우리은행은 AI 기술 구현을 위해 타사와 협력했다. 우리은행은 KT와 협력해 AI 기반 불완전 판매 방지 프로세스 시스템을 구축하고 있다. 아직은 1단계로 투자 상품 안내를 녹취해 분석하는 과정에 있다. LG AI 연구원과는 초거대 AI 상용화를 위한 업무협약(MOU)을 맺었다. 초거대 AI는 대용량 데이터와 슈퍼 컴퓨팅 인프라를 활용한 차세대 AI다. 양사는 금융에 특화된 언어모델이나 AI 은행원, 미래형 점포를 함께 개발할 계획이다.

신한은행은 AI은행원을 전국 109개 영업점에 배치하였다. 신한은행 AI은행원은 영상상담 창구인 디지털 데스크에서 고객을 맞는다. 총 147개 디지털 데스크 내 AI은행원은 예·적금 신규, 신용대출 신청 등 총 40여 개 금융 서비스를 제공한다. 신한은행은 앞으로 영업점 내 디지털 데스크 도입을 확장해 AI은행원을 추가 도입하고 서비스 범위도 확대할 예정이다. 신한은행 영업점에서는 투자상품을 판매할 경우 AI를 활용해 소비자의 답변을 인식하고 실시간으로 상담 내역을 분석한다.

NH농협은행이 전국 모든 영업점에 인공지능(AI) 행원을 배치하였다. AI 행원을 전국 모든 지점에 배치한 것은 시중은행중 NH농협은행이 최초이다. AI 행원의 주 업무는 영업점에서 대면상품 판매 때 고객들에게 상품을 안내하는 보조 역할을 수행한다. 특히 설명할 내용이 많고 복잡한 신탁상품 설명을 전담하며 고객에게 완전판매 서비스를 제공한다. 생성형 AI가 현장에 적용되어, 금융권에서 치열한 무인경쟁이 펼쳐질 것으로 전망된다.

은행들, 빅테크에 밀릴라

은행들이 AI 은행원이나 디지털 플랫폼 구축에 사활을 걸고 있는 것은 빅테크와의 경쟁에서 밀리지 않겠다는 의지로 풀이된다. 네이버, 카카오, 토스 등은 간편한 사용자환경(UI) 등을 무기로 시장점유율을 넓혀가고 있다. 특히 카카오뱅크의 경우 점포 없이도 1740만명의 고객을 확보하면서 은행권에 큰 충격을 줬다. 점포를 통해 영업을 하는 기존 은행과 달리 빅테크들은 앱에다가 새로운 상품을 올리면 고객들이 접근할 수 있는 구조다. 특히 카카오 계열사의 경우 4500만명의 이용자를 보유한 국민메신저 '카카오톡'을 활용한 마케팅까지 가능하다. 결국 시중은행들은 많은 인력과 지점 등 현재의 비용구조를 줄이면서 혁신하지 않으면 점점 빅테크와 경쟁하기 쉽지 않은 상황이 전개되고 있기 때문이다(조선Biz, 2022. 1. 3; 매일경제, 2022. 2. 4; 전자신문, 2024. 2. 26).

토의문제

1. 빌 게이츠가 말한 "은행 업무는 필요하지만, 은행은 필요하지 않다(Banking is nec-essary, but banks are not)"는 말의 의미에 대하여 토의해 보자.

2. 인간을 대체하여 AI로봇 은행원이 대신할 수 있는 은행 업무들에 대하여 토론해 보자.

3. 은행들이 AI은행원이나 디지털 플랫폼 구축에 사활을 걸고 있는 이유에 대하여 토의해 보자.

CHAPTER
11

디지털 의료·헬스케어

학습목표

- 디지털 헬스케어의 개념에 대하여 학습한다.
- 디지털 헬스케어의 애플리케이션에 대하여 학습한다.
- 디지털 헬스케어 관련 기술요소에 대하여 학습한다.
- 디지털 헬스케어 컨버전스에 대하여 학습한다.
- 디지털 헬스케어의 국내 사례에 대하여 학습한다.

IT 기업들의 헬스케어 총력전이 시작됐다. IT업계 관계자는 "아마존, 애플 등 글로벌 기업들도 헬스케어 사업을 하고 있다"며 "IT기업은 데이터를 기반으로 헬스케어 서비스 고도화를 효과적으로 진행할 수 있다"고 말했다. 2020년 1520억달러였던 글로벌 디지털 헬스산업 규모는 2027년까지 5080억달러로 세 배 이상 성장할 것으로 전망된다.

인터넷업계 '카카오 vs 네이버' 경쟁

카카오는 헬스케어 CIC를 설립하고 황희 분당서울대병원 소아청소년과 교수를 CIC 대표로 내정했다고 발표했다. 앞서 카카오는 2018년 서울아산병원, 현대중공업지주와 합작법인(JV) 아산카카오메디컬데이터를 설립하면서 헬스케어 시장에 본격 진출했다. 지난달 카카오는 의료 빅데이터 업체 휴먼스케이프와 투자 계약을 맺었다. 카카오는 신주 발행을 통해 휴먼스케이프 지분 20%를 확보하고 최대주주에 올랐다. 휴먼스케이프는 블록체인 기반 데이터 플랫폼 '레어노트'를 운영하고 있다. 레어노트는 환자들로부터 유전체 정보를 받고 이들이 건강 상태를 꾸준히 기록할 수 있도록 하는 서비스다. 카카오는 휴먼스케이프의 기술을 토대로 다양한 의료 데이터를 모을 것으로 보인다. 레어노트는 블록체인 기술을 적용해 정보 원본과 보안을 유지하면서 모든 정보를 투명하게 공개한다.

네이버도 의료 빅데이터 업체 투자 절차를 진행하고 있다. 투자은행(IB)업계에 따르면 네이버는 이지케어텍 지분을 인수하고 의료 데이터 분야에서 공동 사업을 추진하는 협상을 벌이고 있다. 계약이 성사되면 네이버는 이 회사의 2대 주주가 된다. 이지케어텍은 2001년 설립된 전자의무기록(EMR) 전문업체다. EMR은 환자 증상, 치료·시술, 약 처방 등 의료 데이터를 저장하는 시스템이다. 이지케어텍은 최근 EMR을 클라우드로 서비스하고 있다. 네이버는 EMR 클라우드 사업을 이지케어텍과 함께 진행할 예정이다.

SI, 통신업체들도 헬스케어 진출

시스템통합(SI)·통신업계의 헬스케어 사업 확장도 활발하다. 마이데이터 사업권을 획득한 SI업체 LG CNS는 GC녹십자헬스케어, LG유플러스와 손잡고 데이터 기반 헬스케어 서비스를 선보이겠다고 밝혔다. 고객이 가족 건강, 자녀 성장, 음식 소비 등 관련 데이터 제공에 동의하면 GC녹십자헬스케어는 식이요법, 영양소 정보 등을 추천한다. LG유플러스는 멤버십 포인트 사용이 가능한 식료품 매장을 안내해준다. SK C&C도 GC녹십자홀딩스와 디지털 헬스케어 플랫폼 구축 프로젝트를 진행한다고 밝혔다. 삼성SDS 미국법인은 올해 초 아일랜드 소프트웨어 기업 원뷰헬스케어와 계약을 맺고 원격진료 서비스를 위해 협력하는 것으로 알려졌다.

통신 3사도 다양한 서비스를 준비 중이다. KT는 생체 데이터를 AI로 분석하는 스타트업 제나와 함께 헬스케어 키오스크(무인단말기) 사업을 시작한다고 지난 10월 발표했다. 키오스크를 통해 혈압, 혈당, 체지방 등 8종 이상 건강 데이터를 측정하고, 화상으로 상담이 가능하다. SK텔레콤은 올초 유전자 분석 기반 구독형 헬스케어 서비스 케어에이트 디엔에이(care8 DNA)를 업그레이드했다. 이 서비스로 고객은 의료기관 방문 없이도 기업에 직접 의뢰해 유전자 검사 서비스를 받을 수 있다. LG유플러스는 고령화시대에 대비하기 위해 인지·재활 프로그램 전문기업 엠쓰리솔루션과 치매 예방관리 솔루션 사업을 추진하고 있다.

IT기업의 헬스케어 사업 확대는 글로벌 트렌드다. 글로벌 전자상거래 기업 아마존은 AI 원격진료 서비스를 운영하고 있다. 애플은 AI 웨어러블 기기로 심전도, 혈당 수치 등을 확인하는 서비스를 한다. MS는 음성인식기술 기업 뉘앙스를 인수하고 의료 상담 서비스 개발에 들어갔다. IT업계 관계자는 "헬스케어는 개인 맞춤형 서비스라 데이터 솔루션 고도화가 중요하며 IT기업이 적극 진출하는 이유"라고 설명했다(한국경제 2021. 12. 6; 매일경제, 2022. 2. 3).

팽창하는 디지털 치료제 시장

미국 스타트업 아키리 인터랙티브는 어린이 주의력결핍 과다행동장애(ADHD) 치료용 비디오게임 '엔데버Rx'를 개발해 지난 2020년 미국 식품의약국(FDA) 승인을 받았다. 뇌의 인지 기능을 강화하기 위해 고안된 이 게임의 이용 방법은 간단하다. 원격으로 의사에게 처방전을 받은 뒤 의사와 상의해 게임 플레이 일정을 정해 매일 25~30분씩 게임을 하면 된다. 캐릭터 설정 후 기기를 좌우로 움직여서 장애물을 피하고, 화면을 탭해 목표물을 탐색·수집해가며 코스를 도는 방식이다. 어린이들을 대상으로 한 임상시험 결과, 하루 25분씩 4주간 게임을 한 뒤 ADHD 관련 장애가 개선되고 73%의 어린이가 주의력이 향상되는 효과가 나타났다. 이 회사는 올 하반기 엔데버 Rx를 본격 출시하였다.

이 밖에도 약물이나 수술 대신 모바일 앱이나 웨어러블, 가상현실(VR) 등 디지털 기기를 통해 질병을 치료하는 디지털 치료제(DTX)가 헬스케어 시장에서 주목받고 있다. 디지털 치료제가 다루는 질병도 통증, 당뇨병, 외상 후 스트레스 장애, 천식, 마약 중독 등으로 확대되고 있다.

비디오 게임이나 모바일 앱 등 디지털 기기로 질병을 치료한다는 것은 아직 생소한 개념이다. 하지만 다양한 임상시험으로 효과가 검증되면서 디지털 기기가 건강 보조 기구를 넘어 어엿한 의약품으로 인정받는 추세다. 지난해 미국에서는 약 20종의 디지털 치료제가 FDA 승인을 받은 것으로 알려졌다. 코로나로 대면 접촉을 기피하는 사회적 분위기가 확산된 것도 디지털 치료제 시장에 기회로 작용했다. 시장조사 업체 마켓스앤드마켓스에 따르면, 전 세계 디지털 치료제 시장은 연평균 26.7% 성장할 전망이다. 환자가 직접 구매하는 B2C 시장보다는 보험사, 고용주, 제약회사, 병원 등을 대상으로 하는 B2B 시장이 주를 이룬다. 특히 어떻게든 보험금 지급을 줄이고자 하는 보험사가 최대 고객이다. 2020년 디지털 치료제 매출의 절반가량인 11억달러를 보험사가 차지했는데, 2025년에는 보험사 매출이 41억달러로 전체 디지털 치료제 시장 중 60%에 이를 것이라는 전망이 나온다.

하지만 디지털 치료제가 이제 막 걸음마를 뗀 단계에 불과한 데다 헬스케어 산업 고유의 불확실성을 감안하면 섣부른 낙관은 금물이라는 지적도 많다. 마약 중독과 불면증 등 3종의 디지털 치료제로 FDA 승인을 얻어 이 분야 대표 주자로 꼽히는 페어 테라퓨틱스조차 "혁신적 치료법이 될 가능성이 있는 초입에 와 있으며, 무르익으려면 시간이 걸린다"(마이클 커니 BoA증권 애널리스트)는 평가를 받는다(조선일보, 2022. 2. 17).

토의문제

1. 인공지능을 활용한 디지털 헬스케어에 대하여 예를 들고 토의해 보자.
2. 디지털 의료에 블록체인 기반 데이터 플랫폼이 어떻게 활용될 수 있는지에 대하여 토의해 보자.
3. 다양하게 활용되는 디지털 치료제의 적용 분야에 대하여 설명해 보자.

제1절 디지털 의료·헬스케어 이해

컴퓨터와 네트워크 기술을 바탕으로 한 IT 기술이 비약적으로 발전하면서 많은 분야에 IT 기술이 접목되고 있다. 의료복지 분야도 예외는 아니어서 지난 수년간 의료 기기 분야에 IT 기술이 활발히 접목되고 있으며, 특히 소프트웨어 등은 의료분야의 IT 기술의 구심점이 되고 있다. 이를 바탕으로 우리나라를 포함하여 전 세계 전자의료기기 시장은 점점 그 규모가 확대되고 있는 추세이다.

한편, 사회의 소득수준이 향상되면서 의료복지와 웰빙에 대한 관심은 날로 높아지고 있어, 의료분야의 초점도 과거의 질병·질환에 대한 치료의 개념에서 예방 의료로 구심점이 이동하고 있다. 이런 추세에 맞추어 최근 의료복지에 모바일 개념을 접목하여 건강진단 및 건강관리의 시간과 공간 제약을 대폭 줄인 모바일 헬스케어 시스템의 연구개발이 활발히 진행되고 있다. 디지털 헬스케어(D−Health)란, 디지털 기술을 활용한 의료·헬스케어 서비스를 의미한다. 선진시장에서는 디지털 헬스케어(D−Health)를 통해 과도한 의료비를 억제하는 목적이 있는 반면, 신흥국에서는 D−Health 도입을 통해 의료 인프라의 부족을 보완하는 것이 목표이다. 선진국(EU, 미국, 한국)에서는 의료분야에 ICT를 도입하기 위한 정책이 채택되고 있으며, 이동통신업체에서도 각종 파트너와의 제휴를 통해 원격진단, 만성질환 환자관리, 의료화상관리 등의 D−Health 서비스의 전개를 추진하고 있다.

1.1 디지털 의료·헬스케어의 개념

IT와 의료산업 간 융합에 대한 개념은 기술과 환경의 변화에 따라 변화해 왔다. 역사적으로 의료산업에서 단순히 활용한 의료 정보화를 시발점으로 하여 원격의료(telemedicine), e−Health, u−Health, 그리고 S−Health로 발전하였다. 최근 들어 디지털 헬스케어 서비스란 유무선 통합 환경하에서 언제 어디서나 이용 가능한 헬스 서비스를 제공하는 것을 말한다. 주이용자는 재택요양환자, 만성질환자이며, 모바일 진료, 재택진료, 병원 간 원격진료 서비스를 포함하고 있으며, 더 나아가 전문 의료 서비스 이외 건강한 일반인 대상 헬스 서비스 제공까지 포함된다. 즉, 통합 네트워크, 통합 시스템하에서 모든 건강 관련 서비스를 실시간으로 제공하는 가장 상위의 IT+의료 융합 개념이다.

이러한 개념을 바탕으로 디지털 헬스케어란 홈케어가 집안 내에서 생체정보를 측정하여 건강관리 서비스를 제공하는 것과 달리, 이동 중에도 생체정보를 측정하여 언제 어디서나 건강관리를 제공하는 헬스케어 서비스를 지칭한다. 디지털 헬스케어를 위해서는 이동 중에도 생체정보를 안정적으로 측정할 수 있는 센서시스템이 필요하며, 이러한 센서시스템은 착용형 또는 휴대형으로 구현된다. 또한 측정된 생체정보를 모바일폰과 같은 휴대단말을 통해 서비스센터로 전송하도록 구성된다. 디지털 헬스케어와 관련하여 일상생활 중 간편하게 혈압, 체중, 심박수, 심전도 등 건강과 관련된 정보를 디바이스를 이용하여 측정하고, 통신모듈을 통해 전송하여 디지털 헬스케어 서비스를 제공할 수 있다.

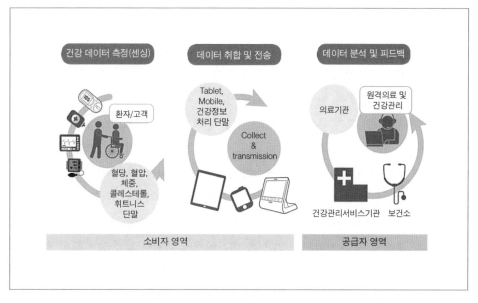

| 그림 11-1 | **디지털 헬스케어 흐름도**

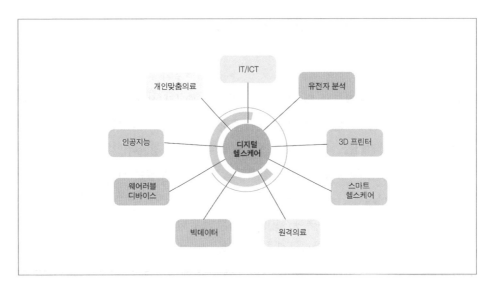

| 그림 11-2 | **D-헬스케어 구성**

1.2 디지털 의료·헬스케어 기술개발 현황

국내에서는 삼성전자, SK텔레콤, LG전자 등 국내 대기업들이 디지털 헬스케어와 관련된 기술개발을 주도하고 있다. 고령화 사회를 대비하는 첨단 헬스케어 기기를 개발하기 위한 기술경쟁이 한층 가속화되고 있으며 디지털 헬스케어와 관련된 기술의 특허 출원이 꾸준한 증가 추세에 있다. 디지털 헬스케어는 첨단 헬스케어 기기를 구현하기 위해서 우리나라가 보유한 세계 최고 수준의 반도체와 정보 기술을 우선적으로 적용할 수 있는 분야이다. 디지털 헬스케어에 관한 국내 특허 출원 순위는 LG전자, SK텔레콤, 삼성전자 순으로 국내 대기업들이 이 분야의 기술을 주도하고 있다.

고령화가 빠르게 진행됨에 따라 헬스케어와 관련한 모바일 기술 분야를 선점하기 위한 출원 경쟁이 점차 가열되고 있으며, 대기업들의 디지털 헬스케어 핵심 원천기술 확보에 중점을 둔 투자도 지속적으로 이루어지고 있다. 이 중에서 현재 휴대형 심전도 측정기를 활용한 디지털 헬스케어에 대한 연구개발이 가장 많이 이루어지고 있다. 혈당측정기와 휴대전화를 연결하여 디지털 혈당관리 서비스를 제공하는 당뇨폰도 개발되었으며, 운동에 대한 관심 증가와 운동 동호인의 증가는 생체정보를 이용한 운동관리 서비스에 대한 연구개발을 이끌고 있다. 이를 위해 신발, 벨트, 반지, 귀걸이, 목걸이, 시계 등 다양한 형태의 생체정보 측정 디바이스가 개발되고 있으며, 이를 통해 건강을 관리하려는 시도가 이루어지고 있다.

현재, 나이키가 애플과 손잡고 내놓은 Nike+iPodSport Kit는 신발 바닥에 센서를 장착하여 사용자의 주행속도 등을 측정하고, 주행속도에 맞는 음악 콘텐츠를 추천하여 제공하는 운동 보조기기이다. 필립스에서는 반지 형태의 생체신호 측정 디바이스를 개발하였으며, 폴라에서는 가슴띠 형태의 생체신호 측정 디바이스와 시계형태의 표시 단말을 판매하고 있다. 바디미디어에서는 SenseWear라는 'arm band' 형태의 생체신호 측정 디바이스를 개발하여 판매하고 있다.

또한 질병을 예방하기 위해 건강한 생활습관을 유지하고 관리하는 생활 모니터링 서비스를 위해 다양한 연구개발도 활발히 이루어지고 있다. 의자, 침대 등 일상생활용품에 생체정보를 측정할 수 있는 센서를 내장하여 일상생활 중 사용자가 인식하지 못하는 상태에서도 자연스럽게 생체정보를 측정하고 건강을 관리하는 시스템에 대한 연구개발이 한창 이루어지고 있다.

| 그림 11-3 | **디지털 헬스케어 기기**

1.3 스마트 헬스케어

1) 스마트 헬스케어 정의

- Seamless: 병원과 가정 등 생활에서 끊임이 없는 상태
- Monitoring / Multi−complexed: 환자의 상태를 지능적으로 모니터링, 분석, 관리
- Anytime, Anywhere: 언제, 어디서나
- Real−time Analyzed Record: 환자정보(PHR), 질병정보(CBR) 등을 분석하여 실시간으로 맞춤형 서비스 제공

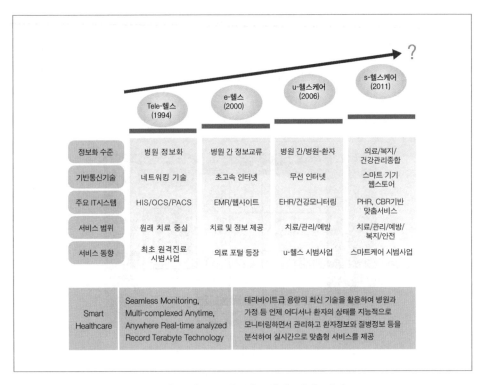

| 그림 11-4 | **헬스케어 진화 단계**

- Terabyte Technology: 테라바이트(TB)급 용량의 최신 기술을 활용
  - 테라바이트급 용량의 최신 기술을 활용하여 병원과 가정 등 언제 어디서나 환자의 상태를 지능적으로 모니터링하면서 관리하고 환자정보와 질병정보 등을 분석하여 실시간으로 맞춤형 서비스를 제공
  - 의료서비스(medical)와 건강관리(care) 서비스가 모두 제공되어 의료서비스를 요구하는 환자는 물론 건강에 관심을 가지고 있는 일반인 대상의 상시적인 케어서비스와 필요에 따라 제공되는 의료서비스를 모두 포함

2) 스마트 헬스케어 특징

- 유·무선 통신 인프라의 발달과 스마트폰 등 지능화된 정보기기들의 이용 급증에 따라 국가·사회 전체가 똑똑해지는 '스마트화' 시대 도래
- 보건의료서비스는 IT 기술과 접목하면서, 병원 중심의 원격의료(tele-health) 단계에서 점차 환자 중심의 u-헬스케어로 진화
- 스마트화 시대의 도래와 함께, 보건의료서비스는 의료와 복지, 안전 등이 복합화되고 지능화된 S-헬스케어의 단계로 진화

| 표 11-1 | 스마트 헬스케어의 특징

구분	내용
Intelligent	지능적으로 분석된 정보의 전달이 지식에서 지혜로 변하는 과정에 있는 형태로 지능형·맞춤형 Healthcare 서비스가 이루어지는(즉, 지식과 지혜가 혼재된 정보전달) 형태
Holistic	모든 Healthcare 서비스에 완전한(완성된, 안전한, 표준화된, 보안된 등) 스마트 IT 기술 적용
Complex	스마트 시대의 헬스케어 서비스는 의료와 복지, 안전 등이 복합되어 제공
Bi-directional	수요자와 공급자의 구분이 없어져 가는 상태(프로슈머의 진행상태), 즉 다수의 수요자와 공급자 간의 상호 지식을 주고받는 형태이나, 아직 공급자 위주의 지식제공이 많은 상태 예: 수요자의 지식(PHR)이 스마트 헬스케어센터에 저장되고 병원, 제약회사, 보험사 등에서 지식을 구입하여 스마트 헬스케어센터에 비용을 집행하고, 수요자는 보험감면 등의 비용을 돌려받는 형태

Seamless	상호 전달된 정보나 지식(PHR)은 CBR(사례기반 추론)을 통하여 재사용되고 새로운 지식으로 생산되어 지식이 끊임없이(seamless) 재창출되는 형태
Open	모든 규제가 제거된 형태[서비스에 대한 제도가 대부분 개방(open)된 형태], 즉 완전한 스마트 헬스케어는 통제 없는 완전한 지식소통일 경우 가능
Green	보다 더 Green IT(초절전, 초소형 플랫폼 등)로 진화된 상태

- 향후 보건의료서비스는 이용자를 중심으로 다양한 서비스가 상호 연계되는 고도로 지능화되고 종합화되는 서비스로 지속적인 발전 예상

3) 스마트 공공보건의료 서비스

- 진료사업, 맞춤형 방문건강관리사업, 암환자관리사업, 심뇌혈관질환 예방관리사업, 노인보건사업 등 보건소 사업에 s−Healthcare 서비스 적용
- 공공보건의료기관은 '행복e음'과 연계하여 서비스 대상자를 선정하고, 스마트케어센터는 대상자의 생체정보를 Fitness 센터에 제공
- 공공보건의료기관은 u−Health 기기를 통해 전송된 대상자의 PHR 정보를 저장하고 CBR을 구축하여 자체 진료 혹은 의료기관과 연계하여 진료

4) 공공 보건의료 서비스 패러다임의 변화

- 고령화와 기술발전의 속도가 빨라지면서 웰빙(well−being)을 넘어 웰에이징(well−aging), 웰다잉(well−dying)에 대한 관심 증가
- 향후 미래의 보건의료 서비스는 IT 등 신기술이 적용되어 예방, 진료, 치유, 처방, 관리 측면에서 많은 변화가 일어날 것으로 기대

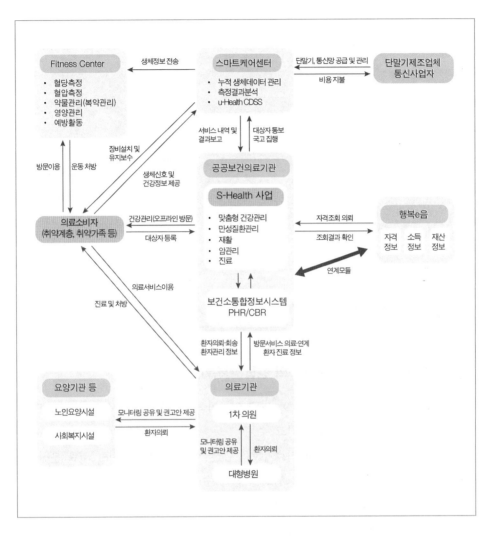

| 그림 11-5 | **공공보건의료 s-Care 통합 서비스 모형**

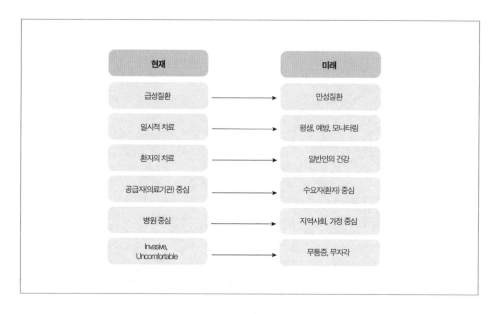

| 그림 11-6 | **보건의료 서비스의 패러다임 변화**

5) 스마트 IT와 의료 서비스의 융합 가속화

- 2024년 기준 국내 인구 4천 9백만명 이상이 스마트폰을 사용하고 있고, 스마트 폰 보급률이 97%로 세계 최고 수준
- 스마트폰에서 건강정보와 진료기록을 담은 '헬스 아바타(디지털 의료 분신)'로 담당 주치의에게 보여 주고 진료를 받을 수 있음
- 병원 무선 인터넷 확대와 스마트 기기(폰, 패드 등)를 통해 실시간 환자점검, 투약, 처방 등을 가능하게 함

6) s-Healthcare

- s-Healthcare 서비스가 보건의료 수요에 효과적으로 대응할 수 있는 수단으로 주목받으면서 국내에서 관련 다양한 사업 진행
- s-Healthcare 서비스 관련 기기 개발 및 병원 진료환경 개선, 원격지 대상자 의 케어를 위한 의료서비스 중심의 사업 진행

- IT 기술과 의료 기술과의 융합 강도가 높아지면서 u−Hospital 수준에서 점차 Home & Mobile 헬스케어와 웰니스 중심으로 진행 및 확장
- 정보통신 산업계 등 다양한 관계자들이 s−Healthcare 활성화의 필요성을 주창하며 기술개발과 인프라 구축, 홍보 등에 많은 투자 노력
- 현재까지 국내의 s−Healthcare 서비스는 대상자의 특성에 따라 s−Medical, s−Wellness, s−Silver의 3대 분야로 분류
  - s−Medical: 환자(고위험군) 대상의 질환 진단, 치료 제공, 관리 및 진료환경 지원서비스를 제공하는 영역으로 의료법 적용대상
  - s−Wellness: 일반인(건강군, 위험군) 대상의 건강증진 및 건강환경 지원서비스를 제공하는 영역으로 예방 차원의 건강관리서비스인 새로운 영역
  - s−Silver: 65세 이상 고령자(건강군, 위험군, 고위험군) 대상의 질환진단과 치료제공 및 관리는 물론 안선관리와 독립생활 지원 등의 서비스 제공

제2절 디지털 의료·헬스케어 애플리케이션

디지털 의료·헬스케어는 환자와 의사가 공간적으로 구속을 받지 않고 자유롭게 이동하면서, 의료정보시스템에 기반한 생체신호 계측, 자동진단 및 응급경보가 가능한 휴대형 무선 생체계측 시스템을 사용하여 의료 서비스를 주고받는 것을 의미한다. 즉, 무선통신 인프라 환경에서 이동형 무선통신 및 컴퓨팅 장치를 사용하는 헬스케어를 의미한다. 이는 스마트폰, PDA, 테블릿 PC 및 랩톱 등을 통해 점차 구체화해 나가고 있다. 최근 일부 비즈니스 계층과 얼리 어댑터만 사용하였던 스마트폰이 일반 대중의 생활 속으로 빠르게 확산되고 있다. 따라서 스마트폰 보급이 증가하면서 현재 의료 IT 업체들은 전문적인 디지털 의료·헬스케어 애플리케이션을 개발하여 출시하고 있다.

2.1 드럭인포

비트컴퓨터는 처방전 정보(약력정보)를 기초로 복약체크 기능 및 복약시간 알림

기능을 가지고 있는 약품정보조회 애플리케이션인 '드럭인포'를 개발하였다. 이는 설정된 복약알림시간이 되면 애플리케이션이 자동적으로 팝업과 문자를 전송하여 정해진 복약시간 알림과 함께 복용법에 대한 정보를 본인과 지정된 주변 사람들에게 알려준다. 또한 복약체크 서비스를 통해 미리 저장된 개인별 정보와 입력된 복약정보를 토대로 주요 복약체크를 해주며, 약품별 복약지도 정보 및 식약청의 허가사항 정보도 함께 확인할 수 있다. '드럭인포' 모바일 헬스케어 서비스를 통해 사용자는 복약정보를 토대로 복약방법에 대한 안내를 받을 수 있고, 주요 복약체크 사항을 알게 됨으로써 복약 지시사항을 보다 더 잘 이행할 수 있다. 결과적으로 사용자의 복약 순응도를 높여 효과적인 약물치료를 이끌 수 있으며, 개인별 약력관리가 가능해짐으로써 보다 안전한 약복용을 도와준다.

[그림 11-7]은 의료정보 소프트웨어 시장의 선두주자이자, 에스헬스케어(S-health-care) 솔루션 대표기업인 비트컴퓨터에서 운영하는 의약품 정보 분야 1위 사이트 비트 드럭인포(www.druginfo.kr)에서 의료인 및 약사 그리고 일반인을 대상으로 모바일 플랫폼에 최적화한 국내 최초 의약품 정보 분야 애플리케이션으로서 비트 드럭인포(druginfo)의 방대한 의약정보 가운데 의료전문가와 일반인들이 가장 필요로 하는 정보만을 엄선하여, 전문정보로부터 복약정보까지의 의약품정보 서비스를 제공하고 있다.

| 그림 11-7 | 드럭인포 애플리케이션

2.2 삼성생명의 더헬스(THE Health)

삼성생명의 맞춤형 헬스케어앱 '더 헬스(THE Health)'에서는 AI 비서가 이용자의 운동·식이·마음건강 등 3대 웰니스(Wellness) 서비스를 담당한다. 우선 운동 기능은 사용자 설문을 기반으로 개인의 특성과 목표에 맞는 맞춤형 홈트레이닝 프로그램을 추천해준다. 다이어트, 허리통증 개선, 골프 능력 향상 등 사용자가 원하는 목표에 맞는 운동영상을 더 헬스가 제공한다. 여기에 110종의 모션인식 운동 프로그램을 제공한다. 스마트폰만 있으면 언제, 어디서나 개인운동을 할 수 있다. 스마트폰 모션인식으로 사용자의 자세를 파악, AI가 실시간으로 피드백을 제공하는 식이다. 그리고 가장 얕은 수면 단계인 렘(REM) 단계에서 알람을 울려 개운한 기상을 돕는 'A.I 스마트알람' 서비스도 제공한다.

식이는 테이블 위에 올라온 음식을 더 헬스 홈 화면에서 '식사 기록하기'를 누르고 촬영하면 된다. 섭취한 칼로리부터 영양소까지 분석, 부족한 영양소가 무엇인지 파악한다. 이어 목표 체중, 예방하고 싶은 질병 항목 등 개인 건강목표를 설정하면 그에 맞춰 영양코칭을 제안해준다. 식이 서비스는 단체 급식 및 식자재 유통업체인 삼성월스토리와 협업해 제공하고 있다. 삼성웰스토리가 보유한 저지방식·저염식·체중감량식 등 목표에 맞는 식단 정보와 레시피가 그대로 더 헬스에서 제공된다. 수험생·환자·환자가족 등 특별한 건강관리가 필요한 사용자를 위한 유형별 맞춤형 식단도 제안한다. 추천 받은 식단을 위한 밀키트와 재료는 더 헬스 앱에서 바로 구입할 수 있다.

마음건강 서비스는 자가진단 검사로 시작할 수 있다. 우울·불안·스트레스·수면 등 12가지로 구성된 설문을 작성하면 된다. 개인별 마음건강 상태를 체크하고 나면, 이로 인해 발생할 수 있는 질병정보를 알려준다. 위치 서비스에 동의하면, 주변에 위치한 병원이나 약국을 검색할 수 있다. 여기에 더해 마음건강 분석 결과를 토대로, 삼성 인력개발원에서 임직원만을 대상으로 제공하던 명상·요가 영상 등 맞춤형 마음챙김 콘텐츠를 이용자에게 제공한다.

| 그림 11-8 | 더헬스 애플리케이션

2.3 녹십자홀딩스 GC헬스케어

　　녹십자홀딩스가 운영하는 GC케어는 B2B · B2C 고객을 대상으로 건강 빅데이터, 전문가, IT 기술을 융합한 맞춤형 건강관리 솔루션을 제공하고 있다. 건강 챌린지 프로그램, 만성질환 · 중대질환 집중 관리 프로그램, 스트레스 완화 심리 상담 프로그램 등 신체부터 정신적 건강까지 전 영역을 포괄한 건강관리 솔루션을 지원한다. 특히 국내 65세 이상 고령인구 약 1,000만명 시대를 맞이하여 GC케어는 시니어에 특화된 헬스케어 서비스를 새롭게 출시했다고 밝혔다. 기존 건강관리 서비스에 제휴 네트워크를 더해 시니어케어 영역까지 포괄하는 차별화된 서비스를 제공하고 있다.

　　해당 서비스의 주요 내용은 ▲평상시 전문가 건강상담 ▲진료 및 건강검진 예약 ▲만성질환 관리 및 중대질환 치료지원 ▲영양 및 운동 특화 프로그램 ▲마음 건강을 위한 심리상담 ▲피트니스 센터 우대 ▲반려동물 케어 ▲인지재활 프로그램 ▲요양 상담 및 주간보호센터 우대 등이다. 이를 위해 GC케어는 계열사 및 제휴 네트워크를 통한 헬스케어 서비스 통합 생태계를 구축했다. 요양병원 EMR 솔루션 분야의 선두기업인 헥톤프로젝트, 반려동물 헬스케어 기업 그린벳, 마인드카페, 이모코그, 펌킨컴퍼니, 레드블루 등 관계사와의 광범위한 네트워크를 형성했다. 이와 함께 ▲간병인 매칭 플랫폼 '케어닥' ▲방문 재활운동 서비스 '노리케어' ▲맞춤형 케어푸드 현대그린푸드 '그리팅' ▲데이케어센터 프랜차이즈 '대교 뉴이프'와도 제휴를 맺었다.

| 그림 11-9 | GC헬스케어 애플리케이션

2.4 의료용 애플리케이션

전 세계는 디지털 헬스케어(Digital Healthcare)를 통한 신종 감염병, 초고령화 시대, 지역 간 건강격차 해소 등 우리 앞에 놓인 환경을 극복하려는 노력을 기울이고 있다. 의료용 모바일 애플리케이션은 사용하는 목적과 사용자에 따라 의료용 앱, 일반인용 앱으로 분류되어진다. 의료용 앱은 식약청이 고시한 의료기기법 제2조 '질병의 진단, 치료, 경감, 처치 또는 예방의 목적으로 사용되는 제품'의 정의를 충족하는 애플리케이션들이 해당된다.

국내 사용자 수 1위 디지털 헬스케어 플랫폼 굿닥(goodoc)은 비대면 진료 및 처방전 약 배달 서비스를 제공하는 어플이다. 이 어플을 사용하면 집에서 편리하게 의사와의 온라인 진료를 받을 수 있으며, 처방전 약도 집으로 배달받을 수 있다. 즉, 굿닥

어플을 통해 비대면 진료와 처방전 약 배달 서비스를 이용하면 병원에 가지 않아도 되므로 시간과 비용을 절약할 수 있다. 또한, 집에서 편안하게 진료를 받을 수 있어 편리함을 느낄 수 있다. 한 가지 유의할 점은 굿닥 어플은 응급 상황이 아닌 일반적인 질병에 대한 상담과 진료를 제공하기 때문에 응급 상황에는 병원을 방문해야 한다.

굿닥의 서비스는 크게 모바일앱과 접수태블릿이다. 유저들은 모바일앱을 통해 ▲병원 검색 ▲병원 예약 ▲모바일 사전접수 ▲병원 방문기록 관리 ▲비대면 진료 ▲결제 ▲처방 ▲시술정보 제공 ▲병원 대기자수 확인 ▲약배송 서비스 등을 받을 수 있다. 현재 굿닥과 제휴를 맺은 의료기관은 총 6천 개소다. 대부분 동네의원이 중심인데, 굿닥은 2만 개소까지 제휴를 늘린다는 계획이다. 굿닥은 플랫폼 내 비대면 진료 탭을 별도로 마련해 영상커뮤니케이션 지원 방식의 실시간 비대면 진료 서비스를 제공하고 있다. 특히 실시간 비대면 진료 연결이 어려울 경우 사용자가 진료대기를 신청하면, 진료 가능한 의사가 역으로 고객에게 진료 요청이 가능한 기능도 추가했다.

| 그림 11-10 | **굿닥 애플리케이션**

2.5 비대면 진료·약품 배송 플랫폼

올라케어는 빅데이터 기반 AI '올라코디'가 실시간 최적화된 전문의를 추천하고, 모든 처방약(보건복지부에서 공고한 처방 제한 의약품 제외)을 조제해 보내주는 비대면 진료 & 약품 배송 플랫폼이다. 비대면 진료 업계 최초로 전문 의약품 패키지와 안전하게 전달하는 전용 배달을 구축했다. 서비스 론칭 후 5개월 만에 누적 앱 이용 및 진료 건수 25만 건을 돌파하며 가파른 성장 곡선을 그리고 있다. 이 서비스는 병원 접근이 어려운 곳이나 거동이 불편한 환자들이 화상이나 통화로 원하는 장소에서 원하는 시간에 이용할 수 있는 서비스이다. 감기, 탈모, 여드름, 안구건조, 피부, 정신건강 등 다양하게 이용할 수 있는 24시간 비대면 서비스를 제공한다.

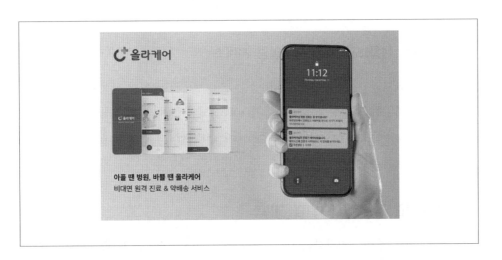

| 그림 11-11 | 올라케어 애플리케이션

2.6 헬스케어 알림 서비스

1) 식이처방 추천 서비스

식이처방은 DASH(Dietary Approaches to Stopping Hypertension) 식단과 TLC (Therapeutic Lifestyle Changes) 식단을 사용하여 사용자의 보유질병과 BMI지수를

통해 식단의 종류와 칼로리를 조절하여 하루식단을 추천한다. 또한 개인화된 서비스를 제공하기 위해 선호도를 반영하여 식단변경 서비스와 위치정보를 획득하여 주변의 웰빙식당을 추천하는 외식 서비스를 제공한다.

2) 운동처방 추천 서비스

운동처방은 설문 페이지를 통해 '현재 운동을 하고 있지 않다', '현재 운동을 하고 있지만 규칙적으로 하지 않는다', '현재운동을 규칙적으로 한다', '규칙적으로 운동을 6개월 이상 진행 중이다' 총 4단계로 구분된 운동행동 변화 단계를 설문하여 정보를 입력받는다. 선택된 행동 단계에 맞춰 사용자의 나이와 성별에 따라 걷기, 달리기, 자전거의 총 3종류 중 1종류의 유산소 운동을 거리와 시간과 함께 추천하면 식단추천과 동일하게 사용자 선호도를 반영하여 추천 운동을 변경할 수 있다.

3) 날씨 · 생활보건 기상지수 알림 서비스

날씨 · 생활보건 기상지수 알림 서비스는 스마트폰의 GPS 위성정보를 통해 사용자의 위치를 파악하고 기상청에서 획득한 공공정보인 날씨와 온도를 제공한다. 또한 위험도가 높은 순서대로 생활 및 보건 기상지수를 제공하여 건강에 위험이 되는 날에 외출을 삼갈 수 있도록 주의를 알려 주는 서비스를 제공한다.

4) 심혈관 질환위험도 알림 서비스

질병위험도 평가는 건강검진결과 정보를 통해 입력된 정보를 토대로 'Framingham risk score(매사추세츠주 프레밍햄 주민들의 심장병 발병률에 근거한 계산법)'를 통해 사용자의 심혈관 질환과 뇌졸중질환 위험도 평가 결과를 알려 주는 서비스를 제공한다. 또한 제공된 결과는 그래프로 연령별 평균과 비교하여 보여 준다.

5) 건강일지 서비스

건강일지는 추천된 하루식단과 운동의 실천도를 체크하여 하루일지를 작성하고,

가정에서 생체정보를 측정하여 입력 시 측정결과를 일주일 단위로 꺾은선 그래프를 통해 건강 호전도를 비교하여 제공해 준다. 추가적으로 SNS(Social Networking Service)를 통해 동일질병을 가진 사람들과 건강 관련 정보를 공유할 수 있도록 서비스를 제공한다. 기존의 헬스케어 서비스들의 문제점을 보완하여 정보입력의 정확성과 제공되는 정보 및 콘텐츠의 신뢰성을 높이고 사용자의 선호도를 고려한 추천 서비스를 통해 맞춤화된 서비스를 제공하며, 건강일지와 건강호전도 서비스를 통해 사용자의 지속적인 건강관리가 가능하도록 개발한다.

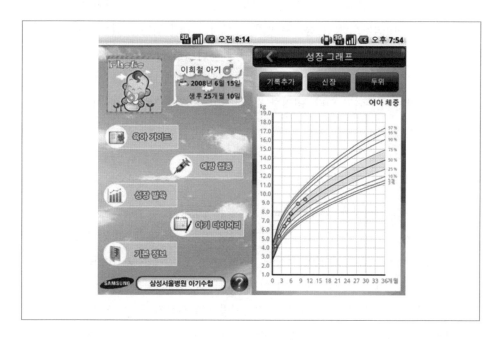

| 그림 11-12 | 헬스케어 건강일지

6) 복약관리 서비스

복약중인 약을 등록하고 먹는 시간 알림을 받을 수 있는 서비스이다. 먹는 약의 종류, 개수 등을 미리 등록해 놓으면 해당 약을 먹어야 되는 때에 알림을 받아 놓치지 않고 약을 복용할 수 있다. 약을 복용한 후, 복용여부를 기록하면 먹었는지 안먹었는지 체크하여 약을 먹지 않거나 두 번 먹는 일이 생기지 않게 한다. 이 모든 내용을 가족들도 공유할 수 있어 가족과 함께 체크할 수 있는 장점이 있다.

제3절 디지털 의료·헬스케어 동향

최근의 보건의료환경은 의학의 발전, 정보통신의 발전, 고령화 사회에 대한 건강 의료 서비스, 유비쿼터스 응용 등으로 병원 중심에서 환자 편의 중심으로 진료방식이 바뀌고 있다. 이에 따라 현장에서 인체의 상태를 나타내는 신호를 취득하고 필요에 따라 자발적으로 치료를 하거나 원거리에 위치한 의료진에게 데이터를 전송할 수 있는 기기의 필요성이 대두되고 있다. 이러한 스마트 진단치료 기기에 대한 시장 역시 점차 확대되고 있다.

3.1 디지털 의료·헬스케어 시장

세계 의료기기 시장은 휴대용 의료기기 시장이 성장을 촉진하고 있는데 그중에서도 관리 업무용 기기가 가장 빠른 성장을 보이고 있다. 이것은 EMR(전자의무기록)시스템의 "Meaningful Use" 요건이 시장에 영향을 미치고 있다는 증거라고 할 수 있다.

관리 업무용 기기란 의료제공자가 환자 데이터의 전자입력을 위해 이용되는 휴대용 기기이다. 미국 보건복지부(HHS)는 전자처방을 촉진하기 위해 EMR 인센티브 프로그램을 마련하였다. 이 프로그램은 단순히 소프트웨어 구입만으로는 인센티브 대상이 되지 못하도록 설계되어 있다. 연방정부의 인센티브를 받기 위해서 의료시설은 환자의 진찰과 의료 처치 기록을 전자적으로 입력하고 그것을 제시해야 한다. 환자 대응이 핵심 업무인 의료 현장에서는 책상에서 입력 작업을 하기에는 시간적 제약이 있기 때문에 휴대용 의료기기 시장을 환자 모니터링용과 관리 업무용으로 나누고 태블릿 PC에서의 애플리케이션과 기능 성장, 그리고 환자 데이터를 전자적으로 입력할 필요가 높아짐에 따라 시장이 변화하고 있다.

UN의 산업통계연감에 따르면 생체신호계측기의 시장이 본격적으로 형성된다면, 주요 사업자 위주, 즉 정보통신업체, 의료콘텐츠 제공업체, 병원, 기기 제조업체 등의 수익 등 시장 규모는 수년 내에 수천 억 단위로 증가할 것으로 보인다. 세계 주요 의료기기 개발업체들은 모바일 진단치료 기기 개발에 박차를 가하고 있다. 디지털헬스케어의 확산으로 향후 모바일 의료기기의 비중은 갈수록 확대될 것으로 전망된다. 전 세계적인 추세에 발맞춰 국내 개발업체들도 휴대형 진단치료시스템 개발을 시도하고 있다. 그러나 현재까지 이를 구현한 제품은 없으며, 단순한 기능의 휴대형 진단치료기기 개발수준에 머물러 있다. 다만 국외에서와 마찬가지로 국내에서도 휴대형 의료기기의 비중은 갈수록 확대될 것으로 전망된다.

| 표 11-2 | **국내 기업들의 디지털 진단치료시스템 개발 사례**

개발사	제품명	용도
바이오넷	휴대형 생체신호계측기	• 심전도, 혈압 등을 측정할 수 있음. • 휴대가 편한 모니터링시스템으로 앰뷸런스에서 사용할 수 있음.
헬스피아	당뇨폰	• 우리나라에서 만든 당뇨측정기와 핸드폰이 결합된 제품 • 핸드폰의 배터리 부분에 소형의 당뇨측정기를 부착하고 휴대폰과 통신할 수 있도록 한 장치 • 휴대폰의 메모리에 측정된 당뇨값을 저장하여 관리할 수 있으며 CDMA 통신을 사용하여 무선으로 데이터 센터에 전송할 수 있음. • LG와 제휴하여 LG의 기존 인프라를 활용한 유비쿼터스 건강관리 서비스의 시작임.

3.2 디지털 의료·헬스케어 환경

디지털 헬스케어 시장의 환경은 제도적, 경제적, 사회적, 기술적 측면으로 나누어 분석할 수 있다. 사회적 측면에서 고령화 인구의 증가, 건강과 미용에 대한 관심 증대, 웰빙(well-being) 라이프스타일을 통해 행복을 추구하는, 건강한 육체와 건전한 정신이 강조된 제품들이 새로운 시장을 열어 가고 있다. 이러한 시장을 겨냥해서 아이디어와 가격 경쟁력을 지닌 신제품이 잇달아 등장해 '생명가전'이라는 이름의 새로운 시장을 형성하고 있다. 디지털 헬스케어도 점진적으로 일반생활에 적용 가능해짐에 따라, 해당 컴퓨터 관련 시장 예측자들은 이동형 컴퓨터 중에서 착용형(wearable) 컴퓨팅의 어떠한 형태가 수년 내로 넓게 퍼질 것이라고 예측하고 있다.

경제적 측면에서 디지털 헬스케어는 현재 시장 형성의 단계로, 각종 의료 서비스의 상당부분을 잠식할 수 있는 가능성을 가지고 있다. 국내의 경우, 아직 제도적인 정비가 이루어지고 있지 않아 직접적인 수익 모델을 가지고 있지 않으나 기기, 서비스 이외에 헬스케어센터라는 새로운 수요를 창출해 국가적 차원의 경제적 이익을 가져올 것으로 판단된다.

기술적 측면에서 디지털 헬스케어는 국내의 선진화된 IT 기술을 토대로 발전할 가능성이 큰 분야다. 특히, IT와 BT가 결합된 인체장착형의 초소형 바이오 정보 단말 기술은 bio-PDA, lab-on-a-chip 휴대형 진단기 등 신개념의 정보기기 구현에 직접적으로 응용 가능할 것으로 보인다.

제도적 측면에서는 디지털 헬스케어 관련, 국제적 표준화가 미미한 상태에 놓여 있어 표준화된 제도의 마련에 따라 엄청난 경제적 이익이 생길 것으로 판단된다. 현재까지는 의료정보가 공유되지 않아 매년 엄청난 금액이 중복으로 소모되고 있고 이 돈은 개인과 국가의 재정 악화를 초래하고 있다. 의료정보의 저장, 공유 및 통신을 위한 표준이 개발 완료되면, 의료용 스마트카드 및 휴대용 전자차트기기 등 관련 상품 개발 및 산업화에 큰 영향을 미칠 것으로 예측된다.

| 표 11-3 | 디지털 헬스케어 주요 분야

디지털 메디컬 기기	• 질병 진단 혹은 치료, 예방을 위한 제품 • 디지털 진단을 포함하는 개념
디지털 테라피	• 치료분야에서 특정한 임상적 결과를 달성하기 위한 제품 (예: 당뇨, 천식관리를 위한 소프트웨어)
웨어러블	• 소비자용으로 개발된 생체신호 측정 장비
원격의료	• 원거리에서 제공되는 헬스케어 서비스 • 원격 환자 모니터링을 포함하는 개념
분석 및 빅데이터	• 다양한 종류의 데이터를 결합 및 분석
기타	• 헬스케어 소비자 계약 등

3.3 디지털 의료·헬스케어 기술요소

디지털 진단치료시스템의 기술요소로는 SoC(System-on-Chip) 기술, 엑츄에이터 분야, 생체신호 처리 기술 등이 있다. SoC 기술과 관련 반도체의 기술혁신은 제품의 다기능화로 발전하고 있고 이로 인해 디지털 융합기술 제품 간의 경계가 불분명해지고 있다. 히다치, 샤프 등 선진 기업에서는 이러한 SoC군으로 이미 제품을 출시하였거나 기획 중에 있다. 그러나 휴대형 진단치료 기기의 개발을 위한 생체 신호처리용 SoC는 전 세계적으로 그 개발이 미미한 수준이다.

엑츄에이터 분야의 경우는 손목시계나 PDA처럼 몸에 지니고 다니는 외장형 바이오센서에 있어 어느 정도 상용화에 성공한 것으로 보고되고 있다. 생체신호 처리 기술은 의과학과 더불어 발전해 온 분야이다. 주로 선진국을 중심으로 빠른 발전을 이루어 왔지만 기존의 기술들이 한계에 도달해 있어, 새로운 물리·화학적 이론을 도입한 계측방법, 전통의학과 과학기술을 접목한 새로운 접근에 관심을 가지고 있는 추세이다. 생체신호처리 기술은 고성능 신호처리 및 해석, 센서 및 부품 개발, 알고리즘의 신뢰성, 소형화/저전력화 및 무선 송수신, 생체신호 전문가 시스템, 무구속/무자각 생체계측 신기술 개발로 전개될 것으로 예상된다. 생체신호처리 관련 제품은 완성도가 증진된 기존 기기(해석 심전계, 디지털 뇌파계, 디지털 근전계 등), 소형 소비자 의료기기(혈압계, 가정용 심전계 등), 복합 생체신호 진단기, 재택진료 기기, 고성능 생체신호 자동진단 기기, 무구속/무자각 재택/원격진료 기기로 시장이 형성될 전망이다.

첨단 의료기기 개발은 세계 일류상품, 차세대 일류상품 중에 총 16개 의료기기가 포함될 정도로 관심이 높은 편이다. 그러나 생체계측시스템과 관련하여 원천기술 개발 및 특허권 확보에는 상당히 미미한 실정이다. 보건복지부에서는 디지털 헬스케어에 관련된 여러 개의 연구센터를 두고 적극적으로 개발을 장려하고 있다. 과학기술정보통신부에서는 차세대 PC 관련 연구사업의 한 부분으로 e-Health 구현을 위한 생체정보 무선통신망, 생체신호 통신소자, 착용형 센서셔츠 및 생체신호 단말기 등을 개발하고 있다. 현재 단일 생체계측시스템의 기술력은 선진국과 유사한 수준으로 이에 대한 지속적인 관심 및 연구개발이 뒷받침된다면 짧은 시일 내에 선진국과 어깨를 나란히 할 것으로 예상된다. 많은 생체계측시스템의 개발은 학계 및 산업체에서 산발적으로 이루어지고 있으나 선진기술에 비해 기술의 인프라가 상당히 빈약하다. '휴대형' 개념에 비추어볼 때 그 진척상황은 선진국에 비하여 상당히 느린 편이다.

| 표 11-4 | 디지털 헬스케어 관련 IT 기술 요소

IT 기술요소	설명
초소형, 초절전 플랫폼 기술	차세대 퍼스널 컴퓨팅 관련 부품 및 주변기기 등에 활용
Fabric Area Network	차세대 퍼스널 컴퓨터 기기와 전도성 섬유/천의 의류접속 인터페이스 및 의류 연결기기 간 통신망 구성의 미래전략 원천 기술 분야로 향후 의류기반 웨어러블 차세대 컴퓨팅 기기, 지능형 가젯 및 액세서리의 u-life 생활편의 서비스 관련 응용기술에 활용
인체통신기술	고속인체 모뎀 통신 구현방법 등 활용
헬스 아바타	사이버상의 건강분신 헬스 아바타(health avatar)는 환자의 진료와 투약, 유전자 정보 등 병원 의료기록부터 스마트폰을 이용하여 측정된 하루 섭취 칼로리 운동량 등 건강과 관련된 생활정보 등이 저장됨.
스마트 I/O 인터페이스	무선펜, 햅틱펜, 가상키보드, 통합리모콘, 안경형 디스플레이 등 휴대형 입출력 장치 인터페이스로 초소형 플랫폼과 연계하여 활용
후각인식 표현기술	냄새 정보 전송에 의한 오감정보 서비스 관련 응용 기술로 융합
촉각인식 표현기술	모든 종류의 미디어와 인터페이스에 촉각(햅틱) 기술이 적용되고, 향후 오감정보 서비스 관련 기술로 융합
생체신호인식	휴먼-컴퓨터 인터페이스 수단을 제공하는 근전도, 움직임 가속도, 눈동자 움직임 등 미래전략 원천기술
CBR(Case-Based Reasoning)	CBR(사례기반 추론)의 4R 프로세스를 적용하여 건강지식이 재사용되고 새로운 지식으로 생산되어 지식이 끊임없이(seamless) 재창출
PHR(Personal Health Records)	개인의 증상이나 약물사용과 같이 개인 스스로 생성한 정보, 진단/검사결과와 같은 의사들로부터의 정보, 약국들과 보험회사들로부터의 정보 등의 건강정보를 통합하여 포괄적으로 제공
Robotics	의료 관련 서비스 로봇으로 환자 원격모니터링 및 원격검진과 환자가 스스로 생체리듬 측정이 가능하고 원격으로 의사와 상담이 가능

스마트 미디어	스마트폰	일반 PC와 같이 고기능의 범용 운영체계(OS)를 탑재하여 다양한 모바일앱을 자유롭게 설치·동작시킬 수 있는 고기능 휴대폰으로 '손안의 PC'
	IPTV	인터넷을 통해 고품질의 영상·음성·텍스트·데이터 등의 멀티미디어를 시청자에게 전송하여 양방향 서비스를 제공할 수 있는 기술로, 인터넷과 텔레비전의 융합이라는 점에서 디지털 컨버전스의 한 유형
	스마트 TV	지상파 방송시청은 물론 인터넷에 연결되어 VOD, 게임, 영상통화, 앱 활동 등 컴퓨터 기능이 가능한 TV로서, 전자 인터폰, 에너지 제어와 같은 스마트홈 기능 수행
스마트 헬스 관련 부품		나노바이오센서, 무체혈 혈당 센서, 무자각 생체센서, 비접촉 바이오레이더 센서, 나노섬유센서, 인체이식형 디바이스
스마트 보안기술 핵심요소		기밀성, 무결성, 부인방지, 사용자 인증, 모바일 보안
차세대 컴퓨팅 핵심기술		인간 중심(human-centric)의 개인 컴퓨팅, 끊임없는(seamless) 지능적 컴퓨팅, 대용량(Tera-Scale) 컴퓨팅

3.4 디지털 의료·헬스케어 생태계

디지털 헬스케어 시장의 'key players'로는 헬스케어관리를 위한 센터, 의료진/병원, End-user, 디지털 제품 개발업체, 유무선 통신기기 관련 업체 등을 들 수 있다. 헬스케어 관리를 위한 센터는 응급환자나 만성질환자, 스포츠인 등을 대상으로 하는 건강관리 업체를 의미한다. 이들은 병원, 보험회사, 공공기관 등과 제휴하여 건강관리에 있어서의 종합적인 솔루션을 제시하는 것을 목표로 하고 있다. 의료진과 병원은 인터넷상 헬스케어 센터나 병원에서 디지털 컴퓨팅을 통해서 얻은 의료정보를 바탕으로 환자나 그 외 대상 고객들에게 진단, 치료 서비스를 제공하는 사업자를 의미한다.

디지털 제품개발업체(휴대폰 관련 업체 제외)는 생체계측 분야와 바이오센서 분야로 나누어진다. 생체계측 분야는 다른 의료기기 분야에 비해서 다소 높은 기술력을 보유하고 있으나 기존 기술의 한계점을 드러내고 있다. 원격 및 재택 진료에 필수적인 인터넷 또는 무선통신 인프라 구축은 세계적으로 유래를 찾아보기 힘들 정도로 빠르게 진행되고 있다. 바이오센서 분야의 경우, LG, 삼성, 마크로젠 등 일반 기업 및 벤처, KAIST, 포항공대, 한양대 등이 'biosensor, receptor, biochip' 등의 기초연구를 수행하고 있으며, 여러 개의 벤처기업 연구소들에서 다양한 바이오칩/센서를 개발 중에 있다.

　유무선 통신기기 관련 업체는 LG전자, 삼성전자, 세원텔레콤, SK텔레콤, KT, LG유플러스 등이 이에 해당한다. 이미 웰빙의 라이프스타일이 휴대폰에서 본격적으로 구현되고 있어, 모바일 헬스케어 시대가 열릴 것으로 전망된다. 최근 바이오폰, 당뇨폰, 스트레스폰, 다이어트폰 등 웰빙 기능이 강조된 신개념의 스마트폰이 개발, 출시되고 있어 빠른 성장이 기대된다.

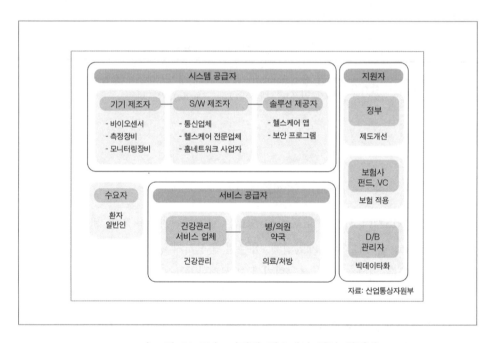

| 그림 11-13 | **디지털 헬스케어 산업 생태계**

3.5 디지털 의료·헬스케어 컨버전스

의료기기 제조 벤처의 경우, 디지털 헬스케어를 위한 제품들의 기술개발 동향이 초소형화, 인체장착화, 고기능화되고 있는 점을 감안해야 한다. 우리나라는 주로 의료기기 관련 벤처업체에서 생체신호처리기술, 생체신호계측기술 개발을 위한 연구를 해왔는데, 이런 업체들은 기존에 보유한 기술을 바탕으로 기술의 초소형화, 저전력화를 이루어 기존 제품을 디지털 제품으로 전환하는 것이 필요하다. 헬스케어센터의 경우, 고객의 정보를 효율적으로 수집, 분석, 관리할 수 있는 시스템 개발이 성공을 위한 필수사항이 될 것이다. 통신기기회사의 경우, 보다 새로운 콘텐츠 개발을 통해 고객의 요구에 맞춰 접근할 필요가 있으며, 새로운 기기 및 인터넷 접속환경에 대한 자연스러운 사용을 유도할 수 있는 환경 개발에 주력하여야 한다. 더불어 보다 안정적인 통신망의 구축, 다량의 정보를 저장·전달할 수 있는 시스템 개발이 우선시되어야 한다.

디지털 헬스케어시스템은 결국 환자 등의 소비자 중심으로 의료서비스 행위가 수행되는 것이다. End−user군을 분석하여 제공받은 의료서비스 행위에 대해 가장 만족도가 높은 제품을 우선순위로 하여 사업을 수행하는 것이 중요하다. 소규모 벤처기업의 경우, 태아와 산모의 안전을 돌보는 제품이나 운동선수들의 체력관리 등을 위한 제품처럼 일정 고객을 확보할 수 있는 틈새시장을 공략하는 것도 기회가 될 수 있으며, 고령자나 만성질환자의 응급상황에 대처할 수 있는 제품도 경쟁력이 있다고 할 수 있다. 원격진료나 재택진료를 필요로 하는 중환자나 응급환자는 필수적으로 디지털 헬스서비스를 받아야 하는 'Give−and−Take rule'의 분명한 고객이다. 제도적으로 원격, 재택 진료환경이 갖춰지면 시장의 확대가 분명한 만큼 이에 대비한 제품 개발에 박차를 가해야 할 것이다. 스포츠 선수들의 경우, 체력관리나 최고의 실력을 발휘할 신체적 조건을 찾아내야 하므로 꾸준한 건강관리가 요구된다. 이에 맞는 제품도 시장의 진입이 가능할 것이다. 현재 Polar사만이 80% 세계시장을 점유한 상태이다.

제4절 디지털 의료·헬스케어 사례

최근 들어 더욱 저렴하고 빠르며 소형화된 텔레매틱스 솔루션의 등장으로 인해 텔레매틱스 기술을 융합한 디지털 헬스케어 서비스가 주목을 받기 시작했다. 베이비붐 세대가 노년층에 접어듦에 따라 과거 노인들과 달리 매우 활동적인 이들 세대를 겨냥한 디지털 헬스케어 서비스 시장의 성장 가능성이 높아질 것으로 기대되고 있어 관련 기업들의 제품화 개발 노력이 한층 강화되고 있다.

4.1 휴대용 진단기기(해외 사례)

핀란드 Tempere University of Technology와 University of Lapland 및 Reima Oy사에서 스노모빌 운전자를 위한 옷을 개발하였다.

- 재킷 속에 휴대전화용 통신 모듈, 위치와 움직임 및 온도 감지 센서, 전기전도도 센서 및 충격 감지용 가속도 센서 등이 부착되어 있음.
- 충돌 사고 발생 시 재킷은 자동적으로 충돌을 감지하여 휴대전화의 SMS를 이용하여 응급 의료센터로 조난 메세지를 전송하며, 여기에는 운전자의 위치(좌표), 주변 환경, 속옷에 부착된 심장 감시 장치로부터 얻은 데이터 등이 포함되어 있음.

4.2 디지털 의료·헬스케어(해외 사례)

독일에서는 Vitaphone이라는 헬스케어 전용폰을 개발하였으며, 이는 심장박동을 측정해 응급 상황 시 응급센터로 자동 연결하는 시스템을 포함하고 있다(혈압을 측정하는 VasoPhone, 심전도를 측정하는 HerzHandy, 당뇨를 측정하는 GlucoPhone 등).

일본 산쿄제약사의 글루코와치(GlucoWatch)는 손목시계 모양의 제품으로 체혈침 없이 전자 시그널을 이용해 10~15분마다 혈당을 체크하고 필요한 인슐린의 양을 계산한다.

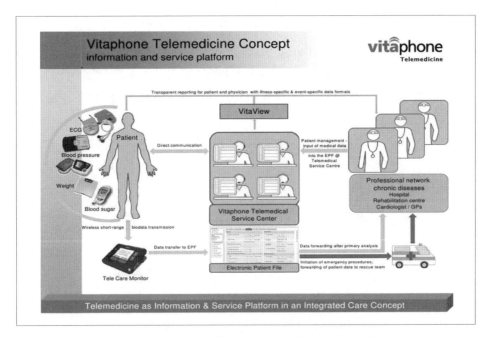

| 그림 11-14 | Vitaphone 디지털 헬스케어

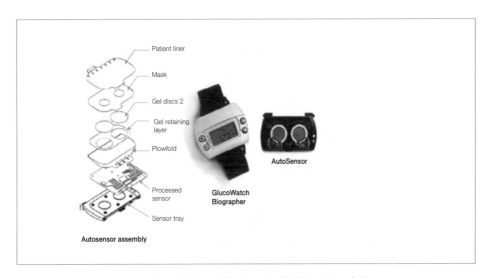

| 그림 11-15 | 산쿄제약사의 글루코와치

일본의 마쓰시다 전기산업이 자사의 EHII라는 전시장에서 소개, 개발 중인 서비스는 변기에 앉으면 체중, 체지방, 당뇨수치 등을 자동으로 측정하고 매일의 건강상태를 확인할 수 있다. 이를 통해 네트워크를 경유하는 홈서버는 물론 담당 의사나 전문의료기관으로부터 건강 상태 등에 대해 필요한 어드바이스나 조치를 받을 수도 있다.

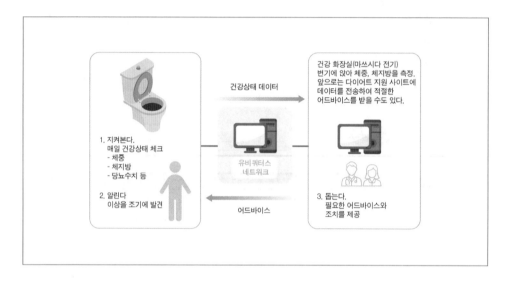

| 그림 11-16 | **마쓰시다 전기산업** Home Health Care Service

4.3 휴대용 진단기기(국내 사례)

1) 재택 의료기기 분야

- 국내 기업 중 삼성종합기술원, 바이오넷, 멕, 다일정보, GL 메디컬 등에서 인터넷을 통한 가정에서 혈압, 맥박, 체온, 심전도, 심폐 기능, 소변 분석, 혈당 등을 측정할 수 있는 재택 의료기기 개발
- 주요 기술 개발 결과로는 담배갑 크기의 휴대용 심전계 개발(삼성종합기술원), 심전계, 청진기, 혈압계, 혈당, 혈중 산소 포화 농도계를 모듈화시켜 구성한 멀티의료기 개발(바이오넷, 메디다스) 등이 있음.

| 표 11-5 | 주요 디지털 헬스케어 연구기관 및 개발현황

주요 기관 및 기업	개발 동향
KIST의 생체과학연구부	기초연구부터 생체조직/역학, 뇌기능 등의 응용연구까지 폭넓은 연구를 수행
한국표준과학연구원의 인간공학 그룹	생체계측장비를 이용하여 인간의 감성 측정에 활용
한국전기연구원의 전자의료기기 종합정보지원센터	전자 의료기기 관련 업체의 R&D정보, 신기술정보, 마케팅 정보 등을 제공
ETRI의 인체정보연구부	바이오 정보통신기술 차세대 인체 통신을 위한 초미세 통신 소자 기술, 뇌파 기반 휴먼 인터페이스 기술 등의 신기술 개발을 위한 기초 연구를 중점적으로 수행
닥터리, 바이오시스, 바이오넷, 메디게이트	심전계를 개발하여 저가형 심전계를 국내외에 판매
바이오시스, 메디아나, MEK	심전도, 혈압 혈중 산소 포화 농도 등을 포함하는 다기능 환자감시장치를 개발하여 국내외에 판매
바이오스페이스, 메디게이트	인체성분 분석기를 개발하여 판매
삼성종합기술원, 바이오넷, 메디다스, 멕, 엘바이오, GL 메디컬	가정에서 혈압, 맥박, 체온, 심전도, 심폐 기능, 소변 분석, 혈당, 혈중 산소 포화 농도 등을 측정할 수 있는 재택의료 기기의 사용화를 추진 중
휴비딕	가정에서 체온을 측정할 수 있는 이마체온 측정기를 국내 첫 번째로 상용화

2) 이마 체온 측정기기 분야

■ 이마의 관자놀이 부위에 흐르고 있는 측두 동맥에서 방사되는 열을 적외선을 이용한 체온 측정기술로 외부에 노출되어 있는 이마의 표면 온도와 주위 온도와의 상관관계를 분석, 정확한 체온을 도출함.

■ 이마에 갖다대고 체온을 측정하기 때문에 기존의 귓속이나 구강, 항문 등을 이용해 측정하던 방식에 비해 사용이 매우 편리하고, 오차가 발생되지 않으며, 실제 체온에 근접한 체온을 측정할 수 있는데, 휴비딕에서 세계에서 세 번째, 국내에서는 첫 번째로 상용화에 성공함.

4.4 디지털 헬스케어(국내 사례)

- 휴대전화를 이용한 디지털 헬스케어폰의 하나로서 헬스피아, 에스오엔코리아, 하이에스디, 인포피아, LG전자 등이 협력하여 세계 최초로 당뇨폰을 출시하여 혈당관리, 운동관리, 식이요법, 투약관리, 교육 등의 온라인 전문 서비스를 실시하고 있음. 당뇨폰은 모바일 단말기 본체, Battery, 측정센서로 구성되어 있으며, 핵심기술은 Battery Pack에 의료계측 모듈을 내장할 수 있도록 개발한 것임.

- 진단 모니터링: 씨앤에스텔레콤과 SK텔레콤, KT 등 디지털 시범사업자들을 대상으로 홈네트워크 사업용 비쥬폰을 공급. 이 제품은 원격진료 기능을 첨가하여 영상전화기에 의료진단기기를 연결해 개인의 혈압, 혈당, 심전도, 체온 등 건강정보를 측정하여 전문 의료진에 전달하고, 전문 의료진은 누적 관리된 개인 건강정보를 통해 환자와 원격으로 화상진료 서비스를 제공함.

토의문제

1. 디지털 헬스케어 비즈니스 개념을 간단하게 요약하시오.
2. 스마트 헬스케어의 정의를 기술하고, 진화 단계를 연대별로 나열해 보시오.
3. 스마트 헬스케어를 특징별로 구분하고 주요 내용을 설명하시오.
4. 디지털 헬스케어의 대표적인 앱 서비스 2개를 선정하고 그 특징을 간략히 서술하시오.
5. 기업들의 디지털 진단치료시스템 개발 사례를 예를 들어 설명해 보시오.
6. 디지털 헬스케어 관련 IT 기술요소 5개를 설정하고 그 내용을 기술하시오.
7. 디지털 헬스케어 컨버전스 달성을 위하여 우선시되어야 할 사항을 제시하시오.
8. 디지털 헬스케어의 국내 제품화 사례를 예를 들어 설명하시오.

참고문헌

Cerrato, P. and Halamka, J., *The Transformative Power of Mobile Medicine*, Academic Press, 2019.

Constantinides, P., Digital Transformation in Healthcare, Routledge, 2023.

Edmunds, M. and Hass, C., *Consumer Informatics and Digital Health: Solutions for Health and Health Care*, Springer, 2019.

Iakovleva, T. and Oftedal, E. M., *Responsible Innovation in Digital Health*, Edward Elgar Pub, 2019.

Jones, T. and Dewing, C., *The Future of Healthcare: Insights and Implications from Multiple Global Discussions*, Independently Published, 2019.

Kelley, B., *Healthcare Data Analytics: Primary Methods and Related Insights*, Independently Published, 2019.

Marx, E. W., *Voices of Innovation: Fulfilling the Promise of Information Technology in Healthcare*, CRC Press, 2019.

Meyers, A., *Digital Health Entrepreneurship*, Springer, 2023.

Morr, C. E. and Ali−Hassan, H., *Analytics in Healthcare: A Practical Introduction*, Springer, 2019.

Parker, P. M., *The 2020−2025 World Outlook for Smart Healthcare Products*, ICON Group International Inc., 2019.

Patel, D., *Digital Health: Telemedicine and Beyond*, Academic Press, 2024.

Pattnaik, P. K. and Mohanty, S., S*mart Healthcare Analytics in IOT Enabled Environment*, Springer, 2020.

Toni, M. and Mattia, G., *The Digital Healthcare Revolution*, Palgrave Macmillan, 2022.

Wickramasinghe, N., *Digital Health*, Chapman and Hall/CRC, 2024.

http://www.druginfo.co.kr

http://www.delighit.net

http://www.druginfo.co.kr/about/mobile.aspx

http://www.goodoc.co.kr

http://www.havitcare.com

http://www.itunes.apple.com

http://www.mac−networks.com

http://www.samsunglife.com/community/life/health/commuHealthLC.jsp

http://www.uracle.co.kr

의료서비스의 패러다임이 치료·병원 중심에서 예방·소비자 중심으로 변화하면서 디지털헬스케어가 부상하고 있다. 인공지능, 사물인터넷, 웨어러블 디바이스, 스마트폰, 클라우드 컴퓨팅 등 기존 의료시스템 밖에 있었던 디지털 기술이 의료 분야에 빠르고 광범위하게 접목되어가면서 기존의 헬스케어 분야의 전통 사업자뿐만 아니라 다양한 신규 사업자가 헬스케어 분야에 뛰어들고 있다. IoT, 클라우드 컴퓨팅, 빅데이터 및 인공지능(AI)과 헬스케어의 접목으로 탄생한 디지털 헬스케어는 기존 헬스케어 산업의 생태계를 바꾸어 가고 있다. 디지털 헬스케어 산업의 부상으로 인해 과거 크게 연관이 없었던 신규 영역으로의 확장과 강화가 두드러지고 있다. 과거 의료기기, 제약회사, 의료기관을 중심으로 발전해 오던 디지털 헬스케어 산업은 IT기술의 발전에 따라 점차 모바일 OS, 통신사, 웨어러블 디바이스의 영역으로 확장되어 가고 있는 것이다.

디지털 헬스케어의 부상은 다양한 이종 산업의 플레이어를 불러들여 헬스케어 생태계를 변화시키고 있다. 이에 기존 헬스케어 산업의 전통 사업자라 할 수 있는 의료기기 업체, 제약회사, 의료기관과 신규 사업자로 볼 수 있는 웨어러블 디바이스 업체, 모바일 OS 업체, 통신사가 주축이 되어 코피티션(Copetition, 경쟁과 협력)을 하고 있다. 디지털 헬스케어 산업의 신규 사업자들은 대부분 IT에 특화된 기술을 보유하고 있다. 이들은 새로운 기술 개발에 적극적인 특징을 가지고 있지만, 대다수가 자금력이 부족한 기술기반의 스타트업 위주이기 때문에 이종 업체 간의 협업을 적극적으로 추진하면서 디지털 헬스케어 시장에서 입지를 넓혀가고 있다.

인공지능 기반 스마트 헬스케어의 부상

머신러닝, 딥러닝, 자연어처리, 이미지인식, 음성인식 등의 인공지능 기술이 의료 분야에 접목되면서 헬스케어 산업에 새로운 서비스를 창출시킬 것으로 보인다. 인공지능 기술을 통해 미래 헬스케어 서비스는 많은 양의 유전자 정보를 스스로 분석하고 학습하여 질환 발현 시기를 예측하거나, 개인 맞춤형 진단 및 생활습관 정보 제공을 통해 질병 발현 예방에 도움을 줄 수 있을 것이다. 진료 시에는 의사와 환자 간의 대화가 음성인식 시스템을 통해 자동으로 컴퓨터에 입력되고, 저장된 의료차트 및 의학 정보 빅데이터를 통해 질병 진단정보를 제공하거나, 컴퓨터 스스로가 환자의 의료 영상 이미지를 분석하고 학습하여 암과 같은 질환에 대한 진단정보를 의사에게 제공해 의사의 진단을 도울 수 있다. 특히 전 세계적으로 고령화와 의료비 부담에 따른 저렴하고 신속한 의료서비스가 요구되기 때문에 인공지능 관련 R&D 정책 등을 범정부 차원에서 추진하고 있다. 인공지능 분야 글로벌 선도국가인 미국은 인공지능을 활용한 정밀의료 추진을 통해 의료의 질적 수준 제고에 집중하고 있다.

의료정보와 블록체인의 결합

미래 의료 패러다임인 정밀·예측·예방·개인 맞춤형 의료로의 변화를 위해서는 대규모의 개인 데이터가 필요하다. 특히 의료 관련 데이터는 매우 민감한 개인정보이기 때문에 높은 수준의 신뢰성과 보안성을 요구한다. 블록체인을 이용해 의료정보를 기록하고 관리하면 위·변조할 수 없고 개인정보 유출 가능성을 낮출 수 있다. 따라서 블록체인 기술은 의료 혁신을 현실화할 수 있는 기술로 최근 헬스케어 시장에서 큰 주목을 받고 있다. 의료정보 소비자가 의료정보를 요청할 때 블록체인 기반 의료시스템은 정보 요청자의 접근을 제어할 수 있다. 접근 권한이 있는 경우 법적 타당성을 검증하고 타당한 경우 데이터를 추출하고 환자의 동의 여부를 파악하게 되는데, 이때 환자의 동의 여부는 블록체인을 기반으로 한 디지털 서명을 통해 확인한다.

메디컬온디맨드 서비스의 시작, 원격의료

원격의료는 언제 어디서나 환자가 원할 때 진료가 가능하기 때문에 전 세계에서 주목하고 있다. 시장 데이터 조사업체 스태티스타(Statista)에 따르면 전 세계 원격의료 시장규모는 연평균 14.7%로 성장할 것으로 전망하고 있다. 특히, 고령화가 가속화되고 만성질환자가 증가하고 있기 때문에 원격진료에 대한 수요는 더 많아질 것으로 보인다. 글로벌 원격의료 시장은 원격모니터링, 원격진료상담, 원격의료교육, 원격의료훈련, 원격수술 등으로 구분된다. 현재 가장 큰 시장을 형성하고 있는 분야는 원격진료상담 서비스이지만, 향후 노년층의 증가나 당뇨병, 파키슨병 등과 같은 질환의 증가는 원격모니터링 서비스 분야도 빠르게 성장할 것으로 보인다. 우리나라의 경우도 최근 환자와 병원을 연결하여, 효율적으로 환자를 모니터링 및 케어하고 정보를 전달할 수 있는 엠오디의 스마트케어시스템을 전국 100여 개의 병원에서 도입하고 있다.

결과적으로 헬스케어 산업의 패러다임 변화를 인지하여야 한다. 의료서비스는 정밀·예측·예방·개인 맞춤형 의료로 탈바꿈되고 있다. 그 거대한 변화는 '디지털 헬스케어'로 요약될 법하다. 기존의 의료서비스 공급자와 디지털 헬스케어 기기, 소프트웨어 및 인프라 공급자가 협업하면서 기존 의료서비스를 스마트화하고 있다. 디지털 헬스케어 시장이 거듭 성장할 것으로 예상되는 가운데, 국내 의료서비스 및 시스템 공급자는 '변화 대응 능력'을 갖추어 나가야 한다. 사업구조 변화, 인력구조 변화 및 인재 양성, R&D 투자, 파트너십 등 다양한 영역에 걸쳐 전략적인 변화가 요구되는 시점이기 때문에 경영환경 변화를 면밀히 주시하고, 트렌드를 정밀하게 읽음과 동시에 자사의 역량을 객관적으로 진단해야 할 시점이다(디지털비즈온, 2023. 6. 27).

토의문제

1. 디지털 헬스케어가 기존 헬스케어 산업의 생태계를 어떻게 바꾸고 있는지에 대하여 토론해 보자.
2. 인공지능 기술의 활용에 기반한 미래 헬스케어 서비스의 변화에 대하여 토의해 보자.
3. 블록체인 기술이 디지털 헬스케어 시장에서 주목을 받고 있는 이유에 대하여 토론해 보자.
4. 헬스케어 산업의 패러다임 변화에 대하여 논의해 보자.

서울대병원은 2024년 1월부터 불면증 환자에게 약 대신 디지털 치료제를 처방하기 시작했다. 디지털 치료제가 국내에서 정식 처방된 건 이번이 처음이다. 첫 환자는 40대 직장인 A씨로, 5년 전부터 직장 스트레스와 가족 문제로 불면증을 앓고 있었다. 2년간 수면제에 의존했지만 불면증이 없어지지 않았다. 그런 그에게 불면증 치료용 모바일 앱(App) '솜즈' 사용 2개월이 처방됐다. 이 앱을 통해 A씨는 매일 수면 일기를 작성했고, 주간 단위로 자신에게 맞는 수면 시간(누워 있는 시간)도 처방받았다. 접근성과 피드백이 뛰어난 앱을 이용해 올바른 수면 습관을 들이고, 수면 관련 잘못된 생각을 교정(인지 치료)하는 방식으로 불면증을 치료한 것이다. 이유진 서울대병원 정신건상의학과 교수는 "지금까지 10명 성도 처방이 이뤄졌는데, 전반석으로 수면 효율이 늘고 주관적인 만족도 역시 높게 나오고 있다"고 말했다.

최근 이처럼 디지털 수단으로 건강과 질병을 관리하는 사람이 부쩍 늘었다. 불면증 치료용뿐 아니라 체중이나 혈당, 혈압 등을 측정·관리하는 앱과 착용형(웨어러블) 기기가 등장하며 인기를 끌고, 정신건강을 진단해주는 모바일 앱도 대거 출시되는 등 그야말로 디지털 헬스케어 전성시대다. 한국바이오협회에 따르면, 지난 2021년 기준으로 헬스케어 관련 앱만 세계적으로 35만개 이상이다.

요즘 국내에서 특히 인기가 많은 디지털 치료제는 팔뚝에 붙이는 패치 형태의 연속 혈당 측정기(CGM)와 연동 앱을 이용한 혈당 관리법이다. 웨어러블(착용형) 의료기기로 피부(주로 위 팔뚝 뒤)에 붙이면 패치에 달린 미세 침 센서가 실시간으로 24시간 내내 혈당을 잰다. 관련 앱을 켠 스마트폰을 패치에 갖다 대면 현재 혈당 수치와 혈당 변화 추이를 한눈에 볼 수 있다. 사람마다 같은 음식을 먹더라도 혈당 반응이 다른 만큼, 무엇을 먹을 때 혈당이 많이 오르는지를 빨리 알게 되면서 효율적인 혈당 관리가 가능하다. 고혈당은 비만의 주범인 만큼 20~30대 사이에선 다이어트 수단으로도 많이 활용되고 있다. 의정부을지대학교병원 신경과 박상일 교수가 47국 7만명이 참여한 대규모 연구를 종합 분석해 최근 국제 학술지에 발표한 논문에 따르면, 모바일 앱 등 정보 통신 기술을 활용해 당뇨를 관리했을 때 혈당은 5~7% 감소하는 효과를 보였다. 박 교수는 "다양한 정보 통신 기술 개입이 만성질환 관리에 효과적일 수 있다는 점을 시사한다"고 했다.

앞으로는 혈압도 24시간 실시간 관리가 가능해질 전망이다. '갤럭시 워치'나 '애플 워치' 같은 스마트 워치 역시 혈압 측정 기능이 있지만 의료 데이터로 활용될 정도의 정확도를 가지진 못했다. 하지만 최근 국내 기업이 세계 최초로 개발한 반지 형태의 연속 혈압 측정 기기가 식품의약품안전처에서 임상 유효성과 안전성을 인정받고 현재 건강보험심사평가원에서 건강보험 등재 여부를 심사받고 있다.

그러나 정작 건강관리가 중요한 노인층의 디지털 헬스케어 접근성이 떨어지는 문제도 지적된다. 실제 우리나라 65세 이상 노령층의 절반 이상은 스마트폰 앱을 설치·삭제하지 못하고 있다. 분당서울대병원 노인병내과 김광일·가정의학과 이혜진 교수 연구팀이 지난 2022년 만 65~78세 노인 505명을 조사한 데 따르면, 모두가 스마트폰을 갖고 있지만 63.2%(319명)는 '스스로 앱을 설치하거나 삭제할 수 없다'고 응답했다. 김광일 교수는 "고령자를 위한 디지털 기술 개발이 좀 더 활발해져야 한다"고 했다(조선일보, 2024. 4. 3).

토의문제

1. 병원에서 디지털 치료제의 처방이 가능한 분야에 대하여 토의해 보자.
2. 디지털 치료제의 형태에 대하여 토론해 보자.
3. 고령자를 위한 디지털 기술 교육에 대하여 논의해 보자.

CHAPTER
12
디지털 소셜커머스

학습목표

- 소셜커머스와 공동구매에 대하여 학습한다.
- 소셜커머스 특징에 대하여 학습한다.
- 소셜커머스 유형에 대하여 학습한다.
- 소셜커머스 메커니즘에 대하여 학습한다.
- 소셜커머스 소비자에 대하여 학습한다.
- 소셜커머스 모델에 대하여 학습한다.
- 소셜커머스 사례에 대하여 학습한다.

"쿠팡의 와우 멤버십 구독자는 쿠팡 내 무제한 무료 배송 및 반품, 신선식품을 주문하면 다음 날 새벽에 받아볼 수 있는 '로켓프레시', '로켓직구' 무료배송, 온라인 동영상 서비스(OTT) 플레이어인 '쿠팡플레이' 등의 서비스를 이용할 수 있었다. 이 서비스는 구독경제 멤버십의 클래식인 아마존 프라임을 사실상 벤치마킹한 구독서비스다."

구독멤버십의 클래식 아마존프라임

아마존은 구독서비스를 얘기할 때 빠지지 않고 등장하는 기업이다. 2004년 아마존이 시작한 아마존 프라임은 현재 세계 유통 구독서비스 및 멤버십 구독경제의 롤모델처럼 여겨진다. 우리나라의 네이버, 쿠팡 등의 구독 멤버십도 아마존 프라임을 사실상 벤치마킹한 것이다.

아마존은 아마존 프라임을 바탕으로 글로벌 유통 시장의 최강자가 됐다. 아마존 프라임이란 월 12.99달러, 연간 119달러만 내면 상품 구매 시 이틀 안에 상품을 배송료 없이 받아볼 수 있는 멤버십 구독서비스다. 스트리밍 음악, 비디오, 책 등 다양한 혜택도 제공한다. 아마존 프라임의 가입자는 빠르게 늘어 2021년 약 2억명의 구독자가 있다. 2018년 아마존은 구독료(연회비)를 99달러에서 119달러로 약 20% 인상했다. 2018년 당시 아마존 프라임 구독료 인상을 발표했을 때, 인상금액이 과도하다는 의견과 혜택에 비해 비싸다는 여론이 있었다고 한다. JP 모건은 무료배송부터 오디오 도서 대여까지 아마존 프라임 회원이 누리는 연간 혜택이 784달러로 추산되며 구독자는 구독료 대비 6~7배 이상의 경제적 혜택을 받는 것으로 분석했다.

이렇게 많은 혜택을 구독자에게 제공하면 아마존은 어떤 이익이 있는 것일까? 아마존 프라임 가입자는 비회원보다 평균 4.6배 많은 돈을 사용해 아마존의 매출 증가에 일조하고 있다. 특히 프라임 가입자의 40%가 아마존 사이트에서 연간 1천달러 이상을 소비한 것으로 조사됐으며 비회원은 8%만이 1천달러 이상을 사용한다. 아마존 프라임을 통해 크로스셀링과 업셀링의 판매전략을 펼치고 있다. 아마존은 구독자가 들어오면 추가 제품 또는 서비스를 추천해준다. 무작위가 아닌 고객 데이터를 기반으로 추천을 해주면서 효율적으로 이득을 얻고 있다.

다시 쿠팡의 이야기로 돌아와 보자. 쿠팡은 아직 구독료 인상과 관련하여 자세한 사유를 밝히지는 않은 것으로 보인다. 언론 보도를 종합해 보면 "2020년 4분기 쿠팡 활성 고객 1480만명 중 와우 멤버십 가입자는 32% 수준으로 집계되며, 멤버십 론칭 후 진행된 무료배송 주문 건수는 10억건이 넘는다"고 한다. 보도에 따르면 쿠팡은 2021년 말에는 코로나로 매출이 22조원을 넘어서며 3배 성장하여 온·오프라인 유통 업계 1위로 올라섰다. 한 번이라도 결제한 고객이 1,794명에 달하며 유료 멤버십 회원 은 약 900만명 이상으로 쿠팡의 성공에 구독 멤버십이 얼마나 중요한 역할을 했는지 알 수 있다. 하지만 신규 물류센터 투자와 화재 손실 등으로 적자 또한 최대 규모를 기록하여 수익성 개선에도 역점을 둬야 할 것으로 보인다.

아마존 · 쿠팡은 OTT회사로 진화 중

2021년 11월에 대한민국 OTT 시장에 디즈니와 애플이 상륙한 후, 넷플릭스와 디 즈니의 대결 승자가 누가 될 것인지에 대해서 궁금해하고 있다. 그런데 미국 OTT 시 장의 1위는 어디일까? 다들 예상하듯이 넷플릭스이다. 그럼 2위는 어디일까? 디즈니는 3위이다.

아마존 관련 흥미로운 이야기들을 담은 '아마존 언바운드(Amazon Unbound)라 는 책에 의하면 "아마존은 넷플릭스를 인수하려고 몇 년 동안 검토했지만 제시된 가 격이 너무 높아서 적극적으로 추진하지는 못했다. 대신 아마존은 프라임 회원(구독자) 에게 동영상 서비스를 무료로 제공하기로 하였다.", "처음에는 굳이 이런 OTT 서비스 제공이 의미가 있냐는 의견이 많았지만, 아마존 프라임의 가장 큰 장점인 빠른 무료 배송을 다른 경쟁사들이 모두 하는 상황에서 OTT 제공은 큰 강점이 되고 있다. 프라 임 회원 중 일부는 아마존 사이트에서 1년에 겨우 몇 차례만 주문하더라도 아마존 프 라임 비디오를 보기 위해서 구독을 지속한다."고 한다. 아마존 프라임 구독자면 언제 든지 무료로 볼 수 있는 '프라임 비디오'가 미국 OTT 시장의 2위이다.

쿠팡 역시 아마존의 구독 멤버십 전략을 따라 하고 있다. 'SNL 코리아'라는 화제 성 있는 오리지널을 통해서 구독자를 락인 하고 있다. 실제로 쿠팡의 구독료 인상 소 식의 댓글 중에 '쿠팡 플레이'를 보기 위해 해지하기가 어렵다는 취지의 댓글이 있다.

쿠팡은 아마존과 같이 OTT 제공으로 구독자를 락인시키는 전략을 쓰고 있다.

e커머스 회사들은 구독경제를 통해서 OTT 시장의 영향력을 확대하고 있다. 아마존이나 쿠팡은 수많은 구독자가 있기 때문에 OTT 회사로의 전환이 가능했다. 쿠팡의 구독료 인상은 아직 기존 가입자를 대상으로 하지 않기 때문에 당장 큰 이슈는 없었으나 기존 고객을 대상으로 구독료 인상이 발표되면 아마존 사례처럼 논란이 있을 것이다. 아마존의 경우 구독료를 약 20%를 인상하였지만, 쿠팡의 경우는 약 60%를 인상하였다. 아마존은 인상 구독료 대비 구독자의 혜택 금액이 약 6배 이상이지만, 쿠팡은 약 3배 정도로 보인다. 쿠팡이 기존 구독자들에게 추가적인 혜택을 제공하지 못하면 소비자는 떠날지도 모른다. 사실 쿠팡이 새롭게 구독자들에게 제공할 서비스 및 콜라보 대상들은 매우 많다. 상상력을 발휘하면 적은 비용으로 쿠팡이 구독자들에게 제공할 혜택들은 무궁무진하다(중앙일보, 2022. 1. 4).

토의문제

1. 쿠팡이 아마존과 같은 글로벌 디지털 플랫폼 기업으로 성장할 수 있을지에 대하여 토론해 보자.
2. 아마존과 쿠팡의 구독 멤버십 서비스의 차이점에 대하여 토의해 보자.
3. e커머스 업체들이 OTT 제공을 통해 얻으려는 목적에 대하여 설명해 보자.

제1절 소셜커머스 현황

최근 전자상거래 시장에서 가장 뜨거운 이슈로 떠오른 것은 바로 '소셜커머스' 성장이다. 기존에 오픈마켓에서 시행하고 있던 커머스 2.0의 방식을 넘어서서 SNS라는 새로운 툴을 접목하여 소비자의 참여율뿐만 아니라, 대량구매를 통해 50%에 가까운 할인율을 제공하면서 국내에 도입된 지 얼마 되지 않아 빠른 성장률을 보여 주고 있다. 하지만 국내에서는 소셜커머스를 그저 '소셜쇼핑'의 수준에서 이해하는 경우가 많다. 과거 참여형 인터넷 환경인 웹 2.0 시대에서는 생산자와 소비자가 서로 참여하는 형태의 커머스 2.0이 대세를 이루었다. 커머스 2.0을 바탕으로 소비자들은 소셜네트워크 서비스라는 필요조건이 더해진 형태가 소셜커머스라고 할 수 있을 것이다. 따라서 현재 소셜커머스의 주축을 이루고 있는 소셜쇼핑 이외에도, 페이스북의 오픈 그래프를 이용하여 개인화된 쇼핑환경을 만들거나, SNS상에서 상거래 적용 공간을 여는 것, 모두가 소셜커머스일 것이다. 이처럼 소셜커머스는 특정한 비즈니스 모델이라기보다는 소비자들에게 상거래 시장에서 새로운 패러다임을 제공하고 있다.

1.1 소셜커머스 이해

소셜커머스는 '소셜(social)'과 '커머스(commerce)'가 합쳐진, 다시 말해 페이스북·트위터 같은 소셜네트워크 서비스(Social Network Service: SNS)의 '소셜'과 상거래의 영어 표현인 '커머스'의 합성어다. 상거래가 SNS를 어떤 형태로든 활용하고 있다면 소셜커머스라고 볼 수 있다. 백과사전 위키피디아에서도 SNS를 판촉도구로 활용하는 전자상거래의 한 종류라고 정의하고 있다. 우리나라에서 확산되고 있는 소셜커머스는 크게 두 가지 점에서 기존 공동구매와 차별화된다.

첫째, 공동구매에 따른 소비자들을 초대할 수 있는 수단으로 SNS를 활용한다는 점이다. 공동구매는 보통 하루 정도 시한을 정해 놓고 목표 판매량 이상 구매가 이루어지면 50% 이상 할인해 주겠다는 조건을 내건다. 조건이 마음에 드는 소비자들이 이메일을 보내거나 전화를 걸어 친구를 공동구매로 초대한다. 일대일 입소문 도구를 활용하는 것이다. 신종 공동구매는 입소문 도구로 SNS를 활용한다. 판매정보가 있는 웹페이지의 링크를 트위터나 페이스북으로 공유하기만 하면 인맥관계에 있는 모든 사람들에게 정보가 동시에 전달된다. 정보가 유용하면 사람들이 추가적으로 입소문을 낸다. 신종 공동구매는 기존 공동구매에 비해 훨씬 간편하고 광범위한 입소문이 가능하다.

둘째, 주로 오프라인 상점의 상품을 판매한다는 것이다. 기존 공동구매가 중소기업에서 제조한 공산품 위주로 판매했다면 소셜쇼핑은 식당·카페·술집·공연장 같은 오프라인 상점의 할인 쿠폰을 판매한다. 오프라인 상점은 전단지·옥외 광고·지역 케이블 광고처럼 오프라인 마케팅 툴을 이용해 왔는데 소셜커머스 업체들은 공동구매라는 프로모션 툴을 내세워 이들을 온라인 영역으로 끌어들인 것이다. 이러한 소셜커머스는 기존의 공동구매와는 달리 집단지성이 아닌 소셜지성이 합리성의 기준이 된다는 차이점이 있다. 즉, 기존의 공동구매는 많은 사람이 집단적으로 모이기만 하면 할인구매가 가능한 반면, 소셜커머스는 소비자의 인맥과 입소문을 활용하여 일정 규모 이상의 사람이 모여야 할인구매가 가능하다는 점이 다른 것이다. 그러나 이는 소셜커머스의 여러 다양한 유형 중 가장 낮은 수준의 소셜커머스인 그룹 바이(group buy) 유형으로 국내 시장은 이러한 유형의 소셜커머스 시장에 편중되어 성장하고 있다.

앞에서 언급한 바와 같이, 소셜커머스란 '소셜네트워크(SNS)나 소셜릴레이션십(social relationship)이 상품의 구매에 영향을 미치는 e-커머스', 혹은 더 간단하게 '소셜미디어를 활용하는 e-커머스'라고 정의할 수 있다. 위에서 정의한 개념대로라면 예전에도 블로그나 카페 등에서 인터넷 공동구매라는 형태의 소위 소셜커머스가 존재하였다. 상거래가 이루어지는 공간이 e-커머스 사이트에 국한되지 않고 SNS를 연결고리로 하여 소셜웹으로 확장과 함께 이전의 인터넷 쇼핑을 e-커머스 2.0이라고 정의하고, 현재의 소셜커머스와의 차이점을 정리하면 [표 12-1]과 같다.

이전의 e-커머스와 소셜커머스의 가장 큰 차이점은 이전에는 집단지성(collective intelligence)이 합리성의 기준이었다면, 소셜커머스에서는 소셜지성(social intelligence)이 합리성의 기준이라는 것이다. 다시 말하면, 이전의 인터넷 공동구매에서는 많은 사람들이 집단적으로 모이기만 하면 할인된 가격의 상품을 구매할 수 있었지만, 소셜커머스에서는 소비자의 인맥과 입소문을 활용하여 일정 규모 이상의 사람이 모이면 할인된 가격으로 상품을 구매할 수 있다. 그리고 경우에 따라서 영향력 있는 소비자는 금전적인 비용 없이도 순전히 자신의 소셜한 영향력을 바탕으로 상품을 구매할 수 있는 것이다. 따라서 소셜커머스에서는 소비자는 할인된 가격 혹은 무상으로 상품을 구매하기 위하여 트위터, 페이스북 등 자신의 소셜네트워크를 활용하여 더 많은 구매자를 끌어모으는 역할을 한다는 것이 소셜커머스의 메커니즘이라고 할 수 있다.

| 표 12-1 | e-커머스 2.0과 소셜커머스 비교

구분	커머스 2.0	소셜커머스
핵심 개념	커머스 플랫폼의 개방과 공유	커머스 플랫폼과 SNS의 결합
변화 동인	Mash-up, open API	SNS, Mobile, AR, LBS
합리성의 기준	Collective Intelligence	Social Intelligence
커머스 플랫폼	Web	Social Web, 통합된 온·오프라인
화폐	금전	금전 입소문
주체	사업자	소비자

소셜커머스는 상거래의 범위를 온라인에서 오프라인으로까지 확장시키고, 상거래의 주체가 사업자에서 소비자로 옮겨가게 하도록 한다. 소비자들이 상품구매 시 얼마나 소셜네트워크에 의존할 것인지를 예측할 수 있는 관련 소비자 조사결과를 살펴보면, 상품구매 시 82%가 소위 'social input'에 의존하고, 구매결정 시 71%가 가족이나 친구의 의견을 주로 참고하며 83%가 상품정보를 지인과 공유하고 싶어 하는 것으로 나타났다. 이를 통해 일반 소비자들은 상품구매 시 가까운 사람의 의견을 참고하려는 경향이 강하다는 것을 알 수 있다. 이러한 이유 때문에 현재의 소셜커머스라는 새로운 전자상거래가 급성장하고 있는 것으로 판단해 볼 수 있다. 그런데 현재 국내의 소셜커머스 시장은 티켓몬스터, 위메이크프라이스(위메프), 쿠팡 등 공동구매 형태의 소셜커머스 업체를 중심으로 성장하고 있는 반면에, 해외에서는 다양한 유형으로 '소셜'한 커머스를 구현하고 있다.

1.2 소셜커머스 특징

현재 국내 소셜커머스 시장은 쿠팡, 티몬, 위메프 3사가 주도하고 있다. 소셜커머스 시장 규모가 커지면서 시장 지배력을 강화하기 위한 소셜커머스 3사의 경쟁이 심화되고 있다. 소셜커머스 3사는 배송서비스를 강화하고, 판매품목을 다양화하여 서비스 품질을 높이는 한편 해외시장 진출을 위해 노력하고 있다. 소셜커머스 3사 매출액의 급격한 성장에도 불구하고 영업이익은 적자를 기록했다. 소셜커머스 3사의 경쟁이 치열해지면서 과도한 마케팅 비용 지출, 물류 분야에 투자, 고비용 발생 조직구조 등이 영업이익 적자의 주요한 원인으로 분석된다. 영업이익 적자에도 불구하고 소셜커머스 업체들은 국내외 대규모 투자를 유치해 당분간 소셜커머스 업체들의 성장은 이어질 것으로 예상된다. 이러한 성장 추이는 최근 소셜커머스에 사회적 관심이 줄어들고 있고 각종 규제가 뒤따르고 있는 점을 감안하면 기대 이상이라는 반응이다. 간혹 불만 사례가 접수되고 있지만 전반적으로 소비자들이 소셜커머스에 대한 만족도가 높다는 것을 반증한다. 주요 소셜커머스 업체들이 마케팅 비용을 줄이고 내실 다지기 전략을 세우고 있는 점 또한 변화의 기류로 볼 수 있다.

| 그림 12-1 | **주요 소셜커머스**

트위터·페이스북·미투데이 같은 서비스를 SNS라고 부르는데, 이러한 SNS는 몇 가지 중요한 특징에서 기존의 네트워킹 서비스와 차별화된다. 먼저 서비스 이용자들이 자신의 신상정보를 기꺼이 공개한다. 트위터 프로필만 봐도 사람의 외모·성별·직업·나이·관심사·인맥정보를 알 수 있다. 다음으로 서비스 이용자들이 실시간으로 다른 이용자들과 연결돼 있다. SNS에 정보를 올리면 인맥으로 연결돼 있는 모든 사람들에게 실시간으로 전달된다. 소셜커머스가 주목받는 이유는 SNS의 특성으로 인해 상거래가 한 단계 진화하기 때문이다. 상거래 참여자들의 '얼굴'이 드러나면 상거래에 신뢰가 더해지고, 공개된 소셜네트워크 프로파일을 확인하면 개인에게 맞는 맞춤구매를 제안할 수 있다. 상거래 활동을 인맥 네트워크에 공유시키면 더 많은 사람을 상거래에 동참하게 만드는 것이 가능해진다.

제2절 소셜커머스 유형

소셜커머스는 SNS를 판촉도구로 활용하는 상거래다. 소셜커머스의 종류가 기존 상거래 종류만큼이나 다양해질 수 있다는 말이다. e-커머스만 보더라도 독립 쇼핑몰, 공동구매 사이트, 오픈마켓, 경매 사이트, 소비자 직거래 사이트, 회원제 쇼핑클럽, 디지털 콘텐츠 마켓, 이러닝 등 무수히 많은 서비스 모델이 있다. 소셜커머스도 마찬가지다. KT 올레샵과 같은 SNS와 연동된 독립 쇼핑몰, 그루폰이나 티켓몬스터와 같은 소셜쇼핑, 다음 소셜쇼핑처럼 누구나 소셜 공동구매 이벤트를 진행할 수 있는 소셜 오픈마켓 등 사례는 무수히 많다. 소셜쇼핑 외에 가장 트렌드가 되는 것은 신종 프라이빗 쇼핑클럽이다. 주로 명품을 할인 판매하는데, 철저히 회원제로 운영한다. SNS를 회원 초대에 활용하는데, 초대한 사람이 회원 가입을 하고 상품을 구매하면 일정 금액을 포상금으로 지급해 주기도 한다. 소셜커머스는 SNS를 어떻게 활용하는가에 따라서도 다양해진다.

2.1 소셜커머스 유형

소셜커머스란 온라인에서 소셜릴라이언스(social reliance), 즉 구전효과를 극대화하여 상품을 구매하는 것을 의미한다. 그러나 실제로 국내에서 소셜커머스는 반값할인 공동구매라는 인식이 지배적이다. 그러나 해외의 소셜커머스는 여러 가지 유형으로 다양하게 구현되고 있다. 아직 국내에는 그룹 바이(group buy) 유형의 소셜커머스가 주를 이루고 있으나, 해외에서는 진정한 소셜을 가미한 다양한 유형의 소셜커머스가 존재하는 것으로 파악된다. 따라서 해외의 다양한 소셜커머스를 유형화하여 살펴봄으로써 어떠한 형태의 소셜커머스까지 실현 가능한 것인지를 알 수 있고, 이를 바탕으로 향후 국내 소셜커머스 시장의 모습을 예측해 볼 수 있다.

1) 공동구매 방식

최근 가장 활발하게 활용되는 소셜커머스의 유형은 공동구매이다. '반값 할인', '원어데이 쇼핑', '소셜쇼핑' 등으로도 알려진 '공동구매' 형태의 소셜커머스는 국내에서도 큰 관심을 일으키며 최근 빠르게 성장하고 있는 분야이다. 국내에서는 공동구매가 소셜커머스를 뜻한다는 인식이 지배적이지만 사실 공동구매는 소셜커머스의 한 형태일 뿐이다. '공동구매' 방식은 하루에 제한된 수량의 제품 및 서비스를 판매하고 일정의 조건이 충족될 경우 구매 단가를 대폭 할인해 주는 방식이다. 예를 들어, 특정 상품을 1,000명 이상이 구매하면 50%를 할인해 주는 것이다. 이러한 특정 조건이 충족되지 않을 경우 구매가 성사되지 않는다. 소비자들은 조건을 충족시키기 위해 SNS를 활용하여 자체적으로 홍보를 하게 된다. 국내에서는 공동구매 형태의 소셜커머스 업체들이 SNS를 직접적으로 활용한다기보다 구매자들의 소셜네트워크를 통해 입소문이 저절로 퍼지기를 바라는 형태가 대부분이다. 또한 구매의 조건이 크게 까다롭지 않기 때문에 굳이 소셜네트워크를 통해 정보가 전파되지 않아도 예정된 수량이 모두 판매되는 경우가 많다. 최근 국내 소셜커머스 업체에 따르면 SNS를 통해 자사 소셜커머스 사이트에 들어오는 경우는 5% 미만이라고 한다.

공동구매 형태 소셜커머스의 가장 대표적인 사례로는 미국의 그루폰(Groupon)

을 꼽을 수 있다. 그루폰은 Group과 Coupon의 합성어로 직역하면 '단체쿠폰'이 된다. 그루폰은 2008년 10월 시카고의 자사 사무실 1층에 위치한 레스토랑의 피자 가격을 50% 할인하여 제공하면서 서비스를 시작했다. 창업한 지 약 1년 6개월 만에 3억 5천만 달러의 매출을 올린 그루폰은 구글(Google)이 무려 60억 달러의 인수를 제안하면서 세간의 큰 관심을 받기도 했다.

이와 같이 그루폰은 창업과 동시에 엄청난 성과를 올리고 있지만 사실 그 비즈니스 모델은 아주 단순하다. 그루폰은 지역별로 하루에 단 1개의 상품을 판매한다. 비교적 원가가 차지하는 비중이 높은 공산품보다는 좀 더 유연하게 가격을 할인할 수 있는 서비스 제품의 판매가 주를 이룬다. 그루폰에 참여하는 업체들은 대부분 지역 소매업체들이다. 앞서 언급한 대로 특정 요구조건이 충족되면 큰 폭의 할인을 해주고 만약 조건이 충족되지 않으면 모든 거래는 취소된다. 이 조건은 사실 별 것 아닌 것처럼 보이지만 공동구매 형태의 소셜커머스에 있어 핵심적인 것이다. 이용자들은 좋은 딜을 공유하고 본인이 구매한 상품의 조건을 충족시키기 위해 자신들의 소셜네트워크나 이메일을 통해 자체적으로 주변에 딜에 대한 홍보를 하게 된다.

대부분 상품의 할인 폭은 50% 이상으로, 그루폰에 적게는 20%에서 많게는 50%까지 수수료를 지불해야 하기 때문에 쿠폰 판매 자체는 대부분의 소매업체에 별로 이익이 되지 않는다. 최근 한 조사에 따르면 그루폰에 참여한 업체의 32%는 쿠폰판매를 통해 전혀 수익을 올리지 못했거나 오히려 손해를 본 것으로 드러났다. 그럼에도 불구하고 그루폰에서 너도나도 상품 판매를 원하는 이유는 바로 광고효과 때문이다. 그동안 지역 일간지나 잡지 이외에 마땅한 광고수단이 없었던 지역 소매업체들은 그루폰에서 쿠폰을 판매함으로써 적어도 하루 동안은 엄청난 주목을 받을 수 있다. 또한 딜이 성사될 경우 기존의 광고처럼 단지 정보를 알리는 것을 넘어 쿠폰을 구매한 소비자들은 쿠폰을 소진하기 위해 매장을 방문하게 된다. 이로써 소비자들은 실제로 제품 및 서비스를 경험하게 된다. 그런 다음 매장을 찾았던 소비자들이 좋은 인상을 받았다면 자신의 소셜네트워크 등을 통해 구매 후기를 남기게 되고, 그렇게 될 경우 쿠폰 판매 이후에도 상당기간 광고효과를 지속할 수 있는 장점을 노리는 것이다.

2) 기존 웹과 연계하는 방식

소셜커머스의 또 다른 유형은 기존의 e-커머스 사이트와 SNS를 연계시키는 방식이다. 이 방식은 공동구매 방식과는 달리 SNS를 보다 더 적극적으로 활용한다는 특징을 지니고 있다. 다시 말해서 특정 사이트에서 이루어진 구매, 평가, 리뷰 등의 활동이 구매자의 소셜네트워크와 직접 연동되어 공유되는 방식이다. 단순히 커머스 사이트에 Facebook이나 Twitter로 이동할 수 있는 링크 버튼을 삽입하기도 하고 Facebook Plugin 등을 통해 구매활동이 자동적으로 자신의 SNS에 반영되어 지인들과 공유하는 형태를 띠기도 한다. 기존의 e-커머스 사이트에 소셜적인 요소를 가미한 것이다. 기존의 e-커머스와 SNS를 연계한 소셜커머스가 주목받는 이유는 다름 아닌 구전효과 때문이다. 이는 단순한 구전이 아닌 자신이 알고 지내는 지인들의 구전이기 때문에 더욱 효과적이다. 최근 Harris Interactive의 조사에 따르면 응답자들의 71%가 가족이나 친구들의 의견이 특정 브랜드를 선택하는 데 영향을 미쳤다고 응답했다. 또한 Econsultancy의 조사에서도 응답자의 90%가 지인들의 추천을 신뢰한다고 응답했다.

청바지로 유명한 의류 브랜드 리바이스(Levi's)는 2010년 4월 자사 홈페이지에 Friends Store를 열었다. Friends Store는 Facebook과 연계되어 'Like' 버튼과 Facebook Connect 등을 쉽게 이용할 수 있다. 이를 통해 소비자들은 일반 대중들은 물론 자신의 지인들이 어떠한 옷에 관심이 있는지 쉽게 알 수 있다. 이에 대한 소비자들의 반응은 열광적이었다. 출시 후 1주일 만에 무려 4,000여 개의 'Like'를 기록했을 뿐만 아니라 Facebook 내에서도 리바이스 브랜드를 좋아하는 사람들이 크게 늘고 있는 것으로 나타났다. 기존의 e-커머스 사이트와 SNS가 연계될 경우 방대한 SNS의 유저기반을 통한 구전효과뿐만 아니라 어떠한 제품에 사람들이 반응하는지를 즉각적으로 파악할 수 있다는 장점도 있다. 리바이스는 Facebook과 연계하여 전통적인 시장조사에서는 불가능했던 소비자들의 실시간 피드백 정보를 확보하여 판매전략 등 주요 의사결정에 활용하고 있을 뿐만 아니라 Friends Store에서의 고객반응정보를 신제품 개발에 활용하고 있다.

3) SNS 내 직접 입점하는 방식

가장 최근에 나타나고 있는 소셜커머스의 유형은 SNS 내에 직접 입점하여 판매하는 방식이다. 공동구매의 형태가 간접적으로, 웹과의 연계 형태가 적극적으로 SNS를 활용했다면, 직접 입점하는 방식은 아예 탭 또는 애플리케이션의 형태로 SNS 내 쇼핑몰을 추가하는 것이다. 최근에는 페이브먼트, 알벤다와 같은 쇼핑몰 빌더를 활용하여 Facebook 내에 쇼핑몰을 오픈하는 업체들이 늘어나고 있으며 이러한 빌더를 사용하면 상품등록, 장바구니, 리뷰 등의 기본적인 구매기능은 물론 공동구매나 이벤트와 같은 추가적인 기능도 활용할 수 있다.

Facebook 내에 입점하여 쇼핑몰을 여는 형태가 주목받는 이유는 무려 20억 명이상의 잠재고객이 공존하고 있기 때문이다. Facebook의 회원이 쇼핑몰의 팬이 되는 순간 쇼핑몰이 제공하는 새로운 정보들은 팬에게 자동으로 전달된다. 전달된 정보는 팬으로 등록된 회원들의 친구들도 열람할 수 있게 된다. 평균 130명의 친구를 보유한 것으로 알려진 Facebook의 회원들의 네트워크를 통해 팬베이스를 빠르게 늘려갈 수 있는 것이다. 이러한 장점 때문에 해외에서는 이미 P&G, 베스트바이, 스타벅스 등과 같은 대기업들이 Facebook 내에 쇼핑몰을 개설해 운영하고 있다. 그에 덧붙여, 디즈니(Disney)가 자사의 인기 에니메이션 영화 「토이스토리 3」의 티켓을 Facebook에서 사전판매하는가 하면 델타 항공사는 항공권 예매 서비스까지 시작했다. 이처럼 Facebook을 통해 활발하게 활용되는 직접판매 형태의 소셜커머스는 'f-커머스'라는 신조어까지 탄생시켰다. 국내에서는 아직 이러한 유형의 소셜커머스가 활발하게 활용되지는 않고 있지만 공동구매 형태의 소셜커머스가 폭발적인 성장을 이룬 것을 보면 직접판매 형태의 소셜커머스도 SNS 이용자수의 증가와 함께 활성화될 것으로 예상된다.

2.2 소셜커머스 성공 포인트

다양한 형태의 소셜커머스의 성공 포인트는 무엇일까? 먼저 공동구매의 경우 할인의 폭이 크기 때문에 공산품 판매보다는 서비스 상품을 판매하는 업체에 더 효과적이다. 최근 국내에서 소셜커머스에 참여한 음식점 운영자는 공동구매 방식의 쿠폰 판매로 손해만 보고 손님이 특별히 늘지 않았다고 말했다. 공동구매 방식의 소셜커머스에 참여할 업체들은 큰 폭의 할인율을 감당할 수 있는지, 단기간에 몰려오는 소비자들에 대응이 가능한지, 구매를 한 소비자들을 어떻게 지속적인 고객으로 유지할 수 있는지 등을 신중히 검토하고 준비해야 한다. 이러한 준비 없이 단순히 경쟁사가 실시한다고 해서 소셜커머스 시장에 뛰어들 경우 실패할 확률이 매우 높다. 공동구매 방식의 소셜커머스의 경우 이미 폭넓은 고객을 확보한 대형업체보다는 향후 성장 가능성이 점쳐지는 산업의 신생 업체들에 좀 더 매력적일 수 있다. 기존 e-커머스 사이트와 연계하는 방식의 소셜커머스의 경우 공동구매 방식에 비해 보다 적극적으로 SNS를 활용한다. 따라서 소규모의 유저기반을 이미 확보한 중견업체가 진출하는 것이 효과적일 수 있다.

연계형 소셜커머스 시장에 진출하는 업체들이 바라는 것은 다름 아닌 구전효과이다. 참여를 고려하는 업체들은 자사가 소비자들의 대화를 촉진할 수 있는 콘텐츠를 보유하고 있는지, 또 이것이 긍정적인 구전효과를 일으킬 수 있는지에 대한 검토가 필요하다. 당연히 소비자들이 원하지 않는 콘텐츠를 만들어 낸다면 소비자들의 외면을 받거나 오히려 부정적인 구전효과가 생길 위험이 있기 때문이다.

SNS 내에 직접 입점하여 판매하는 방식의 소셜커머스는 인지도가 있는 대형 업체에 유리할 수 있다. 일단 소비자들을 자사의 팬으로 만드는 것이 중요하기 때문이다. 이러한 형태의 소셜커머스에 참여를 고려하는 업체들은 고객들의 정보를 축적하고 좀 더 개인화되고 세분화된 커뮤니케이션을 할 수 있는 준비가 필요하다. 이를 통해 브랜드 로열티를 제고하고 충성고객을 확보하여 자발적인 브랜드 전도사를 다수 확보하는 것이 중요하다.

2.3 소셜커머스 메커니즘

- 소셜커머스는 소셜미디어를 활용하는 모든 형태의 전자상거래를 포함하는 개념
- 상품판매 촉진을 위해 전자상거래와 SNS(Social Network Service)를 결합한 마케팅 수단: SNS는 온라인상에서 불특정 다수와 관계를 맺는 서비스로 페이스북, 트위터 등이 대표적인 사례

- 소셜커머스의 핵심은 높은 광고효과와 지속적인 고객관리: 소비자는 SNS를 통해 판매자나 제품에 대한 정보를 공유하는바, 이 과정에서 강력한 광고효과 발생, 판매자는 SNS를 통해 소비자와 지속적인 관계를 유지할 수 있으며, 이 과정에서 고객 관련 정보 획득과 고객충성도를 제고
- 소셜커머스는 소비자가 판매과정에 주체적으로 참여하는바, 기존 상거래와는 다른 방식으로 소비자와 소통
- 소셜커머스는 주 광고매체로 유무선 인터넷사이트를 이용한다는 점에서는 기존 상거래(전자상거래, 오픈마켓 등)와 유사
- 소셜커머스는 기존 광고매체에 SNS의 기능을 연계, 소비자가 다른 소비자에게 구입한 제품의 정보를 전달하는 소비자 간 소통이 가능
- 국내의 소셜커머스는 SNS를 활용한 공동구매로서 다양한 비즈니스 모델 중 하나
- 예를 들어, 하루에 한 가지 상품을 일정규모의 고객이 공동구매할 경우 높은 할인가(50%)를 적용해 주는 전략을 사용
- 상품을 게시한 웹페이지에 페이스북, 트위터 등 SNS 매체로 상품정보를 옮길 수 있는 버튼이 있어 소비자는 지인에게 할인정보를 전달
- 구매자는 할인혜택, 판매자는 대량판매와 광고효과를 누릴 수 있음.
- 소셜커머스는 판매자, 소셜커머스 업체, 소비자 간 크게 6단계의 과정을 거쳐 상거래가 발생
- 소비자와 판매자는 쿠폰만으로 거래하며, 소셜커머스 업체가 중간에서 상품판매와 결재를 대행

| 표 12-2 | 기존 상거래와 소셜커머스 차이

	사용 매체	판매자 대 소비자 관계	쌍방형 커뮤니케이션 형태
TV 홈쇼핑	TV, 전화	판매자 → 소비자	"내가 당신에게 이야기하겠습니다" (당신에게 이 물건을 팔고 있습니다)
전자 상거래	인터넷사이트	판매자 → 소비자	"내가 당신에게 이야기하겠습니다" (당신에게 이 물건을 팔고 있습니다)
오픈마켓	인터넷사이트	판매자 ← 소비자	"당신이 원하는 걸 우리에게 얘기해 주세요" (이 중에 당신이 원하는 물건이 있습니다)

| 소셜
커머스 | 인터넷사이트,
SNS | 판매자 ↔ 소비자
↔ 소비자
(소비자가 판매자 역할) | "함께 이야기합시다"
(우리가 물건을 함께 사고팔 수 있습니다) |

자료: MIG, 현대경제연구원.

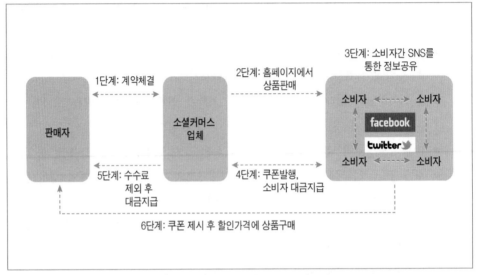

| 그림 12-2 | **소셜커머스 메커니즘**

| 표 12-3 | **소셜커머스의 단계별 특징**

단계	내용
(1단계) 판매자와 소셜커머스 업체의 계약 체결	• 쿠폰 발행규모, 기간, 할인율, 수수료 등을 결정 • 발행규모 = (1일 최대수용 고객수 − 현재 1일 고객수) × 발행기간 • 일반적으로 발행기간은 3개월, 할인율은 50%, 수수료는 20~30%
(2단계) 소셜커머스 업체, 홈페이지 통해 상품 소개	• 소셜커머스 업체는 자사 홈페이지에 상품정보 공개 • 스마트폰의 쿠폰할인 정보 애플리케이션에도 정보 공개
(3단계) 소비자 간 SNS를 통한 정보공유	• 페이스북, 트위터, 미투데이 등 SNS를 통해 상품정보 공유 • 쿠폰발행 규모를 충족하기 위해 소비자 간 정보전달 활발

(4단계) 소셜커머스 업체 쿠폰 발행, 소비자 대금 지급	• 공동구매 요건 충족 시까지 정보공유 지속 • 판매자와 소셜커머스 업체가 결정한 발행 규모가 모두 판매되어야 할인가 적용
(5단계) 소셜커머스 업체, 판매자에 대금지급	쿠폰발행기간 만료 후 소셜커머스 업체는 수수료를 제외한 나머지 대금을 판매자에게 지급
(6단계) 소비자, 쿠폰 제시 후 상품구매	소비자는 쿠폰 제시 후 50% 할인된 가격에 제품·서비스 구매

2.4 소셜커머스 소비자

소셜네트워크서비스(Social Network Service: SNS)가 웹 2.0의 공유와 개방을 주창한다면, 소셜커머스는 SNS를 통하여 상거래의 주권을 소비자가 행사하는 '가격 2.0' 시내의 상징인 것이다. 그러나 '충동구매' 우려 속에 폭발적으로 성장하고 있는 소셜커머스 시장의 소비자 특성은 파격적인 가격할인 조건을 내세우며 소비자들에게 빠른 의사결정을 요구하면서 구매를 유도하고 있다. 충동구매는 소비자들에게 불필요한 구매를 하게 함으로써 구매 후 불만족을 가져오고 계획적인 소비생활을 방해하여 소비생활의 질을 낮추게 한다. 늘어나는 소비자들에게 사업자가 정확한 소비자 정보를 제공하지 않은 채 자극적인 문구를 사용하고 할인율을 실제보다 부풀려 판매하는 문제가 발생하기도 한다. 소비자는 소셜커머스 사업자 홈페이지에 게시된 제품·서비스의 정보를 신뢰해 구매를 결정한다. 그러나 일부 사업자는 고의 또는 과실로 제품·서비스의 정보제공 의무를 소홀히 해서 소비자 피해를 일으킨다. 쿠폰의 사용기간을 명시하지 않거나 그 기간을 매우 짧게 설정함으로써 소비자의 선택권을 제한하고 있으며 쿠폰의 취소나 환불의 불가, 양도를 제한하는 경우도 소비자의 권리를 침해할 소지가 크다.

1) 소비자에서 동반자로

기존의 상거래에 SNS가 결합하여 또 다른 소셜커머스의 형태로 진화되면서 기업들은 기회와 위협 요인 모두에 직면해 있다. 또한 자체적인 OS로 다양한 애플리케이션을 사용할 수 있는 스마트폰이 대중화되면서 온라인과 오프라인의 경계가 허물어지고 소셜커머스는 더욱 다양한 형태로 진화하고 있다. 새로운 패러다임의 소셜커머스에서 소비자는 그들 스스로가 프로슈머일 뿐만 아니라 신규고객을 유치시키는 마케터의 역할까지 수행하게 된다. 따라서 사업자의 역할은 상품정보를 등록하고 이를 SNS를 통해서 소통할 수 있는 플랫폼을 개발해야 된다. 지금까지의 오픈마켓 플레이스에서처럼 생산자와 소비자가 제한적으로 참여하는 방식에서 그치지 말고, 그들이 그 플랫폼 안에서 SNS를 넘나들며 최대한 자유롭게 활동할 수 있도록 서비스를 제공해야 한다. 소비자들은 플랫폼에 참여하여 생산자가 제시한 물건을 사는 것에서 그치는 것이 아니라 그들이 현재 원하고 있는 물건을 실시간으로 팔게끔 판매자들을 유도할 수도 있고, 또 직접 새로운 소비자들을 끌어올 수도 있어야 한다. 오픈마켓 플레이스에서 소셜커머스라는 방식을 활용할 때 잊어서는 안 되는 점이 바로 이것이다. 소셜커머스는 사업자와 상품이 아닌 소비자, 곧 고객이 중심인 것이다. 소셜커머스의 주권은 소비자에 있는 만큼 앞으로 이러한 진화가 계속되는 한 소비자의 역할은 더욱 확대될 것이다. 소셜커머스에 참여하는 기업들은 더 이상 소비자를 판매의 대상으로만 봐서는 안 된다. 소비자를 돈벌이 대상이 아닌 동반자로 인식할 때 소셜커머스는 기업에게 새로운 기회로 다가올 것이다.

2) 소비자의 힘

소셜커머스가 가져온 가장 큰 변화는 결국 기업과 소비자 간의 관계변화를 꼽을 수 있다. 소셜커머스 시장에서는 소비자가 단순히 소비만 하는 것이 아니라 자신의 소셜네트워크를 활용해 자발적으로 구전효과를 일으키게 된다. 즉 소비자가 직접 정보를 생산하고 유통시키며 이는 제품 및 서비스 판매에 중요한 영향을 미치게 된다. 소비자들의 소셜네트워크에서 실시간으로 퍼져나가는 정보를 통해 기업들은 큰 비용 없이 구전효과를 극대화시킬 수 있는 장점이 있지만 이는 소비자가 긍정적인 정보를 전파할 때만 통하는 이야기다.

최근 한 조사에 따르면 SNS 사용자 중 SNS 내에서 특정 브랜드나 기업에 대해 긍정적인 언급을 한 사람의 비율은 46%로 나타났으나 부정적인 언급을 한 사람의 비율도 23%인 것으로 나타났다. 기존의 카페나 블로그와는 달리 소셜네트워크 안에서 실시간으로 빠르게 확산되는 정보를 기업이 통제하는 것은 사실상 불가능하다. 결국 소비자들이 생산하는 긍정적인 정보는 물론 부정적인 정보에 대한 통제 또한 매우 어렵다. 소셜커머스에서 소비자는 기업의 판매 조력자가 될 수도 있고 방해자가 될 수도 있는 것이다.

시장에서 소비자 힘이 커져 제품과 서비스에 대한 가격 결정권이 기업에서 소비자로 기울게 되면 기업은 계속해서 제품과 서비스 가격을 내려야 하는 상황에 직면할 수도 있다. 인터넷 시대에 접어들면서 소비자들은 엄청난 양의 정보를 접하게 되었지만 가치 있는 정보를 구분해 내는 것은 쉽지 않다. 그렇기 때문에 기업, 채널 그리고 소비자 간 정보의 비대칭이 존재했다. 그러나 소셜네트워크 안에서 지인들을 통해 신뢰할 만한 양질의 정보들을 실시간으로 접하는 소셜커머스의 소비자들은 더욱 스마트해지고 있다. 그렇기 때문에 기업들은 투명하고 솔직하게 소비자들과 커뮤니케이션하는 것이 어느 때보다 중요해지고 있다.

2.5 소비자 피해 유형

소셜커머스의 이용이 확대되고, 업체 간 경쟁이 심화되면서 납품업체와의 불공정 거래로 인한 갈등이 발생하고 있다. 뿐만 아니라 소셜커머스 이용자수가 늘어나면서 소비자 피해사례들도 늘어나고 있다. 따라서 올바른 거래관행을 정립하여 유통산업의 건전성을 확보하고 소비자 피해를 줄일 수 있도록 소셜커머스 시장에 대한 지속적인 모니터링이 필요하다. 이러한 배경하에 소셜커머스에서 발생하는 소비자 피해 유형을 정리하면 다음과 같다.

1) 업체 난립에 따른 무분별한 상품 공급

소셜커머스 시장이 안정적으로 성장하기 위해서는 상품 공급자와 소셜커머스 업체 사이에 균형이 이루어져야 한다. 소셜커머스 업체가 난립하다 보니 매일 신상품 소개를 이어가는 것조차 힘에 부쳐 무분별하게 상품을 발굴하는 일이 생겨난다. 품질을 검증할 겨를도 없이 일단 팔고 보자는 식이 되는 것이다.

2) 고비용 구조에 따른 과적 판매

국내 소셜커머스 비즈니스는 고비용 구조다. 국내 Top 소셜커머스 업체들만 보더라도 매월 지출하는 광고비가 수십억 원에 이른다고 한다. 소셜커머스 업체들은 비용을 감당하기 위해 상품 공급자들에게 많은 공급량을 요구할 수밖에 없다. 그 결과, 수용능력 이상으로 소비자들이 몰려 상품을 이용하는 일조차 어려워지는 일이 생기기도 한다.

3) 서비스 상품 특성과 소비자 기만

상품 공급자들은 높은 할인율에 소셜커머스 업체 수수료까지 부담할 경우 손해를 볼 수도 있어 수지 타산을 맞추기 위해 상품구성을 싸구려로 바꾸기도 한다. 품질 검증과 보증은 소셜커머스 업체들의 몫이지만 그럴 겨를이 없으며 문제가 생겨도 책임을 회피하게 되는 것이다. 소셜커머스에서 판매되는 상품이 주로 오프라인 서비스 상품이다 보니 피해를 감지하는 데 어려움이 따른다. 재료나 상품구성이 공산품처럼 규격화되어 있지 않기 때문이다.

4) 할인의 유혹에 따른 충동구매와 불만

할인은 소비자들의 이성을 마비시키는 힘이 있다. 지출하면서도 할인율만큼 수익을 얻었다고 착각하게 만든다. 이러한 착각은 구매와 동시에 사라진다고 한다. 소셜커머스에서 환불요청이 자주 이루어지는 것은 이런 이유 때문이다. 일부 소셜커머스 업체들은 공동구매라는 특수한 비즈니스 모델을 핑계로 환불을 거부해 소비자의 불만을 사고 있다.

5) 좋은 상품이 사라지는 레몬 시장의 가능성

상품 공급업자들이 조악한 할인상품을 내놓더라도 소비자들이 구분하기 어려우므로 관심을 가질 만한 할인율만 제시하면 된다. 판매량은 조작 가능하기에 신뢰할 수 있는 구매기준이 되지 못한다. 그 결과 판매자들은 엇비슷한 할인율을 제시하면서도 이익을 극대화하기 위해 노력하게 된다. 그 결과 소셜커머스 시장에는 좋은 상품은 사라지고 나쁜 상품만 남게 되는 문제가 발생할 수도 있다.

제3절 소셜커머스 모델

소셜커머스의 모델에 대해 살펴봄으로써 그것이 발전해 나갈 새로운 방향에 대해서 모색해 보고자 한다. 현재 국내외에서 서비스되고 있는 소셜커머스를 [표 12-4]와 같이 여섯 가지 모델로 구분하여 살펴보면 다음과 같다.

| 표 12-4 | **소셜커머스 특성 비교**

유형	대표적인 업체	'Social' 특성	'Social' 수준
플래시 세일 (Flash Sale)	Vente−Privee	Drive member−get−member referrals	●
그룹 바이 (Group−Buy)	Groupon(그루폰), 티켓몬스터, 쿠팡, 위메프 등 국내 업체 대다수	SNS를 통한 구전효과	●
소셜 쇼핑 (Social Shopping)	Polyvore, Kaboodle, Lockerz	쇼핑 정보 포털	●●◐
소셜 쇼핑 앱스 (Social Shopping Apps)	ShopKick, Stickybits	스마트폰 앱을 통해 쇼핑을 온라인에서 오프라인까지 확장	●●●
퍼체이스 쉐어링 (Purchase Sharing)	Blippy, Swipely	신용카드 결제 정보를 바탕으로 타깃 마케팅 가능	●●●
퍼스널 쇼퍼 (Personal Shopper)	GoTryItOn	쇼핑 관련 커뮤니티	●●◐

3.1 플래시 세일

플래시 세일(flash sale)은 온라인상에서 제한된 시간 동안만 상품을 판매하는 방식이다. 대표적인 업체로는 'Vente Privěe'가 있는데 이 업체는 프라이빗 쇼핑의 형태로 회원가입을 한 이용자만이 판매하는 상품을 볼 수 있다. 1,200개의 패션디자이너 브랜드 및 스포츠 장비, 자동차, 여행상품에 이르기까지 최대 70% 할인율을 제공한다. 특정 상품의 판매기간은 2~4일 정도이며, 사이트 회원 간 입소문을 통해 회원의 혜택이 커지는 방식(drive member get member referrals)을 취하고 있다.

3.2 그룹 바이

그룹 바이(group buy)는 제한된 시간 동안 정해진 인원이 모이면 특정 상품을 할인된 쿠폰으로 판매하는 방식이다. 다른 유형과 차별되는 요소는 지역 거점을 중심으로 판매상품을 구성하고 있다는 것이다. '그루폰(Groupon)'이 그 대표적인 사례다. 그루폰은 지역사업자를 오프라인에서 온라인으로 끌어들였다는 평가를 받고 있다. 그루폰은 지역사업자의 판매상품을 온라인에서 대행해서 판매해 주는 형식을 취하면서 지역사업자에게는 상품의 할인 폭 및 그루폰의 대행수수료를 마케팅 비용으로 인식하게 만들었고, 이용자에게는 50% 정도의 할인된 가격으로 상품구입이 가능하게 함으로써 사업자와 소비자 모두가 윈윈(win-win)하는 사업모델을 만들었다. 그리고 그루폰 이용자가 친구를 소개하여 구매까지 이어지는 경우 소개한 이용자에게 10달러 쿠폰을 제공하는 방식으로 구전효과, 즉 소셜(social)효과를 활용하고 있다. 이렇게 해서 그루폰은 회사설립 2년 만에 타임지가 선정한 최고의 웹사이트 50위 안에 들 정도로 가파른 성장률을 보이고 있다. 앞서 언급했듯이 국내에서도 이러한 그루폰의 사업모델을 차용한 그룹 바이 형태의 소셜커머스 업체들이 주를 이루고 있다.

3.3 소셜쇼핑

소셜쇼핑(Social Shopping)은 단순히 상품을 할인된 가격에 판매하는 것이 아니라, 이용자들이 온라인상에서 찾아낸 좋은 판매 사이트, 혹은 상품을 서로 공유하게 하는 형태를 취하고 있다. 예를 들면, 월 평균 650만 명이 방문하고 있는 'Polyvore'는 패션 아이템에 관한 사이트, 상품, 패션정보를 망라하여 패션 쇼핑을 위한 다양한 정보를 알려 주는 포털의 역할을 한다. 또한 셀러브리티들의 패션스타일 및 잡지에 실린 패션스타일에 관한 모든 상품의 정보를 소비자의 상품평과 함께 제공한다. 또한 이용자 중 누군가가 셔츠 아이템 사진을 올리고, 이것과 어울릴 만한 아이템 추천을 요청하면 코디가 가능한 상품을 판매 사이트가 링크된 사진과 함께 올려주기도 한다. 이 모든 것들이 사이트 운영자가 아닌 소비자들의 자발적인 커뮤니티 활동으로 가능하다. 그리고 이 사이트에서 공유하는 모든 정보는 블로그, 트위터, 페이스북으로 실시간 공유된다.

3.4 소셜쇼핑 앱스

소셜커머스가 기존의 e-커머스와 다른 점 중의 하나로 상거래의 범위를 온라인에서 오프라인까지 확장시켰다는 언급이 있다. 바로 소셜쇼핑 앱스(Social Shopping Apps)가 그것을 가능하게 한다. 2009년 설립된 'Shopkick'이 대표적인 업체로, 스마트폰에 'Shopkick' 앱을 다운받은 일반소비자가 오프라인상의 상점을 방문할 때마다 'kick'이라는 일종의 포인트가 쌓이는 방식을 개발했다. 그리고 상점을 단순히 방문하는 것뿐만 아니라, 상점에서의 'check in' 혹은 상품의 바코드를 'scan'함으로써 'kick'을 추가로 적립할 수 있다. 이렇게 모인 'kick'은 아이튠즈의 기프트카드, 레스토랑 바우처, Best Buy, Target, Macy's, Crate&Barrel, American Eagle, Simon Malls, Sports Authority 등 미국 전역의 주요 소매점의 기프트카드, 혹은 Facebook의 크레딧 등으로 교환할 수 있으며, 기부에도 사용할 수 있다. 또한 이렇게 수집된 소비자들의 단골상점 정보라든지 이용패턴, 취향 등의 정보를 이용해 사업자들은 맞춤화된 마케팅을 펼칠 수 있게 되는 메커니즘이 생긴다. 이는 Shopkick 앱을 통한 'walk in', 'check in', 'scan' 등의 정확한 소비자의 종적을 계량화한 통계로 제공할 수 있기 때문에 가능한 것이다. 그리고 소비자 입장에서는 자주 가는 상점으로부터 할인티켓 등의 오퍼를 받는다든가, 앱에서 단골상점의 스페셜 오퍼 정보를 푸시(push) 등의 형태로 놓치지 않고 받을 수 있다는 메리트가 생긴다.

3.5 퍼체이스 셰어링

퍼체이스 셰어링(purchase sharing)은 소비자가 자신의 상품구매정보를 공유하게 함으로써 사업자에게는 마케팅의 수단을 제공하고, 구매소비자에게는 금전적 보상을 해주는 방식을 취한다. 대표적인 업체 'Swipely'의 경우 소비자가 자신이 사용하는 신용카드를 사이트에 등록한 후 등록한 신용카드를 사용하여 상품 및 서비스를 구매하거나 이용할 경우, 이 구매정보를 사업자에게 제공하여 마케팅에 활용할 수 있도록 한다. 마케팅 프로세스는 사업자가 구매한 소비자에게 포인트를 지급함으로써 단골고객 유치를 가능하게 하고, 더 나아가 포인트를 얻은 소비자가 친구나 가족들에게 입소문을 내는 마케팅 효과를 기대하는 방식이다. 이는 심리학자이자 인류학자인 영국의 Robin Dunbar 교수가 말한 바와 같다. "뽐내기 본능이 소셜네트워킹 애플리케이션의 시초다. 사람들은 자기의 구매행위가 최선이었다는 것을 타인으로부터 인정받고 싶어 하는 본능이 있는데, 이러한 본능이 사람들로 하여금 구매 이후에 자신이 구매한 상품을 다른 사람에게 자랑하게 만들고, 더 나아가 자신이 구매한 상품의 대변인(advocate)이 되게끔 만든다는 것이다. 더구나 구매행위 및 자신의 사회적 인맥을 통한 입소문을 일으킬 때마다 포인트 등 금전적인 보상을 해준다면, 일반 소비자들이 이를 마다할 이유는 없을 것이다."

어찌 보면, 손해를 감수하고 마케팅을 위해 반값 할인 쿠폰 등을 판매하는 것보다 실질적인 구매를 일으킨 고객에게 혜택을 제공함으로써 단골고객의 로열티를 높임과 동시에 구전 마케팅 효과를 일으키는 이런 유형의 소셜커머스가 사업자 입장에서는 더 안전한 마케팅이 될 수도 있을 것이다. 그러나 소비자 입장에서는 신용카드 정보를 Swipely와 같은 소셜커머스 사이트에 제공한다는 것 자체가 부담이 될 소지가 있어, 이러한 유형의 소셜커머스가 얼마나 효과적으로 개인정보를 안전하게 취급하면서 이용자 규모를 확대할 수 있을지는 두고 볼 필요가 있다.

3.6 퍼스널 쇼퍼

퍼스널 쇼퍼(personal shopper)의 형태도 있다. 예를 들어, 'GoTryItOn'은 무엇

을 입을지, 무엇을 구매해야 할지 고민하게 될 때 소셜네트워크를 통해 다른 사람의 객관적인 조언(second opinion)을 얻을 수 있는 유형의 소셜커머스이다. 이 또한 이용자가 많아지고 그에 따라 참여하는 사업자도 많아지게 되면, 참여하는(조언을 구하거나 조언을 해주는) 이용자에게 포인트를 제공하고, 사업자는 구전효과를 얻고, 사이트 운영자는 광고수입을 얻는 비즈니스 모델을 구축할 것으로 예상된다. 아직은 순수한 커뮤니티 운영수준에 머물러 있는 상태로 보인다.

| 그림 12-3 | GoTtyItOn 웹사이트

제4절 소셜커머스 사례

본 절에서는 국내 소셜커머스의 원형이 된 그루폰의 사례와 가장 소셜한 형태의 커머스라고 할 수 있는 페이스북의 '딜즈(deals)' 그리고 국내 소셜커머스인 티켓몬스터에 대하여 살펴본다.

4.1 그루폰

소셜커머스의 가장 대표적인 기업이라고 하면 그루폰(Groupon)을 떠올릴 수밖에 없다. 그루폰은 2008년 11월 창업하여 2009년 3,300만 달러, 2010년 7억 6,000만 달러의 매출을 올리며, 창업 2년 만에 23배의 매출 증가를 나타냈다. 그루폰은 쿠폰 공동구매 사이트로, 정해진 시간 동안 각 지역별로 쿠폰을 판매한다. 비즈니스 모델만을 놓고 보면 흔한 공동구매몰에 불과할 수도 있었던 그루폰이 이러한 성공신화를 쓸 수 있었던 비결은 페이스북, 트위터 등 소셜네트워크(SNS)의 활용에 있다. 그루폰은 보통 하루 한 가지, 50% 이상 할인된 가격에 상품을 구매할 수 있는 쿠폰을 판매한다. 단, 정해진 시간 동안 정해 놓은 최소 판매량이 달성되어야 할인이 유효하다. 이에 따라 소비자들은 이 조건을 충족시키기 위해 친구나 지인들을 SNS를 이용해 끌어모은다는 것이 그루폰의 메커니즘이다.

이러한 메커니즘이 잘 작동되기 위해서 그루폰은 소셜네트워크를 통해 친구를 소개하여 그 친구가 구매까지 하는 경우 소개한 소비자에게 10달러의 보상을 해주는 강력한 입소문 장려정책을 활용하고 있다. 그리고 그루폰은 지역 기점을 활용해 오프라인의 영세 상점들과 온라인상의 소비자를 연결해 주고 있다. 사업자는 반값 할인과 그루폰이 가져가는 수수료를 값싼 마케팅 비용으로 생각하고 할인된 쿠폰을 제공하게 되었고, 소비자는 반값으로 할인된 가격에 구매하면서도 구매자에 그치지 않고 소셜네트워크를 통해 판매에 일정 부분을 기여할 수 있게 되는 윈윈(win-win)의 시스템을 개발하였다는 점이 기존의 온라인 공동구매와 그루폰을 차별화시키는 요소가 되었다.

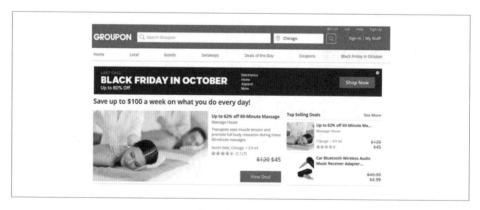

| 그림 12-4 | **그루폰**

4.2 페이스북 딜즈

전 세계 페이스북 가입자는 약 23억 명이며, 이 중 절반은 홈페이지에 매일 접속한다고 한다. 스마트폰 사용자가 늘어나면서 페이스북 가입자의 26%는 스마트폰 사용자라고 한다. 이처럼 소셜네트워크상에서 막강한 영향력을 가지는 페이스북이 직접 소셜커머스 서비스를 제공한다면, 이것이 바로 진정한 '소셜' 커머스가 아닐까 하는 생각이 든다. 사실 페이스북은 이전에도 팬페이지(Fan Page), 플레이스 딜즈(Place Deals) 등을 통해 실질적인 소셜커머스, 소위 말하는 f-커머스를 제공해 왔다.

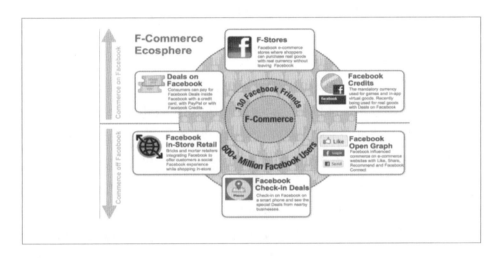

| 그림 12-5 | **페이스북 f-커머스**

기업들이 상품을 페이스북 안에서 판매하기 위해서는 우선 Fan Page를 개설한 후 Fan Page상에서 쇼핑 기능을 추가해 온라인 쇼핑몰로 전환하기만 하면 된다. 이용자들은 Fan Page 하단에 있는 'Shopping' 버튼을 클릭하여 온라인 쇼핑을 할 수 있다. 또한 지금까지 기업들은 소비자들이 Fan Page상에서 한 번 클릭으로 페이스북을 벗어나 업체 자체 온라인 쇼핑몰로 이동해 구매하도록 하는 방식도 취하고 있으며, 현재는 대부분의 기업이 이 방식을 이용하고 있다. 페이스북상에서 특정인이 특정 아이템 혹은 특정 Store가 마음에 들어 Fan으로 등록하게 되면, 이 특정인과 연관된 수많은

사람들에게 팬으로 등록된 아이템 혹은 Store가 노출되는 기회가 생긴다. 이것이 소위 말하는 입소문 효과이다. 그리고 이러한 페이스북에서의 입소문 효과는 인맥을 통해 발생하기 때문에 기존의 인터넷 쇼핑몰에 달리는 익명의 댓글이나 상품평보다 훨씬 신뢰할 수 있어 그 파급효과는 엄청나게 클 수밖에 없다.

페이스북의 플레이스 딜즈는 위치기반서비스(LBS)를 활용한 모바일 앱을 스마트폰에 다운받아 실행시키면, 자신이 현재 있는 지역 주변에서 제공하고 있는 스페셜 오퍼 등이 표시되고 그 화면을 상점에서 보여 주기만 하면 혜택을 받을 수 있는 서비스이다. 그리고 이것을 페이스북의 크레딧(Credit)으로 결제하면 이 결제내역도 자신의 인맥들과 공유할 수 있다. 이것 또한 입소문의 효과를 발생시키는데, 이렇게 해서 동일 상점에서 추가적인 매출이 발생하게 되면 다시 보상으로 크레딧이 주어지는 메커니즘이 생기기 때문이다.

그런데 지금까지 페이스북은 자신의 소셜네트워크상에서 상거래가 활발히 이루어지는 것을 장려했을 뿐 금전적인 수수료를 청구하지는 않았다. 그러나 2011년 초 페이스북이 '페이스북판 그루폰' 모델인 페이스북 딜즈(Facebook deals) 서비스를 발표하였다. 어쨌든 기존의 소셜커머스가 진정 '소셜'한 커머스인가를 연구하는 상황에서 페이스북 딜즈는 우선 유럽에서 2011년 초부터 참여하는 기업에게 수수료를 부과하지 않는 형태의 'Check in Deals' 서비스를 시작했고, 미국에서는 2011년 4월 말 5개의 도시를 대상으로 'Deals on Facebook'을 서비스했다. 현재도 베스트바이, 까르푸, 델, 스타벅스, P&G 등 미국 주요 소매점이 페이스북 안에 쇼핑몰 페이지를 개설하고 있다. 이러한 측면에서 f-커머스 서비스가 궁극적으로 아마존(Amazon)이나, 이베이(eBay)의 e-커머스 사업까지도 위협할 가능성이 있다는 견해도 있다.

4.3 티켓몬스터

소셜커머스는 소셜네트워크서비스(SNS)를 이용한 전자상거래로, 일반적으로 50% 이상의 파격적인 할인가에 공동구매 방식으로 판매하는 소셜쇼핑을 가리킬 때 쓰인다. 먼저 '오늘의 할인 상품'이 소셜커머스 사이트에 올라오면 구입을 원하는 사람들은 마감시간 전까지 구매를 선택하고 SNS로 주변 사람들에게 알린다. 구매자가 일정 수를 넘으면 할인쿠폰이 전송돼 다음 날부터 이용할 수 있으며, 인원이 못 미치면 거래가 자동 취소된다. 국내 소셜커머스에서는 티켓몬스터(티몬)가 선두주자다. 티몬은 창업 6개월 만에 매출 100억 원을 돌파한 후 파죽지세의 성장을 거듭하고 있다. 티몬은 맛집 전문 소셜커머스 분야에서 수위를 달리고 있는 데일리픽을 인수하며 몸집을 불렸다. 또한 티몬은 서비스 지역을 계속 확장하고, 소셜 및 모바일을 강화해 진짜 소셜커머스로의 체질 개선에 박차를 가하고 있다.

티몬은 트위터, 페이스북 등의 커뮤니케이션 기능을 구현하고 다양한 SNS가 적용된 진화된 플랫폼으로 개편하였다. 또한 하루에 한 가지의 상품만을 판매하는 방식에서 탈피해 오픈마켓 방식의 진화형 소셜커머스가 되었다. 입점을 원하는 업체는 엄격한 등록기준을 통과해야 하며, 승인을 거친 후 직접 상품을 팔 수 있게 된다. 티몬은 업체들이 자체적으로 상품을 올리게 되면서 지금의 소셜커머스와 비교할 수 없는 엄청난 종류의 상품이 높은 할인율에 거래되고, 구매자와 판매자 간 커뮤니케이션도 활발해질 것으로 기대하고 있다. 이와 함께 모바일 플랫폼도 강화하였다. 티몬은 갤럭시 탭용 애플리케이션과 안드로이드 스마트폰용 애플리케이션을 출시하여 티몬 이용자들은 아이폰과 안드로이드폰 모두에서 현재 할인상품과 업체 위치를 바로 확인할 수 있다.

| 그림 12-6 | **티켓몬스터**

토의문제

1. 소셜커머스와 공동구매를 비교하여 그 차이점을 설명하시오.
2. 소셜커머스의 유형과 소비성향에 대하여 설명하시오.
3. 소셜커머스의 상거래 메커니즘을 설명하고 기존 상거래와의 차이점을 설명하시오.
4. 소셜커머스 상거래의 각 단계별 특징을 기술하시오.
5. 소셜커머스 이용자의 피해 유형에 대하여 예를 들어 설명하시오.
6. 소셜 커머스의 모델을 나열하고 그 특성을 기술하시오.
7. 소셜 커머스의 진화방향에 대하여 설명하시오.

참고문헌

Black, M., *Social Media Marketing, Independently Published*, 2023.

Clyne, G., *Social Media Marketing 2019*, Charlie Piper, 2019.

Coleridge, S. D. C., *Maximise Your Success Online: Social Media & Digital Marketing for Beginners Tips & Tricks*, CreateSpace Independent Publishing Platform, 2017.

Coles, L., *Social Media for Business: Foolproof Tips to Help you Promote Your Business or Your Brand*, Wiley, 2017.

Dollwet, S., *Social Media Marketing 2019*, Independently Published, 2019.

Ford, J.E., *Social Media Marketing for the Future*, Independently Published, 2018.

Fuchs, C., *Social Media: A Critical Introduction*, SAGE Publications Ltd., 2021.

Gray, N., *Social Media Marketing*, Pluto King Publishing, 2018.

Hill, R., *Social Media Marketing2024*, Independently Published, 2023.

Journal Spark, *Social Media Marketing Blog Planner*, Independently Published, 2019.

McArthur, K. N., *Social Media Management*, Independently Published, 2019.

Miller, C. and Preace, D., *Social Media Marketing*, Independently Published, 2019.

Preston, B. and Fitzgerald, B. S., *Social Media Marketing Blueprint*, Independently Published, 2023.

Quesenberry, K. A., *Social Media Strategy*, Rowman & Littlefield Publishers, 2018.

Schiffmann, A., *Simple Social Media,* Lulu.com, 2023.

Shaun, J., *Social Media Marketing*, Independently Published, 2024.

Tuten, T., *Social Media Marketing*, SAGE Publications Ltd, 2023.

Wright, C., *Social Media Marketing 2020*, Independently Published, 2019.

Zimmerman, J. and Hg, D., *Social Media Marketing All−in−One for Dummies*, Dummies, 2021.

　　최근 월마트가 트위터와 손을 잡았다는 외신이 보도됐다. 월마트가 트위터에서 새롭게 선보이는 라이브 쇼핑 방송에 참여하기로 했다는 소식이다. 아마존에 '세계 최대의 유통업체 타이틀'을 내어준 월마트가 위협을 느끼고 SNS 판매 강화에 나선 것이다. 월마트가 SNS 시장에 주목한 데는 이유가 있다. 코로나19로 인해 온라인 쇼핑시장이 성장하면서 소셜커머스 시장도 확대일로다. 미국 시장조사업체 '비즈니스 인사이더 인텔리전스'에 따르면 지난해 SNS를 통해 상품을 구매한 사람은 8000만명으로, 전년 동기대비 25% 늘어났다. 이 같은 추세에 따르면 2023년 소셜커머스 시장 이용자는 1억명을 돌파할 것이라는 전망이다.

　　소셜커머스의 부상은 쇼핑몰 운영자들에게 호재다. 특히 메타(페이스북 운영사)가 '숍스'를 론칭하면서 간단하게 SNS에 숍을 구축하고 자사몰 상품을 실시간 연동할 수 있게 됐다. 이 회사는 전 세계 8개 e커머스 플랫폼과 파트너십을 맺고 판매자 유치에 나섰는데, 동아시아권 국가 파트너로는 카페24가 유일하다. 이에 따라 SNS를 적극 활용하는 쇼핑몰이 늘고 있다. 지리산에서 찾은 건강한 먹거리를 판매하는 '지리산자연밥상'은 SNS를 통해 소비자 접점을 확대한 쇼핑몰 중 하나다. 이 쇼핑몰은 페이스북, 인스타그램, 카카오스토리, 블로그 등 다양한 SNS를 운영한다. 전체 팔로워 수는 14만명을 넘어섰다.

　　차량용 거치대를 판매하는 커스텀플라스틱은 3년 전부터 페이스북 숍스를 적극 활용하고 있다. 업체 대표는 "숍스는 홍보부터 구매까지 원스톱으로 이어지기 때문에 고객 이탈이 적다"며 "소비자 입장에서도 편의성이 높은 것이 장점"이라고 말했다. 소비자 호응도 뜨겁다. 인스타그램에는 커스텀플라스틱 구매 후기가 500건을 넘어섰다. 직접 사용한 소비자들 후기가 SNS를 통해 입소문을 타면서 홍보 효과를 톡톡히 누리고 있는 것이다. 덕분에 대표 상품인 '컵플러스2'는 출시 후 5년간 누적 판매량 80만건을 달성했다.

　　손신발은 인스타그램을 통해 해외 고객 맞이를 하고 있다. 수제화를 판매하는 이 쇼핑몰은 BTS가 뮤직비디오에 제품을 신고 나오면서 국내는 물론 해외에서도 인지도를 높였다. 이처럼 소셜커머스로 인해 온라인 판매자들에게는 판로 확대를 도모할 수 있는 새로운 기회가 열렸다(매일경제, 2022. 1 .13).

업계 최저 수수료 내놓은 1세대 e커머스 위메프

판매자들 사이에서의 화두는 단연 '플랫폼 수수료'다. 온라인 플랫폼에 의존하는 매출액 비중이 해마다 증가하고 있지만 판매수수료 부담을 느끼고 있는 이들이 대다수다. 이 가운데 2021년 4월 위메프가 한 자릿수대 수수료를 들고 나오며 파격이라는 평가가 나왔다.

위메프는 플랫폼 최저 수준인 2.9% 정률 수수료(PG수수료 포함)를 도입했다. 2020년 12월 공정거래위원회가 발표한 유통업계 실태조사 결과에 따르면, 온라인 쇼핑몰의 평균 수수료율은 13.6%였다. TV홈쇼핑 33.9%, 백화점 26.3%, 대형마트 20.0% 등과 비교하면 위메프 2.9% 수수료는 5분의 1 수준이라는 설명이다. 위메프는 2.9% 수수료 선언과 함께 오픈마켓 방식으로 적용해 오던 상품별 차등 수수료 체계도 탈피했다. 통상 오픈마켓 사업자들은 상품 카테고리별로 수수료를 차등해 받고 있으나, 위메프와 지난 9월부터 카테고리와 관계없이 2.9% 정률 수수료를 적용하고 있어 대비가 된다. 위메프 측은 "2.9% 수수료로 판매자와 소비자를 아우르는 이용자형 플랫폼으로 거듭난다는 목표"라고 설명했다. 소비자가 모이면 판매자가 또다시 모이는 선순환 효과가 나온다. 위메프 측은 업계 최저 수수료가 사회공헌 측면도 있다고 했다.

위메프는 최근 큐레이션 기능에 AI 기술을 더해 '메타쇼핑' 채널로 자리잡겠다는 목표를 밝혔다. 위메프는 그간 식품·리빙·패션 등 품목을 세분화해 큐레이션하는 기능을 강화해 왔다. 여기에 메타데이터를 활용한 비교·분석 서비스를 추가하겠다는 것이다. 메타데이터란 흩어져 있는 방대한 데이터를 체계적으로 구조화해 이용자가 원하는 정보를 빠르고 효율적으로 습득할 수 있도록 한 데이터를 말한다. 온라인몰에서 제공하는 가격비교 서비스가 메타데이터를 활용한 대표적인 예다. 위메프가 차별점으로 내세운 것은 상품 특징과 스타일 등 세부적인 정보에 대한 비교·분석 기능이다. 위메프는 23만개 쇼핑몰에서 확보한 총 7억여 개의 상품 데이터를 기반으로 하는 검색 AI를 통해 이러한 '상품비교' 서비스를 시작한다고 밝혔다.

위메프는 관련 인재를 영입하고 연구개발(R&D)에 집중해왔다. 그 결과 데이터레이크를 구축하고 자체 개발 검색 AI도 내놨다. 데이터 레이크는 다양한 분야에서 수집해 가공하지 않은 원형 데이터들이 모여 있는 저장소다. 검색 AI는 이 데이터들을 모두 취합·분석한다. AI가 하기 어려운 콘텐츠 요소는 휴먼 큐레이션(사람이 추천)이 보완한다. 위메프 상품기획자(MD)가 직접 엄선해 선보이는 기획전·특가 행사를 연다.

위메프는 소비자가 상품·브랜드의 특징·장단점을 비교할 수 있도록 패션·잡화·뷰티 등의 상품을 중심으로 하는 비교 서비스도 시작했다. 위메프 관계자는 "메타데이터 분석 역량을 접목해 큐레이션과 플랫폼 양 날개를 기반으로 성장한다는 목표"라면서, "내실 없는 외형 성장 보다 철저히 생존과 지속 성장 발판 마련에 집중하고 있다"고 밝혔다.

최근 '콘텐츠 커머스'가 되겠다고 선언한 티몬

티몬은 2021년 국내 최초로 판매수수료 마이너스 정책을 선보였다. '판매수수료 -1%' 정책은 파트너사가 판매할 상품을 추가 옵션 없는 '단품등록' 방식으로 등록하면 매출이 발생할 때마다 판매대금의 1%를 돌려주는 방식이다. 통상 3%대의 결제대행(PG)수수료까지 티몬이 부담하기 때문에 판매자들이 체감하는 혜택은 10% 이상을 누렸다는 설명이다.

지난 6월 피키캐스트 창업자인 장윤석 대표를 영입한 티몬은 대표의 강점을 살려 '콘텐츠 커머스' 강화에 들어갔다. 지난 9월에 1인 방송 플랫폼 아프리카 TV, 지난 10월 글로벌 숏폼 플랫폼 틱톡과 전략적 업무협약을 체결했다. 이후 지난달에는 모바일 애플리케이션을 개편하고, 자체 라이브커머스 플랫폼 티비온을 전면에 배치해 집중도를 높였다.

이처럼 위메프와 티몬이 새로운 시도를 이어가는 이유는 1세대 e커머스 기업들이 저물며 대규모 자본을 투자한 네이버, 쿠팡, SSG닷컴 등을 필두로 e커머스 시장이 재편되고 있기 때문이다. 2019년 22%였던 네이버(12%)와 쿠팡(10%) 합산 점유율은 지난해 32.3%까지 늘어났다. 반면 같은 기간 위메프 점유율은 5%에서 4.3%로 줄었고, 티몬은 3%대에 머물고 있다.

e커머스 플랫폼들이 판매자들과의 상생에 주목하는 것은 셀러 규모가 곧 영업 자산과 동일한 개념으로 평가받기 때문이다. 업계 관계자는 "e커머스 업계에서 셀러 규

모는 영업 자산과 동일한 개념으로 인식되기 때문에 이베이코리아가 매물로 나왔을 때 국내 최대규모인 14만 셀러를 보유하고 있다는 것이 몸값을 올리는 데 주효했다"고 설명했다. 셀러와의 상생을 도모하는 게 '비용'이 아니라 결국 플랫폼의 미래 가치를 높이는 '투자'라는 얘기다(매일경제, 2022. 1. 10; 서울파이낸스, 2022. 1. 25).

토의문제

1. 국내 주요 소셜커머스 업체들이 계속 적자를 면치 못해 온 이유에 대하여 토론해 보자.
2. 기존 소셜커머스 업체가 e커머스 플랫폼으로 전환을 위해 보완해야 할 사항에 대하여 토의해 보자.
3. e커머스 플랫폼들이 판매자들과의 상생에 주목하는 이유를 설명해 보자.

CHAPTER
13

메타버스와
생성형 인공지능(AI)

학습목표

- 메타버스의 태동 배경 및 개념에 대하여 학습한다.
- 메타버스의 기술 구성요소에 대하여 학습한다.
- 메타버스의 가치사슬에 대하여 학습한다.
- 메타버스의 플랫폼 특징에 대하여 학습한다.
- 메타버스의 플랫폼 사례에 대하여 학습한다.
- 생성형 인공지능의 개념에 대하여 학습한다.
- 생성형 인공지능의 플랫폼에 대하여 학습한다.
- 생성형 인공지능의 활용에 대하여 학습한다.

글로벌 경영컨설팅 회사 맥킨지에 따르면, 현재 초기 단계인 메타버스 산업은 2030년 1조 5000억달러, 우리 돈 1800조원에 육박하는 거대 시장으로 성장할 전망이다. 미래학자인 로저 제임스 해밀턴은 "2024년 우리는 현재의 2차원(2D) 인터넷 세계보다 3D 가상세계에서 더 많은 시간을 보낼 것"으로 예측했다. 실제 최근 미국 10대의 하루 평균 로블록스(메타버스 게임) 사용 시간이 156분으로 틱톡(58분)이나 유튜브(35분)을 이미 앞지른 것으로 집계되기도 했다. 이에 따라 빅테크는 메타버스 시대 확실한 플랫폼으로 자리매김하기 위해 빈 퍼즐을 메우는 데 총력을 기울이고 있다.

이와 같이 메타버스는 올해 경제, 사회, 문화 등 전 분야의 핵심 키워드로 떠오르고 있다. 또 NFT(Non-Fungible Token·대체불가토큰)과 P2E(Play to Earn·돈 버는 게임) 역시 거센 열풍이 불 것으로 예상된다. 현실세계에서의 활동이 메타버스로 옮겨가고 NFT로 자산화와 수익화가 가능해지면서 생산, 소비, 투자, 거래의 순환 노믹스가 가능해졌다. 구글, 애플, 메타 등 글로벌 빅테크 기업들이 관련 시장을 선점하기 위해 본격 경쟁에 뛰어드는 배경이다.

빅테크 메타버스 투자 가속화

일본 소니그룹과 덴마크 레고의 모기업 커크비는 메타버스 협업 강화를 위해 미국 게임사 에픽게임스에 총 20억달러를 투자했다. 소니가 이번까지 총 세 차례에 걸쳐 투자한 금액은 약 1.8조원이며 에픽게임스 지분 4.9%를 보유하게 됐다. 니혼게이자이 신문은 "메타버스 시장이 주목받는 가운데 게임, 음악, 영화 등을 융합한 온라인 엔터테인먼트 경쟁력 강화를 위한 것"이라고 분석했다.

메타(옛 페이스북)도 자사 메타버스 플랫폼 '호라이즌 월드'에서 이용자가 제작한 아이템을 판매하는 기능을 제공한다. 호라이즌 월드는 소셜미디어 기업이었던 메타에게 거래 수수료를 바탕으로 페이스북 이후의 새 먹거리 발굴을 본격화한 것이다. 메타는 메타버스판 소셜 플랫폼인 '호라이즌(Horizon)' 시리즈를 선보인 바 있다. 주거 SNS인 '호라이즌 홈', 협업 SNS인 '호라이즌 워크룸', 엔터테인먼트 SNS인 '호라이즌 월드' 등이다. 메타가 작년 말 출시한 호라이즌 월드는 VR 기기를 착용한 채 다른 사람과 어울리거나 게임을 하는 가상공간이다. 메타는 여기서 NFT 형태의 아이템을 거래할 수 있도록 하고, 최대 47.5%의 수수료를 받는 수익 모델을 도입했다. 메타는 호라이즌 월드에서 사용될 가상화폐 출시도 앞두고 있다.

MS는 기업용 메타버스 시장을 겨냥하여 2차원, 3차원 아바타를 활용해 영상회의를 할 수 있는 '메시 포 팀스(Mesh for Teams)' 제품을 내놓고, 업무용 캔버스 제품인 루프를 출시했다. 웹 브라우저상에 있는 빈 공간인 캔버스에 글, 그림, 그래프, 데이터 등을 채워 협업도구와 퍼블리싱 도구로 사용할 수 있도록 하겠다는 구상이다.

인텔은 메타버스를 위한 고성능 칩 시장을 노린다. 3D 이미지·그래픽 기반 중심으로 구축된 메타버스 플랫폼이 원활하게 운영하려면 고성능 반도체가 필수적이기 때문이다. 처리해야 할 데이터 양이 많고, 변수도 다양해서다. 인텔은 "메타버스 시대는 현재보다 1000배 향상된 컴퓨팅 성능이 필요할 것"이라며 "성능이 향상된 새로운 아키텍처를 개발 중"이라고 밝힌 바 있다. 지난 1월 세계 최대 IT 전시회 CES에서 MS와 공동으로 'AR 전용 칩'을 개발한다는 계획을 발표했다. 반도체 기업 엔비디아는 자사의 고성능 GPU(그래픽처리장치) 기반으로 구동하는 메타버스 제작 플랫폼 '옴니버스(Omniverse)'를 운영하고 있다.

애플은 혼합현실(Mixed Reality·MR) 헤드셋을 출시할 전망이다. 특히 기술개발 그룹이라는 대규모 팀이 MR 헤드셋을 개발하고 있는 것으로 전해지고 있다. 애플 분석가로 유명한 밍치궈 애널리스트는 4K 디스플레이에 6~8개에 달하는 카메라를 탑재할 것이라는 전망을 내놓았다.

아마존은 메타버스를 활용해 전자상거래를 지원하는 중이다. 대표적인 것이 AR 쇼핑도구인 룸 데코레이터(Room Decorator)다. 핸드폰을 들어 방 안 빈 공간에 가져다 대면 원하는 가구 등을 AR로 볼 수 있는 방식이다. 아마존 웹 사이트에 들어가 AR 체험 버튼을 누르면 사용이 가능하다. 특히 룸 데코레이터를 통해 제품을 데코레이션 해보고 마음에 들면 그 자리에서 구입할 수 있다.

중국의 텐센트는 메타버스 플랫폼인 로블록스 중국판 독점권을 확보했고, 최근 3D 소셜게임 어바킨라이프·VR게임 개발사 베니멀스·AR디바이스 전문 제조기업 엔리얼·가상 공연 서비스 기업 웨이브 등에 대규모 투자를 단행했다.

국내에서는 누적 이용자 수 7억명을 기반으로 엔터테인먼트, 패션, 방송, 유통 등으로 빠르게 영역을 확장 중인 소비자용 메타버스 플랫폼 '제페토'를 내놓고 있는 네이버가 선두에 있다. SK텔레콤이 2021년 선보인 메타버스 서비스 '이프랜드'는 현재 가입자 460만을 넘겼으며, 연내 세계 80여 국에 진출한다는 목표다. 이프랜드는 다양한 아바타를 통해 MZ세대들이 개성을 표출하고 미팅, 회의 등 네트워크 형성 및 커뮤니케이션을 할 수 있는 3차원 가상공간이다(동아일보, 2022. 1. 25; 조선일보, 2022. 4. 15; 아시아타임즈, 2024. 5. 23; 바이라인네트워크, 2024. 5. 27).

토의문제

1. 전 세계 빅테크들이 메타버스 사업에 투자하는 이유에 대하여 토론해 보자.

2. 네이버 제페토와 SK텔레콤의 이프랜드 특징에 대하여 비교 토의해 보자.

3. 메타버스를 통한 전자상거래, 광고 수익이 기존 e커머스 플랫폼들에 비해 클 것이라는 견해에 대하여 토론해 보자.

메타버스는 5G, AI, 블록체인 등 IT산업의 발달이라는 기술적 배경, 디지털 전환이 진행되는 산업적 배경, 코로나19의 영향으로 사람들의 사회적 연결성 요구가 증가하는 사회적 배경 속에서 인터넷과 같은 차세대 생활공간으로 주목받고 있다. 이용자들은 공간 제약이 없는 메타버스 안에서 이전에는 겪지 못했던 새로운 경험을 얻을 수 있게 되었고, 기업들은 메타버스를 활용한 새로운 사업을 구상하고 있으며, 정부는 메타버스의 미래가치에 주목하고 글로벌 경쟁력 선점을 위해 메타버스 관련 정책 및 지원사업 등을 추진하고 있다.

메타버스 현안 및 국내외 산업 현황

메타버스는 가상환경과 현실의 상호작용이 가능한 상황에서 그 안에서 사회·경제 적인 활동이 가능한 속성을 토대로 포괄적으로 활용할 수 있는 개념으로, 문화 및 예술, 교육, 홍보 및 마케팅, 엔터테인먼트, 일상생활, 생산 및 제조 등의 분야에서 주로 적용된다. 국내 메타버스 관련 운영체제, 콘텐츠, 디스플레이, NFT 특허 출원 수는 최근 10년간 연평균 24%로 증가하였다. 정부는 메타버스 구현 기술인 AR·VR·XR 등의 연구개발, 융합, 콘텐츠 제작 지원, 인재 양성 등의 계획을 발표했으며 메타버스 실현을 위한 기술 투자와 정책지원을 확대해나가고 있다. 정부는 메타버스 산업을 진흥관련 9개 국가전략, 디지털콘텐츠 플래그십 프로젝트, 5G＋ 전략실행계획, 선도형 실감 콘텐츠 활성화 전략, AR·VR 분야 선제적 규제 혁신 로드맵, 가상융합경제 발전전략, 디지털콘텐츠산업 육성 지원사업, 디지털 뉴딜 정책, 메타버스 작업반, 메타버스 얼라이언스 등을 추진하고 있으며, 국회에서도 메타버스를 지원하기 위한 근거 법안을 발의하여 논의하는 등 적극적으로 대응하고 있다.

메타버스 생태계 비즈니스 기반 구축

메타버스 생태계 참여자별 수익 모델은 메타버스 플랫폼의 경우 콘텐츠 제작 및 판매, 마케팅 수수료, 구독료, 가상공간 판매 및 임대 등이 있으며 콘텐츠 및 서비스 개발·공급자의 경우 아바타/메타버스 아이덴티티, XR 콘텐츠, 오프 라인 IP를 활용한 메타버스 콘텐츠 등이 있다. 메타버스 산업 비즈니스 기반 구축을 위한 필요요건으로는 메타버스 플랫폼 간 콘텐츠와 자산의 높은 상호 호환성, 환금성이 쉬운 메타버스 플랫폼 내 결제시스템, 이용단계에서의 단말기기 등의 기술적 보완, 메타버스 관련 규제 정비 등이 필요하다.

메타버스 콘텐츠 비즈니스 기반 구축 방향성으로는 NFT콘텐츠 등 가상자산과 연동된 가치의 변동성에 대한 고려, NFT 프로토콜 간 호환성 확대, NFT 저작권 정비 등이 필요하다. 인위적인 강제보다는 기업 간 효율적인 정합을 할 수 있는 환경하에서 개별 메타버스 기업들이 표준화를 위한 협력과 경쟁을 통해 이용자의 선택권을 강화한다면 메타버스 생태계의 상호운용성은 높아지고 사회의 효용 또한 높아질 것이다.

메타버스 생태계 창작자 보호

메타버스 상에서 분쟁발생 가능한 메타버스 플랫폼 사업자·콘텐츠 공급자의 저작권 현안으로는 메타버스 아바타가 안무/몸짓 등을 구현하는 경우, 메타버스 공간에 실존 장소·건축물 등을 구현하는 경우, 메타버스 공간에 응용미술 저작물을 구현하는 경우, 온라인 콘서트와 메타버스 내에서의 콘서트의 사용료 징수 관련 쟁점, NFT 활용과 저작권 쟁점 등이 있다. 메타버스 상에서 분쟁발생 가능한 메타버스 이용자·크리에이터의 저작권 현안으로는 콘텐츠 창작 활동 과정에서의 저작권 문제와 창작 활동을 통한 결과물에 대한 저작권 인정 및 보호의 문제 등이 있다.

해외 플랫폼을 포함하여 이종 메타버스 플랫폼 사이에서의 콘텐츠 유통에 대한 저작권 가치 보호가 필요하며, 이용자, 콘텐츠 기업, 메타버스 플랫폼 사업자 등을 대상으로 저작물 이용 가이드라인을 보급하여 메타버스 생태계 참여자들의 저작권 침해에 대한 이해도를 높이고 분쟁을 방지할 수 있도록 해야 할 것이다.

메타버스 생태계 기업 지원

메타버스 콘텐츠 기업에 필요한 지원 과제로는 메타버스 전문인력 부족, 인력 양성 교육의 실효성 부족 등의 '인적지원'과, 정부 예산 지원신청 과정의 복잡성, 글로벌 진출 기업 지원 부족 등의 '재무적 지원', 웹 3.0 기술력 확보의 필요성, 저작권 침해

방지 솔루션 구축 필요성, 메타버스 콘텐츠 체험 공간의 부족 등의 '센터/장비/기술 지원', 부모 세대 인식 제고의 필요성, 메타버스 콘텐츠에 대한 게임물 등급 적용 우려 등 '사회적 인식 및 제도개선 지원' 측면의 과제가 있다.

콘텐츠 인프라 및 기술 지원으로는 결제 시스템 및 기타 솔루션의 표준모듈 개발 지원 등 '기술 인프라 지원', 초기 기업들을 위한 연구용/기술개발용 데이터, 익명 데이터 등을 제공 등 '데이터 인프라 지원', 실험공간, 체험 공간, 창고제공 등을 위해 유휴공간이나 시설을 메타버스 콘텐츠 제작기업에 지원하는 '공간 인프라 지원', 인력 또는 기업의 네트워크 혹은 커뮤니티 등을 구성하여 제공하는 '기업 간 네트워크 및 제작 지원' 등을 정책적으로 고려할 수 있다.

인력양성 지원으로는 현업 인력으로 구성된 강사진과 함께 현장의 수요를 반영한 메타버스 콘텐츠 인력양성 프로그램으로서, 콘텐츠산업에 처음 진입하는 신규 인력 양성 및 기존 제작 인력에 대한 재교육을 기반으로 하는 '메타버스 콘텐츠 인력양성 프로그램 발굴'이 필요하다.

제도 및 법적 지원과 관련하여서는 인프라, 콘텐츠 개발, 인력양성과 관련된 제도 개선 및 NFT 등 가상경제, 게임 분류 등 메타버스 관련 규제의 정비, 플랫폼 종속 방지 제도 등이 더욱 활발히 논의되어야 한다.

메타버스 생태계 이용자 보호

메타버스 환경에서의 이용자 보호가 필요한 현안으로는 개인정보 침해, 거래 관계에서의 이용자 피해, 성적 공격, 아동·청소년 대상 노동 착취 등이 있다. 개인정보 침해 관련하여서는 이용자의 생체정보, 행동 및 소통 정보 등 새로운 유형의 민감 개인정보, 금융거래를 위해 제공하는 개인정보 등이 과도한 개인정보 수집 및 노출, 해킹 등으로 인해 개인정보 유출 및 경제적 피해를 입을 위험이 있다.

현재 서비스 중인 메타버스 플랫폼 중 일부 대중적인 플랫폼들은 개인정보 침해, 성적 공격, 노동 착취 등의 현안과 관련하여 플랫폼 자체적으로 지침을 마련하여 자율적 대응을 하고 있으며, 국회 및 정부 등에서는 정보통신망법, 성폭력법 등 현행법 개정을 통해 메타버스 내 성적 공격에 대비하고 있다. 거래 관계에서의 금융피해 등은 소비자 단체 등에서 대응하고 있다.

메타버스 생태계 활성화를 위한 이용자 보호 차원에서, 메타버스 서비스의 기술적인 측면을 고려한 개인정보보호 법제 정비, 메타버스 서비스의 원활한 이용과 개인정보보호의 균형점 모색, 자율규제와 법적제재의 조화를 통한 실효성 있는 성적 공격 피해방지 논의, 아동·청소년 개발자 및 크리에이터에 대한 노동자로서의 보호, 자율 규범 정착을 위한 윤리 준칙 및 거버넌스 지원 등이 필요하다(디지털비즈온, 2024. 2. 1).

토의문제

1. 메타버스 생태계에서 비즈니스 모델에 대하여 토론해 보자.
2. 메타버스 생태계에서 창작자 보호에 대하여 토의해 보자.
3. 메타버스 생태계에서 기업지원에 대하여 토의해 보자.

제1절 메타버스 이해

메타버스는 '가상', '초월' 등을 뜻하는 영어 단어 '메타'(Meta)와 우주를 뜻하는 '유니버스'(Universe)의 합성어로, 현실세계와 같은 사회·경제·문화 활동이 이뤄지는 3차원의 가상세계를 가리킨다. 메타버스는 가상현실(VR)보다 한 단계 더 진화한 개념으로, 아바타를 활용해 단지 게임이나 가상현실을 즐기는 데 그치지 않고 실제 현실과 같은 사회·문화적 활동을 할 수 있다는 특징이 있다. 메타버스는 1992년 미국 SF작가 닐 스티븐슨(Neal Stephenson)이 소설《스노 크래시(Snow Crash)》에 언급하면서 처음 등장한 개념으로, 이 소설에서 실제 사람들은 아바타를 통해서만 들어갈 수 있는 가상의 세계를 가리킨다. 그러다 2003년 린든 랩(Linden Lab)이 출시한 3차원 가상현실 기반의 '세컨드 라이프(Second Life)' 게임이 인기를 끌면서 메타버스가 널리 알려지게 되었다.

다시 말하면 메타버스는 다양한 신기술을 접목한 새로운 형태의 인터넷 애플리케이션이자 소셜 형태로, 확장된 현실 기술을 기반으로 몰입형 경험을 제공하고, 디지털 트윈 기술을 기반으로 현실 세계의 거울을 생성하며, 블록체인 기술을 기반으로 경제 시스템을 구축해 가상 세계와 현실 세계를 경제 시스템, 소셜 시스템, 신원 시스템에 밀접하게 융합하고 사용자 개개인의 콘텐츠 생산과 편집할 수 있도록 한다. 메타버스는 상호작용을 공유하는 가상 환경으로 정의할 수 있으며, 사람들은 그들의 아바타를 통해 다른 사람과 동시에 상호작용할 수 있다. 메타버스는 초고속·초연결·초저지연의 5G 상용화와 2020년 전 세계를 강타한 코로나19 팬데믹 상황에서 확산되기 시작했다. 특히 Nvidia CEO Jen-Hsun Huang은 Roblox의 다음 단계는 메타버스를 만드는 계획이라고 발표하였다, 마크 저커버그 페이스북 최고경영자(CEO)는 회사 이름을 메타로 바꾸면서 메타버스가 주목받고 있다. Nvidia, Facebook, Microsoft 등이 주도하는 많은 선도적인 기술 회사들이 메타버스를 견인하고 있다. 메타버스 생태계에는 플랫폼과 콘텐츠를 제공하는 플랫폼 업체가 포함되며 다음 <그림 13-1>과 같다.

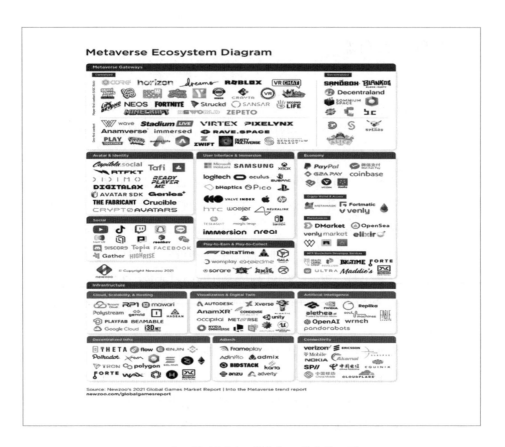

| 그림 13-1 | 메타버스 생태계 그림

제2절 메타버스 기술 구성요소

인터넷 경제가 IT 관련 기술을 기반으로 하는 것처럼 메타버스의 부상은 거대한 기술 시스템의 지원과 밀접한 관계에 있다. 업계에서 메타버스 기술 시스템에 대한 다양한 분석과 논의가 이루어 졌고, 메타버스를 설명하는 여섯 가지 기술적 기둥으로 요약하고 있다. 메타버스를 뒷받침하는 여섯 가지 기술적 요소로서 B는 블록체인 기술, I는 상호작용성, G는 전자게임 기술(게임), A는 인공지능 기술(AI), N은 네트워크와 컴퓨팅 기술(네트워크), T는 사물인터넷(IOT)으로 구성된다. 이 여섯 가지 기술적 시스템은 여섯 개의 기술적 핵심일 뿐만 아니라 기술적 융합을 위한 여섯 개의 넓은 도메인이라고 할 수 있으며, 각각의 기술들에 대한 설명은 다음과 같다.

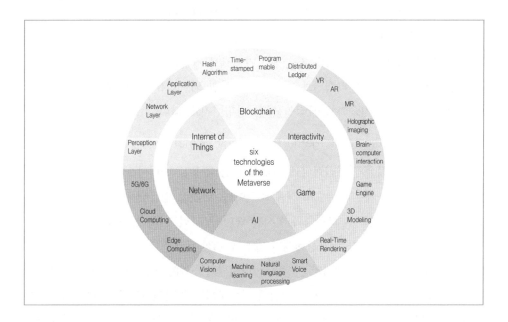

| 그림 13-2 | **메타버스 여섯 가지 기술 요소**

블록체인 기술(Blockchain technology)

블록체인은 메타버스 경제 시스템을 뒷받침하는 가장 중요한 기반이다. 메타버스는 탈중앙화되어야 하며, 거대한 경제체제를 형성하기 위해서는 사용자의 가상자산이 다양한 서브버스에 걸쳐 순환되고 거래될 수 있어야 한다. 블록체인 기술과 NFT(Non-Fungible Token), DAO, 스마트 컨트랙트, 디파이 등 애플리케이션을 통해 창조경제 시대가 촉진되고 대규모 콘텐츠 혁신이 탄생할 것이다. 블록체인 기술을 기반으로 가치의 귀속과 이전을 보장하고 메타버스 경제시스템 운영의 안정성과 효율성, 투명성, 확실성을 실현할 수 있는 분산형 청산·결제 플랫폼과 메타버스의 가치 전달 메커니즘이 효과적으로 구축된다.

상호작용 기술(Interactive technology: Interactivity)

AR, VR 등 인터랙티브 기술을 통해 게임의 몰입도를 높일 수 있다. 휴먼 인터랙션 기술은 현재 메타버스 몰입을 제한하는 가장 큰 병목현상이며, 이러한 인터랙션 기술은 출력기술과 입력기술로 나뉜다. 출력 기술에는 헤드마운트 디스플레이, 터치, 통증, 후각, 그리고 심지어 직접적인 신경 정보 전송과 전기 신호를 인간의 감각으로 변환하는 기술들이 포함된다. 입력 기술에는 마이크로 카메라, 위치 센서, 힘 센서, 속도 센서가 포함된다. 복합 인터랙티브 기술에는 다양한 뇌−컴퓨터 인터페이스도 포함되어 있어 인터랙티브 기술의 궁극적인 발전 방향이기도 하다.

전자게임 기술(Electronic game technology Game)

온라인 게임 기술과 인터랙티브 기술의 공동 활용은 메타버스 사용자 규모의 폭발적인 성장을 위한 두 가지 주요 전제 조건이다. 여기에 언급된 비디오 게임 기술에는 게임 엔진과 관련된 3D 모델링과 실시간 렌더링, 그리고 3D 엔진과 시뮬레이션 기술이 모두 포함된다. 전자는 가상세계의 발전을 위한 핵심기술로 대중의 생산성을 증가시킨다. 후자는 물리적 세계의 가상화와 디지털화를 위한 핵심 도구이다. 현실세계의 디지털화 과정을 크게 가속화하기 위해서는 문턱도 일반인이 운영할 수 있는 수준으로 크게 낮춰야 한다. 여기서 가장 큰 기술적 문턱은 시뮬레이션 기술에 있다. 즉, 디지털 트윈 이후의 것들은 물리, 중력, 전자기, 전자기파의 법칙을 따라야 한다. 예를 들어, 빛과 전파는 압력과 소리의 법칙을 따라야 한다.

인공지능 기술(Artificial intelligence technology: AI)

블록체인과 AI 기술을 통해 콘텐츠 제작 문턱이 낮아지고 게임의 확장성이 향상된다. 인공지능 기술은 메타버스의 모든 수준, 응용 프로그램 및 시나리오에서 어디에나 존재한다. 블록체인에서의 스마트 계약, 상호작용에서의 AI 인식, 게임에서의 코드 캐릭터, 아이템 및 플롯의 자동 생성, 지능형 네트워크에서의 AI 기능, 사물인터넷에서의 데이터 AI 등 메타버스 음성 의미 인식 및 커뮤니케이션의 가상 캐릭터뿐만 아니라 소셜의 AI 추천을 포함한다. 랜온, 각종 DAOs의 AI 작동, 다양한 가상 장면의 AI 구성, 다양한 분석, 예측 및 추론 등이 그것이다.

네트워크와 컴퓨팅 기술(Network and computing technology: Network)

메타버스는 높은 동기화와 짧은 대기 시간이 요구돼 사용자가 실시간으로 부드럽고 완벽한 경험을 얻을 수 있다. 독립된 타사 네트워크 테스트 기관인 오픈시그널의 테스트 데이터에 따르면 4G LTE의 지연은 98밀리초에 이를 수 있어 화상회의, 온라인 수업, 기타 시나리오의 대화형 요구에는 부합하지만, 대기 시간이 짧은 응용 프로그램의 요구와는 거리가 멀다. VR 장비의 가장 큰 문제는 전송 지연으로 인한 현기증 문제를 들 수 있다.

또한 에지 컴퓨팅(Edge Computing)은 종종 메타버스의 핵심 인프라로 간주된다. 데이터 소스 근처에서 개방형 플랫폼을 채택해 가까운 곳에서 가장 근접 서비스를 제공할 수 있어 최종 사용자가 로컬 컴퓨팅 성능을 보완하고 처리 효율성을 높이며 네트워크 지연 시간과 네트워크 혼잡 위험을 최소화할 수 있다. 메타버스는 사용자들이 언제 어디서나 어떤 기기로든 로그인하고 몰입할 것을 요구한다. 데이터에 대한 실시간 모니터링과 많은 수의 계산이 필요하다. 단일 또는 소수의 서버가 메타버스의 엄청난 컴퓨팅 부하를 지원하기는 어렵다. 클라우드 컴퓨팅은 분산 컴퓨팅의 일종으로 강력한 컴퓨팅 파워가 많은 사용자를 동시에 온라인으로 지원할 것으로 기대된다.

사물인터넷 기술(Internet of Things)

메타버스는 대규모 참여매체로 대화형 이용자 수가 1억명에 이를 전망이다. 현재 대규모 온라인 게임은 클라이언트 소프트웨어를 사용하며, 클라이언트 소프트웨어는 게임 운영자의 서버와 사용자의 컴퓨터에서 실행된다. 이 모드에서는 컴퓨터 단말기의 성능 요구사항이 사용자가 사용할 수 있는 임계값을 형성하여 사용자 접근을 제한한다. 5G, 클라우드 컴퓨팅 등 기반 기술의 고도화와 대중화는 향후 게임 접근성의 제약을 돌파할 수 있는 열쇠이다.

사물인터넷 기술은 물리세계의 디지털화의 프런트엔드 획득과 처리 기능뿐만 아니라, 가상세계가 공존하는 메타버스 가상세계에 침투해 물리세계까지 관리하는 기능도 맡는다. 만물의 상호연계가 실현되어야 메타우주는 현실과 공생을 실현할 수 있다. 물리적 네트워크 기술의 발전은 디지털 트윈 이후 가상 세계에 정확하고 지속적인 실시간 데이터 공급을 제공하여 메타버스 가상 세계에 있는 사람들이 이용하게 한다. 인터넷을 떠나지 않고도 물리적인 세계의 세부 사항을 볼 수 있다.

제3절 메타버스 가치사슬

Jon Radoff는 인프라(Infrastructure), 휴먼 인터페이스(Human Interface), 탈중앙화(Decentralization), 공간 컴퓨팅(Spatial Computing), 크리에이터 경제(Creator Economy), 검색(Discovery) 및 경험(Experience)의 계층으로 구성된 메타버스 가치사슬을 제안하였다.

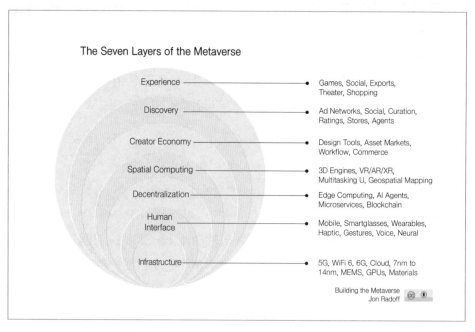

| 그림 13-3 | 메타버스 일곱 가지 가치사슬

Layer 1 - 경험(Experience)

경험(Experience)은 사람들이 디지털 기반 환경에서 상호 작용하는 경험인 메타버스를 생각할 때 대부분의 사람들이 현재 집중하는 것으로 보이는 계층이다. 경험은 사용자가 콘텐츠, 쇼핑, NFT, 스포츠, 몰입형 세계, 게임, 디지털 미디어 등에 참여하는 곳이다. 게임은 메타버스를 구성하는 인터넷의 많은 기능(가상 환경에서의 몰입, 아바타 정체성, 스토리텔링, 진행 및 실시간 사회적 상호 작용)을 가장 잘 보여준다. 경험 계층에는 물리적 세계와 디지털 세계가 충돌하고 혼합되는 다른 많은 일상적인 경험도 포함된다.

Layer 2 - 검색(Discovery)

누군가는 인기있는 새로운 온라인 경험을 만들 수 있지만 그것이 트렌드가 되려면 발견되어야 한다. 검색(Discovery)의 주요 기능은 광고 네트워크 및 게재위치, 상점, 평가 시스템 및 소셜 큐레이션/추천이다. 일반적으로 검색은 인바운드 또는 아웃바운드 정보 공유/마케팅 시스템을 통해 이루어진다. 메타버스 검색의 주요 특징 중 하나는 실시간 존재이다. 단순히 사람들이 좋아하는 것을 넘어, 사용자들은 메타버스 안에서 사람들이 현재 무엇을 하고 있는지 발견하여 공유된 경험에 참여할 수 있다.

Layer 3 - 크리에이터 경제(Creator Economy)

크리에이터 경제(Creator Economy) 계층은 창작자들이 다중 우주에서 이용할 수 있는 다양한 경험을 구축하기 위해 활용하는 모든 기술을 위한 것이다. 창조경제는 제작자와 창작자가 디자인 도구, 앱, 자산 시장, 워크플로우 플랫폼을 사용하는 곳이다. 인터넷이 처음 개발되었을 때 모든 제작자는 기본적으로 코더가 되어야 했으며 프로그래밍과 도구를 처음부터 개발해야 했다. 나중에 Ruby on Rails와 같은 웹 앱 프레임워크는 웹 애플리케이션 개발을 더 쉽게 만들었으며 DirectX 및 Open GL과 같은 라이브러리를 사용하면 복잡한 코딩 작업없이 3D 그래픽을 렌더링할 수 있다. 메타버스 세대에서 제작자는 웹 기술을 만들기 위한 다양한 템플릿, 도구 및 시장을 마음대로 사용할 수 있다. 예를 들어, 오늘날 Shopify를 사용하여 코드를 다룰 필요없이 완벽하게 작동하는 전자상거래 사이트를 시작하고 실행할 수 있다.

Layer 4 – 공간 컴퓨팅(Spatial Computing)

공간 컴퓨팅(Spatial Computing)은 물리적 공간과 가상 공간의 혼합을 의미한다. 온라인 3D 공간을 더 조작하기 쉽고 기묘하게 "실제"로 만들거나 더 많은 디지털 경험과 정보로 현실 세계를 증강을 통하여 물리적 공간과 가상 공간 사이에 존재하는 장벽을 허물어 버린다. 공간 컴퓨팅 계층은 3D 엔진 및 프로그램, AR, VR, XR 및 매핑을 의미한다. 유니티(Unity) 및 언리얼 엔진(Unreal Engine)과 같은 3D 엔진은 이미 실제 현실의 경험을 더욱 친근하게 모방하는 애니메이션을 만들고 있다. 엔비디아(Nvidia)는 제작자가 상호 운용 가능한 3D 공간에서 협업할 수 있는 옴니버스를 제공한다. 이 계층에는 건강 및 피트니스를 위한 생체 인식 애플리케이션의 부상을 포함하는 사물 인터넷(IoT), 음성 인식 및 제스처 인식 기술이 포함된다.

Layer 5 – 탈중앙화(Decentralization)

스노 크래시(Snow Crash)에서 미래가 일부 중앙 집중식 권위에 의해 통제되는 공상 과학 디스토피아와 달리 메타버스의 주요 특징은 탈중앙화, 개방되고, 배포된다는 것이다. 탈중앙화에는 블록체인 기술과 스마트 계약, 오픈 소스 플랫폼, 자주권 디지털 신원 가능성이 포함된다. 우리는 이미 이더리움에 구축된 NFT 게임을 위한 블록체인의 개발을 보고 있다. Web3와 탈중앙화 금융(DeFi)의 부상은 중앙집중식 통제에서 금융 자산을 해방하는 데 도움이 된다.

Layer 6 – 휴먼 인터페이스(Human Interface)

미래는 로봇의 세상일 수도 있고 아닐 수도 있지만, 메타버스에서 인간은 이미 로봇화되어 가고 있다. 디지털 기술과 인체 간의 인터페이스는 이미 이루어지고 있으며 점점 더 보편화되고 있다. 휴먼 인터페이스는 디지털 기술로 우리의 육체를 확장하는 모든 기술을 의미한다. 여기에는 VR 헤드셋, 스마트 안경, 신경망, 합금 및 웨어러블이 포함된다. Oculus Quest는 스마트폰의 모든 기능을 수행할 뿐만 아니라 문자 그대로 우리가 주변 세계를 보는 방식을 변화시키는 초기 스마트 콘택트 렌즈뿐만 아니라 미래 기술이 어디로 가고 있는지 보여주고 있다. 3D 프린터로 제작한 웨어러블, 바이오센서, 뇌와 컴퓨터 사이의 인터페이스는 디지털 기능으로 우리 몸을 확장시킨다.

Layer 7 - 인프라(Infrastructure)

메타버스의 인프라는 우리의 디지털 기기를 활성화하고 연결하고 전력을 공급하여 궁극적으로 주변 계층에서 모든 것을 가능하게 하는 기술이다. 인프라는 데이터 센터, 클라우드 컴퓨팅, 무선네트워크, 재료 및 처리와 같은 기본 기술 및 네트워크 구성요소이다. 인프라는 마이크로칩으로 구축된 5G 및 6G 컴퓨팅의 개발을 포함한다. 또한 컴퓨팅과 데이터 스토리지가 데이터 생산 및 사용 장소에 근접하면서 클라우드 컴퓨팅에서 에지 컴퓨팅으로 발전하고 있다.

제4절 메타버스 플랫폼

4.1 메타버스 플랫폼 특징

메타버스 플랫폼들은 VR, AR 기술을 활용하는 가상공간 속에 세계를 구성하여 사람들을 머물게 하고 그 안에서 커뮤니케이션과 엔터테인먼트, 그리고 경제활동까지 가능하게 하고 있다. 메타버스는 오픈월드(Open World), 샌드박스(Sandbox), 크리에이터 이코노미(Creator Economy), 아바타(Avatar)라는 네 가지 특징을 가지고 있다.

오픈월드(Open World)는 게임에서 파생된 용어로, 사용자가 게임 내 가상 세계에서 자유롭게 이동하고 탐색하고 이벤트를 생성할 수 있다. 기존 콘솔 게임에서는 게임 내 세계가 아무리 광대하더라도 사용자에게 높은 자율성과 자유도를 제공하여 스토리가 설정한 경로를 따라 게임을 클리어하는 작업을 완료할 수 있다. 결과적으로 게임의 과정과 결과가 달라진다. 이를 통해 게임 사용자의 몰입도가 높아지고 게임에 소비하는 시간이 길어진다. 게임 사용자는 게임사에서 제작한 게임 콘텐츠를 수동적으로 따라갈 필요가 없고, 스스로 게임 플레이를 직접 디자인하여 능동적인 게임을 즐길 수 있다. 이 열린 구조를 통해 게임 내 세계를 자유롭게 탐색하고 나만의 공간을 만들고 다른 사용자를 초대하고 그 과정에서 다른 사용자와 즉석에서 소통할 수 있다. 개방형 구조의 게임은 게임 사용자가 서로 소통하고 게임을 하며 게임 개발자와 사용

자 모두에게 더 많은 가능성을 제공한다

샌드박스(Sandbox)는 사용자가 모래로 두꺼비 집을 짓고 성을 쌓는 것처럼 자유롭게 무언가를 만들 수 있는 게임 유형이다. 사용자는 게임에서 제공되는 도구를 사용하여 건물, 산과 같은 랜드마크를 디자인하고 다양한 오브젝트를 만들 수 있다. 게임은 사용자에게 자신만의 공간이나 오브제를 만드는 즐거움을 주어 게임에 오래 머무르는 효과가 있다. 사용자의 자유도가 높기 때문에 창의적인 활동을 할 수 있고 기업은 비교적 자유롭게 게임 내에서 홍보 및 마케팅 활동을 수행할 수 있다

크리에이터 이코노미(Creator economy)는 크리에이터들이 창작물로부터 수익을 얻을 수 있도록 하는 소프트웨어 기반의 경제이다. 메타버스 플랫폼은 오픈 월드에 샌드박스 기반의 서비스를 제공하기 때문에 사용자는 메타버스 내에서 지속적으로 자신의 콘텐츠를 생산하며, 이는 메타버스 내에서 독립적인 경제 생태계를 생성하고 순환시키는 역할을 한다. 사용자가 게임 소비자이자 게임 콘텐츠 제작자가 될 수 있는 유연한 구조이다. 이러한 구조는 창작자 경제와 게임 콘텐츠 제작에 따른 수익 구조를 창출한다.

아바타(Avatar)는 현실세계의 나를 가상으로 표현한 것으로, '또 다른 나', '가상세계의 나'를 뜻한다. 2003년 출시된 세컨드 라이프(Second Life)가 아바타를 본격적으로 게임에 활용한 사례라고 할 수 있다. 아바타는 게임에서 사용자의 역할을 대신하는 가상의 캐릭터이며, 메타버스 게임을 즐기게 해 주는 입력장치이다. 사용자들은 아바타를 자신의 취향과 정체성을 입혀 커스터마이징하고, 이러한 기능은 무한대로 다양한 게임 캐릭터들이 존재할 수 있게 한다. 아바타는 캐릭터로서 게임 내에서 다양한 활동을 하는 것에 그치지 않고, 사용자의 분신 역할을 하면서 다른 아바타들과 커뮤니케이션하기도 한다. 다른 아바타들과 언어로 소통하는 것의 한계를 보완하기 위해, 게임 개발자들은 아바타의 동작을 다양화하여 감정을 전달하는 방식인 감정 표현 모션을 도입하였다.

Davis(2009)은 [그림 13-4]에서 보는 바와 같이 메타버스 환경에서 고유한 기술적 능력과 행동을 통합하여 메타버스 프레임워크를 제안하였다. 이 프레임워크는 메타버스 자체, 인간과 변형, 메타버스의 기술적 능력, 행동 및 결과의 다섯 부분으로 구성되었다. 메타버스와 결과 간의 순환 관계는 메타버스에서 기술적 능력과 지속적인

사회적 상호작용의 영향을 보여준다. 이 순환 관계의 화살표는 일방향 인과 관계가 아니라 이러한 구조 간의 상호 작용을 나타내기 위한 것이다. 즉, 메타버스의 기술적 능력은 인간과 아바타 간의 상호작용의 질을 결정하며, 이는 신뢰, 공유된 이해 등과 같은 메타버스에서의 아바타의 정신 또는 행동으로 이어진다. 아바타의 정신 상태와 행동은 차례로 의사 소통과 상호 작용을 촉진하여 메타버스의 가상 환경을 지속적으로 개선하고 궁극적으로 다양한 결과를 낳는다.

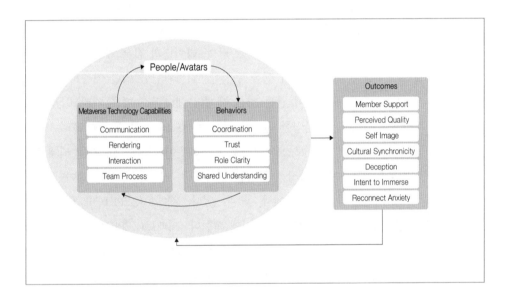

| 그림 13-4 | **메타버스 프레임워크(Davis 등, 2009)**

4.2 메타버스 플랫폼 사례

1) 제페토(ZEPETO)

2018년 네이버에서 런칭한 제페토는 2021년 3월 기준 글로벌 누적 사용자 수는 2억명에 달하며, 이 중 해외 사용자가 90%, 10대 사용자가 80%를 차지하며 가장 빠르게 성장하는 메타버스 플랫폼이다. AR 기반 3D 아바타 애플리케이션 제페토(ZEPETO)

는 얼굴인식과 AR을 활용해 아바타와 가상세계를 만드는 플랫폼이다. 제페토는 사람의 외관을 가진 아바타를 지원하며, 사용자는 얼굴 인식과 증강 현실 기능으로 꾸밀수 있다. 아바타는 얼굴, 눈, 코까지 메이크업 서비스를 제공해 사용자가 가상세계에 참여하는 맞춤형 서비스를 구현했고, 제페토는 가상화폐 시장에 진입해 가상 비즈니스를 발전시키려는 상용화 전략을 세웠다. 사용자들은 동전과 보석을 가상화폐로 사용하여 아바타와 가상 공간을 꾸밀 수 있다. 또한 다양한 개념의 지도를 탐색하거나, 스스로 지도를 구축하고 공유할 수 있다. 제페토는 네이버에서 운영하는 '공식 맵'과 사용자가 생성하는 '이용자 맵' 등 다양한 공간으로 구성되며, 사용자의 아바타를 통해 공간 내 활동이 가능하다. 공식맵의 경우 슈팅, 탈출, 라이딩과 같은 게임 객체를 포함하고 있지만, 빌드잇을 통해 사용자가 맵을 구성할 때는 간단한 맵만 가능하다. 제페토는 현실 세계의 모습을 복제하여 만든 거울 세계의 메타버스 맵을 가지고 있으며, 이 기능은 특정 도시나 공간을 반영한 맵이나 실제 브랜드의 공식 맵에서 볼 수 있다. 제페토(ZEPETO)는 현실 세계의 모습을 그대로 복사하듯이 만들어 낸 거울 세계로서의 메타버스 맵이 있으며, 이런 특징은 특정한 도시 또는 공간을 구현한 맵이나 현실의 가수들, 유명 브랜드의 공식 맵에서 볼 수 있다. 제페토(ZEPETO) 공식 맵인 'Gucci Villa', '한강공원', '한국 동네' 등이 이에 속한다. 제페토(ZEPETO)는 메타버스 플랫폼으로 급부상하여 관심의 중심이 되고 있지만, 대용량의 3D 영상을 실시간으로 제공 및 활용하기에는 현재의 기술과 디바이스가 따라가지 못하는 실정이다.

| 그림 13-5 | **제페토(ZEPETO) 공식 맵**

그 외에도 제페토는 젬(Zem)과 코인(Coin)의 두 가지 암호화폐를 사용하며 현금 충전으로 사용하거나 게임 내 광고 시청이나 이벤트 참여를 통해 획득할 수 있다.

1,200원을 원화로 충전하면 14개의 보석과 4,608개의 코인을 얻을 수 있다. 제페토에서는 아바타 의상과 악세서리가 가장 활발한 판매 품목이며, 언론에서는 아바타 의상 판매를 통해 월 매출 1500만원을 달성한 사용자가 소개되었다. 제페토 아바타 의류 판매가 새로운 블루오션으로 주목받으면서 관련 디자인 대학에서 전문 과정을 개설하고 제페토 의류 생산 전문 기업을 설립하였고 제페토 크리에이터(Zeppetto Creator)라는 새로운 직업을 생겼다.

2) 호라이즌 월드(Horizon Worlds)

2021년 12월 10일 Meta는 VR 소셜 플랫폼인 호라이즌 월드(Horizon Worlds)를 미국과 캐나다의 18세 이상 사용자에게 무료로 공개해 원하는 모든 것을 자유롭게 만들고 사용할 수 있도록 했다. 호라이즌 월드(Horizon Worlds)는 VR 헤드셋인 메타 퀘스트2를 활용하여 가상의 월드에 입장할 수 있는 VR 서비스로, 아바타를 사용하여 다른 사용자들과 소통하고 함께 게임 등 다양한 콘텐츠를 즐길 수 있다. 호라이즌 월드(Horizon Worlds)를 사용하면 친구를 쉽게 만나거나 새로운 사람을 쉽게 만날 수 있다. 일단 들어가면, 여러분은 파티에 참여해서 호라이즌 월드(Horizon Worlds)의 특색 있는 세계를 뒤지며 이야기를 나눌 수 있다. 또한 메뉴를 탐색하고, 이름으로 게시된 월드를 검색하고, 완전히 새로운 공간으로 이동할 수 있다. 호라이즌 월드(Horizon Worlds)에 들어가서 혼자서도, 친구와 함께서도, 직관적인 세계 구축 도구를 통해 자신의 기발한 아이디어를 호라이즌 월드(Horizon Worlds)로 가져갈 수 있는 당신만의 세계를 만들 수 있다. VR 소셜 플랫폼은 나만의 가상 세계를 자유롭게 구축할 수 있으며, 일련의 틀과 도구를 제공하여 팀 동료들과 다양한 가상 게임을 즐길 수 있다 호라이즌 월드(Horizon Worlds)에서 제작자가 될 필요 없이 단순히 탐색자가 되어 커뮤니티가 구축된 수천만 개의 세계를 경험할 수 있다.

호라이즌 월드(Horizon Worlds)는 메타에서 자체 VR 아바타를 겨냥해 개발한 메타버스 소셜 커뮤니티로, 월별 이용자 수가 놀라워 현재까지 30만명, 호라이즌 월드(Horizon Worlds)에 사용자가 생성한 가상 세계 수는 1만 개에 달했으며, 관련 페이스북 그룹에는 2만 명이 넘는 회원이 등록되었다.

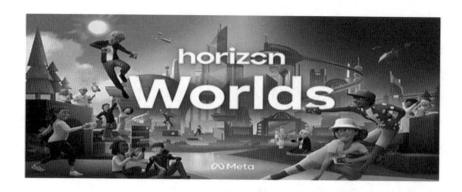

| 그림 13-6 | **호라이즌 월드(Horizon Worlds)**

　미국 유명 패스트푸드 체인 웬디스(Wendy's)가 메타버스 커뮤니티 내 가상 세계인 웬디버스(Wendyverse)를 공식 론칭했다. Meta Quest 2 사용자는 메타버스 플랫폼인 Horizon Worlds에 로그인하여 Wendy의 가상 레스토랑을 탐색하고 다양한 인터랙티브 게임을 플레이하고 가상 Baconator로 촬영할 수 있다. 웬디버스는 웬디버스 타운 스퀘어 센트럴(Wendyverse Town Square Central)과 웬디버스 파트너십 플라자(Wendyverse Partnership Plaza) 등 두 개의 가상 장소를 구축한 것으로 알려졌다. 웬디버스 타운 스퀘어 센트럴에서는 가상 식사와 최신 웬디즈 상품을 만나볼 수 있으며 웬디버스 파트너십 플라자에서는 더벅 비스킷돔을 찾아 농구 경기나 가상 의상을 발사할 수 있다.

3) NFT(Non-Fungible Token)

　'대체 불가능한 토큰(Non-Fungible Token)'이라는 뜻으로, 희소성을 갖는 디지털 자산을 대표하는 토큰을 말한다. NFT는 블록체인 기술을 활용하지만, 기존의 가상 자산과 달리 디지털 자산에 별도의 고유한 인식 값을 부여하고 있어 상호교환이 불가능하다는 특징이 있다. NFT는 블록체인을 기반으로 하고 있어 소유권과 판매 이력 등의 관련 정보가 모두 블록체인에 저장되며, 따라서 최초 발행자를 언제든 확인할 수 있어 위조 등이 불가능하다. 또 기존 암호화폐 등의 가상자산이 발행처에 따라 균등한 조건을 가지고 있는 반면 NFT는 별도의 고유한 인식 값을 담고 있어 서로 교환할 수 없다는 특징을 갖고 있다. 예컨대 비트코인 1개당 가격은 동일하지만 NFT가 적용될 경우 하나의 코인은 다른 코인과 대체 불가능한 별도의 인식 값을 갖게 된다. 2021년 5월 16일까지 8억 달러가 넘는 NFT가 수십만 개 거래됐다. 대부분은 디지털 아트, 컬렉션, 음악, 게임 내 아이템 또는 가상세계를 다루고 있다. NFT는 화폐, 상품, 기술이 아닌 자산이다.

NFT의 시초는 2017년 스타트업 대퍼랩스(Dapper Labs)가 개발한 '크립토키티(CryptoKitties)'가 꼽히는데, 이는 유저가 NFT 속성의 고양이들을 교배해 자신만의 희귀한 고양이를 만드는 게임이다. 특히 2017년 말 이 게임의 디지털 고양이가 11만 달러(약 1억 2,000만 원)에 거래되면서 화제를 모은 바 있다. 2017년 말 크립토키티(CryptoKitties) 컬렉션이 세계적으로 급성장한 이후 NFT 시장 규모는 거의 안정적으로 유지돼 2020년 중 하루 평균 약 6만 달러 규모로 거래되고 있다. 2020년 7월부터 시장은 급격한 성장을 겪어 2021년 3월 하루 거래량이 1000만 달러를 넘어서며 8개월 전의 150배에 달했다.

NFT 거래 플랫폼에는 포괄적인 거래 플랫폼 OpenSea가 있으며, 예술 거래 전용 플랫폼인 SuperRare가 있다. 그리고 커뮤니티 상호작용 플랫폼 Rarible가 있다. 2021년 OpenSea는 126만 명의 활성 사용자와 함께 160억 달러의 거래량을 달성했다. SuperRare의 수집가는 조각당 약 $12,600에서 $23,000에 이르는 고가의 개별 작품을 구매하는 경향이 있다.

NFT로 발행된 거래품 중 유명한 것으로는 2021년 경매에서 290만 달러에 낙찰된 트위터 창업자 잭 도시(Jack Dorsey)의 첫 트위터 게시물("just setting up my twt")과 2021년 크리스티 경매에서 6,930만 달러에 판매된 디지털 아티스트 마이크 윈켈만(Mike Winkelmann)의 작품 등을 꼽을 수 있다.

디지털 아티스트 비플(Beeple)의 NFT 작품 'Every Day: The First 5000 Days'는 NFT 개발의 역사에 포함될 가치가 있다. 이 그림은 작가가 13년 6개월에 걸쳐 완성한 맞춤 예술 작품으로 2021년 11일에는 뉴욕 크리스티 경매에서 약 780억원에 낙찰되기도 했다.

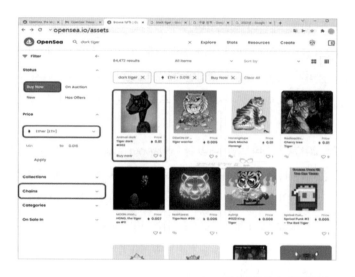

| 그림 13-7 | NFT 거래 플랫폼 OpenSea

제5절 생성형 인공지능(AI)

5.1 개념

인공지능이란 사고나 학습 등 인간이 소유한 지적능력을 컴퓨터를 통해 구현하는 기술로서, 강한 인공지능(Strong AI)과 약한 인공지능(Weak AI)으로 구분한다. 강한 AI는 사람처럼 자유로운 사고와 이해력 그리고 의식까지 소유한 자아를 지닌 인공지능이며, 약한AI는 자의식이 없는 인공지능을 말한다. 이러한 인공지능은 고도화의 정도에 따라서 머신러닝(Machine Learning)과 딥러닝(Deep Learning), 그리고 생성형 AI로 구분할 수 있다. 머신러닝은 대량의 데이터를 분석하고 패턴을 찾아내 예측하는 기법이고, 딥러닝은 컴퓨팅 기술을 이용하여 신경망 알고리즘을 활용하는 기법이며, 생성형 AI는 이용자의 요구에 따라 능동적으로 결과를 생성해 내는 인공지능 기술이다. 이러한 머신러닝, 딥러닝, 그리고 생성형AI를 그림으로 나타내면 <그림 13-8>과 같다.

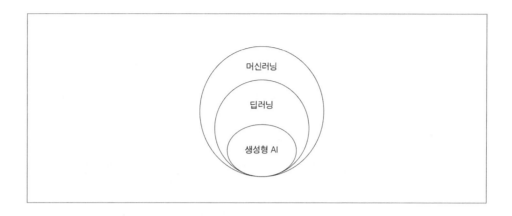

| 그림 13-8 | **인공지능의 이해**

생성형 인공지능(AI)은 기존 데이터를 분석하거나 처리하는 전문가 시스템이 아닌 새로운 콘텐츠를 생성할 수 있는 인공지능을 의미한다. 생성형 AI 모델은 방대한 데이터 세트와 복잡한 설계를 갖추고 있어 새로운 다양한 콘텐츠를 창출할 수 있는 능력을 가지고 있다. 생성형 인공지능 모델들은 프롬프트에 대응하여 텍스트, 이미지, 기타 미디어를 생성할 수 있는 인공지능으로 단순히 기존 데이터를 분석하는 것이 아니고, 비디오, 오디오 및 텍스트를 포함한 광범위한 멀티미디어 형식의 새로운 콘텐츠를 만드는 데 초점을 맞춘 인공지능분야이다.

최근 몇 년간, 계산 능력의 지속적인 증가는 심층 신경망, 변환기 및 생성적 적대 신경망(GAN)과 변분 오토인코더(VAE)와 같은 혁신적인 모델의 발전을 촉진했다. 이러한 모델들은 데이터의 복잡성을 효과적으로 포착할 수 있어 특정 또는 일반적인 분야의 언어나 이미지의 고차원 확률 분포를 모델링하는 데 능숙하다. 생성 모델과 기타 기술을 결합하여 언어나 이미지의 고차원 의미 공간을 텍스트, 오디오 또는 비디오의 멀티미디어 표현으로 매핑함으로써, 어떤 입력 형식도 비디오로 변환할 수 있다.

이러한 다기능성은 멀티미디어 형식 간의 원활한 전환을 가능하게 하여 생성 모델을 다양한 응용 분야에서 중요한 가치를 지니게 한다. 생성형 AI의 가장 두드러진 측면 중 하나는 무한한 응용 잠재력이다. 이 모델들은 다양한 입력 형식에서 진정으로 다른 멀티미디어 형식을 생성하도록 훈련될 수 있다. 예를 들어, 생성형 AI는 텍스트 설명에 따라 현실적인 이미지를 생성하고, 오디오에서 비디오 콘텐츠를 생성하며, 특정 스타일이나 감정에 기반한 음악 작품을 생성할 수도 있다. 또한, 생성형 AI는 광고, 엔터테인먼트 및 교육과 같은 산업을 자동화된 콘텐츠 생성과 개인화된 경험을 제공함으로써 혁신할 잠재력을 가지고 있다. 다양한 데이터 소스를 학습하고 다양한 멀티미디어 출력을 생성함으로써, 이 모델들은 기업과 개인이 시간과 자원을 절약하면서 새로운 창의적 가능성을 탐구할 수 있도록 도울 수 있다.

결론적으로, 생성형 AI 모델은 방대한 데이터 접근과 복잡한 설계를 통해 콘텐츠 생성 및 변환에 있어 비교할 수 없는 잠재력을 제공한다. 이 모델들은 다양한 출처에서 학습하고 다양한 멀티미디어 형식을 생성하며, 입력을 한 형식에서 다른 형식으로 변환하여 멀티미디어 생성 및 변환 분야에서 광범위한 응용을 개척하고, 오늘날 기술 주도적인 세계에서 없어서는 안 될 도구가 되고 있다.

5.2 플랫폼

생성형 AI는 새로운 콘텐츠를 생성하거나 원하는 작업을 수행하기 위해 인간의 개입 없이 스스로 새로운 내용을 생산하는 능력을 갖춘 인공지능을 말한다. 생성형 AI의 예로는 GPT(Generative Pre−trained Transformer)−4o, GEMINI 1.5 Pro, 그리고 파이어플라이 이미지3와 같은 언어 생성 모델이 있다. 본 교재에서는 전 세계적으로 가장 많이 알려진 ChatGPT−4o와 GEMINI 1.5 Pro에 대해서 알아보고자 한다.

1) ChatGPT−4o

ChatGPT−4o는 GPT 4o 아키텍처를 기반으로 하며, 2024년 5월 13일에 출시되었다. 이 버전은 GPT 4omni라고 불리며, Open AI의 최신 다중 모드 LLM이다. "omni"라는 용어는 라틴어 "omnis"에서 유래했으며, "모두" 또는 "각각"을 의미하여 모델의 전 모드 능력을 강조한다. GPT−4o는 텍스트, 이미지, 오디오 및 비디오를 포함한 다중 모드 입력을 처리하고 이해할 수 있어 AI 기술의 중요한 진전이라고 할 수 있다. 이 모델의 강점은 비디오에서 해석할 수 있는 최초의 LLM으로, 다양한 데이터 유형을 분석하여 사용자 경험을 향상시킨다. 이 모델은 이미 사용 가능하지만,

OpenAI는 여전히 그 능력을 향상시키기 위해 계속 노력중이며, 곧 업데이트가 있을 것으로 예상된다. 미래에 Open AI는 기술 대기업 Apple과 협력하여 ChatGPT를 Siri 등 Apple 서비스에 통합할 계획이다. 또한 보다 긴 컨텍스트 창을 지원하여 최대 180,000개의 토큰 입력을 처리할 수 있다. 이는 ChatGPT 4의 8,192개에서 최대 32,768개 토큰 입력과 비교하여 질적인 향상을 이루었으며, 긴 문서 및 복잡한 대화에서 뛰어난 성능을 발휘한다. ChatGPT 4o는 개선된 병렬 처리 기술을 통해 대규모 데이터 처리 시 모델의 효율성을 향상시켰다. 리소스 관리 및 할당을 최적화하여 컴퓨팅 리소스 활용률을 높였다. 이로 인해 ChatGPT 4o는 ChatGPT 4에 비해 속도가 약 20−30% 향상되었다. GPT−4o는 복잡한 쿼리 처리 시 평균 응답 시간이 1.5초인 반면, GPT−4의 응답 시간은 약 2초이며, 운영 비용도 GPT−4에 비해 25% 감소하였다. ChatGPT 4o는 다양한 API및 SDK를 제공하며, 다양한 플랫폼에서의 통합 및 확장을 용이하게 하는 다양한 포트를 제공하여 비즈니스 애플리케이션의 편의성과 효율성을 향상시킨다.

2) Gemini 1.5 Pro

Gemini 1.5 Pro는 Transformer 아키텍처를 기반으로 하는 생성형 AI 모델이며, 다중 모드 학습, 희소 전문가 모델(Sparse Mixture of Experts, MoE) 등의 기술을 접목하여 더욱 강력한 성능을 제공한다. Gemini 1.5 Pro는 텍스트뿐만 아니라 이미지나 비디오 콘텐츠도 이해할 수 있는 다중 모드 이해 및 생성 능력을 갖추고 있다. 이러한 다중 모드 능력은 창의적인 글쓰기, 이미지 생성, 비디오 분석 등 다양한 분야에서 폭넓게 활용될 수 있다. 또한 Gemini 1.5 Pro는 최대 100만 개의 토큰을 처리할 수 있는 컨텍스트 창을 지원하여 대량의 정보를 동시에 처리할 수 있다. 모델 양자화(Model Quantization), 희소 전문가 모델(Sparse Mixture of Experts, MoE), 지식증류(Knowledge Distillation), 분산 학습(Distributed Training) 등의 기술을 통해 높은 성능을 유지하면서도 생성 비용을 절감한다. 향후 Google Workspace와의 깊이있는 통합을 통해 번역, 프로그래밍, 데이터 분석 등 다양한 작업에 활용될 가능성이 있다. 특히, Gemini 1.5 Pro의 훈련 데이터에는 다중 모드 데이터뿐만 아니라, Google 지식

그래프(Knowledge Graph)도 포함되어 있다. Google 지식 그래프는 인물, 장소, 사물 등의 개체와 그들 간의 관계를 포함하는 방대한 지식 베이스이다. 이는 검색 엔진의 이해도와 검색 결과의 품질을 향상시키는 데 중요한 역할을 한다. 예를 들어, 사용자가 "서울"을 검색하면 서울의 지리적 위치, 인구, 역사, 문화 등 관련 정보를 제공할 수 있다.

3) ChatGPT-4o VS Gemini 1.5 Pro 비교

(1) 사실 정확성과 검색 통합

ChatGPT-4o는 지식은 풍부하지만, 특히 틈새 주제나 최신 사건에 관한 정확성은 때때로 부족할 수 있다. 그럼에도 불구하고 많은 사용자는 엄격한 사실 정확성보다 대화의 유창성을 더 중요시 한다.

Gemini 1.5 Pro는 Google 검색과의 원활한 통합 덕분에 사실 정보를 제공하는 데 있어 상당한 우위를 점하고 있다. Google의 방대한 지식 기반을 활용하여 더 정확하고 정보가 풍부한 응답을 제공하며, 출처를 효과적으로 인용하여 투명성과 신뢰성을 높인다.

(2) 대화 스타일과 창의성

ChatGPT-4o는 대화 흐름과 창의성 면에서 앞서 있으며, 시, 코드 조각, 스크립트, 음악 작곡 등 다양한 텍스트 형식을 생성하는 데 뛰어나다. 응답이 매력적이고 재미있으며, 미묘한 뉘앙스를 포착하고 개성을 부여하는 데 능숙하다.

Gemini 1.5 Pro는 사실 정확성과 간결함에 중점을 두어 정확성을 요구하는 작업에 적합하다. 이러한 스타일 차이는 결함이 아니라 사용자 의도에 따라 다르게 활용할 수 있다.

(3) 복잡한 지시와 맥락 이해

ChatGPT-4o는 최적의 결과를 위해 때때로 프롬프트 재구성이 필요하며, 특히 밀도 있고 장기적인 대화에서 세밀한 언어 해석에서 약간의 단점을 보이는 경향이 있다.

Gemini 1.5 Pro는 이전 대화 세그먼트를 활용하여 일관된 응답을 제공함으로써 복잡한 프롬프트를 해독하는 데 가끔 ChatGPT−4o를 능가한다.

(4) 접근성과 가용성

ChatGPT−4o의 기본 기능을 제공하는 무료 버전과 응답성과 신뢰성이 향상된 프리미엄 버전인 ChatGPT Plus를 제공하여 더 넓은 접근성을 가지고 있다.

Gemini 1.5 Pro는 여전히 개발 단계에 있으며 공공 접근이 제한되어 있어 일반 사용자가 전체 잠재력을 발휘하기에는 불확실하다. 현재로서는 ChatGPT−4o가 더 쉽게 접근할 수 있는 옵션이다.

(5) 정리

ChatGPT−4o와 Gemini 1.5 Pro의 최적의 선택은 특징 사용 사례에 따라 다르다. 사실 정확성과 검증 가능한 출처를 우선시하는 응용 프로그램에는 Gemini 1.5 Pro가 매우 유용한 반면에 창의석인 대화와 내화의 유창성이 중요하고 가끔 사실 오류가 허용되는 경우에는 ChatGPT−4o가 더 적합한 동반자이다.

5.3 활용

1) 미디어와 오락(Media & Entertainment)

비록 생성형 AI 모델이 아직 초기 단계에 있지만, 이미 엔터테인먼트 산업에서 상당한 영향을 미치기 시작했다. 그 영향 범위는 소설, 연극 및 영화의 대본 작성과 스토리보드 제작, 작곡, 편곡 및 믹싱의 오디오 제작, 게임 디자인 및 캐릭터 생성, 매력적인 가상 세계 생성, 마케팅 캠페인, 그리고 동적 이미지와 정적 이미지 생성을 포함한다.

2) 교육과 연구(Education & Research)

생성형 AI는 교육 분야에서도 상당한 영향을 미치고 있으며, 학생과 교육자에게 혁신적인 솔루션을 제공하고 있다. GPT−3, GPT−4, 제미니 1.5 Pro와 같은 기술을 통해, 개인 맞춤형 콘텐츠 생성 도구는 교육자가 개별 요구에 맞춘 인터랙티브 수업, 퀴즈 및 학습 가이드를 제작하는 데 도움을 줄 수 있다. 또한, AI 기반의 채팅 봇과 가상 튜터는 실시간으로 학생들을 지원하며, 설명을 제공하고 질문에 답하며 개인 맞춤형 피드백을 제공한다. 생성형 AI는 새로운 연구와 학술 탐구의 길도 열었다. 전 세계 연구자와 학자들은 생성형 AI 도구의 발전에 큰 관심을 가지고 있으며, 이는 많은 연구 기회를 가져왔다. 기술 대기업과 연구 기관들은 이 분야에서 새로운 도구와 기술을 탐구하고 발명하는 데 상당한 자원을 투자하고 있다. 이는 IEEE와 같은 동료 심사 데이터베이스와 arXiv와 같은 비심사 플랫폼에서 생성형 AI 관련 출판물의 급증에서 명백하게 나타났다. 교육과 생성형 AI의 융합은 학습 경험을 변화시킬 뿐만 아니라 지속적인 성장과 혁신을 약속하는 활기찬 학문 분야를 촉발했다.

3) 헬스케어(Healthcare)

생성형 AI는 의료 분야, 특히 의료 영상 분야에서 두드러진 진전을 이루고 있다. 이는 새로운 데이터를 합성하여 데이터 세트의 제한된 문제를 극복하고 의료 영상의 품질과 다양성을 향상시킨다. 이러한 혁신은 질병 탐지 및 진단 방식을 혁신하여 의료 전문가에게 더 정확하고 자세한 정보를 제공한다. 또한, 생성형 AI는 행정 절차를 간소화하고 가상 건강 도우미를 제공함으로써, 생성형 AI는 의료 관리 과정을 단순화하고 개인 맞춤형 건강 조언, 약물 알림 및 정서적 지원을 제공한다.

4) 에너지 및 환경 문제(Energy & Environmental Issues)

생성형 AI 모델의 학습에는 막대한 계산 능력과 전력이 필요하며, 이는 환경에 부담을 줄 수 있다. 연구에 따르면 생성형 AI의 에너지 소비는 전통적인 AI 기술에 비해 현저히 높다. AI 기술의 빠른 발전은 환경 오염 및 자원 소비 문제를 초래할 수 있으며, 지속 가능한 발전을 위한 정책과 조치가 필요하다. 이러한 문제와 위험을 해결하기 위해 사회, 정부 및 기업이 협력하여 효과적인 정책과 조치를 마련해야 하며, 기술 발전과 사회적 영향을 균형 있게 조화시켜 생성형 AI의 건강한 발전을 도모해야 한다.

5) 비즈니스(Business)

생성형 AI의 비즈니스 활용 분야는 새로운 제품 창출, 금융 데이터 분석 자동화,

개인 맞춤형 광고 캠페인 생성, 고객에게 맞춤형 제품 추천 제공, 제품 설명 및 뉴스 기사 작성 등을 포함한다. 점점 더 분명해지는 것은 생성형 AI가 비즈니스 지형을 재편하고 있으며 미래에 엄청난 경제적 잠재력을 가지고 있다는 것이다.

6) 종합(Synthesize)

ChatGPT-4o와 Gemini 1.5 Pro는 개인 및 비즈니스 응용에서 사용자에게 강력한 지원을 제공한다. Gemini 1.5 Pro는 과학 애플리케이션에서 뛰어난 성과를 보이며, ChatGPT-4o는 의학 및 교육 애플리케이션에서 우수한 성과를 보인다. 응용 측면에서 두 모델의 다분야 애플리케이션 성능을 보여줄 뿐만 아니라, 향후 각 산업의 인공지능화 산업 업그레이드에 새로운 아이디어를 제공한다. ChatGPT-4o와 Gemini 1.5 Pro는 주로 구독 서비스와 API 호출을 통해 수익을 창출한다. Gemini 1.5 Pro는 삼성 블록체인 지갑, State Street 및 Mastercard와 같은 여러 파트너와 통합되어 있다. 이러한 협력을 통해 Gemini는 AI 분야에서 뛰어난 성과를 보일 뿐만 아니라, 블록체인 및 금융 분야에서도 혁신적인 솔루션을 제공하여 파트너 관계를 통해 적용 범위와 시장 영향력을 확장하고 있다. ChatGPT-4o는 Microsoft와 Apple과 협력하여 미래 산업 배치에 강력한 지원을 제공하고 있다.

토의문제

1. 메타버스의 등장배경 및 개념에 대해서 설명해 보자.
2. 메타버스를 구성하는 중요한 기술에 대해서 토의해 보자.
3. 메타버스 가치사슬에 대하여 설명해 보자.
4. 메타버스 플랫폼 특징에 대하여 논의해 보자.
5. 생성형 인공지능의 개념에 대하여 토론해 보자.
6. 생성형 인공지능의 플랫폼에 대하여 토의해 보자.
7. 생성형 인공지능의 활용에 대하여 설명해 보자.

참고문헌

Alto, V., *Modern Generative AI with ChatGPT and OpenAI Models*, Packt Publishing, 2023.

Ante, L., *The non-fungible token(NFT) market and its relationship with Bitcoin and Ethereum*, Available at SSRN 3861106, 2021.

Au, W. J., *Making a Metaverse That Matters*, Wiley, 2023.

Ball, M., *The Metaverse: How It Will Revolutionize Everything*, Liveright, 2022.

Ball, M., The Metaverse: Building the Spatial Internet, Liveright, 2024.

Choi, E., & Lee, Y., *A Study on the Planning of Minhwa Museum Utilizing the Metaverse Platform: Focusing on Zepeto Case*. Journal of Korea Game Society, 2021, 21(6), 63−74.

Davis, A., Murphy, J., Owens, D., Khazanchi, D. and Zigurs, I., *Avatars, People, and Virtual Worlds: Foundations for Research in Metaverses*, Journal of the Association for Information Systems, 2009, 10(2):90−117.

Dhamani, N. and Engler, M. *Introduction to Generative AI*, Manning, 2024.

Doherty, P., *Unlocking the Metaverse: A Strategic Guide for the Future of the Built Environment*, Wiley, 2023.

Dowling, M., *Is non-fungible token pricing driven by cryptocurrencies?*, Finance Research Letters, 2022, 44:102097.

Hackl, C., I*nto Metaverse: The Essential Guide to the Business Opportunities of the Web3 Era*, Bloomsbury Business, 2023.

Haugen, D. M., *In Pursuit of the Metaverse*, Independently Published, 2023.

Haussaini, S., *The AI Showdown: Google Gemeni vs OpenAI ChatGPT*, Independently Published, 2023.

Kaplan, J., *Generative Artificial Intelligence: What Everyone Needs to Know*, Oxford University Press, 2024.

Lee, L., Braud, T., Zhou, P., Wang, L., Xu, D., Lin, Z. and Kumar, A., et al., *All one needs to know about metaverse: A complete survey on technological singularity, virtual ecosys-tem, and research agenda*, arXiv preprint arXiv:2110.05352, 2021.

Lee, K., *A Study on Immersive Media Technology in the Metaverse World*, Journal of the Korea Society of Computer and Information, 2021, 26(9):73−79.

Newsted, P. R., *Metaverse Ecosystem Infographic*, Newzoo, 2022.

Singh, K., *Exploring the Metaverse: Redefining Reality in the Digital Age*, BPB Publications, 2024.

메타버스 유통·소비재 등 소비자와의 접점을 이루는 기업은 기업 마케팅 효과를 증진하거나, MZ세대를 타기팅하는 데 메타버스를 적극 활용 중이다. 코로나19 이후 글로벌 소비자는 새로운 기술을 적용한 디지털 경험을 수용하는데 보다 적극적으로 변모했다. 메타버스를 고객경험(Customer Experience, CX) 강화에 활용하는 유통·소비재 기업 사례가 대거 등장하고 있다. 메타버스로 제품 구매 전에 가상에서 제품을 이용하여 소비자가 구매 의사결정을 내리는 데 기여하는 방식도 선보이고 있다. 구찌는 AR 기반 패션테크 스타트업 워너(Wanna)와 제휴를 맺고, 자사 애플리케이션에 가상으로 구찌 컬렉션 신발을 신어볼 수 있도록 하는 '트라이온(Try-on)' 기능을 추가했다. 이용자들은 평균적으로 트라이온에서 10.9개의 신발을 착용했으며, 애플리케이션 이용 후 실제로 신발을 신어 보기 위해 매장을 방문하는 사례도 증가 중이다.

유통·소비재 산업의 메타버스 비즈니스 전략

최근 유통·소비재 산업에서 중시하는 전략 중 하나가 O4O(Online for Offline, Offline for Online)이다. 국내외 유통·소비재 기업들은 오프라인과 온라인 유통을 결합한 옴니채널 사업 전략으로 지속 성장을 모색 중이다. 메타버스 생태계에서도 O4O 전략은 주효하다. 메타버스는 오프라인 매장의 대체재가 아닌 보조 수단이 될 것이다. 따라서 오프라인이 융합된 메타버스 플랫폼을 기반으로 오프라인 매장의 가치를 극대화하며 온라인 채널의 편의성을 고도화해야 한다. 유통·소비재 기업이 메타버스 비즈니스를 추진할 때 자사가 보유한 IP(지식재산권)을 활용하는 안을 고려할 수 있다. IP는 게임이나 영화 등 엔터테인먼트 기업만의 전유물이 아니다. 유통·소비재 기업들이 역사를 거듭하며 쌓아온 각종 브랜드 또한 우수한 IP이다. 가령 식품이나 패션 기업이 자사의 브랜드 파워를 활용해 화장품이나 외식업에 진출하는 사례가 있듯이 유통·소비재 기업의 브랜드 기반 IP를 메타버스에 적용할 수 있다. 기업들이 메타버스에 관심을 갖는 이유는 메타버스의 확장성과 현실세계와 유사한 실재감으로 시공간 제약 없는 가상 공간에서 홍보 및 부가적인 수익 창출이 가능하기 때문이다. 메타버스 이용자들은 특정 IP 기반의 아이템을 구매하여 자신의 아바타에 착용하여 사용하거나, 유사한 현실 제품을 구매할 수도 있다. 또한 유통·소비재 기업은 자사 IP를 메타버스로 확장하며, 메타버스 플랫폼 내에서 고객과의 새로운 유대감을 형성할 수 있다. 이를 통해 고객의 데이터 확보의 저변이 넓어지며 신규 고객 발굴 또한 가능하다.

모든 산업의 기업이 마찬가지이지만 특히 소비자와 가장 가까운 접점에 있는 유통·소비재 기업은 현실세계에서 발생하는 소비자 정보 보호 등의 법적·제도적 문제에 더하여 메타버스라는 환경에서만 발생하는 이슈를 복합적으로 직면할 수 있다. 따라서 메타버스 안에서 사회 규범이 교란되는 상황이 발생하지 않도록 하는 법적·제도적 안전 장치가 특히 필요하다(디지털비즈온, 2024. 5. 13)

토의문제

1. 메타버스를 활용한 고객경험(Customer Experience, CX) 강화에 대하여 토의해 보자.
2. 유통·소비재 산업의 메타버스 옴니채널 비즈니스 전략에 대하여 토론해 보자.

메타버스(Metaverse)의 출현은 역동적인 상호작용 환경 구축 가능성에 힘입어 기술계의 전환점으로서 큰 기대를 불러일으키고 있다. 하지만 생성형AI 등장과 함께 사람들은 빠르게 관심을 잃고 있는 것처럼 보인다. 생성형AI가 메타버스에 미치는 영향은 다음과 같다.

생성형 AI를 통해 메타버스의 성장 촉진할 수 있는 기대감

메타버스는 가상현실(VR), 증강현실(AR), AI 등 여러 기술을 기반으로 구축된 소셜 플랫폼이다. 생성형AI의 급속한 발전은 다양한 방식으로 메타버스의 성장을 더욱 촉진할 수 있다는 가능성도 제기된다. 생성형 AI는 인간 디자이너나 프로그래머가 없어도 새로운 객체와 환경 및 경험을 생성하고 사용자가 맞춤형 아바타를 만들 수 있도록 지원 가능하다. 또한, 파일에 서바이러스, 멀웨어 및 기타 문제를 자동으로 검사하는 소프트웨어를 만들어 사이버보안 문제를 해결할 수 있다. 사이버 보안측면에서 생성형 AI는 메타버스에 긍정적인 영향을 미칠 수 있을 것으로 기대된다. 메타버스의 마케팅 잠재력을 인한 나이키(Nike), JP모건(J.P.Morgan), 구찌(Gucci) 등 여러 기업이 메타버스에 투자를 지속하고 있다. 또한, 여러 기업에서 메타버스를 구현하여 업무에 활용한다. 예를 들어 컨설팅 기업 엑센추어(Accenture)는 교육, 온보딩 및 기타 업무에 이 기술을 사용한다. BMW와 같은 기업에서는 AR 랩을 통해 신제품을 설계하고 프로토 타입을 제작하여 시장가치를 판단한다. 발렌시아가 같은 패션브랜드는 캐릭터가 자사제품을 착용하는 미래세계를 만들었다. 생성형AI가 계속 성장하고 적용하는 세상에서 이러한 메타버스 구현 기술도 계속 성장할 것임을 보여준다.

메타버스를 확장하는 생성형 AI

생성형AI는 상호작용을 기반으로 한 메타버스 경험을 구축하는데 중요한 역할을 한다. 메타버스는 새로운 환경과 상호작용을 통해 유대관계를 형성하는 몰입형 경험을 만들어 낸다. 사실적이고 다양한 가상환경, 오브젝트, 단어, 오디오를 생성하는 기술은 메타버스의 가상세계를 대규모로 제공하는 능력에 막대한 영향을 미친다. 다양하고 역동적인 세계를 구축하는 것은 새로운 메타버스를 형성하는데 가장 어려운 부분 중 하나이며, 생성형AI는 꼭 필요한 가상세계의 구성요소를 제공함으로써 이러한 작업을 가속화할 수 있다. 궁극적으로 플레이어는 더 좋은 품질의 콘텐츠를 즐길 수 있고, 크리에이터는 시간과 리소스 측면에서 더 창의적이고 효율적으로 콘텐츠를 제작할 수 있다. 메타버스에는 비주얼, 네러티브, 오디오의 세 가지 주요 구성요소가 있다. 각 구성 요소에는 사용자가 메타버스에서 상호작용하고, 참여하고, 탐색하고, 플레이하는 방식을 형성하는 수많은 애플리케이션이 있으며, 각 부문에서 생성형AI가 활용될 수 있다. 맞춤형 아바타생성, 동적인 스토리라인생성을 통해 사용자에게 각기 다른 경험을 제공하고 흥미를 유발할 수 있다.

메타버스에 생성형AI의 적용을 가로막는 한계

메타버스와 생성형AI 모두 초기단계에 있다. AI분야로 자금이 몰리고 있으며, 이로 인해 과대광고와 실체를 구분하기가 점점 더 어려워지는 것이 문제점으로 꼽히고 있다. 생성형AI는 진정성과 창의성 문제에서 많은 어려움에 직면할 것이다. 메타버스에 생성형AI를 배포하려면 사용자가 접할 수 있는 사물과 환경의 종류를 다양하고 대표적으로 보여주는 데이터에 기반해야 한다. 그러나 메타버스에 사용이 가능한 효과적인 생성형AI모델을 학습시킬 수 있는 데이터는 아직 충분하지 않다. 메타버스에서 생성형AI를 사용할 때 발생할 수 있는 지적재산권 문제도 있다. 예를 들어, 생성형AI 모델이 생성한 콘텐츠에 대한 권리의 소유권과 집행에 대한 문제도 고려해봐야 한다. 아직 이에 대한 법적 프레임워크가 마련되어 있지 않다. 그렇기 때문에 메타버스 내에서 생성형AI가 생성하는 콘텐츠의 품질과 일관성을 보장하는 것도 또다른 주요 과제이다. 생성형AI가 개별 사용자 상호작용을 목적으로 실시간으로 배포된다면 AI가 단어, 비주얼, 오디오조합을 전달할 수 있는 방법은 무한히 많아지게 된다. 콘텐츠가 특정표준을 충족하고 적합하게 사용되는지 확인하기 위해 콘텐츠를 검증할 업계 표준이 필요하다(디지털비즈온, 2024. 4. 10).

1. 생성형 AI가 메타버스에 미치는 영향에 대하여 토의해 보자.

2. 생성형 AI가 메타버스에 적용을 가로막는 이슈에 대해서 토론해 보자.

찾아보기

economic activity 60

economic aspect 16

economic foundation 12

economic value 16

editability 348

education contents 352, 356

Education & Research 523

effectiveness 34

efficiency 23

EHII 450

electronic commerce 60

electronic marketplace 64

employee 20

employer 20

Energy & Environmental Issues 524

Enhanced−Observed Time Difference 271

Enterprise Information Integration 233

enterprise information systems architecture
  35

Enterprise Resource Planning 39, 72

entertainment contents 352, 356

ERP 39, 72

extensible markup language 24

extranet 26

Facebook 39

Facebook Connect 470

Facebook deals 486

Fan Page 485

financial resources 34

Flash Sale 479

flash sale 480

flexibility 19

flexible working time 32

float information 23

Foursquare 257, 275

framework 63, 82

Friends Store 470

gap 21

GEMINI 1.5 Pro 520

Gemini 1.5 Pro 521

Global Positioning System 120, 254

Global Positioning Systems 101

GlucoWatch 448

Google Wallet 391

GoTryItOn 482

GPS 101, 120, 146, 254

GPS Spy 290

GPT(Generative Pre−trained Transformer)
  −4o 520

Graphical User Interface 14

greater choice 66

Green 428

group buy 464, 480

Group−Buy 479

Groupon 275, 468, 480, 483

GUI 14

Hadoop Distributed File System 233

halo effect 390

Healthcare 524

hierarchical 30

Holistic 427

Home Health Care Service 450

Paypal 393

Paypal Here 393

PDA 96

performance 34

personal applications 38

personal big data 225

Personal Cloud 180

personal computer 34

Personal Digital Assistants 96

Personal Health Records 445

Personal Shopper 479

personal shopper 482

personalization 19, 100, 102

peta byte 229

Phone Bill 390

phone bill 392

physical assets 34

pinspire.com 308

pinterest.com 308

Place Deals 485

platform 360

Platform as a Service 190

point of presents 25

Polyvore 481

POPs 25

portability 100

price 66

Private Cloud 180

private cloud 185

process 62

Project Oscar 394

pull 114

Purchase Sharing 479

purchase sharing 482

push 114

한글

저자약력

김대완(c.kim@ynu.ac.kr)

한국 중앙대학교에서 경영학박사, 영국 런던대학교(University of London)에서 컴퓨터과학 석사, 영국 런던정경대학교(LSE)에서 전자상거래 박사학위(Ph.D.)를 취득하였다. 미국 하버드 대학교(Harvard University)의 경영대학(Harvard Business School: HBS) 객원교수, 미국 MIT의 경영대학(Sloan School of Management) 객원교수, 그리고 영국 런던대학교(University of London)의 컴퓨터 과학 및 정보시스템 대학(School of Computer Science & Information Systems)에서 객원교수를 역임하였으며, 현재 영남대학교 경영학부 교수로 재직 중이다. (사)한국디지털융합학회 회장과 (사)한국디지털경영학회 회장을 역임하였다. 현재 (재)한국디지털융합진흥원 이사장과 (사)한국중소기업협업진흥협회 공동협회장으로 봉사중이다. 현재까지 120여 편의 논문을 국내와 해외 저널에 게재하였으며, 27권의 책을 집필 및 출판하였다. 최근에는 미국 Chicago Business Press에서 『*Digital Business*』(2015년), 영국 Routledge에서 『*Managing Convergence in Innovation*』(2016년), 한국 도서출판 창명에서 『*디지털 경영, 1판*』(2017년), 도서출판 청람에서 『*디지털 콘텐츠 비즈니스*』(2018년), 박영사에서 『*빅데이터 경영론*』(2019년), 도서출판 창명에서 『*디지털 경영, 2판*』(2020년), 집현재에서 『*경영학의 이해*』(2021년), 도서출판 창명에서 『*디지털 경영, 3판*』(2022년), 그리고 박영사에서 『*디지털 경영, 4판*』(2024년)을 출간하였다.

제4판
디지털경영

초판발행	2017년 8월 28일
제4판발행	2024년 8월 15일
지은이	김대완
펴낸이	안종만·안상준
편 집	배근하
기획/마케팅	장규식
표지디자인	BENSTORY
제 작	고철민·김원표
펴낸곳	(주) **박영사**
	서울특별시 금천구 가산디지털2로 53, 210호(가산동, 한라시그마밸리)
	등록 1959. 3. 11. 제300-1959-1호(倫)
전 화	02)733-6771
f a x	02)736-4818
e-mail	pys@pybook.co.kr
homepage	www.pybook.co.kr
ISBN	979-11-303-2080-9 93320

정 가   35,000원